二战日军暴行报刊资料汇编

国家图书馆　选编

3

國家圖書館出版社

第三册目录

日寇獸行一再暴露
到處使用毒氣毒物
各方均應加倍注意和防範

（中央社西安三日電）西安行營奉委員長電、以近日敵軍因我游擊隊隨時襲擊、窮於應付、曾到處使用毒氣毒物、以圖危害我軍民、發現者計、一、蕪湖老山敵炮兵向我神聖山攻擊二千餘發後、微呈綠氣體．我某師守兵四人中毒、二、溧陽宜興之敵炮兵、十九日射擊燃燒及瓦斯彈、我某部隊中毒者數人、三、廿日敵在繁昌獅子山附近、投下毒物數包、悉落湖內、魚類均被毒死、四、廿日我繁昌北守兵、截獲由蕪湖販運毒鹽犯郝雲方一名、其隨帶綠色、據云同行七人、潛入後方、五、荻港奎潭等處、均發現毒鹽、色與常鹽無異、六、馬家橋壩繁昌縣屬發現刀牌紙烟有毒、士兵三人中毒、重者吐血不止、經者神經昏亂、查敵此種毒計、不顧人道、違反國際公法、各戰區內嗣後發現上述情事及被中毒者、應迅送附近醫院診治、覓尋毒物證據呈繳、以便檢驗、對于各類食物、應予統制檢查、俾資防範、行營以倭人既不顧人道、各大城市自應特加注意、三日分電所屬各機關、通飭一體防範。

——摘自《新华日报》（汉口），1938 年 5 月 4 日

敵機炸徐州
△……平民死傷慘重

【徐州三日中央社電】三日下午一時半，敵機廿一架，由蚌埠方面北飛，分兩批到徐轟炸，第一批爲十四架，二批七架，共盤旋四十分鐘，投彈七十餘枚，所投仍多燒夷彈，以北關外之河堤及黃河北堤被炸最慘，計毀民房二百餘間，隴海北站外之某小街及鐵路公寓火神廟各處，或成瓦礫，或付一炬，平民死七十人，其他隴海機房附近之鄉民地窟，亦被震塌多處，窒死人數，尚難統計。

【徐州三日電】三日下午二時靈壁發現敵轟炸機六架，蕭縣發現敵轟炸機十五架，二時廿分均達到徐州上空投彈轟炸，計馬廠湖一帶落二枚，死傷六人，朱莊空地落八枚，無損失，平山口南落兩枚，西菓街北落八枚，內有燃燒彈二枚，毀房七八十間，徐州北站東街落四枚，內燃燒彈一枚，死傷三人，毀房廿餘間，至三時十分飛去。

【六安三日中央社電】三日上午九時三十二分，敵機三架侵入六安上空，盤旋窺察一週，旋即向東北方面逸去。

【金華三日中央社電】敵機三日向我虔山埠及胡家山一帶狂炸，計我死傷無辜平民共有四十餘人，民房之被炸燬者或震毀者極多。

——摘自《申报》（汉口），1938 年 5 月 4 日

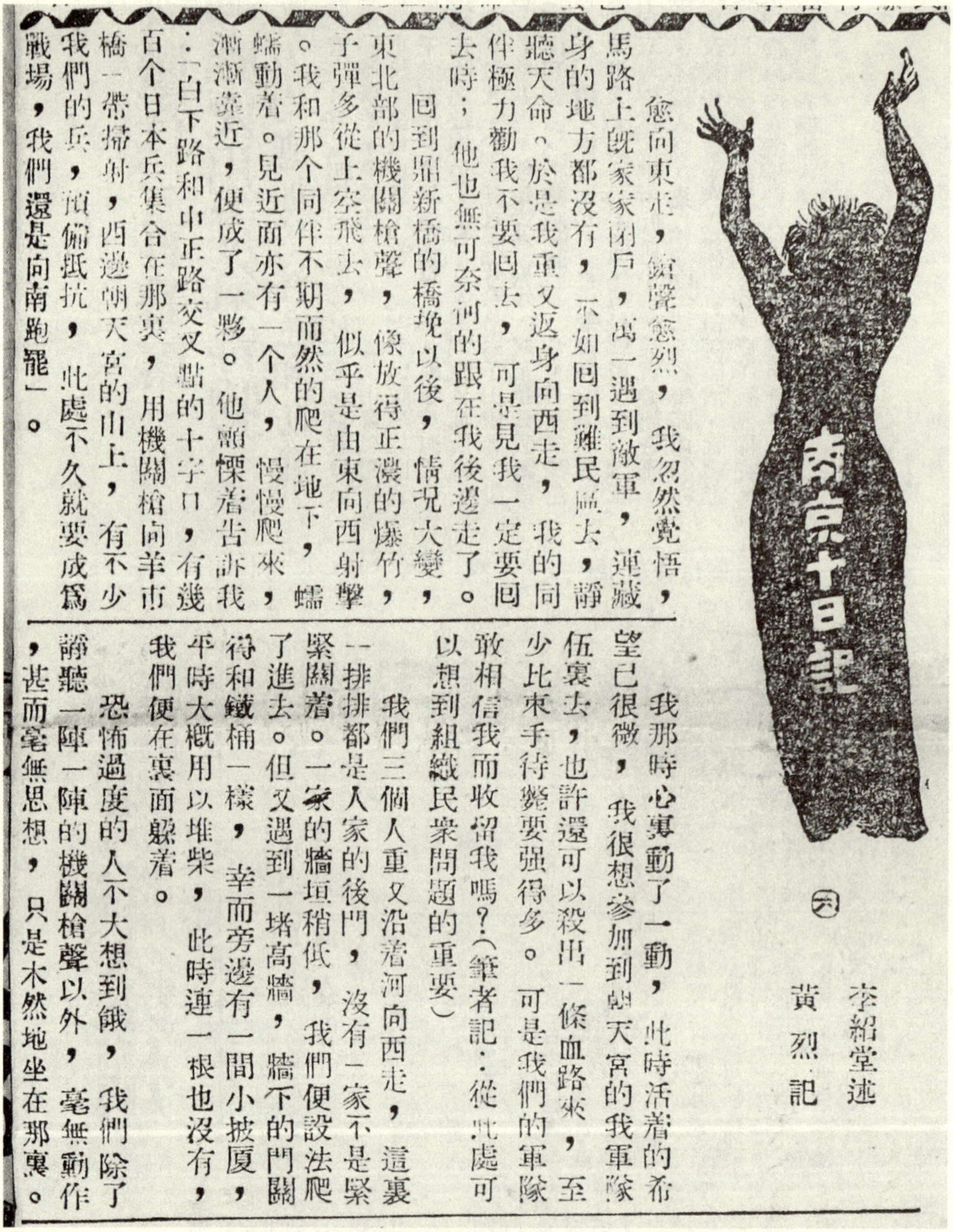
南京十日記（六）

李紹堂述
黃烈記

愈向東走，鎗聲愈烈，我忽然覺悟，馬路上既家家閉戶，萬一遇到敵軍，連藏身的地方都沒有，不如回到難民區去，靜聽天命。於是我重又返身向西走，我的同伴極力勸我不要回去，可是見我一定要回去時；他也無可奈何的跟在我後邊走了。

回到鼎新橋的橋堍以後，情況大變，東北部的機關槍聲，像放得正濃的爆竹，子彈多從上空飛去，似乎是由東向西射擊。我和那個同伴不期而然的爬在地下，蠕蠕動着。見近面亦有一個人，慢慢爬來，漸漸靠近，便成了一夥。他顫慄着告訴我：「白下路和中正路交叉點的十字口，有幾百个日本兵集合在那裏，用機關槍向羊市橋一帶掃射，西邊朝天宮的山上，有不少我們的兵，預備抵抗，此處不久就要成為戰場，我們還是向南跑罷」。

我那時心裏動了一動，此時活着的希望已很微，我很想參加到朝天宮的我軍隊伍裏去，也許還可以殺出一條血路來，至少比束手待斃要強得多。可是我們的軍隊敢相信我而收留我嗎？（筆者記：從此處可以想到組織民衆問題的重要）

我們三個人重又沿着河向西走，這裏一排排都是人家的後門，沒有一家不是緊緊關着。一家的牆垣稍低，我們便設法爬了進去。但又遇到一堵高牆，牆下的門關得和鐵桶一樣，幸而旁邊有一間小披廈，平時大概用以堆柴，此時連一根也沒有，我們便在裏面躲着。

恐怖過度的人不大想到餓，我們除了靜聽一陣一陣的機關槍聲以外，毫無動作，甚而毫無思想，只是木然地坐在那裏。

——摘自《时事新报》（重庆），1938年5月4日

徐州二次落彈

徐州三日電、日機二十一架由蚌埠方面北飛、分兩批到徐轟炸、第一批爲十四架、二批七架、共盤旋四十分鐘、投彈七十餘枚、所投仍多燒夷彈、以北關外之河北鎮及黃河北岸被炸最慘、計燬民房二百餘間、隴海北站外之某小街及鐵路公寓火神廟盡成瓦礫、平民死七十人、共他隴海機房附近之鄉民地窟、亦爲震坍多處、窟內死傷人數尚難統計、

——摘自《时报》（上海），1938 年 5 月 4 日

敵機在門頭溝
大施轟炸

中央北平三日合衆電 北平四郊八寶山之高爾夫球場其外人稱、今日下午、見日機若干架、在門頭溝以南地帶肆意轟炸、達一小時之久、北平方面、聞炸彈聲甚晰、合衆社記者、今至門頭溝視察該地居民、謂華軍前通知該地居民、限三日內由門頭溝之某處撤退、三日之期限、只於昨晚滿期、故不久該地、當有戰事云、但等溝之居民又稱、華軍曾令其某村正三人、持函至日軍部、令門頭溝之日軍即日撤退、該三村正、已被日軍扣留、同時日軍已派援軍百人、開往門頭溝云、

——摘自《时事新报》（重庆），1938 年 5 月 5 日

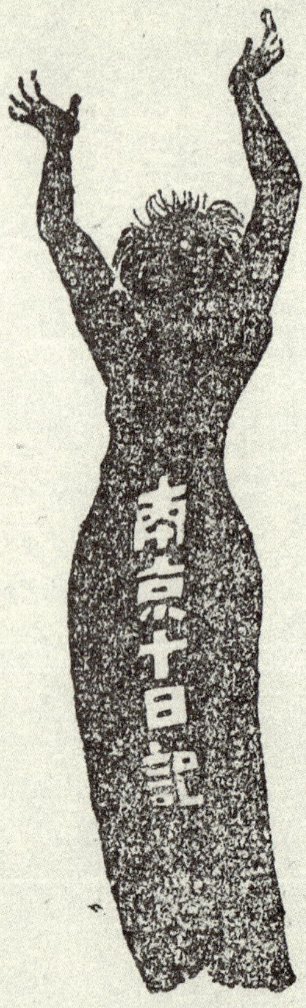

(七)

李紹堂述
黃烈記

天漸漸晚了，槍聲時遠時近。四面火光却比日間爲强，月亮上來的時候，忽聞西邊有砲聲，大概是漢西門或水西門方面發生戰事，我聯想到朝天宮上的許多健兒，現在不知怎樣了？

後來我纔知道今日全日，敵軍是在城東與城北兩部進行搜索工作、常常遇到數十成羣的我軍，英勇地抵抗，在衆寡懸殊的形勢下，不用說，我軍多數是慘遭犧牲。新同伴告訴我，他確確實實看見朝天宮方面的我軍，還帶有手提機關槍，大概想要血戰一下。這位新同伴，似乎是一個知識分子，年記也有四五十了，此時身上穿的是一件破爛的短衣。

今夜冷極，不得已，我們只好偎抱着取暖，我苦想昨日與我同逃的那個苦孩子的運命。

十二月十五日

清早五點鐘，便冷醒了，全身麻得不會能動彈，側耳聽槍聲，格外稀疏，大概只不過是敵軍在示威而已，城內的巷戰，好像已經停止。我因爲疲乏過度，翻了一個身又睡了。不一會，一個同伴低聲喊我起身，原來對河不知是什麼街道，已被敵軍放火，燒得滿天通紅，槍聲隨又急劇起來。此時天已微亮，從牆頭上可以看到許多人從中新橋上飛也似過去，看不淸楚是敵軍，是難民。

——摘自《时事新报》（重庆），1938年5月5日

南京十日記

（八）

李紹堂述
黃烈記

我們的處境，今天比昨天更危險了，大家只有蟄伏在牆下，靜候敵軍的搜索發現。我已有四十個鐘點沒吃東西，連一瓢水也沒喝，身上發着奇冷而嘴唇却異常乾燥。兩個同伴有一個竟急得流起淚來，我安慰他。最痛心的是他嘮匕叨叨，自怨沒有先預備好一個日本旗的臂章。

我想起前幾天的難民區裏的故事，據我們那個收容所的職員說：他確實相信區裏有人縫製好了許多太陽旗的臂章，預備敵軍進城後發一筆橫財，也許一個臂章要賣好幾塊錢，（後來知道每幅賣五毛錢），我們所奠會嚴密檢查過一次，不會查出，憲兵警察在其他屋子裏檢查過好多次，也沒有發現，漢奸們眞是詭計多端！

這幾天，我們好像忘却了飛機，其實我們整天的聽到敵機在天空翱翔的聲音，不過我們已不再注意這批鬼物了。今天我們躲在牆下，兩眼望天，又看見有敵機二十幾架，排成三個行列，由北向南飛去，心想這些假如是我們自己的飛機，多好！（筆者記：在南京失守的那一天，我機十一架曾往轟炸通濟門外敵陣，

大概是正午以後，天日無光，我們走入了新的遭遇，原來我們已開始在敵人的尖刀下面生活了，事實經過如此：

——摘自《时事新报》（重庆），1938 年 5 月 6 日

摩登上海

被日方蹂躪

・・・英僑裴基爾之憤語・・・

【路透社倫敦五日電】前會僑寓上海之裴基爾、（上海祥茂洋行主人）今日在中國協會年會席上述及日本對於上海公共租界工部局之要求時、略稱吾英人造成摩登之上海、乃日當局今竟不顧此項事實、而加以蹂躪、吾人實不知其理由何在、上海英僑所納之稅額、較日僑所納者爲鉅、此種納稅比例、一日不變、則日方之要求、必須加以拒絕云、

——摘自《文汇报》（上海），1938年5月6日

實施奴化教育

南市亦設日語速成班

僞組織職員均需就學

南市「自治會」係與日軍特務部宣撫班併合在小西門蓬萊市場前面，聚街尚文小學內辦公、目下宣撫班與「自治會」欲使全體職員及南市民衆、瞭解日本文化起見、由新任翻譯朱烈爲日語日文教授、即在該尚文小學內組織日語速成班、令「自治會」職員及所屬之警察民衆等、從速入學、以便灌輸東洋智識、

——摘自《文汇报》（上海），1938年5月6日

敵機炸宿海

固鎮符離集亦遭襲擊

（中央五日徐州電）敵機廿一架、五日午分三路轟炸津浦線南段、計宿縣到九架、固鎮符離集各到六架、所有各處附近村莊、共落彈百餘枚、死傷無辜平民、甚衆、尤以宿縣最慘、當敵機來襲時、該縣大批平民、擬向某國天主堂避難、擁擠於途、敵機竟向之濫擲炸彈數十枚、教堂附近避難男女平民、被炸死傷達四五百名之衆、血肉橫飛、慘不忍睹、又敵機三架、五日下午二時、在海州投彈四枚、毀民房十數間、但無死傷、

——摘自《东南日报》（金华），1938年5月6日

日寇是兒童的敵人

天津兒童被捕已達二三十人
凡身帶火柴即有被捕殺可能

（中央社香港六日電）津訊、敵在華北之行爲殘暴已極、人民因此愛護國家之心益堅、津河東一小學生、以粉筆在牆壁上書、打倒日本及拒用仇貨字樣、不幸爲敵所發覺、即被携去、毒刑拷打、生命難保、敵時檢查行人、凡有洋火紙烟者即目爲縱火犯、或就地殺戮或投之河中、四日在砲台區檢查戶口、發現某戶存有兩小盒洋火、即將全家數人携去、現並通知各住戶、晚間就寢、不得解衣、且不得閉門、以便隨時入內檢查、四日在河東捕去十二歲之幼童二三十名。

——摘自《新华日报》（汉口），1938 年 5 月 7 日

寇機五十九架 昨六次襲粵

英德落彈百餘損失慘重
五處民房起火死傷甚多

（中央社廣州六日電）敵機分六批、共五十九架、自晨迄暮、猛轟粵北虎門各地、及粵漢廣九兩路、就中以英德縣城及大小兩車站附近、共落彈百餘枚、損失尤爲慘重、現英德城內有五起民房起火、仍未救熄、死傷一時尚難統計、車站延燒中、虎門要塞亦落八彈、四落海、四落山上爆炸、

——摘自《新蜀报》，1938 年 5 月 7 日

敵機五十九架

昨猛炸虎門

横石黎洞均被投彈

英德城內民房起火

本報香港六日急電　六日午、敵機二十二架襲粵漢路、十八架犯廣九路、旋又有十架襲粵漢路、損失未詳、

中央廣州六日電　敵機今分六批、共五十九架、自晨迄暮、猛轟粵北虎門各地、及粵漢廣九兩路、就中以英德縣城、及大小兩車站附近、共落彈百餘枚、損失尤爲慘重、現英德城內、有五處民房起火、仍未救熄、死傷一時尚難統計、車站延燒、中曲江城外被投十餘彈、無何損失、虎門要塞、亦落八彈、四落海、四落山上爆炸、此外粵漢路皈頭站至砂口站間、落十餘彈、源潭、銀盞坳、横石、琶江、黎洞等站、共落彈三十餘枚、廣九路付村站、落彈兩枚、南崗站落彈五枚、

本報香港五日急電　（遲到）漁船泰安庚記兩艘、四日晨由海豐抵馬嶼口、被敵艦所刦、擄船夫廿餘人、五日下午敵機十餘、進襲粵漢路台支部、敵以敵艦擾粵、師久無功、今將大部調返馬公港、討論有効辦法、

——摘自《时事新报》（重庆），1938 年 5 月 7 日

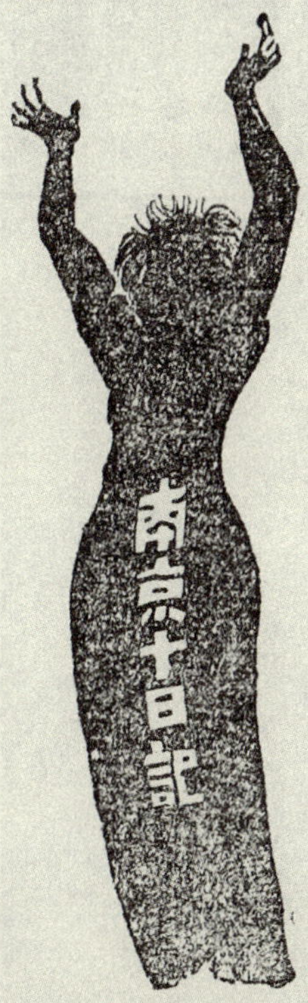

（九）

李紹堂述
黃烈記

忽然聽到一陣銅鑼聲音，在鼎新橋上發現，一個不折不扣的我們的同胞，一面敲鑼，一面高聲叫喊：「東洋人叫你們出來，不害你們的，不出來，捉着就殺。」

我們從短墻上看見跟在這 個人後面的，是敵軍一隊，約二十餘人，爲首的舉着一面太陽旗子，有三四個我們的同胞，夾雜在敵軍裏面。

那個曾流淚的同伴，堅執着要出去，他首先翻過了牆，高舉兩手，跑向鼎新橋那一邊去。我們攔他不住，只好跟在他後面走，因爲不跟着他走，也要被搜索出來，於是，一分鐘後，我們獲得了和先被敵軍捕獲的那幾位同胞的同樣待遇，麻繩反綁着兩臂，另外用一根繩子彼此聯成了一串。

我至今還清清楚楚的，記得那個敲鑼的同胞的面貌，不知敵軍從什麽地方找來的一個鴉片烟鬼——大約是地保之類——敵軍大都是面容憔悴，衣履不整，有些人臉上還留着血污，他們雖然一個個板着面孔，但是掩不住他們內心的恐怖，每一個人都將槍向前平放着，做出即要射擊的姿勢。他們三三五五，左右狼狽，走過鼎新橋以後 一個敵軍對那地保低低說了一句什麽、（不知是不是中國話）地保似乎很 得他的意思，把他一領便領到了紅紙廊中央 政治學校門首。他們原就駐在那裏。

學校門首倒了二三十具屍體，大半是穿軍衣的，有的剝去了上衣露出肉體，大概是被槍斃不久。另外有十幾個敵軍在活動，忙着在兩邊堆集沙袋，做成堡壘。

——摘自《时事新报》（重庆），1938年5月7日

再告訴你 閔行種種

日前本報所刊迺公君的「告訴你閔行種種」一稿，對閔行情形，已經說得非常詳細，但是對於最近幾件零星消息，尚未道及，讓吾來告訴幾位旅滬的閔行同鄉吧！

「維持會」設在新安路郵局裏，門前太極旗與太陽旗交叉懸掛着，車馬如龍，儼若政治機關，辦事的要人，每餐魚肉雞鴨，大吃大嚼。

最近已將新安路斜橋，重行改建，橋面新築牌樓一座，極爲精美，改名曰「杉田橋」，蓋爲紀念日軍隊長「杉田」之「功德」（？）落成之日，居然舉行慶祝大會，是晚，又舉行火炬遊行，盛極一時。

上月三十日晚，喬念椿之鎮西別墅，突爲日軍焚毀，一時烈焰騰空，於日軍監視之下，無法施救，至次晨，已成一片焦土。喬爲閔鎮紳士，商業巨子；前曾參加抵制日貨運動，因在「救國紀念塔」，錄有大名，致被放火焚燒，次日，日軍還裝腔做勢，出竟布告，通緝放火之游擊隊員，後將喬姓之族中人二人，拘禁日軍司令部，反指謂有放火之嫌疑。（酬捐難民）（以上大公君稿）

奉賢縣屬南橋鎮，自日軍篠波隊駐紮後，設隊部於沈夢蓮花園內，前晨發現日兵四人，縊死於園內樹上，其厭戰心理，可見一班。

上海縣「維持會長」何藎美，（即何靜梅）於上月在塘灣鎮，被華方游擊隊拘捕後，已有多日，近悉其屍體已發現附近河浜內，又悉何某被捕時，當場曾行賄三百五十元，卒爲游擊隊所拒絕。

日前日本天長節，閔行「維持會」爲諂媚日軍計，是日特舉行運動會，駐閔警備隊長杉田，與「維持會」吳福根・周雲鶴・（映蓮）唐古翹・參加串演賽跑，唐古翹以年邁力衰，跑至中途，四脚朝天，一時傳爲笑柄。夜間，並提燈遊行。（以上忠臣君稿）

——摘自《文汇报》（上海），1938年5月7日

敵軍殘暴行爲

胡世澤向國聯提出照會

【中央社日內瓦六日哈瓦斯電】關於日軍在中國境內轟炸不設防城市，殘殺非戰鬥人員暨其他各項暴行，中國政府自于去年十月二十七日向國聯提出照會，加以指摘以還，該國駐國聯常任代表胡世澤頃又以照會一件送達國聯秘書長愛文諾，該照會略稱：自去年十月二十八日起至本年四月二十九日止，日軍暴行凡三十四起。

——摘自《大公报》（汉口），1938年5月8日

敵機襲蕭山

（中央社）臨安七日電，錢江南岸尤小材鄉屢遭敵機轟炸，居民房屋多成焦土，今日又有敵機三架在蕭山大小源村各投彈三枚，並以機槍掃射，無辜村民慘遭炸斃者又達二十餘人。

——摘自《新新新闻》，1938年5月8日

(十)

李紹堂述

黃烈記

我們一行約十人，關在政治學校對面的一排平房裏，先來的同胞只有三四十人，都是反綁着。大家或臥或坐，相視無言，其中有老有小，一律男性，一個負槍的敵軍踞坐在門首監視，絕對禁止說話。

那時我已不大覺得害怕，明知兇多吉少，倒也處之泰然。只是兩臂被縛過久，酸痛難忍。綁到半夜的時候，連頭腦也脹痛了，但也不敢呻吟。

十二月十六日

繼續關了半日，凍餓萬分難忍，心中只求速死，而敵人毫無動靜。外間不時發生連續的槍聲，知道敵軍又在屠殺了，而並未從我們這裏提去一個人。

下午，這室中的屠殺就開始了，第一批帶走十幾個人，有掙扎着不肯去的，被敵軍用槍托打破了頭，流了一臉的血。我的心凝凍着，一點也不知道害怕。過了半小時再帶走一批。室中只剩下我們十幾個人了，大家面面相覷，不知是喜是悲，是樂是苦。

又過了一夜，餓得頭腦發昏，聽室外的甬道上，步履雜沓，好像又來了一批敵軍，有着粗濁的聲音在唱歌，對面室中搖着熊熊的火光，不知是敵軍烤火還是在焚毀什麼文件。

今天有件事很奇怪，似乎有一個剃光了頭的和尚，在窗外向我們瞧了一瞧，便不見了。我最初以爲是俘虜來的佛徒，得到敵軍的開釋。後來又看見他的頭顱在窗上出現，而且還和一個敵軍在打着「鄉談」，我纔知道他也是一個日本人。

當時甚以爲異，事後才知道敵軍這一次向我們進攻，不但有許多隨軍記者，而且有許多隨軍和尚。他們被安置在距離火線較遠的地方，跟着軍隊進退，他們的任務，是見了死屍（不論是自方或敵方）便唪經，可見敵軍很迷信，以爲如無和尚的唪經便得不到超度。

——摘自《时事新报》（重庆），1938年5月8日

宜興鱗爪

楊渚萊

宜興位於無錫西南，環山帶水，是京杭國道上的重心。不幸在去年十一月念八日淪亡後，也一變爲斷壁殘垣的廢墟了。記者從靑浦買棹至宜，時間雖不算悠久，但至少和它發生了五六個月關係，因此在我的生活史上，深深地刻着一條永遠不泯的印象。現在把它前前後後的情形，作一翔實的報道：

西北鄉是避難聖地

滬變之後，宜興成爲世外桃源，凡遠近各地，紛紛向宜興避難，尤其是在風聲吃緊時，宜興西北諸鄉，——像楊巷，上黃，周山，壽星渡，徐化，……更形成了安全地帶。於是小河道中，難民船川流不息地來往着，各村各廟各寺，擠滿了逃難人，小鄉鎭上，人頭濟濟，喧聲如雷，因爲這些鄉鎭，道途狹小曲折，又多河道和荒山，貨物集中，日人絕跡，眞可說是避難聖地了。

公路一帶凄涼滿目

沿公路——京杭國道一帶，從前人烟稠密，屋舍林立，而今一片瓦礫，慘不忍覩。像城內的縣政府，教育局，羨陽小學，宜興中學，大旅社，都犧牲在砲火炸彈下。如今，城中房屋完整者，百不得三四，徐舍鎭上，一連串地像放着野火，無論輪船，碼頭，大商店，浴室，都付之一炬。本來燒的成績，已經大有可觀，如今恐怕一二間燒剩的房屋，也被日軍燒盡了。

鄉下人一片慈善心

宜興風俗淳樸，慈善爲懷的鄉民，更居多數，像有幾處地方，很慷慨地幫助人家，的確是令人敬佩，譬如㈠無錫小商人三四家，合居一村，白米無着，乃由鎭人，拚米一石三斗，以救濟之。㈡宜興××，任職國府，此次避難黃家圩秦祠內，因米盡柴完，乃臥床不起，約有三四天，鄉人奇之，後來人家知道了，由全村量米若干，供渠食用。

做春台戲空村來看

凡日軍未到之處，大多做春台戲，以謝土地老爺。像壽星渡鎭，小山脚下，都做草台戲一本。每本連開銷約四五十元，由村人分認。當做戲的一天，家家買魚買肉，邀請親友，戲場上人山人海，談笑聲，賭博聲，叫賣聲，混成一片，熱鬧情形，儼若歌舞升平之時，而不知今是何世。

× × ×

——摘自《文汇报》（上海），1938 年 5 月 8 日

各地鄉訊

敬告：想到淪陷區域內去的同胞們該先留心你們的行動和服裝

背離家鄉已久的人們，莫不懷着一股思鄉之情，想回去看看經此浩刦以後的自已田園，遭遇到暴力的摧殘，究竟至何境地，自已的房屋，是否依舊完好，自已的祖塋，是否仍然無恙，此種不可遏制的心理，原爲情理之常，差不多人人都如此喝望着。不過，當諸君未首途啟行之前，我當提醒諸君，你們的故鄉，已改變了環境，你們該留心你們的行動，留心你們的裝束，否則，埋伏在四周的惡魔，將隨時要來加害于你們，使你們感到「回鄉未成身先死」的遺恨！

那末「行動」與「裝束」，當如何謹愼呢？這有如「入國問禁」般的于事前務須知道一些現在日軍統治區域內的那些由于習慣經驗而得到的許多禁律，同時從這些禁律中，諸君亦可窺見困居在內地的同胞，是如何受着壓迫，侮辱，與那非人類所能接受的遭遇。

△爲裝束送命

先說裝束吧。我先給諸君講兩個耳聞目覩的慘聞，第一件是發生在無錫惠山之麓，一位青年人，一日路過日軍防地時，爲兩日兵喝令檢査，經解衣後，發現他身上穿的一件黃色球衫，遂被指爲知識份子與游擊隊隊員，于是經鞭笞拷打之後，復將此少年綑綁，棄之附近溪內，淹斃之。另一件是三位足穿橡膠跑鞋的商人，在途中適遇日軍，同樣被認爲游擊戰士，于是不問情理，立刻予以槍決殞命。唉！從這兩件不幸事件，諸君可以明白服裝偶不合適，就將有生命危險之處，是多麼的嚴重呀。大概一些衣服如西式襯衫，西式褲子，及一些學生知識階級的服裝，最好須避免不著，這無非因爲這些魔鬼對於青年學生輩，是格外毒恨的緣故。以上單就服裝式樣而言，若論質地，則決不能再如在上海時的穿綢著絹，以示闊綽富有。在淪陷區域內，布質而又被舊的衣服，却常被人們目爲「[illegible]物」，因爲那些綢絹麗服，在四野遇到日軍時，極易引起他們注意，而被剝去，于物質損失之外，尙須多受到一種意外的驚嚇。

△刺花者危險

據說日軍前在淞滬作戰時，備受我方刺花黨同胞之攻擊，於是在內地遂實行其報復政策，大肆捕捉此等同胞，輕則拘禁受罰，重則生命莫保，筆者某友，前入錫城，於城門口受檢査時，適見一刺花青年，爲日兵發覺，於是竟以刺刀對準刺花處，猛力一割，血涔涔而下，此青年痛極踣地，旋即一命嗚呼。（未完）

——摘自《文汇报》（上海），1938年5月8日

敵機昨襲粵 並飛往南陵轟炸

【廣州八日中央社電】敵機十六架，八日午分三批襲粵漢廣九兩路，在粵漢路新街站附近，投彈十四枚，粵樵市投彈十四枚，銀盆均投彈兩枚，廣九路塘頭廈附近投彈兩枚，均無損失。

【繁昌八日中央社電】七日午敵機六架，轟炸南陵縣，計投彈廿餘枚，城隍廟福音堂一帶民衆死卅九人，傷二十人，房屋毀十餘棟。

——摘自《申报》（汉口），1938 年 5 月 9 日

法國神父 被敵慘殺

【徐州八日電】昌樂（按在膠濟路上）之法國神父及士女一人，因收容救濟難民，被敵兵慘殺，聞濰縣益都亦有同樣慘案。

【巴黎八日中央社哈瓦斯電】關於法國天主教聖方濟會神父富萊四月廿九日在山東省昌樂縣被害案，此間小巴黎人報駐上海訪員昨發表電，報稱據私人方面可靠消息，昌樂縣女修道院曾被日兵侵入，富萊神父當即趕至該處保護中國籍女修士，致爲日兵所殺害，此外尚有中國籍女修士三名，亦被害。

——摘自《申报》（汉口），1938 年 5 月 9 日

寇軍在浙 擄我兒童

【中央桐廬八日電】敵軍近在杭州高陽餘杭等地擄去我國兒童千名左右、運返敵國、父母有抗拒或啼泣者、皆遭殺戮、

——摘自《新蜀报》，
1938 年 5 月 9 日

㈩

李紹堂述
黃烈記

十二月十七日

敵軍給我們吃了一次飯，一鉢只够兩三個人吃的稀飯，十幾個人用手掬着分吃，如飫肥甘。

我們被編成了一隊，去了背縛，用麻繩繫在我們的兩脚上，代替脚鐐。我看這情形，不像是提去屠殺。

兩個敵兵押着我們出去，向東邊走，到下街口的一個高大靑牆門裏面，去搬運東西，都是些桌椅牀榻之類，陸續搬回中央政校來。原來中央政校裏面的什物，在我們還都時早已搬空了，此時敵軍要在這裏成立一個小隊部。

來往大概有幾十趟，把紅紙廊附近幾個大宅子裏的東西，都搬了一個乾淨。我們出入空宅時，幾次發現有屍體倒在庭院中間，血肉模糊，慘不忍覩 多半是用刺刀刺死的。

第一次看見敵軍侮辱我們的女同胞，是在倉巷橋畔的某家，樣子像是極貧苦的女子，被一個敵軍用手摟着，站在門前面，讓另外一個敵軍在照相，照完了相，便爾笑着擁入室內。這個女同胞，面孔慘白，神氣宛如白癡。你景象眞悲慘萬分。後來又在紅紙廊的大路上，看見有四五個女同胞，疊坐在兩輛黃色車上，被十幾個敵軍簇擁着向西去。流在這些女同胞臉上的絕望的悲光，襯合在這批獸軍的奸笑下面，眞令眼見者血脈僨張，不可復忍。我也是有老婆的，我不能不想到我的老婆此時是否也陷於這同一的命運裏。

在抬物行走的時候，有時距離敵軍稍遠，可以自由說幾句話，從難友那裏交換來的消息，異口同聲都說這兩日敵軍姦殺之風極盛，有人確實看見好幾十個同胞，在新街口大華大戲院對面的空地上，被敵軍用機關槍擊斃，有未死的，便用刺刀戳死。敵軍在城北一帶，搜殺壯丁，在明瓦廊頗有點小名氣的石裁縫，也被敵軍指爲軍訓的小隊長，用刺刀殺害。

在北戰線被我俘虜之兩敵兵

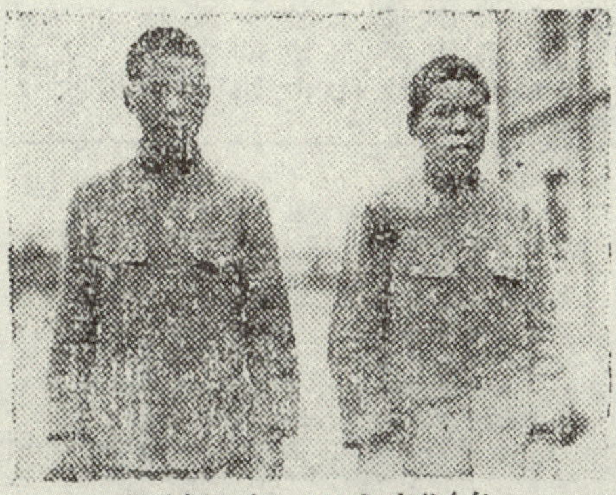

一名爲良泉雄一 一名越村總一

——摘自《时事新报》（重庆），1938年5月9日

各地鄉訊

敬告：想到淪陷區域內去的同胞們 該先留心你們的行動和服裝

△舉止要從容

在淪陷區內的同胞，無論何時何地，遇到日兵時，須向他們「脫帽敬禮」，以表示睦隣親善的意思，假使你偶一不注意，未曾留神到這個禮節時，有幾處「自治會」，竟出告示說，須受罰立一小時之懲戒，但大都數地方，他們都以「打耳光」與「吃槍柄」來替代立，以強迫人家來同他們「親善」。

在途中邂逅日兵時，除須向其「行禮致敬」外，舉止務必從容不迫，假使你見而生畏，或想避掉受他們檢査麻煩起見，而思奔跑圖逃時，這是最危險的，因爲如此後，他們即疑惑你是不穩份子，常舉槍遙射，以致死難于這種情形下的同胞，已不知凡幾矣。設或不幸而已被彼等作爲射擊之目標，則當情急生智，利用各種方法，保護你的生命安全，例如聞槍聲後，不論其曾被擊中與否，該即應聲倒地，佯作已被命中，如是後，他們以爲自己的神奇槍法已中害了他們的敵人，決不會再來向你射擊，而後待他們去後，你就可以再慢慢地前行。

△最後幾句話

總之，出入於戲院娛樂場，過慣安逸生活，寄居於孤島上的人們，一旦走入淪陷區域，就可覺得兩地判若天堂地獄之分，在地獄中生活的無數同胞，除須有耐受壓迫凌辱之忍耐性外，尙須富有機警，否則，死神將隨時會光顧到你的身上。

最後，我再重復提醒諸位，由於你們的故鄉，已改變了環境，你們當留心你們的行動，留心你們的裝束，否則埋伏在四周的惡魔，將隨時要來加害於你們(完)(英)

——摘自《文汇报》（上海），1938年5月9日

日兵善射

彈中渡客臀部

山東人胡清海、現年二十八歲、昨日上午四時許、胡由浦東乘坐擺渡船渡浦西來、不料船經三井碼頭附近、忽遇日本哨兵一名、[illegible]、突然開槍一響、向胡射擊、胡猝不及防、致被射中臀部、彈由腹部穿出、痛倒船上、後由船夫將其送入寶隆醫院救治、

——摘自《文汇报》（上海），1938年5月9日

敵機炸南宿州歸德

教堂醫院被毀

晉各縣慘遭敵騎蹂躪

【徐州八日中央社合衆電】美紅會醫生馬克葛魯，頃由南宿州乘自行車抵此，據談：南宿州本月五日被日機九架轟炸，結果死傷至少達三百七十人，該地之義大利天主教堂，亦被炸毀。當時逃入教堂之百餘人均遇難，日機抵南宿州上空後，即向該教堂擲下三彈，均落院內，其後，該日機又飛回，向教堂擲下燃燒彈數枚，教堂當即起火，避入院內防空壕之人民，均被炸斃。該教堂各房屋，均已無一完好。又按馬克葛魯稱：南宿州因無防空設備，故日機能低飛任意轟炸，南宿州並非軍事要地，該義教堂距車站達一英里許，日機故意往炸，殊屬不解。現該地長老會外國傳教士等，正在努力救傷。最近日機曾至歸德轟炸，該地之隴海醫院被炸毀，當時院內有病人四百人，被炸斃者甚多，厥狀極慘。

【本市消息】行政院昨接某戰區司令長官來電，綜述敵寇在山西各縣之殘暴行為，聞之令人髮指，原電略稱，據鄉寧吉縣大甯各縣縣長面報，敵人此次經過縣區，專事焚燬農具，焚燒食糧，收割青苗，強拉牲畜，宰殺耕牛，日以千計，且僅食其肉，餘均隨地拋棄，厥狀至慘，意在破壞農產，所過十室九空。又據山西第五區報告稱：倭寇所到區域，奸淫擄掠，慘無人道，僅沁水一縣，平民被迫工作，復遭慘殺者數千八，七八十歲之老婦，及七八齡之幼女，被輪姦致死者，計有數十人，野蠻殘酷，實屬亙古未聞。

——摘自《申报》（汉口），1938 年 5 月 10 日

敵機慘炸宿縣

教堂難民死傷數百

蒙城擊落敵機一架

本報六安九日專電　八日上午十一時、我射中敵機一架、墜於蒙城東南二三里處、機身已毀、另作被我汽車裝去、

中央徐州八日合衆電　美紅十字會醫生馬克葛魯、頃由宿縣乘自行車抵此、據談、宿縣本月五日、被日機九架轟炸、結果死傷至少達三百、十餘人、該地意大利天主教堂、亦被炸毀、當時逃入教堂避難者、達百餘人、均遇難、日機抵宿縣上空後、即向該教堂擲下三彈、均落院內、其後該日機又飛回、向教堂擲下燃燒彈數枚、教堂當即起火、避入院內防空壕之人民、均被炸斃、該教堂各房屋、均已無完好、又據馬克葛魯稱、宿縣無防空設備、故日機能東飛任意轟炸、宿縣並非軍事要地、該教堂距車站達一英里許、日機故意往炸、殊屬不解、現該地長老會外國傳教士等、正在努力救傷云、最近日機曾至歸德轟炸、該地之隴海醫院被炸毀、當時院內病人四百人、被炸斃者甚多、厥狀極慘云、

中央安慶九日電　敵機三架、九日下午四時、飛此盤旋半小時、在城郊投炸彈數枚、我無損失、

——摘自《时事新报》（重庆），1938 年 5 月 10 日

（十三）

李紹堂述　黃烈記

敵軍最初捉到我們的同胞，便強迫他們帶去找女人。這批鬼畜不會說中國話，想說要花姑娘，而結果只會說「我要花……花……」會有人把他們帶到文思巷淮清橋去找私娼，路走得太遠了，敵軍懷疑起來，便在半路上將此人用手槍擊斃。又中央飯店已被他們盤據，把各處搜集來的女人，都帶到那裏去強姦。

此時消息隔膜，大家都說難民區裏秩序較好，尚未受到敵軍的騷擾，其實敵軍每日要到那裏去搜索七八次，殺人無算，庚款委員會前面的小塘裏，淹沒了許多屍體，都是被敵軍殘殺後拋豹、這些情形，事後才知道。又聽說藏匿在城南各教會團體裏的女人，遭害的極多，城北各教會團體，因爲有外國人親自主持，較能彈壓，事實也不盡然，金大農場及金陵女大所辦的婦孺收容所，被那些獸軍跑進去蹂躪的事實，不是公開地揭載於上海的外國報紙中嗎？不過這些情形，也是事後才知道。

（敵軍從金大女大裝去數卡車的女同胞，是帶到中央飯店去強姦，也有於第二日早晨送回的，但大都已憔　一息）。

難友中有親見敵軍在北門橋　空商店中強姦從難民區逃出的女同胞的情形的，低低告訴我們，大家都憤恨填膺，兩眼發赤。

——摘自《时事新报》（重庆），1938年5月10日

徐州被狂炸

【徐州十日中央社電】徐州十日竟日在空襲中，晨八時起，敵機一架偵察半小時，二次由南來九架，在東關投彈百餘枚，一小時後，三次由南再來九架，北來三架，又投彈百餘枚，四次南來六架，五架在宿縣一帶轟炸，一架到徐，盤旋兩小時，五次又來三架，僅在徐南旋擾，未臨市空，徐埠共投彈二百三十餘枚，多重磅及硫磺彈，被災區域計津浦鎮南天橋東西兩側及津浦馬路，下洪鄉，順河街，天房鄉，鐵茶鄉一帶，因本日西風狂作，火勢曼延，消防人員亦被炸死傷多名，故無法灌救。截至晚九時，仍在燃燒中。共計焚燬民房約四千間，平民死傷三百餘名，記者當晚澈災區視察，以鐵茶鄉被災最重，該鄉共有居民一千零一百餘，房屋三千間，此次被災達九百五十戶，延燒二千五百間，津浦鎮鐵路兩側民房千餘間，悉付一炬。在南天橋登高瞭望，煙火滿目哭聲震耳，現各戶仍繼續在火堆中扒掘人屍，未死者人半露尚待救，記者並目睹尚有十數具無主屍身斷頭殘肢，橫臥火窟。

——摘自《申报》（汉口），1938年5月11日

孖洲海面附近 敵艦又焚我漁船一艘

昨某外輪抵港言其情形甚詳

（專訪）敵艦在粵海肆虐、焚掠我漁船、殘殺我漁民、連日報章均紀不勝紀、昨某外輪抵港、據該輪船員述敵艦焚掠我國漁船情形頗詳、據云、于本月七日上午十一時許、駛抵孖洲附近海面時、見有中國漁船三艘、相并而駛、而該處海面、則泊有日艦卄三號一艘、惟漁船與日艦之距離甚遠、竟亦爲日艦所見、即用電船前往刦掠、該三漁船見敵電船駛來、急揚帆逃避、二艘幸獲逃去、惟其中一艘較大者、因駛行畧緩、在一小山側即被電船追及、敵兵先用機槍掃射、致漁船中人無一倖免、繼則登船刦掠、後又縱火焚燒云、（越）

——摘自《循环日报》，1938 年 5 月 11 日

英德——敵機濫炸慘狀

（廣州專訊）英德縣城及車站，于六日下午被大批敵機到炸、畧情已誌昨報、茲續查英德車站、共落三十餘彈、計炸斃油庫管工陳某一名、其屍體昨八日始行挖出、至英德縣城方面、共落五十餘彈、縣署頭門被炸塌、南門大街、被炸商店、計由萬合・成記、益豐、廣濟隆、調豐、怡豐、珍昌、信孚、德記福起、迄良隆止、全被炸塌、共毀屋宇舖店三十餘間、而該街之竹篙店木店十六間、亦付一炬、萬合雜貨店、則落中燃燒彈、至是夜十一時許、始行熄爐、北江運館分棧頭門及中座、均被炸塌、而竹木工人之被炸斃者五、并斃狗一頭、沙壩落四彈、東岸楊觀泰門口落一彈、毀屋三間、廣利門口落一彈、毀木屋及厠所各一間、龜頭石河面、落十餘彈、炸去公益躉船四艘、貨物損失約達七萬餘元、又炸沉大船二艘、其當堂炸斃、據現所知者、約爲二十三人、重傷者四十餘人、其炸沉船隻、尚未起紋、而炸塌店屋、尚在起掘、內裡尚有屍體若干、現尚未詳云、

——摘自《循环日报》，1938 年 5 月 11 日

敵機十七架

昨日分犯廣州虎門惠陽

敵機一架受傷出烟即逃
天河虎門落彈未受損失
惠州縣城被炸死傷平民

【廣州專訊】昨十日天淸日朗、敵機兩度來襲天甫放明、敵機四架、卽侵入市空希圖肆虐、被我高射砲猛烈應戰、卒將擊退、戰况之烈、爲月來少見、查是日上午五時十分、中山唐家灣、發現敵機四架起航、由南北飛、約五分鐘、唐家灣再發現兩架、前後六架、飛抵虎門上空、本市續發緊急警報、其中兩架、在虎門太平間盤旋、四架直飛黃埔衝來市區、五時四十分東方魚肚白色上空、卽發現敵機由東南方自遠而近、機聲軋軋、全市可聞、本市防空部隊見敵機踪跡、卽以猛烈火力、集中射擊迎戰、機關槍高射砲齊發、隆隆之聲震動全市、市民多從夢中驚醒、陸空交綏、約十分鐘、敵機幾度侵入、均被高射砲截擊退去、**並有一架爲我四砲彈包圍、有一彈在機身附近爆炸擊傷、該敵機當堂透出黑烟搖搖欲墮、向南飛去逃遁、全市民衆均能目擊淸晰、**其餘三架見同伴受傷、亦不敢留戀、愴慌向東郊天河附近投彈九枚而去、我無損失、另兩架在虎門沙角投彈兩枚、落空曠地、至七時卅五分六架出海、唐家灣又發現四架起航、七時五十五分再發現一架、該四架敵機經東莞飛惠州、於九時許在惠陽縣城投彈十一枚、多中空地、**數枚中民居、毀屋五六間、死傷平民十餘人、**至十時十五分、敵機經虎門出海、本市解除警報、正午十二時、敵機四架在唐家灣起航、本市第二次發空襲警報、十二時十分、敵機抵虎門上空、發緊急警報、時唐家灣又發現兩架、前後共六架、經太平北飛惠州、在惠州縣城盤旋二十分鐘、未投彈他飛、至惠樟公路、在陳江橋附近、連續投彈十枚、其中七枚落河、三枚未爆炸、我橋樑無損失、敵機於下午二時十五分出海、本市解除警報云、

——摘自《循环日报》，1938 年 5 月 11 日

敵水兵圖登紅灣村不得逞

載兵汽艇被我擊傷一艘

敵艦老羞成怒砲轟該村

〔澳門專訊〕中山灣仔銀坑後背紅灣村、多是漁民雜族而居者、該灣貼近馬騮洲，摩囉下、以迄猪𩵎咀、知洲、金斗灣、尖涌等園、一出該灣之涌口、便是馬騮洲大海、地勢極形險要、民元常有賊匪蒿假該處以爲集合地點、後經官兵屢屢向該灣圍剿、賊匪始告絕跡、自我國全面抗戰後、該灣一帶早已佈置軍事、駐有防軍及各鄉之壯丁隊、軍械充足、迄今已將五閱月矣、查昨六日午一時許、有敵艦三艘、突駛向該灣海面、派汽艇三艘、載兵六十餘名、希圖在該灣登陸、但被駐防山上之軍隊、早已用望遠鏡窺見、立即下令駐軍嚴陣以待、俟敵艇將近岸邊、我軍居高臨下、開槍向下掃射、敵艇知我有準備立轉掉飛逃、有一敵艇敵兵全被我軍擊傷或斃、汽艇亦被擊損、不能即逃、由別一汽艇拖之而逃、餘兩艇受傷之敵兵、亦有數名、惟敵自受此重創後、翌日敵艦發砲向該灣攻擊、敵砲多不準確、未發砲前、我軍民早已趨避、故敵艦雖發炮多响、我軍民人等全無損傷、而敵機同時亦在天空偵察、良久始去、敵以計劃失敗、遂將艦完全駛離該處海面、不敢再向該灣進犯、澳門各界救災會、以該灣軍隊與壯丁隊協力抗敵、及殲滅敵人、故昨九日晨購備大批光酥餅、烟仔等、會同中國青年救護隊、前在該灣勞軍、至午始抵達該灣、慰勞軍隊後、返抵澳門、已下午六時矣、據駐該處之長官、對慰勞者云、此處最需要爲藥物、聞該會將募集藥品送往云、

——摘自《循环日报》，1938 年 5 月 11 日

敵在魯省用毒瓦斯作戰

我代表團已向國聯提出照會

中央日內瓦九日哈瓦斯電　國聯會中國代表團頃以照會一件送達國聯會祕書長愛文諾、謂日本軍隊、會在山東省前線用毒瓦斯作戰、並準備大規模採用此項作戰方法、其言有曰、日本軍隊在山東省前線施放毒瓦斯、已非一次、近據本國政府接獲業已證實之消息、稱日本軍隊爲孤注一擲挽回該處戰事形勢起見、正準備大規模施放毒瓦斯、此項作戰方法、匪特與日本所簽字加入之現行各種國際條約相抵觸、抑且違反一切人道觀念云、

——摘自《时事新报》（重庆），1938 年 5 月 11 日

南京十日記

(三)(下)

李紹堂述
黃烈記

夜裏被敵軍叱罵着喊起來，選了八個人跟着他們出發，我僥倖也在內。那剩下的夥件又重新被綑綁着，以後便不知道他們的生死了。約有敵人三十人光景，從這裏開拔出去，我們八個人是替他們挑抬行李及行軍炊具之類，還有兩挑子東西，似是槍彈及火藥箱之類，幾個敵軍自己挑着.

黑夜裏出發，我們是向朝天宮那一邊走，轉過倉巷橋折入新路，是預備開到水西門以外去的。我們這羣挑夫和好幾匹馬，走在最前面，沒有燈，只是黑摸，一路上聽到敵軍互相問答口號的聲音。

這一帶路都很黑，看不清楚屋宇的破壞情形，四望只是一片死沉沉的氣象。水西門城門前面，有兩盞紙燈籠，照見十幾個守衛的敵軍，還有一挺機關槍直指着城內。

敵軍互相辦完了驗看公事的手續，打開城門，便出城了。城外不斷還有一點燈火，大約那條正街上，被燬了十分之二三，居然也有犬吠聲。一個敵車用手電筒在前面照路。

走到半夜，我們到了江東門不遠的一個小村子上，敵軍打開了一個人家的門，簇擁着進去，聽見有人驚喊的聲音，接着是拍的一聲重響，(不是槍聲)，大概又是結果了一個同胞的性命。

我們這一羣，這時却完全未被敵軍注意，好像他絕未預防我們會逃走一樣，幾十個敵軍穿流不息地在這所屋子裏進進出出，我那時站在一棵大樹下面，屋外毫無燈火，只帶一片漆黑，我看清橫在我後面的，是一片田野，繞過田野的那邊，就是我們的來路，我動了逃走的念，只不過一秒鐘的時間，我悄悄地走下田去，不但敵軍未注意我，連同伴也不知道，我爬過了田野，摸上大路，撒開兩腿就跑。

不幸我跑錯了一個方向，我又向着回南京的路上跑，已經走過半里路的光景，纔想起來。但此時如再掉首，危險更大。我知道迎着我的一條路，是沒有一個敵兵的，我又想到，押解我的敵軍，縱然發覺我，也不會向回頭的路找我來的。於是我舒舒服服的又走了半夜。

那時我已將生死置之度外，看見有路就走，天快亮的時候，我看見前面有一簇房屋，又有一大灘水，我慢慢認出了那是莫愁湖。我不敢再走了，繞過湖的西邊，找到了一家茅草房子，門緊緊閉着，我站在簷下，預備等天色全亮以後，再打主意逃走。

——摘自《时事新报》（重庆），1938 年 5 月 11 日

日軍大舉進犯廈門
昨與守軍竟日劇戰
日機竟轟炸廈門大學

【路透社廈門十日電】今晨四時日艦開始轟擊廈門港、居民皆由夢中驚醒、未幾有日兵數隊登陸、而與守軍接戰、維時有日飛機在廈門島鼓浪嶼天空擲下傳單、謂日軍擬佔據廈門島、而將華軍逐走、外僑宜速遷離、外船亦宜駛離該處附近海面、第三國之利益將妥加保護、但外僑外船若留而不去、則屬甘冒危險云、日飛機終日從事轟炸、廈門大學曾中彈受損、

【路透社馬尼刺十日電】此間福建時報今日載專電稱、日軍艦十二艘、飛機十八架、於今晨三時三十分起至六時止猛轟廈門、落下之砲彈與炸彈共約二百枚、華軍亦發砲回擊甚猛、市中雖有大火一處、但損失比較尙微、電中又云及廈門附近劇戰仍在進行中、是可徵日軍已登陸也、

——摘自《文汇报》（上海），1938年5月11日

中國照會國聯
日軍用毒瓦斯

【路透社日內瓦十日電】國聯行政院會議中國首席代表顧維鈞、今日正式照會國聯秘書長愛文諾、謂日軍現準備在華用瓦斯作戰、並謂日陸軍中將本眞於四月十九日由神戶赴山東、又陸軍少將菊池又謂日本現復以大批瓦斯與軍隊亦由日赴山東、二人所部隊伍、皆備有施放瓦斯器具、運往中國云、

【哈瓦斯社日內瓦九日電】國聯會中國代表團、頃以照會一件、送達國聯會秘書長愛文諾、謂日本軍隊曾在山東省前線、用毒瓦斯作戰、幷準備大規模採用此項作戰方法、其言有曰、「日本軍隊在山東省前綫、施放毒瓦斯、已非一次、近據本國政府接獲業已證實之消息稱、日本軍隊爲孤注一擲、挽回該處戰事形勢起見、正準備大規模施放毒瓦斯、」此項作戰方法、匪特與日本所簽字加入之現行各種國際條約相抵觸、抑且違反一切人道觀念云、

——摘自《文汇报》（上海），1938年5月11日

AMOY IS ATTACKED BY JAPANESE FLEET

Invaders Land After Day's Bombardment of Island by Ships and Planes

U. S. Warships on Way

Wireless to THE NEW YORK TIMES.

MANILA, Wednesday, May 11.—The United States light cruiser Marblehead departed for Amoy, China, this afternoon in response to a consular request for naval protection for Americans under Japanese bombardment in Chinese coastal cities. Carrying a crew of 350 and 30 officers, the Marblehead is expected to reach Amoy about dawn Friday.

Naval authorities here are informed that attacks by sea and air are continuing.

SHANGHAI, Wednesday, May 11 (AP).—The United States destroyer Edsall was ordered from Tsingtao today to join the South China patrol.

Special Cable to THE NEW YORK TIMES.

HONG KONG, May 10.—A Japanese landing party of probably at least 1,000 men occupied the eastern part of Amoy Island, in Fukien Province in Southeastern China, today after day-long fighting resulting in numerous casualties, particularly among the Chinese defenders.

Reports from witnesses in the treaty port tell of a concentrated attack, commencing at daylight, by twelve Japanese warships and twenty airplanes, raining shells and bombs that started fires which are still raging tonight. Before the attack Japanese planes dropped leaflets on Kulangsu Island, on which is the self-governing International Settlement, warning foreigners of the impending hostilities, urging them to leave the city and promising to respect foreigners' rights.

Chinese Resistance Sharp

The Chinese forts and entrenched troops were reported to have put up a spirited resistance. Foreign witnesses said at least 100 Japanese were killed and more wounded in dashing ashore in the face of rifles and machine guns.

The Japanese are expected to occupy all of Amoy, probably by daylight tomorrow, and there is speculation as to whether this will be the prelude to a major invasion of South China or merely a strategic foothold. Japanese planes and warships have been intensively bombing and shelling along the coast for a week, particularly in the vicinity of Macao, which resulted in exaggerated reports of landings. Only small parties went ashore on a few islets, apparently testing the Chinese defenses or creating a diversion.

The damage at Amoy is believed to have been considerable. University and other buildings were hit. It is feared many civilians were killed or wounded.

Thousands of frantic refugees, most of them women and children, are packing the seafront in the rush to cross to the mainland.

Special Cable to THE NEW YORK TIMES.

SHANGHAI, Wednesday, May 11.—Whether Japan intends to launch a major offensive in South China with the objective of cutting the

Continued on Page Fourteen

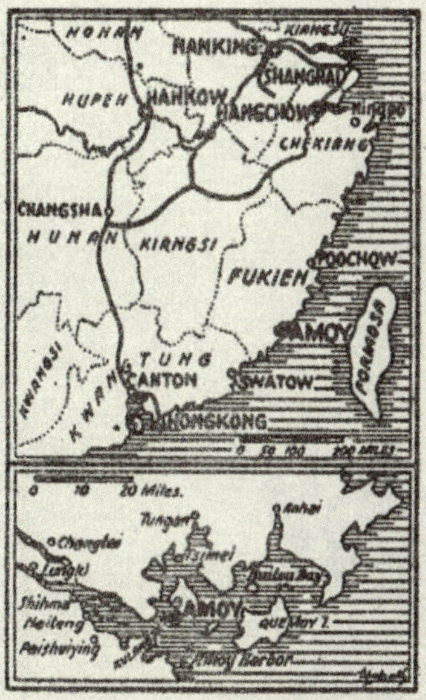

JAPANESE ATTACK PORT

Part of Amoy Island was captured yesterday after a day-long assault by sea, air and land. The upper panel shows Amoy in relation to Southeastern China; the lower panel shows the vicinity of the island in detail.

AMOY IS ATTACKED BY JAPANESE FLEET

Continued From Page One

Canton-Hankow Railway is a question posed by news of a Japanese naval and aerial attack on Amoy. Foreign military observers here believe Japan definitely is in no position to begin an extensive inland drive on another front requiring the transfer of divisions of Japanese troops either from Manchukuo or Japan.

About 500,000 Japanese troops engaged on various fronts in North Central China are already so seriously occupied that observers see no possibility of any of these being withdrawn to participate in any potential South China drive. The tense situation in Japanese relations with Russia probably precludes the possibility of withdrawals from Manchukuo.

The Japanese naval headquarters here issued a communiqué last night, saying:

"With Kwangtung forces stationed in Amoy, the city has not only been an anti-Japanese base in Fukien Province but also a channel through which arms, ammunition and other military supplies have been pouring into China. It is the duty of Japanese forces to give protection to Formosan residents on Amoy Island."

Military observers here also believe the Amoy attack was designed to worry the Chinese command at Hankow and delay the dispatching of new Chinese divisions to the Shantung front, thus easing the pressure there.

The entire Japanese civilian community here, the members of which have been visibly depressed in recent weeks because of the slow progress of the Japanese forces in North China, pinned new hope on a much-talked-of large-scale Japanese offensive, which was expected to hit its stride at the end of May and to result in the fall of Suchow. Chinese in Shanghai were confident Generalissimo Chiang Kai-shek's forces would continue to hold the enemy at bay in South Shantung.

Chinese Tell of Gains

SHANGHAI, Wednesday, May 11 (AP).—The attack on Amoy yesterday apparently was designed to draw part of the Chinese central armies away from the central front. The Chinese announced today that their forces had countered the Southern invasion toward the Lung-Hai Railway by repulsing Japanese on all other fronts of the widespread war zone.

Advices from the foreign colony reported all American and other foreigners in Amoy were safe. Naval authorities said the United States gunboat Asheville was standing by off Amoy, where it has been stationed for some time, to give aid if necessary.

The Japanese avoided possible complications with Britain by attacking Amoy instead of Canton, near Britain's Hong Kong colony. Amoy is only 150 miles from Japan's island of Formosa.

Ningpo, another important port south of Shanghai, is endangered by the advance of a Japanese column across Chekiang Province. This force, which captured Shaohsing yesterday, was reported driving eastward south of the Chientang River.

The Japanese avoided possible complications with Britain by attacking Amoy instead of Canton, near Britain's Hong Kong colony. Amoy is only 150 miles from Japan's island of Formosa.

Ningpo, another important port south of Shanghai, is endangered by the advance of a Japanese column across Chekiang Province. This force, which captured Shaohsing yesterday, was reported driving eastward south of the Chientang River.

The Chinese reports of central front successes told of forces beating back Japanese attempting to drive north from Nanking against the Lung-Hai Railway, long the goal of Japan's Central China campaign. In Northern Anhwei Province, the Chinese said, Japanese were repulsed with heavy losses after ten bayonet charges near Mengcheng, eighty miles southwest of Suchow.

Another Japanese column was said to have been stopped near Chaohsien, in Central Anhwei, by guerrilla raiders who recaptured five villages and wiped out Japanese garrisons of 600 men. Other guerrilla forces worried Japanese detachments throughout the war area. One engagement was along the shores of Lake Tai, fifty miles west of Shanghai.

Amoy University Bombed

Wireless to THE NEW YORK TIMES.

TOKYO, Wednesday, May 11.—In the largest amphibian airplane operation yet attempted in South China, the Japanese Navy yesterday landed a strong force of marines on Amoy and occupied the eastern half of the island, Imperial Headquarters announced today.

Amoy City, in the western part of the island, was reported ablaze. The Japanese bombed Amoy University, which the Chinese were said to be using as a military base.

Twenty-six Americans in Amoy

Special to THE NEW YORK TIMES.

WASHINGTON, May 10.—Reports to the State Department, as of February, the latest made, showed that there were then twenty-six American citizens in Amoy and twenty-three Filipinos. No detailed reports of the attack on Amoy were received by the department today.

——摘自《纽约时报》（The New York Times），1938 年 5 月 11 日

敵機狂炸徐州

竟日空襲擲彈二百餘枚

燬屋四千間死傷三百餘

宿縣舒城廬江桐城同遭大蹂躪

（中央十日徐州電）徐州十日竟日被空襲、晨八時、敵機一架、偵察半小時、二次由南來九架、在東關投彈百餘枚、一小時後、三次由南再來九架、北來三架、又投彈百餘枚、四次南來六架、五架在宿縣、一帶轟炸、一架到徐盤旋、兩小時、五次又來三架、僅在徐南旋擾、未臨市空、徐埠共投彈二百二十餘枚、多

重磅及硫磺彈、且因本日西風狂作、火勢蔓延、無法灌救、截至晚九時、乃在燃燒中、共計焚燬民房約四千間、平民死傷三百餘名、記者當晚赴災視察、以鐵茶鄉被災最重、該鄉共有居民一千一百餘戶、房屋三千間、此次被災達九百五十戶、延燒二千五百間、津浦鐵路兩側民房千餘間、悉付一炬、在南天

橋旁高瞭望、烟火滿目、哭聲震耳、現各戶仍繼續在火堆中扒掘人屍、大半露宿飲泣待救、記者並目睹尚有十數具無主屍身、斷頸殘肢橫扒火窟、現各鄉鎮長以淒慘景況、不忍卒睹、正沖夜詰查報災、請示施賑、

（中央十日六安電）敵機三架、十日下午三時十分、飛舒城（在合肥之南）、轟炸、投彈數十枚、房屋被焚數處、死傷人數、尚在調查中，另有敵機五架、於下午在桐城（在舒城之南）投彈二枚、損失不詳、

——摘自《东南日报》（金华），1938年5月11日

敵機昨七襲徐州

車站大火平民死傷數十人

（本報十一日徐州專電）敵機連日狂炸徐州、以東北車站及繁華街市爲目標、凶暴情形、爲空前所未有、十一日、又到敵機卅八架、七次狂炸、仍如昨日、所投炸彈、多在五百磅左右、內有燃燒彈多枚、東北站起大火、均成焦土、幸市民預先避出、僅傷亡十餘人、事後調查、東車站一帶東關街投彈八枚、死傷六人、毀房廿一間、東馬路投彈四枚、毀房十五間、北馬路投彈廿餘枚、燃燒彈四枚、毀房廿餘間、北車站一帶、投彈四十餘枚、毀鐵軌七節、圍牆一段、站內及附近房屋一百七十餘間、死傷十二人、共計本日投彈百餘枚、毀房四五百間、傷亡十餘人。

——摘自《新华日报》（汉口），1938 年 5 月 12 日

敵機昨襲蘭封。

浙贛皖均被投彈

【蘭封十一日中央社電】敵機一架，十一日晨八時半，經汴到蘭封，投彈七枚，傷平民三人，死傷牲口八頭，復至考城用機槍掃射。

【金華十一日中央社電】今晨八時，平陽方面發現敵機三架，八時飛達永嘉上空，向該縣近郊投彈廿一枚，毀民房四間，傷二人。

【南昌十一日中央社電】十日晨九時，贛閩邊境發現敵機三架，在光澤，廣昌，南豐，南城等縣盤旋一週後，竄至南城縣上空，投彈十餘枚而去，多落荒郊。

【六安十一日中央社電】敵機二架昨日上午七時三十八分又飛至舒城轟炸，計在小東門左，保安路及縣廟前投彈三枚，燬民房十餘間，拐子空地投彈四枚，均未傷人。又今晨九時許敵機一架，在壽縣石家集投彈四枚，死我平民四人，燬房一間。

【廣州十一日中央社電】敵機九架，今夜九時半來襲，投十餘彈，我無損失。

【汕頭十一日中央社電】今晨黎明敵機八架襲閩屬漳浦平和，六時十分掠過大埔窺察片刻即遁去。

——摘自《申报》（汉口），1938 年 5 月 12 日

敵機竟日炸徐州

燬房千餘間死傷百餘人

麗水舒城各處亦被投彈

中央徐州十一日電 大批敵機、十一日分七批襲徐、狂施轟炸、徐埠竟日在警報中、屆晚五時、始行解除、今晨七時、我機五架過徐到魯南助戰、適敵機一架來徐窺察、當被我機在空際發現、乃折回圍擊、敵機倉惶逃遁、被我機追至曹村、敵機負傷拚命南竄、我機亦未窮追、當即安然西返、距未半時、敵機九架二次來徐、在東關投彈後南竄、又半時三次來襲徐、計九架、投彈逸去、逾一時四次襲徐、計廿五架、以十架戰鬥機在高空掩護、十五架轟炸機在低空投彈數十枚逸去、又半時五次襲徐、計六架炸北關一帶、午後一時六次襲徐、祗來一架窺察、第七次襲徐爲下午四時、計五架、當敵機每次來襲、我防空部隊均以密集機砲射擊、敵機亦以機槍下射、但恐被我擊落、故投彈後輒不敢盤旋即去、本日所投各彈、有重逾千磅者、亦有手溜彈、所炸窩穴、有深達三丈、廣約八丈者、爲徐州空襲以來第一次之重彈、一日間共投小大彈約二百五十枚、燬房千餘間、共死傷男女平民百餘、爲狀至慘、此間各界正着手查放急賑、

本報汕頭十一日專電 十日下午九時餘、敵機數架、於月色濛瀧中、襲海豐惠來、半小時後、經汕尾出海、今晨黎明、敵機八架襲閩屬漳浦、平和、六時十分掠過大埔、窺察片刻即遁去、

——摘自《时事新报》（重庆），1938 年 5 月 12 日

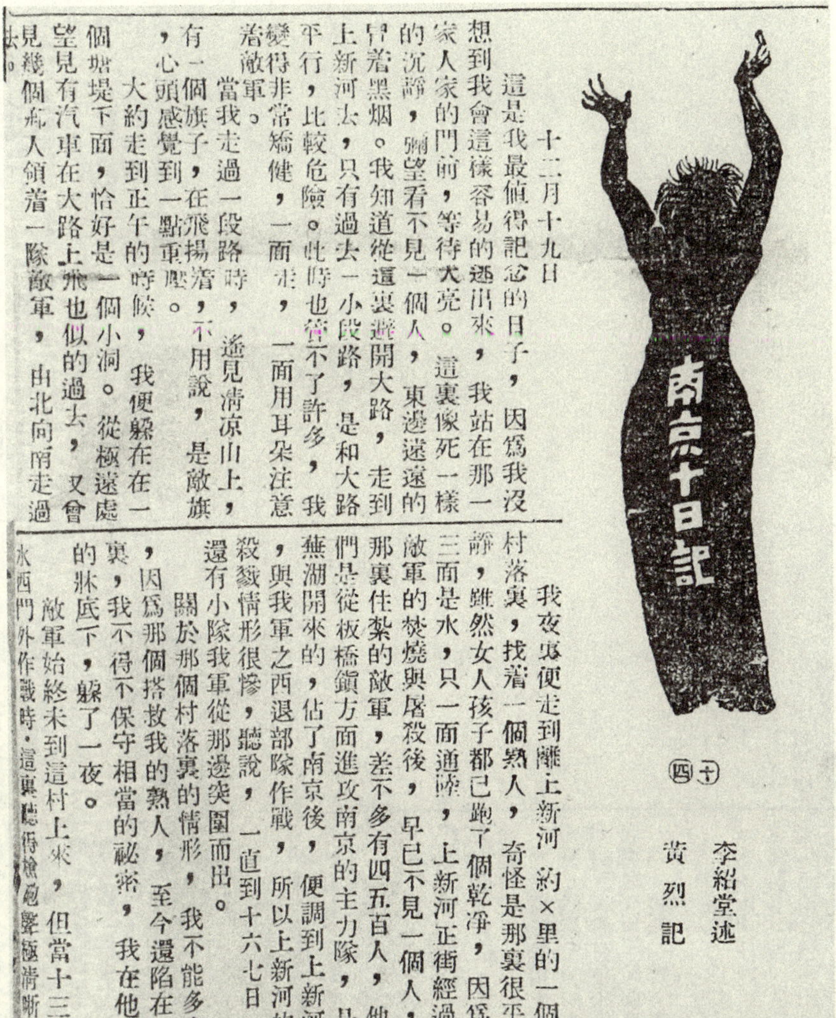

南京十日記

（十四）

李紹堂述

黃烈記

十二月十九日

這是我最值得記念的日子，因爲我沒想到我會這樣容易的逃出來，我站在那一家人家的門前，等待大亮。這裏像死一樣的沉靜，彌望看不見一個人，東邊遠遠的冒着黑烟。我知道從這裏避開大路，走到上新河去，只有過去一小段路，是和大路平行，比較危險。此時也管不了許多，我變得非常矯健，一面走，一面用耳朵注意着敵軍。

當我走過一段路時，遙見淸凉山上，有一個旗子，在飛揚着，不用說，是敵旗，心頭感覺到一點重壓。

大約走到正午的時候，我便躲在在一個塘堤下面，恰好是一個小洞。從極遠處望見有汽車在大路上飛也似的過去，又會見幾個痲人領着一隊敵軍，由北向南走過去。

我夜裏便走到離上新河約×里的一個村落裏，找着一個熟人，奇怪是那裏很平靜，雖然女人孩子都已跑了個乾淨，因爲三面是水，只一面通陸，上新河正街經過敵軍的焚燒與屠殺後，早已不見一個人，那裏住紮的敵軍，差不多有四五百人，他們是從板橋鎮方面進攻南京的主力隊，是蕪湖開來的，佔了南京後，便調到上新河，與我軍之西退部隊作戰，所以上新河的殺戮情形很慘，聽說，一直到十六七日，還有小隊我軍從那邊突圍而出。

關於那個村落裏的情形，我不能多寫，因爲那個搭救我的熟人，至今還陷在那裏，我不得不保守相當的祕密，我在他家的牀底下，躲了一夜。

敵軍始終未到這村上來，但當十三日水西門外作戰時，這裏聽得槍砲聲極淸晰。

——摘自《时事新报》（重庆），1938年5月12日

徐州昨被炸

連炸三日慘不可睹

敵機昨襲廣州開封

（中央社徐州十二日電）徐埠十二日晨九時許又遭敵機五架之狂炸、被炸區域、仍爲車站附近之平民區及小商店、記者於解除警報後、特往視察、三日來敵機連續集中轟炸之東站情形、目擊其所投二百餘彈、幾無一落空台者、而站之東南北三面二里以內民房商[illegible]千餘、盡付一炬、死傷二百以上、十一日該處流離失所之平民、於警報前往站西二里之鐵場利村躲避、詎料敵機又續往轟炸、致全村成爲一片焦土、死傷又達二百餘、站東里許中華基督教長老會、十年所建之馬可福音堂、亦於十一日遭敵機三次轟炸、該堂面積七畝、所有石基禮堂教友住宅及圍牆、均全部震塌、堂中之陳設及圖書亦已燒燬、幸未傷人、該堂瓦面漆有百八十方尺之美國旗兩面、另漆一面白底藍十字旗、此種有關明目標之第三國建築、仍難逃敵機之投彈、實徵敵航空員之不顧國際公法、該堂牧師安台德、已電駐華美大使館報告、并以徐州月來被炸平民及傷兵日衆，已另電漢美國紅十字會及中外慈善團體、請求捐助藥品、來徐救濟。

（中央社廣州十二日電）敵機廿四架、今日上午八時卅五分、大舉襲粵、向市中心區投彈一枚、將德政場新十四十六兩號全部粉碎、嚴[illegible]場廿廿二兩號民房炸塌一半、死二人、重傷四人、輕傷十餘人、該地密邇中山大學附屬中學、一般推測、敵機似圖炸毀該校、敵機並在郊外投廿餘彈、至十一時解除警報。

（中央社廣州十二日電）敵機十餘架、分四隊今夜九時許、又乘月色來犯、在外投彈約十枚、又襲粵漢路小站、投彈一枚、我無損失。

（鄭州十二日電）十二日敵機、兩次狂炸開封、第一次敵機廿四架、於上午七點投彈八九十枚、第二次下午三點卅七分、敵機十六架、投彈五十餘枚、內並有毒氣彈甚多、兩次均多落於北關及車站一帶、票房、機車房、水櫃均爲炸燬、並燬路軌數節、傷亡四五十人。

——摘自《新华日报》（汉口），1938 年 5 月 13 日

日機廿餘架

昨襲廣州

一彈落於市中心區
死傷民衆三十餘人

（香港十二日電）今晨八時半，日機二十六架，轟炸廣州，先以天河機場爲目標，投彈多枚，另一彈落在廣州市中心點，頗有死傷，該處發生大火（廣州十二日電）日機爲報復昨日損失起見，今晨飛至天河飛機場轟炸，日機之數額共二十六架，其數彈中有一枚投於市中心，死民衆三十五人，傷數未詳。

——摘自《晶报》（上海），1938 年 5 月 13 日

敵機炸粵市區

厦大再度被轟炸

投彈四十餘枚，員生均無恙。

【廣州十二日中央社電】敵機十餘架，分四隊今夜九時許又乘月色來犯，在郊外共投彈約十枚。又襲粵漢路小坪站，投彈一枚，我無損失。

【廣州十二日中央社電】敵機廿四架，今日上午八時卅五分，大舉襲粵，向市中心區投彈一枚，將德政場新十四十六兩號全部粉碎，霞飛塲廿廿二兩號民房炸塌一半，死二人，重傷四人，輕傷十餘人，該地密邇中山大學附屬中學，一般推測敵機似圖炸毀該校，敵機並在郊外投廿餘彈，至十一時解除警報。

【廣州十二日中央社路透電】今晨九時有日機二十一架，飛至廣州北郊廣九路與粵漢路接軌處，大肆轟炸，結果死傷三十五人，房屋被炸燬者亦有數所。

【開封十二日中央社電】汴十二日晨七時許到敵機一架偵察，旋有七架繼之，三架五架四架共十九架先後在南關等處投彈，八時半始去，九時復來偵察機一架，警報至九時廿分始解除，損失詳情正調查中。

【福州十一日中央社電】十一日晨九時許敵機三架，飛經霞浦上空，向浙飛去，今日閩南惠安海澄同安晉江龍溪漳浦等縣，均發現敵機三或五架，均屬偵察性質，厦門大學電省，十日敵機六架在汀郊外

——摘自《申报》（汉口），1938 年 5 月 13 日

敵機五六十架

昨分七批襲粵

敵艦昨午砲擊虎門

本報香港十二日急電　十二日晨七時半、敵機五六十架分七批來襲、一部經從化增城襲粵、十五架侵入市空、我高射砲猛烈射擊、敵機在東北郊投彈十餘枚、流化落數彈、市內德政路、霞飛坊落一彈、塌三屋、其中一爲葉夏聲宅、葉次女斃命、妻及女僕均負傷、另死三人、傷十餘人、天河機場、落七八十彈、黃埔支線、落十餘彈、無大損失、　聞三時敵艦虎門發砲二十餘、均落海中、我未還擊、

中央廣州十二日路透電　今晨九時、有日機二十一架、飛至廣州北郊廣九路與粵漢路接軌處、大肆轟炸、結果死傷三十五人、房屋被炸者、亦有數所云、

中央廣州十二日電　十二日十一時五十分、敵艦一艘、乘省港各輪駛近虎門之際、突然向我要塞發砲數響、意圖擾害省港交通、各彈落空、于我無損、各輪恐生意外、當即折回港海、延至下午三時許、全部安抵省垣、外謠虎門重行封鎖之說不確、

中央廣州十二日電　敵機十餘架、分四隊今夜九時許、又乘月色來犯、在郊外投彈約十枚、又襲粵漢路小坪站、投彈一枚我無損失、

——摘自《时事新报》（重庆），1938 年 5 月 13 日

（十五）

李紹堂述

黃烈記

十二月二十日

守到黑夜，我苦求那個熟人伴我用小划子逃到永定洲去，那裏他是有熟人的。據說永定洲在南京失陷後，有不良分子冒充代表，去歡迎敵軍，搖尾乞憐的做漢奸，因此殺戮稍輕，十六日那一天，有敵軍一隊前去搜查戶口，零零碎碎，也發生幾件搶劫與姦淫的事，但殺戮人數，卻較他處爲少，而且只停了一夜，就開走了。

我躲在永定洲約兩日兩夜，同樣的在一個夜裏，我逃到烏江去。以後的乞食的流亡生活，不必再說了。

我的敘說，是相當信實的，關於敵軍的暴行，我只就眼見的幾件記下來。再聞之多，且慘，有時竟便我不忍記出。

一直到十七八日，還有整批的難民，逃到永定洲來，我軍及敵軍都不大知道這一條路，軍隊退卻，也不肯向這一條死路走來。但熟悉地理的老百姓，則被迫至無可奈何時， 都麕集這裏再陸續分逃到江北一帶去。

在永定洲聽到敵人的暴行，奸淫比殺戮更使鄉人驚慣，有從湖南路（在難民區內）某宅中逃出的人，經過永定洲，說他那屋裏住了二十個難民，樓上住的是鐵道部職員X君，福建人，因傷患病多日，衰弱萬分不能逃走，他有一個妻子，和一個姪女，陪伴他，也不忍拋下他走。他們認爲難民區裏或者可以得到安全，但在南京失守後，第三天，敵軍開始自由侵入難民區，搜尋婦女，有三個敵軍找到過一個宅子時，用刺刀威嚇一個看門老頭，向他討索女人，老頭把他們領到樓上去，那兩位女士便失去了抵抗力，被三人侮辱了一夜。最可痛的，是敵軍認清了路，第二夜又帶了更多的人來。兩個女子本來是住在瓜圃橋的，便受他那個生病的丈夫的勸告，從湖南路，逃回瓜圃橋家中去。當晚又被另一批敵軍尋獲，二女因不堪輪奸之苦，加以抗拒，給那幾個獸兵割乳殺死了。這逃出的人曾受那病夫的請托，帶了人去把二女掩埋。他說時，臉上極度緊張。其實像這一類的事發生在南京城內或南京四郊的，不知有幾千百件。我們同胞只是在一羣瘋狂的野獸中間受着恐怖與殘殺的痛苦。但這種獸行有時也遇到我們同胞 的英勇的抵抗。七個敵軍在六郎橋奸一農婦，被當地壯農起來，將七個敵軍打死六個，逃掉一個，隔了兩日，大批敵軍趕來，全六郎橋的居民都逃走了，於是敵軍只好放火洩憤，所以現在的六郎橋，只賸了一片荒土了。（全文完）

——摘自《时事新报》（重庆），1938 年 5 月 13 日

日機襲廣州
向鬧市中區投彈
並圖毀中大附中

【廣州十二日電】日機二十四架、今日上午八時三十五分大舉襲粤、向市中心區投彈、一度將德政街十四十六兩號全部粉碎、霞飛坊二十二十二兩號民房炸塌一半、死二人、重傷四人、輕傷十餘人、該地密邇中山大學附屬中學、一般推測、日機似圖炸毀該校、日機並在白雲天河兩機場投二十餘彈、但無損失、至十一時解除警報、

【路透社廣州十二日電】今晨九時日機來襲時、有炸彈一枚落於東郊爆炸、共死傷三十五人、並毀屋若干所、日機共二十一架、在廣州附近一帶轟炸、中國高射砲曾向轟擊、但無飛機迎戰、

——摘自《文汇报》（上海），1938 年 5 月 13 日

JAPAN PLANS TO RAID CHINA WITH BACTERIA BOMBS

(From Our Own Correspondent)

HANKOW, Thursday.

BACTERIA bombs are to be used in a new series of monster air-raids on the main cities of China now being planned by the Japanese.

This is the sensational news revealed here by the Commander and Deputy-Commander of the Eighth Route Army now operating in Northern China.

Telegraphing a message "to the Chinese people and to the whole world," General Chu Teh, Eighth Army Commander-in-Chief, declares that he had received secret information from Tientsin, present headquarters of the Japanese in the north, of the preparations being made for the launching of these raids.

More than 100 airplanes, he states, are to take part in this new aggression and main concentration will be on Yunnanfu, capital of the Shensi Province and administrative centre of the Special Areas, formerly the Soviet areas of China.

One of the reasons for the Japanese concentration on Yuannan is believed to be the tremendous progress that has been made in these areas in mobilising the people against Japan.

Elections for the creation of a provisional district government have just been concluded after a two months' campaign.

MODEL FOR CHINA

With candidates put forward by trade unions, peasant organisations, Eighth Army units and Communist Party branches, every man and woman over eighteen had the right to vote.

Serving as a model for the rest of China—which, it is hoped, will hold similar elections throughout—the main line upon which this election was run was for organising every resource for the successful conclusion of the war and for the stabilisation of democracy at home.

——摘自《工人日报》（Daily Worker），1938年5月13日

津隴兩路沿線遭寇機猛襲

徐海宿汴等處均被轟炸

（中央十二日徐州電）敵機多架、十二日在津浦隴海兩路肆虐、海州、蘭封、宿縣、符離集、固鎮、運河各站、均被轟炸、

（中央十二日徐州電）徐州十二日晨九時許、又遭敵機五架之轟炸、被炸區域仍為平民窟及小商店、記者於解除警報後、特往視察三日來敵機轟炸之情形、計十日敵機燬民房商肆千餘間、死傷二百人以上、十一日死傷又達二百餘、情狀至慘、即中華基督教長老會十年前所建之馬可福音堂、亦於十一日遭敵機三次轟炸、該堂面積估七畝、所有石基禮堂教友住宅及圍牆、均全部震坍、堂中之陳設及圖書、亦已燒燬、幸未傷人、該堂屋頂瓦面漆有寬八十一方尺之美國旗兩面、另漆一面白底紅十字旗、此兩有顯明目標之第三國建築、仍難逃日機之投彈、足徵日航空員之不守國際公法、該堂牧師安台德、已電駐華美大使館報告、幷以徐州日來被炸平民及傷兵情況、已另電漢美國紅十字會及中外慈善團體、請求捐助藥品、來徐救濟、

（中央十二日開封電）汴十二日上午七時念五分、到敵機念架、先後分四批、在南關等處、投彈百餘枚、八時半始去、九時敵機一架、復來偵察、警報直至九時廿分始解除、損失詳情正調查中、

——摘自《东南日报》（金华），1938 年 5 月 13 日

敵機不分晝夜狂襲廣州市

寇艦發砲轟擊我虎門

（中央十二日廣州電）敵機十餘架、分四隊、今夜十一時許、又乘月色來犯、在郊外共投彈約十枚、又襲粵漢路小坪站、投彈一枚、我無損失、

（中央十二日廣州電）敵機廿四架、十二日上午八時三十五分、大舉襲粵、將向市中心區投彈三枚、德政新村十四十六兩號全部粉碎、霞飛坊二十廿二兩號民房炸場一半、死二人、重傷四人、輕傷十餘人、該地密邇中山大學附屬中學、一般推測、敵機似圖炸毀該校、並在白雲天河兩機場、投廿餘彈、但無損失、至十一時解除警報、

（路透十二日廣州電）十二日晨九時、有日機二十一架、飛至廣州北郊廣九路與粵漢路接軌處、大加轟炸、結果、死傷十五人、房屋被炸者亦有數所、

（中央十二日廣州電）十二日十二時五十分、敵艦一艘、乘省港各輪駛近虎門之際、突向我要塞發砲數響、意圖擾亂省港交通、各彈落空地、我無損、各輪船恐生意外、當即折回港海、延至下午三時許、全部安抵省垣、外謠虎門重行封鎖之說不確、

（路透十一日廣州電）十一日上午十時四十五分、有日轟炸機五架、來襲廣州、中國飛機多架、當即迎擊、日機因衆寡不敵、迅速飛走、華機窮追、結果、將日機全數擊落、此間中國方面謂今日中國新飛機作戰之成功、推拒絕發表其空軍司令部之所在及飛機之數目云、

——摘自《东南日报》（金华），1938 年 5 月 13 日

日機八架空襲

鄭州被慘炸

共投彈九十餘枚

鄭州北飛，未投彈

（鄭州十三日電）日機八架，於十三晨五時零五分，相繼襲入鄭空，我高射部隊當集中砲火，猛烈射擊，日機往返投彈九十七枚，於七時許始飛去。十時十九分，又有六架，由開封經

——摘自《晶报》（上海），
1938年5月14日

敵機一百五十架
昨終日在徐肆虐

【徐州十三日中央社電】十三日到徐轟炸之敵機，係分由蚌埠海州兩處飛來，共總數原共一百五十一架，到徐轟炸者兩批，共計五十四架，未來徐在津隴兩路沿綫轟炸者，計有九十七架，自晨五時至晚九時，徐州共發警報十餘次，竟日未能解除。

【徐州十三日中央社電】連日敵機來徐轟炸，已成瘋狂狀態，無辜平民及第三國財產之受其荼毒者，不知凡幾。十三日晨，敵機五十四架，又分批到徐轟炸，在隴海北站投彈達百餘枚，內中仍雜有燒夷彈，該站附近建築及民房悉被炸燬，並有多處起火，黃昏始熄，平民死傷者又逾百餘人。十三日晚八時餘，敵機一架又到徐偵察，歷五十分鐘始解除警報，按徐州自昨年中秋之夜曾被敵機夜襲後，此爲第二次。

——摘自《申报》（汉口），
1938年5月14日

厦島北部仍激戰

敵侵入市區後大肆屠殺、厦門大學被炸餘火未熄

傳敵軍將進犯同安

【福州十三日中央社電】侵厦之敵，源源登陸，以陸海空軍協同向我猛攻，我守軍冒猛烈砲火，奮勇抗戰，因陣地全毀，不得已於十一日下午撤離市區，在厦島北部繼續抵抗，激夜苦戰，胡里山等處砲台，已被敵機炸燬，厦門大學，全部被炸，現尚在延燒中。

【福州十二日中央社電】厦門情形混亂，登陸敵[illegible][illegible]號稱第一師團第二聯隊，我軍向敵逆襲，在距厦市十餘里之蓮坂江頭之綫，將敵猛殲。敵於十一日上午，以飛機輪流轟炸，輔以敵艦重砲射擊，火力猛烈，壕塹化爲平地，我軍乃移至厦市區之美人宮一帶，作英勇之巷戰，十一日深夜迄曉，仍在惡戰中。計兩晝夜間，敵死傷達四百以上，我亦有相當犧牲。我軍已有佈置，務使敵人付最高之代價，始得盤據厦門，厦市民衆逃難者頗爲擁擠，厦市政府及各機關職員與難民，昨日下午全體退出，其餘武裝軍民，則誓盡最後一滴血守衞國土，至惠安縣屬之大岞崇武兩地，亦相當吃緊，我軍正嚴陣以待。莆田，平海，敵艦敵兵，企圖登陸，因我守軍防備甚嚴，未得逞。厦門至十二日午，我軍憑藉市街建築物，尚與敵激戰中。十二時，我空軍會派大隊轟炸機飛厦助戰，向敵方陣地投擲重量炸彈多枚，敵損失甚重。敵軍自侵入市

區後，大肆屠殺，敵機復亂炸不已，民衆死傷甚慘，爲數已達三四千人。傳敵軍有向同安侵犯企圖，情形未詳。

【廈門十三日中央社路透電】日軍雖以陸海空軍協同進擊廈門，然華軍仍在該島各處堅守，其主力部隊則已退至內地。中日雙方死傷均重，日軍傷兵均由其自設之醫院與臨時治療所醫治，華軍傷兵則以小船送至鼓浪嶼醫治。惟鼓浪嶼之傷兵，僅爲全數傷兵之一部，鼓浪嶼之食糧，已成問題，廈門居民，幾全避至該處，街上難民，成千成萬，途爲之塞，而各學校，教堂，公共場所，亦爲難民寄居之所。該處外人團體，現已設法救濟，鼓浪嶼之外人與廈門之日軍，尚無來往，外僑安全無恙，鼓浪嶼之外人於十日晚因雙方激戰，徹夜未睡。昨晨日機不斷轟炸，華軍乃向西退入廈門城內，至十二日下午，城內有多處起火，同時鼓浪嶼亦見日軍上岸情形，華軍雖奮力抵抗，然對日機轟炸，則無法應付。廈門之婦孺自十日晨開始由鼓浪嶼撤退，但直待至當晚，始得渡過。

【香港十三日中央社合衆電】美艦馬比爾海特號，今晨七時駛抵香港，八時開往廈門。

——摘自《申报》（汉口），1938年5月14日

鄭州六安昨均被狂炸

敵機悉以市區爲目標 死無辜平民極衆

【鄭州十三日中央社電】敵機十八架，於十三日晨五時零五分，相繼侵入鄭空，我高射部隊密集中砲火猛烈射擊，敵機往返投彈百餘枚，於七時許始飛去，十時廿九分，又有六架，由開封經鄭埠北飛，未投彈。敵機此次轟炸，完全以大同路德華街等商業區平民住宅爲目標，計被炸街巷共有三十四條，美國設立之華美醫院及義國天主教堂被炸尤慘，計華美醫院周圍落七彈，一彈落院內，燬房二間，及圍牆十餘丈，死傷避難平民十餘人，義教堂共落十五彈，全堂盡燬，計炸燬房屋六十餘間，傷二人，該院堂兩當局以敵機竟不顧國際公法，有意挑釁，已分電各該國駐華大使館報告一切。扶輪中學落三彈，燬房四間，傷三人，明功橋上亦落一彈，橋下避難平民十五人全被炸斃。總計敵機此次暴舉，共燬房屋三百一十六間，死男女六十四人，傷二十五人，均係無辜平民。

【六安十三日中央社電】今晨五時半此間警報突然大作，全城人士在睡夢中爲之驚醒，移時敵機九架，自北而南，閃爍空際，旋又有敵機三架，尾隨其後，所有敵機十二架，於上空盤旋一週後，即在北空頻頻投彈二三十枚，繼而機槍掃射三次，十分鐘後，機聲稍遠，全城空氣始略鬆弛，不意敵機旋復飛回，於是炸彈爆裂聲，房屋震倒聲又起。半小時後方止。記者旋即奔赴災區視察，乃知所炸地區，均在北門內外，而尤以北門外爲尤甚。附近三四里內，煙焰綿蔓，啼號之聲，呼火之聲，刺入耳際，悲憤異常，北門東街，均已付之一炬，於穿過街心時，兩旁火焰，迫人欲燃，焦頭爛額斷肢殘背犧牲之民，臥於血泊烈火中，一一可見。此一街心歷數分鐘始得越過，則兩旁街屋被焚之烈，而平民犧牲之衆，可不待言。街後普

鼎，爲一農民集居之所，亦成敵機轟炸之目標，不僅房屋被焚，人畜被災，而四周樹林亦多炸毀。當記者步入村內之際，即見有一爲血泥所染之斷手於牆下，復在數百步外，見一婦女號淘大哭，趨之則有一滿身血泥肚腸外溢之農夫陳於其旁，細視之，則其一臂業已失去。記者於數百步外所見之斷手，即其被炸時所飛裂者。依記者目睹，犧牲於此暴行下之平民，已有廿餘人，沿此村莊二里內之房屋人畜，無不遭受敵機之害，沿途所見，非焦土即係血泊，敵此種非人類所能忍視之瘋狂舉動，實爲人類所不齒也。

【汕頭十三日中央社電】梅縣電話，敵機十七架，今襲梅縣，在城郊古塘坪共擲四十八彈，附近民房多被毀，死傷平民多人。

【廣州十三日中央社電】敵機兩架，今日下午九時來襲，其一在東郊投照明彈偵探後，旋投數彈，另一架飛威九路南崗投彈數枚即飛去。

【汕頭十三日中央社電】敵機十七架，今晨八時許由閩金門分批襲閩粵邊詔安饒平澄海潮安豐順梅縣平遠等縣，在饒屬分水關黃崗澄屬溪底盤旋良久，潮安城郊被擲彈，我損失甚微，十二時許，分由汕頭潮陽南澳向閩遁去。

【廣州十三日中央社電】敵機卅一架，今日分批轟炸粵漢廣九兩路及虎門，在粵漢路沙口河頭潖江源潭各站投彈卅餘枚，路軌略損壞，並在廣九路石龍站投彈四十餘枚，炸毀車站房屋貨車宿舍路軌枕木電話電報，又在虎門附近投彈兩枚，均落田間無損失。

【南昌十三日中央社電】十三日午粵贛邊境發現敵機三架，旋侵入省境，在贛南尋鄔，會昌，瑞金，石城等縣盤旋窺察良久，循原路逸去。

【本市消息】此間接獲南陵消息，十三日午後一時，敵機六架，在南陵城內外投下重量炸彈廿餘枚，被災區域，爲南陵東門外，北門內城隍廟，中區福音堂附近，計死平民四十餘，輕重傷七十餘。

——摘自《申报》（汉口），1938年5月14日

瘋狂敵機到處轟炸

昨五十四架襲徐

粵漢廣九兩路頗受損

徐州 【中央社徐州十三日電】連日敵機來徐轟炸、已成瘋狂狀態、十三日晨、敵機五十四架、又分批到徐轟炸、投彈達三百餘枚、內中仍雜有燒夷彈、敵機總數原共一百五十一架、未來徐在津隴[illegible]路沿綫轟炸者有九十七架、警報竟日未解除、民房炸燬五百間、平民死傷百餘、

廣州 【中央社廣州十三日電】敵機三十一架今分批轟炸粵漢廣九兩路及虎門、在粵漢路沙口河頭江源潭各段投彈卅餘枚、路軌略損、並在廣九路石龍站投彈四十餘枚、炸燬車站房屋貨車宿舍等、又在虎門附近投彈兩枚、均落田間、

梅縣 【中央社汕頭十三日電】梅縣電話、敵機十七架、今襲梅縣、在城郊古塘坪共擲四十八彈、附近民房多被毀、死傷平民多人、

——摘自《新蜀报》，1938年5月14日

六安農民區被炸

斷垣殘牆下血肉狼藉

【六安十三日電】今晨五時半、此間警報突然大作、全城人士、在地窟中爲之驚醒、軋軋機聲、即淸晰可聞、乃知日機業已侵入、稍頃、日機九架自北而南、侵入空際、旋又有日機三架、尾隨其後、所有日機十二架、於上空盤旋一週後、即在城空頻頻投彈二三十枚、轟然巨聲、全城震撼、繼之軋軋而下、先後達三次、十分鐘後、機聲稍遠、全城空氣始略鬆、不意日機旋復飛回、於是炸彈爆裂聲、房屋坍倒聲又起、且其聲音之巨、較前爲甚、此一場緊張之局面、於半小時後始息、記者於日機去後、觀察被炸情形、所炸地區、均在北門內外、而尤以北門外爲尤甚、附近三四里內、烟燄綿蔓、遠近莫辨、一若身在濃霧之夜、迷失方向、其時啼號呼喊之聲、刺入耳際、悲慘情緒、沸騰全身、北門東街均已付之一炬、記者於穿過街心時、兩旁火燄迫人欲燃、焦頭爛額、斷肢殘體、甚爲慘酷、平民橫陳於血泊烈火中者、猶可望見、記者歷數分鐘、始得越過此街心之兩旁街屋、被焚之烈、其中平民犧牲之衆、不可言述、街後村莊爲一農民集居之場所、而竟亦成日機轟炸之目標、村內不論房屋被焚、人畜被戕、而四周樹林、亦多炸毀、當記者步入村內之際、即見有一爲血泥所染之斷手於牆下、旋在數百步外、見一婦女號淘大哭、趨之、則有一滿血泥肚腸外露之農夫、橫陳其旁、細視之、則其一臂業已失去、記者於數百步外所見之斷手、即彼手也、記者目睹犧牲於此暴行下之平民、已有廿餘人、沿此村莊二里內之房屋人畜、無不遭受日機之毒害、沿途所見、非焦土即係血泊、此種非人類所能忍視之慘狀、將永留中國人之腦海、萬世不忘也、

——摘自《文汇报》（上海），1938 年 5 月 14 日

國聯行政院昨商定
中日爭端決議草案
對中國政府及民族表示同情
對日軍用毒瓦斯鄭重加譴責

【哈瓦斯社日內瓦十三日電】中國政府關於中日兩國爭端所提出之申請、已由國聯會行政院舉行秘密會議、加以討論、並已商定決議草案、詞旨對於中國政府中國民族、表示同情、對於日軍使用毒瓦斯事鄭重加以譴責、此外、行政院並當指定法國、蘇俄、英國、羅馬尼亞、中國共五代表、組織起草委員會、而以現任主席蒙德施總其成、俾克製成正式條文、而於行政院本日午後舉行公開會議時、提付討論、中國代表顧維鈞博士、聞會要求行政院發起抵制日貨運動、並禁止以軍械軍火煤油三項物品、運往日本、英國外相哈里法克斯勛爵、法國外長龐萊、聞曾答稱、抵制日貨之事、可由各國任便爲之、未便由國聯會予以發動云、

【路透社日內瓦十三日電】中國首席代表顧維鈞、聞已在國聯行政院非公開會議中、發表動人聽聞之申訴、請各會員國採行應付日本之方法、並請以金錢與其他急需品之形式、在實際上援助中國、顧氏對于日方擬用毒瓦斯一層、抗議尤力、英國首席代表哈立法克斯外相聲稱、威逼行動、不成問題、惟渠主張有所舉動、以阻止毒瓦斯之使用、法代表龐萊贊成此說、於是行政院會議決定組織委員會、草擬決議案、對於毒瓦斯之使用、作有力之反對、

【哈瓦斯社日內瓦十三日電】國聯會行政院頃于本日晨間舉行秘密會議、當就議事日程所載尚待解決各項問題加以討論、其中較重要者計有（一）中國政府關于中日兩國爭端所提出之申訴（二）西班牙國共和政府關于反對不干涉政策所提出之申訴、（三）瑞士聯邦要求恢復完全中立地位問題、（四）智利國政府關于修正盟約所提出之建議案、關于中國與西班牙兩國所提出之申訴、行政院並定于本日午後舉行公開會議、加以討論、此外阿比西尼亞皇帝塞拉西、頃于本日午前九時、率同駐英公使馬丁博士返歸倫敦、車站內外聚而觀者、爲數甚衆、

【哈瓦斯社日內瓦十三日電】西班牙共和政府所提出之申請、已由行政院舉行秘密會議、簡畧加以討論、主席即拉特維亞外交部長蒙德施、當即提出決議草案、主張對于西班牙民族表示同情、並表示希望該國內戰能以及早停止、俾該國得在國際上回復其原來所處地位、此項決議草案、當于行政院午後舉行公開會議時提付討論、英國外相哈里法克斯勛爵、曾在原則上表示贊同、並已鄭重警告西國外交部長台爾代育、未可以英義協定爲口實、再度攻擊英國、此外關于智利國政府所提出之盟約修正案、行政院秘密會議、業已聲明此項問題、屬于盟約修正委員會與國聯會大會管轄範圍、非行政院所能過問、但大多數理事國、仍請主席蒙德施與智利國代表愛德華、討論折衷辦法云、

——摘自《文汇报》（上海），1938年5月14日

國聯政院討論我申訴
譴責日軍使用毒瓦斯
指定法蘇英中羅代表組起草委會

◎日內瓦十三日哈瓦斯社電、中國政府關於中日兩國爭端所提出之申訴、已由國聯會行政院舉行秘密會議、加以討論、並已商定決議草案、詞旨對於中國政府中國民族、表示同情、對於日軍使用毒瓦斯事、鄭重加以譴責、此外、行政院並當指定法國・蘇俄・英國・羅馬尼亞・中國共五國代表、組織起草委員會、而以現任主席蒙德施總其成、俾克製成正式條文、而於行政院本日午後舉行公開會議時、提付討論、中國代表顧維鈞博士、聞曾要求行政院發起抵制日貨運動、並禁止以軍械軍火煤油三項物品、運往日本、英國外相哈里法克斯勳爵・法國外長龐萊・聞曾答稱、抵制日貨之事、可由各國任便爲之、未便由國聯會予以發動云、

◎日內瓦十三日路透社電、中國首席代表顧維鈞、聞已在國聯行政院非公開會議中發表動人聽聞之申訴、請各會員國採行應付日本之方法、並請以金錢與其他急需品之形式、在實際上援助中國、顧氏對於日方擬用毒瓦斯一層、抗議尤力、英國首席代表哈立法克斯外相聲稱、威逼行動、不成問題、惟渠主張有所舉動以阻止毒瓦斯之使用、法代表龐萊贊成此說、於是行政院會議決定組織委員會、草擬決

浦東川沙一農家
遭日人漢奸洗劫

浦東川沙縣僉公鄉地方鄉民陸光榮、世以務農爲生、其妻某氏、生兩子一女、長子名志道、現任僉公鄉鄉長、前任川沙第一分局局長、次子名志林、賦閑家中、最幼者爲女、迄今待字閨中、前日深夜十二時許、陸家突來便衣日人及漢奸等二十餘人、破扉入內、將陸家中人驅之一隅、出示武器、嚇禁聲張、並迫令陸光榮說出藏銀所在、事因陸光榮略加抗拒、即遭若輩用利刃猛戳兩刀、頃刻血如泉湧、痛極倒地、陸妻及女睹狀驚駭、大聲呼救、乃被若輩用繩索綑綁後、投入屋前一小河內、同時即分頭入室、翻箱倒篋、刦得大批財物、携贓出門、呼嘯而去、陸妻及女當場溺斃、兩人屍體直至昨晨始行浮起、當由陸之家人設法撈起、

——摘自《文汇报》（上海），1938年5月14日

議案、對於毒瓦斯之使用、作有力之反對、

◎日內瓦十三日哈瓦斯社電、國聯會行政院頃於本日晨間舉行秘密會議、當就議事日程所載尚待解決各項問題、加以討論、其中較重要者、計有㈠中國政府關於中日兩國爭端所提出之申訴、㈡西班牙國共和政府關於反對不干涉政策所提出之申訴、㈢瑞士聯邦要求恢復完全中立地位問題、㈣智利國政府關於修正盟約所提出之建議案、關於中國與西班牙兩國所提出之申訴、行政院并定於本日午後舉行公開會議、加以討論、此外、阿比西尼亞皇帝塞拉西、頃於本日午前九時、率同駐英公使馬丁博士、返歸倫敦、車站內外聚而觀者爲數甚衆、

◎日內瓦十三日路透社電、國聯行政院定今日舉行公開會議、討論中國所提出關於中日爭案之申訴、

——摘自《时报》（上海），1938 年 5 月 14 日

敵機猛炸隴海路各陣地

十三聯合社上海電。倭軍分數股進窺隴海路。倭機今日復襲我沿路各陣地。藉掩護步隊。并向徐州南四十五里之宿縣轟炸。計空襲三次。

據漢口來電。倭機于星期三四兩日。炸燬徐時。美國長老會教堂被燬。該教堂有美國國旗大面。開封來電謂美英福音堂醫院。有人滿之患云。

——摘自《三民晨报》，1938 年 5 月 14 日

敵機昨又飛徐狂炸

教堂學校民房儘爲投彈目標

死傷之慘爲空襲以來所未見

（中央社徐州十四日電）敵機五十四架、十四日晨六時起、更番來徐轟炸、直至下午六時、徐州始解除警報、本日敵機投彈目標，完全集中於徐州城市、共擲大小燒夷彈二百八十餘枚，是日適東南風大作、又以竟日警報、無法施救、轟炸之慘、延燒之廣、爲徐州遭空襲以來之第一次、死傷平民七八百人、被災約計千戶、焦燬房屋達三千餘間、投炸延燒區域、爲大同街六安街臥佛寺等地、尤以敵機此次轟炸、竟在法籍教士之天主堂投七彈、燬房十數間、聖堂炸燬一角、全部門窗玻璃盡毀、該堂收容之避難平民炸傷七八、斃一幼童、其不顧國際信義、於此可見、其殘暴獸行、並將徐州中學銅山師範徐女師徐報社省民教館分別投彈多枚、儘量燬滅我文化機關、同時並炸電燈公司、電話局電報局、及交通銀行、天成公司、花園飯店、三陽醫院各處、至爲殘酷、宏裕橋門前及臥佛寺一帶之貧民窟五六百家、盡罹浩刼、未及逃去者不碎屍於炸彈、即葬身於火窟、入晚、警報解除、逃於近郊難民紛紛回城、莫不望火號啕、悽慘情況、充滿全城、當晚均搬移四鄉、以避狂炸。

（中央社開封十四日電）敵機十四日晨轟炸杏花營韓莊白沙民權蘭封柳河等站。

（中社開封十四日電）十四日晨八時許、敵驅逐機[illegible]架、轟炸機二架、過汴至中牟車站投彈六七枚、傷平民數人。

——摘自《新华日报》（汉口），1938 年 5 月 15 日

敵炸毀徐州美教堂

損失約在一萬八千元

美已向日方提出交涉

（中央社北平十三日合衆電）徐州美長老會教會、於五月十一日被日機轟炸、中彈二枚、其一擊中該會教堂、損失約在一萬八千元、屋頂上曾漆有美大國旗二面、美駐日大使館已奉命向日方交涉。

——摘自《新华日报》（汉口），1938 年 5 月 15 日

敵機昨襲粵

敵轟炸鄭州義教堂
確係奉有正式命令

【廣州十四日中央社電】敵機二十七架，今午十二時許分三隊來犯，一隊十一架飛肇慶，在南門投彈廿餘枚，一隊九架飛粵漢路沙口大坑口兩站附近，各投數彈，另一隊七架，闖入市空，我高射砲密集射擊，一架中彈，負傷逃回，其餘各機，遝飛廣州兩站附近，投彈九枚，路軌微有損失。

【汕頭十四日中央社電】今晨八時許敵機八架，由金門襲潮汕在潮安城郊投十六彈，死傷居民數名九時半過汕出海，沿途低飛，掃射海面船隻。

【鄭州十四日中央社電】慘遭敵機轟炸之義教堂，爲鄭州教區總堂，歷史攸久，規模相當宏大，雄壯之聖心堂竟全燬，耶穌聖像亦被彈片炸裂，全堂損失五六萬元。據義籍神父孔贊孔談，敵機轟炸本堂，確奉有正式命令，茲舉四理由爲證：（一）本堂處地偏僻，容易辨認，且堂內空地上置有三丈見方之義國旗兩方，並有小旗數面。（二）二月底敵機向外人散傳單時，特低飛向本堂投下甚多。（三）敵國月前廣播稱鄭州華人要地多被炸，惟尚有一部因接近義教堂未便轟炸。（四）義駐漢領事館曾將鄭州本堂位置詳細繪圖送交日方，促其注意，敵機並在鄭照有像片，更易辨明。由此四點，敵機非奉命而何現本堂已電義領館，警告日方維持公法及人道主義，並要求賠償，否則世界和平將毀滅凈盡也。

——摘自《申报》（汉口），1938年5月15日

我代表團照會國聯
再揭發敵暴行
不設防城市迭遭轟炸
平民婦孺多死於非命

【日內瓦十三日中央社哈瓦斯電】中國代表團頃以照會一件送達國聯秘書長愛文諾，內容乃將日本飛機最近轟炸中國未設防城市情形，再度加以揭發，並指摘日本此項暴行，係違反該國所參加之現行各項國際公約，暨國聯大會前於去年九月廿八日所通過之決議案，（按即譴責日機轟炸無辜平民者），此項照會，除將中國政府歷次關於日軍暴行所提出之備忘錄予以追述外，並謂自最近四星期以來，日機一再濫行轟炸，廣州市平民因而殞命者，已達四百五十人之多，其中並有婦孺多名在內，按該市市長曾養甫所發表之文告，昨日又有日機五十架大肆轟炸該市平民區域。

——摘自《申报》（汉口），1938年5月15日

河曲等縣慘況

【西安十三日中央社電】府谷十二日電，河曲保德府谷三縣，前曾一度淪陷，受禍最烈，敵之姦淫劫掠焚燒，頗難盡述。計保德城內房屋共百五六十所，被敵焚燬一百卅餘所，東關七百餘所，被焚六百七十餘所，城關民衆被殺者三百餘，其被逼投入黃河而死者不計其數，府谷南關商號被焚六七百所，河曲城關民衆被殺者百餘，當敵至各縣時，因尋青年婦女不得，所有老年婦女皆被姦污，無一倖免。尤慘者敵在保德城關曾綑綁[illegible]多人，倒置甕中，架火焚燒，旁觀取樂，其殘暴情形，慘絕寰宇。敵臨去時，將商民財物劫集一處，珍貴者載去，餘者付之一炬。三縣劫後餘燼，殘垣斷壁，人民流離失所。

——摘自《申报》（汉口），1938年5月15日

寇在嶧縣縱火焚燒 全城已成一片焦土

（台兒莊十三日電）敵在嶧縣縱火焚燒，全城已成焦土，嶧縣棗莊之敵，分向臨城進犯，微山湖東岸夏鎮敵，約一聯隊，有渡湖南犯之勢。

——摘自《泸县民报》，1938年5月15日

敵機昨又襲粵
詒安沙頭等處均被轟炸

本報香港十四日急電　十四日晨九時、敵機九架、飛詒安轟炸、投彈三十餘枚、又三十架襲粵、十八架在粵漢路沙頭，英德、投數十彈、九架襲肇慶、投十餘彈、七架侵入市區、在西村及黃埔支線北站、投九彈、天河白雲機場、投二十餘彈、

中央廣州十四日電　敵機二十七架、今日上午十二時許、分三隊來犯、一隊十一架、飛肇慶在南門投彈廿餘枚、一隊九架、飛粵漢路沙口及大坑口兩站附近、各投數彈、另一隊七架、闖入市區、我高砲密集射擊、一架中彈負傷逃回、其餘各機還飛廣州北站附近投彈九枚、路軌微有損壞、

中央北平十三日合衆電　徐州美長老會教會於五月十一日被日機轟炸、中彈二枚、其一擊中該會教堂、損失約在一萬八千元、屋頂上層漆有美國旗二面、美駐日大使館已奉命向日方交涉云、

——摘自《时事新报》（重庆），1938年5月15日

國聯討論中日爭端

公開會議通過議案

勸告各國實施前議

應即分別援助中國抗戰

譴責日軍用毒瓦斯作戰

【哈瓦斯社日内瓦十四日電】國聯會行政院頃於本日午前十一時、舉行秘密會議、當即將關于中日爭端之決議草案、整理就緒、以便午後四時舉行公開會議時、提付表決、其内容乃要求各會員國、咸皆實施國聯大會與行政院前此所已通過之決議案、則中國政府依照此項決議案所提出之要求、亦當加以接受、關于使用毒瓦斯事、並聲明此種作戰方式、已由國際法加以禁止、茲摘錄決議案原文如下、「本院茲向各會員國提出迫切要求、務請將國聯大會與本院前此所已通過之決議案、一併付諸實施、即中國政府依照此項決議案所提出之要求、亦應切實加以考慮、中國應獨立與領土完整、受有日本侵略之威脅、正在英勇抗戰之中國民族、因而感受種種痛苦、本院茲將向之表示同情、至用毒瓦斯作戰之事實、乃違反國際法之又一證據、自爲文明國所唾棄、各會員國若果獲有何項情報、應請儘量以之報告國聯會云、

【路透社日内瓦十四日電】昨夜國聯行政院起草委員會考慮對中國所提出關於中日爭案申訴之決議案文稿、委員會乃行政院主席及中英法蘇並羅馬尼亞代表組成、聞案内措詞爲詆責需用毒瓦斯、並對中國人民表示同情、按中國首席代表顧維鈞博士曾於星期二日在行政院會議中提出申訴、謂日軍將用大規模毒瓦斯作戰、以圖打破魯南華軍之抵抗、請國聯從速設法制止此種可恥罪行之準備、又促請行政院實施國聯盟約條文、以具體計畫完成國聯大會前通過之決議案、而使日本之侵略早日終止、

【哈瓦斯社日内瓦十四日電】國聯會中國代表團頃又發表公告、證實日軍正在徐州方面準備毒瓦斯戰、（至日方所謂華軍使用毒瓦斯、並在水井下毒之說、絕無其事、「日方因欲進行化學戰、爰乃以此種宣傳欺騙世界輿論」云、

——摘自《文汇报》（上海），1938 年 5 月 15 日

日炸未設防城市
我代表照會國聯

◎日內瓦十三日哈瓦斯社電、中國代表團、頃以照會一件送達國聯會秘書長愛文諾、內容乃將日本飛機最近轟炸中國未設防城市情形、再度加以揭發、并指摘日本此項暴行、係屬違反該國所參加之現行各項國際公約、暨國聯會大會前於去年九月二十八日所通過之決議案、（按即譴責日本飛機轟炸無辜平民者）此項照會、除將中國政府歷次關於日軍暴行所提出之備忘錄予以追述而外、并謂自最近四星期以來、日機一再非法轟炸廣州市、平民因而殞命者、已達四百五十人之多、其中并有婦孺多名在內、按之該市市長曾養甫所發表之文告、昨日又有日本飛機五十架、大舉轟炸該市平民區域云、

——摘自《时报》（上海），1938 年 5 月 15 日

鄭州徐州
教會被炸

◎鄭州十三日美聯社電、日本飛機、今日轟炸此間、向浸禮教會及天主教會所在地、投下炸彈二十枚、擊斃者在八名以上、受傷者約有數十人之多、教會財產、損失奇重、此次轟炸此間教會事件、幾與駐上海日特使谷正之警告外人撤出戰區之舉動同時發生、據愛葉爾博士今日語美聯社記者稱、「鄭州曾遭受極猛烈之轟炸、傷亡人民、約有數百、在浸禮教會方面、被擊殞命者八人、受傷者至少亦在八名以上、該處之房屋、被毀極多、日空軍向天主教會、投擲炸彈約十二枚、幸傷亡之人、尚居少數、在鄭州之外人、均安全無恙、一外國教會之被轟炸、在上不到一週之期間內、已達四次、美國及義大利教會之被炸、此已是第二次矣、按浸教會所在地、距鐵道約有一英哩許、該教會曾懸有多數頗易引人注目之美國國旗、據華官方報告、參加轟炸之日機共十四架投擲炸彈約二十七枚、其中二十枚、顯係爲轟炸鄭州方面之教會而發也、當該日軍等空襲此間之居民區域時、曾毀壞房屋數百間、外人之中、倫敦之吉伯爾得女士、金司東之呂得女士、南開洛領納之瑪雷女士、倫敦之漢開博士及從得撒來此之費爾得先生等、均安全無恙、

◎漢口十三日美聯社電、據華方今日中官方面報告稱、日機昨日轟炸徐州、擊斃中國難民二百人、在徐州以東之濟洛（譯音）地方之瑪克長老會、已完全被日方炸彈所毀壞、按該長老會當時曾懸有美國國旗云、

◎北平十三日美聯社電、今日此間得悉駐東京之美使館曾接到日機於五月十一日轟炸在徐州之美教堂的報告、並請作適當之抗議、又悉日大使館亦曾接到關於轟炸美教堂之通告、教會之宅地計中二彈、一彈中教堂、所受之損失約計一萬八千元、

——摘自《时报》（上海），1938 年 5 月 15 日

敵人踐踏後的磧口

平秦

磧口是山西臨縣的一個大鎮，緊靠着黃河東岸。河的對岸就是陝西吳堡縣的丁家畔。這兩個地方都是黃河沿岸的重要渡口，所以敵人上次企圖進攻河西，河東的磧口，就首先成了它蹂躪的目的地。而我們要保衛邊區，也就首先要保守磧口。否則磧口有失，邊區就受鬼子的威脅了。上次丁家畔被鬼子砲擊，就是明證。幸而，經我八路軍將士的奮勇作戰，才把鬼子從磧口趕走。但是磧口的老百姓，已遭受了極慘痛的教訓。

當鬼子進入磧口大街口時，有幾個不知死活的小漢奸們，拿着「太陽旗」迎接鬼子，最初，鬼子們當然很「嘉許的」。乃至街心，不見一人，店鋪也都關起了大門。因此，鬼子就疑心這些小漢奸是「抗日分子」。不問三七廿一都給予他們以「黑貨」。無恥的漢奸們竟首先成了鬼子的槍靶。然而磧口的老百姓在鬼子的淫威下，更領受了敵人殘殺我們的滋味，其殘暴比在柳林更甚。差不多每家老百姓的住宅，都被洗劫，看見大米和白糖，就帶了走，猪和羊則殺了吃。其餘麥子和高粱等都撒在街頭。尤其可恨的是把大批糧食闢成一坑，當作大便處，便後，再用糧食蓋起來，而掩臭氣。

鬼子佔領磧口後的第二天，就開始屠殺老百姓。不知是不是爲了要免除「血跡斑斑」，把活埋代替了槍殺。遇到老百姓，就把他向毛廁裏抛，頭向下，足朝上。然後再把大石塊壓在他身上，使之不能動彈時，即大笑而去，如此而死者不知凡幾！當敵人退走時，一家賣鹽的商店，在毛廁裏就挖出屍首十一具。

敵人此次竄抵黃河東岸，本想西渡。好在我駐沿河防的八路軍，沉着應付，除了使敵人在我們的疑兵陣前，消耗了一些砲彈外，却一無所得。至此，敵人就尋找老百姓，要他們告訴河西的軍情。然而老百姓那裏會知道呢！在此情況下，有許多老百姓竟被鬼子用鐵絲三五成羣的綁起來，向黃河的急流裏抛去！

敵人進抵磧口附近時，我們有一支游擊隊，就預先隱伏在一個村莊裏。鬼子佔據了磧口，游擊隊大顯神通，不斷擾亂敵人後方，終究迫使敵人退走。

然而，鬼子爲了報復游擊隊的進擾，在退却前的兩小時，[illegible]，用大砲轟擊，把田園都炸成了焦土。據說敵在晉西各地，對付游擊隊，都是用這樣的辦法。可是在此情況下，老百姓都紛紛地參加了游擊隊，增强游擊隊的力量。或者幫助游擊隊，替游擊隊解决許多困難。我曾遇見一個游擊隊員，他曾親自對我說：「我們游擊隊與羣衆的關係，比以前要進步得多了。老百姓一看見我們，就請我們進去休息，請我們吃飯，並且還送鞋子給我們穿。使我們每一個隊員，格外地興奮了！」

從此軍民合作的情形看來，目前我們在各個戰綫上的勝利固然原因很多，但是老百姓的抗戰直接間接的幫助，却是勝利的主要原因呢！

——摘自《新中华报》（延安），1938 年 5 月 15 日

死傷近千人

徐州遭狂炸

城內被投彈二百餘枚

李宗仁受重傷說不確

（漢口十五日電）路透社訊：大隊日機，每日自晨至暮轟炸徐州，其劇烈情形，殆爲中日開戰以來所未有。據華方消息：日機在城內擲下炸彈二百八十餘枚，燬屋三千間，死傷七八百人，電燈廠，電報局，電話局，皆被燬。聞徐州鐵路交通，因遭連接不斷之轟炸，現幾停頓。外傳五月十二日津浦路總指揮李宗仁在空襲時受重傷之說，今日此間認爲全無根據。

——摘自《晶报》（上海），1938 年 5 月 16 日

日機昨夜襲粵垣

圖炸中山大學投彈未中

【香港十五日電】據華方報告：日機五架，十五日飛粵漢路琶江站投彈十餘，下午七時日機四架夜襲粵市，在天河機場投彈八枚後，日機又飛石牌，欲炸中山大學，投彈二枚，落瘦狗嶺，無損失。

——摘自《大美报》，1938 年 5 月 16 日

敵機昨炸蘭封

並飛開封民權投彈

廣州源譚亦遭襲擊

中央開封十五日電　十五日上午六時許，敵機二十架、在蘭封投彈三十餘枚、死三人、傷四人、又一架到民權投彈五枚、死四人、傷一人、二架到內黃投彈六枚、死十餘人、傷七人、六架到汴東鄉投三枚、死一人、傷一人、十一時二十分敵機三架到汴投彈九枚、無損失、又四架到蘭封、投十三彈、

本報香港十五日急電　十五日晨八時、敵機五架、經虎門白雲山、向粵漢路琶江口源潭一帶投十餘彈、路軌略損、

中央廣州十五日電　敵機五架今日上午飛粵漢路琶江投彈十餘枚、下午敵機一架、在港海飛台山盤旋窺探即飛遁、

中央廣州十五日電　敵機四架、今夜又來犯、在市郊投彈七枚、在鷄頭投彈兩枚、

——摘自《时事新报》（重庆），1938 年 5 月 16 日

國聯政院通過決議案

我根據決議案提要求

英法表示決考慮

對我表同情　譴責用毒氣

◎日內瓦十四日哈瓦斯社電、國聯會行政院第一百零一屆常會、頃於本日午後舉行最後一次會議、當將關於中日爭端之決議案、表決通過、內容乃對於中國民族、表示同情、並對於使用毒瓦斯之作戰方法、加以譴責、全文如下、「本院茲向各會員國提出迫切要求、務請將國聯大會、與本院前此所已通過之決議案、一併付諸實施、即中國政府依照此項決議案所提出要求、亦應切實加以考慮、中國因獨立與領土完整、受有日本侵略之威脅、正在英勇抗戰之中中國民族、因而感受種種痛苦、本院茲特向之表示同情、至用毒瓦斯作戰之事、實乃違反國際法之又一證據、自為文明國所唾棄、各會員國若果獲有何項情報、應請儘量以之報告國聯會」、當提付表決時、各國代表均皆投票贊成、獨有波蘭代表科瑪基放棄投票權、並說明該國僅贊成決議案中關於譴責化學戰之一段、在法國外長龐萊、英國外相哈里法克斯、蘇俄代表蘇利資、則相繼發表演說、對於中國表示同情之意、而由中國代表顧維鈞博士、發言予以申謝、茲將英法俄三國代表演詞、分述於次、

法國外長龐萊、對於中國民族愛國與勇敢精神、盛加稱道、其言有曰、「國聯會大會前於去年十月六日、通過議案、要求各會員國在精神上援助中國之後、中國民族積極抗戰、備極英勇、業已證明該國對於此項援助、受之毫無愧色、此在法國、則行政院凡依照此項決議案所可提出之建議案、均決定加以考慮、例如上海四郊難民、因田廬被燬、而逃入法租界者、為數已達數十萬名之多、不寧唯是、整個法蘭西民族、現均熱烈願望中國民族勇敢刻苦之精神、終有獲得報酬之一日、報酬維何、即成立公允的協定、而使中國所享權利、獲得尊重該國民族數千年來勤勞有恒之美德、亦可為全世界文明和平之助是也、要之、中國民族為保衛獨立主權與領土完整而抗戰、已十閱月於茲、所其發揮之愛國精神、業使全世界各國為之欽佩不置、中國民族一方面受愛國思想激發、一方面則因全面抗戰、而態度愈益堅定、其對付强敵也、乃以勇敢與犧牲精神出之、任何人皆不能不為之驚服、於以見中國接受各國精神的援助、實乃毫無愧色、」

英國外相哈里法克斯勛爵、則為中國代表顧維鈞宣稱、中國政府倘依據行政院本日所通過之決議案、而提出何項要求、英國政府決當縝密加以考慮、此在、

蘇俄代表即駐法大使蘇利資、則除向中國表示同情外、並以行政院決議案措詞過於籠統為言、

——摘自《时报》（上海），1938 年 5 月 16 日

厦門大火 破壞極鉅

英美軍艦現泊內港外 鼓浪嶼糧食問題嚴重

◎厦門十四日路透社電（遲到）、華軍堅守厦門島之砲台、以抗日軍、至星期四日正午各砲台全爲日軍佔有而後已、同時該島東部濃煙騰空、大約係日軍登陸作戰時各村起火所致、厦門埠之火、似已撲滅、惟破壞之損失、數必極巨、星期五晨向泊外港之日艦、逐漸前進、向大陸砲台發砲轟擊、該砲台卒爲登陸之日軍佔有、日艦現泊於內港之外、該處並泊有英美軍艦、鼓浪嶼難民叢集、糧食問題、漸見嚴重、現急需米蔬肉食、鼓浪嶼當局本日當可與日當局接洽、以期設法救濟難民、漳州日來成日受日機猛轟、惟因此間大局混亂、不能探悉該處空襲之詳情、

——摘自《时报》（上海），1938 年 5 月 16 日

宿縣三百難民 同歸於盡

◎漢口十四日美聯社電、據今日到達此間之私人電訊、鄭州美以美會、已被日機轟炸、情形未詳、又據華方報告、在過去數日之內、徐州以南五十英哩處之宿縣、曾遭受日空軍猛烈之轟擊、有華人三百名、齊集於義國教會之內、企圖避難、不料適爲日機所襲、遂同歸於盡、

——摘自《时报》（上海），1938 年 5 月 16 日

厦門成活地獄

敵軍及台浪人之獸行

〔福州十六日中央社電〕閩江口敵艦未去飄忽，大部份均係商船改裝，架以小砲，並無實力，厦保安隊此次作戰，極爲英勇，已全部殉難。

〔福州十四日中央社電〕十三日午前敵艦十四艘、以飛機掩護，聯合向我嶼尾砲台攻擊，迄午後三時，敵登陸二百餘，敵艦砲火猛烈轟擊，砲台亦被炸毀，該台守軍被迫退出，入夜我軍反攻，以手溜彈及白刃與敵惡戰，將敵殲滅，砲台仍由我軍收復。

【福州十六日中央社電】厦門壯丁昨被敵驅逐鷺江道頭，用機槍射死，跳入江中倖免者殊少，婦女均拘禁中華戲院，輪姦自殺及被姦死者極多，台灣浪人到處搶掠，稍有攔阻，即强槍殺。

——摘自《申报》（汉口），1938 年 5 月 17 日

日軍卡車肇禍
撞斃行人一名

昨日上午八時半、有一滿載日兵之卡車、在靜安寺路西摩路口、將一不知姓名之行人撞倒、當場碾斷一足、立即斃命、

【又訊】江北人謝大、現年五十歲、家住法租界辣斐德路茄勒路吉祥里、向業小工、昨晨八時、因事出外、在福州路被一卡車撞倒、受傷甚重、當由八百八十九華捕召救護車伴送至仁濟醫院、中途氣絕身死、

——摘自《文汇报》（上海），1938 年 5 月 17 日

敵機猛襲平漢線
狂炸隴海路
粵南各地亦遍遭蹂躪

襲◇豫

（中央十六日鄭州電）十六日晨九時許、平漢路信陽以南柳林車站、發現敵機三架、竟塗我青天白日國徽、投彈三枚、傷平民三十餘人、

（中央十六日開封電）十六日汴竟日在警報中、上午八時許、十一時許、敵機十餘架、先後投彈四十餘枚、均落荒野、無大損失、又上午六時許、敵機一架、飛興隆站投彈、七時半至八時半、敵機廿三架、在曲興集蘭封投彈、下午二時至四時、敵機分在考城新鄭謝莊投彈、

（中央十六日鄭州電）十六日上午、敵機一架、三次襲鄭、每次窺察數分鐘即飛去、下午三時許、復有敵機十架、陸續侵入鄭空、經我猛烈射擊、未敢投彈、沿平漢路南去、在小李莊、謝莊、新鄭、許昌等地、投彈多枚、損失不詳、旋又經鄭北飛、

犯◇粵

（中央十六日廣州電）敵機廿二架、十六日分三批進犯、五架在新塘投彈十餘枚、七架在白雲山天河共投十餘彈、十架在三水西南投十餘彈、我損壞甚微、

（中央十六日廣州電）敵機五架、十六日上午七時許、飛黃埔及廣九路偵察、投彈數枚後出海而竄、

（中央十六日梅縣電）十六日上午十時五分、饒平上空發現敵機三架、進襲梅縣、在縣城近郊投彈十二枚

——摘自《东南日报》（金华），1938 年 5 月 17 日

敵機襲粵漢路
古田建甌亦被投彈

【廣州十七日中央社電】敵機十五架今午犯粵漢路，在烏石附近，投彈四枚，並飛四會肇慶各地窺探，到下午三時飛遁。

【肇慶十七日中央社電】敵機六架，十七日下午二時四十分來襲，在郊外投彈十餘枚，多落河中，我無損失。

【福州十七日中央社電】十六日有敵機六架，飛古田炸教場，傷十餘人，震倒房屋廿餘間，繼往建甌投彈卅餘枚，又龍岩漢浦海澄上空均發現敵機，閩江口外只餘敵艦一艘，泊梅花。

——摘自《申报》（汉口），1938 年 5 月 18 日

敵機昨日襲粵
▲在英德清遠等處投彈

本報香港十七日急電 十七日午、敵機十五架、飛粵漢路清遠英德等處投彈、十六日下午、敵艦一艘、駛往廣海、將四漁船劫掠、漁民盡被宰殺、

中央廣州十七日電 敵機十五架、今午犯粵漢路、在烏石附近投彈四枚、並飛四會、肇慶各地窺探、至下午三時飛遁、

——摘自《时事新报》（重庆），1938 年 5 月 18 日

日毒化中國

傾銷毒藥數量大增

【路透社倫敦十七日電】昨日下院開會時、工黨議員阿丹士請政府注意日韓人現在中國販賣毒藥數量大增、外次白特勒答稱、外交部曾接近來在華販賣之毒藥、數量大增之情報、但渠意此非任何有秩序的與縝密的計劃之結果、渠信公布實況、其收效較其他任何方法爲大、英政府現甚注意此事、正在作極堅決之努力、現尚未與日方交涉、但外相哈立法克斯勳爵行將考慮此事、英政府所得之情報、未能證明此種有秩序的敗壞道德之舉動、乃日政府所定政策之一部分、又外次答另一問話、謂渠悉華北各處現皆有海洛因與嗎啡出售、取價甚廉、（阿丹士謂海洛因每包僅售三便士半、）關於世界此二物之出產與分配事、英政府現正竭力統制鴉片公約下英國境內此二物之秘密製造與銷售、國聯不日將考慮辦法、限制各項毒藥所需原料之種植云、

——摘自《文汇报》（上海），1938年5月18日

敵機更番狂炸徐鄭

本報鄭州十九日專電　敵機連日更番飛隴海路狂施轟炸、徐州鄭州各地受害甚重、今日敵機共十九架、侵入市空、投彈廿餘枚、死傷平民廿人、燬屋四百屋、情形極慘、

中央徐州十九日電　敵機連日不斷來徐轟炸、城內人民多已遷居城外及附近鄉村、今日敵機三四十架又更番來徐狂炸、毫無目標、車站一帶被害最大、電線桿亦多被炸斷、以是電信交通頗多阻碍、

中央鄭州十九日電　敵機近日在平漢隴海兩路大施轟炸、企圖破壞我交通、十九日下午四時又有敵機十九架、分批侵入鄭空、盤旋偵察後、在各街市投彈十餘枚、死傷無辜平民十餘人、燬房三百三十餘間、並投燃燒彈數枚、黑烟瀰漫、火光冲天、迄至下午七時許、乃將燃火撲滅、有平民三人未及逃去、葬身火穴、慘不忍睹、敵機在鄭逞兇後、被我高射部隊之猛烈掃射、向東遁去、

中央阜陽十八日電　十八日晨敵機一架、在霍邱境陳家嘴劉公洼一帶投重量炸彈八枚、小彈十六枚、炸傷一人、

——摘自《时事新报》（重庆），1938 年 5 月 19 日

敵在隴海施放毒氣

中央開封十九日電　敵機十九日上午九時在中牟投彈十餘枚、死傷各四人、在杞縣投彈二枚、金鄉於十八日完全克復、十九日內黃蘭封之圈頭小樓激戰甚烈、敵施放毒瓦斯、蒙城城內無敵蹤、殘敵向永城竄逃、

中央徐州十九日下午一時電　竄至永城瓦子口一帶之敵、被我擊潰、敵勢不支時、仍不顧人道、兩次使用毒氣、不料反激起我軍憤怒、士氣益爲旺盛、計殺敵千人以上、俘獲戰利品甚多、

中央徐州十九日電魯西戰事十九日沉寂、進犯城武定陶豐縣曹縣各線之敵、十九日無大進展、由城武西北分三股竄擾、定陶之敵被我派隊迎擊、現止於定陶東南折桂集一帶、由菏澤南犯之敵、經我截擊後、刻亦斂跡、十八日晨九時許曹縣西北魏灣集附近、發現敵裝甲車十餘輛、載敵兵二百餘、被我圍擊毀戰車二輛、斃五六人、敵不支退回原路、

中央民權十九日電　我軍十七日向臨城進襲、當將附近之楊家店子敵軍全部擊潰、繼續向臨城推進中、是役斃敵數十名、獲步槍二枝、子彈三千發、軍旗兩面、及其他戰利品甚多、檢查敵屍獲日記本一、知該部敵軍由南京經上海至青島、曾參加臨沂之役、林田中佐及岩顚隊長受重傷、永平隊長戰死、山田部隊共陣亡七百餘人、

——摘自《时事新报》（重庆），1938 年 5 月 19 日

英將譴責　日軍暴行

白特勒在下院聲稱

【哈瓦斯社倫敦十八日電】下議院本日午後開會時、反對派工黨議員培克、會就中國廈門港現行局勢提出質問案、外務部次官白特勒、當即答稱、按之政府所接報告、日本海軍陸戰隊在廈門登陸時、會向中國婦孺所乘船隻開放機關槍、迄至登陸之後、又在海濱槍斃中國俘虜、凡此均違反海牙戰時公約、英國政府嚴詞譴責之餘、深用痛惜、」至是培克並要求英國政府向日本當局、提出抗議、白特勒乃又答稱、頃余所言各節、當儘量傳佈、俾使「關係方面」知之云、

——摘自《文汇报》（上海），1938 年 5 月 19 日

敵在廈門大屠殺

我軍發動游擊戰

我無辜同胞百人一律遭槍殺
閩沿海工廠將磋商遷往內地

（中央社汕頭十九日電）閩廈敵探兵不絕登陸、我生力軍某師十八日夜開抵廈近郊、發動廣大游擊戰。

（中央社香港十九日合衆電）昨日廈門前民團軍司令部門首、有人拋擲炸彈一枚、目的在炸斃行經該處之敵哨兵、致有敵兵七人被炸斃、其後敵兵將肇事地點附近之國人一百人、一律槍殺。

（中央社馬尼剌十九日路透電）菲律賓紅十字會會長福斯德稱、昨日已有米二千五百袋由香港運往廈門、轉至鼓浪嶼、預料今日可抵廈、該米係由菲島華僑捐款、在香港購買者。

（中央社福州十八日電）閩省國民經濟建設會、擬將沿海工廠、遷移內地、召集福州各廠主、討論辦法。

（中央社上海十九日路透電）馬尼剌紅十字會、頃急電美國遠東艦隊司令顏露爾、請求設法派砲艦一艘運送食糧赴廈門轉鼓浪嶼、救濟難民、聞該會電顏露爾、係欲請彼協助將現已運抵香港之米粮二百五十噸、運往廈門、據上海救濟會人員估計、二百五十噸米粮、僅敷兩星期之用。

——摘自《新华日报》（汉口），1938年5月20日

敵機昨襲鄭

亳縣阜陽亦被炸

【鄭州十九日中央社電】敵機近日在平漢隴海兩路大施轟炸，十九日下午四時，又有敵機十九架，分批侵入鄭空，盤旋偵察後，在正興街福壽街迎河街東陳莊等地投彈十餘枚，死傷無辜平民十餘人，燬房三百卅餘間，敵機並在迎河街一帶投燃燒彈數枚，黑烟瀰漫，火光冲天，迄至下午七時許，乃將火焰撲滅，有平民三人未及逃出，葬身火窟，慘不忍睹，敵機在鄭逞兇後，被我高射部隊之猛烈掃射，向東北遁去。

【阜陽十九日中央社電】十九日晨敵機兩架，飛亳縣之龍潭寺阜陽之龍王堂投彈轟炸，損失未詳。

【西安十九日中央社電】府谷十九日電，敵機近在晉北綏南復肆猖獗，迭至各地偵察投彈，自十二日起清水河等地無日不有敵機發現，十八日晨復有敵機二架經偏關投彈二枚，飛向北去。

——摘自《申报》（汉口），1938年5月20日

永城寇據城頑抗

我已三面包圍

寇不顧人道兩次施放毒氣

激起我軍憤極反殺敵千餘

（阜陽十八日下午二時十分電）軍息：永城寇仍據城頑抗，現三面被我包圍，十八日晨，敵機一架在禍邱縣陳家嘴劉公四一帶投重量炸彈八枚，小量炸彈十六枚，炸傷一人。

（徐州十九日下午一時電）前日竄至永城瓦子口一帶之敵，被我擊潰，敵於倉皇失措之際，不顧人道兩，度施用毒氣不料，反激起我軍憤怒，士氣更外旺盛計殺，敵千人以上獲戰利品甚多。

（徐州十九日下午二時電）竄至內黃車站之敵二千餘，昨日下午被我軍完全擊退，僅封尚有敵數百據寨頑抗，又有敵一部在曹縣西考城東石樓房一帶與我激戰數晚，被我擊退。

——摘自《泸县民报》，1938 年 5 月 20 日

走入日軍禁區

木匠腿部受傷

揚州人徐錦順、年四十一歲、住昌平路海昌里一百三十八號、現在閘北蘇州河大興鋸板廠爲鋸匠、由該廠代領有通行証、每日由烏鎮路橋進出、日以爲常、昨日徐値換班休息之期、擬往閘北西談家橋探視其戰前所住之故居、而由昌平路赴該處以走戈登路經洋鋼橋爲最近、徐以領有通行證、以爲可以通過、即於昨晨九時許前往、不料行至橋中、即爲守望日兵所阻、徐出示通行證、亦即爲彼收去、徐以此證爲工作所用、如被沒收、翌日將不能前往工作、故示意懇該日兵歸還、詎因此觸日兵之怒、即橫槍刺徐、徐急回奔、股上已被刺一巨洞、鮮血淋淋、後自投寶隆醫院醫治、按洋鋼橋現已經日方更名爲海陸軍橋、橋堍即爲中央造幣廠、該廠現爲日軍據作飛機修理廠、自東戰場形勢吃緊後、浜北麥根路即不准通行、徐以不知、致險遭意外云、

——摘自《文汇报》（上海），1938 年 5 月 20 日

浦南砲轟機炸

杜家行一抹紅光

張尚義子媳傳炸死雷吉庵

浦南方面、自葉樹於本日十六日晨遭大火後、游擊隊更見活躍、且各鄉村之小部遊擊隊伍、互相聯絡、因之聲勢更盛、實力愈大、已受日方招撫之丁錫山部、現已反正、復與袁英傑部呼應、日軍頃在得勝港集中、遊擊隊正在向該處挺進中、昨據由浦南杜家行逃出之鄉民來滬稱、十八日晨九時餘、遊擊隊又在浦南塘口及杜家行一帶出現、與小部日軍發生衝突、當時泊在閔行方面南黃浦中之日方小型兵艦四艘、同時開炮向塘口杜家行轟擊、飛機亦出動擲彈轟炸、並拋下硫磺彈數十、一時火光沖天、烈焰四飛、鄉民紛紛四散逃逸、半途中流彈傷亡者頗多、雙方激戰二小時、結果遊擊隊即行移至某某鄉村、杜家行鎭上之雷吉庵、命中砲彈數枚、全部焚燬、聞前在浦東被遊擊隊鎗殺之張尙義之子媳兩人係囚在此庵內、刻已與庵共亡云、

又訊浦東南匯縣毘鄰、上海市區之周浦鎭、原駐日本陸軍二百餘名、新近又從新場六灶兩鎭撤回二百餘名、同駐於該鎭同慶寺內、昨日忽奉命該項陸軍四百餘名、全部自周浦撤退、假道浦邊南碼頭、搭船渡赴南市、另調他去、所有大批輜重軍火、亦分裝數卡車運去、該鎭現無日兵蹤跡、僅剩徒手警察一百名、維持治安、又周浦北之北蔡鎭、日軍四五十名、亦於前日一併撤盡云、

——摘自《时报》（上海），1938 年 5 月 20 日

鄭州空警

◎鄭州十九日電、日機近日在平漢隴海兩路大施轟炸、企圖破壞我交通、十九日下午四時又有日機十九架分批侵入鄭空盤旋偵察後、在各街市投彈十餘枚死傷平民十餘人、房屋三百餘間、並投燃燒彈數枚、黑煙瀰漫、火光沖天、旋乃撲滅、日機逞凶後即逸去、

——摘自《时报》（上海），1938 年 5 月 20 日

廈門慘景

◎香港十九日美聯社電、據華南日報之廈門通訊員今日報告、當日本巡邏隊經過前廈門義勇軍司令部時、突有人投擲炸彈一枚、轟斃日軍七名、日軍於此事件發生之後、不問情由、即將炸彈爆發之處、予以包圍、被圍住之無辜華人百名、均遭日軍槍決枉死云、

——摘自《时报》（上海），1938 年 5 月 20 日

暴敵摧毀我國產業

竟霸佔華中工廠

（中央十八日香港電）敵軍為根本摧毀我國產業、已宣佈將華中淪陷區內（包括上海一部份）之我國公私工廠一律沒收、現已被敵接收之工廠計有（一）江南造船廠、由敵三菱造船會社經營、（二）龍華水泥廠、為我國私營水泥工業中規模最大者之一、現已被敵搶去交與野田水泥廠經營、（三）龍潭水泥廠、位於鎮江附近、亦係私人之企業、已被敵搶去、現已恢復開工、（四）五家中國私人所有之麥粉廠、亦已被敵麥粉及日興麥粉公司所搶去、（五）位於浦口之浦口化學工廠、被東洋曹達公司所霸佔、（六）在南市敵軍佔據區內有一家極大私人經營之肥料工廠、已被敵搶佔、（七）所有在敵軍佔領區內之我國人私有捲烟工廠、悉被敵東亞烟草公司所霸佔、並不日復工、（八）在佔上海官商合辦之酒精製造廠及人造絲工廠、均由敵商行霸佔、

敵在華北貿易突然低降

（合衆十八日北平電）日來日本對華北之貿易突然低降、反之各國在華北之貿易、若麥粉鋼鐵糖等均大見起色、此種現象之最大原因、為日貨生產減少、故價格上漲、同時華北內地因購買者缺乏、貿易全停、以麥粉一項而言、在四五兩月內、麥粉輸入華北之總數為八十萬袋、其中百分之五十九為美麥、上麥粉佔百分之二十三、而日（滿）麥粉僅佔百分之二十二、現在天津日貨棧堆存之日麥粉、尚有甚多、全無購買者、而於糖因日出口限制、日糖增價、故夏威夷糖趁勢暢銷華北、至於日棉織品亦均無銷路、僅北平冀東略有購買者、天津日紗廠因存貨太多、無法脫售、已停止購買棉花云、

——摘自《东南日报》（金华），1938 年 5 月 20 日

陷落後之南京

最近由京逃出者談話

（本報漢口航信）首都失陷、快半年了、日軍在京的暴行、報上雖略有刊載、惟大都得之傳聞、玆有□□醫院院長李璞璋君、於上月杪始自京繞道淮北、脫險來漢、李君在敵人惡勢力佔據下之南京、寄居達四五月之久、對於敵人在京一切暴行、均係目覩、記者特將李君所談拉雜書下、（以下李君所述）首都自去歲十二月十三日淪陷、當時滿城烽火、自晨至夕、城內交通、完全斷絕、一片機槍聲、炸彈聲、哭泣聲、恐怖萬狀、當時予（李君自謂）因不欲棄一千餘重傷將士、乃偕軍醫數人留京、將所有傷兵遷入外交部大厦、並與國際救濟會馬教士等商妥、改懸萬國紅十字會醫院旗幟、次日仍被

包圍檢查

、凡銀錢衣服、均被刦去、院中前後門被派兵把守、不許與院外任何人見面、院中雖有千餘人、敵人每日僅供給大米一袋、日飲稀粥一二次而已、某日有一負傷士兵、嫌怪粥太稀、與送伙食人口角、被敵兵拖出、不到半點鐘、這位傷兵、即遭槍決、至於打駡無常、猶其餘事、傷愈士兵、則均被當兵押去、有的被押去做工事、有的被押去軍營服勞役、甚至有押至飛機場做引誘我空軍目標、使受轟炸慘斃者、狼子野心、無惡不作、此刻我負傷將士猶有一二千人未脫險、我雖僥倖逃到漢口、精神上固無時不在系念我留京負傷官兵及一切民衆也、敵人最無道德

最無紀律

之行僞、厭僞奸淫、還類事實、差不多每天都有、我留京女同胞之年青略具姿色者、絕不能被敵兵看見、一看見、即難倖免、重傷醫院有二位女護士、一位睡在三樓一間小房內、某天深夜、有一敵兵忽然摸索入房、手握鋼刀、刀鋒上血跡斑斑、硬拉女護士要行非禮、因驚醒了一位男醫生、示以紅十字章、該敵兵竟操半熟華語、肆行謾駡、他說「中國人都是敵人、你們不說我們日本軍人是東亞的魔鬼嗎、哼、此時你們求魔鬼什麼呢、」好在那位醫生能夠忍氣吞聲、只說某護士有肺病、好容易纔把她救下、另有一事、是中央大學附近有一家男女七口、內中有兩個十六七歲的姑娘、一個四歲一個八九歲的小孩、某天有

三個敵兵

走到那家、指定要强奸兩位十幾歲的姑娘、全家跪求無效、結果老者被殺、兩位女士被奸死、那個八九歲的孩子、帶了那個四歲的小孩躲在床下、餓了一星期之久、方由國際救濟會某西人去收屍、帶出兩個小孩、現時還在鼓樓醫院診治、敵人除强奸外、刦財也是他們的目的、無論金銀、首飾、法幣、角洋、以及一切銅鐵器具、他們見到都運了去、書籍文具、他們也要像外交部的圖書、他們就用汽車整運了三天、外交部大門外的兩棵大樹、都被他們移植到旁的地方去了、即此已足證明敵人愛財刦物的一般、京內情形、除了一班漢奸在那裏活動外、一切商場都顯出了

極度蕭條

的慘象、中華門至內橋、全部已成焦土、太平路除中華書局、安樂酒店數家外、亦已付之一炬、大石壩街淮清橋焚去一半、洪武路娃娃橋、片瓦無存、逸仙橋至江蘇銀行大部焚燬、國府路珠江路成賢街到處是破瓦頹垣、完整房屋、不到十家、此外軍政部、鐵道部、中央黨部、中央大學、大華戲院、均改日軍營、交通部司法院建築、則均被毀壞、總之首都建設、已爲破壞無餘、此時述及、猶不免滿目悽愴之感、至於敵兵虐待我同胞、尤慘酷萬狀、難民衣服襤褸、大致均有創傷、同胞被打、均不許叫喚、一般小販生意人也、

時受蹂躪

敢怒而不敢言、我此次自外交部到下關、在中途被盤查五次、有三次因言語同得緩點、即被毆辱、但幸未受重傷耳、南京、我們的志士——游擊隊、特務隊、和許多失了家鄉的學生與在鄉軍人、依然在城郊內外時有活動、曾先後發動了二三次義舉、斃敵甚衆、不過敵軍以吃苦甚大、諱莫如深、將來我軍收復南京時、此輩志士必能盡其力量、以爲國軍臂助也、京市現有人口約卅餘萬、此輩同胞欲逃無路、日處危險之中、男女死於非命者、據確實調查、迄已逾十五萬人、誠浩刼也、國際救濟會工作成績尚佳、其中一位是美籍的馬教士、也整天在外工作、救出

婦孺甚多

一位是德籍的乃福爾、（譯音）他體格魁梧、每在難民區見了日軍强奸婦女、他即用木棍毆擊、不顧自己危險、就是糧食的供給、和醫藥的救濟、這幾位外籍善士、對於我們也有很大幫助、尤其令人不能忘懷者、即此次馬教士伴同我們二十餘人出下關、臨別他很誠懇贈言、勉勵我們要在唯一領袖蔣委員長領導之下、參加抗戰工作、將來國軍收復南京的時候、他預備手持青天白日旗、在那廂高呼中華民國萬歲、以歡迎我們、馬教士這些言詞、誠令人興奮呵、

最後李君談、自台兒莊日軍失敗後、敵軍逐日以地雷炸燬我南京附近要塞工事、及重要建築、敵人之毒辣、可見一斑云、（五月廿日愼武寄）

——摘自《时事新报》（重庆），1938年5月21日

日機肆虐

駐馬店昨遭空襲 平民死傷者甚多

【駐馬店二十一日電】日機一隊、二十一日中午飛駐馬店、濫肆轟炸、在車站及繁華街市、投重量炸彈多枚、除路軌車輛有損失外、死傷平民甚多、確數在調查中、【金華二十一日電】日機一架、二十一日上午十時侵入金華上空、向市區投小型炸彈三枚、死平民一人、重傷二人、

——摘自《文汇报》（上海），1938 年 5 月 22 日

日軍酒足飯飽 槍殺全家五口

葉樹唐姓幼子來滬養傷

松江葉樹附近鄉民唐和尚、世以務農爲生、本月十五日上午十一時許、忽有日軍一大隊闖入唐和尚家中、其時唐正在家中、見日軍前來遂從後門溜出、避匿他處、日軍等既入唐家、立即强索酒食、迄酒醉飯飽後、即將唐之家屬五人、一併綑縛、用機關槍掃射、當時五人均慘遭非命、此外尚有唐之幼子名桂林者、（年十一歲）、竟爲日軍用槍上刺刀、向其腹部猛戳一下、頃刻血如泉湧、痛極倒地、日軍認爲已死、揚長而去、事後唐潛返家中、目睹一家老小、悉數被殺、一慟幾絕、旋見幼子桂林、尚有氣息、乃即設法護送來滬、寄宿五馬路正豐街致安里東安旅館十八號房間內、於昨日下午五時投入牛莊路佛教醫院、請求醫治、

——摘自《文汇报》（上海），1938 年 5 月 22 日

被敵機轟炸
渦陽大火
損失甚巨

（阜陽廿一日電）廿一日敵機多架飛皖北帶偵察一次在渦陽大肆轟炸：全市大火，損失頗巨、五敵機飛正陽關西投彈七八枚，我無損失。

——摘自《泸县民报》，1938年5月23日

敵軍在厦屠殺民衆數千
連日運到大批木料
計劃建築防禦工事

本報二十二日香港專電　厦門二十一日、續到敵千餘、分駐海軍司令部、中央銀行、永安堂、思安公會、自來水公司、敵藉口肅清反日份子、大肆焚殺、死者數千人、敵在虎頭山台灣銀行屋頂、安置高射砲數尊、並運到木料甚多、計劃建築防禦工事、鼓浪嶼工部局拒絕敵兵登岸、

——摘自《时事新报》（重庆），1938年5月23日

日軍侵佔廈門經過

華軍抗戰前仆後繼

日機掃射無辜難民

【汕頭航訊】日軍此次突然侵佔廈門，但廈門既非軍事重要據點，又非政治與文化重心所在地，因接近台灣之故，遂成爲日軍企圖華南之對象地點，去年金門淪陷，廈門已失屏障，大感脣亡齒寒，亦爲日軍侵廈之先聲，唯以華方人心鎭定，民衆訓練極佳，政府與人民打成一片，使日軍不敢輕于嘗試，卒因魯南日軍處處遭受打擊，故騷擾華南牽制之企圖，成爲更加需要，竟于本月十日晨三時餘，以日艦十二艘，飛機十八架，橡皮艇多艘，合海空軍兵力攻廈門，當消息傳達汕頭後，各方頗爲注意，商家紛紛接得停止付貨電報，茲據廈門來汕者報告當時日軍侵佔該島情形及市區內破壞慘狀，誌之于後：十日晨日軍乘夜色朦朧時，在五、白石間之何厝地方

偷登上陸

該處華軍約八十餘名，當時爲日軍包圍，及後此批登陸日軍約五百之衆，爲華軍反攻，加以包圍，生擒七十五人，擊斃百餘人，日軍遭此重挫，繼以飛機大砲猛烈進犯，迄十一日更變本加厲，每隔數分鐘，即有大批飛機來炸，至昨下午，槍砲聲由密而疏，發覺中山路大同路廈門港等多處，發生巷戰，此時廈門島約爲日軍佔領三分之二，大千旅館，大華旅館等商標樓屋，已爲佔領，日軍在何厝登陸後，即佔據附近高山爲據點，隨之五通遂爲日軍奪去，廈市所有一切武力，保安兵警察等，皆

開赴前方

後方「市區」，僅由徒手壯丁維持秩序，此輩壯丁訓練極佳，咸抱與士共存亡決心，他們在日機日艦猛烈砲火之下，担任輸送糧食及在街上站崗，非常奮勇，十日晚當局令全市壯丁集中聽候調動。此次日軍肆其殘暴來侵，廈門軍政長官，人人皆具必死決心，以求日軍支付相當代價，故作戰時前仆後繼，奮勇百倍，激戰

至爲壯烈

公安局長沈覲康，保安隊長吳茂唐副隊長吳榮九等，先後殉職，而警備副司令韓文英，面部受傷。廈市市區居民約十萬人，鼓浪嶼約六萬人，禾山區大小一百零八鄉，約五萬餘人，戰事爆發後居民多過鼓浪嶼避難，該處已有人滿之患，碼頭街道非常擁擠，曾一度爲日機低飛，用

機槍掃射

，殘殺無辜平民，現鼓浪嶼糧食缺乏，難民恐有絕食之虞，調查此次受轟最重地帶，爲禾山區，餘爲廈門市，廈禾路全街均遭破壞，燬去店鋪數百間，餘處損失亦不輕。十一日下午三時前後，所有廈門至鼓浪嶼之輪電船駁艇，俱爲漢奸浪人强制掛插太陽旗，在鼓浪嶼遙觀廈門間數處，高標地方有太陽旗出現。由廈逃汕頭之難民近萬人，其中以赴香港者居多數，各客俱係倉卒下船，多未攜帶行李，情形頗覺慘目。（五月十五日）

× × ×

——摘自《文汇报》（上海），1938年5月23日

蕪湖抽壯丁

市面淒涼

◎繁昌二十二日電、日近在蕪湖抽調壯丁、揚言民衆須迅速回家、否則即將房屋焚燬、附近居民不爲所動、其未逃出之居民、因不堪日之壓迫、反紛紛逃避、蕪湖市面益形淒涼

——摘自《时报》（上海），1938 年 5 月 23 日

敵機侵入汴市上空

在東關投彈十九枚

平民死傷五十餘人

（開封二十二日）二十二日十時許、敵機十一架侵入汴市上空，在東關一帶投彈十九枚炸毀民房十餘間，傷亡平民五十餘，八時許敵機二架飛柏縣，投彈九枚，落郊外，陳柏敵二百餘經我包圍殲滅。

——摘自《泸县民报》，1938 年 5 月 24 日

日機向開封襲擊

傷亡平民五十餘人

【開封二十二日電】二十二日上午十時許、日機十一架、侵入汴市上空、在南關農學院禹王台車站一帶、投小型炸彈三十七枚、炸毀民房十餘間、傷亡平民五十餘人、又八時許、日機二架飛至杞縣、投彈九枚、均落郊外、陳杞間黑木寨之日軍經華軍包圍殲滅、該寨完全克復、

【金華二十三日電】二十三日上午十一時、日機一架、侵入臨浦上空、向車站投彈十二枚、毀路軌三根、炸沉小輪一艘、死老嫗一人、

——摘自《文汇报》（上海），1938 年 5 月 24 日

徐州大部

在燃燒中

附近十數市鎮火焰亦未熄

路透社特訪員廿三日發自徐州以南之某地、徐州雖係十九日淪陷、但記者二十一日乘日本軍用機飛越該地時、仍目擊其大部份區域正在燃燒中、由空中俯視、徐州城內及附近之各外國教會似皆未殃及、美教會屋頂上所漆之美旗、可明白瞭見、徐州東北兩站、均在火燄之中、記者所乘飛機、由徐州飛出後、沿途得見兩軍作戰之情形、曾於某處見有日軍渡河、因水深、各兵士皆舉鎗過頂、又於某地、見市鎮十數處、正在延燒、某日軍官語記者等曰、此皆由於日本之轟炸也、飛機曾飛越列隊行於大道之華軍、各華兵一聞機聲、卽停止不動、俾可避免飛機之注意、又有一次、則有華軍一隊、見記者等所乘之機飛至、皆紛紛向兩旁樹林及溝渠中藏匿、華軍曾向飛機開鎗、但未命中、數分鐘後、有日本驅逐機一架、突由雲霧中飛來、後發見爲記者等所乘飛機、始行離去、各記者乘機所達之處、其下似見有無數日軍、佐以卡車及坦克車等、正向前進發、

——摘自《时报》（上海），1938 年 5 月 24 日

燬屋萬間死傷數百人
日機昨轟炸阜陽
向城內投彈達七八十枚
合肥以西惡戰仍未稍止

（六安廿四日電）日轟炸機三架，於今日上午九時五十分飛穎上，首在天空盤旋三十分鐘，繼即投彈四十餘枚，均落城內，民房八百餘間被其焚燬，死七十餘人，其他損害，在調查中。上午十時許，又有日轟炸機飛往阜陽狂炸，在城內投彈達七八十枚，民房被其炸燬延燒者，竟至萬餘間以上，死傷刻尚在調查，計在數百人之上。

（漢口廿四日電）路透社訊：皖北華軍現包圍蒙城，廿一日華軍開抵蒙城西郊，旋佔領東南城外之日方飛機場，合肥西面亦有惡戰，互爭大蜀山要地。

——摘自《晶报》（上海），1938 年 5 月 25 日

日軍在廈門之暴行
英獲得極可恃情報
日外務省竟向英提出抗議

【路透社東京二十四日電】外務省今日照會英大使館、對於英外次白特勒五月十八日在下院發表責廈門日方陸戰隊殺死華方降兵多人之言論、提出抗議、外相廣田已訓令駐英日大使、向英政府提出同樣抗議、按英外次白特勒曾於下院詰問時聲稱、渠未接到關于裝載中國婦孺小船爲日軍開機關槍掃射之官方報告、惟華兵多人被俘後、在廈門海邊爲日軍槍殺、英政府對此違犯海牙公約之舉動、不能不嚴詞譴責之云、聞日方於愼重調查後、乃提出抗議、外務省發言人今日聲稱、此事已經調查、結果証明白特勒言論之虛僞、此種言論、殊損害日本海軍之榮譽與尊嚴、白特勒根據不確實之情報遽發此言、日政府深爲遺憾、希望英政府採行相當辦法、以糾正之云、日帝國大本營海軍股發言人發表一文、指白特勒所發之言論、有仇日性質、且完全虛僞、日海軍當局在攻擊廈門以前、曾勸令中外人民退至安全地點、並指定居民可避入之特別區域、當攻擊開始後、曾停戰若干時、以便平民及時退出、日海軍未攻擊由廈門駛出之船隻、因恐傷及混於華兵中之平民也、日當局且以食水供給避居鼓浪嶼外人租界之難民、乃白特勒竟對日本陸戰隊加以虛僞責言、日帝國海軍不能不爲之抗辯云、東京英大使館武官豐谷特少將定星期五上首途赴滬、以便調查一切、

【路透社倫敦二十四日電】關於日政府向英國抗議英外次白特勒所發廈門日本陸戰隊槍殺華方降兵多人之言論事、官場方面尚無所聞、據政界中人云、白特勒苟未獲有極可恃之情報、決不致在下院發表此項言論云、

——摘自《文汇报》（上海），1938 年 5 月 25 日

我克復廣平縣城

孟縣壯丁被敵慘殺

【鄭州二十五日中央社電】冀省我×部廿四日克復廣平縣城，民衆歡呼若狂，曾受偽組織驅使之漢奸，亦出面歡迎，並詳述敵軍毒辣手段及慘暴行爲，聞者痛恨異常。

【鄭州二十五日中央社電】溫孟二縣被敵侵據後，連日頗爲活動，孟縣東南龍王廟及克義一帶，現集結敵軍千餘人，準備木料甚多，我已嚴加防範，孟縣再度被敵侵據後，慘殺尤甚　凡青年壯丁，無一幸免。

【洛陽二十四日中央社電】（一）盤據孟縣之敵，現將東西南三門緊閉，祇留北門出入，並在城廟附近，縱火焚燒，民衆百餘虜進城內，婦女卅餘人，任性奸淫，並陸續槍殺我平民七八十人。（二）盤據沁陽敵軍，近又增加步騎兵千餘，又該敵近日積極修補沁孟沁博沁濟各公路，但隨修隨被壞；我别動隊在各公路兩旁甚爲活躍。（三）此次由沁陽侵孟之敵軍，內多劉逆桂堂匪部官兵，操河北山東口音。（四）盤據平陸以西地洞內之敵，約五百餘，經我軍於日昨以大砲轟擊，敵即乘夜逃走，我軍現已佔領西張村以西一帶高地。（五）我軍先後收復芮城安邑後，永濟之敵，益陷於四面包圍中，現除三部竄解縣外，餘仍困守永濟，我正分路截擊中。

【隰縣廿三日中央社電】我魯旅×部於十八日選派奮勇隊百餘人進襲洪洞西北十四里許小葫蘆之鐵橋，午刻十一時抵小葫蘆附近，即向駐守之敵攻擊激戰約十小時，敵陸續增至五百餘人，我以勢力懸殊，遂轉據汽車路東與敵相持，此役計斃敵六十餘人，我亦傷亡隊員二十餘人。

【西安廿三日中央社電】我軍×部十九夜克復虞鄉，南城，敵大部西竄，一部據平站頑抗，二十日夜始被我完全殲滅，斃敵百餘，永濟敵二百餘來援，我正截擊中。

【西安廿二日中央社電】竄擾侯馬東南馬家山敵約八百餘，廿日經我軍痛擊，敵退據西側山地頑抗，廿一日我軍猛攻，先後奪佔四個山頭，將敵三面包圍，大多數被我擊滅，殘敵百餘突圍北竄，是役計斃敵六百餘，奪獲輕重步槍百餘支，敵傷者多就地挖坑活埋，慘絕人寰。

【潼關二十五日中央社電】被困永濟之敵百餘名，廿三日夜由東門外出，企圖突圍東竄，經我軍阻止，仍撤退城內。又縣城北郊之之敵，近有增加，有突圍北犯模樣，我已嚴密戒備中。

——摘自《申报》（汉口），1938年5月26日

敵在蕭縣

使用毒瓦斯

中央毫縣廿三日電

我軍某部在蕭東南張二莊一帶與敵激戰數日、因敵使用催淚性瓦斯、致我仍有傷亡、另一部之敵向勞牛燈及大王頭等處猛烈攻擊、激戰竟日、予敵重創、

——摘自《时事新报》（重庆），1938年5月26日

日軍卡車

撞傷行人逃脫

寧波人包皇甫、現年十九歲、家住慕爾鳴路二百六十七弄四號、昨日下午五時許、因事外出、行經滬西憶定盤路地方、突遇日本軍用卡車一輛、疾駛而來、不及避讓、致被撞倒、頭部受傷甚重、該車肇事後、並未停車援救、仍開足速率、飛駛而去、後由崗捕到來、始將受傷人車送醫院醫治、

——摘自《文汇报》（上海），1938 年 5 月 26 日

敵機襲各地

潁上又遭大轟炸

襲◇皖

（中央廿五日六安電）廿五日下午三時四十五分、敵機九架、復往潁上轟炸、投彈四五十枚、死我平民七八十人、燬屋百餘間、情狀較昨日尤慘、

竄◇浙

（本報念五日蕭山電）念五日晨十時、敵機一架自杭襲來、在蕭山南之所前臨浦、投擲荒謬傳單、（本縣消息）念五日浙境發現敵機四次、除第一次外、餘均沿海濱窺察、上午八時念分、敵機一架在臨浦發現後、向北逃去、十時五十八分、石浦發現敵偵察機一架、旋經象山甯波鎮海龍山向北竄去、十二時十八分石浦又發現敵機一架、亦經象甯鎮龍等地北逸、下午二時三十分、鎮海發現敵機一架、過穿山至石浦、向東南逃竄、（國民社）

（本報念四日新登電）念四日上午九時、敵機一架、在新登西城外山飛盤旋兩週、投彈四枚、燬民房十餘間、幸未傷人、

——摘自《东南日报》（金华），1938 年 5 月 26 日

敵機狂炸南陽

南城玉山亦被襲

【南陽二十五日中央社電】敵機九架廿五日午轟炸南陽，投彈六十餘枚，內有少數燃燒彈，落城外野地卅餘，城內卅餘，震塌及燒毀房屋三百餘間，死傷平民約一百人。

【南昌廿六日中央社電】敵機十五架，廿六日午分兩批襲南城玉山，第一批九架，由贛皖邊境侵入，在贛東各縣盤旋良久，其後向南城投彈七十餘枚，震倒房屋甚多，詳情待查。第二批六架，由浙贛邊境而來，在玉山投彈廿餘枚，並無損害。

【廣州二十六日中央社電】敵機六架，廿六日午十二時廿五分，由中山海外來犯，在粵漢路新街口軍田及深坑投彈十數枚後，即折返南飛出海。

【繁昌二十六日中央社電】本日有敵機二架至九架在舊縣荻港銅陵大通等沿江各城鎮輪流投彈，轟炸竟日，損失在調查中。

【六安二十六日中央社電】敵機一架今日上午九時三十五分在舒城城內投彈五枚，均落空地，我無損失。

【汕頭二十六日中央社電】敵機十架，今晨襲閩南各縣，在龍岩城郊擲卅二彈。

——摘自《申报》（汉口），1938 年 5 月 27 日

滬西日軍捉人

將青年商販用車載走

滬西叉袋角中央造幣廠橋、自經日人出售通行證後、東來商販頗見擁擠、詎於昨日午後四時許、商販路經該橋往西回家時、突被日軍强將青年商販、迫登日軍軍用卡車、其數約二百餘人、據專事在日人工作之華人言、該項商販均將迫充日軍夫役云、

——摘自《文汇报》（上海），
1938 年 5 月 27 日

敵在鳳陽屠殺農民

中央六安二十六日電　敵近在鳳陽澈底破壞我農民收割、并轟斃我農民一百七十餘人、傷五十餘人、情狀至慘、我鳳陽游擊隊前日以決死精神、向盤據總舖之敵進襲、敵見我銳不可當、乃紛紛潰退、我即將碉樓橋樑及公路完全破壞、

——摘自《时事新报》（重庆），1938 年 5 月 27 日

敵艦三十八艘突駛甌江口

閩江口敵艦砲擊各縣

潮陽我商船被敵刦掠

中央金華二十六日電　永嘉（即溫州）甌江口（在溫州口距溫州約四十華里）突來敵艦三十八艘、形勢頗嚴重、

中央福州廿五日電　廿五日午、敵艦在福清、長樂、兩縣交界之松下大坵兩處海面、開砲廿餘發即退去、彈均落沙坡、廈難民大部集漳洲、海澄、泉洲、同安、省府派徐瑞霖赴漳海、秦望岑赴泉同、辦理賑濟事宜、

中央福州廿六日電　閩江口敵艦、廿五日晨砲擊長樂、松下、福清、大嶼、十餘艘停泊於柳守關及梅花一帶海面、我方已嚴密監視、海澄、龍溪、均有敵機偵楪、

中央廣州二十六日電　二十五日下午五時半、潮陽海面我國商船一艘、駛經該處時、適遇敵艦一艘、即派水兵將該船檢查、船上財物悉被刦掠、船員數人亦被撞落海中、始揚長而去、幸各船員頗諳水性、爲該處海岸人民拯救生還、

中央福州二十六日電　閩江口外二十六日晨由浙洋面開來敵艦三十餘艘泊馬公海面我已嚴切監視無何動作、

——摘自《时事新报》（重庆），1938 年 5 月 27 日

敵機轟炸南陽死傷平民百人

閩贛粵各地亦投彈甚多

中央南陽二十五日電　敵機九架廿五日午轟炸南陽、投彈六十餘枚、內有少數燃燒彈、落城外野地三十餘、城內卅餘、震塌及燒毀房屋三百餘間、死傷平民約百人、

中央福州二十六日電　二十六日晨、福州、漳州、莆田、浦城、龍岩、均有敵機投彈

——摘自《时事新报》（重庆），1938 年 5 月 27 日

葉樹全鎮房屋僅賸間半

南橋砲轟莘莊攔鐵絲網

昨據葉樹避難來滬之某君稱、該鎮在松江縣城東門外十二里、全鎮鎮民約一千多戶、前天（二十四日）該鎮因有游擊隊活動、被日兵先用大砲猛轟、共開六七十砲、繼派小汽艇數艘載日兵十餘人、用機關槍掃射、末卽攜帶火器登岸、放火焚燒、頃刻間火光燭天、鎮民相率逃避、死傷甚衆、目下全鎮已成灰燼、未燬房屋僅餘一間半云、又稱閔行西南約十八華里之南橋鎮、爲奉賢縣屬之首鎮、有住民約三千多戶、前昨二天、亦被日兵發砲五六十響、損失未詳、惟悉該鎮及四週附近鄉民咸紛紛逃避、大哭小喊、扶老携幼、情況至爲悲慘、南市方面因不可通、多數皆由浦東轉道來滬、以故租界上又多一批難民云、繼云、離滬西南沿滬杭鐵路之莘莊鎮、亦屬松江縣該管之重鎮、爲與上海縣交界之處、有住民約一千餘戶、現在該鎮四週被日兵用鐵絲網包圍、東西南北街留有出入口四處、派有日兵守住、進出檢查頗嚴、晚間則不許通行、東街孫姓巨厦原設有日軍小泉部隊司令部、目下已改爲慰安所、（卽娼寮）及浴室、司令部則遷於北街之莘莊小學校內、該鎮有日兵四五十名、一部份分駐在西街張姓大厦云、

——摘自《时报》（上海），1938 年 5 月 27 日

麗水遭猛烈轟炸

溫州玉山南城舒城南陽

昨日均被敵機空襲

◇犯浙◇

（本縣消息）廿六日上午、敵機遍擾浙東浙南、轟炸麗水永嘉、本縣發警報二次、晨七時四十五分、臨浦發現敵機一架、向東北飛去八時四十三分又發現一架、經諸暨楓橋折囘臨浦向北逸去、八時四十二分、樂清發現敵機五架、經永嘉折囘、越瑞安南飛、八時四十八分、鎮海發現敵機三架、經龍山向東北飛去、八時五十二分、鎮海、發現敵機二架、經甯波奉化嵊縣楓橋諸暨東陽仙居麗水碧湖縉雲永康金華蘭谿建德桐廬、向北逸去、九時許、桐廬發現敵機六架、經建德壽昌上方龍游衢縣江山嶺頭念八都、侵入浦城、投彈後折囘、經江山上方、遂安壽昌建德桐廬、向北遁去。。。

炸麗水

（本報廿六日麗水電）念六日晨十時十分、敵機三架、自仙居方面來襲、共投五十二彈、遭敵空前未有之猛烈轟炸、聲聞數里、震耳欲聾、投彈地點如下、汽車站投三枚、站屋全毀、修理汽車場投一彈、毀屋八間、站長辦公室投三彈、毀屋六間、停車場投四枚、毀屋五間、毀汽車九輛、傷一輛、財政部鹽廠投十八枚、毀屋百餘間、水閘內投八枚、炸斃平民十六人、傷八人、毀人力車四輛、汽車站附近投十四枚、震房屋五間、城內太平坊崔公祠投一枚、毀屋十餘間、斃馬一匹、。。。

襲永嘉

（本報廿六日永嘉電）廿六日晨九時許敵機五架來犯永嘉、在南門外投彈三十三枚、炸斃平民四人傷三人、毀屋四間、

◇侵贛◇

（中央廿六日南昌電）敵機十五架、念六日午分兩批襲南城、玉山、第一批九架、由贛皖邊境侵入、在贛東各縣盤旋良久、其後向南城投彈七十餘枚、震倒房屋甚多、詳情尙杳、第批六架、由浙贛邊境在玉山投彈念餘枚、並無損害

◇襲皖◇

（中央念六日六安電）敵機一架、於念六日上午九時三十五分在舒城城內西郊投彈五枚、均落空地、我無損失、

◇炸豫◇

（中央念五日南陽電）敵機九架、念五日午轟炸南陽、（在豫西南）投彈六十餘枚、內有少數燃燒彈、落城外野地三十餘、城內三十餘、震塌及燒毀房屋三百餘間、死傷平民約一百人、

◇擾粵◇

（中央念六日廣州電）敵機六架、念六日上午十二時二十五分、由中山縣外來犯、在粵漢路新街軍田等處、投彈十數枚後、即折返南飛出海、

——摘自《东南日报》（金华），1938年5月27日

敵機昨襲鄭

並狂炸粵兩鐵路

【鄭州廿七日電】廿七日鄭市共警報五次，早七點敵機一架經黃河北岸過鄭南飛，八點廿分敵機十架，十點敵機七架，均係由北南飛，在鄭市盤旋轟炸內有燃燒彈多枚，下午二點十五分敵機三架由南飛至，又投彈轟炸，四點十五分敵機又至，計在南下街大同路北朝陽街望平街大康路東大康路仁愛街北順城街太平里法院監獄及第二監獄滓香胡同均落有無目標之炸彈五六十枚，死平民百餘，傷數十，燬房二百餘間，並毀三防空壕。

【廣州廿七日中央社電】敵機廿九架，今分三批狂炸粵漢廣九兩鐵路，首批六架飛粵漢路在軍田樂同間投十一彈。第二批十六架飛廣九路在石龍投廿五彈，並在常平橫瀝間投十七彈。第三批七架飛廣九路，在烏涌南崗間投十五彈。又在石龍投一彈，兩路路軌枕木及房屋均有損壞。

【金華廿七日中央社電】麗水今晨一時電話，敵機三架廿六日晨九時竄麗水，投彈四十四枚，毀屋百餘間，八枚落荒地，死平民十六人，傷八人，毀人力車四輛，汽車站附近落彈十四枚，震倒民房五間，城內落一彈，毀民房十餘間，敵機投彈後，旋即向建德方面遁去。

【屯溪廿七日中央社電】敵機在繁昌，青陽，九華山及舊縣鎮，荻港，銅陵，大通等處轟炸，舊縣敵艦已下駛，老洲頭敵艦三艘以飛機二架掩護上駛大通，尚有敵艦三艘餘下駛。

——摘自《申报》（汉口），1938 年 5 月 28 日

敵機昨狂炸

粵漢廣九路

中央廣州二十七日電　敵機二十九架、今分三批狂炸粵漢廣九兩鐵路、首批六架飛粵漢路、在軍田樂同間投十一彈、第二批十六架飛廣九路、在石龍投二十五彈、并在常平橫瀝間投十七彈、第三批七架飛廣九路、在烏涌南崗間投十五彈，又在石龍投一彈、兩路路軌枕木房屋均有損壞、

中央金華二十七日電　麗水今晨一時電話、敵機三架、二十六日上午九時竄麗水投彈四十四枚、燬房屋百餘間、八枚落荒地死十六人傷八人、燬人力車四輛、汽車站附近落彈十四枚、震到民房五間、城內落一彈、燬民房十餘間、死馬一匹、

——摘自《时事新报》（重庆），1938 年 5 月 28 日

英訓令厦領事調查 日海軍鎗斃俘虜事

◎倫敦廿六日哈瓦斯社電、關於日本海軍陸戰隊在中國厦門港鎗斃中國俘虜事、英國外務部次官勃特勒、前於本月十八日在下議院有所報告之後日本政府旋卽提出抗議、幷指爲反日宣傳、英國政府頃已訓令駐厦門領事、着其查明上項消息是否屬實、一俟該領事提出報告之後、勃特勒次官卽當在下議院從新有所說明屆時若果證明上項消息係屬誤傳、則當加以更正、特外交界人士以爲此項消息、原係駐厦門領事所供給、自有確切根據、未必出於誤傳耳、

——摘自《时报》（上海），1938年5月28日

麗水落彈

四十四枚

◎金華二十七日電、麗水今晨一時電話、日機三架二十六日九時在麗水投彈四十四枚、毀屋百餘間、八枚落荒地、死十六人、傷八人、毀人力車四輛、汽車站附近落彈十四枚、震倒民房五間、城內落一彈、毀民房十餘、馬一匹、旋向建德方面逸去、

——摘自《时报》（上海），1938年5月28日

敵機濫炸廣州市

在高空投彈百餘枚 死傷頗衆情況甚慘

【廣州二十八日下午九時發專電】敵機六十餘架，今日自晨八時至下午四時分六批由唐家灣航艦起飛襲粵，除數架襲虎門向沙角投三彈外，其餘皆進襲廣州市中心區，我砲隊猛烈射擊，敵機由高空衝入，濫投炸彈及燒夷彈達百數十枚之多，一時全市震動，火烟騰空，血腥及硝藥氣味充溢全市，計中央公園前安樂里落一彈，中山紀念堂後背落一彈，西關寶華路昌樂大街落一彈，陳家祠落一彈，黃沙附近之蓮慶沙地•如意坊•蓮慶新街•黃沙北之蓬萊路•盤龍大街•黃沙中之西屠場•廣東火柴廠•六十四小學•市立二中•荔枝灣橋•荔香園•梯雲路•多寶路•東山合羣路•廣衛路•嶺南門店•蓮唐路等處均落彈，總共燬民房商店達二百餘家，死百餘人，傷三百餘人，迄夜尚在發掘屍體及救火中，沿海敵艦減少。

【中央社廣州二十八日路透電】華方稱，今日日機大肆轟炸廣州後，平民死者至少有五百人，傷者至少六百人，截至下午止，已發掘出者之屍身，已有六十五具，日機似專以黃沙車站與鐵路爲目標，該處均係人口稠密之區，與沙面尤爲緊逼，車站被炸者凡四次，附近居民約一百人，均完全被炸斃命，有一彈適中于中山紀念堂，受損甚重云。

——摘自《大公报》（汉口），1938年5月29日

敵機七十餘架
昨狂炸廣州
死傷之鉅前所未見
浙閩各處均遭空襲

（中央社廣州廿八日電）二十八日晨九時至下午四時敵機七十餘架、三次空前狂炸廣州市各區、共投彈一百五十餘枚、塌屋三百餘間、被焚燬四百餘間、無辜平民當場斃命者六百餘人、重輕傷者近千、各災區血肉橫飛、瓦礫狼籍、慘狀令人不忍卒睹、被災區域、計中心區、中山紀念堂、大石街橋大路牛僕里西許逢源西路梯雲路、昌華大街、新屠場黃沙車站附近一帶、蓬萊路連慶新街、多寶路、荔枝灣北區、流花橋東區、二澳頭、東山、合葬路、新河浦各區、災情最慘者、爲黃沙一帶、屋宇幾全被炸燬、附近柳波橋被投燃燒彈多枚、當即發生大火、葬身火窟之災民、不知凡幾、現尚無法統計、該區沿岸一帶大小船隻、亦遭敵機槍之猛烈掃射及投彈轟炸、沉沒廿餘艘、屍流水面近百、傷者尚在水流中掙扎呼號、厥狀至慘、當敵機竄入市空肆虐時、全市市民秩序井然、商店均照常營業、各救護人員在彈雨中勇敢沉着、施行救護工作、其服務精神、至足欽佩、刻各災區仍在挖掘中、又今午敵機首次來襲時、曾向虎門澳角投六彈、旋在粵北南雄投燃彈、我無損失。

（中央社福州廿八日電）廿七日晨敵機飛往晉江安海二處轟炸、死平民二人、傷二人、震倒房屋十餘間、閩江口外敵艦、川石梅花各有兩艘、[illegible]一艘。

（中央社汕頭廿八日電）今日上午十時、敵機九架竄擾饒平大埔梅縣蕉嶺平遠、上午十時許、竄贛邊向閩西飛去。

（中央社金華廿八日電）廿八日晨八時半、敵機二架、飛桐廬投彈二枚、死傷平民五人、九時敵機一架、飛浙贛路蘭溪站投彈四枚、無損失、下午一時、敵機三架、侵入車站上空向車站投七彈、傷平民七人、毀屋一間、路軌一段、下午三時、敵機三架、在鄞縣投彈十九枚、西門內亦落一彈、傷一人、又大雨滂沱中、敵三菱式轟炸機三架、竄諸暨、投廿五彈、死一人傷五人。

（中央社南昌廿八日電）敵機兩批、廿八日空襲永豐、南城、贛州、第一批於上午十時、飛永豐投彈七枚後、又侵入南城投彈四枚而去、第二批九架、正午後現於粵贛邊境、旋向贛州投彈四十餘枚、多落空地。

——摘自《新华日报》（汉口），1938 年 5 月 29 日

敵機七十餘架

昨三次狂炸廣州

死六百餘傷者近千

市區內血肉橫飛慘不忍睹

【廣州廿八日中央社電】廿八日晨九時至下午四時，敵機七十餘架，三次空前狂炸廣州市各區，共投彈一百五十餘枚，塌屋二百餘間，被焚燬四百餘間，無辜平民當場斃命者六百餘人，重輕傷者近千，各災區血肉橫飛，瓦礫狼籍，慘狀令人不忍卒睹。被災區域，計中心區中山紀念堂，大石街，柿大路，牛懷里，西許逢源西路，梯雲路，昌華大街，新居場，黃沙車站附近一帶寶路，荔枝灣，北區流花橋，東區二澳頭，東山，合華路，新河浦各區。災情最慘者，爲黃沙一帶，屋宇幾全被炸燬，附近柳波橋被投燃燒彈多枚，當即發生大火，葬身火窟之災民，不知凡幾，現尚無法統計。該區沿岸一帶大小船隻，亦遭敵機槍之猛烈掃射及投彈轟炸沉沒廿餘艘，屍流水面近百，傷者尚在水流中掙扎呼號，厥狀至慘。當敵機竄入市空肆虐時，全市民秩序井然，商店均照常營業，各救護人員在彈雨中勇敢沉着，施行救護工作，其服務精神，至足欽佩，刻各災區仍在刨掘中。又今午敵機首次來襲時曾向虎門澳角投六彈，旋在澳北南雄投數彈，我無損失。

【廣州廿八日中央社路透電】華方稱：今日日機大肆轟炸廣州後，平民死者至少有五百人，傷者至少六百人，截至下午止，已發掘出者之屍身，已有六十五具。日機似專以黃沙車站與鐵路爲目標，該處均係人口稠密之區，與沙面尤爲緊連，車站被炸者凡四次，附近居民約一百人，均完全被炸斃命，有一彈適中於中山紀念堂，受損甚重。

【香港廿八日中央社路透電】昨晚廣九路沿綫被日機轟炸，毀壞路軌數節，結果鐵路電話交通均被阻，修理工程，預計今晨即可完成。

【廣州廿八日中央社合衆電】昨晚有日機廿四架，轟炸廣九路，據此間英國官員稱，日方事前早知英水兵正自港乘車赴漢，乃適欲此時濫施轟炸，顯屬挑釁態度云。又昨日日機轟炸結果，廣九路有一段被炸毀，故北上英兵已展緩赴漢，大致將至明日始能成行。

【汕頭廿八日中央社電】今日下午十時，敵機九架窺察饒平大埔梅縣焦嶺平遠，上午十時餘，竄贛邊向閩西飛去。

【福州廿八日中央社電】廿七日晨敵機飛往晉江，安海兩處轟炸，死人民二

——摘自《申报》（汉口），1938年5月29日

野蠻的獸性暴露

敵機七十襲廣州

慘炸死傷達兩千

投彈百餘燬屋六百間以上

駐馬店美國教堂亦被轟炸

中央廣州廿八日電　上午九時至下午四時、敵機七十餘架、三次窺前狂炸廣州市各區、共投彈一百五十餘枚、塌屋二百餘間、被焚燬四百餘間、無辜平民當場斃命者六百餘人、重傷者近千、各災區血肉橫飛、瓦礫狼藉、慘狀令人不忍卒覩、被災區域計中心區、中山紀念堂、大石街、廣大路堂、安懷仁里、西關、逢源西路、梯雲路、昌華大街、新屠場、黃沙車站附近一帶、蓬萊路、連慶新街、多寶路、荔枝灣、北區流花橋、東區二沙頭、東山合羣路、新河浦、各區災情最慘者爲黃沙一帶、內街兩條屋宇、幾全被炸燬、近柳橋波被投燃燒彈多枚、當卽發生大火、葬身火窟之災民、不知凡幾、現尚無法統計、該區沿岸一帶大小船隻、亦遭敵機槍之猛烈掃射及投彈轟炸、沉沒二十餘艘、屍流水面近百、傷者則水流中掙扎呼號、厥狀至慘、當敵機竄入市空肆虐時、全市市民秩序井然、商店均照常營業、各救護人員在彈雨中勇敢沉着、執行救護工作、其服務精神至足欽佩、刻各災區仍在發掘中、又上午敵機首次來襲時、曾向虎門沙角投六彈、旋在粵北南雄投數彈、我無損失、

本報香港二十八日專電 廣九鐵路二十七日被敵機狂炸、損害頗重、上下行車均折回、二十八日可復通、

中央廣州二十八日電 敵機三十七架、今輪迴狂炸粵垣、九時十分發出第一次警報、未幾即續發緊急警報，敵機飛於十時三十分竄入市區投彈、現已查得中央公園附近安華里落彈一枚、中山紀念堂西北角一枚、西關逢源西三巷一枚昌華横街一枚、荔枝灣國民大學附近一枚、黄沙附近死傷慘重、

中央香港二十八日路透電 昨晚廣九路沿線被日機轟炸毀壞鐵軌數節、結果鐵路電話交通均被阻、修理工程預計今晨即可完成云、

中央南昌廿八日電 敵機兩批、廿八日襲永豐、南城、贛州、第一批三架於上午十時飛永豐、投彈七枚、後又侵入南城、投彈四枚而去、第二批九架正午、發現於粵贛邊境、旋向贛州投彈四十餘枚、多落空地云、

中央廣州二十八日電 粵賑機會今又收美哥林比亞花治杷埠中華總會館匯來美金一千五百二十元、

中央福州二十八日電 廿七日晨敵機飛經晉江安海兩處轟炸、死人民二人、傷一人、震倒房屋十餘間、閩江口外敵艦、川石梅花各有兩艘、松下一艘、

中央北平二十七日合衆電 據外人方面消息、日機二十一日轟炸駐馬店時、該地美國信義教堂亦被炸、死華人三名、傷華人三百名、因有數彈擲中孤兒院、故死傷慘重、外人亚無受傷者、

——摘自《时事新报》（重庆），1938 年 5 月 29 日

日機暴行不絕

血肉橫飛慘不忍覩

粵垣死傷逾千

投彈百餘燬屋六百餘間

黃沙一帶被炸最烈

【廣州廿八日電】路透社訊：此間當局估計今日日機空襲廣州之結果，至少死五百人傷六百人，截至今日午後止，已發現死屍六十五具。日機轟炸目標顯爲黃沙車站，第一次空襲後赴黃沙站工作之救護員，在第二次空襲時，遭日機炸彈轟擊，與掃射，致死四十人傷五十人。廣州城在日機肆虐時，有居民多人乘小船渡河擬入沙面，但通至沙面之門悉已關閉，商團與陸戰隊駐守門口，阻止群衆擁入。中央公園中之房屋，在中山紀念堂附近者已被毀，死傷甚衆，有一炸彈適擊中紀念堂，損毀頗重。東山區亦被日機轟炸，沙面窗前可見日機，有大炸彈兩枚落於距租界五十碼內，致沙面玻璃窗多被震碎。

【廣州廿八日電】據華方報告：廿八日晨七時至下午四時，日機五十餘架，三次空前狂炸廣州市各區，共投彈一百五十餘枚，塌屋二百餘間，被焚燬四百餘間，平民當場斃命者六百餘人，重輕傷者近千人，災區血肉橫飛，慘狀令人不忍卒覩，被災區域計中心區中山紀念堂，大石街，廣大路，惠愛西路，經西關逢源西路，陽雲路，昌華大街，新屠場，黃沙車站附近一帶，逢源路，連慶新街，大寶路，荔枝灣北區，流花橋東區，二沙頭，東山合羣路，新河浦各區。災情最慘者爲黃沙一帶，內街兩條，屋宇幾全被炸燬，附近被投燃燒彈多枚，當即發生大火，葬身火窟之災民，不知凡幾。該區沿岸一帶大小船只，亦遭日機猛烈掃射及投彈轟炸，沉沒廿餘艘，屍流水面近百，傷者則在水流中伸手呼號，厥狀至慘。

【香港廿八日電】美聯社訊：日機空襲廣州，現仍在繼續中。下午三時，日機仍集中轟炸黃沙站，該站有桐油五百桶，被炸起火，火勢甚熾，一部炸彈，墮落離東山沙面數百碼之處。

【廣州廿八日電】路透社訊：此間觀察家認此次日機空襲，乃日內閣改組後日方所應有更大活動之起點。

——摘自《大美报》，
1938 年 5 月 29 日

敵機五次狂襲鄭州

中央鄭州二十七日電

敵機二十七日第七次轟炸鄭州、前後襲擊五次、故竟日在警報中、二十七日晨七時許敵機一架侵入鄭空、盤旋瞰週飛去、九時五十分忽來十三架、大肆轟炸、約一小時始飛去、下午又襲擊三次、計共投彈三十六枚、均落各街衢、炸毀房屋一百八十三間、死傷人數已查明者、計死男三十三人、女四人、傷男三十一人、太平里及東河洋街兩防空洞、均被炸、又第二監獄亦落四彈、該處死傷數目正調查中、預料至少有二百餘人、

——摘自《时事新报》（重庆），
1938 年 5 月 29 日

廣州慘遭大轟炸

傷亡千五百人毀屋六百餘

炸粵

（中央廿八日廣州電）廿八日上午九時至下午七時、敵機七十餘架、三次空前狂炸廣州市各區、共投彈一百五十餘枚、坍屋二百餘間、被焚燬四百餘間、無辜平民當場斃命者六百餘人、重輕傷者近千、各災區血肉橫飛、瓦礫狼藉、慘狀令人不忍卒睹、被災區域計中心區中山紀念堂、大石街、廣大路、堂安懷里、西關、逢源西路、梯雲路、昌華大街、新居場、黃沙車站附近一帶、蓬萊路、沛慶新街、多寶路、荔枝灣、北區流花橋、東區二沙頭、東山合羣路、新河浦、各區災情最慘者、爲黃沙一帶、市街兩條屋宇、幾全被炸燬、附近柳波橋被投燃燒彈多枚、當即發生大火、葬身火窟之災民、不知凡幾、現尚無法統計、該區沿岸一帶大小船隻、亦遭敵機之猛烈掃射及投彈轟炸、沉沒念餘艘、屍流水面近百、傷者則在水流中掙扎呼號、厥狀至慘、當敵機竄入市空肆虐時、全市市民井然、商店均照常營業、各救護人員在彈雨中、勇敢沉着、執行救護工作、其服務精神、至足欽佩、刻各災區仍在發掘中、又上午敵機首次來襲時、曾向虎門沙角投六彈、旋在粵北南雄投數彈、我無損失、

浙贛路沿綫各站亦被蹂躪

（路透念八日廣州電）華方稱、今日日機大肆轟炸廣州後、平民死者至少有五百人、傷者至少六百人、截至下午止、已發掘出者之屍身、已有六十五具、日機似專以黃沙車站與鐵路爲目標、該處均係人口稠密之區、與沙面尤爲緊連、車站被炸者凡四次、附近居民約一百人、均完全被炸斃命、有一彈適中于中山紀念堂、受損甚重云、

（中央念八日汕頭電）念八日上午九時、敵機九架窺察饒平大埔梅縣蕉嶺平遠、十時餘竄韶邊、向閩西遁、

（路透廿八日香港電）昨晚廣九路沿線被日機轟炸、毀壞路軌數節、結果鐵路電話交通均被阻，修理工程預計今晨即可完成、

（合衆廿八日廣州電）昨晚有日機廿四架、轟炸廣九路、此間英國官員稱、日方事前早知英水兵正自港乘車赴漢，乃適於此時濫施轟炸、顯屬挑釁態度云、又昨日日機轟炸結果、廣九路有一段被炸毀、故北上英兵已展緩赴漢、大致將至明日始能成行、

犯豫

（中央廿七日鄭州電）敵機念七日第七次轟炸鄭州、前後襲擊五次、故是日在警報中、念七日晨七時許、有敵機一架、侵入鄭空、盤旋數週飛去、九時五十分又來十七架、大肆轟炸、約一小時始飛去、下午又襲擊三次、每次皆係一架、未轟炸、共投彈卅六枚、均落各街衢、炸燬房屋一百八十三間、死傷人數已查明者、計死男三十一人、女四人、傷男三十一人、太平里及東河洋街兩防空洞均被炸、又第二監獄亦落四彈、該三處死傷數目正調查中、預料至少有二百餘人、

襲浙

（國民念八日金華訊）廿八日上下午敵機一架至五架不等、分批騷擾浙東各地、並轟炸桐廬諸暨義烏蘇溪甯波、本縣共發警報三次、但未見敵蹤、茲將各情分誌如下、

桐廬 上午七時五十分、臨浦發現敵機一架、由北至南、經楓橋諸暨浦江、折循原路北飛、八時半、桐廬發現敵機一架、在新街口投一彈、炸斃婦女一名、溪內落一彈、無損失、

義烏 十二時十五分、紹興發現敵轟炸機三架、由北至南、經楓橋諸暨至義烏、在汽

車站火車站附近投十一彈、毀屋三間、傷七人、旋經東陽、折回諸暨臨浦北飛、下午三時十五分、紹興三江發現敵機一架、由北至西南、經楓橋諸暨臨浦、向北飛去、四時〇五分、紹興又發現敵機三架、由西南至北、經百官北飛、五時紹興三江發現敵轟炸機五架、由北至西南、經諸暨楓橋向東北飛逸

（本報廿八日義烏電）廿八日上午八時、臨浦發見敵偵察機一架、經楓橋諸暨浦江義烏、八時半在蘇溪車站附近投四彈、無損失、旋折回諸暨楓橋臨浦北去、

諸◇暨

（國民廿八日諸暨電）廿八日下午四時、有敵機三架、在本縣上空盤旋數匝後、共投廿七彈、廿五彈落郊外、死一人、傷五人、塘內落二彈、餘無損失、

甯◇波

（本報廿八日甯波電）廿八日下午三時三刻、敵機三架由龍山來犯、投彈廿六枚、但落郊外、無損失、又在望春鄉包村投一彈、傷農夫農婦嬰孩各一、敵機旋竄入城區上空、以機槍掃射、經我防空部隊猛烈射擊、不敢逗留、倉皇逃逸、

◇◇侵贛

（中央廿八日南昌電）敵機兩批廿八日空襲永豐南城贛州、第一批三架、於上午十時飛永豐、投彈七枚後、又侵入南城、投彈四枚而去、第二批九架、正午發現於粵境、旋飛贛州、投彈四十餘枚、多落空地、

◇◇擾閩

（中央念八日福州電）念七日晨、敵機飛往晉江安海兩處轟炸、死人民二人、傷一人、震倒房屋十餘間、閩江口外敵艦、川石梅花各有兩艘、松[illegible]一艘、

——摘自《东南日报》（金华），1938 年 5 月 29 日

日機四十餘架昨再到廣州狂炸

市區被投彈竟日在警報中
死傷又達數百名慘絕人寰

（廣州廿九日電）路透社訊：今晨又有日機四十架至四十五架來襲廣州，共所轟炸之目標，爲中央公園，市府房屋，河南島，與黃沙站北面之華軍砲壘。昨日黃沙站被炸之結果，據中國當局稱，死六百人，傷九百人。

（香港廿九日電）美聯社訊：據廣州領事館館員電話報告：廣州空襲警報，於下午六時解除，華軍及紅十字會服務員，立即救護受傷民衆。今日被炸區域，仍在人烟稠密區，被炸斃者至少三百名，焦黑屍體，正在搬移，情景慘絕人寰。災區無家可歸之難民，扶老携幼，徘徊街頭，引領而望沙面，但沙面已有英國海軍登陸，阻止難民擁入。廣州市內，目下當有多處起火，尤其在黃沙車站方面，黑烟冲天。日機雖集中轟炸市政府建築物及中央公園附近，但目的仍在轟炸黃沙車站。工業區亦被投彈，死者在三百人以上，學校三所亦被毀。

（廣州廿九日電）日機三十七架，今日上下午兩次犯粵垣，首次向市中心區人烟稠密處錦榮街，正南路，獅子橋，倉邊路，仁生里，及德宣路，思恩中學，新粵街，市民臨時避難所，市西黃沙，與明里，西街，黃沙平民宿舍，河南瑤，劉王殿等處，投彈數十枚，其中有燒夷彈多枚。黃沙直街等處，當即燃燒，火焰飛騰，彌漫天際，救護消防人員，紛紛出動搶救，至十一時五十分始解除警報，未幾，日機又聯隊來襲，繼向西區各地投十餘彈，損失情形，在調查中。

——摘自《晶报》（上海），1938 年 5 月 30 日

粵被炸慘狀

【廣州廿九日中央社電】敵機卅七架，今日上下午兩次再向市中心及東西南北中各區，盲目瘋狂投彈約百餘枚，燬學校民房三百餘間，死傷市民七百餘人，各災區滿陳斷首零肢血肉模糊之屍體，燬壞之傢具，星散於瓦礫場中，烟塵蔽日，哭聲震天，其慘象非可想像，被炸區域計東至東山新河浦附近各橫馬路，美華西北兩路，南至河南瑤頭，隔山劉王殿，西至黃沙西約直街興明里逢慶西街至西郊，西村一帶，北至德宣路大石街獅子橋觀音山脚，就中尤以市中心區之廣衛路新豐街正南街肆江街鄭榮里仁生里房屋比櫛，波及最多，災情最烈，令人爲之髮指。敵機逞兇時，每以燒夷彈夾雜投下，當一屋被炸，隣近週圍數十座，均罹浩刧，黃沙附近，及新豐街尾之譚家，穎宏快精舍，即因此而塌倒着火，毀去屋宇五十餘座，每處火勢冲天，經八九等區消防車灌救，歷三小時餘始減。敵機更於我救護人員搶救災區之際，往返投彈掃射，我救護員因忠勇殉職者，已有四十餘人。然各防護隊員，仍抱捨己救人之旨，屹不示退縮，其勇敢精神，殊堪欽佩，而敵機爲暴露其嗜殺之獸性，恒在人多處投彈，新豐街市民臨時避難所，係該街中水泥鋼骨所建之三層洋樓，全街居民，聞警入避者二百餘人，敵機竟猛投數彈，全樓乃化爲平地，城內思恩中學，及南山中山中學，均被炸塌。各災場面積全市公私救護機關團體凡廿餘單位，經日夜之努力，現仍未挖掘清楚，可想見其範圍之寬闊，災情之慘重矣。（參閱本版另條）

——摘自《申报》（汉口），1938 年 5 月 30 日

南京九歲以上女子

悉遭敵人蹂躪

某君昨脫險來漢談話

【本市消息】昨有某君自南京脫險繞道來漢，談及倭敵自侵入首都以來，其對我軍民之種種殘殺，淫掠行為，可謂窮兇極惡，慘絕人寰。其中一鱗半爪，或已見報載，惟本篇內容為某君在京所親見親聞者，用錄遺於後。

虐殺傷兵

倭敵自去年十二月十二日攻入南京後，即每日派獸兵分赴全市各地，搜捕我軍軍官士兵，並下令凡捕獲排長一名獎五十元，連長二百元，營長五百元，團長以上則賞以重金。計每日失蹤及被捕者百數十人，凡蓄陸軍裝頭髮之青年，幾無一倖免。其被捕獲者則盡押送軍政部內之敵軍司令部，部內有一廣大之草場，敵兵預製木十字架百數十具，遍插場內，凡被捕獲之我軍軍官士兵，悉被褫去衣服，勒綁架上，然後派敵兵持長槍站在相當距離，試刺三槍，不死者，則復以刺刀猛刺，或亂割至死。又外交部或軍政部內，共有傷兵二千餘人，全部被殺，下關亦有傷兵數千人，被倭敵以機槍射殺，幾無一倖免，此種殘酷手段，實為世所未聞。

殘殺難民

倭敵入城後，即四處搜捕壯丁，用繩綑縛十人為一串，牽入空地盡褫衣服，先鞭至皮肉俱裂，血花四射，然後以刺刀亂刺，以為笑樂。漢西門外某沙洲，有難民五六千人，被倭敵用繩綑縛，以火油澆燒之，悉成焦炭。市內壯丁傷兵屠殺淨盡後，於是轉移於難民區內之壯丁，難民區內壯丁，悉被倭敵綑綁上車，押送至玄武湖莫愁湖等地，迫令行入湖中，俟行至湖心時，即以機關槍射掃，無一倖免者。十二月廿三日，敵軍復用大號卡車數十輛，載難民數千，至郊外掘壕，掘就，即以繩綑縛，迫令下壕，以刺刀亂刺至半死，即以泥土活埋之。計自去年十二月十三日起，至今年二月底，離南京時止，駐京同胞之被慘殺者，不下十萬人。

强姦婦女

倭寇入城後，軍裝未卸，即亂撞入居民商戶，搜捕婦女，凡九歲以上，四十五歲以下之婦女，悉被輪姦，水西門外某寡婦，有女三人，長女十[illegible]，次女十三歲，少女九歲，均被輪姦；少女當場死去，長次女亦不省人事。某日，獸兵入一民家，遇一少女，强令脫去衣服，迫其父母各持一足，然後輪流强姦，繼復强令其父脫去衣服，迫與其女交媾，父不允，獸兵則以刺刀向其父臂部猛刺，父女同時斃命，一般少女，因身體尚未發育，不能滿足倭敵獸慾，則先以手撕破下部，然後輪姦，成年婦女輪姦後，多以刺刀向下部亂刺致死。又一孕婦，已懷孕數月，被獸兵輪姦，流血不止，卒致殞命。又獸兵常在各處廣場，隨地[illegible]，某國領事目[illegible]一女子，即上前婉勸，獸兵即[illegible]掌批其頰，並持槍向之恐嚇，某領事不得已，忍辱他去，又獸兵欲强姦某醫院看護，某國醫生向前交涉，竟被刺傷頸部，市區婦女强姦已盡，則又轉向難民區搜捕。總之，南京婦女，自九歲以上，四十五歲以下，倘被捕獲，幾無一倖免。其年輕貌美者，或被敵官兵據爲已有，恣意姦淫，或被迫充當隨軍公娼，種種慘狀，罄竹難書。

焚燒搶掠

南京自建都後，十餘年來辛苦經營之建築物，除被敵兵及僞自治會或漢奸等佔據外，其餘悉被焚燬，商店民房焚燬過半，除將市內公私物品，悉數刼去外，一切鋼鐵器物，亦悉數運回日本。又南京本存米糧甚多，敵軍入城後，即將米糧全都搶去，運充津浦沿綫軍糧，復不許國際慈善委員會運米救濟難民，因此難民不遭屠殺，亦遭餓死。

僞圖掩飾

倭寇在南京種種殘暴情形傳出後，世界各國，輿論譁然。駐京倭敵爲掩世人耳目計，因挑選孑遺難民老弱百餘人，排列一處，並派醫生看護站立兩旁，共拍照片，分送各國宣傳，其手段之卑劣狡詐；殊堪髮指。

——摘自《申报》（汉口），1938年5月30日

寇機繼續發揮獸性

昨兩次犯粵垣

仍在人煙稠密處投彈

民房多間被燬

【中央社廣州二十九日電】敵機三十七架，今日上下午兩次繼續發揮其獸性，再度犯粵恒，首次向市中心區人煙稠密處，錦榮街，正南路，獅子橋，倉邊路，仁生里，及德宣路思思中學，新豐街，市民蟲時避難所，市西黃沙西紂直街，興明里，逢慶西街，黃沙平民宿舍，河南璃另劉王殿京處，投彈數十敉，燒夷彈多枚，黃沙西紂直街等處，當即燃燒，火熠飛騰，彌漫天際，救護消防人員，紛紛出動搶救，至十一時五十分始告解除，未幾敵機又聯隊來襲機向西村各地投十餘彈損失情形在調查中

——摘自《新蜀报》，1938 年 5 月 30 日

寇機四十餘架肆虐

粵昨又遭慘炸

余主任漢謀發表談話

望廣州民衆一致奮起

【廣州二十九日路透電】今晨日機四十餘架空襲廣州，在中央公園市政府各地，投彈甚多，黃沙車站以北已被轟炸。

〔廣州二十九日電〕余主任漢謀，今午在警報中，延見中央社記者對敵機連日轟炸廣州發表談；表示對被難同胞甚爲哀憫，除設法善爲救濟，並深望三千多萬廣州同胞，共同奮起，爲敵作殊死奮鬥，有槍出槍 無槍出刀劍木桿鋤頭均可拿出爲自衛之武器，余當領導民衆爲軍隊切實合作，以遏止人類矛賊之暴行云。

——摘自《泸县民报》，1938 年 5 月 30 日

敵機昨又兩次
濫炸廣州市
投彈百餘死傷七百人
余漢謀勸粵民與敵作殊死鬥

本報廣州二十九日專電　敵飛機今又來粵垣轟炸、五時許敵機二十餘架襲入市空、在人烟稠密之錦榮街、獅子橋、德宜路、新豐街市民避難所等地投彈六七十枚、燃燒彈十數枚、十二時敵機十餘架又聯隊來襲、在西村等地投彈三十餘、死傷約在七百人左右、燬房二百餘間、又據調查、前日敵機轟炸結果、死者七百餘、傷者約千名、黃沙受彈最慘、車站盡燬、現尚延燒中、

前日轟炸死傷統計

中央廣州二十九日路透電　昨日日機轟炸市區之結果、截至現在止、已查明者爲死者六百人、傷者九百人、調查完畢後、死傷之總數恐尚不止此、黃沙車站已全燬、車站內落三十彈、車站房屋除兩牆外均已倒塌、在車站以東之貧民區內落二十彈、房屋被燬者四百棟、該處之死傷最多、慘不忍覩、中山紀念堂附近落數彈、毀屋四十棟、紀念堂內亦略有損失、大致約二萬元左右、據華人方面消息、日機不久將再度轟炸云、

——摘自《时事新报》（重庆），1938 年 5 月 30 日

山西境內
二英人被日軍殺害
英政府提出嚴重抗議

【西安廿九日電】華方消息：據悉日前有英人六名乘商營汽車由代縣南駛至忻縣，該處日軍見係中國汽車，當即堵擊，該車亦即停駛，車上英人起立示意，日軍竟不顧一切，繼續向車內射擊，結果斃英人二名。聞英政府對此業已向日方提出嚴重抗議。

——摘自《大美报》，1938 年 5 月 30 日

大隊日機又飛粵肆暴

昨兩度襲廣州

在鬧市投擲燃燒彈

市民死傷又達千餘人

工業區域遭猛烈轟炸

【香港廿九日電】美聯社訊：據廣州領事館官員電話報告：廣州空襲警報，於下午六時解除，華軍及紅十字會服務員，立即從事於搶救死傷者。今日死亡人數，雖不及昨日之多，唯今日空襲之猛烈，則不下於昨日，即空襲後數小時亦未能統計死傷者之約數，蓋炸彈下之犧牲者，多被埋於灰燼中，而被炸區域，又多係人口稠密之處，且範圍亦極廣也。唯據最穩健之統計，則今日之被炸斃者，當有三百名。被炸區域，焦黑屍體之搬移，情景悽絕人寰，同時，災區無家可歸之難民，扶老攜幼，徘徊街頭，默然引頸以望沙面。沙面已有英國海軍登陸，阻止難民之擁入。目下尚有多處大火，黃沙車站方面尤甚，黑烟沖天

【廣州廿九日電】路透社訊：今日下午一時半，日機又出現天空，其注意之目標，仍爲黃沙車站，故附近一帶又被炸斃二百五十一人傷四百五十人。日機復對發電廠，自來水廠，及水泥廠所在地之深圳地方投彈轟炸，市府附近，及嶺南大學毗鄰之處均遭轟炸，結果該大學西週之區域內，又傷亡八十餘人。又據華方報告：日機廿九日兩襲廣州，投燃燒彈及炸彈約百枚，死傷又達千餘人（詳情見二版）

日機濫炸廣州

粵當局激昂表示
絕不影響抗戰決心
盼民衆一致奮起作殊死鬥

【美艦坻丹諾號廿九日無線電】美聯社訊：據廣州市長曾養甫稱：政府將在可能範圍之內，盡力保護市民。

【廣州廿九日電】據華方報告：余漢謀對日機連日轟炸粵垣之暴行，發表談話云：日機日來濫炸商店民房，殘殺非武裝平民逾千，如是獸行，不特絕無影響中國之抗戰決心，適足增國人之憤慨。余氏對被難同胞，極為痛念，除設法善為救護外，并希望三千多萬粵省同胞，一致奮起，與暴敵作殊死鬥，有槍者即出槍，無槍者即刀劍木石、甚至禾鐮鐵棍，亦應作為殺敵武器。余氏末謂：政府對殺敵自衛之彈藥，決盡量供給，并加厚防空力量，願一般民衆與軍隊切實合作，以制止暴行。

住宅學校亦為目標
呼妻覓子情形淒慘

【美艦坻丹諾號廿九日無線電】美聯社訊：日機今日繼續狂炸廣州，死傷統計約達千名，今晨有日機廿一架，在廣州投彈六十枚以上，日機於晨間十時半飛來，在犢山（譯音）山麓投彈二十枚以上，日機企圖轟炸中山紀念堂，唯所投炸彈，離其目標達數百碼之遙。日機亦企圖投彈轟炸該區中之政府建築物，唯僅投中一間，即綏靖公署是也，受損最大者為房屋，商店，及學校，思思中學被彈投中，死一人，傷四人。市立小學亦被投中，死四十人。美聯社記者見該校於十分鐘內，起出屍首十具。日機旋在嶺南大學以西半英里處之河南島投十八彈，其目標當係當地之炮台，該炮台於被炸後，即加以還擊，結果並未受有損傷。日機繼在廣州東部住宅區之東山，投彈二十枚，炸燬精緻之房屋八間，死傷輕微，因居民早於去年秋天離去矣。日機轟炸該區、目標何在，令人莫明其妙。日機對於昨日之轟炸，似尚未能滿意，復在黃沙車站方面，投彈約十二枚，車站復被投中。另據報告，城東之中山大學校園，曾有三彈落下。廣州美僑，今日舉行已故廣州美人之紀念儀式，在嶺南大學墓地及澳門炮台墓地獻花，因白雲墓地在防禦區故白雲墓地之行，予暫取消，在嶺南大學墓地獻花後數分鐘，半英哩外有炸彈墜下，過去兩日中之轟炸，死傷人數，較前此轟炸死傷人數為多，過去死者約七百名，據目下統計，昨日死者已達六百名，今日之死亡者亦有三百名之多。今日下午一時半，日機多架繼續轟炸廣州，唯多集中於轟炸西村之工業區方面。據政府發言人聲稱：並無重大損失。黃沙車站一帶，已完全被燬，車站本身有一半業已倒塌，今晨炸彈投中車站機房，使大量存油起火。市立女子中學亦被轟炸，學校坐椅，飛上牆頭。殺牛公司亦被投中，水牛四散亂奔。被炸區域，充滿啜泣之婦女，或哭死亡者，或在灰燼中尋覓家具雜物。廣太路之嶺南飯店，於昨日日機企圖轟炸隔壁廣東省建設局時，誤被炸彈所中，今日再度中彈。今日市民之恐慌，業已減少，於警鈴初鳴之時，羣離危險地帶，向碼頭方面而去。彼等於返家時，多有發覺房屋已燬者。逃出廣州之民衆，為數甚少。今晚前往香港之客車，極形擁擠，唯輪船乘客之人數，則與平日無異。

——摘自《大美报》，1938年5月30日

日機又大舉襲廣州

在黃沙河南猛烈轟炸

平民被炸傷亡者又八百餘人

【路透社廣州二十九日電】今晨又有日機四十架至四十五架來襲廣州、其所轟炸之目標、爲中央公園市府房屋及河南島與黃沙站北面之華軍砲壘、昨日黃沙站被炸之結果、據中國當局稱、死六百人、傷九百人、今日下午一時半、日機又出現天空、其注意之目標、仍爲黃沙車站、故附近一帶、又被炸斃二百五十一人、傷四百五十人、日機復對發電廠自來水廠、及水泥廠所在地之深圳地方、投彈轟炸、市府附近、及嶺南大學毗鄰之處、均遭轟炸結果該大學四週之區域內、又傷亡八十餘人、今日下午路透社記者曾目覩屍體三四百具、昨日被炸斃者之一部份、已經收殮、

【廣州二十九日電】日機三十七架、今日上下午兩次再度犯粵垣、首次向市中心區人烟稠密處錦榮街・正南路・獅子橋・倉邊路・仁生里・及德宣路思思中學、新豐街市民臨時避難所、市西黃沙直街・興明里・逢慶西街、黃沙平民宿舍等處投彈數十枚、燒夷彈多枚、黃沙西直街等處當即燃燒、火烟飛騰、瀰漫天際、救護消防人員、紛紛出動搶救、至十一時五十分始告解除、未幾日機又聯隊來襲、繼向西村各地投十餘彈、損失情形在調査中、

【廣州二十九日電】余漢謀今年在警報中延見記者、對日機連日轟炸粵市、發表談話、余氏首先指出日機日來濫炸商店民房、殘殺非武裝平民逾千、尤以婦孺爲衆、此種暴行、不特絕無影響中國之抗戰决心、且益增華方民衆之憤慨・余氏表示、渠對被難同胞、極爲痛念、除設法救護外、並希望三千多萬粵省同胞一致奮起、與日軍作殊死戰、有槍者即應奮起抗戰、無槍者即刀劍木石、甚至禾鐮鐵棍、亦應作爲殺日武器、余氏末謂、政府對殺日軍自衛之彈藥、决盡量供給、刻正加厚防空力量、願一般民衆與軍隊、切實合作、以停止人類蟊賊之暴行云、

——摘自《文汇报》（上海），1938年5月30日

廣州市續遭日機狂炸
人烟密稠區死傷六百

◎廣州二十九日路透社電、今晨又有日機四十架至四十五架來襲廣州、其所轟炸之目標、爲中央公園市府房屋及河南島與黃沙站北面之華軍炮壘、昨日黃沙站被炸之結果、據中國當局稱、死六百人、傷九百人、

今日下午一時半、日機又出現天空、其注意之目標仍爲黃沙車站、故附近一帶、又被炸斃二百五十人傷四百五十人、日機復對發電廠・自來水廠・及水泥廠所在地之深圳地方、投彈轟炸、市府附近、及嶺南大學昆鄰之處、均遭轟炸、結果該大學四週之區域內、又傷亡八十餘人、今日下午路透社記者曾目覩屍體三四百具、昨日被炸斃者之一部份、已經收殮、

◎香港二十九日電、二十九日晨日機二十一架、分兩批再炸市區越華・倉邊・桃源・吉祥・廣衛・德宣等路均落彈、燬屋數十、死傷百餘、思思南中兩中學均被燬、死傷數人、黃沙受害最慘、車站盡燬、現尚延燒中、午十四架復來襲、

◎廣州二十九日電、余漢謀今午在警報中延見記者、對日機連日轟炸粵市、發表談話、余氏首指日機日來濫炸商店民房、殘殺非武裝平民逾千、尤以婦孺爲衆之獸行、不特絕無影響我之抗戰決心、且適足增國人之憤恨、余氏表示、渠對被難同胞極爲痛念、除設法代爲救護外、並希望三千多萬粵省同胞一致奮起、與暴日作殊死鬬、有槍者卽槍、無槍者卽刀劍木石、甚至禾鐮鐵棍、亦應作爲殺敵武器、余氏末謂、政府對殺敵自衛之彈藥、决盡量供給、刻正加厚防空力量、願一般民衆與軍隊切實合作、以停止人類蟊賊之暴行云、

英兵抵粵

廣州二十九日路透社電、專車一列、掛客車六輛、載由港赴漢之英國水兵一百名、今日下午二時許、在日機猛炸廣州時抵此、當專車駛近廣州時、日機數架、雖低飛而過、但未向之投彈、按此項英水兵係前往與長江中各砲艦之兵士調防者、其所乘專車、懸有英國旗幟、並於事前將行程通知中日當局、專車在廣州稍停後、即賡續其赴漢行程

沙面惶惑

（美聯社念九日接獲美國軍艦發出之無線電報）昨日下午、因日軍連續轟炸廣州、因之人心惶恐程度大為增加、當時有日機一隊、於下午一時半飛來、向黃沙車站投彈數枚、在沙面外灘一帶、人山人海、均擁擠於進出口道、希望進入沙面、幾致發生衝突、後為警隊所逐回、下午三時、又有日機十架飛來、向黃沙車站、投彈二十餘枚、該站未被擊中、但炸彈墮落之處、旋即起火延燒、其餘炸彈則墮落於此城之中心區、及政府官邸附近處、當轟炸黃沙車站之時、有數炸彈墮落於距沙面僅數百碼之境內、故沙面方面人心、亦頗惶惑不安、外人群集于屋頂、觀炸彈之爆發、聆爆發之聲響、並

見遠地枕骸等情形、多數人民、企圖衝入被轟炸之區域、但以警報頻起、致被逐出、有外人數名、企圖將站旁之貨物救出、但未獲成功、

黃沙車站

昨晨又有日機一隊、向黃沙車站投下炸彈五十餘枚、車站附近之房屋多數被毀、但車站均未被擊中、站北之鐵軌、微有損害、此間傷亡之人數不多、因一般人民均已于警報發出之初即從事趨避矣、據警務處之報告、車站方面之職員有二人受傷、但一切詳細情形、目下難詳悉、據官方之統計、昨日廣州之遭受轟炸、為歷史上之最烈者、擊斃之人共五百名、受傷者約有九百人之多、

紅會醫院

據云當紅十字會及救護人員拯救傷亡之際、日機曾以機鎗向該救護人員等掃射、並施轟炸、致被擊斃四十名、受傷者五十名、摧毀房屋四百餘間、有炸彈二枚、隨落於觀音山下之平民醫院、醫院本身受傷極微、然附近之房屋被毀甚多、且傷亡慘重、今日下午有一彈落於東山東部之居民區、廣泰路上之嶺南飯店、亦遭受炸彈二枚、在黃沙境內學校之被破壞、約有兩所、日機炸彈擲落於黃沙車站某美國醫院四週、醫院旁之平民、被彈炸死者甚衆、而醫院獨無恙、惟窗戶略有損壞、據該醫院中人云、送至該院求治者約有百人、其傷勢之重、未之前見、

悽慘情狀

香港二十九日

美聯社電、香港中外各報咸稱、此次日機轟炸廣州人煙最稠密之住宅區、完全爲日人野蠻及殘忍之暴露、當時房屋崩毀、磚瓦橫飛、狠狽形狀、至爲悽慘、大火焚燒、全夜不熄、華軍當局及紅十字會努力救護、掘出死屍無數、茲據官方發表、此次空襲、被害平民、計死六百餘人、傷五百餘人、

◎香港二十九日美聯社電、據廣州領事館官員電話報告、廣州空襲警報、于下午六時解除、華軍及紅十字會服務員、立即從事于搶救死傷者、今日死亡人數、雖不及昨日之多、唯今日空襲之猛烈、則不下于昨日、即空襲後數小時、亦未能統計死傷者之約數、蓋炸彈下之犧牲者

、多被埋于灰燼中、而被炸區域、又多係人口稠密之處、且範圍亦極廣也、唯據最穩健之統計、則今日之被炸斃者、當有三百名、被炸區域、焦黑屍體之搬移、情景悽絕人寰、同時、災區無家可歸之難民、扶老携幼、携帶少數行李、徘徊街頭、默然引頸以望沙面、沙面已有英國海軍登陸、阻止難民之擁入、目下尚有多處大火、尤其在黃沙車站方面、黑煙沖天、日機雖集中轟炸市政府建築物及中山公園附近、使全區窗戶、爲之震動、唯彼等顯係黃沙車站爲主要轟炸目標、

◎香港二十九日美聯社電、據廣州電話稱、今日日機集中轟炸廣州工業區、炸斃三百名以上、今日被炸之學校、計有三所、美聯社記者見其中一校、於不及十分鐘內、已移去屍體十具、據統計昨日日機

兩次空襲之結果、死傷人數、超過前此廣州所受空襲死傷之總數、

◎香港二十九日（下午十二點八分）美聯社電、今日有日機四十架、再度轟炸廣州、目標在黃沙車站及河南島之華軍砲兵陣地、

◎香港二十九日美聯社電、茲據華方報告、日機八架昨日下午狂炸福州、損失奇重、又廣東方面、中山縣發現日艦多艘、形勢異常嚴重、多數居民避往澳門及香港等地、

◎香港二十九日（零時八分）美聯社電、有著名之英海軍二百名、已由黃沙乘火車赴漢、按黃沙車站爲廣九及粵漢兩路之焦點

——摘自《时报》（上海），1938 年 5 月 30 日

THOUSAND DEAD IN BOMBED CITIES OF SPAIN AND CHINA

FASCIST BOMBS CRASHED FROM THE SKIES OVER TWO COUNTRIES THIS WEEK-END TO SPREAD MURDER AND MUTILATION IN UNDEFENDED CITIES, AS GERMANY, ITALY, JAPAN, DESPAIRING OF MILITARY VICTORY, INTENSIFIED THEIR WARFARE ON CIVILIAN POPULATIONS.

In SPAIN, Barcelona suffered seven raids in 24 hours; bulletins announced that the dead, killed in the terrible raid on Alicante, now numbered over 500—and another British steamer, the Greatend, was sunk.

In CHINA, the great industrial city of Canton rocked to a Japanese raid that killed 100, injured 200, destroyed schools and sent 9,000 people to Hongkong for safety.

THE BOMBS OF ITALY, GERMANY AND JAPAN HAVE THIS WEEK KILLED 1,000, INJURED MANY MORE, SICKENED THE ENTIRE CIVILISED WORLD—BUT LEFT THE BRITISH GOVERNMENT SILENT.

To France and Britain the Government of Spain has sent an indignant Note calling attention once more to raids on the civilian population by "invaders insensible to the agony of Spain."

The Republic, pointing out that its planes attack only military objectives at the front, asks point blank what France and Britain are doing to stop crimes like that of Alicante—and that is what a horrified British public is also asking.

——摘自《工人日报》（Daily Worker），1938 年 5 月 30 日

CANTON HAS WEEK-END OF TERROR

CANTON, South China's biggest and most thickly populated city, has had a week-end of terror and death.

Bombed for three hours continuously on Saturday, it was bombarded again yesterday by Japanese planes.

Official estimates give 500 persons killed and 900 wounded during Saturday's raid, but it is not yet officially known what casualties were caused yesterday.

100 BOMBS

Saturday's raids began at 11.15 a.m., and at noon the raiders were still passing over the city in two sets of three, having dropped 100 bombs.

Thousands of panic - stricken Chinese fled in confusion from the scene of the bombing, and numbers tried to cross the river to Shameen by sampans, but all the gates of the settlement were kept closed and guarded by naval and volunteer detachments.

RESCUERS KILLED

The alarm was again sounded at 1.15 p.m., when the raiders returned to complete their work of death.

It was during this second phase of the raid that rescue workers were bombed and machine-gunned by the Japanese. Forty were killed and wounded. Hundreds of houses were destroyed by the 40 raiders.

Where's The Arms Boom?

Giving the lie to Tory claims that British industry is enjoying a prosperity period, information comes from Rotherham of the serious position of workers in the area.

Not even the rearmament scheme has brought prosperity to this iron and steel district which, if Government statements were to be believed, should be working at top pressure. Hundreds of workers in the pits and steel factories are on short-time work and those laid off have had to wait a week for their wages. A number of men recently stopped were given only five minutes' notice instead of the requisite two hours.

Together with this increasing short-time work, the Unemployment Assistance Board have stopped the winter cost of living grant. The Labour Public Assistance Committee, however, has refused to make the deduction.

THEY DON'T NEED BELISHA'S TRICKS!

Some of the crack troops of China's united National Revolutionary Army are seen here parading in a Chinese town as part of a big recruiting drive. But it does not take much to persuade a young Chinese man to join up, for China's army is one of the three great democratic armies in the world. The others are, of course, the glorious Soviet Red Army and the People's Army of the Spanish Republic.

——摘自《工人日报》（Daily Worker），1938 年 5 月 30 日

火燄蔽天血肉橫飛

瘋狂敵機再襲廣州

燬屋三百餘間死傷逾七百

甯波蘭谿城區昨亦遭轟炸

（中央念九日廣州電）敵機三十七架、今日上下午兩次再向市中心及東西南北中各區盲目瘋狂投彈約百餘枚、被燬學校民居三百餘間、死傷市民七百餘人、各災區滿陳斷首零肢血肉模糊之屍體、燬壞之傢具、星散于瓦礫場中、烟塵蔽日、哭聲震天、其慘象非可想像、被炸區域、計東至東山新河浦附近各橫馬路、美華西北兩路、南至河南瑤頭隔山劉王殿、西自黃沙西紂直街興明里逢慶西街至西郊西村一帶、北至德宣路大石街獅子橋觀音山脚、就中尤以市中心區之片衞路新豐街正南街沙江街鄭榮里仁生里房屋比櫛、波及最多、災情最烈、令人爲之髮指、敵機遺兇時、每以燒夷彈夾雜投下、當一屋被炸、隣近週圍數十座、均羅浩刦、黃沙附近及新豐街尾之譚家祠宏快糯舍、即因此而塌倒、着火燬去

、屋宇五十餘座、每處火勢中天、經八九等消防車灌救、歷三小時餘始滅、敵機更知我救護人員搶救災區之際、折返投彈掃射、我救護員因英勇殉職者、已有凡十餘起、市衞生局長朱廣陶、每役躬親參與、幾遭不免、然各防護隊員仍抱捨已救人之旨、屹不稍退縮、其勇敢精神、目覩者固肅然起敬、耳聞者亦欽佩不已、而敵機爲暴露其嗜殺之獸性、恆向人多處擲彈、新豐街市民臨時避難所、係該街中水泥鋼骨所建之三層洋樓、全街居民聞警入避者二百餘人、敵機竟猛投數彈、全樓乃化爲平地、城內思思中學及南中小學、均被炸場、各災場面積、窮全市公私救護機關團體凡念餘單位日夜之努力、現仍未挖掘清楚、可想見其範圍之寬闊、災情之慘重矣、

犯粵

（中央念九日廣州電）敵機三十七架、二十九日上下午兩次繼續發揮其獸性、再度犯粵垣、首次向市中心區人烟稠密處錦榮街正南路獅子橋倉邊路人生里、及德宣路新豐街市民臨時避難所、市西黃沙西紆直街興明里、逢慶西街黃沙平民宿舍劉王殿等處、投彈數十枚、燒夷彈多枚、黃沙西紆直街等處、當即着火燃燒、火燄飛騰、彌漫天際、救護消防人員紛紛出動搶救、至十一時五十分、始告解除、未幾、敵機又聯隊來襲、繼向西南各地投十餘彈、損失情形在調查中、（路透念九日廣州電）昨日日機轟炸市區之結果、截至現在止、已查明者、為死者六百人、傷者九百人、調查完畢後、死傷之總數、恐尚不止此、黃沙車站已全燬、車站內落念彈、車站房屋除兩牆外、均已倒塌、在車站以東之難民區內落念彈、房屋被燬者四百棟、該處平民死傷最多、慘不忍覩、中山紀念堂附近落數彈、燬屋四十棟、紀念堂內亦略有損失、大致約二萬元左右、據華人方面消息、日機不久將再度轟炸云、

（中央廿九日翁源電）此間今日上午十一時十分發出緊急警報、當有敵機九架、由南飛來、低飛偵察良久、始向原路逸去、未投彈、（按翁源、在粵北英德東北）

（中央廿九日廣州電）余漢謀今午在警報中延見本社粵記者、對敵機連日轟炸市、發表談話、余氏首先指出敵機日來濫炸商店民房、殘殺非武裝平民逾千、尤以婦孺爲衆之獸行、不特絕無影響我之抗戰決心、且適足增國人之憤恨、余氏表示、渠對被難同胞深爲痛念、除設法善爲救護外、并希望三千多萬粵省同胞、一致奮起、與暴敵作殊死鬥、有槍者出槍、無槍者即刀劍木石、甚至禾鐮鐵棍、亦應作爲殺敵武器、余氏末謂、政府對殺敵自衞之彈藥、決盡量供給、刻正加厚防空力量、願一般民衆與軍隊切實合作、以停止人類蟊賊之暴行、

擾閩

（本報念八日福州電）念八日晨九時半、敵機一架襲晉江、在南門投一彈、無損失、又十時廿分及下午九時四十分、敵機各一架、先後襲安海、在汽車站投彈三枚、

襲浙

（本報廿九日甯波電）敵機一架、廿九日晨八時、自餘姚方面來襲、在鄞縣西南鄉窺探一週後、竄入城區、向南門一帶、住宅區域投小型彈四枚、五合巷落一枚、坍屋六間、死九人、傷四人、蓮橋街落二彈、坍屋二間、死六人、傷十三人、小沙泥街落一枚、坍屋一間、傷二人、共毀屋九間、死十五人、傷十九人、（國民二十九日甯波電）廿九日上午七時五十五分、上虞上空發現敵機一架、飛經餘姚詩山、折回餘姚、向北飛去、（本報廿九日蘭谿電）廿九日晨八時、臨浦發現敵機一架、經諸暨義烏浦江、侵越金華邊境上空、旋入蘭谿、在城區低飛盤旋數匝、在[illegible]澤左巷九號、藥皇殿六號、後山下五號、後山上空地、東門外福興庵附近等處、各投一彈、共毀屋三間、炸斃四人、重傷二、輕傷三、

侵皖

（中央廿九日六安電）今晨上午八時許、敵機一架、即由東北凌本城上空、在西郊草市街一帶投彈數枚、傷我平民六人、并焚燬草房十餘間、即仍向東逸去、

——摘自《东南日报》（金华），1938年5月30日

敵機狂炸廣州市

昨日死傷一千餘人

行政院撥款辦撫卹善後

【中央社廣州三十日路透電】今日為日機賡續來襲之第三日，日機數十架，今晨更番飛入廣州上空，投彈目標似在中央公園附近政府機關，鄰近若干民房被炸毀，死傷情形尚不明，空襲警報係于上午九時四十五分發出，日機旋即出現于本市上空，投彈達四十枚，當受華方之高射砲及機關槍猛烈射擊，沙面方面亦落流彈，多數居民均藏于室內，惟亦有聚于屋頂觀看者云。

【中央社廣州三十日電】敵機二十餘架今日上午十時許又竄入市區投彈，市北越秀路，錢渡頭，興隆東後樓房及西村河南嶺大學附近均有落彈，警報于十二時解除。

【中央社廣州三十日路透電】據華方統計，今日空襲結果，平民死者一千人，傷者一千六百人，其中有大批男女童子軍因從事救護工作，亦被炸斃云。

【中央社訊】行政院長孔祥熙以廣州市區於二十八日被大批敵機輪流轟炸，死傷平民頗多，損失慘重，至為軫念，特撥款一萬元，交由廣州省政府，就近辦理撫卹及善後云。

【中央社香港三十日路透電】英砲艦兩艘，一為由澳門開出之西米號，一為由香港開出之寨坎拉號，現已駛往廣州增援，該處原駐有英艦泰勒狄拿號及茅茲號兩艘，前往廣州作週末旅行之若干外人，今晨均未能返港，彼等雖曾定有艙位，但因難民擁擠，未能登船，各輪船亦以難民過多，提早開行云。

死傷統計

〔中央社香港二十九日合衆電〕香港中外各報今晨謂，日機轟炸廣州之舉，為戰事發生後，日方最野蠻行為之表現，廣州被炸後，前為人口密集之區今已成為廢墟，房屋倒塌，大火徹夜未熄，紅十字會人員猶止發掘血肉模糊之死屍，據官方統計，死者數目，截至目前止，已超過六百人，傷者則一千五百人，又據各報訊，昨日下午有日機八架轟炸廣州，平民死傷極多。

〔中央社廣州三十日路透電〕廣州自去年九月後以前昨兩日所遭空襲為最激烈，死于日機轟炸之人民達數百人，日機昨晨一度來襲後，至下午一時三十分又出現上空，仍向黃沙車站集中轟炸，車站附近一帶人民，除二十八日被炸死傷數百外，又被炸死二百五十人，傷四百五十人，市政府附近及嶺南大學一帶亦落數彈，死傷人民約八十名，路透訪員昨下午親見屍首達四百具，昨日內有一部份係二十八日被日機炸斃者，現已入殮，由香港運載英水兵往漢口之特別列車，適于昨日下午二時日機大肆狂炸之時到達此間，日機雖在上空低飛，但該列車並未受損失，該車上之水兵係開往長江內英國炮艦換防，車上面繪有英國國旗，並曾於事先通知中日雙方當局云。

難民集港

〔中央社香港三十日路透電〕昨又有難民四千名由廣州到達此間，現在香港之難民估計已達七十五萬人，而由汕頭、廈門、廣州及其他處來此之難民每日仍續增不已。恐不久即滿百萬，此間所感困難者，厥為難民過多，缺乏收容地點，及流行病疫之蔓延，預料此間當局對于難民即將採取限制辦法云。

〔中央社香港三十日路透電〕由廣州逃來之中國難民兩千人，已受香港當局之保護，因恐虎烈拉及天花等病疫流行，所有難民或於乘坐火車輪船時或於到達此間時，均被施以清血注射，自昨日以來，估計已有七千難民來此云。

——摘自《大公报》（汉口），1938年5月31日

敵機六十架昨又

狂炸廣州市區

香港難民日增總數將達百萬
福州寧波均遭轟炸死傷甚鉅

（中央社廣州卅日電）卅日敵機復來市區濫施轟炸、據軍息、是日敵機六十架、在九時廿五分至十二時共分五批來襲、各機藉浮雲掩蔽、徘徊高空、伺隙肆虐、我防空部隊當即沉着發炮迎擊、市區煩囂、頓爲機影炮聲所掩蓋、敵機旣被我軍迎頭痛擊、竟爾大發獸性、猛投重量炸彈、大施轟炸、各建築物應聲倒塌、四百餘所、市民葬身瓦礫之中者、雖一時尚無確數可稽、預計總在四百人以上、傷者亦達七八百人、中央社記者於警報聲中分赴各被災區域視察災情、首至德宣西路興隆東街、該處一帶、全係舊式工房共塌十家、當場死傷數十人、記者抵達時、救護人員仍在發掘中、滿目荒涼、令人酸鼻、記者旋至後房樓上街、當親該處曠地現敵彈穴、深闊均逾丈、曠地前之第廿八至廿四號新式洋房、其上層悉被震塌、一時木石齊飛、附近樹木多遭摧折、其威力之大可知、繼至德政路、該處厚興新街厚興橫巷洪家巷一帶約落彈十餘枚、昔之衡宇相望者、今則只餘頹垣斷瓦、頓成一片荒場、傷斃人命幾何、一時尚難詳悉、最後記者折赴黃華路洪聖廟前一帶巡視、因該處民居俱屬舊式磚屋及板寮、故倒塌最多、斃人亦衆、據悉附近先後落彈廿餘枚、震塌屋宇凡五十餘間、死傷無算、爲本日災區最關災情最重之處、當記者到達時、見遍地陳屍、正待殮葬、親屬搶地呼天、哀號不已、中有一女孩痛母及妹突遭枉死、一慟幾絕、經旁人勸挽始稍稍抑其悲思、顧仍頓足搥淚頻呼日本鬼害死媽媽不已、爲狀之慘、殘酷非復人間、記者躬睹瓦礫場中、病矮寇之兇頑殘酷、哀吾民之慘遭荼毒、不禁悲憤欲絕、敵機今日除濫炸市區外、並在近郊三元里橫枝崗太平均等處投彈甚多。

（中央社香港卅日路透電）昨又有難民四千名、由廣州到達此間、現在香港之難民、估計已達七十五萬人、而由汕頭廈門廣州及其他處來此之難民、每日仍續增不已。恐不久即滿百萬、此間所感困難者、厥爲難民過多、缺乏收容地點、及流行病疫之蔓延。預料此間當局。對於難民即將採取統制辦法。

（中央社鄞縣廿九日電）廿九日晨八時零五分、由奉化方面飛來敵機一架、在本埠小陋泥街、五台巷橫街頭投彈三枚、計死男女小孩十三人傷廿四人、房屋震塌數間。

（中央社香港廿九日合衆電）香港中外各報今晨謂、日機狂炸廣州之舉、爲戰事發生後、日方最野蠻行爲之表現、據官方統計、死者數目、截至目前止、已超過六百人、傷者則有一千五百人、又據各報訊、昨日下午有日機八架、轟炸福州、平民死傷者極多。

（中央社廣州三十日電）本市日來被敵機狂炸、死傷慘重、現悉行政院軫念災黎、已飭財部撥國幣一萬元救卹辦理善後并已電知省府查收

——摘自《新华日报》（汉口），1938年5月31日

日機昨再炸廣州

死傷五百人

粵綏署被投中數彈

市民紛至江邊避難

（廣州三十日電）路透社訊：今晨廣州又遭日機空襲，此爲日機連續肆虐之第三日，計有日機廿架，輪流飛過廣州上空，對粵市府辦公處擲落炸彈，迨發電時，政府房屋無被擊中者，惟附近房屋多遭損毀，人民亦死傷不少。午前九時三刻，警報大鳴，未幾，日機飛到，共擲炸彈約四十枚，高射砲與機關槍齊發，日機未被擊中，流彈碎片有落於沙面者。沙面僑民若干，在屋頂觀戰，但多數避居室中。警報鳴時，華人相率趨至毗連沙面之江邊，以謀安全，因日機不敢在沙面附近擲彈。

（廣州三十日電）路透社訊：頤中公司職員英人倍爾，與一華籍僱員，今日在日機轟炸粵漢鐵路大沙站時，險被炸死。

（香港三十日電）美聯社訊：日機今日空襲廣州，投彈五十餘枚，死者約二百人，傷者約三百人。被炸區域係貧民區及市中心區，綏靖公署曾被擲中數彈，損失不大。今日廣州市充滿謠言，謂日方轟炸廣州十日以後，日軍即將登陸，難民羣趨江邊，覓僱船隻，如癲如狂，此間在日機空襲後大雨，恐有河水泛濫之危險。

（廣州三十日電）本市日來被日機狂炸，死傷慘重，行政院軫念災黎，已飭財部撥國幣一萬元救邺，辦理善後，并已電知省府查收。

——摘自《晶报》（上海），1938年5月31日

寇機分五批

昨狂炸廣州

平民死傷數千災情慘重

倭寇獸行已達極點

【中央社廣州三十日電】敵機於二十八二十九兩日，在廣州市區大施屠殺後，全市民衆靡不痛憤激昂，詎三十日，敵機復傾巢來犯，繼續在市區濫施轟炸，先後投下猛烈爆炸彈二百餘枚，計燬房屋數百家，死平民四五百人，傷七八百人災情極爲慘重，敵謀險毒，無以復加，據軍息，是日敵機六十架，自上午九時廿分至十二時，共分五批來襲，第一批十三架，於九時五十四分首先闖入市區，俄而第二批九架，第三批十六架，第四批十五架，第五批七架，相繼發現，各機藉浮雲掩蔽，徘徊高空，伺隙肆虐，我防空部隊，當即沉着發砲迎擊，市區煩囂，頓爲機影砲聲所掩蓋，敵機既被我軍迎頭痛擊，竟爾大發獸性，猛投重量炸彈，大施轟炸，各建築物應聲倒塌四百餘所。市民葬身瓦礫之中者，雖一時尚無確數可稽，預計總在四百人以上，傷者亦達七八百人，被災地點，計廣大路鐵路頭，惠隆東街，廖樓房上街，越秀北路，淨慧路，三元宮，厚興新街，厚興橫巷，湛家巷，黄華路，洪聖廟前，及西村住宅區，河南嶺南大學附近等十餘處，災區之遼闊，可以想見

【中央社廣州三十日路透電】據華方統計今日空襲結果平民死者一千人，傷者一千六百人，其中有大批男女童子軍，因從事救護工作，亦被炸斃云

——摘自《新蜀报》，1938年5月31日

敵機昨襲廣州

死傷一千餘人

政院撥款救濟難民

本報香港三十日專電 三十日晨敵機六十餘架分數批、衝入廣州市空、在高空投彈、燬民房四五十間、死傷人民一千餘、以北郊爲最慘、

中央廣州三十日電 敵機二十餘架、今上午十時許、又竄入市區投彈、市北越秀路、錢渡頭、德施路、興隆東後樓房、及西村、河南、嶺南大學附近、均有落彈、警報於十二時解除、

中央廣州三十日路透電 廣州自去年九月後、以前昨兩日、所遭空襲、爲最劇烈、死於日機轟炸下之人民、達數百人、日機昨晨一度來襲後、至下午一點三十分、又出現上空、仍向黃沙車站集中轟炸、車站附近一帶人民、除二十八日被炸死傷數百外、又被炸死二百五十名、傷四百五十名、市政府附近及嶺南大學一帶、亦落數彈、死傷人民約八十名、路透訪員昨下午親見屍首達二百具、內有一部分係二十八日被日機炸斃者、現已入殮、由香港運載英水兵往漢口之特別列車、適於昨日下午一時日機大肆狂炸之時、到達此間、日機雖在上空低飛、但該列車並未受損失、該車上之水兵係開往長江內英國砲艦換防、車上面繪有英國國旗、並曾於事先通知中日雙方當局云、

粵海敵艦向我挑釁

中央惠陽二十九日電 ㈠午虎頭門發現敵艦一艘、發砲十餘響、并放下汽艇四隻、意圖登陸、旋被我軍擊退、㈡今午鯆門到敵艦一艘、放出水上飛機一架偵察、并以冒埠英國旗之小汽艇追劫漁船、被我保安隊擊走、該艦隨發炮十餘響、我亦還擊、幸無損失云、

中央廣州三十日電 本市日來被敵機狂炸、死傷慘重、現政院軫念災黎、已飭財部撥國幣一萬元救䘏、辦理善後、並已電知省府查收、

中央廣州三十日電 法在華醫院總監林仁博、以敵機連日狂炸廣州、無辜市民、死傷以千計、特飭所屬各醫院、增派人員、協同救護、并盡量收容受傷市民、林氏今日謁吳鐵城、道達一切、吳主席當代粵市民道謝、

中央香港二十九日合衆電 香港中外各報、今晨謂日機轟炸廣州之舉、爲戰事發生後日方最野蠻行爲之表現，廣州被炸後、前爲人口密集之區、今已成爲廢墟、房屋倒塌、大火竟夜未熄、紅十字會人員、猶發掘血肉糢糊之死屍、據官方統計、死者數目截至目前止、已超過六百人、傷者則有一千五百人、又據各報訊、昨日下午有日機八架、轟炸福州、平民死傷者極多、

——摘自《时事新报》（重庆），1938 年 5 月 31 日

日機肆虐

鄞縣金華被炸

【鄞縣二十九日電】二十九日上午八時五分、由奉化方面飛來日機三架、在本埠小沙泥街・五台巷・橫街頭投彈三枚、計死男女小孩十三人、傷二十四人、房屋震坍數間、

【金華二十九日電】今晨八時、曾有日機一架、竄入市空、在市中區投彈六枚、死平民一人、傷三人、毀屋一幢、

——摘自《文汇报》（上海），1938 年 5 月 31 日

日機三度狂炸廣州
無辜人民死傷甚衆
法在華醫院總監竭力營救

【路透社廣州三十日電】今晨廣州又遭日機空襲、此爲日機連接肆虐之第三日、計有日機二十架、輪流飛過廣州上空、對粵市府辦公處擲落炸彈、迨發電時、政府房屋無被擊中者、惟附近房屋多遭損毁、人民亦死傷不少、確數尚未詳、午前九時三刻、警報大鳴、未幾日機飛到、共擲炸彈約四十枚、高射砲與機關槍齊發、日機未被擊中、流彈碎片有落沙面者、沙面僑民若干在屋頂觀戰、但多數避居室中、警報鳴時、華人相率趨至毗連沙面之江邊、以謀安全、因料日機不敢在沙面附近擲彈也、

市區被炸一斑

【廣州三十日電】日機二十餘架、今日上午十時許、又竄入市區投彈、市北越秀路、錢渡頭德濟路、興隆東後樓房、及西村河南嶺南大學附近、均有落彈、警報于十二時解除、

【廣州三十日電】法在華醫院總監林仁博、以日機連日狂炸廣州、無辜市民、死傷以千計、特飭所屬各醫院、增派人員協同救護、並盡量收容受傷市民、林氏今午謁吳鐵城道達一切、吳主席當代粵市民道謝、

財部撥欵救卹

【廣州三十日電】本市日來被日機狂炸、死傷慘重、行政院軫念災黎、已飭財部撥國幣一萬元救卹、辦理善後、並已電知省府查收、

——摘自《文汇报》（上海），1938 年 5 月 31 日

三日來敵機瘋狂轟炸
廣州又遭空前浩刦
五次投二百餘彈燬屋無數
昨又慘死千人傷逾千六百

（中央三十日廣州電）敵機于廿八日廿九日在廣州市區大施屠殺後、全市民衆莫不痛憤激昂、距三十日敵機復空巢來犯、繼續在市區濫施轟炸、先後投下猛烈爆炸彈及燒夷彈二百餘枚、計燬房屋、死平民四五百人、傷七八百人、災情仍極慘重、敵謀險毒、無以復加、據軍息、是日敵機六十架、自上午九時廿五分至十二時共分五批來襲、第一批十三架、於九時五十四分首先闖入市區、俄而第二批九架、第三批十六架、第四批十五架、第五批七架、相繼發現、各機藉浮雲掩護、徘徊高空、伺隙肆虐、我防空部隊當即沉着發炮迎擊、市區煩囂、頓爲機影炮聲所掩蔽、敵機既被我軍迎頭痛擊、竟爾大發獸性、猛投重量炸彈、大施轟炸、各建築物應聲倒坍四百餘所、市民葬身瓦礫之中者、雖一時尚無確數可稽、預計總在四百人以上、傷者亦達七八百人、被災地點計廣大路、錢路頭、興隆東街、後樓房上街、越秀北路、淨慧路、三元宮、厚興新街、厚興新橫巷、湛家巷、黃華路、洪聖廟前、及西村住宅區、河南嶺南大學附近等十餘處、災區之遼闊、可以想見、中央社記者於警報聲中、分赴各被災區域視察災情、首至德宣西路興隆東街、該處一帶、全屬舊式民房、共塌十家、當場死傷數十人、記者抵達時、救護人員仍在發掘中、滿目荒涼、令人作心、記者旋至後樓房上街、當視該處曠地現數彈穴、深闊均逾尋丈、曠地前之第廿几至廿八號新式洋房、其上器悉被震塌、一時木石齊飛、附近樹木、多遭摧折、其威力之大可知、繼至德政路、見該處厚興新街厚興橫巷湛家巷一帶、約落彈十餘枚、昔之衡宇相望者、今則只餘頹垣斷瓦、頓成一片瓦礫場、傷亡人命幾何、一時尚難詳悉、最後記者折回黃沙路洪聖廟前一帶巡視、因該處民屋俱屬舊式磚屋及松寮、故倒塌最多斃人亦衆、據悉附近先後落彈念餘枚、震坍屋宇凡五十餘間、死傷無算、爲本日各災區災情最重之處、當記者到達時、見遍地陳屍、正待殯葬、親屬搶地呼天、哀號不已、中有一女孩、弟女母及妹突遭枉死、一慟幾絕、迭經旁人勸挽、始稍稍抑其悲忠、顧仍頓足揮淚、頻呼日本鬼害死媽媽不已、爲狀之慘、幾疑非復人間、記者蹀躞瓦礫場中、痛倭寇之兇頑殘酷、哀吾民之慘遭荼毒、不禁悲憤欲絕、寇氛已熾、深願全市民衆共矢同仇、滅此朝食、至敵機是日除濫炸市區外、並在附郊三元里橫枝崗太平坳等處、投彈甚多、

（路透三十日廣州電）據華方統計、今日空襲結果、平民死者一千人、傷者一千六百人、其中有大批男女童子軍、因從事救護工作、亦被炸斃云、

（路透三十日廣州電）今日爲日機賡繼來襲之第三日、日機念架、今晨更番飛入廣州上空投彈、目標似在中央公園政府機關、鄰近若干民房被炸毀、死傷情形、尚未明、空襲警報係於上午九時四十五分發出、日機旋即出現於本市上空、投彈達四十枚、當受華方之高射炮及機關槍猛烈射擊、沙面方面亦落有流彈、多數居民均藏於室內、惟亦有立於屋頂觀望者、

（路透三十日廣州電）廣州自去年九月後、以前、昨兩日所遭空襲爲最慘烈、死于日機轟炸下之人民達數百人、日機昨晨一度來襲後、至下午一點三十分、又出現上空、仍向黃沙車站集中轟炸、車站附近一帶人民、除廿八日被炸死傷數百外、又被炸死二百五十名、傷四百五十名、市政府附近及嶺南大學一帶、亦落數彈、死傷人民約八十名、路透訪員昨日下午親見屍首達四百具、內有一部分係念八日被日機炸斃者、現已入殮、由香港運載英水兵往漢口之特別列車、適于昨日下午二時日機大肆狂炸之時、到達此間、日機雖在上空低飛、但該列車並未受損失、該車上之水兵、係開往長江內英國炮艦換防、車上面繪有英國國旗、並曾於事先通知中日雙方當局云、

（中央三十日廣州電）本市日來被敵機狂炸、死傷慘重、現行政院軫念災黎、已飭財部撥國幣一萬元救卹、辦理善後、並已電知省府查收、

（中央三十日廣州電）法在華醫院總監林仁博、以敵機連日狂炸廣州、無辜市民死傷以千計、特飭所屬各醫院增派人員、協同救護、並盡量收容受傷市民、林氏三十日午謁吳鐵城致敬、吳氏當代表市民道謝、

——摘自《东南日报》（金华），1938年5月31日

敵機遍擾浙各縣

麗水遭猛烈轟炸

（本縣消息）三十日敵機竟日在浙東各縣窺擾、並在、麗水、衢縣、金華、諸暨、甯步及蘭東、玉山等處瘋狂轟炸、各處烟塵蔽日、血肉橫飛、尤以麗水一處、災情最爲慘重、敵機竄擾及經越地之蹤跡幾遍全省、如江山、開化、縉雲、宣平、遂安、壽化、淳偏僻之處、亦均發現敵蹤境、所損失者均爲我非武裝民衆之生命與房屋、敵機瘋狂施虐、任意屠殺、殘暴慘毒、幾乎非復人類、茲彙誌三十日被敵機襲擊各地災情於次、

金◇華

（本縣消息）三十日上午七時四十三分、敵機一架、經桐廬、建德、蘭谿、到達金華上空、盤旋數分鐘、即漫無目標、投下炸彈七枚、死傷六人、毀屋數間、敵機乃竄越義烏諸暨、向北逸去、事後調查、一彈落××巷竹園中、有馬老文金祥兩人、適避於園內、金當場爲彈片炸傷肩腰腿各部、歷二十分鐘、即告斃命、馬亦頭胸等部受自重傷、抬往醫院救治、至十二時許身死、一彈落甯波門內、××號空屋屋山、殿樓屋一部、未傷人、三彈落烏井頭巷×號邵元泰醬棧內、一彈毀樓屋一部、兩彈毀廁所及牛屋二間、傷一人、一彈落桂林巷××號、設廚房一部、彈片均飛入竹園、傷一男兩女、均送醫院施治、聞傷勢尚無大礙云、

諸◇暨

（本報諸暨電）三十日下午五十分、紹興發現敵機六架、下午三時零八分、襲入諸暨上空、盤旋一匝、即在郊外空地投彈三十枚、內四枚未爆發、無損失、又在城郊投彈六枚、毀屋四間、

寧◇波

（本報甯波電）三十日下午三時五十五分、敵轟炸機六架、竄至甯波、在野外投彈三十二枚、炸成彈穴達二十八處之多、

麗◇水

（本報麗水電）三十日麗水慘遭敵機九架兩批瘋狂轟炸、計在附郭及城區共投彈九十餘枚、（內五枚未爆發、）炸毀房屋約三百間、民船口口口艘、死廿六人、傷四十三人、損失慘重、是日晨九時三十五分、敵機三架、首由衢州來襲、在郊外轟炸十五分鐘、投彈十八枚仍向衢州方面逸去此時記者遙望天空、機影尚未全沒之際、又有敵機六架、自甯波方面襲來、又投踵竄入市空、即在城外某某等數處先後投彈三十餘枚、燬屋三十餘間、死十六人、傷三十七人、並死牛四頭、傷三頭、旋又在城內職業學校等處、漫無目標、瘋狂轟炸、投彈達四十餘枚、某某等處之炸彈、重至三百公斤至五百公斤、城內計共死十人、傷六人、燬屋二百七十餘間、焚毀火柴一千餘箱、又汽車二輛被損、

衢◇州

（本報衢縣電）三十日上午衢縣遭敵機二次襲擊、每次均爲六架、一爲九時五十分、一爲十時廿五分、在東門大街投彈二十枚、燬屋八十五間、死三人、輕重傷者十二人、火車站附近擲彈十四枚、燬屋五十二間、死六人、傷十六人、又在郊外空地投彈十四枚、無損失、金鐘巷落彈一枚燬屋十五間、老鷹岩落彈一枚、我無損壞、

贛◇東

（本報玉山電）三十日晨十時四十八分、敵機六架、竄至本縣、在野外投彈六枚、我無損失、

閩◇北

（本報福州電）三十日今晨十時半、敵機五架來襲、在象間鄉投二彈、五紫陽鄉投五彈、餘十七彈投空場、我均無損失、該機旋飛建甌投三十餘彈、浦城投數彈、損失未詳、下午一時半、該五機復折回福州、在王莊投三彈始去、

——摘自《东南日报》（金华），1938年5月31日

敵濫炸廣州引起英嚴重注意

英報斥敵屠殺暴行

請應充分發動國際輿論阻止敵慘炸平民

（中央社倫敦卅一日路透電）關於日機在廣州肆行轟炸平民事、漢德森將於明日請求英首相張伯倫發表意見、國際聯盟同志會、現亦開會討論此事、倫敦各報、均以顯著地位、刊登日機轟炸廣州消息、孟却斯特導報稱、日機全不注意尋覓軍事目標、而任意轟炸市內人口稠密之區、彼等並用機槍掃射從事救護人員、其有意殘殺、尤爲顯明、在以前此種暴行、必致立即引起全世界之反對、但現在不但交戰者因戰爭延長能益趨橫蠻、即旁觀者之良心、似亦因屢受驚嚇而漸漸麻木、日本初時稍得「勝利」，氣焰極盛、對於全世界之非難、竟置之不理、但現已不復如此自信、因所期望之最後勝利、愈形渺茫、日軍當前所遇者爲一廣大而富有敵愾之大陸、而其北方更有莫大之威脅、此時國際輿論、如能充分發動、或可阻止日本繼續屠殺平民之暴行。

薛西爾談中日戰爭深望最後勝利屬中國

（挪威京城卅一日電）國聯同志總會會長英國名政治家薛西爾爵士、日前抵此、據談、中日戰事、於世界前途、影響極大、故渠深望最後勝利、能屬諸中國、英國若干方面、有流行之標語曰、現保障捷克者爲中國、然各國對西班牙問題之不干涉政策、實根本錯誤。

——摘自《新华日报》（汉口），1938年6月1日

敵機昨襲浙

粵市區仍被轟炸

【金華卅一日中央社電】今晨二時衢州電話，卅日下午四時，敵機六架竄衢，向東門大街投彈廿枚，毀屋八十五間，死三傷十二，在車站附近投彈十四枚，內三枚爲燃燒彈，毀屋五十五間，死六人，傷十六人。

【金華卅一日中央社電】麗水今晨二時卅分電話，敵機九架，卅日上午九時許，轟炸麗水，計麗陽門外投一彈，毀民房四間，公路管理局落一彈，毀屋十餘間，燧昌火柴公司落八彈，毀屋八十餘間，火柴千餘箱，運動場中三彈，死一傷四，毀屋十餘間，麗陽門外北橋投八彈，毀屋百餘間，死六傷十七人，高堂廟投六彈，二枚未爆發，毀屋卅餘間，死二人，枇杷圻投一彈，死三，傷三，桃山溪投廿餘彈，死十三傷卅五人，溪口山及溪口山河內落彈廿餘枚，毀民船四十艘，敵機投彈後，旋經永康諸暨向杭州方面逸去。

【寧波卅日中央社電】下午三時，敵重轟炸機六架，由龍山飛來，在本埠市空盤旋數週，投彈卅餘枚，死平民一人，餘無損失，投彈後三架經向奉化逸去，三架向鎮海逸去。

【香港卅一日中央社合衆電】今晨九時四十五分，日機五架飛至廣州轟炸城內工業區，十時各機相率離去。

【廣州卅一日中央社電】敵機十六架，今日上午九時五分襲粵，在西北郊塘溪鄉投六彈，西村投五彈，墨涉投二彈，損失情形未詳。

【廣州卅一日中央社電】廣州自去年八月十八日被敵機轟炸以來，迄今九閱月，市校之被炸燬者，據社會局公佈共十三所，其他公私學校尚不在內。

【福州三十日中央社電】三十日晨十時許，敵機五架，由金門起飛，向泉州投彈十餘枚，福州廿餘枚，建甌三十餘枚，浦城三十餘枚，午十一時許，折返福州，曾投彈數枚，入海而去，彈均落郊外損失尚微。

【安慶卅一日中央社電】敵機多架，連日不斷在沿江下游一帶活動，此間竟日在警報中，敵機來此偵察盤旋，每日均在三次以上，均未投彈。

【歙縣卅一日中央社電】敵機二架於二十九日上午九時半侵入徽州上空，盤旋三匝後，在西門外投彈七枚，三落空地，四落河中，我無損失，敵機旋向餘杭方面逸去。

——摘自《申报》（汉口），1938年6月1日

寇機昨犯武漢
被我擊落十五架
廣州昨又兩次被轟炸
粵各團體聯電世界請主持正義

【中央社漢口卅一日電】敵驅逐機廿六架，重轟炸機八架，卅一日上午十一時許，在皖境發現，並向武漢進犯，我空軍聞報，乃派各隊升空待擊，十二時許，敵機飛近武漢近郊，我各機即取包圍形式，向其壓迫，敵轟炸機見我有備，紛紛掉頭東逃，當其各驅逐機掩護退却時，我某隊乘機猛撲射擊，當有二架中彈起火，另有數敵機，竟不顧我重大威脅，尚圖反攻，是時我某地生力軍趕到，突施側擊，敵機數架，被擊中下降，墜於灄口横店一帶，我各空軍勇士，以奏功時至，益奮不顧身，與敵苦戰，敵機節節敗退，無能招架，復被我擊落數架，敵機殘部，見勢危殆，匆匆狼狽逃遁，當其轟炸機於歸途中，飛至灄口上空時，該地我已有數機列陣邀擊，雙方稍經交綏，敵有一轟炸機即中彈落地，餘機則乘混戰時倉皇遁去，是役我空軍英雄奮勇，擊落敵機共十五架，至我方損失，則爲二架，事後調查，灄口附近落一架，敵機師跳傘下降，落於灄口東卅里地方，機中遺留符號一張，名高原野田班長，及皮靴一隻，又灄口東發現敵機師屍身一具，名高原博隱，但攜有敵旗及空軍必勝武運久長等旗幟，其餘尚未搬回，我機一架因機件損壞，飛行員跳傘安全降落，另外一架因作戰猛烈而遭犧牲，其餘均安全返防。

【中央社廣州三十一日電】敵機一連三天，大舉屠殺市民生命，焚燬屋宇數以千計，卅一日復派敵機二十五架，分炸市郊民居，及粵北樂昌一帶，將詳情如次，上午八時四十七分，敵機十六架，自中山海外飛來，經深圳虎門黃埔，闖入市空，我防空部隊即施行密集對轟擊，敵機未敢低飛，即掠過西面，見西村塘涌鄉附近一帶，有農民百餘人正在田間工作，乃大逞兇暴，投下重量炸彈十六枚，當傷斃農民百餘人，并炸燬房屋六十餘間，災情至爲慘重，敵機以殘殺目的已達，於十時卅分即飛逃出海，又六時二十分五分，敵機九架，由福建廈門海面出現，向本省東方邊陲偷襲，經饒平，梅縣，平遠，直趨粵贛邊境龍南，而至粵北南雄樂昌坪石楊溪各地偵探，隨在樂昌楊溪之間投彈八枚，傷我無辜農民數十人，敵機逞兇後，至九時許循原來航線東飛入海。

【中央社廣州三十一日電】廣州自去年八月十六日，被敵機轟炸以來，迄今九閱月，市校之被炸燬者，據社會局公佈，共十三間，其他公路學校尚未在內。

【中央社廣州三十一日電】此間昨晨續遭空襲後，本埠中外各機關團體，紛電世界各處，要求主持正義，內有致美衆議院議員一電，日機狂肆轟炸，已造成可怖之慘劇，君能有所援助否，廣州市面昨下午尚安靜，雖一度發出警報，但并無日機空襲云。

【中央社南昌三十一日電】敵機八架，三十一日下午二時，由皖境竄入贛北，至九江湖口彭澤等縣，盤旋窺察，我某處飛機一隊，據報起飛前往攻擊，旋在湖口上空，發生激烈之遭遇戰，我空軍奮勇射擊，當由隊長陳瑞鈿，隊員周非虛，各擊中敵機一架，頓時着火下墜，餘機見勢不支，倉惶由原路逃去，據事後調查，被擊落之二敵機，一落湖口北方長江北岸沙灘上，」落湖口東長江南岸。

【中央社金華三十一日電】今晨二時衢州電話，三十日下午四時，敵機八架竄衢向東門大街投彈二十餘枚，毀房屋八十五間，死五人，傷十二人，在車站附近投彈十四枚，內三枚為燃燒彈，毀屋五十五間，死六人，傷十六人。

——摘自《新蜀报》，1938年6月1日

時論選輯

日軍施用毒氣與國際法

【轉載漢口武漢日報星期專論】

周鯁生

日來日內瓦方面電傳，我國出席國聯行政院代表顧維鈞氏曾於十日向國聯提出照會，謂日軍已準備使用毒氣；十一日顧氏于約英法俄三國外長商談中日問題時，又申言日軍已決定施用毒氣，詢國聯方面是否應有所表示？英外相哈利法克斯氏允將此事報告英政府，請示應付方針，同時英國工黨議員亦在下院向政府提出質問，謂日軍現正準備在中國戰場上施用毒氣，倘一旦實現，英政府是否將向日本提出抗議？此問題之發生，由於日軍因近來在津浦綫上進攻受挫，增調大批軍隊來援，其機械化部隊中雜有化學部隊，顯然有對我軍施用毒氣之企圖。對於日軍這種惡毒手段，國聯及文明列國究將採取何種態度？能否為有效的干涉？又當別論。不過為對全世界暴露日本這項手段的非法性質起見，現今實有明白宣示我們法律的立場之必要。

關於戰時使用毒氣之合法與否問題，有國際習慣規則與國際條約之兩面重要考據。就習慣的規則說，戰時法上關於使用武器的限制，已有兩個確定的大原則。第一是交戰國不得用毒；第二是任何武器不得加敵人以不必要的苦痛。一八九九年及一九〇七年海牙條約，曾將這兩個習慣的原則，編入陸戰規則內即：第二十三條，（A）禁止用毒或施毒的武器；第二十三條：（E）禁止使用一切發生不必要的苦楚之武器，砲彈，或物質。而一八九九年及一九〇七年兩次的海牙和會，則繼續通過一禁止使用施放毒氣的砲彈之宣言。這個宣言，可說是代表上述兩個習慣的規則，而其效力是無限期的。在上次歐戰期中，德國首先於一九一五年春季，開始使用毒氣彈，而英法兩國軍隊隨即使用同樣手段以為報復。歐戰結束以後，尤其因為所謂化學戰具之進步可驚懼，國際社會注意到戰時毒氣問題，而企圖加以限制，依一九一九年凡爾塞和約第一七一條，締約國承認，凡窒息的有毒的或其他氣體，以及一切類似性質的液體，物質或方術之使用，都是禁止的，并規定此類戰具絕不許德國製造或輸入。巴黎和會所訂其他和約，均有同樣的規定。其後一九二二年二月華盛頓條約第五條，亦聲明締約國同意於禁止在戰時使用窒息的，有毒的或其他氣體，以及一切類似性質的液體，物質或方術。該約語氣特別着重申明本條文係宣布一種既定的原則，因為這種戰爭手段，早為文明世界的屏斥，而其使用為多數文明國家參加的條約所禁止。不過此項華盛頓條約，迄未批准生效。關於禁止施用毒氣之最重要的公約，尚是一九二五年由國聯主持在日內瓦訂立之議定書。依該議定書，締約國承認禁止戰時施用窒息的有毒的或其他氣體，以及一切類似性質的液體，物質或方術，并同意於將此禁條推行到一切毒菌戰品，該議定書已經三十多國批准生效，批准國中包含歐洲一切强國；中國亦於一九二九年八月加入。强國中之尚未批准一九二五年議定書者，惟美國及日本而已。加之，一九三〇年裁軍預備委員會提出之草案第三十九條，重申禁止毒氣戰之宗旨：而禁用毒氣，毒菌等戰爭手段，亦構成一九三二年裁軍總委員會之決議的一部分。這類草案及決議，雖尚未有國際法的效力，然亦足以證示世界普遍的反對化學戰爭之傾向

無論如何，在現行國際公法中，並無承認戰時施用毒氣或其他化學戰術之規則。反之，向來國際習慣的規則及現行有效的條約，例如海牙宣言，海牙陸戰規則，巴黎諸和約，及一九二五年日內瓦議定書，實際已足使禁用毒氣之禁條拘束一切的國家。就是那些尚未生效之國際條約或條約草案，以及國際會議的決議宣言等，亦無在不表現全世界的輿論，文明人類的良心，一致反對施用毒氣的戰爭方法。儘管世界各國民軍隊都注意於防毒面具的設備，這只是預防敵人施用毒氣的危險。儘管世界各國在軍備上注意毒氣的製造設備，這也只能作爲防禦或報復的一種準備。這些事實，都只是證示戰時毒氣施用的可能性及危險性，但決不能作爲毒氣施用的合法性的證據。

總之，現今文明世界的輿論，人類的良心，國際習慣的原則，國際條約的規定，對於戰時施用毒氣是一致禁止的，現在因日本的對華侵略，中日兩國雖入於實際戰爭狀態，但日本仍自居爲文明國家，如其不甘自外於國際社會，則應當遵守文明世界之長久的習慣及現行公約，不得有施用毒氣之行爲。日本就令說未批准一九二五年的議定書，不受該約的拘束，但亦決不能因此而即認爲有使用毒氣作戰之自由。第一，一九二五年議定書之外，尚有其他公約，如海牙宣言海牙陸戰規則等，則不能說是對日本無拘束力的。其次，國際長期習慣的原則，與施用毒氣的戰爭方法不相容，已如上述，日本即離開公約的束縛，依習慣原則亦有不施用毒氣之理由。其實一九二五年的議定書，條文也具「宣布的」性質，即：重申既定的規則，所以縱令日本未批准該議定書，日本究亦不能脫離國際社會既定的規則。最後，戰爭行爲，尚有人道主義那個最大的基本原則之限制，并不是一切法律條約所未以明文禁止之事都可爲的。日本如果現今有施用毒氣的行爲，不但違反國際習慣及公約，并且違反人道主義，拂逆文明世界的良心。

依上所述，日軍施用毒氣之非法的及不道德的性質，已極顯然。論理日本不應當有此種冒天下之大不韙的行爲。但鑒於彼方軍部之橫蠻不講理，以及日軍因最近在華作戰之挫敗而惱羞成怒，其將不顧一切的，不擇手段的，施用毒氣，以圖戰事成功，則是大有可能的。我們既用充分之決心與勇氣抗戰到底，自然決不會爲日軍這種惡辣手段所屈服。但是世界的公道不可不明，現值國聯行政院開會，中國代表已經提出這個問題，國聯即應當有嚴重的決議，宣布戰時使用毒氣之非法，嚴厲制止日軍此種可能的行爲，我們以爲日軍如果這次對華作戰自由施用毒氣，而國際社會不問，惡例一開，世界文明人類將永受其害，豈但國際法的權威倒退而已哉？

——摘自《文汇报》（上海），1938 年 6 月 1 日

日機屠殺廣州市民

英報一致嚴詞譴責

各界亦引起重大注意

【路透社廣州卅一日電】今晨九時零五分空襲警報又作、未幾日機五架出現於廣州天空、擲落炸彈、其目標不定、但爆裂聲來自居民稠密之河南方面、

【路透社倫敦三十一日電】工黨議員漢德森將在下院請首相張伯倫於星期三日發表關於日機轟炸廣州平民事之言論、英國國聯同志會對於此事、現召集會議、倫敦各報皆以大字登載廣州空襲之新聞、孟卻斯德指導報稱、日機不努力覓取軍事目標、但對廣州居民稠密之處、濫擲炸彈、而以機關槍掃射救護員一事、尤可見其故意屠殺平民、此種暴行、在昔日定已引起全世界之立即抗議、但今之戰事、常有使戰鬥者野蠻化之趨勢者、現似已以其屢作不休之恐怖痲木旁觀者之天良矣、日本在其初期勝利之虛驕中、絕不顧及羣相指摘之世界、但現已不復自信必勝、最後勝利已非其所有、而日本陸軍現方遇瀰漫亞洲大陸之敵愾、其來自北方之危害、尤使其寢食不安云、該報又謂、倘國際輿情有充分的堅决之表示、當可制止日本繼續慘殺平民之舉動云、

——摘自《文汇报》（上海），1938年6月1日

全世界矚目

廣州轟炸第四天

西村塘溪鄉附近死百餘人

◎廣州三十一日電、日機一連三天大舉屠殺、市民生命焚燬屋宇數以千計、三十一日復派機二十五架分炸市郊民居及粵北樂昌一帶、玆將詳情分誌如次、上午八時四十七分、日機十六架、自中山海外飛來、經深圳虎門黃埔闖入市空、我防空部隊即施行密集、對空轟擊、日機未敢低飛、即掠過市西、見西村塘溪鄉附近一帶有農民百餘人、正在田間工作、乃投下重量炸彈十六枚、當場傷斃農民百餘人、並炸燬房屋六十餘間、災情至爲慘重、殘殺目的已達、乃即飛逸、又上午六時三十五分、日機九架、由福建厦門海面出現、向本省東方邊陲偸襲、經饒平梅縣平遠直趨粵贛邊境龍南乎粵北南雄樂昌坪石楊溪各地窺探、隨在樂昌楊溪之間投彈八枚、傷斃我農民數十人、日機逞兇後、即循原路東飛出海、◎香港三十一日電、三十一日晨九架日機經潮梅襲粵北在樂昌投九彈、十六架衝入市、在白雲機場及西村各投十餘粵溪鄉及瑤台各投數彈、◎香港三十日電、三十日晨日機三十八架、分兩批衝入市、在高空投六十彈燬民房四五十、死傷二百餘、以北郊爲最慘、水電兩廠均甚注目、另十五架襲海豐、◎廣州美聯社電三十一日電、據今夜官報泄露之消息、日本轟炸機今日飛來此間、投下炸彈計五十枚、被擊斃命者約二百人、受傷者在三百人左右、同時此間謠言甚熾、謂日空軍將繼續轟炸十日、然後登陸、但對於此種流行之信仰、並無方法證實、日機繼續轟炸廣州至第三日上、即發生謠言、致此間人心、頗爲惶惑、大批難民、均擁擠於火車站、逃往香港、至於水路上之船隻、所有艙位、於兩日之前、業已售罄、且提早開駛、以避免擁擠、除遭受空襲之恐慌外、此間今日又發生對「大水之恐懼、普通水位距地面約有十呎、但今日水位與地面之距離、僅十八英呎、雖然在過去兩週、均有大雨、而此間官員並不因此顧慮、因此間發生洪水之災、極爲罕見也、

倫敦 三十一日路透社電工黨議員威德森將在下院請首相張伯倫於星期三日發表關於日機轟炸廣州平民事之言論、英國國聯同志會對於此事、現召集會議、倫敦各報皆以大字登載廣州空襲之新聞、孟邵斯德指導報稱、日機不努力覓取軍事目標、但對廣州居民稠密之處濫擲炸彈、而以機關鎗掃射救護員一事、尤可見其故意屠殺平民、此種暴行在昔日定已引起全世界之立即抗議、但今之戰事、常有使戰鬪者野蠻化之趨勢者、現似已其屢作不休之恐怖麻木旁觀者之天良矣、日本在其初期勝利之虛驕中、絕不顧及群相指摘之世界、但現已不復自信必勝、最後勝利已非其所有、而日本陸軍現方遇彌漫亞洲大陸之敵愾、其來自北方之危害、尤使其寢食不安云、該報又謂、倘國際輿情有充分的堅決之表示、當可制止日本繼續慘殺平民之舉動云、

歙縣 三十一日電、日機二架、於二十九日上午九時半侵入歙縣上空、盤旋三匝後、在西門外投七彈、三落空地、四落河中、我無損失、日機旋向餘杭方面逸去、

金華 三十一日電、今晨二時衢州電話、三十日下午四時日機六架竄衢、向東門大街投彈二十枚、毁屋八十餘間、死二人、傷十二人、在車站附近投彈十四枚、爲燃燒彈、燬屋五十五間、死傷十六人、

麗水 金華三十一日電、麗水今晨二時三十分電話、日機九架、三十日上午九時許轟炸麗水、計陽門外投一彈、毁民屋四間、公路管理局落一彈、燬屋十餘間、燧昌火柴公司落八彈、燬屋八十餘間、火柴千餘箱、運動場中三彈、燬屋二十餘間、麗陽門外投八彈、燬屋百餘間、死傷十七人、高堂廟投六彈、二枚未爆發、燬屋三十餘間、死二人、枇杷圩投一彈、死十三、傷三十五人、溪口山及溪口山田內落彈二十餘枚、燬船四十艘、日機投彈後、旋經永康諸暨向杭州方面逸去、

✲ ✲ ✲ ✲

——摘自《时报》（上海），1938年6月1日

社論

回答敵機的狂炸

近來由於我各戰線忠勇將士的用命，戰略戰術的改進，屢次打擊日寇，使敵人陷於最感棘手的長期戰爭的狀態，敵人速戰速決的妄想是根本上破產了。敵人由於這軍事上的挫折，因此加深了國內政治上經濟上的動盪不安。直接更削弱了日本法西統治者的地位。所以最近敵機不斷的轟炸我後方都市，屠殺無辜人民，焚燬平民屋宇等種種獸行，與敵國內內閣的局部改組，是有相互聯帶的關係，它根本的目的便是要以最瘋狂的最無恥的暴行，來屠殺我國同胞，減弱我抗戰力量，並加緊驅策全日本人力物力來侵略中國，藉這種必死的掙扎來挽救她們自己；來企圖完成她征服中國的妄想。

自從津浦線魯南會戰開始以來，敵機便成羣結隊濫炸徐州鄭州開封六安等地，我民衆死難之慘，動即千計；最近更變本加厲，廣州是一連數日被敵機狂炸，許多人煙稠密的住宅區，盡作爲敵機投彈的對象，連日死傷民衆，已達數千人，屋宇被燒夷彈焚燬者亦達數千間，慘狀簡直不堪卒睹。除上述幾個較大城市以外，南陽、駐馬店、甯波、麗水等地，亦數度遭敵機空襲，慘狀不減於廣州等地；敵機這種違背人道的殘暴行爲，不僅引起我全國人民同深憤慨，即全世界愛好和平正義的人士·也因此大加譴責和非難。

我國政治經濟中心的武漢，自『四二九』大殲敵機以後，敵機潛伏一月餘，不敢再犯，前日大批敵機又圖進襲，結果因我空軍將士的奮勇迎擊，又造成了擊落敵機十四架的光榮勝利。我們若把這一月來我英勇空軍渡海東征與英勇殲敵等事跡拿來與敵機行爲比較，則更顯著地看出，我空軍的技術與戰鬥精神皆爲敵機所望塵莫及，而我空軍光明磊落，不願傷害無辜敵方人民的正義行動，更給予敵人以一大諷刺，相形之下，使全世界的人士都能夠清楚認識敵人的殘暴無恥，與我空軍偉大的義俠精神。

敵機前日在武漢的慘敗，並不能就使我們鬆懈空防的注意。敵機近來的瘋狂暴行，恰巧是她失敗後的一種無恥荒謬的舉動；我們可以預料，由於敵機在武漢的失敗，今後她將更會以最兇殘的空襲，來屠殺我們的民衆和破壞我們的公私財產。所以我們必須要動員全民族的力量，來回答敵機的濫炸，來粉碎敵人的暴行。

我們非常贊同余漢謀主任在敵機空襲下所發出的向粵省三千萬同胞呼籲：『全粵同胞一致奮起，與暴敵作殊死鬥，有槍出槍，無槍者即刀劍木石，甚至禾鐮鐵棍，亦應作爲殺敵自衛之武器，軍民合作，以制止人類蟊賊之暴行。』這種誓死不屈，堅決奮鬥的精神，與夫全民武裝一致抗敵的辦法，不僅消極上要打破敵機轟炸削弱我抗戰意志與力量的幻想，而且是更進一步保證抗戰最後必勝的基礎。這種全民動員，一致抗戰到底的精神和行動，是我們回答敵機濫炸，爲我慘遭屠殺的父老姊妹兄弟復仇的第一個辦法。這種全民動員和全民武裝的辦法，應該在全國各地推行起來。

其次，我們曉得，對敵機的狂炸，最直接有效的辦法，是增強我們常勝空軍的力量。前日武漢的空戰，因我有英勇飛將的凌空截擊，敵轟炸機竟不敢竄入市空肆虐，可見我們要有強大的空軍，去防護各大都市，敵機雖然殘暴，也可使其不敢侵犯；所以我們今天應該努力於強大無敵的空軍的建設，要努力廣泛發動人民的購機救國運動；並且要努力動員優秀青年到空軍中去，要在這戰爭的烽火中鍛鍊出成千成萬獻身於保衛祖國領空的青年戰士。

第三，除了積極防空以外，我們處於後方的民衆，目前還應該加緊消極防空的設備，如防空壕的增大與改良，建築，防毒藥品的準備，尤其是一切交通工具，重要工廠的防空的佈置和民衆廣泛的防毒和救護訓練，也可以減少犧牲，此外有些工廠例如××兵工廠，雖有防空壕的設備，但只准許職員躲避，而置工人不管；這是必需及時糾正的，同時，警報發後，民衆的鎮靜與遵守必要的秩序（例如防空壕外的不應站立和聚談等）都是緊迫的工作。只有曲解事實的人，才會說鼓勵防空防毒，是一種恐毒病，我們應該認識到，消極防空的注意，不僅是減少了個人生命與財產的損失，而且直接就是保存抗戰的力量，使敵人破壞我抗戰後方的陰謀減少，甚至無法達到它的妄想。

最後，總結起來說，積極的增強空軍，以殲滅敵機的肆虐，消極的勵行防空，以減少損害，粉碎敵人減弱我抗戰力量的陰謀；再加上提高軍民的抗戰意志，武裝民衆發動民衆，從事抗敵衛國，這是我們回答敵機濫炸的最主要辦法，也是爭取抗戰勝利的主要條件。

——摘自《新华日报》（汉口），1938年6月2日

敵機肆虐後
廣州災區慘狀
無辜被害三千餘人
附近數里腥臭瀰漫

【廣州一日中央社電】敵機連日狂炸粵市，揚言轟炸我軍事機關，實則自抗戰開始，各機關遷離市區，市內所存，亦僅遺廢址。此次敵機投彈技術既劣，而豺狼成性，任意亂投，致一般平民房屋，大受摧殘，災塲之多，統計將及百起，塌毀焚燒民房，已逾二千所，無辜被害非戰鬥員之平民婦孺凡三千餘人，足證敵人之兇殘，尤以救護人員搶救災區，復遭敵機槍射彈炸之暴行，爲最令人不齒。連日各災區雖經全市各防護機關總動員晝夜從事發掘工作，但卒以敵機繼續投彈，工作進行極感困難。日來天氣酷熱，屍體埋藏於瓦礫頹垣未及掘出者多已臭爛，災區附近數里之內腥臭逼人，受傷者之衆，已遠逾全市各醫院之容量。省市政府紛派員到各醫院慰問受傷市民，社會局戰時兒童保育分會派出職員多人，前赴各災區張貼佈告，積極從事收容災區難民，及無告孤兒，若正搶地呼天流離道左，備受驚惶與飢餒之重重打擊。記者連日巡視災區，目覩各種悽慘絕倫人間悲劇，或則全家盡歿，或則僅存孤獨。於黃沙區之某號小屋中見一年甫三歲之小童，被壓於斷棟殘樑之下，今始救出，已氣息奄奄，更因其母與家人塌成肉漿，此小童竟成紅色之血人狀之可怖，爲生平所未見。繼至厚興新街見一婦人倚頹垣而坐，一乳嬰棲於襁褓，膝旁臥兩稚子，口噬目呆，面現紫青色，審視之，殆因震盪過度致命，厥狀之慘，絕非楮墨所能形容。災區週圍數里，玻璃幾無一片完整，鄰近之屋宇其幸未倒塌者，所有傢俱什物，亦被損毀。若干難民，正在餘燼未熄中收拾燼餘被燬木石，入夜，此若干類如鬼境之災區，人烟全絕，殆已難尋認其昔日之繁榮面目矣。

——摘自《申报》（汉口），1938年6月2日

敵機又襲粵
貴池等處亦被炸

【廣州二日中央社電】敵機十二架，今午十二時許飛寶太路附近投彈十二枚，毀民房十餘間，炸死平民十餘人，旋飛南崗，在廣九路投彈八枚，損路軌少許。又下午五時，曾有九架由廈門起飛，經饒平大埔梅縣興寧繞贛南入粵北，在南雄郊外投彈十二枚，我無損失。

【汕頭二日中央社電】今日上午六時許敵機九架，由金門飛襲閩南各縣，七時半窺察饒平大埔梅樂平遠興寧，十時仍循原途遁去。

【青陽一日中央社電】廿九日清晨有敵機一架，飛大通和悅洲羊山磯一帶低空偵察，迄晚始去。卅日晨九時，復有敵機三架，侵入貴池上空後，即更番投彈，先後共投廿餘枚，損毀民房卅餘間。卅一日上午八時復有敵機六架，在沿江一帶，往來低飛窺察竟日，旋在老洲頭投彈十餘枚，損失在調查中。

——摘自《申报》（汉口），1938年6月2日

劫後廣州

▲中央社廣州□日電：敵機這次□炸粵市，致一般平民房屋大受摧殘，災場之多，統計將及百□，塌毀焚燒民房已逾二千所，無辜被戮非戰員之平民婦孺凡二千餘人，足證其面目之□殘，連日各災區，雖經全市各防護機關總動員，晝夜從事發掘工作，但卒因敵機繼續投彈，工作進行極感困難，日來天氣酷熱，屍體埋藏於瓦礫頹垣，多已腐爛，求暴附近數里之內，腥臭逼人，受傷者之衆，已遠逾全市各醫院之容量。若寶正搶地呼天，或則全家盡殲，或則僅存孤獨，記者在黃沙區之某號小屋中，見一年甫三歲之小童，發壓於斷棟殘樑之下，今始救出，但已氣息懨懨，因其母與家人塌成肉蘗，此小童覺或紅色之血人，狀之可恐，爲生平所未見，記者繼□厚興新街，見一婦人暇倚頹垣而坐，一乳嬰懷於口，襤，膝旁臥二稚子，裸瞪目呆，面現柴青色，審視之，殆因震溢過度致命，厥兇之慘，絕□楮□所能形容，入夜此若干類如鬼境之災區，人烟全絕，殆已難尋認其昔日之繁榮面目矣。

——摘自《云南日报》（昆明），1938 年 6 月 2 日

敵機慘炸廣州暴行

英人痛心疾首

認爲無法改善民衆對倭態度

我致牒國聯及各國政府 促採有效步驟加以制止

▲中央社倫敦一日路透電，此間各報對日機狂炸廣州事，日來更爲重視，同時對於敵軍破壞中國沿海漁船之殘暴行爲，認爲摧無法使改善英國民衆對本之態度，每發擀：二·來一機飛廣州廿炸死傷豆達二十，白名之□息傳來英國人，此無不痛心疾首，而憎惡叢行與哀憐，死舊情緒時並增新，聞紀事報則謂日軍正在對此毫無防衛之廣州市，盡量傾淩其憤恨，彼等在華各略軍事均已遭嚴重引擊，故此時鹽力發揮其控敢後之恐怖行爲，各國行將對日本重提抗議，本由能覺悟彼等所爲，不嘗增強世界以之與論，良對其○動之何害，或將所審廬，泰晤士報廣州特訊云：日機所役之彝圖炸軍事或工業機關者，約佔百分之七十，其餘則係亂投，故意殘殺□民云。

▲中央社漢口□日電：敵機連□對廣州市□更番施行濫炸，死傷半民數！，婦孺並由多，數□據悉，我外交當局已電令駐日內瓦我國代表及駐歐美各使館，以會直提請國聯及各國政府，並促其□自採取有效步驟，制止日本飛機對無辜人民之大屠殺，閑我方所提出牒文，會提及去年九月二十八日國聯大會所通過議決案，譴責日機轟炸我國不設防城市，認爲絕無理由，該牒文繼稱：最近廣州遭日機濫炸，較過去更形野蠻慘酷，罹難人數亦較多，文明國家若任暴日一味妄爲，則不獨廣州將再蒙浩劫，且此種慘劇亦將重現於其他城市云。

——摘自《云南日报》（昆明），1938 年 6 月 2 日

對日機暴行 促國聯注意

中國政府已提書面節略

【廣州一日電】日機十三架、今日下午一時三十分又分兩批犯源潭、在該處投彈十餘枚、

【漢口一日電】日機連日對廣州市區更番施行濫炸、死傷平民數千、婦孺尤佔多數、據悉、華方外交當局、已電令駐日內瓦中國代表及駐歐美各使節、以書面提請國聯及各國政府注意、並促其立即採取有效步驟、制止日本飛機對無辜人民之大屠殺、聞華方所提出牒文、曾提及去年九月二十八日國聯大會所通過議決案譴責日機轟炸中國未設防城市、認爲絕無理由、該牒文繼稱、最近廣州遭日機濫炸、較過去更形野蠻慘酷、罹難人數亦較多、文明國家若任暴日一味妄爲、則不獨廣州將再蒙浩刼、且此種慘劇、亦將重演於其他城市云、

——摘自《文汇报》（上海），1938 年 6 月 2 日

因日兵强姦婦女

華人拒絕納稅

報告書已遞交日司令部

據二日英文大美晚報載、二日工部局收稅員往滬東區滬北區征收稅款時、該處之多數居民、拒絕繳付、至其拒絕理由、則爲工部局對該二區之納稅人不予以充分之警衛、關於該事件之報告書、業已呈交工部局徵稅處、而公共租界捕房當局正在調查中、據匯山區及楊樹浦大部份居民之訴說、則該區之日兵曾屢次蹂躪華籍婦女、而並未獲得巡捕之保護、當昨今兩日收稅員前往時、彼等見納稅人聯合向彼等反抗、並述事件之經過、以爲理由、五月十日住在榆林路五弄三百二十三號之婦人一名、爲日兵七人强姦、並向其夫恐嚇、不准聲張、五月二十四日七人中之二名、又來强姦、二日後平凉路耀華里（譯音）三十七號、有一婦人被酒醉之日兵追逐、幸而設法逃脫。聞該區尚有一同樣事件之發生、住在該區之華籍婦女談、彼等甚爲恐怖、因熟聞南市浦東閘北南京等地華籍婦女被蹂躪之事也、聞報告書已經遞交日憲兵司令部、但據華籍納稅人談、彼等因恐引起報復、故有時隱匿不報云

——摘自《文汇报》（上海），1938 年 6 月 2 日

三日內警報頻傳

寧波城中落五彈

小沙泥街蓮橋街一帶死傷多

（寧波訊）廿九晨八時〇五分、日轟炸機一架、由外海飛來、經奉化而至甬城上空、略一盤旋、即在小沙泥街蓮橋街及五台巷連續投下小型炸彈五枚、投畢仍向外海飛去、爆炸之聲、震動全城、八時半解除警報後、記者即赴出事地點調查、見小沙泥街學士坊居民傳姓灶間落一彈、牆壁玻窗多半炸毀、炸傷老婦張應氏、其左眼或須失明、蓮橋街四十八號穗孚米店落一彈、彈片飛出數丈以外、該店全部摧毀、其對面新民理髮店亦被彈片炸損、其比鄰四十二號住屋內、有彈片飛入、亦落一彈、震倒牆垣三四道、人畜無恙、當日機臨空盤旋時、咸倉門外江心寺屋頂上、忽有二僧人大敲其火油箱、其行動奇突、事後經警察局查悉、即加逮捕、現在澈查中、（二十九日晚發）

三十日晨

三十日晨七時三十分、日機一架、由外海飛來、經慈谿北鄉而至鄞奉路櫟社機場上空、當飛經甬城時、係在雲層中穿過、飛度極高、致城區所聞機聲甚微、該機抵櫟社機場後突作低飛、略一窺視、即連續投下小炸彈五枚、投畢循原方向飛去、每彈重量不滿五十磅、機場內落一彈、僅炸損地面、別無損失、機場外東角趙家村附近火雞漕農民趙宗品稻田河邊落一彈、樹木略有炸損、又趙桂堂田中落一彈、趙阿裕田中落一彈、均僅炸損地面、別無損失、人畜民房皆告無恙、（三十日午）

廿八下午

（寧波訊）二十八日下午三時五十分鄞奉路櫟社飛機場、突來日轟炸機三架、由東北方侵入、飛度極低、在極高之雲層中尚有日機六七架、往來盤旋、似係掩護三轟炸機者、三機在該機場更番投炸彈八九枚後、即行飛入雲層隱避、旋又飛下、在機場外長潭王小村上空投炸彈三枚、然後再至甬城上空盤旋窺探、約有四五匝之多、全城民衆因早得警報、均分別避入安全地帶、街衢如洗、全城闃靜無聲、僅聞我高射槍砲向日機轟擊、劈拍之聲、約有數十響、日機遂由甬城西北角逸去、飛經西北角、用機槍掃射、但距離地面過遠、槍彈落地乏力、並未傷人、日機離開城區後、又至櫟社機場投炸彈十餘枚、每彈重量約自五百磅至一百磅、其炸聲巨大者、周圍百餘里者均清晰可聞、故鄞縣境內被炸、同時鎮慈奉姚四縣即有所聞、且可遙望天空中之一切活動、日機二度轟炸機場後、又折至城區上空、盤旋偵察、東西郊徐家漕投下炸彈一枚、該地已屬鄉區、彈落曠地、炸成巨窟、農民丁阿意炸傷甚重、性命堪虞、又行人王昌定王九餘亦遭彈片擦傷、日機離境、已下午四時卅五分、記者於警報解除後、即趕至櫟社機場視察、見炸有地穴廿一個、別無損失、長潭王小村中落彈五枚、均即爆炸、震坍樓房三間、平屋四間、村民因鑒於曩昔徐家慘劇、當警報發出時、即已走避一空、故無死傷、（二十八晚）

金華一日電、一日下午三時四十分、玉環方面發現日機三架、旋經樂清侵入永康、向機場投彈六枚、無損失、

廣州一日電、日機十三架、今日下午一時三十分又分兩批犯源潭粵漢路、在該處投彈十餘枚、

金華一日電、日機三架今晨七時半由杭州方面飛義烏、向車站投彈十一枚、傷十人、又日機三架今日九時五十分、於諸暨車站投彈六枚、

——摘自《时报》（上海），1938年6月2日

暴敵濫炸無辜平民

我要求國聯制止敵機暴行

郭大使照會英外部提出同樣要求

漢德森提議聯合各國向暴敵抗議

（中央社日內瓦一日哈瓦斯電）關於日本飛機轟炸中國不設防城市事、中國駐國聯會常任代表胡世澤博士、頃又以照會一件、送達國聯會祕書長愛文諾提出抗議、其言有曰、最近數日來日本飛機、不斷轟炸人煙稠密之廣州市、故意向毫無軍事目標之區域、投擲炸彈、並開放機槍、平民因而死傷者以數千計、其中並有婦孺多名在內、查國聯會大會、曾於去年九月廿八日通過決議、對於飛機轟炸不設防城市情事、鄭重加以譴責、中國政府、茲要求國聯會、立即採取有效辦法、藉以制止日本空軍集體的屠殺無辜平民之所爲。

（中央社倫敦二日路透電）駐英中國大使郭泰祺、昨日下午訪英外長哈里法克斯、親遞一照會、申述日機狂炸不設防城市事、並援引國聯去年九月廿八日通過痛斥此項暴行之決議案、同時請英國及其他各國政府、採取緊急措置、阻止日本繼續大舉轟炸無辜之平民及婦孺、駐英中國大使致英政府牒文又謂、目前廣州所受之轟炸、實較日機以往在華各次襲擊、更爲野蠻、更爲殘酷、如任其肆行無忌、不加阻止、則此類空襲暴行、必在廣州及其他城市繼續發生、而生命之損失、將更爲可怖、且此例一開、將予全世界將來戰爭行爲、以莫大之惡劣影響。

（倫敦二日電）現英國各界、對於西班牙法西軍及日本在華濫施轟炸一事、一致表示斥責、故一般印象、英政府大致擬對此有所動作、倫敦泰晤士報訪員稱、英政府現應考慮如何使其抗議發生實效。

（中央社倫敦二日路透電）英下院昨日討論日機轟炸廣州事、保守黨議員摩勒發言云、日機襲擊廣州、致非軍事區域及居民財產、損失甚多、同時并慘斃平民無數、英政府應卽向日本提出抗議、表示英國對此類野蠻暴行之深惡痛絕、外次巴特拉答稱外長哈里法克斯、從報紙中見此悲慘紀載後、已令駐當地人員、卽速查報、在未接到正確之詳細報告以前、彼不便表示意見、次勞工黨議員漢德森建議、英政府應與九國公約其他各簽字國接洽、以期聯合對日提出抗議、外次答稱、彼須俟接到詳細報告後、始能考慮此項步驟、漢德森復言、此事極爲重要、彼仍希望政府能注意上項建議。

英下院討論上海各問題

（中央社倫敦二日路透電）英下院昨討論上海各種問題、威金遜事件、日軍佔領摩勒機器工場、及中國特區法院事、亦曾提出討論、外次巴特拉宜稱、威金遜案現已解决、駐滬日本總領事、已向英方道歉、并聲明將設法預防此類事件之再發、有人問侮辱威金遜之日兵、是否已予懲罰、外次答稱、彼聞日軍事當局曾詳細調查此事、正謀補救辦法、外次嗣又答覆議員摩勒之質問、謂迄至現在止、日方尚無干涉上海中國特區法院之企圖、欲對該法院之地位有任何變更、必須經過簽訂收回會審公堂協定各國之同意、凡干涉臨時法院之片面企圖、英政府均不能贊同、次米爾尼爵士詢問日軍佔據摩勒機器工場事、外次答稱、英政府爲此事、已迭向日本提出抗議、駐東京及上海之英國外交代表、均不斷努力、以求獲得圓滿解决、米爾尼繼謂、此事發生後、該工場之材料及機器、均被日方取去、外次乃請米爾尼以所得之情報給彼、俾供參攷。

（中央社倫敦二日路透電）英下院昨日開會時、議員摩勒詢問英政府是否將因澳洲政府禁止生鐵運日、而與馬來亞政府商酌、以期馬來亞與澳洲採取同樣行動、殖民大臣麥唐納、當作否定答覆、並謂澳洲政府之行動、係適應該國工業方面之需要、馬來亞情形、與此並不相同。

——摘自《新华日报》（汉口），1938年6月3日

敵機多架

炸廣州南雄

孔院長飭續撥款三萬元

交粵省府急振廣州難民

粵中外團呼籲制止敵暴行

【中央社廣州二日電】敵機十二架，今午十二時許飛寶太路附近投彈十二枚，毀民房十餘間，炸死平民十餘，旋飛衙崗，在廣九路投彈八枚，損路軌少許。又七時，曾有九架由虎門起飛，經繞平大埔，梅縣，興寧，繞贛南入粵北，在南雄郊外投彈十三枚，我無損失。

【中央社漢口二日電】行政院孔院長以廣州迭日迭遭敵機轟炸，平民死傷益多，至為軫念，特飭振委會續撥振款三萬元，交由廣東省政府迅速辦理賑卹，及善後事宜。

【中央社廣州二日電】敵機上月廿八廿九卅三日大舉轟炸廣州市區，炸斃平民三千餘人，粵市長曾養甫經去電英京郭大使，請其照會英國政府，市商會機器工會海員工會等各團體，並將被炸經過，向世界人士呼籲制止，廣州外僑亦分別向各該國政府提議，請一致抨擊此種慘無人道之行為。

【中央社廣州二日電】粵市抗敵後援會以敵機狂炸廣州市民，演成空前慘劇，二日特代表全市民衆，致電世界愛好和平人士呼籲，請對此人類創字羊迭予裁制，以維人道。同日並籲請旅國內外廣東同鄉，踴慨購買粵省國防公債，以充實粵省國防。

【中央社汕頭二日電】今六時許敵機九架，由金門飛襲閩南各縣，九時分竄饒平，大埔，梅縣，平遠，興寧等處，後循原途遁去。

【中央社南陽二日電】廿九日清晨，有敵機一架飛大通，和悅洲，羊山磯一帶，低空偵察，迄晚始去。卅日晨九時復有敵機三架，侵入貴池上空後，即更番投彈，先後共投彈廿餘枚，損毀民房卅餘間。卅一日上午八時復有敵機六架，在沿江一帶往來低飛窺察覺日，旋在老洲頭投彈十餘枚，損失在調查中。

——摘自《河南民国日报》，1938 年 6 月 3 日

日方圖掩飾空軍暴行

稱日航空員投彈頗準

並未轟炸非軍事建築

【東京二日電】路透社訊：海軍省發言人野田海軍少將今日聲稱：襲擊廣州附近火車站之日航空員，因欲避免飛過沙面租界，甚感困難，日航空員所擲炸彈，取的頗準，故除供軍事用之建築外，未損及其他建築。例如日機襲擊漢口、該地華人除寓於軍事建築附近者外，皆未驚擾，可為明徵也。五月三十一日日機九架之襲漢，中國飛機迎戰者，共五十餘架，內以蘇聯所製之機居多，且有寇蒂斯鷹式機數架，然日機仍擊落華機二十架，日機失蹤者一架，餘皆安返根據地，日機所中華機之槍彈，不足十枚，於此可見中國航員開槍之無準力。再中國航空員尚非其機敵遠甚日機之上，輒避與機接戰，五月三十一日（一）役亦然。

——摘自《大美报》，1938 年 6 月 3 日

中國向國聯提牒文

請速制止日機暴行

英考慮與美國等向日抗議

【哈瓦斯社日內瓦一日電】關於日本飛機轟炸中國不設防城市事、中國駐國聯會常任代表胡世澤博士、頃又以照會一件、送達國聯會秘書長愛文諾表示抗議、其言有曰「最近數月來、日本飛機不斷轟炸人烟稠密之廣州市、故意向毫無軍事目標之區域投擲炸彈、並開放機關槍、平民因而死傷者、以數千計、其中並有婦孺多名在內、杳國聯會大會曾于去年九月二十八日通過決議案對於轟炸未設防城市情事、鄭重加以譴責、中國政府玆特要求國聯會立即採取有效手段、以制止日本空軍集體的屠殺無辜平民之所爲」云、關於此事、日本情報局駐日內瓦辦事處、亦發表公報稱、廣州市設有强固防務、並非不設防城市、「日本飛機所轟炸者、僅以軍事目標爲限、中國平民所受損害、乃因該國高射砲彈四處橫飛所致云」、

【路透社倫敦二日電】中國駐英大使郭泰祺、昨日午後訪問英外相哈立法克斯、面致抗議日機轟炸中國不設防城鎮之牒文、該牒文追述一九三七年九月二十八日國聯大會所通過斥此種轟炸之決議案、並請英國與他國政府迅採緊急有效之方法、以制止日本繼續屠殺以婦孺占多數的無辜平民之舉動、該牒文續稱、日機今轟炸廣州、已證明其愈臻野蠻殘虐、遠甚於前、如不加制止、則此種空襲、將再演於廣州等處、而生命損失之奇慘、亦將更甚、且於世界將來空戰之前途、亦有不可勝計之影響云、中政府並以此同樣牒文、送交國聯、

【哈瓦斯社倫敦一日電】下議院本日午後開會時、反對派工黨議員漢德森、保守黨議員摩林、曾要求政府發表宣言、對于日本飛機迭次轟炸中國廣州市平民事、表示痛絕之意、外務部次官白特勒當即答稱、「外相曾在報端獲悉此項慘劇、業已訓令駐廣州領事、着其立即提出報告、在未獲証實之前、余未便有何表示」、漢德森當又詢問政府、對于會同美國暨九國公約其他各簽字國、向日本政府共同提出抗議一層、是否認爲可行、白特勒次官答稱、「余意在考慮此項建議之前、仍以等候廣州方面詳細報告之爲愈」、至是漢德森乃謂、一俟下議院下次開會、當將此項問題、重新提出討論云、

——摘自《文汇报》（上海），1938年6月3日

日機轟炸未設防城市

我照會送達國聯

郭大使訪英外相亦面致抗議牒文

◎日內瓦一日哈瓦斯社電、關於日本飛機轟炸中國未設防城市事、中國駐國聯會常任代表胡世澤博士、頃又以照會一件、送達國聯會秘書長愛文諾表示抗議、其言有曰、「最近數月來、日本飛機不斷轟炸人煙稠密之廣州市、故意向毫無軍事目標之區域投擲炸彈、並開放機關槍、平民因而死傷者、以數千計、其中並有婦孺多名在內、查國聯會大會曾於去年九月二十八日通過決議案、對於轟炸未設防城市情事、鄭重加以譴責、中國政府玆特要求國聯會立即採取有效手段、以制止日本空軍集體的屠殺無辜平民之所爲」云、關於此事、日本情報局駐日內瓦辦事處、亦發表公報稱、廣州市設有强固防務、並非不設防城市、「日本飛機所轟炸者、僅以軍事目標爲限、中國平民所受損害、乃因該國高射砲彈四處橫飛所致」云、

◎倫敦二日路透社電、中國駐英大使郭泰祺昨日午後訪問英外相哈立法克斯、面致抗議日機轟炸中國不設防城鎮之牒文、該牒追述一九三七年九月二十八日國聯大會所通過詆斥此種轟炸之決議案、並請英國與他國政府迅採緊急有效之方法、以制止日本繼續屠殺以婦孺佔多數的無辜平民之舉動、該牒續稱、日機今之轟炸廣州、已證明其愈臻野蠻殘虐、遠甚於前、如不加以制止、則此種空襲、將再演於廣州等處、而生命損失之奇慘、亦將更甚、且於世界將來空戰之前途、亦有不可勝記之影響云、中政府並以此同樣牒文送交國聯、

◎倫敦二日海通社電、中國駐英大使郭泰祺、昨日拜會英國外相哈里法克斯勳爵、對於日空軍狂炸廣東、提出抗議、據「紀事報」載、郭氏提出牒文、籲請根據人道立場、對此種轟炸無防城市之野蠻舉動、採取國際步驟、加以制止、觀於英國船隻在西班牙之屢遭轟襲、此間對於空軍轟炸之憎惡及譴責、因已異口同聲、故相信英政府對於此項濫炸無防城市、將必有所動議、據「泰晤士報」國會訪員申稱、政府現已到達考慮如何使抗議發生效力之時機云、

◎倫敦一日哈瓦斯社電、下議院本日午後開會時、反對派工黨議員漢德森・保守黨議員摩林、曾要求政府發表宣言、對於日本飛機迭次轟炸中國廣州市平民事、表示痛絕之意、外務部次官勃特勒當即答稱、「外相曾在報端獲悉此項慘劇、業已訓令駐廣州領事、着其立即提出報告、在未獲證實之前、余未便有何表示、」漢德森當又詢問政府、對於會同美國暨九國公約其他各簽字國、向日本政府共同提出抗議一層、是否認爲可行、勃特勒次官答稱、「余意在考慮此項建議之前、仍以等候廣州方面詳細報告之爲愈、」至是漢德森乃謂、一俟下議院下次開會、當將此項問題、重新提出討論云、

◎◎◎◎

——摘自《时报》（上海），1938年6月3日

南雄落彈

◎香港二日電、二日晨十五架日機由金門經潮梅襲南雄投二十餘彈、毀民房甚多、死傷數十、午十二架由唐家灣分三批襲廣州

——摘自《时报》（上海），1938年6月3日

敵機昨日又
濫炸廣州市區

（中央社廣州三日電）三日下午二時卅分、粵市又發出空襲警報、旋又發緊急警報、俄而即見敵銀色驅逐機四架、護新深灰色巨型轟炸機、自東南方竄入市空、沿抵白鵝潭河面、即爲我防空火力猛擊、敵機乃改其航線東向長堤天空碼頭附近投彈十餘枚、有四枚投河中爆炸、水花高濺數丈、幾若噴泉、停泊該處之大小貨艇、爲浪濤打擊、沉沒廿餘艘、死傷蛋民卅餘人、另五彈落廣東紡織廠、將機器間繼紗間炸燬、損失甚重、工人走避不及、死傷廿餘人、第一隊敵機退兇後、即行遠颺、約十餘分鐘、另敵機一隊、再沿同一航線來襲、此時我防空部隊以更大量之密集火力猛加攔擊、敵機不敢低飛、僅在東堤河再投數彈、始遁出海、警報於下午三時四十分解除。

（中央社廣州三日電）敵機十四架、三日下午二時四十分進襲廣州市區、向河南紡織廠投彈七枚、兩落廠內、損失奇重、死傷男女職工四五十人、餘五枚落附近河中、又東堤江面落彈四枚、有兩小火輪及小船十餘艘被炸沉、傷亡甚重、一時頗難統計。

——摘自《新华日报》（汉口），1938年6月4日

國際勞工大會通過決議

斥責日德意侵略國轟炸暴行

廿八國工人代表反對法西侵略者

對中國西班牙人民表示深切同情

我代表朱學範要求制止暴日侵略

（日內瓦三日電）第廿四屆國際勞工會議、昨日在此開會、由國際 工局局長英國首席代表勒格特主席、勒氏致開會詞、力言嗣後國際勞工會議之國際公約、應着重一般原則、昨日會議一致推選巴西勞工部長華德瑪爲主席。

（中央日內瓦二日專電）國際勞工大會工人組、於二日下午舉行會議、我國出席代表朱學範、特代表我國全體勞工、先對各國勞工代表昨日通過之譴責日德意轟炸中西兩國平民暴行之決議案、表示謝意、繼即發表演說、略謂本人相信惟有採取集體安全制度、各國勞工之利益始能得而保全、此次會議、因日政府忽視國際勞工局、致日本代表未能出席、殊爲遺憾、中國工人、因日本武力侵略其國家、現正在艱苦中奮鬥、戰區之工廠、幾均停業、數百萬工人、現均待政府及其同胞救濟、日軍閥之迷夢、爲征服世界、其對待勞工之政策、則爲壓迫與剝削、造成工資低落、物價減低之現象、而使其他國家產品、不能與日貨競爭、日本之政策、直接影響他國之實業、間接影響全球勞工之生計、吾人應立即設法制止日本之侵略、同時亦須救濟中國勞工、吾人頃已將請求援助中國勞工之決議案、呈交國際勞工局、甚望各國勞工代表、能爲正義同情與國際信誼、對該決議案、加以擁護、按昨日我國、阿根廷、澳大利亞、比利時、巴西、英、保加利亞、加拿大、古巴、丹麥、西班牙、愛沙尼亞、芬蘭、法、匈牙利、印度、愛爾蘭、盧森堡、墨西哥、挪威、新西蘭、荷蘭、羅馬尼亞、瑞士、捷克斯拉夫、南非聯邦、南斯拉夫等廿八國勞工代表、曾通過譴責日德意三國侵略國轟炸中西兩國平民之暴行、議案中稱、吾人反對日德意三侵略國轟炸中國與西班牙之平民、吾人對中西兩國之不幸人民、亦深切同情、並相信兩國民族、必得解放。

歐洲人士憤恨敵濫炸平民
比婦女反對侵略援助中西

（中央社倫敦二日電）敵機迭次濫炸廣州、中國政府會提請國聯及各友邦注意，并促其爲保障世界文明起見、迅行設法制止、致英國牒文、係由郭大使親遞英外長哈里法克斯、今日英報、皆於重要地位刊載中國牒文、西班牙人民、日來亦遭此種不人道濫炸、歐洲東亞同受暴力摧殘、使一般人士，得更深刻之感觸、認爲若不迅予制止、各國勢將受其禍。

（塔斯社比京三日電）國際婦女反戰反法西委員會比利時分會、茲通過決議一件、對屠殺西班牙與中國平民、表示憤慨及抗議、決議復斥責西班牙事件中所謂「不干涉」政策。

——摘自《新华日报》（汉口），1938年6月4日

連續轟炸第七天

日機襲廣州

大沙頭車站投彈多枚

目的在圖毀廣九路軌

（廣州三日電）路透社訊：今日下午三時甫過，此間空襲警報又作，日機八架出現天空，此次來襲，除轟炸機外，且有驅逐機，炸彈多落九廣路終點大沙頭車站附近，當時有數千避難人民，在車站候車，前赴香港。四時十分解除警報。據大沙頭車站訊：車站未中彈，晚車將照常開出。今日空襲死傷之人數，現尚未悉。

（廣州三日電）三日下午二時三十分，粵市又發出空襲警報，日方銀色驅逐機四架，簇擁深灰色巨型轟炸機，自東南方竄入市空，追至白鵝潭河面，即爲我防空火力猛擊，日機乃東向長堤天字碼頭附近，投彈十餘枚，有四枚投河中暴炸，水花高濺數丈，幾若噴泉，停泊該處之大小貨艇，爲浪濤打擊沉沒二十餘艘。另五彈落廣生紡織廠，將機器間繅紗間炸燬，損失甚重，死傷二十餘人。第一隊日機逞兇後，約十餘分鐘，另一隊日機再沿同一航線來襲，此時我防空部隊以更大量之密集火力，猛加攔擊，日機不敢低飛，僅在東堤河面再投數彈，始遁出海，警報於四時四十分解除。

南雄被轟炸

（廣州三日電）日機九架，三日上午八時由閩海飛經饒平，梅縣，平遠，繞贛南至粵北南雄城外，投彈五十二枚，

增設收容所

（廣州三日電）粵難民救濟分會主委吳鐵城，以日機濫炸市區，難民驟增，原有處所，不敷收容，特增設臨時收容所多處，廣爲救濟，並就留粵難民中抽調千人，下鄉墾殖，首批百人，今日出發。

移難民墾殖

（廣州三日電）粵華僑團體爲救濟難民，舉辦戰時難民墾殖實驗區，經政府核准指撥連縣，連山，陽山，暨湘省江華等縣，爲墾殖地點，並自動集欵五十萬元爲開辦費，推定李福林爲墾殖區督辦。

英向日抗議

（倫敦三日電）路透社訊：英首相張伯倫今日在下院稱：已訓令駐日大使克萊琪，嚴重抗議，濫轟廣州軍民事，據所接報告觀之，無論其目標何在，惟所擲炸彈泰半落於非可認爲有軍事關係之處。

（柏林三日電）路透社訊：中國駐德大使程天放，今以備忘錄送致德外部，請德國與他國，設法阻止日本轟炸中國不設防城鎮。

——摘自《晶报》（上海），1938年6月4日

廣州市區

昨復被狂炸

——敵機並襲桐城大通——

【廣州三日中央社電】三日下午二時卅分，粵市又發出空襲警報，旋又發緊急警報，俄而即見敵銀色驅逐機四架，簇新深灰色巨型轟炸機，自東南方竄入市空，迨抵白鵝潭河面，即爲我防空火力猛擊，敵機乃改其航綫東向長堤，天空碼頭附近投彈十餘枚，有四枚投河中暴炸，水花高濺數丈，幾若噴泉，停泊該處之大小貨艇，爲浪濤打擊，沉沒廿餘艘，死蛋民卅餘人，另五彈落廣東紡織廠，將機器間繅紗間炸燬，損失甚重，工人走避不及，死傷廿餘人。第一隊敵機逞兇後，即行遠颺，約十餘分鐘，另敵機一隊，再沿同一航綫來襲，此時我防空部隊以更大量之密集火力猛加攔擊，敵機不敢低飛，僅在東堤河面再投數彈，始遁出海，警報於下午三時四十分解除。

【廣州三日中央社電】敵機十四架，三日下午二時四十分，進襲廣州市區，向河南紡織廠投彈七枚，兩落廠內，損失奇重，死傷男女職工四五十人，餘五枚落附近河中。又東堤江面落彈四枚，有兩小火輪及小船十餘艘被炸沉，傷亡甚重，一時頗難統計。

【香港三日中央社合衆電】日機三批，每批四架，於今日下午二時五分飛往廣州轟炸。第一批所投之炸彈均落於空地，華方毫無損失，第二批向江上轟炸，漁民及逃於舢板內之人民死傷頗衆。未幾又有日機八架飛經沙面至廣九路轟炸。

【廣州三日中央社路透電】日機八架，今日下午三時〇五分，又至廣州各處投彈，爆炸聲大半多由大沙頭廣九路車站方面傳來，該處現在難民數千，候車赴港。

【廣州三日中央社路透電】廣州空襲警報，至下午四時十分始解除。事後調査，大沙頭車站並未中彈，惟路透社記者自遠處見日機在該處投彈甚多，被炸各物，亦飛蕩空中。本晚由廣州開港客車仍可通行無阻，本日轟炸傷亡平民三十五人，飛廣州之日轟炸機，均有驅逐機保護，或係恐華機截擊，大沙頭與英海軍船塢間，雖投下炸彈甚多，惟損失極微，河南島之某中國紡織廠附近，亦中彈數枚。

——摘自《申报》（汉口），1938 年 6 月 4 日

寇機昨又三批襲粵

市區平民炸死甚衆

難民數千逃港躲避

（香港三日電）——，於今日下午二時五日機三批，每批四架——分飛往廣州轟炸，第一批所投之彈均落空地，我無損失，第二批向市區轟炸，平民死甚衆，不久又有日機八架，經上空向廣九路轟炸。

（廣州三日路透電）日機八架，今日上午三時零五分，又飛廣州，各處投彈，爆炸聲自，廣九路車站，大沙頭方面傳來——，該處現有難民數千——，購車赴港，

——摘自《泸县民报》，1938年6月4日

土肥原部惱羞成怒

將我民衆大肆屠殺

殺戮後復剖肚剜心

殘暴獸行慘絕人寰

（開封二日電）敵土肥原部，自經我軍於貫台附近予以重大打擊後，敵惱羞成怒，特將我民衆大肆屠殺洩恨，凡我未退出之幼童，都被刀殺投河，其慘酷之狀不忍目覩，老弱男女殺戮後，剖肚剜心，婦女則任意姦淫，死後復投河中，壯丁則被迫南渡，除迫搬運給養外，更驅之前線，使在我炮火之下死亡，其慘暴獸行慘絕人寰，實非筆墨所能形容也。

——摘自《泸县民报》，1938年6月4日

敵機昨飛各地狂炸我平民

廣州炸三次死傷慘重

南雄等處亦投彈甚多

中央廣州三日電　敵機九架、三日上午八時由閩海飛經饒平、梅縣、平遠、繞贛南入粵北、南雄城外投彈五十二枚、炸毀民房十餘間、斃傷民十餘人、重傷二十餘人、

中央廣州三日電　敵機十四架、三日下午二時四十分進襲廣州市、向河南紡織廠投彈七枚、兩落廠內、損失奇重、死傷男女職工四五十人、餘五枚落附近河中、又東堤江面落彈四枚、有二小火輪及小船十餘艘被炸沉、傷亡甚重、一時頗難統計、

中央香港三日合衆電　日機三批、每批四架、於今日下午二時五分飛往廣州轟炸、第一批所投之炸彈、均落於空地、華方毫無損失、第二批向江上轟炸漁民及逃於舢板內之漁民、死傷頗衆、未幾又有敵機八架、飛經沙面至廣九路轟炸、

中央繁昌三日電　敵機三架、於三日飛繁昌南陵一帶更番轟炸、震毀民房甚多、但未傷人、

中央平陸一日電　敵機一架、於上月三十日飛河曲、在城內投彈七枚、毀民房三十餘間、旋飛坪泉營房院投彈三枚、我無損失、

中央於潛三日電　二日晨敵機一架、自杭州方面侵入於潛上空、在城內及城東各投二彈、旋向東逸去、我無損失、

中央六安三日電　敵在沿江一帶、除以敵艦往來騷擾外、最近復以敵機猛炸兩岸、昨日敵機十餘架、在無爲投彈四五十枚、三日上午十一時許、有敵機八架、在桐城老洲投彈百餘枚、同時有敵機五架、在大通投彈五六十枚、上述三處損失情形在調查中、

中央六安三日電　今日上午八時五十分、敵機四架在鳳台投燒夷彈數枚、損失不詳、

——摘自《时事新报》（重庆），1938 年 6 月 4 日

敵圖滅我民族

在滬注射毒劑迫食毒品

本報香港三日專電　滬訊、敵軍司令部稱、此後工部局工程處苦力往虹口工作、須注射防疫針、臂蓋印證、色與屠場用者同、敵在南市設醫院、迫居民注防疫針、某外國醫院視察後、證明全與防疫無關、實爲慢性毒劑、敵在南市分贈平民嗎啡白丸、誘迫吞食、

——摘自《时事新报》（重庆），1938 年 6 月 4 日

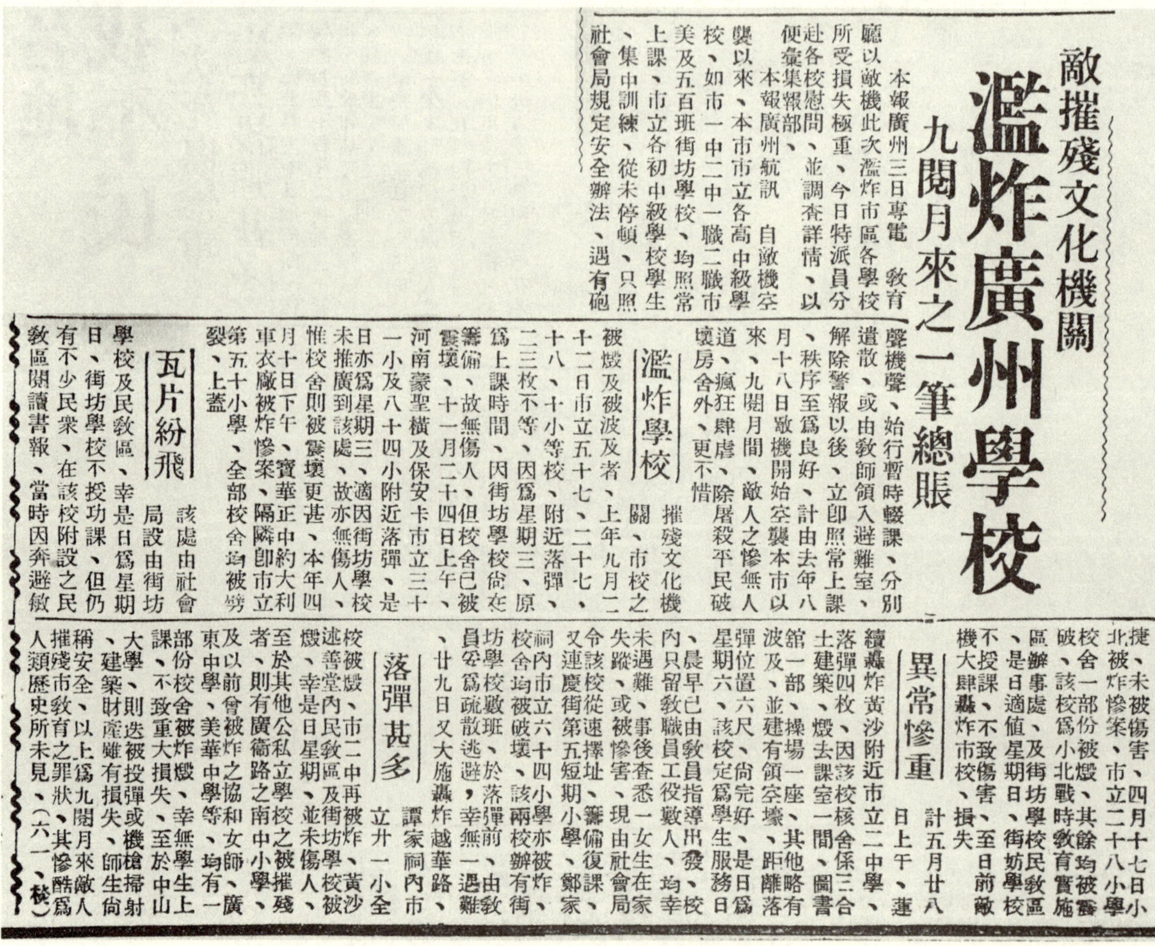

敵摧殘文化機關

濫炸廣州學校

九閱月來之一筆總賬

本報廣州三日專電　教育廳以敵機此次濫炸市區各學校所受損失極重、今日特派員分赴各校慰問、並調查詳情、以便彙集報部、

本報廣州航訊　自敵機空襲以來、本市市立各高中級學校、如市一中二中一職二職市美及五百班街坊學校、均照常上課、市立各初中級學校學生、集中訓練、從未停頓、只照社會局規定安全辦法、遇有砲聲機聲、始行暫時輟課、分別遣散、或由教師領入避難室、解除警報以後、立即照常上課、秩序至爲良好、計由去年八月十八日敵機開始空襲本市以來、九閱月間、敵人之慘無人道、瘋狂肆虐、除屠殺平民破壞房舍外、更不惜摧殘文化機關、市校之

濫炸學校

被燬及被波及者、上年九月二十二日市立五十七、二十七、十八、十小等校、附近落彈、二三枚不等、因爲星期三、原爲上課時間、因街坊學校尚在籌備、故無傷人、但校舍已被震壞、十一月二十四日上午、河南豪聖橫及保安卡市立三十一小及八十四小附近落彈、是日亦爲星期三、適因街坊學校未推廣到該處、故亦無傷人、校惟校舍則被震壞更甚、本年四月十日下午、寶華正中約大利車衣廠被炸慘案、隔隣即市立第五十小學、全部校舍均被劈裂、上蓋

瓦片紛飛

該處由社會局設由街坊學校及民教區、幸是日爲星期日、街坊學校不授功課、但仍有不少民衆、在該校附設之民教區閱讀書報、當時因奔避敏捷、未被傷害、四月十七日小北被炸慘案、市立二十八小學校舍一部份被燬、其餘均被震破、該校爲小北戰時教育實施區辦事處、及街坊學校民教區、是日適值星期日、街坊學校不授課、不致傷害、至日前敵機大肆轟炸市校、損失

異常慘重

計五月廿八日上午、蓮續轟炸黃沙附近市立二中學、落彈四枚、因該校校舍係三合土建築、燬去課室一間、圖書館一部、操場一座、其他略有波及、並建有領空壕、距離落彈位置六尺、尚完好、是日爲星期六、該校定爲學生服務日、晨早已由教員指導出發、校內只留教職員工役數人、均幸未遇難、事後查悉一女生在家失蹤、或被慘害、現由社會局令該校從速擇址、籌備復課、又連慶街第五短期小學、鄭家祠內市立六十四小學亦被炸、校舍均被破壞、該兩校辦有街坊學校數班、於落彈前、由教員妥爲疏散逃避，幸無一遇難、廿九日又大施轟炸越華路、譚家祠內市立廿一小全

落彈甚多

校被燬、市二中再被炸、黃沙述善堂內民教區、及街坊學校被燬、幸是日星期、並未傷人、至於其他公私立學校之被摧殘者、則有廣衞路之南中中小學、及以前曾被炸之協和女師、廣東中學、美華中學等、均有一部份校舍被炸燬、幸無學生上課、不致重大損失、至於中山大學、則迭被投彈或機槍掃射、建築、財產雖有損失、師生尚稱安全、以上爲九閱月來敵人摧殘市教育之罪狀、其慘酷爲人類歷史所未見、（六一、校）

——摘自《时事新报》（重庆），1938 年 6 月 4 日

日機轟炸廣州紗廠

男女職工死傷四五十人

【廣州三日電】日機十四架、三日下午二時四十分進襲廣州市區、向河南紡織廠投彈七枚、兩枚落廠內、損失奇重、死傷男女職工四五十人、餘五枚落附近河中、又落彈四枚、有兩小火輪及小船十餘艘被炸沉、傷亡甚重、現頗難統計、

【路透社廣州三日電】今日下午三時甫過、空襲警號又作、旋有日機八架出現天空、此次來襲、除轟炸機外、且有驅逐機爲衛、蓋防中國飛機迎戰也、諸機曾轟炸各地點、但炸彈多落廣九路終點大沙頭車站附近、當時有數千避難人民在車站候車前赴香港、四時十分解警、

——摘自《文汇报》（上海），1938 年 6 月 4 日

日機轟炸非武裝區

英已提出嚴重抗議

張伯倫在下院鄭重譴責

【路透社倫敦三日電】英相張伯倫今日在下院答復問話時謂、已訓令駐日大使克萊琪嚴重抗議濫轟廣州平民事、據所接報告觀之、無論其目標何在、惟所擲炸彈泰半落於非可認爲有軍事關係之處、五月二十八日・二十九日・與三十日空襲之結果、約死四百五十人、傷千人、英軍艦未因空襲而遷出避難人、亦未接到英人死傷之報告云、工黨漢德森建議、向九國公約簽字國接洽、以期向日本作聯合交涉、張伯倫答稱、凡渠以爲有眞正效力可阻止日政府縱容日機轟炸平民者、渠皆願爲之、惟聯合九國公約簽字國共同交涉一層、渠未能承認其有效云、自由黨曼德問除束手慨歎外、政府不欲有所作爲乎、張伯倫稱、如吾人能使他人束手、則吾人定願爲之云、

【哈瓦斯社巴黎三日電】外交部長龐萊、頃於本日晨間接見中國大使顧維鈞、

【哈瓦斯社柏林三日電】關於日本飛機肆意轟炸廣州市事、中國大使程天放、頃向外交部長里本特洛浦提出備忘錄、要求各國政府向日本政府提出交涉、請勿以轟炸中國平民爲事云、

——摘自《文汇报》（上海），1938 年 6 月 4 日

廣州空警 死傷卅五

◎廣州三日路透社電、今日下午三時甫過、空襲警號又作、旋有日機八架出現天空、此次來襲、除轟炸機外、且有驅逐機爲衛、蓋防中國飛機迎戰也、諸機曾轟炸各地點、但炸彈多落九廣路終點大沙頭車站附近、當時有數千避難人民在車站候車前赴香港、四時十分解警、據大沙頭車站來訊、謂車站未中彈、路透訪員則見炸彈多枚落於車站附近、爆炸處有碎物騰舞空中、聞晚車將照常開出、據中國半官方面消息、今日空襲共死傷卅五人、炸彈數枚曾落於大沙距車站與海軍船塢間之江邊、惟損害甚微、又聞河南、某華商紗廠附近亦落彈多枚、

◎廣州三日電、日機九架、三日上午八時中闖飛粵北南雄城外投彈五十二枚、

——摘自《时报》（上海），1938 年 6 月 4 日

廣州織造廠被倭機襲炸

二日聯合社香港電。廣州今日又遭空襲。某織造廠被炸。斃五十人。附近之艇戶。亦傷亡不少。當織造廠被炸時。廠內工人極衆。

敵機又炸大沙頭車站・附近有難民甚多。幸車站未被擊中。敵機施行轟炸。約五十五分。隨即飛去。計星期六日以來。廣州空襲。共斃一千人。傷一千五百人云。

——摘自《三民晨报》，1938 年 6 月 4 日

濫轟廣州平民 英向日嚴重抗議

……無論其目標何在惟所擲炸彈泰半落於非可認爲有軍事關係之處……

◎倫敦三日路透社電、英相張伯倫今日在下院答復問話時謂、已訓令駐日大使克萊琪嚴重抗議濫轟廣州平民事、據所接報告觀之、無論其目標何在、惟所擲炸彈泰半落於非可認爲有軍事關係之處、五月二十八二十九與三十日空襲之結果、約死四百五十人、傷千人、英軍艦未因空襲而運出避難人、亦未接到英人死傷之報告云、工黨漢德森建議向九國公約簽字國接洽、以期向日本作聯合交涉、張伯倫答稱、凡渠以爲有眞正效力可阻止日政府縱容日機轟炸平民者、渠皆願爲之、惟聯合九國公約簽字國共同交涉一層、渠未能必認其有效云、自由黨曼德問除束手惶駭外、政府不欲有所作爲乎、張伯倫稱、如吾人能使他人束手、則吾人定願爲之云、

◎柏林三日路透社電、中國駐德大使程天放今日以備忘錄送致德外部、請德國與他國設法阻止日本轟炸中國不設防城鎮、

——摘自《时报》(上海)，1938 年 6 月 4 日

敵機昨又四度襲粵
濫炸廣州怵目驚心
街衢血肉糢糊慘狀不堪卒睹
傷亡之重遭害之烈前所未見

（中央社廣州四日電）一週前敵機狂襲轟炸粵市、死傷平民數逾三千、已引起國際間之嚴重注視、詎前此之血跡未乾、創痕猶在、而敵機數十架、今日上年九時、至十二時、又狂襲市內最繁盛之中心地、燬民房商店三百餘間、死傷無辜平民約三千、爲況之慘、實創空襲以來紀錄、九時廿分、敵機十六架、東經虎門、闖入市空、未幾、敵機九架、復西經順德入市、藉白雲掩護、在市空盤旋、投彈逾兩小時、我高射砲亦密集射擊、是時彈砲之聲、響澈全市、計敵機在市區投彈約四十枚、計惠愛西路西門附近投下一重約五百磅巨彈、燬店戶廿座、死傷百餘人、惠愛西營房巷落一彈、燬店戶十餘座、死傷六十餘人、教育路十一小學落一彈、牽連附近民房共七座、死傷十數人、大塘街秉政街間落兩彈、毀德成小學一間、民房十餘座、死傷卅餘人、吩宜東路都土地巷落一彈、毀民房十餘座、死傷數十人、社仁坟口落一彈、毀旅店飯店各一所、死傷數十人・吉祥路落兩彈、毀商店十數間、死傷路人多名、此外南關一帶、災情尤重、災區遼闊、綿亙數里、計西橫街口落一彈、毀漢民南路商店三間、民房十餘間、東橫街西落一彈、毀商店十餘間、就以中華理髮店因建築堅固、附近居民羣往避難，不幸全部炸燬、死傷百數十人、泰康路落一彈、毀商店四座、死傷廿餘人、天寶大街落一彈、毀民房十餘間、死傷三十餘人、太平沙落四彈、炸燬民房四十餘間、死傷百餘人、同慶坊尾落二彈、塌民房十餘間、死傷廿餘、庸常新街落三彈、毀民房十餘間、週龍橋淑正女校落一彈、傷數人、長堤九里香落二彈、炸燬民房廿餘間、傷斃廿餘人、海珠橋北站起一點落一彈、毀路基尋丈、菓欄新沙直街落一彈、毀店房十餘座、傷斃十餘人、新沙下街落一彈、毀商店七間、亦傷多人、記者於空襲下馳赴市災區視察、南關一帶、共落彈廿餘枚、災區十餘處、被毀民房商店學校百餘間、死傷無辜平民六百餘、傷千餘人・災區綿亙敵里、昔日攘往熙來之漢民南路、一變而爲頹垣瓦礫之荒丘、凄涼景象、不忍卒睹、該區各災場以東橫街西端處爲最慘、中彈處爲一三合土之四層大廈，全座塌毀、並毀平房多間、該室內有避難百數十人、盡罹於難、記者旋赴惠愛西路視察、斯時壯丁隊童軍憲警等正忙於管制交通、維持秩序、其時敵機仍盤旋空際、往來踟躕、

彈聲與砲聲混成一片、震耳欲聾、而各救護人員毫不怯縮、仍在災場努力發掘、拯救傷斃之難者、其捨身服務之精神、令人振奮、該處舖房二十餘間、全被炸毀、被難者正在瓦礫堆中呻吟呼號、死者斷頭殘肢、血肉模糊、記者目擊掘出四肢不完之屍體廿餘具、有一屍體胸腹被炸成一大洞、腸臟肺肝已不存在、記者赴德宣東路都土地巷、該處落一巨彈、炸成闊數丈、深二丈餘之巨穢

一口毀房廿餘間、災區廣達數十丈、傷斃六十餘人、斯時傷者均由救護人員舁往救治、死者則從橫陳列、屍首中尤以婦孺爲多、被難者之親屬捶胸痛哭、縱聲悲號、狀類瘋狂、使人幾疑置身於非人之境、至其他各災區、災情雖不如上述數處之慘重、然均已成一片瓦礫之場所矣、下午二時卅分、二次警報復發、敵機十五架、復由海外分四隊、一隊五架、一隊四架、闖入市空、是時大雨方霽、灰雲密佈、我高射砲隊密集射擊、敵機當有一架被擊傷逃竄、餘機隨飛南西郊作梯形轟炸、在工業區投巨彈六枚、毀民房十餘間、傷鄉民多名、下午四時、第三次警報復鳴、敵機十五架、飛廣九路沿路轟炸、石龍樟木頭橫瀝車陂各站間落彈五十餘枚、下午五時許、天色已暮、第四次警報又鳴、敵機六架、飛中山南潮投

彈十枚、毀民房數間、傷鄉民十餘人。

（中央社廣州四日路透電）今晚廣州已成一座死城、被炸傷之平民、猶在呻吟哀號之中、較死者尤爲痛苦、至死者屍體、仍多埋在瓦礫中、尚未掘出、今晚本市一

切慘狀、目睹者畢生難忘、最慘者、有一垂死之婦人、其腿被壓在大石底下、有子一人、涕淚縱橫、在旁啜泣、並時以水料喂其母解渴、計本日受災最慘之地爲壽康路、永漢路轉角處、該處有鋼骨水泥四層樓一座、共住難民數百人、本日空襲時、有一彈適中屋頂、直穿至底、故該處現血肉橫飛、屍首枕籍、另有兩彈、投於珠江橋附近、岸旁房屋、多爲炸毀、居民則多被炸斃。另五彈投於西村電燈廠附近、未有損害、本日空襲死傷人數、尚未經官方統計、但所可斷言者、本日空襲、實爲一週以來情況最慘者。

——摘自《新华日报》（汉口），1938 年 6 月 5 日

敵機狂炸粵市區

（中央社廣州分社攝）

被敵機炸死之同胞

（中央社廣州分社攝）

——摘自《新华日报》（汉口），1938年6月5日

法西侵略者暴行引起世界公憤

英美各國嚴重抗議敵機慘炸

英準備採取各種辦法制止敵濫炸

美國斥責轟炸中國與西班牙平民

（中央社倫敦四日路透電）英下院昨開會時、議員某提出日機轟炸廣州問題、首相張伯倫答稱、已訓令駐日英大使克萊琪、向日政府提出嚴重抗議、反對日機對非軍事地帶濫施轟炸、據報告稱、不論日機所取之目標爲何、但多數炸彈均落于軍事無關重要之地點、廣州五月廿八廿九卅日轟炸結果、人民死者約四百五十名、傷達一千名、在各次空襲中、英國戰艦並無由廣州運送難民之事、英籍人民亦未有被炸死傷者、勞工黨議員漢德森建議、與九國公約各簽字國接洽、以期聯合向日本提出抗議、首相答稱、彼當盡力進行可以阻止日本政府施行此項轟炸或空襲之有效辦法、但彼對所建議之特殊途徑、未能確信其有效。

（中央社香港四日電）東京電、英駐日大使克萊琪、今午四時、至外務省訪晤外次崛內、面遞英國對於日機濫炸廣州之抗議書。

（中央社倫敦四日路透電）英外次巴特拉、昨在下院宣稱、關於西班牙法西軍飛機轟炸無辜平民區域一事、英政府除已向法西軍提出强硬抗議外、並已請求法政府及羅馬教廷、努力協作、提出同樣抗議、英政府現正嚴重考慮其他方法、以期阻止西班牙及中國境內之濫施轟炸暴行。

（中央社華盛頓三日合衆電）美政府頃發表正式聲明、譴斥轟炸中國與西班牙平民之暴行、謂此種舉動、爲任何公法所不許、且亦蔑視人類文化、美政府之聲明、曾經美總統羅斯福簽字。

（中央社華盛頓三日哈瓦斯電）關於日機轟炸中國未設防城市、西國法西軍飛機轟炸該國共和政府轄境事、美國國務副卿威爾斯、頃代表赫爾國務卿、向報界發表談話、加以譴責、其言曰、戰事不論在世界何處發生、均足以影響美國利益、此層美政府業已一再說明之、目下遠東與西班牙、均已發生戰事、美國人民、對之極爲痛惜、至用飛機轟炸未設防城市、以致無辜平民尤其是婦孺慘遭屠殺之所爲、美國輿論咸以野蠻舉動目之、前赫爾國務卿、曾於去年九月廿八日、本年三月廿一日兩度發表宣言、說明轟炸人烟稠密之城市、實與人道主義相抵觸、但據之最近數日來所獲報告、中國與西國平民、慘遭炸斃者、仍有數百人之多、美政府對於他國戰事、雖推行不干涉政策、特對於此種作戰方法、仍當嚴詞加以譴責、蓋以現代文明所依據之人道主義、最粗淺的各項原則、均已爲之破壞無遺故也。

（中央社美國田納西州那歇維爾城哈瓦斯電）本城律師公會、三日舉行常年大會、赫爾國務卿親自前來參加、幷發表演說、謂吾國國境以外、所發生之事變、吾人不應置若罔聞、美國擁護國際法規之所爲、對于世界和平、乃屬必要之舉、而今日尤有必要、美國當與其他各國相互合作以謀共同福利、這一方固爲本國利益而然、一方亦爲對于全世界各國盡其責任、以言國際法之演變、曩者各國大多各自爲政、而聽任其他各國遭受侵略、此項觀念、直至近代、始由較爲高尚之各項原則取而代之、或謂武裝衝突、乃係人類自然的行爲、而爲無可避免之事、余深信此項理論、其屬荒謬之至、但目下戰爭之火燄、在世界多數地方、方興未艾、一言以蔽之、各國悍然不顧、以武力爲推行國策之工具、幷以侵略行動達到國家目的者、仍不一而足、甚至此項武力、係用野蠻的方式、予以使用、人類正義、爲之淪亡、此則吾人所不勝扼腕者也。

（巴黎四日電）據有關方面訊、法英二國政府、現擬聯合反對轟炸西班牙不設防城市之舉、法外長龐萊與英駐意大使非比氏曾一度會談該問題、聞已向法西軍提出抗議。

我國大使要求法制止敵慘炸

國民外交協會電請各國制止敵濫炸

（中央社巴黎三日哈瓦斯電）關於敵機肆意轟炸中國廣州市事、中國大使顧維鈞、本日會晤法外長龐萊時、聞曾表示各國務當出而干涉、一如對於西班牙法西軍轟炸該國政府軍所轄未設防城市事所為。

（中央社柏林四日路透電）駐德中國大使程天放、今日以備忘錄一件、送交德外部、請德國與其他各國採取必要措施、阻止日本轟炸中國不設防城市。

（中央社訊）自抗戰發動以來、敵機頻飛各城市濫施轟炸、我無辜平民、死於敵機殘殺者、不可勝數、最近復狂炸廣州等地、國民外交協會、以敵寇此種暴行、實足激起世界人士之公憤、特於昨（四）日致電英美法各國議會、及國聯同志會、商會工會等、請彼等迅速予以有效制裁、茲將原電錄後、（上略）日本挾其欲征服世界、必先征服中國之大陸政策、逞其武力之淫威、對我不設防之廣州、連續三天濫施轟炸、以繁榮稠密之市區、為其目標、殘殺無辜平民數千人、焚燬房屋千餘棟、乃至友邦僑胞之生命財產一切權益、亦復濫加摧殘、無所顧忌、國際公法、於焉廢棄、和平正義、雖言維持、我全國民眾、因暴日之非人道行為、已透切認識、除以最大之努力與最後之決心、與暴日作殊死戰外、別無生存之路、惟此類國家為全人類之公敵、非任何一民族之私敵、為全世界之害馬、非任何一國家之仇讎、素仰貴院主持公道、反對侵略、甚希堅持經濟絕交、抵制日貨到底、并望立即停止供給其軍火、以挫其橫暴之凶燄、尤盼力予提倡、擴大此項運動、期使強暴侵略者、知所斂戢、則世界和平前途幸甚。

敵國民同盟會竟要求炸漢粵

敵閥掩世界耳目唆使法西團體請願

（中央社東京三日路透電）敵國民同盟總裁安達謙藏、今日將該同盟要求日機大舉轟炸漢口廣州之決議案、呈交內閣某閣員、按自昨夏敵人開始轟炸我各地城市以來、即以燬壞我城市、轟炸我人民為目的、昨年上海南市之轟炸、死傷難民達數千之多、今春轟炸蕭山各地、亦復如是、最近轟炸鄭州、渦陽、阜陽、徐州、廣州各地、非戰鬥員平民之死傷、總計不下數萬人、今日復由其右派政黨國民同盟安達謙藏、請願其政府、轟炸漢口廣州兩市、此乃敵方佯作不願轟炸之神態、而唆使其右派請願、冀可掩飾、敵自不能以一手掩盡天下耳目。

國際勞工大會我提反侵略案

侵略戰爭使勞工痛苦萬狀亟應補救

（中央社日內瓦三日專電）我國勞工代表朱學範、頃會同美國勞工代表、擬具本屆國際勞工大會議決案草案、提交大會討論、現已有愛爾蘭、加拿大、澳洲、瑞典、英國、南斯拉夫、丹麥、瑞士各國代表、對之表示贊助、議決草案原文如下、現世界各國人士、對於侵略戰爭之殘暴、一致表示斥責、故戰爭一事、現已無人能加以辯護而為國家一種政策、戰爭之為物、其直接間接影響於勞工生計者極大、即以反對戰爭之國家內勞工而論、彼等雖反對戰爭、但為防禦侵略計、亦不能不從事作戰之準備、因軍事工業膨脹結果、經濟生活遂告破壞、而勞工之生計亦因之遭受影響、據國際勞工局理事會之報告、各強國如一日不斷致力於備戰工作、致使經濟發展陷於停頓、社會福利、因擴造大砲軍用機械艦而被漠視、則吾人如僅徒然對於國際局勢作空洞之希望、實無濟於事、同時衣食住工作、以及康娛樂、各種生活標準、凡本世紀科學之進步可以賜與者、亦必然無可企及、目下各國擴軍狂、雖或能減少失業人數於一時、但其將來之結果、勢將使生產制度全歸破壞、失業人數大行增加、此種後果、勢不可免、因之本大會希望理事會、對國際勞工局發出如下訓令、（一）理事會前曾擬具宏大計劃、冀避免將來之失業恐慌、此種工作、應即予實施、（二）侵略戰爭之結果、有千萬勞工因之流離失所痛苦萬狀、勞工局應研究適當方法減少此等勞工之痛苦、並使之就業。

——摘自《新华日报》（汉口），1938 年 6 月 5 日

連續轟炸第八日

廣州遭空襲

日機在市區投彈數十枚

（廣州四日電）路透社訊：今晨十時三十分前，此間又遭空襲，政府公署與大沙頭間，落下炸彈約三十枚，日機在政府公署，中央公園，大沙頭車站，海軍造船廠一帶，擲彈轟炸，歷三十五分鐘之久，全城震動，既而雲集雨降，諸機乃飛去，此次空襲，計有飛機四十架。

（廣州四日電）日機廿五架，今日上午十時又狂襲粵市中心區，在市空盤旋投彈逾兩小時，共落彈數十枚，計大塘街兩枚，秉政街兩枚光孝街口一枚，中央公園附近數枚，泰康路兩枚，維新路口兩枚，海建橋脚菓欄一帶十三枚，教育路教育會一枚，惠愛西路一枚淹牌塘下附近一枚。房屋被炸燬者數百間，死傷一時尚難統計。下午二時許，日機十五架又分數隊來襲，在廣州西郊工業區投彈六七十枚，傷斃鄉民頗衆。

（廣州四日電）華方估計，今日空襲死傷數，將超過上週空襲死傷數以上，炸彈三枚落於廣州大街之永亨路，損失奇重，許多商店被毁，房屋坍倒埋於瓦礫堆中者，不知有幾百人。記者目覩該區掘出死屍三十具，此外尚有肢體殘缺不似人形，但尚未氣絕者四十人情形慘極。大行路與永亨路之轉角，有鋼骨水泥四層大厦一所，中彈炸毁，避匿其中之數百華人，均遭難。珠江鐵橋險被擲中，臨江房屋多遭炸坍，住戶同歸於盡，深圳電廠空場落彈五枚，廠房未波及。

——摘自《晶报》（上海），1938年6月5日

廣州又被炸 死傷三千餘

【廣州四日中央社電】一週前敵機狂襲轟炸粵市，死傷平民數逾三千，已引起國際間之嚴重注視。詎敵機數十架，今日上午九時至十二時，又狂襲市內最繁盛之中心地，燬民房商店三百餘間，死傷無辜平民約三千，其況之慘，實創空襲以來紀錄。九時廿分，敵機十六架，東經虎門，闖入市空，未幾，敵機九架，復西經順德入市，在市空，投彈逾兩小時，我高射砲密集射擊：敵機在市區投彈約四十枚，計惠愛西路四門附近投下一重約五百磅巨彈，燬民戶廿座，死傷百餘人，惠愛西營房巷落一彈，燬店戶十餘座，死傷六十餘人，教育路十一小學落一彈，牽連附近民房七座，死傷十數人，大塘街乘政街間落兩彈，毀傑成小學一間，民房十餘座，死傷卅餘人，吩宣[illegible]路都土地巷落一彈，毀民房十餘座，傷死十數人，社仁慕口落一彈，燬旅店飯店各一，死傷數十人，吉祥路落兩彈，燬商店十數間，死傷路人多名。此外南關一帶，災情尤重，災區遼闊，綿亙數里，計西橫街口落一彈，毀漢民南路商店三間，民房十餘間，東橫街西端落一彈，毀商店十餘間，就中以中華理髮店因建築堅固附近民居莫往避難，不幸全部炸燬，死傷百數十人，泰康路落一彈，毀商店四座，死傷廿餘人，天寶大街落一彈，毀民房十餘間，死傷卅餘人，太平沙落四彈，炸燬民房四十餘間，死傷百人，同興坊落二彈，塌民房十餘間，死傷廿餘人，庸常新街落三彈，毀民房十餘間，興龍橋淑正女校落一彈，傷數人，長堤九里香落二彈，炸燬民房廿餘間，傷斃廿餘人，海珠橋北站起一點落一彈，路其尋丈，菓欄新沙直街落一彈，毀店房十餘座，傷斃十餘人，新沙下街落一彈，燬店七間，亦傷多人。南關一帶共落彈廿餘枚，災區十餘處，被燬民房商店學校百餘間，死傷無辜平民六百餘，傷千餘人，災區綿亙數里，昔日擁往熙來之漢民南路，一變而爲頹垣瓦礫之荒坵，淒涼景象，不忍卒睹。該區各災場以東橫街西端處爲最慘，中彈處爲三合土之四層大廈，全座塌燬，並燬平房多間，該室內有避難者百數十人，盡罹於難，惠愛西路舖房二十餘間，全被炸燬，被難者正在瓦礫堆中呻吟呼號，死者斷脰殘肢，血肉模糊，記者目擊掘出四肢不完之屍體廿餘具，有一屍體胸脇被炸成一大洞腸臟肺肝已不存在。德宣東路都土地巷，落一巨彈，炸成闊數丈深二丈餘之巨稜一口，毀房廿餘間，災區廣達數十丈，傷斃六十餘人，死屍縱橫，尤以婦孺爲多，至其他各災區，災情雖不如上述數處之慘重，然均已成一片瓦礫之場所矣。下午二時卅分，二次警報復發，敵機十五架，復由海外分四隊，一隊五架，一隊四架，兩隊三架，闖入市空，是時大雨方霽，灰雲密佈，我高射砲隊密集射擊，敵機當有一架被擊傷逃去，餘機隨飛南西郊作梯形轟炸，在工業區投巨彈六枚，毀民房十餘間，傷鄉民多人。下午四時，第三次警報復鳴，敵機十五架飛廣九路沿路轟炸，石龍樟木頭橫瀝車陂各站間，落彈五十餘枚，下午五時許，天色已暮，第四次警報又鳴，敵機六架，飛中山縣屬投彈十枚，毀民房數間，傷鄉民十餘人。

【香港四日中央社合衆電】日機日來不斷轟炸廣州，死傷平民一千人以上，舉世震動，英美政府，並巳先後表示斥責。乃今日上午日機卅架一隊，重復空襲廣州，擲彈共七十餘枚，全城各地，俱無倖免。電燈廠爲日方一大目標，附近中彈尤多，該處難民聚居甚衆，故死傷人數定極慘重。情形似較上週空襲更爲慘重。又日機空襲廣州時，又曾飛過沙面上空。

【香港四日中央社合衆電】日機今日復經沙面飛往廣州轟炸各政府機關，情狀較昨日猶爲猛烈。

——摘自《申报》（汉口），1938年6月5日

敵在晉南使用毒瓦斯

碧色催淚性兼窒息性毒瓦斯兩次、戰地中毒官兵頓失常態、流淚不止、口吐白沫、呼吸窒息、頭暈不能飲食、又敵在臨汾設新民學校、收十三至十六歲孩童、施奴化教育、授以日語、並在臨汾附近之陳郭村強姦婦女十餘、搶刼牲畜六七十頭、敵人之暴行可見一斑、

——摘自《时事新报》（重庆），1938 年 6 月 5 日

敵機昨兩次轟炸廣州市

投彈兩小時死傷無算

贛皖境內昨亦遭空襲

中央廣州四日電 敵機二十五架、今日上午十時又狂襲粵市中心區、在市空盤旋、投彈逾兩小時、共落彈數十枚、計大塘街兩枚、維新路口兩枚，光孝街五枚中央公園附近數枚、泰康路兩枚、流犹橋脚菓欄一帶十三枚、教育路教育會一枚、惠愛西路將軍前一枚、漏牌塘下附近一枚、房屋被炸毀者數百間、死傷平民一時尚難統計、下午二時許、敵機二十五架又分數隊來襲、在廣州西郊投彈六七十枚、傷斃鄉民頗衆、

中央香港四日合衆電 日機今日復經海面飛往廣州、轟炸各政機關、情況較昨日猶爲猛烈云、

中央南昌四日電 敵機九架、四日下午一時四十分、由皖境侵入江西、在贛北九江等處窺察良久、下午二時二十五分敵機三架發現於浙贛邊境、向玉山投彈四十餘枚、下午三時十五分又有敵機三架、由皖至贛北轉往玉山、投彈二十餘枚、兩次着彈地點均在曠野、僅死一人、

中央六安四日電 敵重轟炸機三架、今日上午九時四十五分侵入正陽關上空、盤旋一週後、即投彈二十餘枚、房屋被燬五六十間、平民死傷三十餘人、

——摘自《时事新报》（重庆），1938 年 6 月 5 日

殘暴日機昨再肆大屠殺

粵垣又遭非人道轟炸

平民死傷兩千人！

熱鬧市場一片瓦礫屍橫遍地
城區火勢甚熾醫院均告人滿

廣州已成「死者之市」

【廣州四日電】路透社訊：今晨十時三十分前，此間又遭空襲。政府公署與大沙頭間，落下炸彈約三十枚，政府公署方面，濃烟起騰，或有房屋中彈。日機仍不顧抗議，經沙面而赴其目的地。日機在政府公署中央公園大沙頭車站，海軍造船廠一帶，擲彈轟炸，歷三十五分鐘之久，全城爲之震動，既而雲集雨降，諸機乃飛去此次空襲計有飛機四十架之多

【廣州四日電】路透社訊：華方估計今日空襲所致之死傷數，合併計之將超過上週空襲死傷數之上。炸彈三枚落於廣州大街之永亭路，損失奇重，許多商店被毁，房屋坍倒埋于瓦礫堆中者，不知有幾百人。路透記者目覩該區掘出死屍三十具，此外尚有肢體殘缺不似人形，但尚未氣絕者四十人，見者爲之心凄。未幾空襲警報復作，記者乃不敢久留於外，此次來襲者有日機三十六架，其中六架，在深圳一帶擲落炸彈，此時中國高射炮一齊向空射擊炮彈，爆裂於空中距日機甚近，日機乃倉皇引去。醫院皆告人滿，醫士應接不暇，第一批受傷者，尚未及一一救治，而受第二次空襲之傷者數百人，又絡繹而至。聞倫敦每日捷報之特派員鐵爾特曼，避入省主席吳鐵城之避彈室中，因有炸彈數枚，顯以避彈室爲目標者，落於相距不足百碼之處，其爆炸聲殊可怖。

【廣州四日電】路透社訊：今晚廣州已成死者之市，惟死者實較今日空襲中受重傷而未死者，更爲幸運。若干受傷人，現仍被埋於瓦礫堆中，今晚所目覩之慘狀，令人難以去懷，曾見一垂死之婦人，兩足已被大石塊所壓斷，其子在旁垂涕，飲之以水。市中流血最多之處，爲大行弄與永亭路之轉角，因有鋼骨水泥四層大廈一所，中彈炸毁，避匿其中之數百華人，均罹難也。珠江鐵橋險被擲中，臨江房屋，多遭炸坍，住房同歸於盡，深圳電廠空場落彈五枚，惟廠房未遭波及。

廣州景象悽慘目不忍睹

【香港四日電】美聯社訊：據廣州電話報告：美聯社記者今日下午再度見日機飛過沙面，當時有日機八架，飛過廣州，顯係從事偵察者，唯亦有炸彈數枚墮落於廣州西區近政府建築之處。美聯社記者曾視察今晨慘炸之結果，見有炸彈多枚，投於離軍事區城及政府建築頗遠之處，並見行人道上，橫陳死屍無數，慘不忍睹，其中有婦女及兒童多名。有小孩一名，倒臥地上，目尚未閉，面上尚留有悽驚恐之表情，屍體中多有裸體者，蓋衣服已被炸彈之響力炸去。某小學校之女校長告美聯社記者稱：渠於炸彈擊中校舍之前，集學生一百名於學校空場上，是以結果僅死一人。醫師及救護員奮勇搶救，統計死傷人數近兩千名。

今日下午，高射炮極為活躍，因天氣晴朗，日機為極明顯之目標也，日機之眞為高射礮所擊退者，以此為第一次。有高射炮之彈片多枚墜落於沙面，其中一枚離站立於維多利亞旅館屋頂之美聯社記者僅有六呎。珠江橋業已受有損傷，而西區方面之發電機，亦已受損、內有炸彈墜落電廠空地上，炸斷電線，是以預料今晚西區將成黑暗世界、江岸其他電力廠，雖有炸彈墜於極近之處，唯並未被擊中，政府房屋，及中山紀念堂窗戶之玻璃，多已震碎，蓋附近有炸彈爆裂也。華報描寫此次空襲、謂其慘烈，非前此所可比擬；城中各區，無有未被炸者，火勢甚熾，有多處已行人絕跡，景象悽慘。

【福州四日電】漳浦方報告：三日晨十時，日機三架，從閩江起飛侵入福州，散發荒謬傳單後，往閩北建甌浦城，共投彈卅餘枚，均落郊外，至一時仍從原路飛回。

——摘自《大美报》，1938 年 6 月 5 日

全世界譴責聲中
日機又狂炸廣州
市區房屋炸燬數百間
平民死傷者較前益多

【路透社廣州四日電】華方估計、今日空襲所致之死傷數、合併計之、將超過上週空襲死傷數之上、炸彈三枚落於廣州大街之永亨路、損失奇重、許多商店被毀、房屋坍倒、埋于瓦礫堆中者、不知有幾百人、路透記者目覩該區掘出死屍三十具、此外尙有肢體殘缺不似人形、但尙未氣絕者四十人、見者爲之心悸、醫院皆告人滿、醫士應接不暇、第一批受傷者、尙未及一一救治、而受第二次空襲之傷者數百人、又絡繹而至、

【路透社廣州四日電】今晚廣州已成死者之市、惟死者實較今日空襲中受重傷而未死者更爲幸運、若干受傷人、現仍被埋於瓦礫堆中、今晚所目覩之慘狀、令人難以去懷、曾見一垂死之婦人、兩足已被大石塊所壓斷、其子在旁垂涕、飲之以水、市中流血最多之處、爲大行路與永亨路之轉角、因有鋼骨水泥四層大厦一所、中彈炸毀、避匿其中之數百華人、均罹難也、珠江鐵橋險被擲中、臨江房屋多遭炸坍、住戶同歸于盡、

【廣州四日電】日機廿五架、今日上午十時、又狂襲粵市中心區、在市空盤旋投彈、逾兩小時、共落彈數十枚、計大塘街兩枚、秉政街兩枚、光孝街口一枚、中央公園附近數枚、泰康路兩枚、維新路口兩枚、脚菓欄一帶十三枚、教育路教育會一枚、惠愛西路一枚、石牌塘下附近一枚、房屋被炸燬者數百間、死傷平民、一時尙難統計、下午二時許、日機十五架又分數隊來襲、在廣州西郊工業區、投彈六七十枚、傷斃鄉民頗衆、

【路透社廣州四日電】今晨十時三十分前、此間又遭空襲、政府公署、與大沙頭間、落下炸彈約三十枚、政府公署方面、濃烟騰起、或有房屋中彈、日機仍不顧抗議、經沙面而赴其目的地、日機在政府公署、中央公園、大沙頭車站、海軍造船廠一帶擲彈轟炸、歷三十五分鐘之久、全城爲之震動、旣而雲集雨降、諸機乃飛去、此次空襲、計有飛機四十架之多、

——摘自《文汇报》（上海），1938年6月5日

廣州慘

行人道上行人絕跡

橫陳死屍無數

肢體殘缺不似人形死傷統計約一千

永亨路各大街炸後火勢甚熾

◎香港四日電、四日晨日機二十五架、衝入市空、投彈百餘、被炸災區十餘處、秦康永漢南廻龍教育越華等路太平新沙東橫西橫大塘等街、及海珠橋、均有落彈、塌屋與死傷、無法統計、城內數處起火、情形較二十八日尤慘、歷兩小時日機始去、

◎香港四日美聯社電、今晨日機轟炸廣州、轟炸區域極廣、濫炸城中各部、統計傷亡在一千名以上、

◎廣州四日路透社電、今晚廣州已成死者之市、惟死者實較今日空襲中受重傷而未死者、更爲幸運、若干受傷人、現仍被埋於瓦礫堆中、今晚所目覩之慘狀、令人難以去懷、曾見一垂死之婦人、兩足已被大石塊所壓斷、其子在旁垂涕、飲之以水、市中流血最多之處、爲大行路與永亨路之轉角、因有鋼骨水泥四層大厦一所、中彈炸燬、避匿其中之數百華人、均罹難也、珠江鐵橋險被擲中、臨江房屋多遭炸塌、住戶同歸於盡、深圳電廠空場落彈五枚、惟廠房未遭波及、

◎廣州四日路透社電、華方估計今日空襲所致之死傷數合併計之、將超過上

週空襲死傷數之上、炸彈三枚落於廣州大街之永亨路、損失奇重、許多商店被毀、房屋坍倒、埋於瓦礫堆中者、不知有幾百人、路透記者目覩該區掘出死屍三十具、此外尚有肢體殘缺、不似人形、但尚未氣絕者四十人、見者爲之心悸、未幾空襲警報復作、記者乃不敢久留於外、此次來襲者有日機三十六架、其中六架、在深圳一帶、擲落炸彈、此時中國高射砲、一齊向空射擊、砲彈爆裂於空中、距日機甚近、日機乃倉皇引去、據觀察家之意見、中國高射砲之設備、近來大增、醫院皆告人滿、醫士應接不暇、第一批受傷者、尚未及一一救治、而受第一次空襲之傷者數百人、又絡繹而至、聞倫敦每日捷報之特派員鐵爾特曼、避入省主席吳鐵城之避彈室中、因有炸彈數枚、顯以避彈室爲目標者、落於相距不足百碼之處、其爆炸聲殊可怖也、

◎廣州四日路透社電、今晨十時二十分前、此間又遭空襲、政府公署與大沙頭間落下炸彈約三十枚、政府公署方面濃煙騰起、或有房屋中彈、日機仍不顧抗議、經沙面向赴其目的地、日機在政府公署中央公園大沙頭車站海軍造船廠一帶擲彈轟炸、歷三十五分鐘之久、全城爲之震動、既而雲集雨降、諸機乃飛去、此次空襲、計有飛機四十架之多、

◎廣州四日十一時三十分美聯社電、英美兩國、對於日機轟炸中國無辜民衆一事、雖已嚴表譴責、痛斥日方此種行爲爲不當、然今日清晨、又有日機三十架、於飛過廣州外人區沙面之後、即向此間之中心部份、投彈達七十五枚之多、衆信今日人民傷亡之慘重、當不減於上週末之數次空襲也、當日機在此間上空翱飛之際、難民極感惶恐、因自昨日日軍轟炸華方之小艇後、靠近江邊之難民區、實難免不再遭受波及也、參加轟炸之日機、均集中於政府官邸之上空、但華方高射炮一時俱發、致該機等不敢低飛、故所投之彈、均未中達目標、多數且隨落於上週已遭破壞之區域內、日軍今日轟炸目標、似在江邊之電力廠、預料集中於該處附近之難民、傷亡當極爲慘重、美聯社記者曾驅車往昨日被空襲之廣九鐵路視察、見車站並未受傷、惟附近之屋宇、均遭摧毀、昨日日本空軍來襲時、亦因受華方高射砲之威逼、不得不飛翔甚高、致所投之彈、多未命中、據云、昨日有日機一架、曾被擊落、但此項消息、尚未證實、

——摘自《时报》（上海），1938年6月5日

轟炸未設防城市
美斥爲野蠻暴行
顧維鈞晤法外長籲請制止

◎華盛頓三日哈瓦斯社電、關於日本飛機轟炸中國未設防城市、西班牙國民軍飛機轟炸該國共和政府轄境事、美國國務副卿威爾斯、頃代表赫爾國務卿、向報界發表談話、加以譴責、其言有曰、「戰事不論在世界何處發生、均足以影響美國利益、此層美國政府業已一再說明之、目下遠東與西班牙國內、均已發生戰事、美國人民對之、極爲痛惜、至交戰一方用飛機轟炸對方未設防城市、以致無辜平民、尤其是婦孺慘遭屠殺、美國輿論、咸以野蠻舉動目之、」查赫爾國務卿、曾於去年九月二十八日、本年三月二十一日、兩度發表宣言、說明轟炸人煙稠密之城市、實與人道主義相牴觸、「按之最近數日來所獲報告、中國與西班牙國平民、慘遭炸斃者、仍有數百人之多、美國政府對於他國戰事推行不干政策、固矣、特對於此種作戰方法、仍當嚴詞加以譴責、蓋以現代文明所依據之人道主義、最粗淺的各項原則、均已爲之破壞無遺故也」云、

——摘自《时报》（上海），1938年6月5日

連續轟炸第九日
廣州又被襲
市區落下炸彈十餘枚
日機多架再襲廣九路

（廣州五日電）日機十餘架五日上午十時許，又猛襲市區，落彈十餘枚，廣州南站附近三枚，文明路中山大學附屬中學三枚，正南路口三枚，吉祥路一枚，大東路北橫街六七枚，塌屋數十間，死傷未詳，尤以北橫街災情爲最慘。又九時廿五分，日機多架，曾飛石龍，在廣九路投彈多枚。

（廣州五日電）路透社訊：今晨九時一刻，此間空襲警報又作，沙面外僑爲防備起見，現各在其屋頂上，以毛竹築成防禦物數層，現已證明格子形之竹網四五層，有時可使炸彈向上爆裂，並於數處發現未爆裂之炸彈，陷於堅固竹網中，因炸彈經過數層竹網，已喪失其力。

（廣州五日電）路透社訊：日機今日襲廣州市區，死傷者共約二三百人，粵漢鐵路電話阻斷。

——摘自《晶报》（上海），1938年6月6日

敵機瘋狂獸行
昨又濫炸廣州市區
中山大學文理法學院被炸燬
災區十餘處死傷平民百餘人

（中央社廣州五日電）敵機瘋狂未已、今日又大舉轟炸粵市區、投彈約廿餘枚、災區十餘處、毀民房百餘間，死傷平民百餘人、敵機今日十一時始、共分三隊、首隊十二架、次十五架、再次十七架、先後來犯、首隊各機從東南面闖入市空、其餘兩隊分在市東西郊外盤旋窺伺、我防空部隊於敵機入市時、即對空轟擊、阻其低飛、敵機倉皇散闘、在高空濫投炸彈繼擾、歷一小時許始竄離市區、記者於警報聲中、隨防護人員馳赴災區勘視被災區域、計文明路國立中山大學落彈兩枚、毀正門文理法學院及院空壕、死五人、傷數十人、德宣路迤東近正南路、聯落彈三枚、毀房卅餘間、傷斃十餘人、百靈路落一彈、塌房十餘間、死傷數人、大石街連桂三巷落三彈、毀房四十餘間、幸傷斃人數尚少、中央公園市民體育會落一彈、將該會全部炸毀、火車門口橫街落二彈、毀屋數間、傷斃卅餘人、黃沙車站附近落六彈、毀屋多間、本日各區災區、以中大附中宿舍對面防空壕被炸燬爲最慘、該校學生及附近居民聞警奔往避難、不料敵彈適墜壕中部爆炸、直接爲彈藥片擊死者逾廿人、傷者四十餘人、壕面木料沙面全部壓下、一時哭聲呼救聲呻吟聲大作、救護人員聞聲趨往施救、傷者多已嚇至面無人色、血涔涔自創口沖出、衣服斑斑呼吸微弱、死者則頭破腦裂面目猙獰、咸因窒前之恐怖過甚所致、記者旋步經百靈路、斯時敵機投下二彈、記者與路人均即仆地以避、瞬即隆隆震耳、塵土飛揚、瓦木紛紛起落、迨機聲漸遠、始相顧而起、已滿身灰塵、白衣湾作灰紫色、有三數婦孺竟嚇至暈厥、抬頭見約距三尺之洋樓數棟、已夷爲瓦礫場、敵機盤旋空際、往返以機槍掃射、以補其彈藥暴虐力之不足、市民死於流彈者、突告增加、尚幸各地居民先已他避、故傷亡人命較少、又晨九時許、敵機九架、曾飛廣九路石龍樟木頭等站投彈十餘枚、又飛市北郊牛欄崗投卅餘彈、損失均微。

粵死傷民衆已達五千
沙面外僑編竹網防空

（中央社香港五日合衆電）據官方稱、昨日日機炸廣州結果、全市死傷人數各約一千人。其中有數百人係活埋在殘垣瓦礫中。總計一週來、日機不斷轟炸廣州結果、死傷總數、已達五千人。

（中央社廣州五日路透電）此間今日九點十五分、又發出空襲警報、沙面外僑爲預防轟炸計、現於屋頂安置竹網、因依據經驗、編織四層或五層厚之竹網、可使炸彈向上爆炸、間有炸彈陷落於竹網內、因有下層竹網以分散其力量、故有未能爆炸者、路透社中國僱工某昨夜工作完畢回家時、發現其妻及母親幼女均被炸斃、其屍體雜陳於死人中、每一死者身上僅插有一開載姓名之紙片可資識別。

香港總督電英國政府
對敵再正式提出抗議

（中央社上海五日合衆電）香港英總督已電請英政府、因日本轟炸廣州事、正式再度向日本提出抗議、並請在廣州設立安全區

（中央社倫敦四日哈瓦斯電）關於日本飛機迭次轟炸中國廣州市無辜平民事、英國駐日大使克萊琪爵士、頃已奉命向日本當局表示深惡痛絕之意、一般人以爲捨此而外、英政府目下無意提出更較正式之交涉、外務部亦不擬派遣調查團前往廣州市調查有無軍事目標、此在消息靈通人士、則謂關於防止空襲問題、由關係各國共同加以討論一層之可能性、刻正在英政府研究之中。

中大校長電述敵暴行
並籲請各國主持正義

（中央社廣州五日電）中山大學慘被敵轟炸、損失甚大、校長鄒魯除將被難情形呈報教育部外、並通電全國各教育女化機關、報告一切、原電如下、各省各大學暨中小學各省教育廳及其他文化機關公鑒、本校爲紀念總理唯一大學．抗戰以來日寇於去年八九十三個月．本年三四兩個月、前後共轟炸十次、投彈五十餘枚、雖校舍無傷、但校地被毀不少、因將文法理三學院遷至文明路、本日敵機又向文法理三學院及附中轟炸、三學院校舍尤以法學院及防空壕爲甚、本校員生工友遭害已掘出驗明者、計死三人、傷數十人、其他損失、尚難詳計、深念此次侵略我國、[illegible]意毀我文化機關、尤欲毀我紀念總理爲革命精神中心之唯一大學、昭然若揭、本校員生雖遭此慘難、誓昭死同學血跡、益加奮鬥、決以全力保此革命策源地之紀念總理唯一大學、策進國家民族之抗戰力[illegible]將被難情形呈報教育部及通電世界各國請主持正義外、特電奉聞、敬希亮察、國立[illegible]學校長鄒魯。

——摘自《新华日报》（汉口），1938年6月6日

寇機又狂炸廣州

無辜平民死傷三千

爲況之慘創空襲以來新紀錄

十里羊城充滿血腥

【中央社廣州五日電】敵機瘋狂未已，今又大舉轟炸粵市區，投彈約卄餘枚，災區十餘處，毀民房百餘間，死傷平民百餘人，敵機今日上午十一時二十分，分三隊，首隊十二架，次十五架，再次十七架，先後來犯，首隊各機從東南面闖入市空，其餘兩隊分在市東西郊外盤旋窺伺，我防空部隊於敵機入市時，即對空轟擊，阻其低飛，敵機倉惶散開，在高空濫投炸彈，肆擾歷一小時許，始竄離市區，死傷未詳，尤以北橫街災情爲最慘，又九時二十五分敵機多架曾飛石龍在廣九路投彈多枚。【中央社廣州四日電】

】一週前，敵機狂襲轟炸粵市，死傷平民數逾三千，已引起國際間之嚴重注視，詎前此之血跡未乾，創痕猶在，而敵機數十架，今上午九時至十二時，又狂襲市內最繁盛之中心地帶，毀民房商店三百餘間，死傷無辜平民約三千，爲況之慘，實創空襲以來紀錄，晨九時二十分，敵機十六架，東經虎門闖入市空，才幾敵機九架由經順德入市，藉白雲掩護，在市空盤旋投彈，逾兩小時，我高射砲亦密集射擊，是時彈砲聲響徹全市

市區投彈四十餘枚

計敵機在市區投彈約四十枚，計惠愛西路西門附近投下一重約五百磅巨彈，毀店戶二十餘座，死傷百餘人，惠愛西營房巷落一彈、毀店戶十餘座，死傷六十餘人，教育路十一小學落一彈，牽連附近民房共七座，死傷十數人，大塘街秉政街間落兩彈，毀德成小學一所，民房十餘座，死傷三十餘人，德東路土地巷落一彈，毀民房十餘座，死傷數十人，社仁坊口落一彈，毀旅店飯店各一所，死傷數十人，吉祥路落兩彈，毀商店十餘間，死傷路人數名，此外南關一帶災情尤

災情慘重　災區遼闊

重，綿亘數里，計西橫街口落一彈毀漢民南路商店三間，民房十餘間，東橫街西端落一彈，毀商店十餘間，就中以中華理髮店，因建築堅固，附近居民羣往避難，不幸全部炸斃，死傷百數十人，泰康路東落一彈，毀商店四座，死傷十餘人，天寶大街落一彈，毀民房十餘間，死

日機狂炸信陽

死傷平民七十餘人

▲鄭州五日電　五日晨十時半、日機十七架、分兩批由潢川飛信陽、投彈百餘枚、一時烟焰冲霄而起、歷一時許、日機仍從原路逸去、事後調查、被炸死傷之平民、已檢查出者、有七十餘名、其餘正在淸查中、被炸毀房屋約達二百餘間、致使車站附近成爲一片瓦礫塲、景象極慘、

——摘自《新闻报》（上海），
1938 年 6 月 6 日

傷三十餘人，太平沙落四彈，燬民房四十餘間，死傷百餘人，同歸坊尾落二彈，場民房十餘間，死傷百餘人，庸常新街落三彈，毀民房十餘間，迴龍橋淑正女校落一彈，傷數人，長堤九里香落二彈，炸燬民房二十餘間，偽斃二十餘人，海珠橋北端落一彈，燬路基尋丈，菓欄新沙直街落一彈，毀店房十餘座，偽斃十餘人、新沙下偽落一彈：毀商店七間，亦傷多人，記者於空襲下驅赴各災區視察，南關一共落彈二十餘枚，災區十餘處，共燬民房商店學校百餘間，死傷無辜平民八百餘，傷千餘人，災區綿亙數里，昔日擁往熙來之漢民南路，一變而為頹垣瓦礫之荒丘。

淒涼景象　不忍卒睹

該區各災場，以東橫街西端尤為慘，中潭之為一三合土之四層大廈，全座塌燬，并燬民房多間，該室內有避者百數十人，慘罹於難，記者趕赴惠愛西路視察，斯時壯丁隊童軍憲警等，正忙於管制交通，維持秩序，其時敵機仍盤旋空際，往來肆虐，彈聲與砲聲混成一片，震耳欲聾，而各救護人員毫不怯縮，仍在災場努力發掘，拯救傷斃之被難者，其捨身服務之精神，令人振奮，該處舖房二十餘間全被炸燬，被難者在瓦礫堆中呻吟呼號，死者斷脛斷肢，血肉模糊，記者目擊掘出四肢不全之屍體二十餘具，有一屍體胸腹被炸成一大洞，腸臟肺肝已不存在，記者至是折赴德宣東路都土地巷，該處落一巨彈，炸成闊數丈深二丈餘之巨穴一口，毀屋二十餘間，災場廣達數十丈，傷斃六十餘人，所有傷者均由救護人員舁往救治，

被難民衆　婦孺為多

死者則縱橫羅列，屍首中尤以婦孺為多，被難者之親屬，椎胸痛哭，縱聲悲號，狀類癲癇，使人幾疑置身於非人之境，至其他各災區災情，雖不如上述數處之慘重，然均成一片瓦礫之場所矣，下午二時三十分，二次警報復發，敵機十五架，復由海外分四隊，一隊五架，一隊四架，兩隊三架，闖入市空，是時大雨方霽，灰雲密佈，我高射砲隊密集射擊，敵機當有一架被擊傷逃去，餘機隨飛市西郊作梯形轟炸，在工業區投巨彈六枚毀民房十餘間，傷鄉民多名，下午四時，

第三次警報復起，敵機十九架飛廣九路，沿路轟炸石龍樟木頭橫瀝東陂各站間，落彈五十餘枚，下午五時許，天色已暮，第四次警報又起，敵機六架飛中山南面投彈兩枚，毁民房數間，傷鄉民十餘人。

——摘自《新蜀报》，1938年6月6日

屢遭痛擊惱羞成怒

晉敵使用毒瓦斯

我官兵中毒者甚多

（濟川五日電）晉西我軍×軍，於上月廿五日在靈石忻莊與千餘之敵激戰，一晝夜，敵傷亡二百餘，並被我俘著百餘，東陽北面村莊，敵步騎八百餘，砲三門，汽車十餘輛，廿五日被我×團襲擊，死傷甚眾，又廿六廿七兩日，敵四五百兩次向我新羅鎮衝來，均被我擊退，最後敵使用各種毒瓦斯，我官兵中毒者甚多，刻仍，在謝治一帶激戰中

——摘自《泸县民报》，1938年6月6日

殘暴無比的獸行！

敵機炸廣州以來
死傷已逾七千人
前日死傷三千創空襲以來紀錄
昨又猛襲損失慘重

本報香港五日專電　自去秋九月敵機轟炸廣州市區以來、至上月二十八日止、死傷人民約在六七百之間、上月二十八日起、敵機乃施行大規模轟炸・至三日止、死傷無辜平民達三千四五百人之多、不料敵軍之獸性大爲發作、復於四日派飛機六十餘架、兩次轟炸廣州市內商業最繁盛人烟最稠密之區域、投彈約達二百枚・其中有不少爲四百至七百磅之巨彈、以故昨日之死傷數字實創人類有史以來之空襲紀錄・迄至昨晚深夜、發掘工作仍未完畢、據統計死者約一千一二百人、傷者約兩千人左右、統計過去九個月內死傷於敵軍飛機下之廣州市民已超過七千、

中央廣州五日電　敵機十餘架、五日上午十時許・又猛襲市區、落彈十餘枚、廣州西站附近三枚、文明路中山大學附屬中校三枚、正南路口三枚、吉祥路一枚、大東路北橫街六七枚、塌屋數十間、死傷未詳、尤以北橫街災情爲最慘、又九時二十五分、敵機多架曾飛石龍、在廣九路投彈多枚、

——摘自《时事新报》（重庆），1938年6月6日

中山大學

昨又被轟炸 死傷數十人

中央廣州五日電 廣州中山大學五日慘被敵機轟炸、損失甚大、校長鄒魯除將被難情形呈報教育部外、並通電全國各教育文化機關、報告一切、原電如下、各省各大學暨中小學各省教育廳及其他文化機關公鑒、本校爲紀念總理唯一大學、抗戰以來、日寇於去年八九十三個月本年三四兩個月、前後共共轟炸十次、投彈五十餘枚、雖幸告校舍無傷、校地被毀不少、因將文法理三學院遷至文明路、本日敵機又向文法理三學院及附中轟炸、尤三學院校舍、尤以法學院及防空壕爲甚、幸值星期、員生工友遭害已挖出驗明者計死五人、傷數十、其他損失尙難淸算、恭敵此次侵略我國、注意毀我文化機關、尤欲毀我紀念總理爲革命精神中心之唯一大學、昭然若揭、本校員生雖蒙此慘難、誓踏已死同學血跡、益加奮鬥、決以全力保此革命策源地之紀念總理唯一大學、策進國家民族之抗戰力量、除將被難情形呈報教育部及通電世界各國請主持正義外、特電奉聞、敬希亮鑒、國立中山大學校長鄒魯微(五日)

——摘自《时事新报》（重庆），1938年6月6日

廣州被炸慘狀

某外國人之目擊談

中央香港五日合衆電 據此間權威方面觀察、昨日日機濫炸廣州、致非戰鬥婦孺死傷枕籍、大多血肉橫飛、莫可辨認、實極人間野蠻之慘事、故英美政府大致將因之再度對日提出强硬抗議、據某目睹空襲慘狀之外人談稱、余曾參加歐戰計四年之久、但昨日恐怖之情形、實爲余有生以來所從未目擊者、余昨在沙面某高大建築屋頂上觀空襲情形、見有日機三十架、在廣州全市各處濫擲炸彈、至各該處是否係軍政區域、日方飛機師似毫不以爲意、余目擊空襲慘狀時、輒不禁失聲叫喊、噫此殺人放火之蠢豬、豈吾人竟無制止之道乎、昨日警報係於下午四時解除、余乃追入市內、參觀一切、時救護隊員俱在奮勇從事挖掘救護工作、蓋當時被埋於殘垣瓦礫中者、當有數百人也、余但見人行道上堆滿被害之屍體、有焚成焦爛者、有壓成肉醬者、多不可辯認、其時有一幼齡女孩、因其母被壓於鋼骨水泥之建築物下、故涕淚滂沱、呼號求救、並擬努力搬動巨石、拯救其母、余乃疾趨至前協助、但此奄奄一息之婦人、不旋踵卽因傷身死於巨石之下、余繼訪問本市醫院數百處、各院內多已住滿炸傷之平民、據負責之醫生談、本日炸傷之平民、幾全爲炸彈片所炸傷、至爲高射砲彈碎片所傷者以極少數而已、余在醫院內會見有一幼孩、兩足俱炸斷、另一幼孩頭部有一大裂痕、腦殼形突出之狀、至四肢不全者、更觸目皆是、廣州市內所有英美敎會之醫生、多在努力從事救護工作之中、其任事之勇及其悲天憫人之精神、殊堪欽佩、此外、並有多數外人、俱慷慨解囊、救濟受災之難民、全市自經轟炸後、入晚卽成一死城、街上行人亦復絕跡、置身其間、直無異身在地獄、余乃亟亟遄返沙面、不知此種殘酷之屠殺、各强國究將放任至若干時日乎、此余所日夜惶惑者也云云

中央倫敦四日哈瓦斯電 關於日本飛機迭次轟炸 中國廣州市無辜平民事、英國駐日大使克萊琪爵士，頃已奉命向日本當局表示深惡痛絕之意、一般人以爲捨此而外、英政府目下無意提出更較正式之交涉、外務部亦不擬派遣調查團前往廣州調查有無軍事目標、此在消息靈通人士、則謂關於防止空襲問題、由關係各國共同加以討論一層之可能性、刻正在英政府研究中云、

——摘自《时事新报》（重庆），1938年6月6日

日機暴行不絕

廣州又被轟炸 沙面險遭波及

粵垣昨死傷二三百人 港粵交通迄晚始恢復

【廣州五日電】路透社訊：今晨九時一刻，空襲警報發出後，旋日機出現天空，轟炸逾一小時之久，今日之空襲，日機輪流而至，每次約五六架，據官場消息，日機主要目的，似在市政府公署與大沙頭車站，惟黃沙車站，亦落下炸彈六枚。今日空襲之後半部，日機竟在沙面天空擲彈，致沙面外僑頗爲驚懼。永亭路今日復遭轟炸，一彈落於路中，路透訪員旋在該處見死屍十四具及傷者多人。市政府附近毀屋四十所。有某婦埋於於十五尺高之瓦礫中，歷三小時許，迨掘出時，人猶生存，惟身上受傷多處。今日死傷者共約二三百人。粵漢鐵路之電話現中斷，大約因日機轟炸該路所致。

【香港五日電】美聯社訊：今日下午一時半，日機轟炸黃沙站，旋即集中轟炸政府建築物，唯並未投中。據聞被炸者爲婦女養老院，因風吹及飛機速度關係，是以一部炸彈，乃在沙面上空投下者。今日因天陰多雲，故高射礮無法發揮威力，今日統計約死二百人，傷三百人。廣州香港間之交通，終日阻斷，迄七時半始恢復。

【廣州五日電】據華方報告：日機十餘架，五日晨十時許，又猛襲市區，落彈十餘枚。廣州南站附近三枚，文明中山大學附屬中學三枚，正南路三枚，吉祥路一枚，大東路北橫街六七枚，塌屋數十間，尤以北橫街災情爲最慘。又晨九時廿五分日機多架曾飛石龍，在廣九路投彈多枚。

——摘自《大美报》，1938年6月6日

廣州之慘炸

爲人類歷史未有慘劇

居民陸續他遷僅餘六十萬

【香港五日電】據華方報告：廣州經日機九日慘炸，民房被毀千餘間，死傷四千餘人，爲人類歷史未有慘劇，廣州居民陸續疏散他遷者卅萬人，現尚餘六十萬人。

——摘自《大美报》，1938年6月6日

日機昨又襲廣州
向中山大學轟炸
員生工友死傷數十人

【廣州五日電】日機十餘架、五日晨十時許、又猛襲市區、落彈十餘枚、廣州南站附近三枚、文明路中山大學附屬中學三枚、正南路口三枚、吉祥路一枚、大東路北橫街六七枚、塌屋數十間、死傷未詳、尤以北橫街災情爲最慘、又九時二十五分、日機多架、曾飛石龍、在廣九路投彈多枚、

【路透社廣州五日電】今晨九時一刻、此間空襲警報又作、惟日機現尚未出現、沙面外僑爲防備起見、現各在其屋頂上以毛竹築成防禦網數層、蓋現已證明格子形之竹網四五層、有時可使炸彈向上爆裂、並於數處發現未爆裂之炸彈、陷於堅固竹網中、因炸彈經過數層竹網、已喪失其力也、昨夜路透社之華人信差、於經過其自己住屋時、見其母妻女三人之屍身、在一堆死屍中、其所堪分辨者、僅身上所佩註明名姓之紙條而已、

鄒魯電述日機暴行

【廣州五日電】中山大學五日慘被日轟炸、損失甚大、校長鄒魯、除將被難情形呈報教育部外、並通電全國各教育文化機關、報告一切、原電如下、本校爲紀念總理唯一大學、抗戰以來、日方於去年八九十三個月本年三四兩個月前後共轟炸十次、投彈五十餘枚、雖幸告校舍無傷、校地被毀不少、因將文法理三學院遷至文明路、本日日機又向文法理三學院及附中轟炸、三學院校舍、尤以法學院及防空壕爲甚、幸値星期、員生工友遭害已挖出驗明者、計死五人、傷數十人、其他損失尚難清計、日方此次侵略中國、注意毀華方文化機關、尤欲毀華为紀念總理爲革命精神中心之唯一大學、昭然若揭、本校員生雖蒙此慘難、誓踏已死同學血跡、益加奮鬥、決以全力保此革命策源地之紀念總理唯一大學、策進國家民族之抗戰力量、除將被難情形呈報教育部及通電世界各國請主持正義外、特電奉聞、敬希亮鑒、國立中山大學校長鄒魯微（五日、）

此一週中死五千人

【美聯社廣州五日電】據今日此間估計、昨日日機飛襲廣州被轟斃命者、至少在千人左右、受傷者亦有千餘之衆、尚有數百人、慘遭活埋、綜計昨日傷亡二千名、及此週被空襲後之傷亡總數、已有五千人之多、外人方面見日人此種不分皂白之大屠殺及暴行、均已驚心破膽、謂曾目擊多數無辜之民衆、其中包括婦孺等、均慘遭非命、昨晨參加轟炸廣州之日機共三十架、向此間中心區投彈七十五枚之後、記者於日空軍大屠殺之後、即驅車往受災地點視察、見多數炸彈、墮落之處、距軍事建築及官邸均極遠、人行道之上、積屍累累、慘死非命者、以婦孺爲最多、一部份之屍體尚埋葬於瓦礫之中、有孩屍一具、雖已僵臥地上、然雙目並未閉、且面部尤帶驚懼之狀、救護隊之忙碌、殊非言語所能形容、有自願作救護工作之人員數百、投身瓦礫土之中、希冀尋獲得以餘生之人、至於屍體堆棄之處、哭號之聲、慘不忍聞云、

【路透社廣州五日電】今晨九時一刻空襲警報發生後、旋日機出現天空、轟炸逾一小時之久、今日之空襲、日機輪流而至、每次約五六架、據官場消息、日機主要目的、似在市政府公署與大沙頭車站、惟黃沙車站亦落下炸彈六枚、今日空襲之後半部、日機竟在沙面天空擲彈、致沙面外僑頗爲驚懼、永亨路今日復遭轟炸、一彈落於路中、路透訪員旋在該處見死屍十四具、及傷者多人、市政府附近毀屋四十所、有某婦埋於十五呎高之瓦礫中、歷三小時許、追掘出時猶生存、惟身上受傷多處、今日死傷者共約二三百人、粵漢鐵路之電話現中斷、大約因日機轟炸該路所致、

——摘自《文汇报》（上海），1938年6月6日

已非天堂之蘇州現狀

（雲劍）

人間天堂的姑蘇，房屋的毀損，據一般傳說，似乎很爲慘重，但是實際卻不然。鐵路和公路的交通線上的確被那鐵鳥攪得非常利害，市區的城廂內，除了閶門馬路上以外，沒有什麽大損害。現在蘇州郵局恢復了，昨天收到一個蘇州朋友寄給我一封信，報告我蘇州的消息，這位朋友是個有心人，他除把蘇州目下的動態，無遺的敘述而外，還把各處房屋的毀壞，連店鋪招牌都查明，詳盡的記下來。

據他信中說：㊀閶門外，自樂榮坊至鴨蛋橋第一旅社，小菜場對面怡昌菜館至太白園菜館，過鴨蛋橋由雅仙居起到郵政局止，這一帶所有的店鋪房屋，完全成爲瓦礫場了。內中比較著名的計有五十多家，如眞光影戲院。新舞台。宴月樓菜館。久華襪廠，蘇福汽車公司，一品香茶食店。怡昌福菜館。太白園菜館。福安。嘯雲天茶居。惠中。老蘇台。新蘇台。新聞。第一中華等旅社，嚴德茂茶號等，都是姑蘇聞名的店鋪，鴨蛋橋是妓院的薈萃地，吳門名妓嚴芙蓉的艷幟，也張在這裏，她們的香窠，現在統給摧毀了。㊁城內的「上海南京路」觀前街，損失的祇有中國。農民。國華。金城。國貨。江蘇等六家銀行，和天成銀樓。東來義紙號。東祿茶食店。西興盛煙紙店。吳世興茶號。華達利鐘錶行。東吳書局等幾家。㊂五三路，金城新邨，和公和圖書館，各被毀壞一部份。㊃白塔子巷，約計損失十分之五六。駙馬府堂，吉慶街，來遠橋，西善長巷，各毀十餘家。臨頓路，毀唐萬興糖坊等五六家。道前街，豫昌當後面燒去。蓮花斗。王多巷。侍其巷。胥門外。齊門外等處各毀廿餘家。除此以外沒有損害的地方了。但是房屋沒有毀掉的，卻家

街，損失的祇有中國。農民。國華。金城。國貨。江蘇等六家銀行，和天成銀樓。東來義紙號。東祿茶食店。西興盛煙紙店。吳世興茶號。華達利鐘錶行。東吳書局等幾家。㊂五三路，金城新邨，和公和圖書館，各被毀壞一部份。㊃白塔子巷，約計損失十分之五六。駙馬府堂，吉慶街，來遠橋，西善長巷，各毀十餘家。臨頓路，毀唐萬興糖坊等五六家。道前街，豫昌當後面燒去。蓮花斗。王多巷。侍其巷。胥門外。齊門外等處各毀廿餘家。除此以外沒有損害的地方了。但是房屋沒有毀掉的，卻家

家遭受到竊盜的損失。過去的時候，那些賊贓出人意料以外的便宜。頂上狐皮袍子，每襲祇售十幾塊錢。金器飾物，每兩三十幾元。美國出品的落地收音機一座，也只賣十餘元。愛而近牌子的掛錶，四塊錢一隻。那些贓貨早已給人爭先購去，目下卻也沒有這樣價廉的貨品了。

混亂下的蘇城，經過一度喘息，反畸形的發展起來了。現在要算景德路頂熱鬧，咖啡館酒排間林立密佈。打扮得花枝招展的女招待，大形活躍。果然醉翁之意不在酒，天天引得那賓客滿座，營業鼎盛。一般小店鋪爲適應環境，把招牌都改作了「某某屋」。如修理鐘錶店稱爲「繕修屋」，中西菜社稱作「料理屋」，一條景德路，充滿了異國情調。北局的青年會，現正籌備開設跳舞場。賭風更是熾到極點，大小賭場原共已不下四五百家，現在皮市街的顧姓巨廈，創設了大達公司游藝場，各種雜耍，京戲。灘簧。滑稽。說書，應有盡有。每天遊客如雲，非常熱鬧。其中並設了一個五福公司大賭窟，銅寶。搖攤。牌九。輪盤等，五花八門，各角俱全。這賭窟的規模大的了不得，聽說內中職員茶房等，一共有三百多人。自這個賭窟開了以後，爲集中賭徒計，便[illegible]他的小賭窟逐漸的禁止了。郵局於前日起恢復各地通郵，但是因爲閶門外的總局遭毀了，暫時祇恢復了養育巷區的分局一處。到蘇的郵局員役一共十多人，也祇夠辦一處分局的事務，所以各處寄信的統要跑到養育巷去，往往寄一封信要跑上好幾里的路程，然而這個郵局也就整日的人山攢攢擁擠不堪了。又據說蘇州的四鄉，因爲近來搶刼得很厲害，所以逃往的人民，目下已有八九成仍回蘇城。人口已經差不多回復以前的數目了。

——摘自《时报》（上海），1938 年 6 月 6 日

開封二教堂被炸
媽媽等照常服務

◎漢口五日義聯電、在開封之外人遭遇非常之苦難、截止現下已有二教堂被炸、天主教神父畢司僅夫白開辦難民收容所多處、同時媽媽至醫院爲受傷之兵士包紮、兵士等感激之餘、以彼等視爲寶貴香煙奉贈、雙方感情極洽、近來日機每日飛往開封五次至十次、大肆轟炸、以致大街中彈穴纍纍、然媽媽等毫不在意、仍照常服務、

——摘自《时报》（上海），1938年6月6日

盛梓廟大火
亭林中砲
浦南居民來滬者又數百人

浦南方面最近似似已轉趨平靜、一部份在滬避難者以客居困苦、相率歸去、詎日前因有日兵汽艇、行經盛梓廟、岸上忽起槍聲、致又惹日艦注意、前（四日）日上午盛梓廟卽遭焚燒、倖存者僅維持會房屋及古廟等數椽、同時日軍卽從該地架砲向東鄉各鎭轟擊、亭林鎭亦中十四砲、東街市梢吳姓周姓鍾姓房屋、中彈塌毀、又莊家行鎭亦被焚燬過半、一時鄉人莫不慌亂、前昨兩日逃滬者又數百人、

——摘自《时报》（上海），1938年6月6日

廣州已無不炸之區域
屍體積聚處哭聲慘痛
數百人自願在瓦礫中從亭救護

◎廣州五日美聯社電、據今日此間估計、昨日日機飛襲廣州、被擊斃命者、至少在千人左右、受傷者亦有千餘之衆、尙有數百人、慘遭活埋、綜計昨日傷亡二千名、及此週被空襲後之傷亡總數、已有五千人之多、外人方面均已驚心破膽、昨晨參加轟炸廣州之日機共三十架、向此間中心區投彈七十五枚之後、美聯社記者於下午又見飛來沙面、時有日機八架、盤旋於此間上空、雖曾向此間西區官邸附近投下炸彈數枚、但顯係作偵察之行動、美聯社記者、於日空軍大屠殺之後、卽驅車往受災地點視察、見多數炸彈、隨落之處、距軍事建築及官邸均極遠、人行道之上、積屍累累、一部份之屍體尙埋葬於瓦礫之中、有孩屍一具、雖已僵臥地上、然雙目並未瞌閉、且面部尤帶驚懼之狀、大部屍體、均係裸露在外者、因炸彈墮地之時、其所着之衣服、每隨聲響俱去、救護隊之忙碌、殊非言語所能形容、有自願作救護工作之人員數百、投身瓦礫土堆之中、希冀尋獲得以餘生之人、至於尸體堆聚之處、哭號之聲、慘不忍聞、因昨日天氣清明、日機較易尋獲其轟炸之目標、故昨日下午華方之高射砲亦大事逞其威力、連發不斷、高射砲彈多數逼近日機、危險異常、日機不得已、祇得退去、一時彈片橫飛、沙面境內、亦難幸免、當美聯社記者在維多利亞飯店屋頂觀空襲時、有一彈片墮下、距記者所立之處僅六英呎之遙、昨晨此間遭空襲時、珠江橋樑、已被摧毀、西區之電力廠、亦被擊毀一部、致此間入夜以後、殊感不便、炸彈雖有墮落於江邊車站極近之處、然該站並未受傷、政府官邸及中山紀念堂之玻窗、因被炸彈爆發聲所震、有數塊已爲震破、總之、此間已無未被轟炸之部份、且有多區起火、正在延燒之中、一切景象不過呈大屠殺後之慌涼遺跡而已、據一廣州小學之女校長語美聯社記者云、彼曾救得校童百人、當飛機來襲時、彼將孩童等集合於附近校園內、該校房屋、被擊中一彈、而校童百人、得安全無恙、僅有青年一人、中彈殞命云、

◎倫敦四日哈瓦斯社電、關於日本飛機迭次轟炸中國廣州市事、英國駐日大使克萊琪爵士業已奉命向日本當局、表示深惡痛絕之意、一般人以爲捨此而外、英國政府無意提出更較正式之交涉、外務部亦不擬派遣調查團、前往廣州市調查有無軍事目標、此在消息靈通人士則謂、關於防止空襲問題、關係各國共同加以討論一層之可能性、刻正在英國政府研究中云、

——摘自《时报》（上海），1938 年 6 月 6 日

CANTON IS BOMBED FOR SEVENTH TIME; 300 MORE KILLED

Japanese Less Indiscriminate in Their Fire and Civilian Casualties Are Fewer

THOUSANDS TRY TO FLEE

Foreign Experts in Shanghai Expect Hankow's Fall Soon as Invaders Press On

Special Cable to THE NEW YORK TIMES.

HONG KONG, June 5.—Fifty Japanese airplanes bombed Canton for an hour this afternoon in relays, concentrating on government buildings and also the railway stations at Taishatou and Wongsha. The Wongsha station suffered severe damage and the track was torn up.

More accurate and more discriminating bombing resulted in a reduction of deaths. Not more than 300 deaths were reported, including a number buried within the ruins of forty houses in a populous street, struck by several missiles.

Several were killed in a dugout in the Sun Yat-sen University campus, where a bomb made a direct hit. The Middle School attached to the university was damaged.

Seventh Day of Big Raids

HONG KONG, June 5 (AP).—The Japanese air raid on Canton today followed heavy raids yesterday in which the reported casualties in the heart of the South China metropolis were 600 dead and 1,000 injured. It marked the seventh day of air raids since a week ago yesterday, when officials placed the toll at 750 dead and 1,350 wounded.

The raids have carried to a peak of destruction the aerial attacks begun last year to end Canton's usefulness as the gateway for Chinese supplies.

Six bombs fell on the Wongsha Station area, all demolishing locomotive sheds. They were released over the Shameen international quarter.

Railway lines also were attacked heavily, including the junction of the Canton-Kowloon Railway leading to Hong Kong and the Canton-Hankow Railway.

The airplanes, coming over in units of five or six, launched their attacks shortly before noon and pounded the city steadily until 1 P. M.

One missile exploded on Winghong Road, Canton's principal thoroughfare. A 500-pound bomb fell at the gate of Sun Yat-sen University, making a crater thirty feet deep and forty-five feet across. A smaller one struck a dugout on the campus, killing six students.

One woman was buried under fifteen feet of debris. Rescuers could hear her moaning and rushed to aid her. She was removed alive after four hours.

First aid workers still were searching ruins for victims of yesterday's attacks when today's air raids began. They had worked with gas lamps and torches during the night. Damage to mains had cut off the current for electric lights.

Rescue squads were unable to cope with the masses of fallen masonry and hundreds were believed to have died during the night beneath the ruins.

Bodies laid out in a street formed a row 100 yards long.

A weeping boy was seen giving a

Continued on Page Seven

JAPANESE BOMBS KILL 200 IN CANTON

Continued From Page One

drink to his mother who was pinned under a huge block of stone.

In yesterday's destruction, a four-story concrete structure at the corner of Winghong and Taihong roads was demolished, burying hundreds of persons.

Two bombs fell near the Pearl River bridge, destroying waterfront houses. Five were dropped in the Saichuen power house compound but the plant was undamaged.

Hospitals were overflowing and refugee and relief workers confronted formidable tasks in caring for the able-bodied as well as the injured.

Canton's streets were packed last night with civilians, all trying to flee to Hong Kong and other places. Hong Kong has become increasingly congested and many persons sleep in the streets.

Chinese continue to enter Hong Kong, although the authorities require each to have $20. This restriction prevents thousands from leaving Canton, where huge crowds wait hopelessly around the railway stations and wharves.

——摘自《纽约时报》（The New York Times），1938 年 6 月 6 日

如此大屠殺！

日機連續空襲第十天

廣州再遭狂炸

昨兩次轟炸鬧市死傷逾千

飛越沙面英總領事提抗議

（廣州六日電）路透社訊：今晨日機襲擊目標在長堤之電力廠，政府公署，火車站，中央公園附近之房屋，中山大學，黃埔炮台，均爲其目標。八時十分發出第一次空襲警報，二十分鐘後，日機出現天空，九時二十分解警。但至十時零五分，警報又作，二十五分鐘後，第二次襲擊開始，歷四十分鐘，當時天空滿佈飛機，共數在四五十架之間，轟炸繼續不已，炸聲

珠江大橋

震耳欲聾

其傾向目標時發出之機關槍聲，或爲炸彈聲所掩，沙面外人初曾記數，共擲下重炸力之炸彈四十二枚，此後因聲亂不復能記，但衆信所擲炸彈，共有百枚左右，一機轟炸珠江橋者曾低飛過沙面，當其擲彈後騰起之際，兩翼紅日標識，顯然耀目。廣州連日被日機狂炸，先後死傷達五千人以上。

飛越沙面

據負責方面消息，英總領事白倫特，今晨曾以電話與香港日總領事通話，對日機頻頻飛越沙面，提出抗議。

（廣州六日電）路透社訊：據中國官方估計：今日空襲中，死傷者在一千五百人以上，房屋被毀者一千餘所。中山大學投中八彈，三彈落於校內，所有校舍，幾全部毀壞。東山之培眞中學，死傷學生多名。廣州市大部份，已滿目荒凉，民衆羣趨沙面附近。

——摘自《晶报》（上海），1938 年 6 月 7 日

敵機竟炸毀

法杜美醫院

（中央社廣州六日電）敵機今日上午襲粵市區、竟向長堤法國杜美醫院投彈、當將該院建築物炸燬一部、查該地與軍事及工業區域相距遙遠、敵機顯以該院爲轟炸目標、幸醫生病人趨避得宜、未有傷亡、法駐粵領事聞訊、卽派大隊法兵、全副武裝、前往維持秩序、尤在該院裝置武器、以防敵機再度來襲、法領并將經過情形、電呈法外部報告、此間外僑領袖、亦多以敵機瘋狂至此、實屬危及第三國利益、均嚴加注意、或將有嚴正之表示、又訊、廣州杜美醫院被炸後、物質損失、約有二百萬元之多。

——摘自《新华日报》（汉口），1938 年 6 月 7 日

昨日慘炸詳情

敵機四十一架投彈約百枚
死傷二千餘災區幾遍全市

（中央社廣州六日電）敵機瘋狂程度、有增無已、今日轟炸粵市區、今已及旬、其上午敵機四十一架、又大舉來犯、一部份逕竄入市、先後在榮華地帶、投彈約百枚、倒塌房屋七百餘棟、死傷市民二千餘人、災區遍於全市、厥狀之慘、遠非數日前所能比較、而被炸地點、均遠離軍事機關、為世人所共見、甚至法國杜美醫院亦遭落彈、死傷之平民、其悲慘之情況、尤非楮墨所能形容、計自八時許、敵機十六架來襲、五架藉浮雲掩蔽、向市東方面進擾、在黃明路西橫街東川路培正路合羣路等處、投彈卅餘枚、直至九時許、始竄出海面、至十時廿三分、敵機廿五架、二次來襲、十時、即有十架、飛佛市區、我高射砲隊、對空轟擊、敵機在市中心區之光孝路惠愛西路、花塔路、將軍西路、豐寧路、爵愛中路、漢民中路、大南路、西橫街、仙湖濟惠薦東文德路、文明路、永漢路、東川路、暮廟路、合羣路、尤復北路、長庚路、一德路、靖海路、五仙路、中華南路一帶、往返投彈、並並機槍掃射平民、先後落彈五十餘枚、彈聲震天、烈焰騰空、十一時許、敵機始行出海、記者於警報聲中往返各災區、從事攝影、據調查、工作路經長堤、靖海路、史宛堂大廈之際、值敵機再來襲、沿堤市民、數萬人、見敵機自西徂東、低飛掃射、狀甚危、急仆地上、機彈掠過耳際、呼呼有聲、未幾即聞隆然巨響、震耳欲聾、粉沙飛石、彷如雨下、急起審視、知敵彈落卅丈外之堤、然破片所及、當將避立程璧光先烈石像旁之市民卅餘人炸斃、靠近停泊之小艇六十七艘亦被炸沉、墜河、死屍血自傷口流出、河水泛作赭色、返視程銅像、亦體無完膚、像下之死屍縱橫、破腦碎首、或則僅存斷肢、血肉橫飛、令人不敢迫視、旋轉入五仙路、瞭見火光燭天、五輛消防救護車、橫梗路中、百餘名消防救護隊員、協力進行滅火工作、蓋敵機正雜擲燒夷彈四枚、此五十餘座舖宇、頓即化為灰燼、殘屍焦臭味達數里、歷四小時許、火勢尤未全滅、又市社會局立初中學生集中童軍訓練男女隊部各一所、學生千餘人、今亦遭炸燬、幸各生得入避難壕、僅傷二三人、該局局長劉石心是時適到部視察、石壕避難、亦幸告無恙、尤足稱幸、總觀今敵機來勢、已入瘋狂之態、沙面租界為外僑集居之所、敵亦不加顧視、往往低飛數次、雖經停泊河面之外艦鳴槍砲警告、亦置之不理、足證瘋狂之敵人、殆已目無第三國利益之字樣、在其心目中、又當敵轟炸機一架、向光復北路投彈時、為我防空火力擊傷尾部、蹣跚西飛、迄記者發電時止、據報謂該機已墮落郊外、由當局派員搜索中。

——摘自《新华日报》（汉口），1938年6月7日

寇殘暴至極

昨再轟炸廣州 死傷達五千人

難民扶老攜幼露宿江干 一聞警報莫不嚎泣呼天

香港限制入口

「香港六日午後九時發專電」粵形勢漸吃緊，各方觀察，寇連日不斷轟炸廣州，本日死傷人數竟達五千之鉅，顯有於大轟炸後派兵登陸之企圖，但我已有充分準備，李××已出任該方面軍事重任。

「中央社上海六日合衆電」據未證實消息，六日晨日機轟炸廣州時，共擲彈百餘枚，難民收容所亦被炸，結果死傷達五千人。

「中央社廣州六日路透電」今晨日機自八時五十分起，大肆轟炸廣州，至九時零五分始去，政府機關，大沙頭車站，黃埔及珠江下游一帶均被炸，黃埔對岸之某島，亦落數彈，警報至九時二十分解除，乃至十時零五分，第二批日機又來，日機十時三十分飛抵廣州上空，至十一時十分始去，參加轟炸之日機，達四五十架，在地上均清晰可見，今日爆炸聲之烈，振耳欲聾，較機上之馬達聲尤響，在沙面之外人，先尚能記炸彈爆炸聲四十二響，其後即不能記憶，各彈均係重量者，大部落於江邊，政府機關，車站，中山公園，及中山大學附近之住宅區云。

「中央社廣州六日上午一時五十五分急電」今上午災區之廣而其地點距離軍政機關地址之遠，均令人對敵機嗜殺之暴行，其目的果何所在，實不能測想其萬一，大批婦孺經警政當局之勸，現已開始向四鄉移動，若輩面目憔悴，形容枯搞，大多扶老攜幼，露宿江干，守候渡船，一聞警報之聲，莫不嚎泣呼天，手足無措，敵人之暴虐，於此足見，其屠害平民谷野蠻至極，幾滅絕人道之惡獸不若也。

「中央社福州五日下午十一時五十分電」省府接英領函准港督電，本港住屋人滿，已達極點，無再容身地位，此後除有業務旅客外均限制入口。

蔣委員長慰粵難民

「中央社漢口六日電」蔣委員長昨電廣州，慰問粵民，同時勗勉奮起殺敵，再接再勵，爭取最後之勝利，原電錄次，廣州余主任，吳主席，幷轉廣州市民同胞均鑒，敵機狂肆兇虐，對我廣州市區商店民房，濫施轟炸，我同胞死傷枕籍，犧牲慘酷，南望粵垣，軫痛壺極，如此奇痛深仇，舉國同深髮指，中正悲憤之忱，更非尋常慰問之詞，所能達其萬一，對於救護事宜，已飭悉心辦理，中央必盡力設法增加廣州之空防，誓殲寇敵，為我已死及受難同胞，報仇雪恨，敵機殘暴兇橫，滅絕人道，實為自趨覆亡，我同胞尤格外奮勵，激發同仇敵愾之心，益矢報國殺敵之勇，堅忍果敢，不惜犧牲，以發揚我革命黨源地之英勇精神，而為我民族後世子孫，求得久遠之解放，此日痛苦犧牲，即來日勝利成功之代價，我市民在後方慘烈之犧牲，實無異于疆場殉職之戰士，其光榮壯烈，宜受百世無窮之崇敬，暴敵如此兇殘，唯有舉國同仇，積極參戰，奮鬥到底，乃能消滅寇虐，除此蠢賊，解除同胞痛苦，還我民族自由，萬望堅定沉着，再接再勵，爭取最後之勝利，痛憤陳詞，無任馳念，蔣中正魚。

吳鐵城發表談話

【中央社廣州六日電】抗戰以來，敵機迭犯粵境，計廣東全省所遭空襲先後共逾二千次，而廣州一地，亦逾八百次，自上月二十八日起，敵機復以廣州市為目標，狂轟濫炸，迄今一旬，變本加厲，僅就既知者推算，死傷當在五千人以上，情狀之慘，匪言可喻，中央社記者爰於昨日晉謁省政府吳主席、叩詢意見，承發表談話，略謂，此次抗戰，乃整個國族存亡生死之爭，自惟由中央統籌全局，分別應付，同胞處此大環境中，或參戰前綫，或自衛後方，惟有各盡知能，效忠黨國，至於轟炸之下，婦孺自應疏散四鄉，而少壯必以偷躲他方為恥，仍應把握戰時服務，與生產之兩大信念，不避艱難，處以沉着云。

法醫院亦被炸燬

【中央社廣州六日電】敵機今上午襲粵市區，竟向長堤法國籍美醫院投彈，當將該院建築物炸燬一部，幸醫生病人躲避得宜，未有傷亡，法駐粵領事聞訊，即派大隊法兵全副武裝前往維持秩序，並在該院裝置武器，以防敵機再度來襲，法領已將經過情形，電呈法外部報告，此間外僑領袖，亦多以為敵機瘋狂至此，實屬危及第三國利益，均嚴加注意，或將有嚴正之表示云。

英領事向倭抗議

【中央社香港六日路透電】此間日本總領事中村，頃接見記者謂，英國駐廣州總領事勃倫特，因日機飛經沙面上空，曾對渠提出書面抗議。

——摘自《新蜀报》，1938 年 6 月 7 日

寇機四十餘架

昨日分批轟炸廣州

投下各彈均係重量者

爆炸聲之烈震耳欲聾

（廣州六日路透電）今晨日機由八時五十分大肆轟炸廣州，至九時零五分始離去，政府機關大沙頭車站，黃埔西江下流一帶，及沿黃埔對岸×山頭亦落數彈，警報九時二十分始解除，乃至十時廿五分，第二批日機又來，十時卅分飛抵廣州上空，至十一時十分始去，參加轟炸之日機達四五十架，今日爆炸聲之烈，震耳欲聾，各彈均係重量者，大部均落江邊。

（香港六日合衆電）今晨日機飛廣州轟炸時合衆社記者，曾親見日機低時機上之國徽及駕駛員均可清晰者，其轟炸之目標似爲政府機關及粵漢路及珠江鐵橋等，日機于今晨八時卅分，飛廣州上空各機均低飛往，下投彈各飛機且沙面上空，降至距地三百尺處彈彈有一彈中居民住在地，死傷達百餘人。

（廣州六日合衆電）日機十架今晨八時卅分轟炸東山。

（廣州六日路透電）日機五六架，昨日吏番飛廣州轟炸歷一小時之久，最後來襲之日機，竟向沙面租界投彈數枚，該處居民頗受驚惶。

——摘自《泸县民报》，1938年6月7日

敵機炸廣州市已逾八百次

粵全省遭空襲二千次

吳鐵城談話激勵民衆

中央廣州六日電 抗戰以來、敵機迭犯粵境、計廣東全省所遭空襲、先後共過二千次、而廣州一地亦逾八百次、自上月廿八日起、敵機復以廣州市爲目標、狂轟濫炸、迄今一旬、變本加厲、僅就既知者推算、死傷當在五千以上、情狀之慘、匪言可喻、中央社記者爰於昨日晉謁省政府主席、叩詢意見、承發表談話如次、吳主席云、日本在蘆溝橋啓釁、至今日爲止、恰足十一個月、明日六月七日爲十二個月之第一天、於此抗戰期間、廣州全省迭遭空襲、間或衝入廣州市區投彈、曾予我市民以慘痛之傷害、然完全以市區爲目標、以徒手之市民婦孺爲對象而肆虐、如最近之旬日者、洵爲前此所未見、現者死傷之生命與焚毀之房屋、一面方在挖掘、一面日有增加、損失尙難估計、其間一家數口同歸於盡者、衰老獨存而喪其兒孫者、玉雪可愛天眞活潑之小兒、轉瞬間血肉橫飛模糊難辨者、不知凡幾、余數次巡視災區、目擊慘象、耳聞怨號、旣涕泣不禁、復念此仇此債、惟有報之以血戰、所幸市民皆能理解國勢、確認仇敵、故遭受轟炸無異更經煅煉其深惡痛絕同仇敵愾之感情、可於與市民偶相接談時隨處發見之、而救護掩埋工作之勞苦緊張、童子軍之服務以及若干市民之見義勇爲、擁臂相助、尤爲余巡視時所數揮熱淚者、劇暴非無方法、惟此次抗戰乃整個國族存亡生死之爭、自惟由中央統籌全局、分別應付、同胞處此大環境中、或參戰前線、或自衛後方、惟有各盡知能、效忠黨國、至於轟炸之下、婦孺自應疏散四鄉、而少壯必以偷躲他方爲恥、仍應把握戰時服務與生產之兩大信念、不避艱難、處以沉着云

——摘自《时事新报》（重庆），1938年6月7日

敵機昨又狂炸廣州

死傷兩千毀房七百棟

法韜美醫院亦被炸毀

中央廣州六日上午十二時急電　恐怖而荒凉之空氣、今已籠罩整個廣州市、自今日上午八時許迄十一時半、瘋狂之敵機已來襲兩次、迭向市區盤旋低飛、放射機槍、亂投炸彈、截至現在爲止、調查得之災區已有二十餘處、今上午災區之多、而其地點距離軍政機關地址之遠、均令人對敵機嗜殺之暴行、其目的果何所在、實不能測想其萬一、大批婦孺經警政當局之勸、現已開始向四鄉移動、

中央廣州六日電　敵機濫炸粵市區、今已及旬、其瘋狂程度、有增無已、今上午敵機四十一架、又大舉來犯、一部份竄入市、先後在繁衝地帶投彈約百枚、倒塌房屋七百餘棟、炸沉小艇六七十艘、死傷市民二千餘人、災區遍於全市、厥然之慘、非數日前所比擬、而被炸地點均遠離軍事機關、爲世人所共見、甚至法國　美醫院亦慘遭炸彈、又當敵轟炸機一架向光復北路投彈時、爲其防空火力擊傷尾部、蹣　西飛、據報該機已墜落郊外、正由當局派員搜索中中、

——摘自《时事新报》（重庆），1938 年 6 月 7 日

敵炸法醫院

各國將有嚴正表示

中央廣州六日電　敵機今上午飛粵市區、竟向長堤法國韜美醫院投彈、當將該院建築物炸燬一部、查該地與軍事及工業區域相距遙遠、敵機顯以該院爲轟炸目標、幸醫生病人躲避得快、未有傷亡、法駐粵領事聞訊、即派大隊法兵、全副武裝、前往維持秩序、並在該院裝置武器、以防敵機再度來襲、法領將經過情形電呈法外部報告、此間外僑領袖亦多以敵機瘋狂此至、實屬危及第三國利益、均嚴加注意、或將有嚴正之表示云、

中央廣州六日路透電　日機今晨轟炸珠江橋時、一彈恰落於中國岸上之法國醫院、該院房屋全部被毀、法籍外科醫生泰萊受輕傷、其餘外國醫士均倖免於難、惟住院之中國人二名當被炸斃、並有若干受傷、

——摘自《时事新报》(重庆)，1938 年 6 月 7 日

敵機屠殺平民

倫敦泰晤士報主張

國際輿論一致痛斥

中央倫敦六日路透電　今日泰晤士報評論飛機轟炸城市問題、略謂英美兩國對於飛機任意屠殺平民之行爲、表咸痛恨、但僅痛恨尚不能阻止、採取是項屠殺政策之國家、其最後之救濟辦法、仍須尊重法律、以促進和平、俾各國能通力合作、共謀解決一切困難、至於應付目前之局面辦法、首相張伯倫業已言過、即將目前戰事之性質加以說明、俾世界人士能知其眞象、如此可令國際輿論更趨有力、現擬組織之獨立委員會、固僅將赴西班牙調查、但此項調查團果能有効、則亦可派一調查團赴中國視察一切、若國際輿論均能一致痛斥此類暴行、則侵略國或將緩其企圖、逐漸覺悟屠殺平民爲殘暴野蠻行爲、反於戰爭無助云云

——摘自《时事新报》(重庆)，1938 年 6 月 7 日

日空軍暴行滅絕人道
廣州又遭空中大屠殺

擲彈數逾百枚濫炸熱鬧市區 非戰鬥員死傷纍纍損失慘重

法國醫院被日機炸燬

【廣州六日電】路透社訊：今晨日機兩次襲擊廣州時，希圖炸斷珠江橋，設於長堤之法國杜美爾醫院，因以中彈，房屋之一面，致被炸毀，法國軍醫泰萊克中佐受微傷，管理該醫院之李項巴樞將軍險遭不測，惟院內有華人二，死於非命，另傷華人多名。法當局旋與中國當局商妥後，由沙面派法國水兵三十名至該醫院，而於院之四圍設障礙物，該醫院四周之房屋受損更重，死傷亦衆，柏油路上滿播死屍，有完整者，有身肢斷裂者，其中有學生，童子軍，紅十字會工作者。杜美爾醫院貼鄰即中國紅十字會分會，會外路側仆屍四十五具，附近基督教青年會門外亦有屍多具，該會幹事美人洛克武德與炸彈一枚爆炸處相距咫尺，竟得免死傷，實出天幸。江中船戶聚居處，亦落炸彈，當時羣衆驚亂情狀，不堪描寫。今晨日機襲擊，其目標乃在珠江大橋，長堤之電力廠，政府公署，火車站，中央公園附近之房屋，中山大學，黃浦炮臺，亦爲所注意。八時十分發出第一次空襲警報，二十分後，日機出現天空，九時二十分解警，但至十時零五分，警報又作，二十分鐘後，第二次襲擊開始，歷四十分鐘之久，當時天空滿佈飛機，其數在四五十架之間，轟炸繼續不已，炸聲震耳欲聾，其傾向目標發出之機關鎗聲，咸爲炸彈聲所掩，沙面外人初曾記數，共擲下高炸力之炸彈四十二枚，此後因驚亂不復能記，但衆信所擲炸彈，共有百枚左右。

【廣州六日電】路透訊；據中國官方估計，今日空襲中死者在一千五百人以上，房屋毀者一千餘所。外籍記者云，彼等目擊被燬之紅十字會救護車一輛，車頂上機關槍彈痕累累，車中全體人員皆遭慘死。據官方公佈，中山大學共中八彈，幾全部毀壞。東山之培正中學亦爲日機目標之一，故死傷學生多名

死傷者無一爲兵士

【香港六日電】美聯社特派記者愛普斯坦廣州電話：今日廣州復遭空中之屠殺，余遍遊全城，未見任何有軍事重要性之處所被炸。余見死傷於炸彈下者數百人，無一人爲兵士。外國軍官告余曰：除非日軍當行進攻廣州，則民政及公用機關，俱不能認爲軍事中心。法國醫院雖懸有顯著之法國旗，唯亦被直接擊中。余見法國醫院附近之虎標永安堂四週，有屍首數百具。該區另有炸彈一枚，墜落江邊，舢舨船戶數百家，業已被此一彈一掃而光。另有炸彈一枚，墜落離青年會三百碼之處，青年會之房屋，業已由該會幹事樂伍特君改爲臨時醫院，地板上塗滿血穢。在今晨之空襲中，日機常在沙面外國領事館上空下濟飛行。今晨所炸區域，均係前此炸過者。居民稠密之市中心區。永漢街之大公寓，現已成爲修羅場，毀壞及凄涼之景象，隨地皆是，空氣中充滿臭氣，疲憊之救護隊員，仍在勉力搶救有增無減之死傷者，至於死傷確數，現尚無法統計，唯數目當在數百名之譜。

——摘自《大美报》，1938 年 6 月 7 日

人類史中稀有暴行

粵民昨又慘遭轟炸

日機肆虐下橫屍遍地

法籍醫院被炸一軍醫受傷

【廣州六日電】今日被日機轟炸死傷之平民、達一千五百餘人、

【路透社廣州六日電】今晨八時十分、空襲警報又作、此爲本月來第四次之空襲、二十分鐘後、日機即飛越市空、市內并未發生驚慌情形、惟通沙面租界之鐵門、曾經關閉、以防羣衆擁入、聞昨日沙面江邊一帶、曾發現高射砲彈碎片、但租界中未有傷人情事、就吾人觀察所及、日機之目標、仍爲省政府各公署、及大沙頭車站、而黃埔砲台、亦爲其所注意、因該處附近曾落彈多枚也、九時二十分警報解除、但爲時極促、迨十時零五分時、空襲警報又復大鳴矣、

【路透社廣州六日電】今晨日機兩次襲擊廣州時、希圖炸斷珠江橋、設於長堤之法國杜美爾醫院、因中彈、房屋之一面致被炸毀、法國軍醫泰萊克中佐受微傷、管理該醫院之李項巴樞將軍險遭不測、惟院內有華人二、死於非命、另傷華人多名、法當局旋與中國當局商妥後、由沙面派法國水兵三十名至該醫院、而於院之四周設障礙物、該醫院四周之房屋受損更重、死傷亦衆、柏油路上滿播死屍、有完整者、有身肢斷裂者、其中有學生、童子軍、紅十字會工作者、杜美爾醫院貼鄰、即中國紅十字會分會、會外路側臥屍四十五具、附近基督敎青年會門外、亦有屍多具、該會幹事美人洛克武德、與炸彈一枚爆炸處相距咫尺、竟得免死傷、實出天幸、江中船戶聚居處、亦落下炸彈、當時羣衆驚亂情狀、不堪描寫、據負責方面消息、英總領事白倫特、今晨曾發電話與香港日總領事、對日機頻頻飛越沙面、提出抗議、今晨日機之襲擊、其目標乃在珠江大橋、長堤之電力廠、政府公署、火車站、中央公園附近之房屋、中山大學、黃埔砲臺亦爲所注意、八時十分發出第一次空襲警報、二十分後、日機出現天空、九時二十分解警、但至十時零五分、警報又作、二十五分鐘後、第二次襲擊開始、歷四十分鐘之久、當時天空滿播飛機、其數在四五十架之間、轟炸繼續不已、炸聲震耳欲聾、其傾向目標時發出之機關槍聲、咸爲炸彈聲所掩、沙面外人初曾記數、共擲下高炸力之炸彈四十二枚、此後因聲亂不復能記、但衆信所擲炸彈、共有百枚左右、一機轟炸珠江橋者、曾低飛過沙面、當其擲彈後騰起之際、兩翼紅日標識、顯然耀目、

——摘自《文汇报》（上海），1938 年 6 月 7 日

日機屠殺平民 顯係出於故意

令人懷疑是否爲文明國

香港英商華南晨報評論

【美聯社香港五日電】此間英人所辦之華南晨報、今日對於日機濫炸廣州平民區域之暴行、大事抨擊、認日人此種暴行、『在自行暴露其弱點、而使世界懷疑其能否列入文明國家之林』、又謂『各國向日多提抗議、必無效力發生、但舉世共起斥責日人此項野蠻行動、實屬必要、蓋我人若沉默不言、日人將誤爲「接受」、而繼續其慘無人道之暴行也、據日方之報告、多謂日機轟炸廣州、目標僅限於軍事、但就上星期六之轟炸實情而言、則日人之所言、與事實殊不相符也、日人之意、豈水電力廠及行政機關之房屋、皆爲軍事目標耶、若日人之意、眞若是者、則中國任何城市、皆可任意轟炸矣、日機轟炸廣州、或在轟炸廣州之防軍、但爲人道計、對於非武裝之平民、則非力事避免不可也、再則、日機此種濫行轟炸、亦非投彈不準

——摘自《文汇报》（上海），1938年6月7日

運輸公司車夫 慘死日軍槍下

搭客三人哀求赦免 竟被駐軍俘擄而去

無錫人張漢英、年三十五歲、住海防路三百九十一弄四百七十五號、在北海路元元運輸公司爲汽車夫、五日上午六時張駕一坐人汽車、搭客五人、駛往蘇州、九時許駛過太倉抵雙鳳鎭時、其後有一日軍脚踏汽車疾馳而來、邊座中坐一日軍官、該車因速率過巨、且擬越張車而過、致邊輪兜及張車後輪、張車體量較重、日軍之車立遭顚仆、張即停車與同車之人將二日軍扶起、詎日軍惱羞成怒、將張推於路旁小溝中、且拔槍將其擊斃、乘客中三人曾爲張跪求饒命、然爲日軍嗚剌駐軍擄去、生死莫卜、汽車當場被焚、餘二人狼狽逃回、向該公司報告經過後、由該公司告知張妻、張妻得知噩耗、一慟幾絕、現定今日備棺前往收殮云

——摘自《文汇报》（上海），1938年6月7日

狂炸廣州之世界公論

倫敦認爲對平民作戰

補救之道厥在鼓勵尊重法律及恢復國際合作

◎倫敦六日路透社電、泰晤士報今日載社論、題曰「對平民作戰」、謂上星期杪日機對廣州之空襲、雖死平民甚多、但此番其主要目標、似在正當之軍事目的物、在人煙稠密之城市天空從事轟炸、常使平民遭遇殘酷之痛苦、非至以公約認此種戰術爲非法、則當其用以實行眞正軍事目的時、實無提出抗議之理由、據本報（泰晤士報）廣州特約訪員來電觀之、中國之情形、當與此不同、且由英政府向東京提出嚴厲之抗議觀之、英政府所得之正式報告、顯亦如是也、英・美兩國之意見、皆一致反對日的非在破壞敵方軍事實力、而唯圖任意屠殺

威嚇平民戰術

以威嚇平民之戰術、惟々予反對、絕難傾動彼用此戰術者、最後補救之道、如美國務卿赫爾所承認者、厥在鼓勵尊重法律及恢復國際合作、以解決種種困難、俾得積極增進和平、而應付目前大局之唯一實際的途徑、則爲如英首相張伯倫之建議、即澄清互爭案件中眞正情形之疑慮、而使國際輿論更爲有力是也、獨立的委員會、如能有時組成、雖其活動將以西班牙爲限、但該委員會如能收效、則在中國大可設同樣之機關、以應付一切也、今除得悉正確事實之國際輿論所或可施行之遏制外、彼甘犯衆怒之政府、或能漸悟任意屠殺平民、既屬野蠻、復無效益、而自傾嚮溫和也云云

文明國家之林

◎香港五日美聯社電、此間英人所辦之華南晨報、今日對於日機濫炸廣州平民區域之暴行、大事抨擊、認日人此種暴行、「在自行暴露其弱點、而使世界懷疑其能否列入文明國家之林」、又謂「各國向日多提抗議、必無效力發生、但舉世共起斥責日人此項野蠻行動、實屬必要、蓋我人若沉默不言、日人將誤爲「接受」、而繼續其慘無人道之暴行也、「據日方之報告、多謂日機轟炸廣州、目標僅限於軍事、但就上星期六之轟炸實情而言、則日人之所言、與事實殊不相符也、日人之意、豈水電力廠及行政機關之房屋、皆爲軍事目標耶、若日人之意、眞若是者、則中國任何城市、皆可任意轟炸矣、日機轟炸廣州、或在轟炸廣州之防軍、但爲人道計、對於非武裝之平民、則非力事避免不可也、再則、日機此種濫行轟炸、亦非投彈不準確之故、因就最近東京所傳來之消息觀察、日人之濫施轟炸、實出於故意、如日本下院中之國民同盟會、開會時曾決議對漢口作漫無目標轟炸、

自行暴露點弱

又如上海日僞所組織之時局協會、亦電促東京「摧毀中國最後强壘」、該報又謂、日機轟炸廣州或在打擊華人抗戰之情緒、同時移轉一般人視線、使華方頃兵華南、以防日人之登陸、「再則、日人因無法使華人屈膝、故始出此毒辣之手段、如徐州雖告陷落、但戰事並不因是而決、至於漢口之奪取、則尚不知將於何時何日始能達到目的、故於無法之中、作漫無目標之屠殺、以快其意、若究其實、無非自行暴露其弱點、增强華人抗戰之決心、同時使舉世各國疑及其文明國家之國格而已」云云、

——摘自《时报》（上海），1938年6月7日

廣州觸目皆屍

如火山爆發後

東山住宅區長堤醫院均不免一炸

英總領事抗議日機飛越沙面

◎香港六日電、六日晨日機五十架、兩次襲廣州文文路大沙頭東山等處被炸、在西壕口散傳單、捫屋無算、災情較前數日更慘、

◎廣州六日路透社電、據中國官方估計、今日空襲死傷者在一千五百人以上、房屋被毀者一千餘所、外籍記者云、彼等目擊被燬之紅十字會救護車一輛、車頂上機關鎗彈痕纍纍可見、車中全體人員皆遭慘死、據官方公佈、中山大學共中八彈、三彈落於校內、所有校舍、幾全部毀壞、東山之培眞中學、亦爲日機目標之一、故死傷學生多名、廣州市大部份已滿目荒涼、民衆群趨沙面附近、蓋以沙面爲唯一安全點也、今日開港各輪、均因避難者極爲擁擠、皆較平時遲開二小時有半、火車亦呈同樣現象、爲炸彈轟中之杜美爾醫院、閒除懸掛法旗外、更於房頂漆繪紅十字標誌、據今晚繼續調查之結果、江邊附近之菜市中曾炸斃民衆甚多、而許多橫街中亦死傷不少、有數區域竟類

似墳場

祇餘極少數貧苦老弱之輩、徘徊其間耳、群衆多以大建築爲可恃、緊急時皆避匿其中、惟大建築若直接中彈則適成死地耳、今日有民衆數千人群集大東及歐廣兩旅社、以其與沙面接近故、今晚難民數千人懷抱子女及少數物件多在沙面附近之行人道旁、席地而坐、厥狀極慘、而陸續來者尙不知凡幾、不久或將成爲彈丸租界地之一種威脅也、

美醫師

◎廣州六日電、今日此間外僑紛紛拍電海外、對於日方轟炸廣州事、表示恐怖與憤怒、本市各美籍醫師、今晚由無

線電廣播中向美國民衆呼籲、謂「吾人爲廣州市內之美籍醫師、曾目覩日本飛機之殘酷屠殺中國軍民、吾人曾親自治療受傷者數千人、故特緊急向美國人民呼籲、速設法阻止此類每日之屠殺」云、上項陳述係由著名美籍醫師六人簽署、彼等自本市開始被轟炸以來、曾日夜服務、已歷九日矣、

◎廣州六日路透社電、今晨日機兩次襲擊廣州時、希圖炸斷珠江橋、設於長堤之法國杜美爾醫院、因以中彈、房屋之一面致被炸毀、法國軍醫泰來克中佐受微傷、管理該醫院之李項巴樞將軍險遭不測、惟院內有華人二、死於非命、另傷華人多名、法當局旋與中國當局商妥後、由沙面派法國水兵三十名至該醫院、而於院之四周設障礙物、該醫院四周之房屋受損更重、死傷亦衆、柏油路上滿播死屍、有完整者、有身肢斷裂者、其中有學生、童子軍、紅十字會工作者、杜美爾醫院貼鄰即中國紅十字會分會、會外路側臥屍四十五

本文未完轉入第一版

廣州觸目皆屍

（緊接第一版）

具、附近基督教青年會門外亦有屍多具、該會幹事美人洛克武德與炸彈一枚爆炸處相距咫尺、竟得免死傷、實出天幸、江中船戶聚居處、亦落下炸彈、當時群衆驚亂情狀、不堪描寫、據負責方面消息、

英總領

事白倫特今晨曾發電話與香港日總領事、對日機頻頻飛越沙面、提出抗議、今晨日機之襲擊、其目標乃在珠江大橋・長堤之電力廠・政府公署・火車站・中央公園附近之房屋・中山大學・黃埔砲台亦爲其注意、八時十分發出第一次空襲警報、二十分後、日機出現天空、九時二十分解警、但至十時另五分、警報又作

、二十五分鐘後、第二次轟擊開始、歷四十分鐘之久、當時天空滿播飛機、其數在四五十架之間、轟炸繼續不已、炸聲震耳欲聾、其傾向目標時發出之機關槍聲、咸爲炸彈聲所掩、沙面外人、初曾計數、共擲下高炸力之炸彈四十二枚、此後因聲亂不復能記、但衆信所擲炸彈、共有百餘枚左右、一機轟炸珠江橋者、曾低飛過沙面、當其擲彈後騰起之際、兩翼紅日標識、顯然耀目、

◎香港六日路透社電、香港日總領事中村、今日徵實廣州英總領事白倫特因日機飛越沙面、而向日提出抗議之消息、

◎香港六日美聯社電、香港各報記者與廣州訪員以

電話傳遞日機炸粵消息、電話中可聽見日機之轟炸巨聲、沙面對岸長堤、被炸彈投中、響聲甚巨、電話中能異常清晰聞及之、

住宅區

◎廣州六日美聯社電、今晨八時半、日機十架再襲廣州、但此次乃以高等華人住宅區東山爲轟炸目標、日機避開華方之高射砲火力、飛至東山投彈、按東山爲廣州市中心及政府官邸所在地、廣東富豪多寓其間、廣州連日雖遭日機濫炸、彼輩並未避居香港、今竟被炸、無不跳號欲狂、救護隊伍皆冒險趕赴中彈地點工作、醫院方面、雖告人滿、亦竭力整理牀位、以利救護重傷難民、數千萬人恐怖異常、徬徨無措、不知何處安身、

◎廣州六日美聯社電、本日廣州日機空襲、爲近日

來最激烈之轟炸、日機曾在沙面與廣州鄰境被迫在數百英呎之上空、滑過沙面、故沙面外人之生命、實已非常危險、本日日機在廣州市各處繼續投彈在三小時以上、損失幾何、現猶未悉、惟至少當在千人以上、中有一彈、落西村住宅區、立刻爆炸、無辜平民百人、死於難焉、

上一日

◎廣州五日美聯社電、日機今日繼續轟炸廣州、其轟炸之目標、仍集中黃沙車站一帶、商店及住宅爲日機炸毀者不下數百、舉目遠瞻、房屋崩倒、一片坵墟、是日滿天浮雲、中國高射砲隊無法發威、日機亦得乘隙任意進出雲端、第一次空襲在上午十一時半、有日機十二架參加、迨下午一時、日機二次來襲、約轟炸半小時而去、故港粵交通線幾全日中斷、聞悉政府官邸、多被炸倒、並燬某住宅、死老嫗一人、但尚未證實、今日日機所擲之炸彈、卒以風向及移動速率之關係、使該巨量炸彈、全落入華人區域、前星期爲日機炸中之地方、昨夜沉寂異常、狀極可怕、內有平民死屍多具、未及埋葬、臭氣四溢、令人作嘔、廣州市民因日機到處狂炸、無不驚恐、紛紛逃避、

修羅場

香港六日美聯社電、美聯社特派記者愛普斯坦廣州電話、今日廣州復遭空中之屠殺、余遍游全城、未見任何有軍事重要性之處所被炸、余見死傷於炸彈下者數百人、無一人爲兵士、外國軍官告余曰、除非日軍實行進攻廣州、則民政及公用機關、俱不能認爲軍事中心、法國醫院雖懸有顯著之法國旗、唯亦被直接擊中、余見法國醫院附近之虎標永安堂四周、有屍首數百具、該區另有炸彈一枚、墜落江邊、舢舨船戶數百家、業已被此一彈一掃而光、另有炸彈一枚、墜落離青年會二百碼之處、青年會之房屋、業已由該會幹事與伍特君改爲臨時醫院、地板上塗滿血穢、在今晨之空襲中、日機常在沙面外國領事館上空下潛飛行、今晨所炸區域、均係前此炸過者、居民稠密之市中心區永漢街之大公寓、現已成爲修羅場、毀壞及淒涼之景象、隨地皆是、空氣中充滿臭氣、疲罷之救護隊員、仍在勉力搶救有增無減之死傷者、至於死傷確數、現尚無法統計、唯數目當在數百名之譜、

——摘自《时报》（上海），1938 年 6 月 7 日

4 JAPANESE RAIDS ON CANTON INFLICT HUGE CIVILIAN TOLL

Casualty Estimates Range Up to 1,500 After Fifty Planes Bomb the City

FULL MOVIE HOUSE HIT

French Surgeon Injured as Hospital Is Struck—Paris and London Protest

Fifty Japanese airplanes continued raids on Canton yesterday and civilians again were the chief sufferers. Casualties were estimated as high as 1,500. A moving picture house was hit and scores were buried. The French hospital also was struck and a surgeon was injured. France immediately lodged a stiff protest in Tokyo. Britain also protested flights over the International Settlement. This morning again Japanese planes roared over Canton, dropping bombs. [Page 1.]

Japanese troops pushed fourteen miles past Kaifeng, arriving within twenty-five miles of Chengchow, important railway junction. A wholesale withdrawal by the Chinese was reported, but they hoped to make a strong stand in the mountains south of Chengchow. Evacuation of officials and civilians from Hankow was again hastened. [Page 10.]

London showed no concern over a Japanese legislator's statement that control of Hong Kong was necessary to Japan. [Page 11.]

Canton Is Again Blasted

Wireless to THE NEW YORK TIMES.

HONG KONG, June 6.—In three raids by a total of fifty Japanese planes today several hundred Chinese were killed or injured, according to conservative estimates.

Since the daily raids by Japanese started May 28 at least 2,000 persons have been killed and 4,000 to 5,000 injured in Canton and the vicinity.

[Japanese planes raided Canton again today, Tuesday, according to an Associated Press dispatch from Hong Kong, and bombed the crowded city still digging out from the ruins of yesterday's bombardment. The raiders came at dawn after a sleepless night, in which authorities endeavored to cope with 1,500 casualties from yesterday's deadly attacks, this report said.]

In one of the raids today a French-owned hospital was struck by a bomb and seriously damaged; several Chinese patients were injured and a French surgeon was slightly hurt. The hospital is just across from Shameen, an island that forms the international settlement of Canton.

Many Flee to Country

That the casualties were not greater today was owing to the fact that many thousands of Chinese had fled to the country or to Hong Kong in the past few days, while the vicinities of railroad stations and government offices had already been razed.

Hundreds of bombs were dropped

Continued on Page Ten

4 RAIDS ON CANTON TAKE A HUGE TOLL

Continued From Page One

in the latest raids. One of them struck a moving-picture house that was being used as a shelter, burying scores in the ruins. Another bomb, apparently directed at the Pearl River Bridge, exploded amid sampans (native boats on which many Chinese live), causing many casualties.

The Hong Kong Government, on behalf of the British Consul at Canton, formally protested to the Japanese Consul against the flights by Japanese planes over Shameen. The Japanese Consul forwarded the protest to Tokyo and gave his personal assurances that Japanese airmen would be instructed not to fly over Shameen.

Rescue Workers Search Ruins

CANTON, China, June 6 (AP).—Japanese air raiders killed or wounded an estimated 1,500 persons today in heavy raids on Canton.

Chinese officials feared the toll might be even higher as rescue workers searched the ruins of more than 1,000 buildings destroyed or damaged.

More than 100 bombs fell on the metropolis as the war planes swept over in droves. One side of the French-owned Paul Doumer Hospital on the riverfront was blown out. A French military surgeon was wounded slightly; two Chinese patients were killed and seven injured. The hospital was struck as the raiders attempted to bomb the Pearl River bridge.

French colonial infantrymen from Shameen Island, where there are British and French concessions, were speeded to the scene to guard the property. [Charles Arsene Henry, French Abbassador to Tokyo, protested to the Japanese Government against the bombing.]

Eight bombs fell on Sun Yat-sen University, destroying nearly all classrooms. Many casualties were reported among students in the Peigheng School at Tungshan. Thousands of refugees crowded near the international quarter tonight.

Government buildings, railway stations, electric power plants and the Pearl River bridge apparently were the principal objectives of the fliers. The Japanese have been attempting since last year to destroy the transportation facilities and end Canton's importance as the gateway for war supplies from abroad.

Casualties were especially heavy along the waterfront where bombs struck amid tightly packed houseboats.

A. T. Hull of Hampton, Va., a newsreel cameraman, was stunned while filming rescue work. Edward H. Lockwood of Indiana, Y. M. C. A. secretary, narrowly escaped injury.

In the attack in which the French hospital was damaged, X-ray equipment and operating rooms were destroyed. Other bombs plunged to the earth within 200 yards of the French Cathedral, killing Red Cross workers.

Forty-five bodies were laid in the road outside the Chinese Red Cross unit building next to the French hospital.

A fire caused by a short-circuit raged for four hours in a power plant, disrupting the city's current.

Hong Kong reported refugees continued to stream in there. The Rev. Ronald O. Hall, Anglican Bishop of Victoria, Hong Kong, asked of Sir Geoffry Northcote, the Governor, that the government establish a refugee camp, but the request was refused. Bishop Hall left for Canton to attempt to arrange for establishment of a neutral zone near Macao.

Wireless to THE NEW YORK TIMES.

TOKYO, June 6.—A Foreign Office spokesman asserted today that the United States should be informed of the actual conditions at Canton. The spokesman was replying to a request for comment on the statement of Sumner Welles, United States Under-Secretary of State, who recently deplored the slaughter of civilians in China and Spain.

The Japanese official said nobody could contend that Canton was a defenseless city because it was the main center for military supplies to China. Moreover, thirteen military establishments and thirty-one anti-aircraft nests had been discovered in Canton, in addition to an unknown number of others believed to be camouflaged, he asserted.

The spokesman said Britain had not protested but that the best process for Britain would be to instruct the British Consul General at Canton to inform the Chinese that they must withdraw their military establishments from the neighborhood of Shameen, where, he asserted, they were concentrated.

The Japanese spokesman said there was no chance that the Tokyo government would alter its policy of refusing to deal with Generalissimo Chiang Kai-shek's government.

French Protest Is Sharp

Wireless to THE NEW YORK TIMES.

PARIS, June 6.—France joined Britain today in protesting to the Tokyo Government against air raids on Canton.

The Quai d'Orsay instructed Ambassador Charles Arsène Henry to lay particular stress on the bombardment of the French Paul Doumer Hospital. This hospital was plainly marked with a huge Red Cross on the roof, which could not have escaped the notice of the Japanese aviators, it was asserted.

The French Ambassador told the Japanese Foreign Minister that these air raids had greatly excited public opinion in France and that he was instructed to say his government strongly urged their discontinuance. A repetition of such slaughter of the civilian populace might create anti-Japanese feeling in France, which would affect the good relations between the two countries, the Ambassador warned.

340 Americans in Region

WASHINGTON, June 6 (AP).—There are 340 Americans listed in State Department records as living in the Canton consular area, which embraces a wide territory, including Kwangtung, Kwangsi and Kweichow Provinces, excepting the city of Swatow. Approximately half this number live in Canton itself. No word has been received by the department to indicate that any of these Americans had been killed or injured.

——摘自《纽约时报》（The New York Times），1938年6月7日

敵機暴行無已時！

廣州晝夜遭空襲

昨晨迄晚三度狂炸

平民慘遭機槍掃射

【中央社廣州七日電】敵機七日慘炸廣州，其瘋狂程度更甚於前，計自晨八時起，敵機十六架來襲，五架藉浮雲掩蔽，向市東方面進襲，在文明路、西横街、東川路、培正路、合群路等處，投彈三十餘枚，直至晨九時許始竄出海，迨至十時二十五分，敵機二十五架二次來襲，十時即有十架飛入市區，我高射砲隊對空轟擊，敵機在市中心區光孝路、惠愛西路、花圃路、豐寧路、惠愛中路、萬民中路、大南路、西横街、仙湖街、惠福東、文德路、文明路、永勝路、東川路、新興路、合羣路、光復路、長庚路、一德路、靖海路、五仙路、中華南路一帶往返投彈，並以機槍掃射平民，先後落彈五十餘枚，彈聲震天，烈燄騰空，十一時許敵機始行出海，記者於警報聲中，往返各災區，從事攝影及調查工作，路經長堤靖海路口永安堂大廈之際，敵機來襲，沿堤市民數萬，驀見敵機自西往東低飛掃射，爲狀甚危，急仆地上，機彈丸掠過耳際，呼呼有聲，未幾即聞隆然巨響，震耳欲聾，粉砂碎石，繳如下雨，急起審視，知敵彈中三十丈外之堤岸，碎片所及，當將避難程璧光先烈石像旁之市民三十餘人炸斃，長堤停泊之小艇六七十艘亦被炸沉，墜河死屍，血自傷口流出，河水泛作赤色，反觀戲院之銅像亦體無完膚，像下死屍縱橫，或則斷臂碎首，或則僅存斷肢，血肉紛飛，令人不敢迫視，旋轉入五仙路，曾見火光燭天，五輛消防救護車横阻路中，百餘名消防救護隊員協力進行滅火工作，蓋敵機正羅投燒夷彈數枚於此，五十餘座舖宇轉瞬即化爲灰燼，殘屍焦臭，味達數里，歷四小時許，火勢猶未全滅，又市立初中學生集中軍訓練男女隊部各一所今亦遭炸毀，幸各生俱入避難壕，僅傷員工三人，該局局長劉石心是時適到部視察，在壕避難，亦告無恙，尤足稱幸，總觀今晨敵機來勢，已入瘋狂之態，沙面租界地爲外僑集居之所，敵亦不加重視，往返低飛數次，離停泊河面之外艦鳴槍砲警告，亦置不理，足證瘋狂之敵人心目中殆無第三國利益，又當敵轟炸機一架，向光復北路投彈時，爲我防空火力擊傷尾部，搖擺西飛，迄記者發電時止，據報該機已墜落郊外，正由當局派員搜索中。

【中央社廣州七日路透電】今晨五時五十五分又發出空襲警報，數分鐘後，即有日機出現市區上空，在東山郊外投彈六枚，城之西北部永漢路附近投彈三四枚，此時人民均尚未起床，未及避往安全地帶，故死傷當甚慘重云。

【中央社廣州七日路透電】日機今日午後二時廿五分再度空襲廣州，轟炸各機關及各車站，西村自來水廠院內落彈九枚，損失達數十萬元，時有英國工程師三人在廠，亦被炸斃，又西村電燈廠被炸以後，廣州全市及沙面今晚全在黑暗之中，但以月夜之故，第三批日機又於八時三十分空襲廣州，當記者發電時，日機正在廣州北區投擲燃燒彈云。

救護車輛亦被炸毀

【中央社廣州七日路透電】據官方宣佈，昨日日機狂炸廣州之結果，死傷人數在一千五百名以上，毀民房達一千所，某外籍記者曾見紅十字會救護車一輛被炸毀，車頂機關槍彈痕累累，車內人員均已殞命，據官方稱，日機向中山大學投彈八枚，三彈落於校內，全部校舍均被炸毀，東山培成中學亦被炸，死傷學生甚多，廣州市內大部居民現已遷徙一空，紛紛擁入沙面避難，該處現已成爲惟一安全地點，此間開往香港之輪船，今日因難民擁擠，遲開兩小時半，昨夜開行之火車，亦極擁擠，聞昨日被炸之法國醫院及中國紅十字會，其屋頂均有顯明之紅十字標誌，法國醫院並掛有法國國旗。

若千街道形同墓地

據今晨之詳細調查，江岸市場附近昨日死人極多，其兩旁小巷內亦頗有死傷，若干街道現已形同墓地，貧苦老人及失散之幼童多徘徊其間，不知所措，空襲時人民多湧入大廈內，故大東與光等旅館，因靠近沙面之故，其中避難者達數千人，此外另有難民數千人終夜徬徨於沙面街側及其附近地帶，多有攜抱小孩及其他隨身物件者，而新到之難民尚絡繹不絕云。

被彈之處無關軍事

【中央社廣州六日合衆電】廣州市民今日復受日機殘殺，合衆社記者於轟炸時視察全市，乃知被日機轟炸之處多無軍事上之重要性，平民死傷者遍地皆是，據外籍觀察家意見，市內之公共機關均不能認爲軍事之中心，然日機今則以政府機關及平民爲其轟炸之目標，法國醫院原掛有極大之法旗一面，惟日機投下之彈，有一彈適中該院，永安堂離法醫院極近，該堂四週死屍多至百具，永安堂主人胡文虎氏曾先後捐款六百萬元，建造後方醫院及孤兒院，日機注意永安堂，或係此意，法醫院共中彈二枚，損失一百五十萬法郎，離法國教堂二百碼之處亦落炸彈一枚，死紅十字會救護人員數名，江邊發電廠因中彈起火，焚燒達四小時之久。

美攝影師冒險攝影

美巴拉蒙電影公司攝影員哈爾氏適立于江邊，將日機之殘暴情形一一收入鏡頭，其附近某處忽落重彈一枚，哈爾氏猝不及防，被震墮江，事後哈爾氏對記者稱，彼已將日機轟炸紅十字會救護車及掃射救護人員之情形攝畢云，記者復視察大平路，見未收殮之屍身尚有五十四具，均血肉模糊，慘不忍睹，江岸青年會附近亦落彈一枚，致蛋艇內人民死者不下百人，日機于飛經沙面各外領館時，更低飛威脅，廣州市區滿目瘡痍，傷者猶臥地呻吟不已，救護人員均冒險搶救，日機屢以機槍向彼等掃射，迄今未掘起之死屍當尚有數百具，市內民房商店中彈起火而焚燒者甚多，此間外人咸責日機轟炸平民之不當，即以本日轟炸江邊而論，該處不但無高射砲陣地，即欲找其他軍事機關，亦不可得也。

——摘自《大公报》（汉口），1938年6月8日

敵機昨三襲廣州

猛轟市區並炸近郊死傷不詳
粵外僑多已拍電向各方申訴

潮汕等九縣市昨亦慘遭轟炸

【中央社廣州七日二時電】敵機連日狂炸市區，殘酷萬狀，或以爲倭寇瘋狂昨日料可稍斂兇鋒，詎五時如常結隊來犯，除猛轟近郊外，復入市區投彈，災情之慘，無殊曩昔，據悉：敵機五時十五分乘晨光熹微之際，自中山海外來襲，爾時全市民衆均在酣睡之中，聞機聲軋軋，莫不從夢中驚醒，俄而敵機進抵市空，盤旋良久，在下村廣雅中學投彈多枚，幸未命中，無大損害敵機逞兇後，于六時四十五分向順德南飛行，迨至下午一時五十五分，敵機廿四架復分兩批來襲市區，狂向西村投下燒夷彈數十枚，圖燬廣州中學，幸未中彈，俱落附近農家，一時火光冲天，燃燒甚烈，農民死傷甚多，旋又轉向市北及河南分投二十餘彈，落於德宣西路一帶，共燬民房達百棟，民衆走避不及者，悉葬身瓦礫場中，敵機肆虐畢，乃于下午三時二十五分竄走，我遂解除警報，死傷人數尚未確知，截至發電時止，各災場發掘工作，仍在進行中。

【中央社汕頭七日電】今晨八時至十一時餘，敵機二架由金門飛襲饒，埠，豐，安，揭，潮，汕，澄，澳，九縣市，在潮安城郊擲三彈，過汕時向居民掃射機槍，並散發荒謬傳單，恫嚇民衆遷避，午南澳海方來敵巡艦二，驅逐艦一，下午一時餘派機二架二次犯汕，在礐石砲台擲爆炸彈三枚，燒夷彈一枚，我無損失，旋經潮惠進窺海陸豐。

【中央社廣州七日路透電】此間外人對日機轟炸暴行，極爲悲憤，現多已拍電向世界各方申訴，本市美籍醫士昨向美國民衆廣播宣言，內有醫生等現已目覩日本飛機屠殺中國平民之暴行，數千受害之平民，曾經吾等親手治療，吾等現特向美國人民呼籲，應即設法制止此每日繼續不斷之屠殺事件等語，此項宣言由著名之美國醫生六人署名，自日機轟炸廣州以來，該醫生等在過去九日中，均晝夜忙于救治難民云。

——摘自《河南民国日报》，1938 年 6 月 8 日

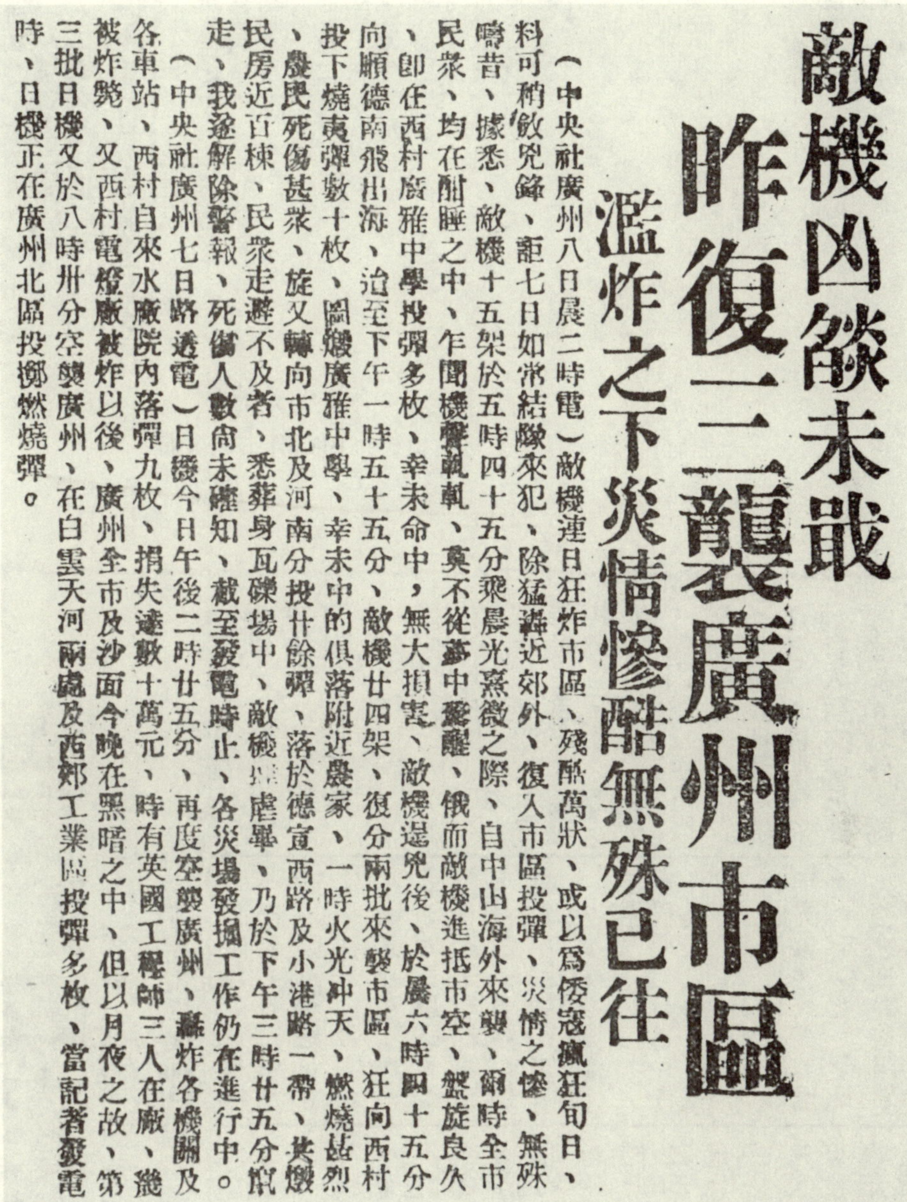

敵機凶燄未戢

昨復三襲廣州市區

濫炸之下災情慘酷無殊已往

（中央社廣州八日晨二時電）敵機連日狂炸市區、殘酷萬狀、或以爲倭寇瘋狂旬日、料可稍斂兇鋒、詎七日如常結隊來犯、除猛轟近郊外、復入市區投彈、災情之慘、無殊曩昔、據悉、敵機十五架於五時四十五分乘晨光熹微之際、自中山海外來襲、爾時全市民衆、均在酣睡之中、乍聞機聲軋軋、莫不從夢中驚醒、俄而敵機進抵市空、盤旋良久、即在西村廣雅中學投彈多枚、幸未命中，無大損害、敵機逞兇後、於晨六時四十五分向順德南飛出海、迨至下午一時五十五分、敵機廿四架、復分兩批來襲市區、狂向西村投下燒夷彈數十枚、圖燬廣雅中學、幸未中的俱落附近農家、一時火光冲天、燃燒甚烈、農民死傷甚衆、旋又轉向市北及河南分投廿餘彈、落於德宣西路及小港路一帶、共燬民房近百棟、民衆走避不及者、悉葬身瓦礫場中、敵機肆虐畢、乃於下午三時廿五分竄走、我遂解除警報、死傷人數尚未確知、截至發電時止、各災場發掘工作仍在進行中。

（中央社廣州七日路透電）日機今日午後二時廿五分、再度空襲廣州、轟炸各機關及各車站、西村自來水廠院內落彈九枚、損失達數十萬元、時有英國工程師三人在廠、幾被炸斃、又西村電燈廠被炸以後、廣州全市及沙面今晚在黑暗之中、但以月夜之故、第三批日機又於八時卅分空襲廣州、在白雲天河兩處及西郊工業區投彈多枚、當記者發電時、日機正在廣州北區投擲燃燒彈。

——摘自《新华日报》（汉口），1938年6月8日

法抗議敵狂炸廣州

此種殘暴行爲決無寬恕之理

（東京七日電）法駐日大使、昨日訪外次、以法政府之名義、向日抗議日機轟炸廣州事、同時幷抗議法國杜美醫院亦遭波及、法大使謂日方此種轟炸行爲、足影響法日邦交、亦足引起法國人士之反感、[illegible]內容覆、狂妄無理、謂廣州設防、故日機之轟炸爲合法之行爲、敵各報因英法國政府先後向敵抗議、著荒謬論文、竟要求日政府不爲二國政府所動、更謂英法二國無權干涉日之行爲

（中央社巴黎七日哈瓦斯電）關於日本飛機轟炸中國廣州市法國人所設之杜美醫院事、據小巴黎人報訊、該院內女病人二名、已被炸斃命、法籍軍醫官等數人、亦被炸受傷、法水兵因日轟炸該院、故卽登陸保護醫院四週、此事曾得中國同意、法報評論、稱該院屋頂旣繪有極顯明之法國國旗、其地又與闔市距離甚遠、且佔地甚廣、日本飛機竟予轟炸、此種殘暴行爲、決無寬恕之理

——摘自《新华日报》（汉口），1938 年 6 月 8 日

廣州昨成黑暗世界
晝夜遭四次狂炸

電廠自來水廠受重大損失

法海軍在廣州登陸戒備中

（廣州七日電）路透社訊：今晨五時五十分，廣州居民復被空襲警報驚醒，數分鐘後，日機一架出現天空，在東山區擲下炸彈六枚，西鄉附近亦落下炸彈三四枚，當時居民尚未離家赴共安全處所，死傷甚衆。東山區起火，顯因被投中燒夷彈所致。

（香港七日電）路透社訊：香港政府發言人稱：現正計議在廣州城外，闢一安全區域。此間日方發言人稱：日政府對於此議，將予以同情之考慮。

（巴黎六日電）法政府頃訓令駐日大使亨利，向日本政府抗議兩事：（一）日本飛機迭次轟炸中國未設防城市。（二）日本飛機轟炸中國廣州市時，法國杜美醫院亦遭波及。

（廣州七日電）今日天微明時，日機又來廣州投炸彈，旬日來日機所炸而死傷之民衆，已在六千以上，今日來襲之日機共四架，向熱鬧之住民區濫肆轟炸，法海軍陸戰隊已於昨日登陸，杜美醫院所受之損失在一百五十萬法郎以上，今日死傷數約千人。

（東京六日電）法國駐日大使亨利，今日代表法政府訪外務省，希望日政府約束日機，今後毋飛至廣州轟炸。據此間所得報告，法國海軍陸戰隊，已在廣州登陸，以保護法人所有之杜美醫院，緣日彈直接投中該院，軍醫泰萊克曾受微傷，法領事會聯合其他外國領事調查廣州被轟炸處。

——摘自《晶报》（上海），1938 年 6 月 8 日

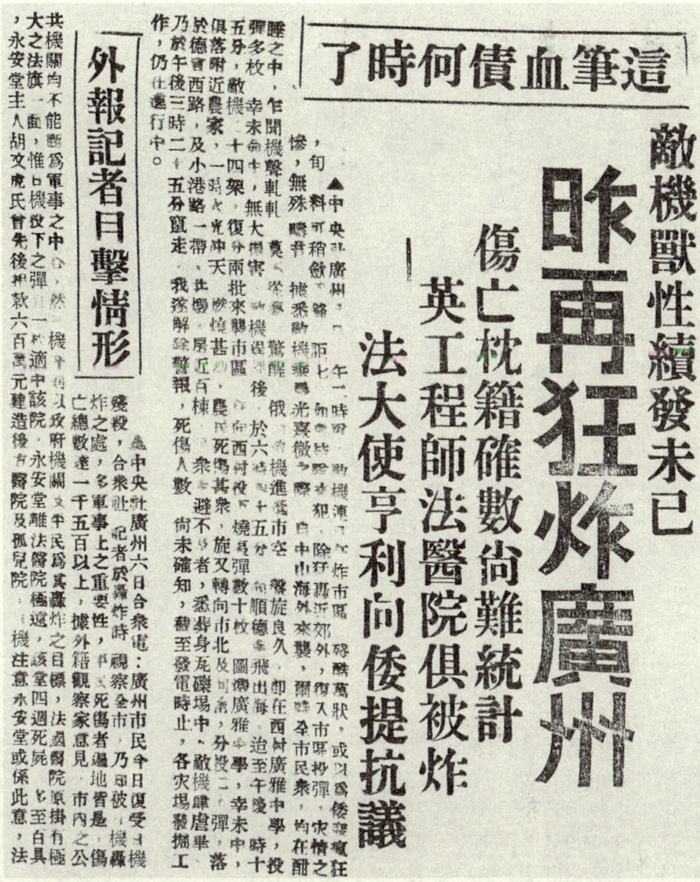

這筆血債何時了

敵機獸性續發未已

昨再狂炸廣州

傷亡枕籍確數尚難統計

英工程師法醫院俱被炸

法大使亨利向倭提抗議

外報記者目擊情形

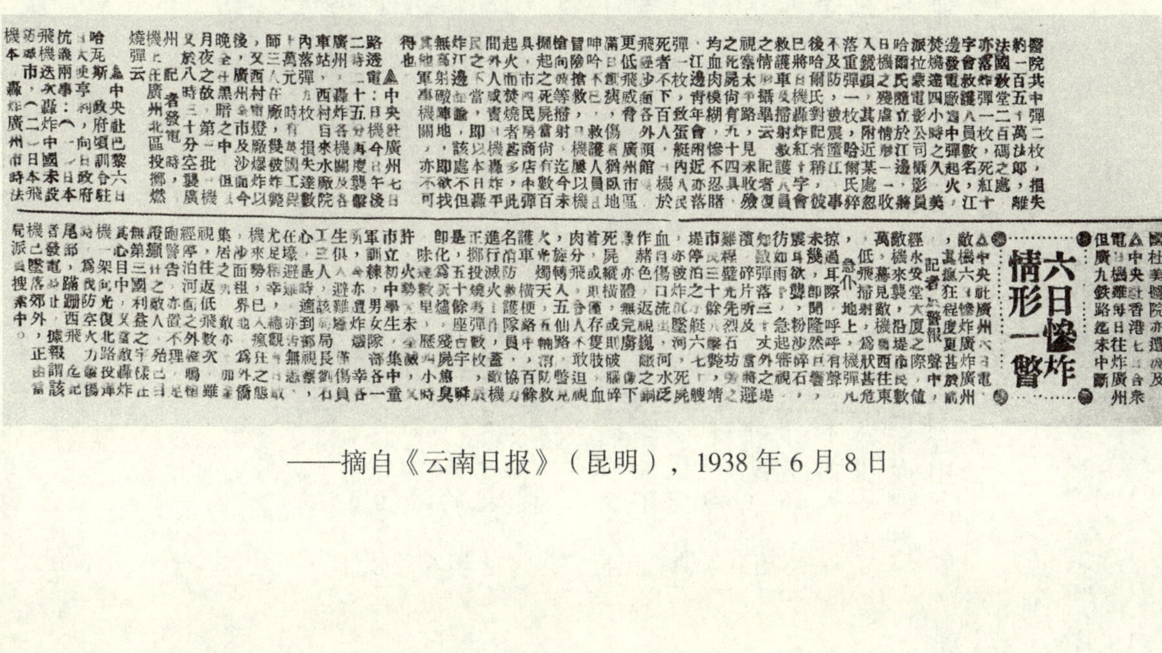

六日慘炸情形一瞥

——摘自《云南日报》（昆明），1938年6月8日

寇機再逞獸行 昨三次炸廣州

電燈廠被炸全市在黑暗中

【香港七日午後十時十分發專電】寇機本日三次轟炸廣州，慘酷難以描畫，損失詳情尚待調查。

【中央社廣州七日路透電】今晨五時十五分，又發出空襲警報，數分鐘後，即有日機出現市區上空，在東山郊外投彈六枚，城之西北部永漢路附近投彈三十枚，此時人民均尚未起床，未及避往安全地點，故死傷當甚慘重云。

【中央社廣州七日路透電】日機今日午後二時二十五分再度襲擊廣州，轟炸各機關，及各車站，西村自來水廠院內，落彈九枚，損失達數十萬元，時有英國工程師三人在廠，幾被炸斃，又西村電燈廠被炸以後，廣州全市及沙面，今晚全在黑暗之中，但以月夜之故，第三批日機又於八時二十分空襲廣州，當記者發電時，日機正在廣州北區投擲燃燒彈云。

——摘自《新蜀报》，1938 年 6 月 8 日

敵機昨又轟炸廣州 瘋狂程度甚於往昔

市中心區彈聲震天濃煙騰空而起 對租界亦重視目中無第三國利益

（廣州七日電）敵機今日飛炸廣州瘋狂程度，甚於以前，自晨八時起，敵機六架來襲，在文明路，東川路，培正路，樂羣路，投彈廿餘枚，直至晨九時許，始向東逃竄，至十時廿五分，敵機廿五架，二次來襲。先是十時有十架飛入市空，我高射礮隊，中對空轟擊，敵機在市中心區光孝路，惠愛西路，中華南路一帶，往來投彈轟炸，另以機槍掃射平民，先後落彈五十餘枚，彈聲震天猛煙騰空而起，十一時敵機始行出海，總觀今日敵機來勢進入瘋狂狀態，河面租界地爲外僑住在所，敵機亦加以重視往返必低飛注視雖經江面外艦鳴槍警告，敵機置之不理，由此可知瘋狂敵人，似已目中無第三國之利益也。又當敵轟炸機一架向光復北路投彈，爲我防空火擊傷尾部猖狼西飛，聞該敵機已墜落郊外正查覓中。

——摘自《泸县民报》，1938 年 6 月 8 日

敵艦海盜行為

截劫貨船屠殺漁民

中央汕頭六日電　汕金和利貨船、去月杪由陸豐開汕途遇敵艦、貨被劫、船遭燬、船夫今逃生抵汕、據稱同遇難者尚有十餘漁船、漁民被綁二十餘、梟首穿鐵絲投海、慘不忍睹、又由汕開惠來之金祥興米船、亦被敵艦炸沉、

中央福州六日電　昨晚有汽艇兩艘、滿載貨物、駛經連江岸洋面、被敵艦截劫一空、

——摘自《时事新报》（重庆），1938年6月8日

敵在汴蘭各役施放毒彈

敵機飛洛陽投彈

中央鄭州七日電　據確報、敵進犯蘭封開封、因屢攻不獲、竟使用毒瓦斯、我士兵被害者頗多、

中央洛陽七日電　敵機三架七日復侵入洛陽、在高空盤旋數週、投彈十七枚、我死傷十餘人、

——摘自《时事新报》（重庆），1938年6月8日

敵機昨又二襲廣州 自來水電燈廠均炸毀

中央廣州七日路透電　日機今日午後二時二十五分、再度襲擊廣州、轟炸各機關及各車站、西村自來水廠院內落彈九枚、損失達數十萬元、時有英國工程師三人在廠幾被炸斃、又西村電燈廠被炸以後、廣州全市及沙面、今晚全在黑暗之中、但以月夜之故、第三批日機又於八時三十分襲廣州、當記者發電時、日機正在廣州北區投擲燃燒彈云、

中央廣州七日路透電　今晨五時五十五分、又發空襲警報數分鐘後、即有日機出現市區上空、在東山郊外投彈六枚、城之西北部永漢路附近投彈三四枚、此時人民均尚未起床、未及避往安全地點、故死傷當甚慘重云、

——摘自《时事新报》（重庆），1938年6月8日

日機在粵濫殺平民

在歷史上實無前例

外人目為殘暴無恥野蠻行為
較西班牙空襲道德上尤卑劣

廣州十日來死傷逾七千

【漢口七日電】美聯社訊：據美聯社記者愛普斯坦自廣州報告稱：余曾見南京及漢口之轟炸，亦曾在山東前線，見屍首數千具，惟從未見此種無意識集中轟炸之野蠻行爲。此種屠殺，實殘暴無恥已極。余步行於被炸斃之市民及血堆中，遇外國軍官數人，彼等均肆力抨擊此種「濫殺」之行爲。彼等證實江岸附近並無軍事目標，而日機在該地投彈，竟擊斃數十人，關於民政機關附近之轟炸，彼等稱：「民政機關是否爲軍事目標，實係疑問，惟即使係軍事目標，則投彈者亦必須有投必中，始係合法。日機所投炸彈，多離目標極遠。不論何物爲其目標，僅有平民受其害耳。」外國軍官均證明該地並無軍隊，唯日機則在英美領事館附近之上空作下潛飛行，投擲炸彈。英方對於日機危及沙面租界，業已提出抗議。今日日機轟炸水菓市場，魚市場，江岸，紡織市場，電廠，及永漢路太平路等商業區域。外國軍官證實此次廣州之轟炸，較列强提抗議之西班牙巴塞龍納空襲，在道德上實尤卑劣。此次廣州在十日中，發警報廿五次，日機來炸十四次，投彈計一千二百枚以上，死二千五百人傷五千人，燬屋一千七百棟。此係十日來空中屠殺之結果，在歷史上實無前例。此爲廣州中立國國民及中立國軍官所公開發表之公正無私之語

——摘自《大美报》，1938 年 6 月 8 日

日機肆虐夜以繼日

水電機關被轟炸

廣州已成黑暗世界

昨下午遭空襲二小時 月光下日機又來投彈

平民死傷仍慘重

（香港七日電）美聯社訊：今晚八時十分，廣州復發空襲警報，第二次空襲警報乃于八時廿分發出者。據聞虎門炮台上空，有日機十架，翱翔於明亮之月光下。

（香港七日電）美聯社訊；據廣州電話稱；日機之月下空襲，於今晚九時開始，西村正在建造中之英商新自來水廠，業已被燬，市中電廠，亦發生障礙。

【廣州七日電】路透社訊：廣州市雖在黑夜之中，猶不能免日機之惠臨，晚八時半日機又來轟炸，此為一日內之第三次空襲，參加第三次空襲之日機，會向北區擲落燒夷彈。

【廣州七日電】路透社訊：今晚十一時半日機又來此，在月光下作第四次之空襲。就情形而觀，恐將澈夜不停，深圳區落彈十八至二十枚之多。廣九鐵路亦落多彈，當日機一再盤旋於其目標之上空時，既未聞高射炮聲，亦未見探照燈光。

【香港七日電】美聯社訊：今日下午二時半至四時間，有日本轟炸機十五至二十架，猛炸廣州，以西村之政府建築物為主要目標。河南方面，亦有炸彈多枚，墜落於戶口稠密之區域。死傷恐極慘重。河南島上之炸彈，墜落於小江村美聯社記者在該地見屍體九具，另有一雙籮中盛一婦人之遺體。前此日機之空襲，並未在此間投下炸彈，今日突施轟炸，實出村民意外，是以情形極為混亂，美聯社記者見離嶺南大學一英里餘之小江村，有八十老翁為飛機所嚇呆。嶺南大學中，住有美國人二十名以上。今日日機所投之炸彈，一部投中總電機，是以市內黯然無光，此種事件，時有發生，往往立即修復。全市水電供給，現尚保持原狀，沙面繼續有彈片墜下。今日日機所投炸彈，約六十枚，多數係重磅炸彈。今日並無驅逐機陪護轟炸機前來。最近日機雖逐日施行轟炸，中國商人多照舊進行日常營業。

【香港七日電】美聯社訊：據廣州電話報告：今日下午日機之空襲，於下午三時終止，其猛烈之程度，約與昨日之空襲相同。日機空襲目標，顯在黃沙車站附近之電廠水塔，今晨有大量將運往內地之貨物，運抵黃沙車站。

——摘自《大美报》，1938 年 6 月 8 日

日機昨四度襲粵

市民終日在警報恐怖中
炸彈均落人口稠密區內

【路透社廣州七日電】今晨五時五十分、廣州居民、復爲空襲警報驚醒、數分鐘後、日機一架出現天空、在東山區擲下炸彈六枚、西鄉附近亦落下炸彈三四枚、當時居民尚未離家赴其安全處所、故恐死傷者必衆、惟此次襲擊、僅歷十分鐘、旋即比較安靜、東山區起火一處、顯因中燒夷彈、

【路透社廣州七日電】今晚十一時半、日機又來此、在月光下作第四次之空襲、就情形而觀、恐將徹夜不停、深圳區落彈十八至二十枚之多、廣九鐵路亦落多彈、當日機一再盤旋於其目標之上空時、旣未聞高射砲聲、亦未見探照燈光、沙面居民在明朗月光之下、得淸楚望見日機翺翔天空、擇其目標、

【美聯社香港七日電】今日下午二時半至四時間、有日本轟炸機十五至二十架、猛炸廣州、以西村之政府房屋爲主要目標、河南方面、亦有炸彈多枚、墜落于人口稠密之區域 死傷恐極慘重、唯目下尚無確切之統計、河南島上之炸彈、墜落于小江村、美聯社記者在該地見屍體九具、另有一鑊、鑊中盛一婦人之遺體、前此日機之空襲、並未在此間投下炸彈、今日突施轟炸、實出村民之不意、是以情形極爲混亂、嶺南大學中、住有美國人二十名以上、今日日機所投之炸彈、一部投中總電機、是以市內黯然無光、唯此種事體、時有發生、往往立即修復、全市水電供給、現尚保持原狀、沙面繼續有彈片墜下、唯外人仍在屋頂往來、今日日機所投炸彈約六十枚、多數係重磅之炸彈、今日並無驅逐機陪護轟炸機前來、最近日機雖逐日施行轟炸、唯中國商人多照舊進行日常業務、

——摘自《文汇报》（上海），1938 年 6 月 8 日

法向日本抗議兩事

日機轟炸未設防城市
日機炸粵波及法醫院

◎巴黎六日哈瓦斯社電、政府頃訓令駐日大使亨利、向日本政府抗議兩事、㈠日本飛機迭次轟炸中國未設防城市、㈡日本飛機本日轟炸中國廣州市時、法國杜美醫院亦被波及

◎東京六日美聯社電、據此間今日消息、駐東京法大使亨利今日遣派代表赴日本外務省交涉、希望日本空軍能約禁對於廣州之轟炸、同時法國領館當局連合其他外國領館官員、偕往災區視察云、

——摘自《时报》（上海），1938 年 6 月 8 日

世界輿論一致動員

嚴詞譴責日機暴行

法政府向日提出抗議

【哈瓦斯社巴黎六日電】法政府頃訓令駐日大使亨利、向日本政府抗議兩事、(一)日本飛機迭次轟炸中國未設防城市、(二)日本飛機本日轟炸中國廣州市時、法國杜美醫院、亦被波及、

【哈瓦斯社巴黎七日電】關于日本飛機轟炸中國廣州市法國人所設之杜美醫院事、日報頃加以評論云、「該院屋巔、既繪有極顯明之法國國旗、其地又與鬧市距離甚遠、且佔地甚廣、自不致被人誤認、日本飛機竟乃轟炸之、此種侵略舉動、尤無加以寬恕之理、」駐日大使亨利、業已奉令通告日本政府、謂此種加害手段、實與國際法暨人道主義最粗淺之原則相違反、法國方面既所反對、且甚憤慨云、

【哈瓦斯社倫敦七日電】關於日本飛機迭次轟炸中國未設防城市、西班牙國民軍飛機轟炸該國共和政府轄境內普通人民兩事、泰晤士報頃又加以評論云、「昨日一日之中、中國與西班牙國境內又有多處地方橫被轟炸、中國廣州市受害慘烈、實乃戰事發生以還所罕見、西班牙國東部某某城市、亦均重遭國民軍飛機之轟炸、關於日本飛機轟炸中國廣州市平民一事、英國政府自向日本提出抗議之後、據昨晚所獲消息、日本政府已知英國抗議、係以目擊者所提出之正式報告爲依據、日本政府並已通告英國大使克萊琪、謂當從新切實調查、惟是關于日本飛機轟炸中國城市事、雖有目擊之人多名提出報告、特在西班牙國境內、則可以作証之人甚屬寥寥、英國政府切望其所主張之中立委員會、得以早日組成、開始工作」、每日民聲報則用大號字登出種種消息云、中國廣州市昨日重行被炸、死傷人數又有一千五百人之多、英國輪船「聖維尼非勒德」號、則在西國亞利坎特港被國民軍飛機炸沉、死五人、傷二十七人、其中並有婦女多名、「此乃日本政府與其同盟者、即西班牙國民軍政府、對於英國迭次抗議之赤裸裸的覆文」云、

——摘自《文汇报》（上海），1938 年 6 月 8 日

廣州東山區落彈起火

卜晝卜夜如火上加油

水電廠燬全市黑如漆

派拉蒙攝影師赫爾被彈入珠江

◎廣州七日路透社電、今晚十一時半日機又來此在月光下作第四次之空襲、就情形而觀、恐將澈夜不停、深圳區落彈十八至二十枚之多、廣九鐵路亦落多彈、當日機一再盤旋於其目標之上空時、既未聞高射炮聲、亦未見探照燈光、沙面居民在明朗月光之下、得清楚望見日機翱翔天空、擇其目標、

◎廣州七日路透社電、廣州市雖在黑夜之中、猶不能免日機之惠臨、晚八時半日機又來轟炸、此爲一日內之第三次空襲、參加第三次空襲之日機、曾向北區擲落燒夷彈、

◎廣州七日路透社電、今日午後二時三刻、日機又出現於天空、向廣州市政府公署一帶及黃沙站以北粵漢路投彈轟炸、居民大都業已避難、拒此次生命損失、當不似前此之多、惟深圳自來水廠落炸彈九枚、致損失達數十萬元、馬爾康洋行派往監視水廠新屋工程之英籍技師三人險被炸死、深圳電廠亦受損毀、致電燈不明、廣州與沙面入夜全黑、

◎廣州七日路透社電、日機今日第二次空襲時、在深圳自來水廠監工險遭炸斃之英籍技師爲布堪南茂飛及伐塞三人、布氏正與中國閽人在水廠空場中談話、見日機飛至、立卽分途逃避、布氏雖未傷及、而該閽人則爲在其身旁爆裂之巨彈、炸成虀粉矣、茂飛時適坐於宿舍之階沿與所蓄兩犬相嬉、見日機飛臨、卽曳兩犬入內、當時有炸彈多枚在空場中爆發、屋瓦多被震碎、玻璃碎屑及泥土等、紛紛落於茂氏之身、伐塞正在其住室內安然無事、全廠建築之獨未損毀者僅此住宅而已、當空襲進行時、有一彈直接在市長辦公處前爆炸、窗戶及無線電天線均毀、幸全體職員均在避彈室內、故無傷者、深圳區城在下午空襲中、共死華人九名、晚間日機第三次空襲時、雖全市黑暗、但明朗之新月、頗有助於日機、所有目標定可淸晰瞭見、江邊一帶萬籟無聲、僅日機飛近市中時聞軋軋機聲而已、日機似仍集中其目標於深圳區域、

◎廣州七日路透社電、今晨五時五十分廣州居民復爲空襲警報驚醒、數分鐘後日機一架出現天空、在東山區擲下炸彈六枚、西鄉附近亦落下炸彈三四枚、當時居民尚未離家赴其安全處所、故恐死傷者必衆、惟此次襲擊、僅歷十分鐘、旋卽比較安靜、東山區起火一處、顯因中燒夷彈、

法醫

◎廣州七日美聯社電、昨日被炸傷之法國醫帥、爲塔爾勃克司令、法國政府原定於今日賜以榮譽團之勳章、當法國醫院被炸之時、法人林經伯治將軍亦在其內、唯結果並未受傷、佔住該院之法國軍隊、並未安置高射砲、該院被炸之時、懸有大法國旗及紅十會旗各一面云、

◎廣州七日美聯社電、今晨天明時、日機再來轟炸、日本不顧英美法等國軍政外交當局之譴責、今日又派飛機四架襲粵、英美法等列強、皆謂轟炸平民、實屬「不當」不分皀白、任意濫炸、更無理由、且民房官邸、非在進軍時期、尤不能認作軍事目標的隨便投彈、法國以廣州

杜美醫院昨日被炸、曾派

法軍

登陸、護衛該院、今晨又見日機再來東山及西關等住宅區投彈、故至今尚未撤退、昨日日機所投之炸彈、有二枚直墜杜美醫院、傷著名法籍軍醫一人、醫院損失、約計一百五十萬法郎、昨日廣州空襲、其損失確數一時無從統計、但至少死平民五百、傷千餘人、當無疑義、其他活埋於頹牆倒壁之下者、更不知凡幾、迨美聯社記者前往視察時、猶能聽得彼輩哭聲、查外人產業被炸者除法國杜美醫院外、又上星期二亦有某外國房屋、險遭炸中、昨日日機自沙面外國領事館屋頂飛來有數彈擲中法國天主教堂、又有一彈在青年會近處數百碼墜落、立刻爆發、死十二人、受傷者不計其數、青年會秘書駱克伍德君即將該處改作臨時醫院、頃刻之間、會中地板、滿染

鮮血

蓋受傷諸人皆負痛待醫、彈片仍箝在體內也、據悉昨日日機竟以機關槍掃射各街衢、並鎗殺在路上努力工作之紅十字會救護隊、此亦未免有背人道主義、又有紅十字會卡車一輛、駛近法國天主教堂時、被日機投彈炸中、車中救護人員多人死難、百代公司及派拉蒙公司之新聞攝影員赫爾君、當時暈倒、且被彈入珠江、據赫爾君云、所有日機轟紅十字車及鎗殺街頭工作之紅十字會救護隊等等、皆由其攝成影片、其本人雖被轟落水中、但信影片無恙、不日即將由航空郵寄美國、在美放映、使全美人士共睹此慘狀、美聯社記者轉向別處考察、見虎標永安堂四周有難民數百、咸被炸斃、按

虎標

永安堂、爲新加坡華僑巨子胡文虎所創辦、胡氏自中日戰爭爆發後、曾捐贈國府五百萬元、作爲建築傷兵醫院及孤兒院之用、該堂房屋因建築堅固、故關爲難民收容所、但仍遭日機投彈、損失頗重、又有一彈落於法國醫院旁之河邊、舢舨船夫被轟落水者數百人、河中浮屍甚多、駱克伍德君曾親自將受傷諸人從災區帶至青年會臨時醫院、滿身血漬、有小孩一名死於駱克哈特手臂中、其母在旁哭之甚哀、昨後廣州長堤一帶

大火

連燒四小時、有電線一小段被彈炸斷、以致引起電力廠大火、中區電氣、頓告斷絕、救護人員、亦告束手、珠江橋因缺電關係、徹夜未能關閉、外僑多人、皆自願冒險前來廣州協助紅十字會救護難民而且在廣州住宿、美聯社記者復往全城各災區視察、見遭難者皆爲婦孺平民、無一華兵、有七十歲之老嫗、雙腿炸斷、留院醫治、雖臨時醫院到處皆是、各醫院仍患人滿、在半途而死者極多、因無法救治奄奄待斃者亦有云、

——摘自《时报》（上海），1938 年 6 月 8 日

敵機連續轟炸粵市

專向無辜人民炸殺

軍事機關極少損傷

七日共同社廣州電。敵爆炸機復襲炸廣州。此爲十一日內之第十及第十一次襲炸。敵軍雖經列強屢次抗議。絕不置理。仍然施其殘暴轟炸政策。

今晨六時至七時。敵爆炸機四架在址宅區擲彈甚多。隨於下午二時。敵機大隊又出現。猛炸黃沙車站。黃沙車站在沙面之北。爲粵漢鐵路之終站。我方軍械多由此運輸赴漢口。

上午空襲。東山。西村等處受禍。下午全市遭炸。傷斃約一千五百餘人。當局謂敵機圖炸電燈局及水塘，

——摘自《三民晨报》，1938 年 6 月 8 日

AIR RAIDS TO GO ON TILL CHINA YIELDS, JAPANESE WARNS

Admiral Says Bombings Are Intended to Show Enemy Futility of Resistance

CANTON SUFFERS AGAIN

Chengchow's Fall Is Expected Soon Because Defense Will Not Be Extensive

By The Associated Press.

SHANGHAI, June 7.—Japan intends to carry out air raids on such cities as Canton and Hankow "with even greater vigor," Rear Admiral Noakuni Nomura, chief of the special service section of the Japanese Navy, declared today.

He said the bombings would be continued to bring Chinese authorities to realize the futility of their anti-Japanese attitude.

[Great Britain and France have protested and the United States has condemned air raids on civilian populations.]

Admiral Nomura insisted that Canton, through which imported munitions enter South China, and Hankow, the provisional capital, were "fully defended" with "formidable weapons." Canton, he said, recently has been strengthened with anti-aircraft batteries "which have been placed indiscriminately without regard of military establishments," compelling airmen to bomb from higher altitudes.

"Nevertheless," he declared, "the greatest care will continue to be exercised to insure maximum accuracy in the policy of bombing only military establishments."

Admiral Nomura urged that nationals of neutral powers withdraw from the vicinity of Chinese military establishments. He said the loss of civilian life in the raids "was deeply regretted" although "undoubtedly exaggerated."

Paul Emile Naggiar, French Ambassador to China, sailed today for Canton, where a French hospital was badly damaged in a Japanese air raid yesterday. From Canton he expects to go to Hankow, China's provisional capital.

[In Tokyo the French Ambassador, Charles Arsene Henry, made a new protest, mentioning specifically damage to the French Doumer Hospital at Canton. One side of the hospital was blown out in a raid Monday.]

Two Raids Mark Twelfth Day

CANTON, China, Wednesday, June 8 (AP).—Japanese planes struck at Canton in two raids today—the twelfth successive day that this South China city has undergone the punishing attacks. The first raid came just before sunrise and the second at 10:50 A. M.

Thirty-one planes joined in the bombing in the second attack and fired huge oil stocks at the Wongsha Railway station in western part of the city. Fifty-foot flames from the burning fuel leaped into the air. Honam Island, government buildings and the Whitecloud Mountain district also were hit by the missiles.

In the dawn attack bombs apparently struck the city's power station. Lights failed throughout Canton and in Shameen, the international quarter.

Japanese planes struck at the city

Continued on Page Eight

AIR RAIDS TO GO ON TILL CHINA YIELDS

Continued From Page One

three times yesterday, adding to the toll of dead and wounded which already had reached 6,000 in eleven days of bombings.

Government authorities ordered women and children to leave the city. Transportation facilities, however, were entirely inadequate.

The first Japanese raid yesterday came shortly after daybreak. For ten minutes Japanese planes bombed the crowded Tungshan and Saichuen districts. In the second foray, in midafternoon, the raiders attacked government offices and utility plants. Nine bombs dropped into the compound of a power station near Shameen, the foreign settlement, and put the plant out of commission.

Canton was without lights when the third attack, a moonlight raid, was made. Incendiary bombs were dropped in the northern section of the city. During the night rescue workers delved into wreckage to recover bodies of victims.

Although railway stations were crowded with refugees, much of the population of Canton continued life as usual. Thousands of houses had been vacated. An estimated 100,000 of Canton's 1,000,000 persons had reached the safety of British Hong Kong.

Proposals for establishing refugee zones where residents would be free from bombings were being discussed. It was understood, however, that Japan would insist upon guarantees by neutrals that such zones would not be used for military purposes before pledging to respect them.

Leaflets Dropped on Foochow

FOOCHOW, China, Wednesday, June 8 (AP).—Three Japanese bombing planes flew over Foochow at 1,500 feet today, frightening the city's population but dropping only leaflets urging revolt against Chinese Generalissimo Chiang Kai-shek.

Fearing real bombs may be dropped next, Americans and other foreigners are painting flags on the roofs of all their buildings and otherwise preparing for aerial attack.

Foochow is on the coast across from the Japanese-owned island of Formosa, about 600 miles north of Canton midway to Shanghai.

Swatow Forts Are Bombed

SWATOW, China, Wednesday, June 8 (AP).—Two Japanese airplanes dropped four bombs on Swatow in Kwantung Province today. Planes previously had dropped leaflets urging civilians to evacuate the city because of the extension of the war zone to South China. The bombs fell near a group of obsolete forts.

Swatow is 170 miles northeast of Canton and has a population of 178,636.

——摘自《纽约时报》（The New York Times），1938 年 6 月 8 日

敵機昨又炸廣州

嶺南大學落三彈美領提抗議

市民已有四十萬遷他處避難

【中央社廣州八日路透電】今晨十時五十分又有日機卅二架襲擊廣州，日機之目標爲河南黃沙車站及市區，白雲山附近亦落彈若干枚，日機轟炸河南時，有數彈落于某『嶺教新村』，死傷均重，黃沙車站附近落數彈，適中某油庫，當即發生大火，火焰噴起達五十英尺，西村方面亦損失甚重，該地落彈達廿枚，至損失之情形尚未查明，嶺南大學中三彈，有一彈陷入地內，並未爆炸，另兩彈則皆炸裂，校舍均爲之震動，當時有華婦一人被炸斃，外籍教職員之夫人等，均大受虛驚，幸無傷者，嶺南大學附近並無軍事設備，黃沙車站附近震倒房屋甚多，沙面房屋窗戶震破者甚多，德領館及其附近房屋竟被震動搖，四村電廠中一彈，房屋被炸毀一部，電廠院內落八彈，幸未傷人，電廠毀後，全市電流停止，各醫院因施用手術及愛克司光等，均需用電，至此乃告束手無策，傷者數千人，皆須立即醫治，今電流停止，其慘狀有不堪勝言者，此間警報器係用電流發動，今則改用警笛，沙面與嶺南大學之電話綫已中斷，又昨日被炸之馬可公司其各職員均已移內沙面居住，據稱在過去二十四小時內該公司院內共落彈四十枚，各職員均已撤退，故死傷甚少云。嶺南大學之教職員中有美籍三十一人，英籍三人，德籍一人。

【中央社廣州八日電】今夜敵機一隊分六批輪流來襲廣州，七時五十八分闖進市區，我即管制燈火，嚴密戒備，一時全市靜默，鴉雀無聲，敵機在市區上空放下照明彈多枚，盤旋窺察，并在東郊河南，及市北投彈轟炸，計白雲山落五枚，紡織廠落二枚，中山紀念堂一帶落三枚，至十一時半竄走，市況復原。

【中央社廣州八日路透電】今日日機空襲廣州時，有數彈落于珠江南岸，平民死傷達三十五人，房屋被毀者，有七十間。市內電燈于今日午後四時恢復，大概仍係利用舊有電燈廠。◎又廣州市民原有百五十萬人，現則僅有五十萬，過去四日內日機不斷轟炸，結果撤退至他處者，已達四十萬云。

【中央社香港八日合衆電】據廣州今晨電話，今晨十一時，有日機三架，飛至美人所辦之嶺南大學一萬尺之上空，投下三彈，落於校西，距某外人住宅僅二百碼。當時死一人，傷三人，該校內現有美僑二人，英僑三十一人，及德僑一人居住云。

【中央社上海八日合衆電】廣州美領事已電請香港美領，向日抗議轟炸嶺南大學之舉云。

【中央社漢口八日電】據路斯社巴黎八日電，法駐日大使關于日空軍轟炸廣州，已向日外務省提出抗議法使鄭重表示法與論對于此種轟炸甚爲憤激。

嶺大被炸詳情

【中央社廣州八日電】敵機日來轟炸市區，藉口炸我軍事機關。記者屢指出敵投彈地點，多係民房，足證敵人之橫暴，八日竟又轟炸河南之嶺南大學，該校現有中外員生男女約千餘人，今晨十時正在晨課之時，忽聞警報，各生以今期考驗在即，溫課甚忙，未之理會。忽聞機聲自遠而近，抵校上空，盤旋約廿分鐘，先以機槍掃射數匝，繼即急降投巨彈三枚，均墜校內西南角一帶。一彈墜魚塘中，致池塘邊沿崩裂多處，刻劃出暴敵兇殘面目。另一彈墜西大操附近，彈入土七八尺，洞口僅直經二尺餘，衆料該彈尚未爆炸，據軍事專家估計，該彈當在二百磅以上，其爆炸後之威力，可將附近屋宇震毀無遺，幸該處人烟較少，僅傷二婦人。敵彈落地之際，隆然巨響如雷屋震，宇動，校中員生斯時抛棄書本，趨入避難壕中，小學生驚惶萬極，哭聲大作，悲慘空氣，籠罩全校，厥狀至令人悲憤。事後該校當局，即召集緊急會議，僉以敵機兇殘至是，爲謀學生安全計，決定准各生暫時請假離校，并于九月再補行學期試驗，惟四年級學生以畢業期屆，多不願離校，將留校。記者目擊各生于驚魂甫定之餘，紛紛收拾行裝，準備他徙。按該校成立甚久，原爲美私人團體教育家在華所主辦之唯一廣州基督教大學。後爲[illegible][illegible]我教育行政系統，改[illegible]華人李應林爲校長，經費仍由中美英私人團體所組之校董會管理云。

前日空襲情形

【中央社廣州八日路透電】昨日下午日機轟炸廣州時，一彈正落於市政府前方，市政府窗檻及無綫電天綫，均被炸毀，幸全部職員均已避入防空壕內，未受傷害

，永漢街有中國人九名被炸斃，馬可公司雇員麥斐，蒲激南，以及威色爾三人，均倖脫離。，當飛機來襲時，蒲激南正與一中國守門者談話，兩人立即分別躲避，但該守門者藏身地點附近，適落一彈，不幸被炸慘死，而蒲激南則安然無恙，麥斐當飛機向該公司擲彈時，在廚室堵梯上撫吻其兩頭愛犬，彼立即攜犬逃入廚室內，雖玻璃及瓦礫橫飛，但麥則並未受傷，又威色爾適在其私人住室內，該公司所有房屋均被炸，而其住室獨未

被毀及，昨夜月光甚明，幫助日機不少，全市雖已實施燈火管制，但日機對各處目標，仍可窺見，此時江邊異常寂靜，惟時有日機降臨之聲掠過上空，似係又往永漢街一帶轟炸，或更將前往粵漢路亦未可知云。

【中央社廣州八日電】暹京僑胞抗敵會會員林[illegible]成以敵機襲粵，災情重，特募集國幣二百十元爲購機抗敵[illegible][illegible]又該會會員林漢潮個捐國幣百元，并由粵匯抵財廳，廳長曾養甫除將該款送購機會應用外，并電復嘉勉。

——摘自《河南民国日报》，1938 年 6 月 9 日

日機卅一架

昨又襲廣州

黃沙車站發生大火兩起 連日受傷數千人急待救

（廣州八日電）路透社訊：今晨十時五十分，日機三十一架，又來此間轟炸河南島，黃沙車站，政府公署，及白雲山附近之地點。河南島基督教村，落下炸彈數枚，黃沙車站之儲油所中彈，發生大火兩起，火焰高至五十呎，西鄉復大受損失，中彈約二十枚。昨夜西鄉之遭襲擊，火車站曾中彈受損，又附近美華學校亦被炸毀。

（香港八日電）中央派大隊飛機保粵，外僑倡安全區，我未預聞。

（廣州八日電）路透社訊：今日有日機所擲炸彈三枚，落於嶺南大學空場，該大學教職員卅五人險遭不測。日機三十一架，晨十時五十分開始轟炸，黃沙車站區炸毀房屋甚多，附近沙面之玻璃窗，多震碎，德領事署與附近諸屋，均大震動。西鄉電力所中一彈，，房屋倒毀一部分，共空場中亦落下炸彈八枚，無死傷。沙面與嶺南間，及沙面與西鄉間之電話，均中斷。各醫院因缺乏電力，大受妨碍。受重傷之數千人，急待醫救，情勢慘烈，不堪言喻。向來警報用電發作，今則因無電力已以鑼代之。

（廣州八日電）路透社訊：珠江橋南今日落炸彈數枚，毀屋七十間，居民死傷卅五人，午後四時電力供給業已恢復。估計廣州人口現僅有五十萬，去年九月則有一百五十萬，在過去十日內，因日機空襲而離廣州者，約共四十萬人。昨晚八時，空襲警報復作，聞有日機廿五架，正向廣州飛來，此間居民殆又將一夜不能安枕。在白雲山一帶投彈多枚，十一時半逸去。

——摘自《晶报》（上海），1938年6月9日

寇機昨日夜襲粵

電廠及嶺南大學均被炸

美領事向倭提抗議

「中央社廣州八日路透電」今晨十時五十分，又有日機三十二架襲擊廣州，日機之目標為河南，黃沙車站，及市區，白雲山附近郊落彈若干枚，日機轟炸河南時，有數彈落於某「耶穌新村」，死傷慘重，黃沙車站附近落數彈，適中菓油庫，當即發生大火，火焰噴起達五十英尺，西村方面，亦損失甚重，該地落彈達二十枚，至損失之情形，尚未查明，嶺南大學中三彈，有一彈陷入地內，并未爆炸，另兩彈則均炸裂，校舍均為之震動，當時有華婦一人被炸斃，外籍教職員之夫人等均大受虛驚，幸無傷者，嶺南大學附近，并無軍事設備，黃沙車站附近，震倒房屋甚多，沙面房屋窗上玻璃碎者甚多，德領館及其附近房子，竟被震動搖，西村電廠中一彈，房屋被炸一部，電廠院內落八彈，幸未傷人，電廠毀後，全市電流停止，各醫院因施用手術及愛克司光等，均需用電，至此乃告束手無策，傷者數千人皆須立即醫治，今[illegible]流停止，其慘狀有不堪言者，此間警報台係用電流發動，今則改鳴鐘示警，沙面與嶺南大學之電話綫，已中斷，又昨日被炸之馬可公司各職員，均已移入沙面居住，據稱在過去廿四小時內，該公司院內共落彈四十枚，因各職員均已撤退，故死傷常少云，嶺南大學之教職員中，有美籍三十一人，英籍三人，德籍一人。

「中央社廣州八日路透電」市內水電，業於今日午後四時恢復，大致仍係利用舊有電燈廠，又廣州市民原有一百十萬人，現則僅有五十萬人，過去四日內日機不斷轟炸結果，撤退至他處者，已達四十萬人。

「中央社廣州八日電」今夜敵機一隊，分六批輪流來襲廣州，七時五十八分闖進市區，我即管制燈火，嚴密戒備，一時全市默然，鴉雀無聲，敵機在市區上空投下照明彈多枚，盤旋窺察，并在東郊河南及市北投彈轟炸，計白雲山落五枚，紡織廠落二枚，中山紀念堂一帶落三枚，至十時半竄走，市況復原。

「中央社上海八日合衆電」廣州美領事已電請香港美領，向日抗議轟炸嶺南大學之舉云。

——摘自《新蜀报》，1938年6月9日

敵機昨日夜襲廣州

摧殘文化機關

炸嶺南大學

死傷四人美領提抗議

四團體電教皇請主持正義

中央香港八日合衆電　據廣州今晨電話、今晨十一時有日機三架、飛至美人所辦之嶺南大學一萬尺之上空、投下三彈、落於校西、距某外人住宅僅二百碼、當時死一人、傷三人、該校內現有美僑二人、英僑卅一人及德僑一人居住云、

中央上海八日合衆電　廣州美領事已電請香港美領向日抗議轟炸嶺南大學之舉云、

中央漢口八日電　據塔斯社巴黎八日電、法駐日大使關於日空軍轟炸廣州、已向日外務省提出抗議、法使鄭重表示、法輿論對於此種轟炸甚爲憤激、

中央廣州八日路透電　今日日機空襲廣州時、有數彈落於珠江南岸、平民死傷者達三十五人、房屋被毀者有七十間、市內水電業於今日午後四時恢復、廣州市民原有一百五十萬人、現則僅有五十萬人、四日內日機不斷轟炸結果、撤退至他處者已達四十萬人、

中央廣州八日電　今夜敵機一隊、分六批輪流來襲廣州、七時五十八分闖進市區、我即管制燈火、嚴密戒備、一時全市默然、鴉雀無聲、敵機在市區上空放下照明彈多枚、盤旋窺察、並在東郊河南及市北投彈轟炸、計白雲山落五枚、紡織廠落二枚、中山紀念堂一帶落三枚、至十一時半竄走、市況復原、

中央廣州八日路透電　今晨十時五十分、又有日機三十二架襲擊廣州、日機之目標爲河南黃沙車站及市區、白雲山附近亦落彈若干枚、日機轟炸河南時、有數彈落於某「耶教新村」、死傷慘重、黃沙車站附近落數彈、適中某油庫、當即發生大火、西村亦損失甚重、該地落彈達二十枚、損失情形尚未查明、西村電廠中一彈、房屋被炸一部、電廠院內落八彈、幸未傷人、電廠毀後、全市電流停止、各醫院因施用手術及愛克司光等、均需用電、至此乃告束手無策、傷者數千人皆須立即醫治、今電流停止、其慘狀有不堪勝言者、此間警報台係用電流發動、今則改鳴鑼示警、

中央汕頭八日路透電　昨日正午有日機二架飛至此間、投擲荒謬傳單、至下午二時三十分、兩日機又出現本埠上空、向已廢之砲台投擲四彈、駐軍亦用機關槍向日機射擊、

四團體致教皇電

中央漢口八日電　國際反侵略運動中國分會等四團體、鑒於敵機邇來逐日濫炸廣州市、特電羅馬教皇、請申正義、原電譯文如下、梵諦岡教皇宮羅馬庇厄十一世聖鑒、日本轟炸廣州、慘酷日甚一日、濱天屠人、死傷無數、謹乞聖裁、以申正義、是所至禱、國際反侵略運動中國分會、國聯同志會、中國國民外交協會、上海文化界國際宣傳委員會同叩、

中央梵諦岡教廷七日哈瓦斯電　日本飛機前於上月十五日轟炸中國鄭州市時、義大利教會一處亦被波及、教廷機關報「羅馬觀察報」頃追述其損失情形稱、該教會所屬大小教堂各一座均已完全炸燬、主教與各神甫之住宅亦均損毀甚重、所幸教會人員業於事前避入防空壕內、因而死傷甚少云、

三外人僥倖脫險

中央廣州八日路透電　昨日下午日機轟炸廣州時、一彈正落於市政府前方、市府窗櫺及無線電天線均被炸毀、幸全部職員均已避入防空壕內、未受損害、永漢街有中國人九名被炸斃、馬可公司僱員麥斐、蒲澈南及威色爾三人、均僥倖脫險、當飛機來襲時、蒲澈南正與一中國守門者談話、兩人立即分別躲避、但該守門者藏身地點附近適落一彈、不幸被炸慘死、而蒲澈南則安然無恙、麥斐當飛機向該公司擲彈時、在廚室堦梯上撫弄其兩頭愛犬、彼立即攜犬逃入廚室內、雖玻璃及瓦礫橫飛、但麥則並未受傷、又威色爾適在其私人住室內、該公司所有房屋均被毀、而其住室獨未被波及、昨夜月光甚明、幫助日機不少、全市雖已實施燈火管制、但日機對各處目標仍可窺見、此時江邊異常寂靜、惟時有日機隆隆之聲、掠過上空、似係又往永漢街一帶轟炸、或更將前往粵漢路亦未可知也、

英輿論抨擊暴行

中央倫敦八日路透電　英國各報現仍注意日機襲廣州之舉、新聞記事報八日社論稱、此種野蠻之屠殺、全然爲赤裸裸的恐怖主義、而無一其他目的、此則絕難作任何託詞以掩飾者也・日軍繼續不斷且加强空襲之作戰計劃、除表示其野蠻外、而其意想亦昭然若揭、日本之侵略中國、係欲遏止中國之反日宣傳、任何反日宣傳熟有勝於此種對廣州屠殺之舉、此爲可想而知者、此舉之影響、必將傾動世界之輿情、而不利於日本、實匪淺鮮云、每日郵報亦評論敵機轟炸事、謂吾人可於此得一教訓、即英國急需增厚空防是也、

——摘自《时事新报》（重庆），1938年6月9日

日機昨再襲粵垣

嶺南大學被投擲三彈

美當局業向日方提出抗議
粵外人財產被炸已達三次

廣州居民僅剩五十萬

【廣州八日電】路透社訊：今日有日機所擲炸彈三枚，落於嶺南大學空場，該大學外籍教職員三十五人，險遭不測。一彈落於走道而未炸，餘二彈轟然爆炸，震動教職員之住屋，雖時諸人正在觀看空襲。空場中有一華婦慘遭非命，另有教職員中之外籍婦女數人，受震而病，當時全校教職員均集該處，計美人三十一，英人三，德人一，日機三十一架於晨十時五十分，開始轟炸黃沙車站區炸毀房屋甚多，除近沙面之玻璃窗，多被震碎，德領事署與附近諸屋，均大覺震動。西鄉電力所直中一彈，房屋倒毀一部份，其空場中落下炸彈八枚，但無死傷，沙面與嶺南間及沙面與西鄉間之電話，均因震中斷，各醫院因缺乏電力，大受妨礙，因保存血清及Ｘ光工作，與施用手術，均需電力也。受重傷之數千人，急待醫救，情勢慘烈，不堪言喻，向來警報用電發作，今則因無電力，已以鐘代之矣。昨日日機轟炸西鄉自來水廠時，馬獨康洋行之英籍工程師三人，險遭性命，今已安抵沙面，據彼來聲稱，自來水廠之空場，於二十四小時內中炸彈四十枚，但因華籍傭員大半離廠，故死傷者無幾。

【香港八日電】美聯社訊：今晨二時廣州市發出警報，然並無日機來臨。今日之空襲，波及嶺南大學，此為外人在廣州之財產第三次被炸，星期一法醫院被炸，星期二英人創辦自來水公司被毀，今日美人創辦之嶺南大學又遭波及。又今日自來水廠復被擊中，電力公司亦中一彈，又有數彈落於某教會女學校之附近，美副領已向在香港之日本領事，抗議嶺南大學被炸事。

【香港八日電】據華方報告：日機卅二架今日又襲廣州，在河南黃沙投彈數十枚，致黃沙車站大火，站房全燬。平房塌百餘間，死傷平民二百餘人。

電力供給已恢復

【廣州八日電】路透社訊：珠江橋南落炸彈數枚，毀屋七十間，居民死傷卅五人，午後四時，電力供給業已恢復，舊有發電廠，現已暫時復用。估計廣州人口現僅有五十萬，去年九月則有一百五十萬，在過去十日內，因日機空襲而避離廣州者，約共四十萬人。

市區內昨晚大火

【廣州八日電】路透社訊：今晚八時空襲警報復作，聞有日廿五架，正向廣州飛來，此時居民殆又將一夜不能安枕矣。惟現有微雨，視線甚劣天氣殊為不利，故衆料久受炸彈恐怖之廣州，今夜或不致再遭轟炸，未意八時甫過，日機居然復來，遲至十時半，猶翱翔天空，西堤落燒夷彈兩枚，適在亞洲旅館之後，致大火發生，現猶未熄，市府公署附近及白雲山亦有炸彈落下，日機並以粵漢與廣九兩路爲目標。

日機殘暴投燃燒彈

【香港八日電】美聯社訊：今晚九時五十分，日機在廣州投下燃燒彈，離沙面租界僅四百碼，在十分鐘中，黑烟遍佈，附近發生大火，附近房屋，均遭波及，與今晨之黃沙車站，情形約略相同。救火車業已趕往灌救。在過去二十分鐘中，火勢蔓延甚烈，並無稍殺現象。日機轟炸目標爲舊電廠，目下僅有舊電廠發電，惟所投炸彈，與電廠距離甚遠，目下日機尙在空中。

——摘自《大美报》，1938 年 6 月 9 日

敵機三十二架

昨又轟炸廣州

黃沙車站附近震場房屋甚多

嶺南大學亦中三彈

（廣州八日路透電）今晨十時十分，又有日機卅二架，飛襲廣州，其目標爲河南黃沙車站，白雲山附近，亦落彈若干枚，日機轟炸河南時，有數彈落入耶教新村黃沙之站附近 ×油庫當大火，西村亦損失甚重，嶺南大學中三彈，查嶺南附近並無軍事設備，黃沙車站附近震場房屋甚多，德領館及附近房屋，被震動搖，西村電廠中八彈，未傷人，電廠炸後，慘狀不堪言。

（香港八日合衆電）據廣州今晨電話，今晨十一時有日機三架，飛至美人所辦之嶺南大學上空投下二炸彈，落於校西，據悉，當死一人，傷三人。

——摘自《泸县民报》，1938 年 6 月 9 日

日機又大舉襲粵

轟炸嶺南大學

外籍教職員全部險遭不測

重傷數千人救治困難

【路透社廣州八日電】今晨十時五十分、日機三十一架又來此轟炸河南島・黃沙車站・西鄉政府公署及白雲山附近之地點、因其地有若干軍事目的物也、河南島基督教村落下炸彈數枚、黃沙車站之儲油所中彈、發生大火兩起、火燄高至五十尺、西鄉復大受損失、中彈約二十枚、昨夜西鄉之遭襲擊、火車站曾中彈受損、又附近美華學校亦被炸毀、

【路透社廣州八日電】今日有日機所擲炸彈三枚、落於嶺南大學空場、該大學外籍教職員三十五人險遭不測、一彈落於走道而未炸、餘二彈轟然爆炸、震動教職員之住屋、維時諸人正在觀看空襲、空場中有一華婦慘遭非命、另有教職員中之外籍婦女數人、受震而病、當時全校教職員均集該處、計美人三十一、英人三、德人一、日機三十一架於晨十時五十分開始轟炸、黃沙車站區炸毀房屋甚多、附近沙面之玻璃窗多震碎、德領事署與附近諸屋、均大覺震動、西鄉電力所直中一彈、房屋倒毀一部分、其空場中亦落下炸彈八枚、但無死傷、沙面與嶺南間及沙面與西鄉間之電話、均因震中斷、各醫院因缺乏電力、大受妨碍、因保存血清及愛克司光工作與施用手術、均需電力也、受重傷之數千人、急待醫救、情勢慘烈、不堪言喻、向來警報用電發作、今則因無電力、已以鑼代之矣、昨日日機轟炸西鄉自來水廠時、馬爾康洋行之英籍工程師三人險遭非命、今已安抵沙面、據彼等聲稱、自來水廠之空場、於二十四小時內中炸彈四十枚、但因華籍雇員大半離廠、故死傷者無幾云、

——摘自《文汇报》（上海），1938 年 6 月 9 日

英國陸戰隊沙面登陸

廣州嶺南大學落三彈

河南及梯雲路昨日損毀最慘

◎香港八日美聯社電、英國海軍陸戰隊、在沙面登陸、英海軍當局已予證實、並謂英軍此舉只爲防患未然、並無嚴重事態、絕不足以驚異、

◎香港八日電、八日晨十時、三十二架日機、分兩批來襲、二十餘架侵入市、以九架襲河南、五架襲市西、八架炸東北郊、並在黃沙投燃燒彈、車站被焚、西村電力廠燬一部、統計坍屋五六百、死傷二百餘、以河南及梯雲路損毀最慘、二批九架、襲廣九路及順德、

◎廣州八日美聯社電、今晨十一時後、有日機三架、在離地一萬英呎上空投彈、轟炸美國教會創辦之嶺南大學、有三彈落於該校西面、距最近之外人住宅僅二百碼、死在該校農場工作之華工一人、傷三人、該大學內住美人卅二、英人二名、及德人一名、事前照常上課、蓋該校從未受害、暨不爲華軍用作軍事活動之場所也、當日機投彈時、住校外籍教職員多人居留校中、有二三人險遭不測、蓋有一彈適在該校數百碼爆炸、按該校房產原爲美國所有、由美國租與中國辦理教育、故屋頂懸掛中國旗、但其產業爲美人所有、早爲日本當局所洞悉、且曾通知日方、該校並未移作中國軍用、

◎廣州八日路透社電、今日有日機所擲炸彈三枚、落於嶺南大學空場、該大學外籍教職員三十五人險遭不測、一彈落於走道、而未炸、餘二彈轟然爆炸、震動教職員之住屋、維時諸人正在觀看空襲、空場中有一華婦慘遭非命、另有教職員中之外籍婦女數人、受震而病、當時全校教職員均集該處、計美人三十一、英人三、德人一、日機三十一架於晨十時五十分開始轟炸、黃沙車站被炸毀房屋甚多、附近

沙面

之玻璃窗多震碎、德領事署與附近諸屋、均大覺震動、西鄉電力所直中一彈、房屋倒毀一部分、其空場中亦落下炸彈八枚、但無死傷、沙面與嶺南間及沙面與西鄉間之電話、均因震中斷、各醫院因缺乏電力、大受妨礙、因保存血清、及X光工作、與施用手術、均需電力也、受重傷之數

廣州轟炸

（接第二版）

日機空襲而避離廣州者、約共四十萬人、

夜襲

廣州八日路透社電、今晚八時空襲警報復作、聞有日機廿五架正向廣州飛來、此間居民殆又將一夜不能安枕矣、惟現有微雨、視線甚劣、天氣殊爲不利、故衆料久受炸彈恐怖之廣州、今夜或不致再遭轟炸、不意八時甫過、日機居然復來、遲至十時半、猶翺翔天空、西堤落燒夷彈兩枚、適在亞洲旅館之後、致大火發生、火光熊熊、現猶未熄、市府公署附近及白雲山亦有炸彈落下日機並以粵漢與廣九兩路爲目標

黃沙

廣州八日美聯社電、日機二十架今

千人、急待醫救、情勢慘烈、不堪言喻、向來警報用電發作、今則因無電力、以鐘代之矣、昨日日機轟炸西鄉自來水廠時、馬爾康洋行之英籍工程師三人險遭非命、今已安抵沙面、據彼等聲稱、自來水廠之空場於二十四小時內中炸彈四十枚、但因華籍僱員大半離廠、故死傷者無幾云、

珠江

橋南落炸彈數枚、毀屋七十間、居民死傷卅五人、午後四時電力供給業已恢復、蓋舊有發電廠現已暫時復用矣、估計廣州人口現僅有五十萬、去年九月則有一百五十萬、在過去十日內因（本文未完轉入第一版）

晨再轟廣州、廣州電廠被燬、電線亦於昨夜爲日機炸斷、故日機來時、並無警報、該機到處投彈、其所擲炸彈、至少有六十枚、政府當局曾竭力設法、以搖鈴爲號、表示日機光臨、但一般人民因謠傳有日機九十二架來襲、早已準備妥當、逃避一空、故此次空襲、衆信損失不大、上星期被炸最慘之黃沙車站、又遭災殃、一片濃煙及巨大火焰、咸盤繞於黃沙車站區域、車站鄰近之易燃貨物、皆中彈起火、焚燒甚烈、西村之電力廠、係英商投資建設、其廠屋業於昨夜被炸、損失極大、而今晨仍不免爲日機襲擊之目標、今晨廣州天氣晴朗、實爲日機空襲之理想氣候、所以日機能爲所欲爲、衆料今日黃昏及夜間、日機或將再來投彈、聞該廿架日機、係於本日上午十一時離廣州云

西村

香港八日九時四十分美聯社電、廣州空襲警報於昨晚解除後、全城仍恐日機續來轟炸、唯此後未有警報發出、昨晚空襲、受害最重者爲西村區域及廣九鐵路一帶、人民死傷、大約不多、因多數人民、事前已受有警告故也、據目前估計、上星期中廣州人民遷往香港澳門者、已達十萬人、香港政府現準備難民收容所多處、並力圖增進民屋中之衛生狀況、至於廣州商業區域中之各商店、現大多關閉、唯無家可歸之人、仍圖在敗垣斷壁中尋覓棲身之所、但除舟車方面較爲擁擠紛亂外、尙無驚恐之象可見、

傷亡

廣州七日美聯社電、日機三日來不絕之轟炸、平民死傷已超過七千五百人、民屋被燬一千七百幢、無家可歸者數千人、今午二時半至四時間、日機十五架至二十架之間、又來投彈、西村政府機關地帶及黃沙車站水力電力之所在處、皆爲目標、廣州水力廠與電力廠、皆曾中彈、大約不久即可修理完竣、今日日機所投之彈、計有六十枚之多、皆屬分量極重者、唯日機悉爲轟炸機、並無驅逐機護送、至今晚九時、日間被炸受傷死亡之屍體、雖已多數清除、但被壓在瓦礫堆中一時無法起出者、爲數尙多、唯此時日機又來盤旋上空矣、最慘者、即爲被炸未死者之悲痛呼號、令人慘不忍聞耳、此項日機、直至

午夜

猶在廣州上空、聞廣九路粵漢路車站處、皆曾被彈擊中、唯全城於夜間、除一度爲漢奸向日機指示目標、騷擾一時外、極爲鎭靜、亦未聞有高射砲發射、日機雖對軍事目標投彈甚多、但所投之彈、多落於他處、如長堤一帶之水果市場與魚販市場、紡織市場水電各廠、皆被轟中、在永漢路太平路一帶、屍體縱橫、遍佈通衢、其未死者、則哀號呼痛、同時滿地血漬、更有血肉模糊、肢體四散難以辨認者、今日日機之轟炸、雖極盡殘酷之能事、但粵人之民氣、則絕未稍受挫折、警報發出之後、人民皆鎭靜異常、昨日日機飛至當頭、絕不趨避、否則多置之不理、粵人對於轟炸、不獨並不因此膽怯、且民氣因而愈形激昂、

汕頭

汕頭八日路透社電、昨日正午日飛機兩架、在此間天空擲下日軍指揮署名之傳單、內稱、戰區現已展至華南、平民宜速遷離汕頭及其他危險地點、蓋日軍雖切欲保護平民生命、而華軍退走時將釀成流血之禍也云云、下午二時三十分復有兩日機出現天空、在舊砲台附近擲下炸彈四枚、守軍僅發機關槍、略事抵禦

※ ※ ※ ※

——摘自《时报》（上海），1938 年 6 月 9 日

炸廣州全爲恐怖主義

倫敦新聞紀事報之評論

◎倫敦八日路透社電、英國各報現仍注意日機襲擊廣州之舉、新聞紀事報今日社論稱、此種野蠻之屠殺、全然爲赤裸裸的恐怖主義、而無其他目的、此則絕難作任何託詞以掩飾者也、日軍繼續不斷凡加强空襲之作戰計劃、除表示其野蠻外、而其懦弱、幾亦昭然若揭、日本之侵略中國、陽稱欲遏止中國之反日宣傳、任何反日宣傳、孰有勝於此種對廣州之屠殺之舉、此爲可想而知者、此舉之影響、必將傾動世界之輿情、而不利於日本、實匪淺鮮云、每日郵報亦評論飛機轟炸事、謂吾人可於此得一教訓、卽英國急需增厚空防是也、

——摘自《时报》（上海），1938 年 6 月 9 日

敵機又猛炸粵市

嶺南大學落彈三枚

我高射砲不敷分配

八日聯合社廣州電。廣州今日又遭敵機三十一架轟炸兩次　計十二日來共斃二千餘人，傷九千餘。嶺南大學及美商美孚洋行電油池被炸。

美孚電油池落彈後。即時焚燒。延及粵漢路車站。適由漢口來廣州之客車十六輛。亦被燒燬。

敵機原擬炸珠江鐵橋。但未命中。彈落河南住宅區。傷斃三百餘，燒屋百餘間。

估計廣州市民約五十萬人。經已先後離境。民房約三分之一無人居住。至於傷亡確數。仍未能調查得實，因尚有多人被壓迫什亂堆中。未克發掘。

——摘自《三民晨报》，1938 年 6 月 9 日

CANTON IS ABLAZE UNDER NEW RAIDS; CASUALTIES 8,000

American-Endowed University Is Among Many Areas Struck by Japanese Bombs

U. S. ENTERS A PROTEST

Hundreds More Civilians Are Killed—500,000 Have Fled From Stricken City

By The Associated Press.

CANTON, China, Thursday, June 9.—Unrelenting Japanese bombardment of this once-prosperous South China metropolis has started huge fires, crippled the city's utilities and pushed the toll of dead and injured above 8,000.

Twenty-five Japanese planes struck at Canton last night in the third raid of the day and the city's second successive night raid in twelve days of bombardment. The fliers dropped incendiary bombs on Canton's West Bund, behind the Asia Hotel. A huge fire raged just opposite Shameen, the city's foreign quarter.

There was no way of determining accurately the toll of dead and injured in the wave of bombardments that started May 28, but conservative estimates before last night's raid were that at least 3,000 had been killed and 5,000 wounded.

Lingnan University Hit

The American-endowed Lingnan University and a Standard Oil storage plant were struck by bombs in the two previous raids yesterday.

Addison E. Southard, United States Consul General at Hong Kong, protested to the Japanese Consulate General against the attack on the university campus.

The oil tanks burst into flame and fire spread to the terminal of the Canton-Hankow Railway. The station and a sixteen-car train were destroyed.

The main objective of last night's bombardment was an old power plant that supplied Canton with light. A direct hit on the main power station had already cut off electric power.

With the air alarm system disabled, the police ran from house to house to warn residents that bombers were on their way again. About 500,000 of the city's 1,000,000 population had fled and about one-third of its houses were evacuated.

Although anti-aircraft defenses proved ineffective and no Chinese planes took the air to fight off the attackers, there was little criticism of the Chinese Central Government for failure to provide help against the continuing raids.

So far as was known, the Canton-Hankow Railway, main artery for shipments of munitions and supplies to Chinese armies on the central front, was still operating despite destruction of the station.

Denounce Japanese Raids

CANTON IS ABLAZE UNDER NEW RAIDS

Eight foreign doctors published a statement denying previous Japanese assertions that most of the casualties in Canton were caused by anti-aircraft fire. The statement also said:

"It is our firm conviction that Japanese military forces have determined ruthlessly to destroy the people of Canton and their public and private buildings."

Chinese expressed the belief that, since Lingnan University is about a mile and a half from the nearest military objective, an anti-aircraft battery, Japanese were intent on crippling the city's factories, utilities and other institutions.

Three bombs landed in the university compound, one of them fail-

Continued on Page Fifteen

Continued From Page One

ing to explode. College buildings were not damaged. A Chinese woman was killed.

Other Japanese bombs, apparently aimed at the Pearl River bridge, fell on Honam Island industrial district, killing at least 300 civilians and demolishing 100 houses.

Explosive and incendiary bombs also inflicted heavy damage on a cement works and a British-owned waterworks. Several schools and universities, the Sun Yat-sen Memorial Hall, and government buildings were damaged.

The first raiders yesterday scored a direct hit with an incendiary bomb on a sixteen-car train, which had just arrived at the Wongsha station from Hankow. When a bomb hit the oil storage plant across the street from the station, flames leaped 55 feet into the air, quickly destroyed the train and, spreading out of control, burned freight sheds, other buildings and thirty civilian stores.

Two bombs also fell in the Taishatao district, near the terminus of the 111-mile Kowloon-Canton Railroad, which connects this city with Hong Kong and is the main avenue of war supplies from abroad.

The first raid came just before sunrise and the second at 10:50 A. M., lasting twenty-five minutes. Honam Island, government buildings and the Whitecloud Mountain district also were hit by the missiles.

——摘自《纽约时报》（The New York Times），1938 年 6 月 9 日

敵寇暴行

敵機昨日夜襲粵

粵漢路黃沙站被炸

（中央社廣州九日電）敵機廿架、今晨拂曉來犯、在粵漢路黃沙車站投彈二枚、塌屋數間、死傷十餘人、七時十三分、復有廿七架、分批進犯市區、在小北黃橋投燒夷彈一枚、落永香茶樓、幸未爆炸、當敵機來襲時、各處高射砲火甚爲猛烈、警報於十一時即解除。

（中央社廣州九日電）敵機一隊、今日下午七時十五分乘月夜皎潔、分五批輪流來襲、在市空盤旋威脅達四小時、並向西郊增埗一帶投彈十餘枚、至十一時始離市區、敵機雖連日大肆轟炸廣州市、并毫無目標投彈、然廣州人心仍甚安定、在粵外僑、莫不驚讚不已。

——摘自《新华日报》（汉口），1938年6月10日

日機廿架

昨拂曉襲粵

目標仍在黃沙車站

市區被又投燒夷彈

（廣州九日電）日機二十架，今晨拂曉來犯，在粵漢路黃沙車站投彈二枚，塌屋數間，死傷十餘人。七時十三分，復有二十七架分批進犯市區，在小北黃橋投燒夷彈一枚，落永香茶樓，幸未爆炸。

（廣州九日電）路透社訊：今晨有日機一架，在沙面飛行甚低，顯係從事偵察，日機來襲時，各處高射炮皆猛烈射擊。

（廣州九日電）路透社訊：民衆希望今夜當可安臥，不意晚間八時，日機多架復飛繞市空，但飛行一小時許，僅擲一彈，其目的在驚擾民衆。

前晚轟炸西堤起火

（廣州九日電）路透社訊：昨夜日機轟炸廣州，幾歷四小時之久，至十一時四十五分始解警。參加襲擊者，共有飛機二十八架，所擲炸彈，內有若干係燒夷彈，致西堤多處起火。昨夜日機來襲時，沙基堤有人射光舉號，以示日機，在沙面屋頂明白可覩，當場拘獲兩人，每次射光時，即有無數機關槍來福槍手槍向發光方面射擊。

並未計劃闢安全區

（廣州九日電）路透社訊：粵省府並未計議在廣州城外闢安全區域，據謂縱闢此域，日機仍將不分皂白，以機關槍炸彈轟擊區內之難民，此可以日軍前在上海南京作戰時，並不分別安全區與非安全區爲證。

——摘自《晶报》（上海），1938年6月10日

嶺南大學被轟炸

美向日提抗議

日機昨晨又兩度襲粵

【路透社華盛頓九日電】美政府因廣州美人出資所設之嶺南大學昨遭日機擲彈、落於該校空場、已向香港日總領事提出抗議、文內謂該大學乃中美教會所有、而在紐約設有國際保管委員會、其中大半爲美人云、按昨日日機襲擊廣州時、該大學空場落下炸彈三枚、其中兩枚會爆炸、死華籍一人、當時該校外籍教職員三十五人險遭不測、

【哈瓦斯社華盛頓八日電】關于日本飛機迭次轟炸中國廣州市嶺南大學事、國務卿赫爾頃向報界發表談話稱、美國駐香港總領事已向該處日本總領事提出交涉云、按嶺南大學乃係中美兩國人所合辦、

【廣州十日電】日機今夜襲廣州、除轟炸白雲山·絲織廠·中山紀念堂外、並在蓮塘路落一彈、燬民房二、越秀街落二彈、燬民房七、雙槐海落二彈、燬民房一、共死傷平民數十人、

【路透社廣州九日電】今晨五時三刻、日機即出現天空、至七時始飛越本市、未擲炸彈即行引去、惟至七時半許、日機再度出現、盤旋於本市及四郊上空、至十時三刻始去、雖未聞爆炸之聲、但據華方消息、則謂西村方面曾落數彈、另有日機一架、在沙面飛行甚低、顯係從事偵察、日機來襲時、各處高射砲皆開火轟擊、

【路透社廣州九日電】昨夜日機轟炸廣州、幾歷四小時之久、至十一時四十五分始解警、參加襲擊者、共有飛機二十八架、所擲之炸彈、內有若干爲燒夷性者、致西堤起火多處、昨夜日機來襲時、沙基堤有人射光號、以示日機、在沙面岸頂明白可睹、當場拘獲兩人、每次射光時、即有無敵機關槍來福槍手槍向發光方面射擊、

【路透社廣州九日電】路透社由官場方面探悉、省政府並未計議在廣州城外闢安全區域、據謂縱闢此區域、日機仍將不分皂白、以機關鎗炸彈轟擊區內之難民、此可以日軍前在上海南京作戰時、並不分別安全區與非安全區爲證者也云、

——摘自《文汇报》（上海），1938 年 6 月 10 日

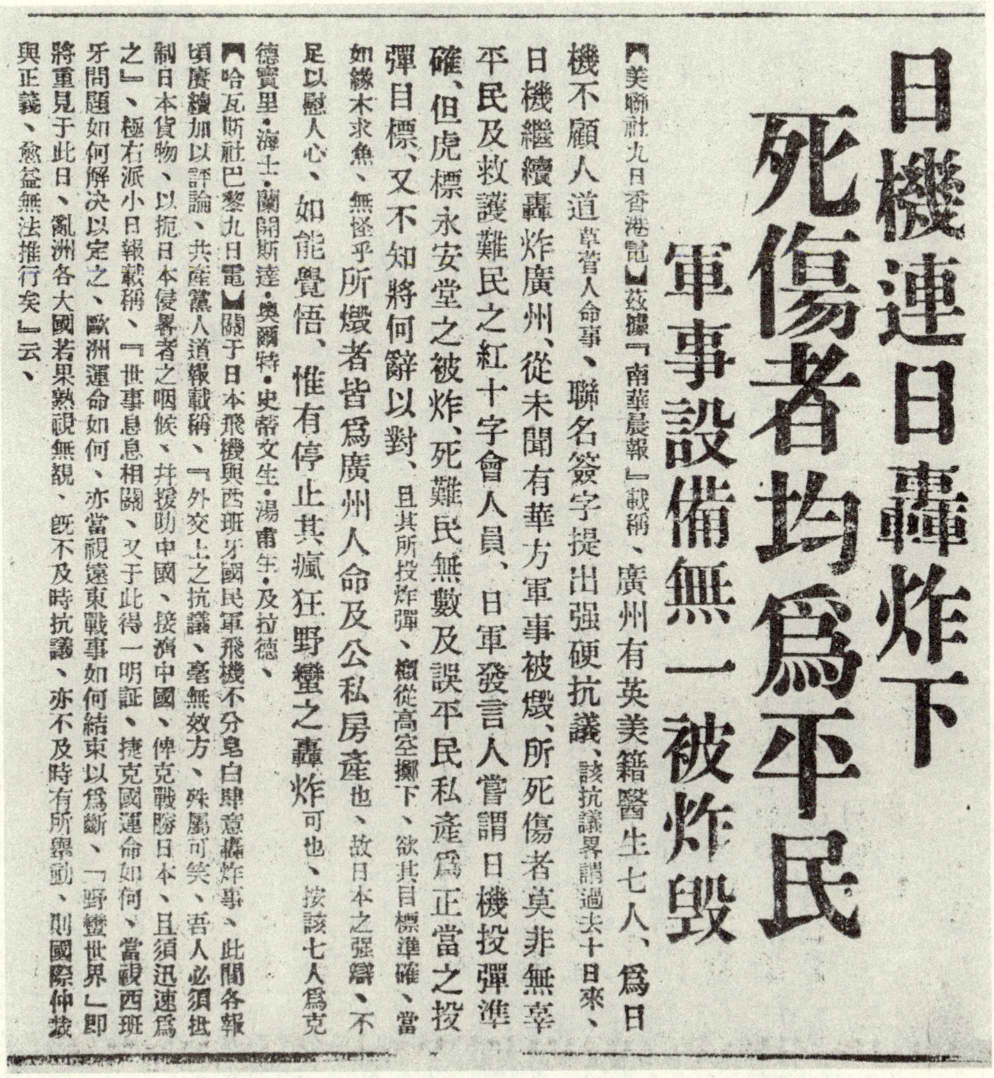

日機連日轟炸下
死傷者均爲平民
軍事設備無一被炸毀

【美聯社九日香港電】茲據『南華晨報』載稱、廣州有英美籍醫生七人、爲日機不顧人道草菅人命事、聯名簽字提出强硬抗議、該抗議畧謂過去十日來、日機繼續轟炸廣州、從未聞有華方軍事被燬、所死傷者莫非無辜平民及救護難民之紅十字會人員、日軍發言人嘗謂日機投彈準確、但虎標永安堂之被炸、死難民無數及誤平民私產爲正當之投彈目標、又不知將何辭以對、且其所投炸彈、概從高空擲下、欲其目標準確、當如緣木求魚、無怪乎所燬者皆爲廣州人命及公私房產也、故日本之强辯、不足以慰人心、如能覺悟、惟有停止其瘋狂野蠻之轟炸可也、按該七人爲克德賓里・海士・蘭開斯達・奥爾特・史蒂文生・湯甫生・及拉德、

【哈瓦斯社巴黎九日電】關于日本飛機與西班牙國民軍飛機不分皂白肆意轟炸事、此間各報頗廣續加以評論、共產黨人道報載稱、『外交上之抗議、毫無效方、殊屬可笑、吾人必須抵制日本貨物、以扼日本侵畧者之咽候、并援助中國、接濟中國、俾克戰勝日本、且須迅速爲之』、極右派小日報載稱、『世事息息相關、又于此得一明証、捷克國運命如何、當視西班牙問題如何解決以定之、歐洲運命如何、亦當視遠東戰事如何結束以爲斷、「野蠻世界」即將重見于此日、亂洲各大國若果熟視無覩、既不及時抗議、亦不及時有所舉動、則國際仲裁與正義、愈益無法推行矣』云、

——摘自《文汇报》（上海），1938 年 6 月 10 日

粵未計劃
闢安全區
西村方面昨落數彈

◎廣州九日路透社電、路透社由官場方面探悉、省政府並未計議在廣州城外闢安全區域、據謂縱闢此區域、日機仍將不分皂白、以機關槍炸彈轟擊區內之難民、此可以日軍前在上海南京作戰時、並不分別安全區與非安全區爲證者也云、省政府發言人所發日軍前在上海南京作戰時、不分安全區與非安全區之言論、此間外人各界大爲不平、謂日機在京滬二地曾謹慎避開安全區域

◎廣州九日路透社電、今晨五時三刻、日機卽出現天空、至七時始飛越本市、未擲炸彈卽行引去、惟至七時半許、日機再度出現、盤旋於本市及四郊上空、至十時三刻始去、雖未聞爆炸之聲、但據華方消息、則謂西村方面曾落數彈、另有日機一架、在沙面飛行甚低、顯係從事偵察、日機來襲時、各處高射砲皆開火轟擊、

◎廣州九日路透社電、昨夜日機轟炸廣州、幾歷四小時之久、至十一時四十五分始解警、參加襲擊者、共有飛機二十八架、所擲之炸彈、內有若干爲燒夷性者、致西堤起火多處、昨夜日機來襲時、沙基堤有人射光擧號、以示日機、在沙面屋頂明白可覩、當場拘獲兩人、每次射光時、卽有無數機關槍來福槍手槍向發光方面射擊

◎廣州八日美聯社電、今晚日機來此轟炸時、中國軍事當局之高射砲並未放射、祇聞來福槍及手槍之射擊聲浪、空間彈片橫飛、至深晚十一時四十五分、警報始行解除、當今午轟炸時、有大批炸彈、拋擲於珠江內、因此珠江上船戶內之蛋民、被炸斃者甚多、惟傷亡人數、截至今晚止、官方尙無統計發表、據廣州醫院及紅十字會美籍幹事喀別萊言、在空炸之際、紅十字會美籍幹事皆準備出發、以便施救、當星期日日機轟炸長堤之後、彼等仍寓於此、從事救護、其中華籍醫生一名、當於星期日轟炸時炸去兩腿、其妻及姊並其幼子、當時趨前救護、但不久之後、此華籍醫生因傷重逝世、喀別萊醫師又謂、彼對中國紅十字會救護人員之英勇工作極爲欽佩、彼等均爲二十齡左右之青年男女、在轟炸中奔馳救護、咸置生命不顧、故深望記者將此事轉告全美人民、對於此種慘無人道之轟炸、余萬分痛心、目今英美人民所能爲力者、惟有與日本絕交、抵制日貨、使日本陷於絕境、又謂彼勸集捐款之結果、已得港幣六千元、馬尼刺某美人匯來之美金五百元

◎香港九日電、九日晨日機數十、兩度來襲、首次十一架、在天河機場及西村各投數彈、二次四架、到黃埔折回、三次二十一架、分八架到市空、十三架到海珠、未投彈、旋在白雲會合、經江村花縣、一折返市、向黃沙及大石灣投彈、燬屋十餘、二十架到韶𨛦投數十彈、旋飛英德東莞及廣九路各投數彈、頗有損失、

——摘自《时报》（上海），1938年6月10日

美向日本提出
抗議日機炸嶺大

該校有外籍教員三十六人昨險遭非命

◎華盛頓九日路透社電、美政府因廣州美人出資所設之嶺南大學昨遭日機擲彈、落於該校空場、已向香港日總領事提出抗議、文內謂該大學乃中美教會所有、而在紐約設有國際保管委員會、其中大半爲美人云、按昨日日機襲擊廣州時、該大學空場落下炸彈三枚、其中兩枚曾爆炸、死華婦一人、當時該校外籍教職員三十五人險遭不測、

◎廣州八日美聯社電、今日廣州美國副領事、爲日機轟炸美國財產之嶺南大學一案、向香港日本總領事中村提出抗議、查有炸彈三枚、從日機墜落於該大學之空場、死華婦一人、傷華工二名、當時有外籍教職員三十六人及爲社會服務寄宿於該校之華人多名、均在其例、險遭非命、該校教授美國甘薩斯州沙林納城人茂斐君親眼目覩、據其語美聯社記者云、「予嘗在嶺南大學科學館屋頂觀看空襲、是日適在該處瞭望、見有日機三架翱翔空際、忽有一機向西飛行、離地約一萬英呎、從嶺大飛過、即有銀色炸彈三枚自該機拋出、隆然一聲、當於數百碼之外爆炸、予急遽下樓、趕赴災區視察、發現業場內有兩大穴窟、場內有華工數人正在工作、華婦一人、爲彈片擊斃、男工二人受傷、又有一彈、在二百碼外墜落、幸未爆炸、但地面已被壓成一洞、洞深約有十英呎左右、」離該校一英哩半之某處、據謂裝有高射炮、隔河對岸約二英哩爲民航飛機場、過去十一日來、第三國資產爲日機損害者、計有上星期二被炸之法國杜美醫院、星期三、英國投資之自來水廠、及本日之美國嶺南大學、

英美人士興起

◎香港九日美聯社電、茲據「南華晨報」載稱、廣州有英美籍醫生七人、爲「日機不顧人道草菅人命事」、聯名簽字提出强硬抗議、該抗議略謂過去十日來、日機繼續轟炸廣州、從未聞有華方軍事被燬、所死傷者莫非無辜平民及救護難民之紅十字會人員、日軍發言人嘗謂日機投彈準確、但虎標永安堂之被炸、死難民無數及誤平民私產爲正當之投彈目標、又不知將何辭以對、且其所投炸彈、概從高空擲下、欲其目標準確、當如緣木求魚、無怪乎所燬者皆爲廣州人民及公私房產也、故日本之强辯、不足以慰人心、如能覺悟、惟有停止其瘋狂野蠻之轟炸可也、按該七人爲克德實里・海士・蘭開斯達・奧爾特・史蒂文生・湯甫生及杜德、

倫敦輿論一斑

◎倫敦九日路透社電、每日民聲報今日社論云、文明之民衆、對於日機狂炸廣州非武裝平民、均爲之驚恐、僅有作外交上之抗議、實屬無用、該報主張英國男女國民應要求政府以担保的借款貸於中國、以示對日之譴責、此項借款將使華人有款採購必需之材料、以防禦各城市之被轟炸、此類債款之計劃、現已存在、刻正由外財兩部予以考慮、此事必須從速實現、不能再事遲延、輿論須迫使政府立即予以批准、該報末稱、英國之男女人民、更可以加强抵制日貨之方法、直接使日本有所警惕云、

法團體電國聯

◎巴黎九日哈瓦斯社電、「中國民族之友協會」、係由法國五十二個團體組織而成、頃電達國聯會秘書長愛文諾云、「關於日本飛機肆意轟炸未設防城市事、中國政府業向國聯會提出抗議、本協會茲以法國五十二個團體名義要求閣下加以注意、本協會除會同中國提出抗議而外、並要求閣下轉達行政院各理事國政府、告以行政院最近所通過之決議案、既由日本加以違反、自當使用各種適當手段、予以對付、一方面應以有効的助力、加諸中國、一方面並應以制裁手段加諸侵略國云、

——摘自《时报》（上海），1938年6月10日

一敵寇暴行一

敵機昨夜又飛粵濫炸

劫後災黎大部離城

（中央社廣州十一日上午一時電）今日自晨至暮、敵機未來襲、今晚七時三十分、警報之聲大作、市民怵於敵機旬日來之殘暴行爲、蠢赴安全地點暫避、移時、敵機一隊、於月色明朗中、闖進市空、盤旋窺探後、在市區天官里法政路尾越秀路口及北郊第一監獄等處、各投彈一枚、東郊貓兒崗投彈三枚、市北區黃華鄉投彈多枚、各災區略有死傷、惟黃華鄉災情慘、死傷六十餘人、敵機肆虐後、於十一時四十五分飛去。

（中央社廣州九日合衆電）聞廣州居民離城者已有百分之六十、彼等均逃避於附近之鄉村中、更有至漢口香港各處者、最近二日內、因市民疏散關係、故死傷者已較前爲少、然亦達二百人之數、由廣州開港在中途被炸之客車車內、有嶺南大學學生二百八、間有華籍婦女一人被炸斃、路軌受損頗鉅、故交通已斷絕、列車亦尚未開抵香港、美艦「民丹諾」號、昨日由港開抵廣州。

（中央社訊）廣州市重遭敵機濫施轟炸、振濟委員會前已撥五萬元振濟、該會近據調查報告災情奇重、特於昨（十日）加撥五萬元、以急電匯粵、交請省府辦理振卹善後事宜。

（中央社汕頭十日電）敵巡艦三艘、徘徊潮陽惠來海面、九日砲擊惠來神泉澳角、發十一砲、燬民房數間。

——摘自《新华日报》（汉口），1938 年 6 月 11 日

粵敵機夜襲

又在市區內濫炸

【廣州十一日上午一時中央社電】今日自晨至暮，敵機未來襲，今晚七時卅分，警報之聲大作，市民怵於敵機旬日來之殘暴行爲，蠢赴安全地點暫避，移時敵機一隊，於月色明朗中，闖進市空，盤旋窺探後，在市區天官里法政路尾越秀路口及北郊第一監獄等處，各投彈一枚，東郊貓兒崗投彈三枚，市北區黃華鄉投彈多枚，各災區略有死傷，惟黃華鄉災情最慘，死傷六十餘人，敵機肆虐後，於十一時四十五分飛去。

【香港十日中央社合衆電】日機一隊昨日轟炸廣九路客車一事，業經此間證實，該班客車至今尚未到港，據路局職員稱：大致該車車頭被炸脫軌，截至發電時所得消息，乘客中有華籍婦女一人被炸斃，另有貨車數輛被炸毀。

——摘自《申报》（汉口），1938 年 6 月 11 日

日機四隊

昨夜襲廣州

粵槍斃嫌疑犯十五人

日巡洋艦徘徊於潮陽

（廣州十日電）路透社訊；今夜日機飛過廣州者共四隊，在西村擲落炸彈六枚至八枚，月下可見濃烟上沖，未見火光，探照燈曾照耀天空，高射砲機關槍仍寂焉無聞。昨夜即共拘獲有漢奸嫌疑者三十二人，今日已槍斃十五人，傳日機曾擲下傳單，似不足信。

（汕頭十日電）日巡洋艦三艘，徘徊潮陽惠來海面，九日炮擊惠來神泉澳，發十一砲，燬民房數間。

（廣州十日電）余漢謀，吳鐵城，九日電覆蔣委員長云：『魚電敬悉，敵機狂炸廣州，蔑絕人道，傷亡慘重，楮墨難宣，遠蒙鈞座慰問，聞旨稠疊，策勉有加，遵經宣示市民，於創深痛鉅之餘，聆電莫不感涕振奮，誓以熱血發揚民族精神，爭取最後勝利，漢謀鐵城目擊慘狀，無淚可揮，謹當督策軍民，堅決奮鬥，上紓廑注』。

——摘自《晶报》（上海），1938年6月11日

廣州迭遭日機慘炸

市民死傷枕藉

賑委會先後撥款十萬元 交粵省府辦理賑濟災黎

香港十日合衆電：日機一隊昨日炸廣九路客車事已經此間證實該班客車，至今尚未到港據路局職員稱，大約該車頭被炸脫軌，迄至發電時止所得消息有中國婦女一人被炸死，另有貨車數輛被炸毀。

漢口十日電：廣州市繼遭敵機濫施轟炸，我市民死傷枕藉，其狀甚慘，前賑濟委員會已撥款五萬元救濟，該會據報告後因災情極重、特於今日加撥五萬元，交請省府辦理云。

——摘自《泸县民报》，1938 年 6 月 11 日

敵機瘋狂至極

炸廣九客車

廣州居民逃走百分六十

美艦昨由香港開抵廣州

中央廣州九日合衆電　日機二架、於今七時飛至廣州上空、並未投彈、聞廣州居民離城者已有百分之六十、彼等均逃於附近之鄉村中、更有至漢口香港各處者、最近二日內、因市民疏散關係、故死傷者已較前爲少、然亦達二百人之多、由廣州開港在中途被炸之客車、車內有嶺南大學生二百人、聞有華籍婦女一人被炸斃、路軌受損頗重、故交通已斷絕、列車亦尙未開抵香港、美艦民丹諾號昨日由港開抵廣州、

中央華盛頓九日哈瓦斯電　中國廣州中美合辦之嶺南大學、昨被日機三架投彈轟炸後、美國駐日大使格魯頃奉令向日政府提出交涉、要求採取各項必要辦法、制止該國飛機轟炸非戰鬥員所有產業、按嶺南大學內共住有美國僑民卅七人、昨日被炸時險遭不測、

中央香港十日合衆電　日機一架昨日轟炸廣九路客車一事、業經此間證實、該班客車至今尙未到港、據路局職員稱、大致該車車頭被炸脫軌、截至發電時、所得消息、乘客中有一華籍婦人被炸斃、另有貨車數輛被炸毀云、

——摘自《时事新报》（重庆），1938 年 6 月 11 日

敵機炸嶺大

美使提抗議

中央東京十日合衆電　前日英駐日大使克萊琪曾訪晤日外務省當局、表示英政府希望日本即日停止在廣東之轟炸、

中央華盛頓九日合衆電　國務卿赫爾、頃因日機八日空襲廣州時轟炸嶺南大學、特訓令駐日大使格魯、對日外務省提出抗議、並要求日本軍事當局採取緊急步驟、俾嗣後不致有同樣事件發生云、

——摘自《时事新报》（重庆），1938 年 6 月 11 日

廣州明月之夜

西村濃烟沖九霄

法大使那齊亞視察炸區

◎廣州十日路透社電、今夜日機飛過廣州者共有四隊之多、在西村擲落炸彈六枚至八枚、月下可見濃煙上沖、但未見火光、探照燈曾照耀天空、但高射砲機關槍仍寂然無聞、昨夜間共拘獲有漢奸嫌疑者三十二人、並聞今日已槍斃十五人、傳說日機曾擲下傳單、要求粵人投降、但未聞有人拾得此項傳單者、識者認此種傳說不足憑信

◎廣州十日路透社電、今夜日機又飛過廣州、但未投彈、據今日所聞、昨日西村共落炸彈二十枚、六彈落於舊水廠之空院中、致機器大受損毀、而廣州市之水供給、乃大受影響、尚有六彈落於正在建築中之新水廠、新置機器適被擊中、全部廠屋幾皆損毀、

◎廣州十日路透社電、駐華法大使那齊亞今日於路透記者往見時謂、渠來廣州視察杜美醫院與其他被轟炸地點之損毀情形、該醫院雖受損毀、仍將繼續工作云、法大使今日在此視察、故今日廣州或可不致再遭日機空襲、

——摘自《时报》（上海），1938年6月11日

廣九路
炸難民車
預料死傷之人當不在少

◎香港九日美聯社電、此間鐵路方面、今夜證實、日本飛機曾轟炸從廣州駛抵此間之難民火車一列之報告、當日機飛來之時、乘客多數逃往田間躲避、但當時有一華婦、已遭擊斃、預料死傷之人、當不在少、此車應於今晨駛抵此間、但迄午夜未見到達、衆信車頭或鐵路或已被毁、車上尚載有嶺南大學之學生二百餘名、此次廣州空襲後、得以餘生之人民、均擠於貨車之內、而該貨車、亦在被轟炸之列云、

◎廣州九日美聯社電、日軍飛機於今晚七時、又出現於此間上空偵察約三小時之久、及至十時許、始行退去、並未投擲炸彈、據此間當局估計、自日機於過去十二日之中連續不斷的轟炸以來、此間人民之遷出者、已達百分之六十、多數撤至距此間僅數哩之村莊、尚有多數已赴漢口及香港逃避云、

——摘自《时报》（上海），1938 年 6 月 11 日

敵機又猛炸廣州市郊
—嶺南學生在石龍遇炸

十日聯合社香港電。敵機復飛廣州。猛炸廣州市郊。敵機此來。爲第十四次。計兩星期來。廣州市遭難者出斃三千人　傷九千人。

據息。昨晚敵機襲炸。新電局被燬。水喉局亦受創甚大。市當局因此限制食水。

嶺南大學男女學生一百二十人因敵機襲炸。昨乘廣九赴港。據談稱．在石龍車站。遭敵機轟炸。全車被燬。彼等及其他乘客三百人下車在田間躲避在雨中凡四小時。幸無受傷云。

——摘自《三民晨报》，1938 年 6 月 11 日

敵寇暴行

敵機昨晚復五次襲粵

（中央社廣州十一日電）敵機多架，今夜又分五批襲粵市區，殘害平民四小時，向河南省營紡織廠附近投彈四枚、西村工業區投彈多枚，兩處平民均有死傷。

前夜敵恣意 轟炸文化機關 淇澳島漁民慘死甚多

（中央社廣州十一日電）敵機夜襲廣州，十日晚爲第四次。是夜皓月懸空，照耀如同白晝，敵機五批，更番侵入市空投彈。自下午七時卅分起至十一時四十分止，歷時共四小時又廿分，全市燈火管制，萬籟俱寂，惟聞機彈之聲。計敵機逗留在小北分局段內投彈，一落黃華鄉，炸毀屋五座，拔去關前大榕一棵，死樹下避難者小童六人，男子四人，女子十三人，傷四十餘人。敵機並向黃華路方面依係茶店，黃華鄉公所黃華中路各投一彈。第一監獄後隨落二彈，更傷十餘人。越秀路方面，天官里三聖宮，法政路漢家巷，越秀北路落三彈，燬屋宇十餘家。敵機旋向西村大施轟炸，美教會主辦之協和女子中學，共落七彈，三枚中該校，加拿大學生宿舍，損毀極重，餘落校內草地，幸學生已疏散，僅傷校役數人。又第五批敵機十一時許，飛經中山六區淇澳島西南海面，知有漁船三十艘，結集停泊，當即低飛開機關槍向該批漁船掃射，旋再投彈，爆炸聲如巨雷，立將各漁船炸沉，漁民死傷甚多。

——摘自《新华日报》（汉口），1938年6月12日

為敵機轟炸之廣東新會車站

——摘自《新华日报》（汉口），1938年6月12日

廣州通訊

廣州在轟炸中

夏衍

到傍晚，一天的轟炸完畢之後，除出幾縷黃灰色的火焰之外，廣州的天空依舊回復了她原有的澄澈與清明，幾小時之前作爲屠殺者掩藏處的一朵朵的輕雲，依舊奇偉而又深邃地浮在人們的頭上，這樣美麗的自然，這樣和平的大地，誰能設想這是一連十二日，每日轟燬幾百民家，學校，醫院，每天屠殺幾千非武裝平民，婦孺的場所！廣州是被連續無目的地轟炸了十二日了，要轟炸到什麼時候爲止，誰也不能知道！廣州街上盡是半瘋狂狀態地號哭着的失了丈夫和兒子的女人，盡是裝在運貨汽車上的一列列的白木棺材，殘磚碎瓦，倒壞了燒燬了的民房，炸彈片，一排排的用蘆蓆蓋着的尸首，和由紅變褐，由褐變黑了的血跡！晚風吹過來，空氣中充滿了火藥氣和血腥！是的，經過這十多天的轟炸，廣州是遍體鱗傷了，任何一條路上走一百碼，就可以看見一處慘痛的傷痕，但是，廣州還活着，脈搏還正確而有力地鼓動着，遍體鱗傷是不能致命的！廣州還在戰鬥，廣州咬緊了牙根在忍受一切該忍受的苦痛！

不親身經歷過，是不會理解轟炸人口稠密都市的殘酷和恐怖的。從去年九月起，廣州是經了十個月的長期轟炸了，但是以前的目標是在近郊的鐵路沿線，即使到市區來也不過小規模的轟炸。所以經過了這長時期之後，廣州市民對於空襲漸漸從鎮定而變成麻木了，二次警報之後還是維持交通，高射砲怒吼的時候市民也沒有張皇的情狀。外省到廣東來的人們稱讚廣東人的鎮定，廣東人也拿這種鎮定來自己誇耀，而忽略了對空襲的警覺和準備，於是，慘絕古今的慘閙，就在這種情形之下發生了！

五月二十八日起，敵機大規模地向廣州市區轟炸了，來的飛機最少是十二架，最多的時候是五十二架，擲的炸彈都是三百磅至五百磅的巨彈，一次投下的彈數最多的日子是一百二十個，每天來襲最少三次。五月二十九，六月六日，整日在轟炸中，全市民簡直沒有喘息的機會。投彈，全然是無目標的，商店，民家，學校，幼稚園，醫院，甚至於屋頂上鋪了法國國旗的韜美醫院，全是他們的目標。五月廿八，廿九，每天死傷的人數是一千人以上，六月六日，死者一千二百，傷者簡直無法統計。日本發言人聲明要炸的軍政機關，可差不多完全沒有炸到，那樣目標顯著的市政府，周圍投了幾十個巨彈，但是結果祇炸毀了幾顆大樹，和震碎了這偉大建築物的一些玻璃。其實，即使炸中，這也是祇和「房屋」作對，在軍事上完全沒有意義的。很明白，在這樣大規模的轟炸下，敵人明明知道政府官員不在這些建築物裏辦事，這只是一種詭辯，一種對國際間放送的掩護大屠殺的口實，在廣州的外國新聞記者都知道。單就到今天爲止，殉職的軍警還不到死難平民的千分之一這一件事，就可以知道日本帝國主義者要轟炸的目標究竟是什麼了。

這是一種人間地獄的情景！我依舊要說，不親身經歷過是不會理解的。你知道炸彈在你近處落下的時候所發出的那種和空氣摩擦的「嘩嘩嘩嘩」的聲音嗎？這慘厲的聲音以一種可怕的力量，深壓到每個被威脅者的靈魂深底，在這一瞬間使你失去思考的餘裕，閉着眼睛等着，也許下一瞬間你的生命就會這樣的消去！接着，是震聾耳膜一般的轟響，窗格的震動，玻璃裂響，一兩[illegible]鐘之後是一陣黃灰色的煙，衝鼻子的是一種泥土和火藥氣混在一起的使人噴嚏的臭氣，……當然，在這幾秒鐘間，幾十幾百也許是近千的生命是像螻蟻一樣的消失了！這過程反覆重疊着，從清晨五點鐘到傍晚，從晚間七點到午夜。

在猛烈的轟炸中，人們是並不感到特別的恐怖的，不，可以說，在那決定生命或斷或續的瞬間，人們心裏會自然地產生出一種超過恐怖的安定感的。人們伏在地上，沒有話，沒有表情，有的默默地凝視着也許他從來不曾看見過的地上的小虫。在聯集着幾百個人的逃難處，沉默得像一座森林，連小孩也不敢哭，被一種無限的森嚴鎮壓住了！

廣州最繁盛的街道，全被炸成瓦礫場了，黃沙車站附近，已經是一片平地了，文化街的永漢路，惠愛路，長堤，每走幾十步不是一堆焦土和殘磚，就是一排炸成碎片壓成血漿的屍塊。五百磅的炸彈下面，鋼骨水門汀的高層建築也是沒有抵禦力的，那種慘狀誰也不能想像。路上散碎着人的肉，毛茸茸的小孩的頭蓋，灰黃色的腦漿，炸到幾十步遠的牆上的紫藍色的肚腸，風吹着，這腸子在慢慢地在擺幌，紅的血被太陽一晒，變成顏黑色的凝塊了。尸親發着低低的泣聲，在尸叢裏面尋找他們的骨肉，找不到的時候凝呆地回去，找到了的時候一陣慘厲的哭聲。我看見一個四十幾歲光景的婦人捏着一張照片，揭開蓋着尸首蘆蓆和草低一個個地在尋她失跡了的親戚，看照片，那是一個十四五歲的天真爛漫的姑娘。

我是一向怕看死人，怕看人血的，可是現在，我能夠在屍場上慢慢地走，我能夠踏過那塗滿了街道的「血路」了，不踏同胞的無辜的血，是不能通過罹災區域的！殘酷嗎？不，這是感覺的痲痺，這是對於恐怖的感受的疲勞和飽和！

廣州是以街道樹的美麗出名的，而現在連這些正開着花的樹也遭了殃，附近落了彈，這路上的街道樹就會換個模樣，紅的花，綠的葉，，全震落在地上，不炸倒的樹，也變成落了葉的枯樹了。我們看到路上有落葉，就可以知道這一帶有轟炸。

對於投彈的漫無目標和野蠻殘酷，真使我們懷疑從飛機中投彈的是不是和我們同樣的有父母兒女，有知覺感受的人類！二十九日第二次炸惠愛路，看見紅十字會和童子軍在上一次災場發掘尸體，而他們竟低飛準對這發掘工作者投了三個炸彈，這是戰爭嗎？這些被屠殺的是戰鬥員嗎？我想問問西方先進國家的朋友。

香港英文「中國郵報」的駐粵記者報告中有下述的一段：「余與一美國攝影記者，蹲於愛羣酒店之屋頂，而觀慘劇之開演，余非故作驚人之言，漢民路爲廣州市第一大通衢，是日平民之被炸斃於該路者達六百餘人，全路路面，爲之作赤色，葬身僑理髮店之瓦礫堆中者，亦有百餘人，蓋五百磅炸彈一枚，曾墜於是也。余曾見三所學校，慘遭炸毀，其中一校，尚有十數童屍，橫陳地上，余助紅十字隊工作，發掘十五英尺瓦礫，見一年約十八歲之女子，雖被埋壓，然幸未受傷，彼指導紅十字會人員發掘，救出彼之老父；余又見一婦人，背負孩子，該孩子已死去多時，慈愛之母親，猶不忍將之放下，抱頭痛哭；又見一孩，坐於死貓之傍痛哭，彼猶不知一家八口祇得彼一人生存，一般推測，該孩子當空襲時，必因追貓出外，而其家人則盡葬身瓦礫叢中矣。」

同樣地一個老年的醫生對記者發表談話說：「我從事醫生三十年，從未經驗過這種慘絕人寰的患者，一婦人以手按住已流出之肚腸，而猶頻頻回頭視其背上的嬰兒，而此嬰兒之頭蓋，已被機鎗子彈掃去一半。」人間何世？這是什麼世界？世界上一切理智清明的人，能夠袖手旁觀，讓這野蠻的屠殺繼續下去，擴大下去嗎？

× × ×

這樣的屠殺，繼續着，我在轟炸中零零碎碎的寫這篇通訊，已經因爲警報而停筆了四次了，今天是大轟炸，大屠殺的第十二日，昨天是舊歷五月十一，上弦月已經半圓，今後未死的廣州人是要遭遇到更慘的夜襲了！

六、八下午。

——摘自《新华日报》（汉口），1938年6月12日

敵機分五批
昨夜又襲粵
在西南區投彈多枚

【廣州十一日中央社電】敵機多架，今夜又分五批襲粵市區，威脅平民四小時，向河南省營紡織廠附近投彈四枚，西村工業區投彈多枚，兩處平民均有死傷。

【廣州十一日中央社電】敵機夜襲廣州，十日晚爲第四次，是夜皓月懸空，照耀如同白晝，敵機五批更番侵入市空投彈，自下午七時卅分起，至十一時四十分止，歷時共四小時又廿分，全市燈火管制，萬籟俱寂，惟聞機彈之聲，計敵機逗留在小北分局，計敵機逗留在小北分局段內投彈一，落黃華鄉，炸毀屋五座，拔去門前大樹一顆，死樹下避難者小童六人，男子四人女子十三人，傷四十餘人，敵機並向黃華路方面伙佚茶店，黃華鄉公所，黃華中路各投彈，第一監獄後牆落兩彈，死傷十餘人，越秀路方面，天官里三聖富法政路湛家巷越秀北均落三彈，燬屋宇十餘家，敵機旋向西村大施轟炸，美教會主辦之協和女子中學共落七彈，三枚中該校，加拿大學生宿舍損毀極重，餘落校內草地，幸學生已疏散，僅傷校役數人。又第五批敵機十一時許飛經中山六區淇澳島西南海面，知有漁船三五艘，結集停泊，當即低飛開機關槍向該批漁船掃射，旋再投彈爆炸，聲如巨雷，立將各漁船炸沉，漁民死傷甚多。

【廣州十一日中央社路透電】日機四隊十日夜襲廣州，在西村附近投彈七八枚，濃烟上升，在月色中朗然可見，各處似未發生火災，市內復時有信號發出，但無相應而起之槍聲。聞九日夜捕獲漢奸卅一人，十五人於昨日槍決，傳日機曾投擲某種傳單，但路透訪員並未查見目覩此項傳單之人，消息靈通方面對該項傳說，亦不置信。昨日探悉，九日夜機共投彈廿枚，六彈落於自來水廠，機器損失頗重；全市自來水供給，已大爲縮減，另有六彈落於尚在建造中之新自來水廠廠址，新造之發電房恰被擊中，全部被毀。

【金華十一日中央社電】敵機二架，十一日晨十一時，由杭州方面竄入臨浦，旋向臨浦東北廿公里之大橋鎮投彈數枚，毀民房十餘間，死平民四人，傷十一人。

【安慶十日中央社電】敵機四架，九日下午飛安慶，在城郊投彈，並以機槍掃射居民。

——摘自《申报》（汉口），1938年6月12日

慘無人道日軍決堤

【鄭州十一日電】據華方報告：黃河南岸大堤，被日軍破決後，滔滔黃水，由中牟白沙間，向東南汎濫，水勢所至，廬舍蕩然，罹難民衆，不知凡幾，日軍此種慘無人道之暴舉，既未能消滅華軍抗戰力量，且更增加華軍抗戰決心，現華方軍民，正努力搶救堵塞，已越過隴海路，沿賈魯河，直入安徽，有與淮河合流之勢。

編者按：黃河若在中牟以北東漳等處決口，則水向東南流，開封城雖不致陸沉，但難免被水包圍；至開封城南四十五華里之朱仙鎮，陳留通許杞縣等處，將均被水浸。黃河若在開封以北柳園口或黑崗口潰決，則開封全城必遭陸沉。黃河若在蘭封西北銅瓦廂潰決，則蘭封以東歸德（即商邱）碭山，徐州等處將均被淹沒矣！

——摘自《大美报》，1938 年 6 月 12 日

法衆議員百餘人 同情中國抗戰

名記者色斯田丕烈相繼演說 籲請世界人士制止日機暴行

【哈瓦斯社巴黎十日電】各黨衆議員一百十八人、頃在衆議院組織委員會、向中國表示同情、並推舉亞來波（急進社會黨）爲主席、摩戴（社會黨前殖民部長）、斯加比尼（右派超然共和黨）、特德桑（急進社會黨前外交次長）、貝科（共產黨）四人爲副主席、波蘇脫羅（急進社會黨著名飛行家）爲秘書長、李厦（急進社會黨）爲副秘書長、該委員會成立之後、頃於本日舉行會議、當由法國名記者色斯即世界和平大會派往中國之代表、暨英國曼哲斯脫保衛報駐義訪員田丕烈、先後發言、敍述中日兩國戰事局勢、以及中國民族所受種種痛苦、嗣將中國廣州市市長曾養甫來電一通、提出宣讀、其內容係、就該市平民慘遭日本飛機轟炸情形、向世界各國輿論、發出呼籲、並即通過動議案、對于未設防各城市、尤其是廣州市、慘遭轟炸情事、表示深惡痛絕之意、「吾人茲特申請巴黎市居民、暨全人類、對于此種野蠻的轟炸行爲、加以反抗、要求日本政府、制止此種屠殺行爲、並請其他各國政府、出而干涉」、此外、委員會又議決要求全國各大城市市政當局、贊助此項動議案、並當中請勒勃崙大總統、予以贊助云、

——摘自《文汇报》（上海），1938 年 6 月 12 日

廣州市空 五批夜襲

嶺南大學男女生平安抵港

◎廣州十一日電、日機多架、今夜又分五批襲粵市區、威脅平民四小時、向河南省營紡織廠附近投彈四枚、西楊工業區投彈多枚、兩處平民均有死傷、

◎廣州十一日電日機夜襲廣州、十日晚爲第四次、是夜皓月懸空　照耀如同白晝、日機五批更番侵入市空投彈、自下午七時三十分起至十一時十分止、歷時共四小時又二十分、全市燈火管制、萬籟俱寂、惟機彈之聲、計日機逗留在小北分局段內投彈、一落黃華鄉、炸燬房屋五座、大樹一株、死樹下避難者小童六、女子十三人、傷四十餘人、日機向黃華路方面大傑茶居、黃華鄉公所、黃華中路各投彈第一監獄後牆落兩彈、死傷十餘人、越秀路方面天官里三聖富法政路湛家巷越秀北均落二彈燬屋宇十餘家、日機旋卽向西村外轟炸美敎會主辦協和女學中學、共落七彈、三枝中該校加拿大學生宿舍、損毀極重、餘落校內草地、幸學生已疏散、僅傷校役數人、又第五批日機十一時許飛經中山六區淇澳島西南海面、有漁船三五艘結隊停泊、當卽低飛開機關槍、向該批漁船掃射、旋再投一枚、漁民死傷甚多、

◎香港十一日美聯社電、據乘特別專車來此之嶺南大學學生云、彼等所乘之火車、沿途曾遭日機轟炸、彼等屢至田野避難、廣九鐵路雖受日機轟炸、但交通旋卽恢復、有一中國學生云、嶺南大學被炸後、嶺大當局卽設法調彼等至安全地點、此次預定專車赴港、卽使彼輩脫離苦海、由廣州至香港之火車

、約行卅四小時、途次曾遭日機襲擊兩次、但所投各彈、多落水田、未能命中、彼輩莫不歡欣鼓舞、蓋彼輩中無一人死傷、只有一婦人、受驚嚇死、但非爲彈片轟斃、據云、該車共掛客車四輛、行李車十一輛、客車中有嶺大男女學生一百二十人、當該列車駛至石龍車站時、有日機八架來襲、彼等不得不下車、暫時避難、車中乘客、紛紛奔至附近泥田、亂走亂踏、混身汚泥、有一華婦、即於是時、被嚇殭斃、後以機車略有損壞、待至星期四下午七時始行修復、當即繼續向香港行駛、詎料甫經開車、空襲警報又作、乘客多自車窗跳出、避入車旁田內

、是日夜在[illegible]田園露宿、本埠教會團體暨各慈善機關、正在組織難民收容所、現在由粵厦兩地避難來港者、約計有五十萬人、

——摘自《时报》（上海），1938 年 6 月 12 日

法議員對日機炸廣州

表示深惡痛絕

荷蘭總理亦不以爲然

◎巴黎十日哈瓦斯社電、各黨衆議員一百十八人、頃在衆議院組織委員會、向中國表示同情、並推舉亞香波（急進社會黨）爲主席、摩戴（社會黨前殖民部長）斯加比尼、（右派超然共和黨）特德桑、（急進社會黨前外交次長）貝科、（共產黨）四人爲副主席、波蘇脫羅（急進社會黨著名飛行家）爲秘書長、李厦（急進社會黨）爲副秘書長、該委員會成立之後、頃於本日舉行會議、當由法國名記者色斯、即世界和平大會派往中國之代表、暨英國曼哲斯脫保衛報駐華訪員田伯烈、先後發言、敘述中日兩國戰事局勢、以及中國民族所受種種痛苦、嗣將中國廣州市市長曾養甫來電一通、提出宣讀、其內容係就該市平民慘遭日本飛機轟炸情形、向世界各國輿論、發出呼籲、並即通過動議案、對於未設防各城市、尤其是廣州市、慘遭轟炸情事、表示深惡痛絕之意、「吾人玆特申請巴黎市居民、暨全人類、對於此種野蠻的轟炸行爲、加以反抗、要求日本政府、制止此種屠殺行爲、並請其他各國政府、出而干涉」、此外、委員會又議決要求全國各大城市市政當局、贊助此項動議案、並當申請勒勃崙大總統、予以贊助云、

◎海牙十一日路透社電、荷蘭首相柯里恩博士、昨在下院爲共產黨領袖之一温庫濆博士迫令宣布政府對遠東戰爭尤其爲轟炸不設防城鎭之態度、温氏請首相發起、[illegible]兩國合作、實施[illegible]原料之計劃、藉以遏制日本之侵略、首相答稱、政府固不以轟炸不設防之城鎭爲然、但不願照温氏之所請、而爲發起人因此舉徒足使太平洋之大局更形困難也

——摘自《时报》（上海），1938 年 6 月 12 日

傳日機百架

飛漢折回

◎漢口十一日路透社電、據今日未證實之華方消息、日機一大隊計有百架之多、今晨由南京蕪湖飛出、向漢口進發、但飛近鄂省邊界時、因氣候不良、被迫折回、

◎金華十一日電、日飛二架、十一日十一時由杭州方面竄入臨浦、旋向臨浦東北二十公里之大橋鎭投彈數枚、毀民房十餘間、死平民四人、傷十一人、

——摘自《时报》（上海），1938 年 6 月 12 日

敵寇暴行

敵移民二千至滬 郊外農地悉被霸佔

（中央社香港十二日電）滬訊：日運輸輪日前又運到日本農民二千餘人，耕牛五百餘頭，擬分配至兩翔真如大場一帶耕種。原有農民將悉被驅逐。按上月底北新涇一帶已到台農四千五百名，滬郊農地，殆將悉被霸佔。

敵僞在津大肆濫捕我同胞

（中央社香港十二日電）津訊：敵僞連日在津任意搜捕居民，市區內凡被目爲抗日份子，被捕去者，日必數起。

——摘自《新华日报》（汉口），1938 年 6 月 13 日

日機昨再犯廣州

粵安籌善後

規定辦法努力救護

被難民衆撥款撫卹

（廣州十二日電）日機三十八架，今午十二時五十五分，分兩批來犯。首批十八架，在江村投彈四枚。第二批二十架，飛從化投彈多枚，均無損失。衛生當局以連夜日機來襲，救護人員日夜工作，異常勞頓，特規定妥善辦法，着各災區指揮，各救護大隊，依照進行。又連日市公私教育機關被炸甚多，省立教育當局，正紛紛派員從事善後，教部特派員趙恩鉅抵粵，連日由教廳督學陪往各校視察，致意慰問，香港學生界亦派代表來省，慰問受傷學生及市民。又非常時期難民救濟會以難民無家可歸者，數逾千人，除由該會妥爲收容外，每人發購置衣服費三元，受傷同胞每人發慰勞金三元，倘衣服不敷應用者，並發購置衣服費。被炸殉難者，除照原額發撫金五元外，並重訂救濟被難家屬辦法，無家可歸之難民，正由軍警當局會同各有關機關設法救濟。

——摘自《晶报》（上海），1938 年 6 月 13 日

世界一日

美禁售飛機與日寇

反對轟炸我國平民

美國

（中央社華盛頓十一日合衆電）美總統羅斯福氏稱，自日機大肆轟炸廣州平民後，美政府已設法制止美製飛機售與日本。美國務卿赫爾稱，美政府決定以勸請之方法，阻礙飛機製造家以飛機售賣日本，作爲轟炸中國平民之用。美因最近日機大肆轟炸平民，故有此項決定，最近數日內，美政府已不許飛機製造家，以轟炸機運輸出口。記者問國務院是否將採取實際有效步驟，制止轟炸中國及西班牙之平民，赫爾氏稱，美政府之立場，已爲世所共知，美曾迭次譴責轟炸平民之行爲。按美國已禁止將飛機售與西國法西軍及政府軍雙方，故赫爾氏之言，係針對日本，僅未提日本之名而已。

（中央社華盛頓十一日合衆電）此間外交界方面謂，最近美國內外一部份人士，咸以爲美國雖屢次譴責轟炸平民之行爲，然向未採取實際有效辦法，惟今日赫爾氏之聲明，已予此一部份人士，以有力答覆。此間外交界，以爲英國最近請美國參加調查中國及西班牙平民被敵機轟炸事，惟美國顯不願因此而引起糾紛，故不願參加，僅以阻止飛機出口，表示其反對轟炸平民行爲之意。美對西班牙久已禁止軍火出口，故實行對日停止供給飛機，手續即可完畢。或有以爲飛機輸出商人未必肯遵守政府之勸告者，惟美國當初禁止軍火輸西班牙時，美軍火商均一律遵守不渝，故停止對日輸出，各方自可遵照辦理。

（中央社華盛頓十一日哈瓦斯電）赫爾國務卿勸告各飛機廠勿以轟炸機售予他國，用以轟炸普通人民之後，紐約泰晤士報駐華盛頓外交記者，加以評論云：國務院近曾發表宣言，對於飛機肆意轟炸，表示痛惜，但美國所製轟炸機，依然運往日本，美國政府頗以爲苦，乃欲設法予以防止，特欲下令禁止以飛機輸往日本，必須實施中立法，或須另行制定法律，始乃有濟，惟是中立法實施之後，其不利於中國之處，較之日本爲尤甚；而以特種法禁運軍火前往日本，又易惹起糾紛，爰勸告各飛機廠，勿以飛機售予他國，用以轟炸普通人民。赫爾國務卿，並已發出表示，謂此項飛機輸往日本，其架數若不甚少，則再度提出勸告，俾國人咸知此種交易，實非政府所贊同。

（中央社紐約十一日哈瓦斯電）道格拉斯飛機公司設在加州聖莫尼加城之廠，正爲美國陸軍製造新式轟炸機進行工作，甚爲祕密。僅有軍事當局所特許之軍官數員，得以入廠參觀。紐約民聲講壇報駐加州洛杉磯城訪員，頃有來電稱，此種飛機，乃係世界最大之轟炸機。兩翼共寬七十二公尺二十公分，機身並炸彈汽油在內，共重七十二噸，並配以二千匹馬力之引擎四具或六具，速率每小時三百二十八公里。

英國

艾登反對向法西讓步

抨擊轟炸中國西班牙

（中央社英國利明敦城十一日哈瓦斯電）前外相艾登，頃在本城即其選區，參加露天集會，并當六百餘人發表演說，其結論對於中國與西班牙未設防各城市，被飛機轟炸一事，加以抨擊。略謂：世界各國，不論其政體如何，英國均願與之維持睦誼，但某某國家，蔑視其所接受之約束，肆意轟炸未設防各城市，并故意炸沉英國商船，吾國即欲與之友好相處，又安能以此種舉動，作為樹立真正睦誼之基礎？艾登涉及國際時局時，對於張伯倫首相所推行之政策，雖未加以批評，但堅決反對向暴力讓步，以為此項政策，不足以獲取真正或持久的和平效力，并謂國際時局，至某種階段時，英國必當堅守其立場，而不能繼續有所讓步。旋即就渠在外相任內所推行之政策，加以辯護，稱過去六個月內凡希冀吾國採取較為堅強之立場，以維護國際誠意一項原則者，謂其足使吾國捲入戰爭漩渦，實非確詞，觀于去年九月間尼翁協定成立後，地中海上海盜行為，因而絕跡一事，可見英國及時採取堅強之立場，即足以挽回戰爭危機。艾登繼乃對于國際局勢前途，作一結論，謂吾人苟欲挽救浩劫，唯有以羣策羣力以赴之，俾某某國現仍迷信武力者，恍然其憑藉武力決無任何利益可言。至外國方面，有謂英國已趨式微者，并非確論，實則英國強盛，莫如今日之甚，英國人民，準備為所信奉之主義而犧牲，亦莫如今日之甚！各國對于本國政體，自有選擇之權，但各獨裁國所採取之手段，實非真正民治主義者所敢苟同。吾人本于天性，自將與歐美各大民治國相接近。

（中央社倫敦十二日路透電）國防部長殷斯基瀅，昨在哈特費特發表談話，謂英輪在西班牙海岸外被襲擊事件，現正在首相張伯倫外相哈里法克斯之考慮中。殷氏結論稱：任何方面，如欲向英國挑釁，使之激怒，誠非易事，但如有真欲作此嘗試者，余有一至言相告，即仍以勿輕易嘗試為是。

——摘自《新华日报》（汉口），1938 年 6 月 13 日

飛機夜襲廣州

轟炸光華電廠及珠江橋

價值三百萬新機被炸毀

（廣州十二日路透電）日機十一日夜又襲廣州，分四隊飛在西村附近投彈後，轟炸光華電廠，及珠江橋沙面房屋，門窗亦震動西村新發電廠星期五日又中一彈，以致值價三百萬元，由德國人裝置之新機完全炸毀。

——摘自《泸县民报》，1938 年 6 月 13 日

恐怖的上海

敵人到處擲炸彈

中央香港十二日電 十二日午後七時、有人向南京路中國國貨公司投一手溜彈、共傷店員二人、投彈者已逸去、又七時三十四分、威海路華美電台左近、亦有人投彈、巡捕一人受傷、七點五十分、愛文義路底、亦有手溜彈爆發、九時○四分、寧波路新光大戲院前、又查獲一彈、並未爆發、九時四十五分、南京路惠羅公司左近、有日人二名投彈、其腿部均受傷、業已被捕、

——摘自《时事新报》（重庆），1938 年 6 月 13 日

敵軍鐵蹄下的「搶掠與燒殺」

戰區同胞被蹂躪之實况

據五月廿八日上海「密勒氏評論報」載稱、去年十一月間、在上海蘇州的防線破壞之後、負傷和撤退的華軍、因爲是自東往西退的、於是沿了長江、如潮水般地擁到了□□後方來、當地的縣政府、先已指派了一個地方委員會、來籌劃臨時的需要、仔細地照應着兵士、當他們退至縣城的那一天、還發放每人兩毛錢的餐費、

國軍紀律嚴

大約有十天之久、過了成千成萬的傷兵和退兵、都沒有擾亂當地的秩序、兵士向商店購物、都很講理、在一個夜裏、筆者親見一個士兵、脫下他的襯衫、想換點東西吃、商店不答應、他就悄悄地走開、嘴裏哼着、『這就沒法子了』、

最後開到了兩個聯隊、來防守這條江線、兵士都穿得很好、軍器亦精良、就只沒有大砲、他們要了些鋪床的稻草、請人幫他們掘戰壕、雖然軍官們所索取的、都是很平常的、很容易籌劃的、當地的領袖們、不久都對他們表示厭惡、他們沒有想到那後來的客人的更慘忍的苛索呢、雖然、軍官們都會揮淚告訴他們、『這塊地方、我們要是守不住、你們的將來、是要不堪設想的、因爲我們眼見過那淞滬一帶的同胞、是受了多大的痛苦呀、』但誰能了解其中的意義呢、

這條江線、除了幾條戰壕外、實際上、沒有一座砲台、無法堅守下去、乘船在江心一望、誰都能清楚地見出整個的縣份、是一片平原、毫無軍事上的價值、但是、當日本海軍向西推進時、有好幾條砲艦、就向沿江岸的許多小鎮上、發砲轟擊、在一個不到一百戶的小鎮上日軍就開了不下兩百發砲、一共死了四十多個軍民、燬了幾所房屋、中國的守軍就人不知鬼不覺地退進了內地的鄉村，

當守軍秩序井然地退走之後、那「河怪」不再發砲了、居民大都喘過一口氣來、他們開始担心日方客人了『在何時從何方他們會來到』、『怎樣歡迎他們呢』、怎樣一個組織來接替縣政府、推行法律、與維持秩序呢，紳士們與富商們所遲疑的就是這一類的問題、華軍退去後二十四小時內、沒有什麼發生的、還住了五萬人的一縣的治安全靠八個團丁來維持、最後有人報說、日軍的一小分隊、已開抵縣城只有四里的地方了、於是複雜的感情、交織成大家興奮的空氣、(未完)

——摘自《时事新报》（重庆），1938 年 6 月 13 日

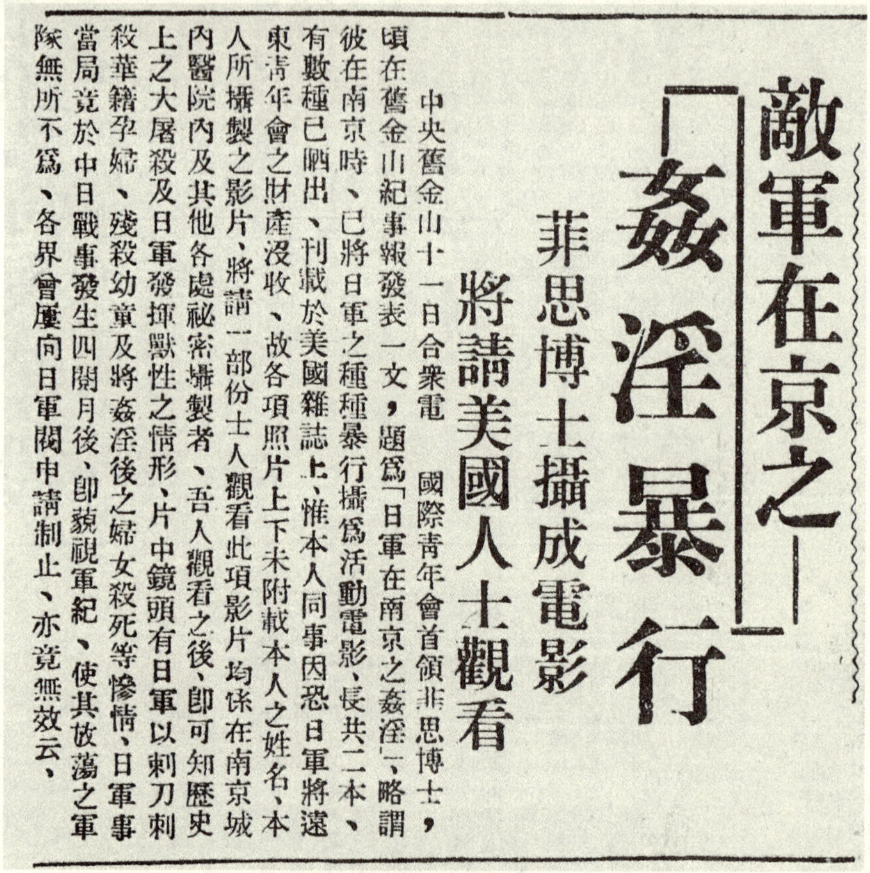

敵軍在京之「姦淫暴行」

菲思博士攝成電影

將請美國人士觀看

中央舊金山十一日合衆電　國際靑年會首領菲思博士，頃在舊金山紀事報發表一文，題爲「日軍在南京之姦淫」，略謂彼在南京時、已將日軍之種種暴行攝爲活動電影、長共二本、有數種已晒出、刊載於美國雜誌上、惟本人同事因恐日軍將還東靑年會之財產沒收、故各項照片上下未附載本人之姓名、本人所攝製之影片、將請一部份士人觀看此項影片均係在南京城內醫院內及其他各處祕密攝製者、吾人觀看之後、即可知歷史上之大屠殺及日軍發揮獸性之情形、片中鏡頭有日軍以刺刀刺殺華籍孕婦、殘殺幼童及將姦淫後之婦女殺死等慘情、日軍事當局竟於中日戰事發生四閱月後、即藐視軍紀、使其放蕩之軍隊無所不爲、各界會屢向日軍閥申請制止、亦竟無效云、

——摘自《时事新报》（重庆），1938 年 6 月 13 日

美國痛惡轟炸暴行

赫爾已向各機廠勸告

今後勿以轟炸機出售

【哈瓦斯社華盛頓十一日電】關於飛機轟炸未設防各城市問題、赫爾國務卿頃向報界發表談話、謂已勸告各飛機廠、勿復以轟炸機售與外國、至國務院所持態度、乃係（一）對於此種轟炸行爲、表明深惡痛絕之意、（二）對於任何舉動、凡足以鼓勵或利便此種轟炸行爲者、均當加以譴責云、一般人頃評論赫爾國務卿此項談話云、日本向美國購買轟炸機、最近已達一•三〇〇•〇〇〇美元之多、赫爾國務卿因中立法並未實施、無從禁止以轟炸機售與日本、爰乃發表上項談話、冀在精神上壓迫各飛機廠云、

【哈瓦斯社紐約十一日電】赫爾國務卿勸告各飛機廠、勿以轟炸機售予他國、用以轟炸普通人民之後、紐約泰晤士報駐華盛頓外交記者、頃加以評論云、「國務院近曾發表宣言、對於飛機肆意轟炸、表示痛惜、但美國所製轟炸機、依然運往日本、英國政府頗以爲苦、乃欲設法予以防止、特欲下令禁止以飛機輸往日本、必須實施中立法、或須另行制定法律、始乃有濟、惟是中立法實施之後、其不利於中國之處、較之日本、尤有甚焉、而以特種法禁運軍火往日本、又易惹起糾紛、爰乃勸告各飛機廠、勿以飛機售予他國用以轟炸普通人民」、赫爾國務卿並已發出表示謂、此種飛機輸往日本、其架數若不見減少、則當再度提出勸告、俾國人咸知此種交易、實非政府所樂聞云、

【路透社華盛頓十一日電】國務卿赫爾今日聲稱、美政府譴責轟炸平民之言論、半對美國及他國製造轟炸機者而發、國務院不贊成出售飛機供轟炸無防禦的平民之用云、赫爾繼言及美國譴責西班牙與中國境內轟炸平民事、謂美政府對于此事之態度、並未變更云、

【美聯社華盛頓十一日電】美國務卿赫爾今日宣稱、政府方面、此後將擴張道義之信念、使一般飛機廠均不願售賣飛機與日本、因日本將利用此種飛機、實施轟炸平民也、據赫爾云、政府之所以有此舉動、純因最近日機對廣州濫施蹂躪之結果、過去數日之中、政府業已通令所有之製造廠、對於運輸飛機出口、作爲轟炸之目的、表示反對、當詢及國務院方面、對中國及西班牙之民衆、屢次均遭受蹂躪有何辦法時、赫爾答稱、政府之態度、對於此種暴行、曾經屢次譴責、可謂已極明顯、好在目下之法制、已禁止運輸軍火赴西班牙、赫爾之陳述、雖然並未明白指示對付日本、實則其意已在不言中矣、

【美聯社華盛頓十一日電】此間外交界人員今日認爲國務卿赫爾之表示、無異於對於近來美國內外人士、因一般咸覺美國對轟炸無辜民衆之暴行、僅憑口上譴責、毫無制止實際行動、作一特殊之答覆、

——摘自《文汇报》（上海），1938年6月13日

美費治博士發表

南京浩刦

舊金山十一日美聯社電、國際基督教青年會領袖費治博士、今日發表渠曾在南京攝取日軍暴行之影片兩本、其中一部呆照、曾在「生活」及「見識」兩雜誌中發表、惟並未署攝者姓名、蓋其同事深恐東方青年會之財產、或有被沒收之危險也、費治博士在舊金山紀事報中發表一文、題爲「南京之浩刦」、渠在該文中謂、將此影片獻映於少數特許觀衆之前、應被認爲國際青年會反對日軍侵略之表示、渠稱此等影片乃在南京某醫院中及他處秘密攝取者、渠謂此等影片、乃「歷史上一最大之集團屠殺及獸性暴露」之無可諱言之證據、費治博士謂此種暴行之發生、乃因作戰四月後紀律突然蕩然無存之故、渠稱、對日本軍閥之繼續申訴、毫無效果、

——摘自《时报》（上海），1938 年 6 月 13 日

日日轟炸之

廣州災區

救護工作日夜在進行中
撫卹金與救濟費均發出

◎廣州十二日電、日機三十八架、今日十二時五十五分兩批來犯、首批十八架在池村投彈四枚、第二批二十架飛從化、投彈多枚、均無損失、市衛生當局以連夜日機來襲、救護人員日夜工作、異常勞頓、特規定妥善辦法、着各災區指揮各救護大隊依照進行又連日市公私教育機關被炸甚多、省市教育局正紛紛派員從事善後、教部特派員趙恩鉅適抵粵、連日由教廳督學陪往各校視察、致意慰問、香港學生界亦派代表來省、慰勞受傷學生及市民、又非常時期難民救濟會難民無家可歸者、數在千人、除由會妥爲收容外、每人先發購置被服費三元、受傷同胞每人發慰勞金三元、倘衣服不敷應用者、並發購置衣服費、被炸殉難者除照原額發撫卹金五元外、並重訂救濟被難家屬辦法、無家可歸之難民、正由軍警當局會同各機關設法救濟、又本市基督教聯合會以日機屠殺市民、至表憤慨、特去電美國教會聯合會及英國萬國傳教會、請制止日機在廣州之暴行、

——摘自《时报》（上海），1938 年 6 月 13 日

赫爾勸告美機廠
飛機勿售予日本

純因最近日機對廣州濫施蹂躪之結果

◎華盛頓十一日哈瓦斯社電、關於飛機轟炸未設防各城市問題、赫爾國務卿頃向報界發表談話、謂已勸告各飛機廠、勿復以轟炸機售與外國、至國務院所持態度、乃係㈠對於此種轟炸行爲、表明深惡痛絕之意、㈡對於任何舉動、凡足以鼓勵或利便此種轟炸行爲者、均當加以譴責云、一般人頃評論赫爾國務卿此項談話云、日本向美國購買轟炸機、最近已達一•三〇二•〇〇〇美元之多、赫爾國務卿因中立法並未實施、無從禁止以轟炸機售與日本、爰乃發表上項談話、冀在精神上壓迫各飛機廠云、

◎華盛頓十一日路透社電、國務卿赫爾今日聲稱、美政府譴責轟炸平民之言論、半對美國及他國製造轟炸機者而發、國務院不贊成出售飛機供轟炸無防禦的平民之用云、赫爾繼言及美國譴責西班牙與中國境內轟炸平民事、謂美政府對於此事之態度未變

——摘自《时报》（上海），1938年6月13日

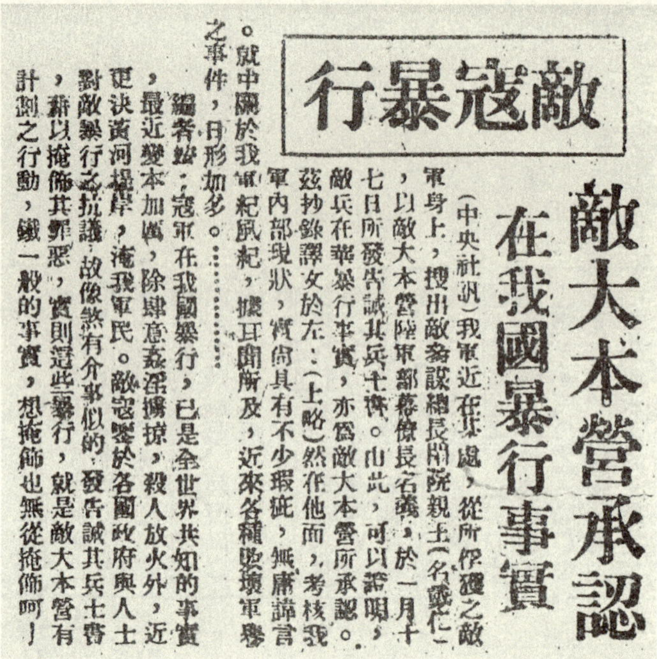

敵大本營承認

在我國暴行事實

（中央社訊）我軍近在華北，從所俘獲之敵軍身上，搜出敵參謀總長閑院親王（名載仁），以敵大本營陸軍部參謀長名義，於一月十七日所發告誡其兵士書。由此，可以證明，敵兵在華暴行事實，亦爲敵大本營所承認。茲抄錄譯文於左：（上略）然在他面，考核我軍內部現狀，實尚具有不少瑕疵，無庸諱言。就中關於我軍紀風紀，據耳聞所及，近來各種毀壞軍譽之事件，日形加多。……

敵寇暴行

編者按：寇軍在我國暴行，已是全世界共知的事實，最近變本加厲，除肆意姦淫擄掠，殺人放火外，近更決黃河堤岸，淹我軍民。敵寇鑒於各國政府與人士對敵暴行之抗議，故像煞有介事似的，發告誡其兵士書，藉以掩飾其罪惡，實則這些暴行，就是敵大本營有計劃之行動，鐵一般的事實，想掩飾也無從掩飾呵！

——摘自《新华日报》（汉口），1938 年 6 月 14 日

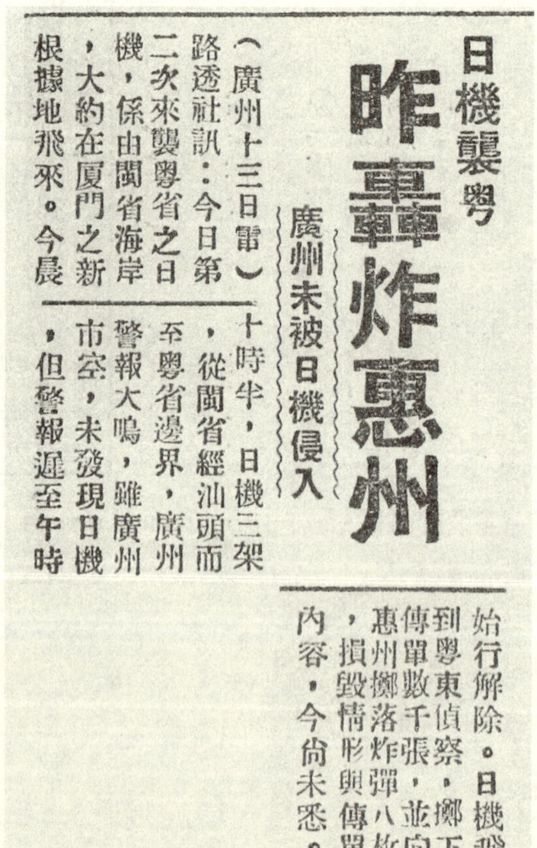

日機襲粵

昨轟炸惠州

廣州未被日機侵入

（廣州十三日電）路透社訊：今日第二次來襲粵省之日機，係由閩省海岸，大約在厦門之新根據地飛來。今晨十時半，日機三架，從閩省經汕頭而至粵省邊界，廣州警報大鳴，雖廣州市空，未發現日機，但警報遲至午時始行解除。日機飛到粵東偵察，擲下傳單數千張，並向惠州擲落炸彈八枚，損毀情形與傳單內容，今尚未悉。

——摘自《晶报》（上海），1938 年 6 月 14 日

豫境黃河堤被敵炸毀經過

陳部長昨招待外記者報告

釀天災消滅人類慘無人道

【本市消息】政治部長陳誠，昨招待駐漢各國記者，報告週來戰況概要及豫方炸毀黃河大堤之經過，略云：黃河水害，在我國歷史上是一種慢性的天災，河水汎濫無常，全靠兩岸築堤來防範，偶一不慎，河堤潰決，河水便要狂暴氾濫，甚且將整個河道改移，入海的河口相差至幾百里，幾千年來，中國的生命財產爲黃河所吞沒不知凡幾，中國的文明，在古代是以黃河爲中心，此文明實以人道主義爲基調的人力對於天災的鬥爭的成績。

但是歷來的黃河水患都是出於天災，而現在在我們目前卻現出了一項人類空前的罪孽，日本的狂妄軍部，竟以人力來幫助黃河爲害，以淹沒我前綫士兵和戰區的居民，這種無人道的行爲，眞可算達到了登峯造極的地步。

日寇用飛機來轟炸我不設防的城市，掃射我居民，用綠氣來毒殺我前綫將士，用嗎啡，用白面，用紅丸，凡是可以亡我族，滅我種的手段，無所不用其極。說到他們的姦淫，虜掠的獸行，尤其是罄竹難書，然而目前竟用到了利用黃河來掃蕩我前綫士兵的計劃，眞眞是人類的理智所不能想像的。

根據前方十一日的來電稱：「敵軍於九日猛攻中牟附近我軍陣地，但我左翼依據黃河堅强抵抗，敵遂以飛機猛烈轟炸，遂將趙口，楊橋一帶河堤炸毀數處，河水決流，水勢汎濫，甚形嚴重」。又根據十二日中央社的鄭州電（見昨日本報從略）云云。

這災害恐怕自諸亞大洪水以來的浩劫，我國的文明，前面說過，是以人力來消滅天災的，一切文明的基調也都可以說人力與天然力的鬥爭成績，然而日寇卻惡用文明的利器來釀出天災，以消滅人類，日寇之慘無人道的行爲，實足爲全世界全人類之公敵而有餘了。

然而慣欺騙宣傳的日寇，它還不知懺悔，它還在廣播的消息中，在新聞紙上，把決毀河堤的罪行竟移駕到我們的身上來，說是我們自己毀決，這樣的誣報，我們相信並且希望，是不會淆惑世界的觀聽的。

日寇慣作欺騙宣傳的證據，我們在目前可以向各位提供一個物證，日寇常常宣傳它們的飛機師是十分英勇，大家都決死報國，決不會使用過降下傘，因而我們所得到的日本俘虜都是假的，都是穿上了日本衣服的中國人，這欺騙的伎倆也可以說幼稚得可憐，我們從俘獲品中拿了一個日寇的落下傘來請諸位檢驗，請看日寇的宣傳，究竟誠實到了怎樣的程度。

——摘自《申报》（汉口），1938年6月14日

汾陽敵竄擾離石

敵用砲發射催淚瓦斯 其手段殘毒實不堪言

（西安十三日）晉東敵軍連日甚活躍，汾陽敵約四五千，一部千餘，竄擾離石，榆次敵增加四千餘，，大谷平遙約四五百，靈石崞縣繼到六七百，靈至崞縣守車站，敵達二三百，我軍上月二十三日在靈石李村張村與敵激戰，敵用礮發射催淚瓦斯，我官兵中毒甚多，敵之殘毒實不勝言。

——摘自《泸县民报》，1938 年 6 月 14 日

敵機襲福州

四十架飛機投彈散傳單 市區被炸死傷數十人

▲●廣州昨又被炸二次

本報福州十三日專電　敵航空母艦二艘、今午駛泊長樂梅花及狄下、旋由二艦飛出敵機四十架來襲、計廿四架侵入市空、均在永部路通投一燒夷彈、未爆發、並在烏山路投下荒謬傳單、餘機則在郊外及馬江投彈、計在馬江投廿餘彈、已發現炸死者三人、餘在發掘中、受傷者十餘人、洪江黃店鄉投六彈、死平民二、傷數人、又敵機在烏龍江附近鄉村投彈三次、損失未詳、梅花之敵母艦三時後他駛、

本報福州十三日專電　今晨八時、三敵機來襲、在洋莊空場投三彈、旋往建甌投彈十一枚、均無損失、又今午敵艦一艘在長樂梅花開砲五響、彈均落荒、

中央廣州十三日電　交通界息、某航商十日乘輪駛往萬山羣島之南、目擊敵兵殘殺漁民新花樣、將擄獲我漁船迫令駛開海面、至若干距離、敵艦即開始砲擊、以漁船爲目標、砲聲響過、船即應聲沉沒、木片四散、人肉橫飛、極殘暴之至、

中央廣州十三日電　粵市今又發出兩次警報、全市防空部隊及防護人員、均嚴密戒備、第一次警報爲晨八時許、敵機十二架由唐家灣飛經虎門太平黃埔、內七架飛粵漢路江村站附近投彈十枚、餘五架飛北郊牛欄崗投三彈、均無損失、二次警報爲上午十時五十分、敵機三架在惠陽一帶散發荒謬傳單、在惠陽投彈八枚、

——摘自《时事新报》（重庆），1938 年 6 月 14 日

敵使用催淚瓦斯

中央西安十三日電　晉中敵軍連日甚活躍、汾陽敵約四五千、一部千餘竄擾離石、楡次敵增加至千餘、太谷平遙各四五百、靈石霍縣各到六七百、靈石霍縣間守備車站之敵亦增加二三百、圖將被毀鐵路修復、被我擊退未逞、我軍某部於上月二十三日在靈石薛村湯村與敵激戰、敵用砲發射催淚性瓦斯、我官兵中毒甚多、敵之狼毒可見、

中央潼關十三日電　盤據曲沃之敵、經我包圍、連日戰事異常激烈、城東敵兵工廠及飛機廠均爲我軍克復、

中央潼關十三日電　臨汾靈石一帶我軍及游擊隊、節節向鐵道附近進迫、敵憑工事頑抗、經我官兵奮勇襲擊、敵死傷奇重、至十一日夜、戰事仍在激烈進行中、

中央西安十三日電　楡林訊、偏關確於八日被我克復、我敵刻在城之東北兩路對峙、我門軍石師亦參加作戰、殲敵頗多、

——摘自《时事新报》（重庆），1938 年 6 月 14 日

日機又炸廣州

對轟炸嶺南大學答覆美抗議示歉

【路透社廣州十三日電】今日第二次來襲粵省之日機、係由閩省海岸大約在廈門之新根據地飛來、今晨十時半、日機三架從閩省經汕頭而至粵省邊界、廣州警報大鳴、雖廣州市空、未發現日機、但警報遲至午時始行解除、據官場消息、日機飛至粵東偵察、擲下傳單數千張、並向惠州擲落炸彈八枚、損毀情形與傳單內容、今尚未悉、日機今爲第一次空襲時、在江森（譯音）附近、擲彈十枚、致農民死傷多人、村舍多被炸毀、今夜八時又聞第三次警報、但至九時未見日機、

【路透社香港十三日電】聞日總領事現已答覆六月八日廣州美總領事對日機轟炸美人所辦之嶺南大學抗議、覆文中對該校華職員之喪生、表示哀憐、並對該校美人之安全受危、表示歉忱、惟促請該校日後須在校舍之顯懸掛大旗、使其至易辨認、日總領事又答覆法英總領事、對日機飛過沙面而達其目的地之抗議、謂現正調查此事、並謂日海軍當局曾屢次嚴令航空員於空襲時、應謹愼避免飛過沙面及其他外人產業云、

【長沙十三日電】湘抗日總會、以日機肆虐有加無已、近更轟炸華方未設防之廣州市區、無辜平民、死傷枕藉、慘絕人寰、日寇窮兇極惡、擢髮難數、該會頃於十二日電呈中央國府、請迅予設法防救、並電慰廣州各界同胞、同時更電世界各國維持人道、一致奮起制裁暴日殘酷行爲、

——摘自《文汇报》（上海），1938年6月14日

日機一次襲汕頭

廢砲台竟成轟炸目標

用意在屠殺平民囚犯

【汕頭通信】本月七日午後日機襲汕、飛行頗低、防空部隊集中火力向空射擊、日機亦以機槍漫無目標向下掃射、並在石砲台投彈轟炸、一時槍聲大作、繼以隆隆之炸彈聲、空氣頗爲緊張、蓋一般人鑑於廣州被慘炸屠殺情形、均有談虎色變之概、日機去後、記者即馳往災區調查、見日機所投四彈、其一落石砲台外海旁溝中、炸成一小穴、附近一板屋、被炸燬、其餘三彈、爲爆炸彈、落於砲台內中央、燬浴室所、地面被炸裂、深闊均丈許、查石砲台爲清張之洞所建、爲一顯露地面之舊式砲台、在現代戰中、已不適用、民國以來、已被解除武裝、改爲囚犯懲敎場、中外人士、無不知之、此次日機以該處爲轟炸目標、目的顯在屠殺平民囚犯、幸該場囚犯走避得及、始免死傷、汕頭去年九月間、曾遭日機轟炸、本月七日之轟炸、爲汕市之第二次遭受空襲、日機除投彈外、並散放恐嚇傳單、汕頭各國領事、已非正式通告各該國僑民、照常作業、因目前地方情勢、無戰爭之趨向、故外僑方面、現頗鎭靜如舊、而地方秩序治安、因軍警壯丁隊之努力維持、極爲鞏固、近因漢奸潛入活動、故當局於空襲時、特動員全市軍警探員、壯丁自衛團、義警防護團等、密布市區、嚴密監視、（六月八日）

——摘自《文汇报》（上海），1938年6月14日

人間地獄

日兵殘殺漁民

【廣州十三日電】交通界息、某船商十日乘輪駛經萬巴羣島附近、目擊日兵殘殺漁民情形、先將漁船擄獲、復迫令駛開海面、至若干距離、日艦即開砲轟擊、以漁船爲目標、砲聲響過、船即應聲沉沒、木片四散、人肉橫飛、極殘暴之至、

——摘自《文汇报》（上海），1938 年 6 月 14 日

國聯鴉片委會

中國代表詰責日本毒化政策

請該會切實加以審議

【哈瓦斯社日內瓦十三日電】國聯會雅片問題顧問委員會、本日晨間開會時、中日兩國代表之間、會發生激烈辯論、日本代表即該國駐瑞士公使天羽有云、中國方面會有推銷雅片情事、日本則欲制止此種貿易、天羽並發出暗示云、顧問委員會對于遠東雅片販賣問題、若非以公正態度加以考慮、則日本即當退出國聯會所屬各技術機關、中國代表即駐瑞士公使胡世澤博士、當即予以反駁云、日本軍事當局與一部份領事當局、均在中國境內包庇此項貿易、此種政策、日本仍欲予以維持、殆欲以有系統的手段、毒害中國民族、「滿洲國」頃已成爲雅片散集中心、此種局勢、應請顧問委員會切實加以審議云、

——摘自《文汇报》（上海），1938 年 6 月 14 日

廣州投彈

◎廣州十三日路透社電、今日第二次來襲粵省之日機、係由閩省海岸大約在厦門之新根據地飛來、今晨十時半、日機三架從閩省經汕頭而至粵省邊界、廣州警報大鳴、雖廣州市空未發現日機、但警報遲至午時始行解除、據官場消息、日機飛至粵東偵察、擲下傳單數千張、並向惠州擲落炸彈八枚、損毀情形與傳單內容、今尚未悉、日機今晨第一次空襲時、在江森（譯音）附近擲彈十枚、致農民死傷多人、村舍多被炸毀、今夜八時又聞第三次警報、但至九時未見日機、

◎香港十三日電、十三日晨日機十二架、侵入市區、七架在天河機場投三彈、五架飛粵路江村源潭花縣各投數彈、另三架飛汕至惠投數彈、燬數屋、死傷十餘人、

——摘自《时报》（上海），1938 年 6 月 14 日

鄒魯等向外通電
請遏阻日機暴行
予侵略者以新的制裁

【廣州十四日電】廣州文化界鄒魯李應林等一百四十三人、以日機連日肆虐、特致電國際反侵略大會、及歐美文化界領袖、暨國際文化團體、揭露日機殘暴行爲、首述日本軍閥派機濫炸教堂、暨非武裝區域廣州受害情形、自五月二十八日起已狂炸十五日、投彈逾千、炸燬學校十餘處、慈善機關醫院十餘處、民戶千五百餘處、死傷民衆逾七千人、甚至救護人員、亦被續炸及用機槍掃射、次謂日本此種野蠻殘暴行爲、必將危及世界和平、使全人類復返於野蠻獸性時代、並籲請諸文化先進、主持正義、共遏狂暴、予侵畧者以有新之制裁、最後申明中國抗戰實爲保衛中國民族生存及維護世界人道正義之必要行動、中國人民已下最大決心、以百折不撓之志、完成此種偉大任務、

——摘自《文汇报》（上海），1938 年 6 月 15 日

敵寇暴行

敵機昨襲桂林

廣州文化界向國際呼籲

（中央社廣州十四日電）十四日晨七時十五分，粵東發現敵機九架，飛經潮汕，興寧，建平，翁源各地。嗣據報，該各機續飛桂林，投彈十五枚後，始遁入閩海。又十二時至下午三時，敵機十二架，曾分二批犯廣九路及石龍烏涌公路，在烏涌路附近投燃彈，廣九路沙村站，亦投燃彈，略受損失。

（中央社廣州十四日路透電）昨晚敵機若干架，分五批飛廣州轟炸，在已被炸毀之西村電廠附近，擲彈廿餘枚。敵機在晚八時即已出現廣州上空，十一時始去，警報至十一時四十分解除。昨晚市內漢奸仍甚活動，在沙面屋頂，可見數處有可疑之燈光，駐軍曾用槍向燈光處射擊。

（中央社廣州十四日電）廣州文化界鄒魯，李應林等一百四十三人，特致電國際反侵略大會，及歐美文化界領袖，暨國際文化團體，揭發敵機殘暴行為，並予侵略者以有效之制裁。

——摘自《新华日报》（汉口），1938年6月15日

粵境被狂炸後

桂林昨被襲

日機九架投彈十五枚

廣九路昨兩度被轟炸

（廣州十四日電）今晨七時五十分，粵東發現日機九架，飛經潮汕，興寧，建平，翟源各地，據報各機續飛桂林投彈十五枚後，始遁入閩省。又十二時至下午三時，日機十二架曾分兩批犯廣九路及石龍烏涌公路，在烏涌路附近投數彈，廣九路沙村站，亦投數彈，略有損失。又今日上午八時十五分，日機九架由汕港外，飛曲江偷襲，在該邑近郊投彈多枚後，逕飛惠陽饒平窺伺，并到河源盤旋數匝，遁去。又午刻，日機十二架，分兩隊再度分向蓮，石灣寶安一帶偵炸，並開機槍掃射。

——摘自《晶报》（上海），1938年6月15日

寇機愈形瘋狂

桂林昨被炸

粵境各屬昨亦被襲

【中央社梧州十四日電】今午十二時三十五分，敵機九架襲桂林，在郊外投彈十五枚，我方無甚損失，五十五分即逸去。

【中央社廣州十四日電】粵東發現敵機九架，飛經潮汕興寧建平翁源乳源各地，嗣據報該各機續飛桂林投彈十五枚後，始遁入海。又十二時至三時，敵機十二架曾分二批犯廣九路及石龍烏涌公路，在烏涌路附近投數彈，廣九路沙村站亦投數彈，略有損失。

【中央社廣州十四日電】今晨八時十五分，敵機九架由汕港外飛曲江偷襲，在該邑近郊投彈多枚後，逕飛惠陽，盤旋窺伺，並到河源盤旋數匝遁去，又午十二時半，敵機十二架分兩隊再度來襲，分向蓮石灣寶安霄邊及廣九路南崗沙村，大施轟炸，並開機槍掃射。

倭總領事分覆英美

【中央社香港十四日路透電】現悉日本總領事已答覆美國為日機轟炸嶺南大學事所提之抗議，除對擊斃該校中國僱工及危及美僑安全各節表示同情及歉意外，并要求該校以後在各處屋頂張掛美國國旗，以資識別，又日方分致英美兩國領館之答覆，謂關於日機飛入沙面上空事，現正在調查中，並已通令各日飛行員以後注意避開該地云。

粵文化界憤寇暴行

【中央社廣州十四日電】廣州文化界鄒魯李應林等一百四十三人，以敵機連日肆虐，特致電國際反侵略大會，及歐美文化界領袖，暨國際文化團體，揭露敵機殘暴行為，請主持正義，予以制裁。

留粵外僑主持正義

【中央社廣州十四日電】粵外僑對華正義會，會分電各國公私團體，報告廣州被炸慘況，最近並提請僑粵各國外僑，分別利用航空郵遞，將敵機在粵暴行告之親友，俾藉此引起各國輿論之憤慨，俾各國政府得以設法制裁此種非人道之行為。

——摘自《新蜀报》，1938 年 6 月 15 日

寇在平津

搜查抗日書籍

已有多人無辜被捕

【中央社北平十三日合衆電】華籍警察與日籍憲兵，日領事館警察，今日大舉搜查各旅館，以搜查抗日書籍爲口實，聞已有多人無辜被捕，如某小旅館內有二人，因於其居所內有中國舊小說一本，上海生活書店出版之書籍一本，及世界經濟輿圖一册，爲日警所見，即加以抗日罪名而被捕云。

【中央社香港十四日電】津訊，敵人主辦之庸報，十三日午擬在津法租界國民飯店舉行所謂經濟座談會，法租界當局聞訊，事前飭令中止，此間敵僞連日在各處搜查捕去無辜甚衆，英租界曾被架去一人。

——摘自《新蜀报》，1938 年 6 月 15 日

香港邊界邊外

轟炸龍港

潮汕一帶散發傳單

◎香港十四日路透社電、據路透社所接之外人報告、今日午後二時、日機五架向香港邊界外二十五哩之龍港（譯音）村投彈轟炸、並以機關槍掃射、由廣州乘汽車抵港之外人謂、目覩該村街道及附近有彈穴數處、聞日機共投彈八枚、街道中並有機關槍彈創痕、惟居民皆已避匿、故死傷當不甚多、

◎香港十四日電、十四日晨日機九架、由厦飛汕投彈及傳單、另兩架先到饒平後、到潮汕海陸豐散傳單、午十二架分兩批由唐家灣起飛、首批侵入市郊、未投彈、次批襲粵漢廣九兩路、

◎廣州十四日路透社電、昨日日機共襲擊三次、第三次於夜間八時開始、至十一時始已、留空足三小時、直至十一時四十分始聞解警之號、日機總數未悉、分五批轟炸、西村已毀之電力廠附近復落下炸彈約三十枚、 昨夜復有人向日機暗傳信號、沙面屋頂觀者在日機正到前曾見數窗之前發見可疑之亮光、於是來福鎗手槍即聚向發光方面射去、據官場消息、昨日日機在粵省東部作廣大之偵察、並在惠州擲下傳單數千份、與炸彈八枚、

◎梧州十四日電、今年十二時三十五分、日機九架襲桂林、在郊外投彈十五枚、我方無甚損失、五十五分即逸去、

——摘自《时报》（上海），1938 年 6 月 15 日

敵機昨又狂炸廣州

信陽襄陽兩縣同罹慘炸

敵寇暴行

（中央社廣州十五日電）敵機連夜偷擊市區，向市居民及西村工業區地帶，恣意投彈，幾無虛夕。乃十四日晚竟未聞警報之聲，市民於驚魂甫定之餘，始得一夜之安眠，詎料今晨三時三十五分，敵機廿架又來狂轟，炸彈爆處，屋宇成灰，市民從夢中驚覺，扶老攜幼，且奔且仆踉蹌，以趨安全地點避難。記者於警報聲中，馳赴人烟最稠之正南路一帶視察時，該路已全爲塵屑硝煙所掩蔽，消防防護人員正在冒險發掘救護中。俄而風斂煙散，災場突現目前，則昔日之街宇相望，蔚如鬧市之正南路，今已成一片荒圩。惟見破瓦頹垣，縱橫數千丈，死者纍屍道左，傷者伏地哀號，荒涼悽慘萬狀。該路長數千步，橫貫正南，橫街都府街，逢江遠道琅環新街，民居比櫛，人口密度最高，敵機竟先後投彈五六枚，當炸右旁第一至第十九號左旁第二號至第四十二號房屋四十餘間。黃埔開埠督辦公署廟樓高聳，建築甚固，亦被震塌一部，炸力之大，可以想見，影響所及，逢江遠琅環道琅環新街全部房宇，均成齏粉，即都府街太原路正南橫街雖未著彈，亦被震塌十餘戶，就中有湘漢南華兩旅社，亦在被毀之列，旅居其間者，幸早多遠離，否則必無噍類。敵機兇險，無以復加。記者旋轉赴大東路視察，該路着彈三枚，一落某會議會址前門路旁，彈痕闊寬四丈，深二丈許，毀該路附近民房十餘家，沿途電桿電線悉被震毀。

星見該炸彈[illegible]燃燒猛烈。另二彈則落東皋大道二[illegible]炸，毀路十二民房一間，附近之後街第廿至廿二號民房三間，一在永[illegible]街爆炸，毀第一至五號民房三間，餘[illegible]倒塌，亦多半毀。此外蓮塘路雙槐洞中山紀念堂一帶，亦落彈五枚，除毀紀念堂正門驗地少許民房十餘家，蓮塘路內蓮桂四巷塌屋五間，幸居民多已[illegible]避，未及於難，僅二[illegible]屋人失蹤，殆已葬身瓦礫中。至東山區內，敵[illegible]投彈適落於二沙島頤春園附近海中，未有損害。此外近郊沙河及淘金坑等處，亦落六枚，毀塌民房十餘間，死傷卅餘人。敵機在市郊盤旋，於八時四十分向南黃埔竄走，迨至八時四十五分

，敵機十八架，二次來襲，九時零八分飛經黃埔東莞[illegible]白雲[illegible]，[illegible]向北飛[illegible]國沿粵漢路往返窺察，並在[illegible]投彈卅餘枚，然後繞道三水出[illegible]十一時三分廿解除警報。總計粵市區傷亡平民二百餘人。

（中央社信陽十五日電）十五日有敵機十八架，分兩批起飛，一批九架，經由駐馬店，遂陽，唐河，南陽，而往襄陽，在襄陽大[illegible]炸，計投彈百餘枚，但多落空地。另一批九架，經由固始西飛，橫過潢川羅山，于午後一時半侵入信陽上空，盤旋一匝，投彈六十餘枚。當敵[illegible]高射部隊，予以猛烈射擊，敵機不敢久[illegible]，[illegible]信，經由鄂東之廣埔東飛，三時[illegible]

——摘自《新华日报》（汉口），1938年6月16日

彭澤湖口一帶
分批投彈
馬當死傷十餘人

◎南昌十五日電、三十六架日機、分五批於今日自上午五時至下午六時竟日輪流空襲贛北各地、我損失極微、第一批數架、於七時侵入彭澤湖口等地窺察、第二批三架於九時十四分侵入馬當上空共投彈數枚、死傷十餘人、燬房屋多棟、第三批九架十一時半竄至九江湖口等縣窺察、第四批八架相繼在馬當附近江家灣地方投彈數枚、燬房屋十餘棟、該批日機復又飛至彭澤投數彈、無損失、第五批六架於下午二時許至馬當湖口一帶窺察、

——摘自《时报》（上海），1938年6月16日

北平已成黑地獄
寇偽任意橫行
我同胞被拘捕搜查
生命毫無保障

【中央社北平十五日合衆電】昨今兩日，偽方大舉搜查家宅，結果被捕者極多，搜查隊均由日憲兵前導，橫行街市，路人咸爲之側目，有一車夫向記者曰，「吾儕將何以生存，」現偽組織中若干人，因良心未死，已有憤而辭職者，昨有育英中學某教員，因家藏有在南京舉行之全國運動大會紀念冊一本，被日憲兵查獲，遂致被捕，又在西單各公寓中，凡藏有舊雜誌及考試入門等書籍，亦均被拘捕

——摘自《新蜀报》，1938年6月16日

中法校長被免職
輔仁學校被停課
平偽摧殘教育
法德使館提抗議

【中央社北平十五日合衆電】偽市府教育局下令，因中法大學學生拒絕參加日偽所組織之某種宣傳週，頃下偽命將該校校長免職，同時又下偽訓令該校，謂若嗣後仍拒絕接受偽方之命令，即將採取嚴厲處置云云，法當局曾因此事向日方抗議，但迄今尚無答覆。

【中央社香港十五日電】津訊，北平輔仁中學，因拒絕偽命後，竟被日偽方勒令停課，北平中外教徒極爲憤怒，該校現由德籍董事負責，德使館已向日方提出嚴重交涉。

——摘自《新蜀报》，1938年6月16日

寇機昨三度襲粵

無辜民衆傷亡慘重

【中央社廣州十五日電】日機今晨三度飛此轟炸，第一批五架，轟炸天主教堂及教育局附近之交通路，第二批七架，中山醫院附近落彈數枚，日機目標顯係電燈廠及珠江橋，總理紀念堂未受損失，至今晨空襲，死傷人數尚未査明，第一次警報，係於七時半解除，第二次警報，係於十時解除，十時後，有三批日機八架，轟炸粵漢路。

【中央社廣州十五日電】敵機今上午來襲，除在市區投彈二十餘枚，死傷平民二百餘人外，并曾飛粵漢路銀盞坳站附近投彈十餘枚，又粵市區今日災情，以正南路及淘金坑損失最重，尤以淘金坑傷亡人數至多。

——摘自《新蜀报》，1938年6月16日

敵機轟炸贛北

並在馬壋湖口九江一帶窺察

中央南昌十五日電 敵機三十六架、共分七批、今日自上午七時至下午六時、竟日輪流空襲、贛北各地我損失甚微、第一批一架於晨七時侵入彭澤湖口等地窺察、第二批三架於九時十四分侵入馬壋上空、共投彈十數枚、死傷平民十餘人、燬民房多棟、第三批九架、十一時半竄至九江湖口等縣窺察、第四批八架、相繼在馬壋附近之江家灘地方投彈數枚、燬民房十餘棟、該批敵機復又飛至彭澤投數彈、無損失、第五批六架於下午二時許至馬壋湖口九江一帶、往返窺察、並在九江低飛掃射、無甚損傷、下午四時至六時復有第六批、第七批敵機九架、先後在馬壋盤旋窺察甚久、曾投彈一枚、落曠野、無損失、

敵機分襲信陽襄陽

中央信陽十五日電 敵機

——摘自《时事新报》（重庆），1938年6月16日

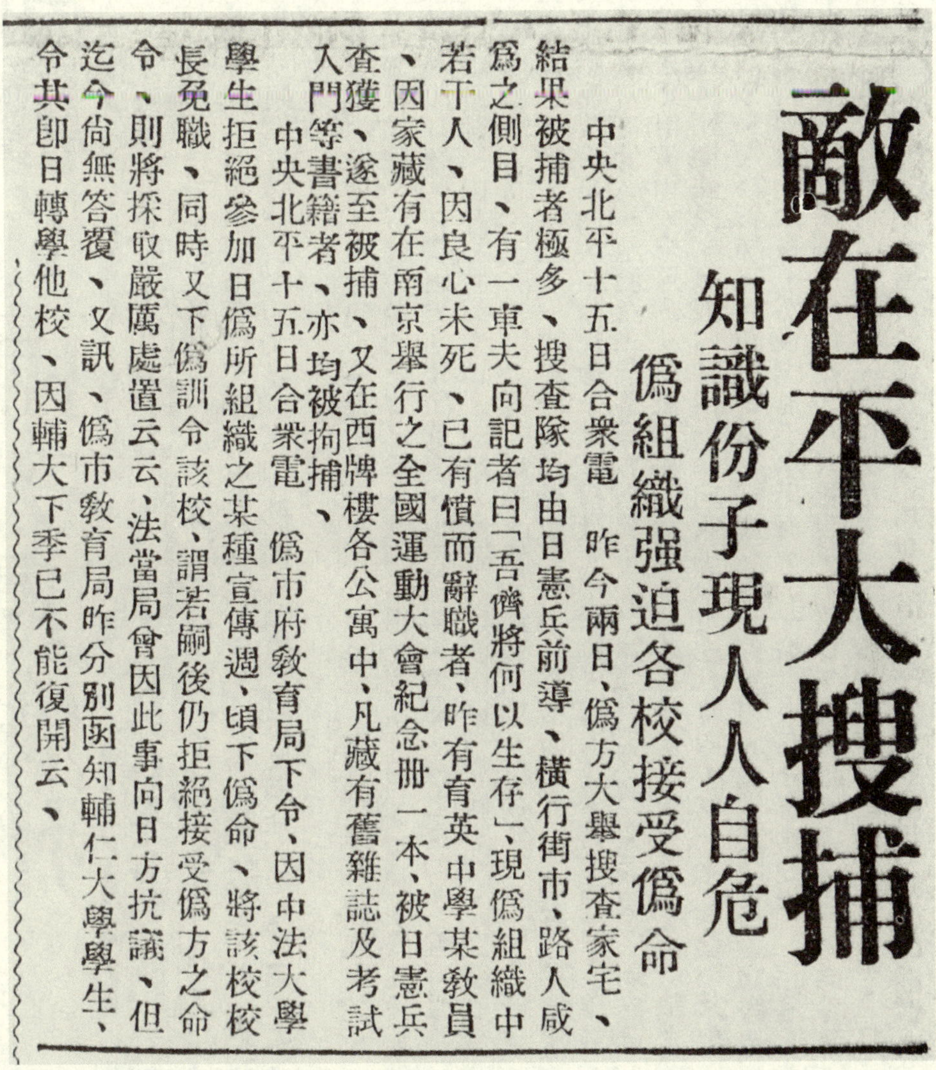

敵在平大搜捕

知識份子現人人自危

偽組織强迫各校接受偽命

中央北平十五日合衆電 昨今兩日、偽方大舉搜查家宅、結果被捕者極多、搜查隊均由日憲兵前導、橫行街市、路人咸爲之側目、有一車夫向記者曰「吾儕將何以生存」、現偽組織中若干人、因良心未死、已有憤而辭職者、昨有育英中學某敎員、因家藏有在南京舉行之全國運動大會紀念冊一本、被日憲兵查獲、遂至被捕、又在西牌樓各公寓中、凡藏有舊雜誌及考試入門等書籍者、亦均被拘捕、

中央北平十五日合衆電 偽市府敎育局下令、因中法大學學生拒絕參加日偽所組織之某種宣傳週、頃下偽命、將該校校長免職、同時又下偽訓令該校、謂若嗣後仍拒絕接受偽方之命令、則將採取嚴厲處置云云、法當局曾因此事向日方抗議、但迄今尚無答覆、又訊、偽市敎育局昨分別函知輔仁大學學生、令共即日轉學他校、因輔大下季已不能復開云、

——摘自《时事新报》（重庆），1938 年 6 月 16 日

敵機昨兩次襲廣州

香港附近小村亦被轟炸

中央廣州十五日電　敵機今上午來襲、除在市區投彈廾餘枚、死傷平民二百餘人外、並會飛粵漢路銀盞坳站附近投彈十餘枚、又粵市區今日災情、以正南路及陶金坑損失最重、尤以陶金坑傷亡人數至多、

中央廣州十五日電　敵機連夜偷襲市區民居及西村工業區地帶、恣意投彈、幾無虛夕、乃十四日晚竟未聞警報之聲、市民於驚魂甫定之餘、此刹始得一夜之安眠、詎料今晨五時三十五分、敵機廾架又來狂襲、炸彈爆處、屋宇成灰、市民從夢中驚覺、扶老携幼、且奔且仆、踉蹌以趨安全地點避難、記者於警報聲中、馳赴人烟最密之正南路一帶視察時、該路已全爲塵烟所掩蔽、消防救護人員、正在冒險發掘救護中、俄而風斂塵散、災場竟現目前、昔日衡宇相望蔚如鬧市之正南路、今已成一片荒圩、惟見破瓦頹垣、縱橫數十丈、死者曝屍道左、傷者伏地哀號、荒凉凄慘萬狀、該路長數十武、橫貫正南橫街、都府街、逢江遠道、琅環新街、居民比櫛、人口密度最高、敵機竟先後落彈五六枚、逢江遠道琅環新街全部屋宇均成虀粉、即都府街太原居正南橫街縱未着彈、亦被震塌十餘戶、此外長後街、禾興街、中山紀念堂等處、亦落數十枚、死傷甚多、敵機六時四十分向黃埔竄走、八時四十五分、敵機十八架二次來襲、九時零八分、飛經黃埔東莞窺白雲山、嗣向北襲花縣軍田、沿粵漢路往返窺察、並在落同與銀盞坳間投彈三十餘枚、然後繞道三水出海、十一點二十三分解除警報

中央香港十四日路透電　據路透社所接之外人報告、十四日午後二時、日機五架向香港邊界外二十五里之龍港（譯音）村投彈轟炸、並以機槍掃射、由廣州乘汽車抵港之外人謂、目覩該村街道附近有彈穴數處、聞日機共投彈八枚、街道中並有機關槍創痕、惟居民皆已避匿、故死傷當不甚多、

——摘自《时事新报》（重庆），1938 年 6 月 16 日

覃振等抵廣州視察

謂日本非一文明國家

救護隊均遭日機掃射

【香港通信】司法院副院長覃振、本月九日偕同國府高級職員多人、乘中航機自重慶抵港、旋轉赴廣州、視察災區、即晚返港、據覃副院長語記者、敵機狂炸廣州、屠殺平民、祇足昭示世界各國、謂日本非爲一文明之國家、不特不能減少我抗戰之决心、反增强我抵抗之觀念、此種殘暴行爲、除非國際列强認爲合法舉動、否則必須予以有力之制裁、余對紅十字救護隊及救世軍之勇敢救護無辜被炸之平民、至爲可嘉、其中有童子軍十一人、救護隊三十四人、竟因工作而犧牲於敵人機槍之下、尤令人不勝哀悼也、（六月十日）

——摘自《文汇报》（上海），1938年6月16日

日機又轟炸廣州

死傷平民達二百餘人

【廣州十五日電】日機今日上午來襲、除在市區投彈二十餘枚、死傷平民二百餘人外、並曾飛粤漢路銀盞坳站附近、投彈十餘枚、又粤市區今日災情、以正南路及淘金坑損失最重、尤以淘金坑傷亡人數爲多、

【路透社廣州十五日電】今晨五時半空襲警報又作、未幾日機十二架分爲四組、相繼飛來、向城中各處擲彈多枚、尤注意於中央公園、房屋毀去不少、八時解警、但九時又有警報、此次日機未到廣州、專向粤漢與廣九兩路投彈、在第二次空襲時、廣州與香港間電話不通、約近十一時始解警、

【廣州十五日電】今晨五時三十五分、日機廿架、又來狂襲、炸彈爆處、屋宇成灰、市民從夢中驚覺、扶老攜幼、且奔且踉蹌以趨安全地點避難、記者于警報聲中馳赴人烟最密之正南路一帶視察時、該路已全爲塵屑硝烟所掩蔽、消防防險人員、正在冒險發掘救護中、昔日繁華之正南路、今已成一片荒土、惟見破瓦頹垣、縱横數十丈、死者曝屍道左、傷者伏地哀吟、荒涼凄慘萬狀云、

——摘自《文汇报》（上海），1938年6月16日

敵寇暴行

敵機昨三襲廣州

粵文化界發表告同胞書 號召鞏固團結抗戰到底

（中央社廣州十六日路透電）今晨一時，二時卅分，五時，敵機三度飛至本市上空，每次在全市城郊各處投彈數枚，致全市市民，整夜不安。敵機擲彈時，以照明彈照耀空中，我方高射砲，即對之發砲，但俱未命中。傳道會設立之聖希利達女校廣場上，落兩彈，並有一彈適中該校校舍，致全爲炸燬。惟該校因位置在危險地帶，員生皆已離去，故並無死傷者。現市內所有大中小學員生，多已遷避一空，因日來敵機轟炸廣州時，學生被炸者，爲數甚多，嶺南大學原有學生五百人，現則僅有六十人，仍留校內。

（中央社廣州十六日電）廣州各大學教授暨文化界領袖以敵機濫炸廣州市民，除於日前電請歐美各國文化界人士一致聲討外，今日發表告全國同胞書，列舉四點：（一）堅定抗戰到底，爭取最後勝利之決心。（二）鞏固團結，信賴政府。（三）盡忠職守，不避艱辛。（四）速就各自崗位，完成一切準備，以迎接神聖之民族自衛戰爭。

（中央社淮陰十六日電）十五日下午四時敵機六架，分途來襲，在城內各處亂投重炸彈十餘枚，毀屋百餘間，死傷平民數十，慘狀不忍目睹。

（中央社信陽十六日電）敵機三架，十六日晨九時許，飛許昌投彈數枚，我軍還以猛烈射擊，敵機不久即他去。

——摘自《新华日报》（汉口），1938年6月17日

六敵機襲粵

悉被我擊落

【本市消息】昨巳上午十一時許，敵轟炸機六架，又企圖轟炸廣東粵漢路，我駐某地之空軍大隊，聞警報後，立即起飛攔截，於韶關樂昌一帶，與敵機遭遇，當即發生激烈之空戰，我空中勇士，莫不奮不顧生，分組集中之火力，向敵機各個射擊，頃刻間將敵機全部擊落，計落於樂昌者三架，馬壩者一架，連城者一架，曲江者一架，我機見敵機全軍覆滅，任務達成後，均安返防地。

【廣州十六日中央社路透電】今晨一時，二時卅分，五時日機三度飛至本市上空，每次在全市城郊各處投彈數枚，致全市市民整夜不安，日機擲彈時，時以照明彈照耀空中，華方高射砲即對之發砲，但俱未命中。傳道會設立之聖希利達女校廣場上，落兩彈，並有一彈適中該校校舍，致全爲炸燬，惟該校因位置在危險地帶，員生皆已離去，故並無死傷者，現市內所有大中小學員生，多已遷避一空，因日來日機轟炸廣州時，學生被炸者爲數甚多也。嶺南大學原有學生五百人，現則留有六十人仍留校內。

——摘自《申报》（汉口），1938年6月17日

敵在大同強徵壯丁

並注射毒針使成啞子

敵寇之殘暴可見一般

【西安十五日電】侯馬車站敵約二百餘，反攻猛烈，被我擊退，殘部仍據東北高地頑抗，我軍猛攻新絳、巳迫進西北城牆突進西關，斃敵百餘，又敵千二百餘，十三日由金羅鎮北進，至交口北王家場被我擊退，敵傷亡五六十，敵並在大同強征壯丁一二千並注射毒針，使成啞子轉運津浦線作戰，敵之殘暴可見一般。

——摘自《泸县民报》，1938年6月17日

一封寶貴的家信（上）

記載着內地的一切

報告九龍廣州並粤漢路上的所見所聞

瑩金

最近，我的好友正爲，離開了這個黑暗的孤島，到長沙去了。他是五月二十六日動身的，至香港時，曾來一函，今已由九龍轉道安抵長沙。下面這封信，把他在九龍廣州，並粤漢路上所見所聞的情況，記述得很詳細。親愛的讀者們：請看他的來信吧！

金：

從香港寄給你的一封信，大該還在途中吧！

三十日，無法上省，由庚年哥陪我往山頂道遊逛一轉，在山上俯視，一切都映入了我的眼簾。美景雖好，但我實無心遊覽。

香港一日遊

香港僅一日的遊踪，當然不能察知其眞實情形，我且把我所看到的一角告訴你吧。它沒有上海那樣的熱鬧，繁華，荒淫，街道狹窄，汽車，電車，也沒有像上海那樣的絡繹不絕。那裏的愛國運動自由的發展着，救亡書報可以公開的發售。唯有一件事，最令人憤慨的：就是山上不准居住華人。

與香港一水之隔的九龍，只要五分鐘的時間，就可渡到了那邊。它較香港，更清靜得多了。

離別了廣州

二十八・二十九・三十三天，日機狂炸廣州市區。受損之烈，爲歷次所未有。但日人此種慘無人道的暴行，只會增加國際人士的譴責，並加强我們民衆抗戰的決心。

三十一日晨，雖然他們都勸阻我暫住幾天，以避連日的狂炸，但我終於毅然不顧一切的乘佛山輪上省了。於午後二時安抵廣州，即赴西村車站上車。聞是晨曾有日機在郊外投彈、但下午幸連警報都未遇着。到了六點一刻，於是火車蜿蜒地前進了。

處身車廂中

車廂是雜亂的：有粤漢，平漢，津浦，隴海，北寧，浙贛，滬杭甬，京滬，膠濟，眞是應有盡有。車廂內都擠滿了人，我因三等車票（預售的）已售完，只得改乘二等車了。

同座的是三位剛從英國牛頓大學返國的留學生。我不能知其學識如何？但舉動方面我總覺得太貴化一些。

晚上，車過××渡，那裏駐有千餘個兵士，但都沒有荷鎗。據同車一位粤省保安處政治教官鍾超君告訴我們：徒手的士兵多着呢，由此可見我國軍械缺乏的情形了。但我相信：那些忠勇的將士，會將他們的血肉築成一座堅强的堡壘的（未完）

——摘自《文汇报》（上海），1938年6月17日

敵機復狂炸廣州凡四次

—我高射炮密集掃射

十六日國際社上海電。今日敵機復狂炸廣州凡四次。向北揚子又有汎濫之虞。

敵機轟炸廣州四次。第一次爲上午一時。第二次在上午二時半、第三次上午三時四十五分。第四次上午五時。至於市內傷亡人數及損失、未能探悉。

我高射炮密集掃射。敵機來襲時。仍燃航行燈。故隱約可見。敵機圖襲粤漢鐵路。被我機截擊於樂昌。空戰良久。擊落敵機六架。廣州市聞訊 異常歡騰。

今晨敵機二十架來襲。觀察家謂見有火光從市內某處飛上。諒係漢奸所爲云。

——摘自《三民晨报》，1938年6月17日

淮陽落彈

◎淮陽十六日電、十五日四時、日機六架分途來襲、在城內各處亂投重量炸彈十餘枚、毁屋百餘間、死傷數十、慘不忍睹、

——摘自《时报》（上海），1938年6月17日

港國聯同志會
斥日寇轟炸廣州

（中央社香港十七日路透電）香港國聯同志會昨在港開會，全體會員一致主張譴責日機轟炸廣州之舉，曾經目睹廣州被轟炸情形之會員，均敍述當時慘炸之可怖情狀。大會討論後，即正式通過譴責轟炸案。文曰「本會爲人道計，對日機屠殺廣州平民之舉，決加譴責，並深盼各界能發動輿論，反對此種足以破壞文化基石之轟炸」。該會開會時，羅馬天主教會，及英國教會主教等，均發表演說，而日紅會親自出力救護廣州被炸難民之醫生數人，亦均發言

（中央社倫敦十六日哈瓦斯電）國際紅十會第十六屆大會，定六月廿日在此開幕，屆時所當討論之建議案不一而足，其中較爲重要者、計有（一）禁止轟炸病院與普通人民各項現行公約之擴大問題。（二）戰時設立平民安全區問題。（三）天空救護隊飛行高度問題，此次救護隊，並當散放黑烟一縷，以資識別。（四）戰時病院所懸掛之紅十字會旗幟擴大問題。（五）設立中立區以容納軍用病院問題。

——摘自《新华日报》（汉口），1938年6月18日

敵寇暴行
敵機襲廣州許昌

（中央社許昌十七日電）十七日晨十時許，敵機三架，飛許昌北之和尙橋李河口投彈二三十枚，旋復飛洧川投彈六七枚始向東逸去。

（中央社廣州十七日電）敵機六架，今日下午分兩批來襲，首批三架，下午二時卅分，在齊家灣發現，次批三架，三時在上栅發現，各機飛至虎門上空，盤旋數匝即向南方竄去。百子路聖希利達學校落兩彈，校舍一所被炸燬。

——摘自《新华日报》（汉口），1938年6月18日

一封寶貴的家信（下）

記載着內地的一切

·瑩金·

報告九龍廣州並粵漢路上的所見所聞

車接着到了曲江，上來了一對年老的美國夫婦。他們因僑居我國多年，所以能說一口流利的中國話。他們對我國爲反抗侵略擁護正義的戰爭，表示異常的同情。但與他倆同座的是一對中國的青年夫婦，那種少爺太太的態度，我相信定給了他們一個不良的印像。

一日晚，車抵衡陽。那裏有數千個英勇而全副武裝的健兒。個個却身材魁梧，精神煥發。實足表示了我國戰士的雄姿。我爲了自已的孱弱，而感到異常的慚愧。

一會兒上來了三個青年，魁偉的身材，蒼黑的皮膚，我相信他們定是救亡的前線的戰士。詢問的結果，才知道是我們英勇衛國的空軍將士。

火車經過的，都是山徑，還經過了八九處的燧道，沿途的景物，我實在無心欣賞。

平安抵長沙

很平安的于二日晨到了長沙，但是不幸二姊已赴重慶去了。她給我留着一封信，叫我依照她所預定的行程即赴重慶。我對此並不覺得驚慌。瀟湘間的旅途告訴我：「隻身遠行並不是一件可怕的事」，我決定候輪動身。那正是鍛鍊青年量的胆[illegible]機會啊！

金：我們更遠離了。我們的信件，將更爲遲緩，應該多多的寫才好。

昨天在街上，逛了一天，這裏的街道，多爲石板鋪成的，僅有馬路。商業較繁盛的，只有東長街，西長街，中正街……幾條。房屋多爲樓屋，各處都張貼着救亡的標語，漫畫，上演着救亡的話劇，電影。路旁的閱報處，都擠滿了人群。

這裏的人民，對於戰局都很關心。並且都很樸素，誠實，强健。學生們一律穿着制服，人們都安心的工作着。我曾到「生活書店」及「中國雜誌公司」裏去巡禮過，在那裏，我重有看到了無數言論正確字句激昂的書報雜誌。有：解放，抵抗，七月，烽火（已增加篇幅。）文藝陣地，新華日報，大公報，救亡日報……那眞使我覺得有一種說不出的快慰。

於是，我隨即購了幾本，書店內充滿了人，但大多數是學生，可知中國的文化，還不能普及，還不能深入到廣大的勞苦工農裡去。

總之：長沙是在抗戰中不斷的生長着，這裏充滿了蓬勃的朝氣（下略）（完）

——摘自《文汇报》（上海），1938年6月18日

日軍企圖毒化中國

大量烟土運入本市兩租界

據十七日大陸報載稱、上海有關禁烟之人士言、過去數月間、得到消息、有四十六萬磅之波斯土、已由在華之日軍購定、擬以毒害中國人民、此事曾由美國國務部遠東司之富勒氏、在日內瓦會議提出報告、按波斯土富含嗎啡、故在華日軍、特購之以製嗎啡、四十萬磅之土、詳言之、即爲三十二萬萬格林之土、用以製嗎啡、可得百分之十、即可製三萬萬二千萬格林之嗎啡、按一格林之嗎啡中有三分之一爲藥用、三分之二則爲毒物、以如此大量來華、勢將毒死中國之全部人口、富勒氏報告、此項毒物之在華中售賣、將全由日本軍人主持及監視、有六百五十公斤之海洛英、已由天津日租界、運往美國、

在上海對岸之浦東、鴉片販賣、全由「督辦公署」之一專賣機關主持、聞一俟與租界中之販毒組織接洽妥當、即將以存在浦東之大量烟土、運售入兩租界。

又聞南京已公開售賣鴉片、「維新政府」急欲實現鴉片公賣之計劃、但因未能與販毒組織密切接觸、故此項毒害計劃、未能推進、外人方面、現深恐日僞販毒計劃發展、將有大量毒物運往英美法各國、故甚爲注意、聞舊金山近破獲偷運毒物、價値百萬美元、即由遠東運去云

——摘自《文汇报》（上海），1938 年 6 月 18 日

美參院通過決議案
無限譴責日機暴行
威金生主張與日絕交

【路透社華盛頓十七日電】美參院昨日通過外交委員會主席畢特門所提出之議案、對於轟炸平民之不人道舉動加以無限制之譴責、該案主張由外交委員會研究此事、幷條陳國會所可採行以期制止此種舉動之步驟、

【美聯社華盛頓十六日電】美國民主黨參議員畢特門所提斥責日本轟炸平民暴行之決議案、今日已得參院之贊許、參議員威靈金宣稱、彼更主張、在此決議案上更加一修正文、即美國應對日本斷絕國交是也、但共和黨參員約翰森認此項修正文爲危險、以其有導入戰爭之危險也、按上星期中、美國務卿赫爾曾發表斥責日機轟炸廣州平民之言論、畢特門之決議案、無非在對赫爾表示信任與贊美、蓋無數赤手空拳毫無防禦之平民、皆爲此項濫施轟炸所屠殺也、又聞參院外交委員會現正研究此一轟炸平民之問題及其應付之辦法、

——摘自《文汇报》（上海），1938年6月18日

淪陷了的廈門

墨俠

——一個逃來難民的忠實報告——

我是個剛從淪陷了未久的廈門島逃出來的難民，我會在該地，親眼看到日本對我們同胞所加的種種屠戮，我現在情願把自己已經看到的事實，作忠實報道：

連做奴隸還活不成

日人自攫取了整個廈門島以後，便拚命趕築各方的防禦工事，以防華方游擊隊的反攻。因此就强拉了一大批的中國民伕，當開始徵求的時候，是說每天給工資一元的。但是，過了三天，並不見工資發給，只有一個當監工的漢奸，對民夫們說：要在五天之內，把各方工事幹完了，工資會一筆發給的。於是，又過了兩天，工事大體做好，該是發工資的日子了；這一大批的民伕，竟被這監工的漢奸，騙進了一所四周羅列着武裝日兵的大操場裏，排隊報數完了，工資就開始挨發嗎？不，那麼，接着是怎樣呢？是……………達達的機關槍聲，許多等着發工資的民伕，個個應聲仰臥。唉！這就是五天來奴隸工作的報酬。燃想：失掉了國家的保衛者，連做奴隸還活不成啊！

逃鼓浪嶼仍遭拘捕

廈門的淪陷，在賣地求榮的漢奸裏應之下，只經過了短短兩晝夜的血戰，就全部陷落了。因此，我們的壯丁，都因爲時間的關係，不及完全退出，這時候，就不免被日人捉去充砲灰了。在日人佔據了廈門的第二日，就大舉搜檢壯丁，而且還會在漢奸的手裏，搜到了我們的壯丁名册，於是，按圖索驥。可憐的壯丁，就沒有一個漏網。先是，有許多的廈門人，於戰事發生的次晨，逃到隔岸古浪嶼的公共租界去避難，當然，其中也有許多的壯丁在內。這時候，日人與租界當局商妥了，便開過來不少的武裝日兵，到租界捉捕中國壯丁。不過，不是新從廈門逃來而一向住在租界的中國壯丁，還能受當局的保衛，而不在日人的搜捕範圍之內的——本人也就因此而得免。（未完）

× × ×

——摘自《文汇报》（上海），1938年6月18日

敵機連續襲炸華南各地

十五日聯合社香港電・福建漳州於星期日被敵機空襲。斃平民二百餘。此消息因交通不便。至今始得傳到。我高礮密集射擊。敵機竄逃。

敵机十二架連續向廣州轟炸。襲擊市中心。各機關及鐵路車站。敵機一隊於星期二日襲炸桂林．在市郊投彈多枚。但損失極微云。

——摘自《三民晨报》，1938 年 6 月 18 日

敵寇暴行

暴敵滅絕人性

縱火焚燒威海衛村莊

受難災民達二千餘名

（中央社訊）行政院孔院長，近接山東某專員報告，魯境敵軍，因時遭我軍暨民團襲擊，銜恨日甚，乃四出縱火，焚燒村莊，以圖洩憤。日前有敵軍約四百餘，至威海衛附近之柳林村，縱火焚屋，延燒數小時，房屋大部被燬。敵復沿山徑小道，自江家寨繞至羅家莊，湯河西，湯河北等地，依次焚燒，以羅家莊受害最烈。全村五百餘家，無一完棟，災民達二千餘名，焦頭爛額，慘絕人寰。敵寇之滅絕人性，由此可見。

——摘自《新华日报》（汉口），1938 年 6 月 19 日

日機廿九架 濫炸曲江縣

（廣州十八日電）十八日上午七時五十二分，日機二十九架分兩批來襲粵北，一隊十八架，另一隊十一架，均自唐家灣起飛，經虎門，黃埔，江門沿粵漢路北犯曲江，各機飛抵曲江縣境，分爲數隊，往返窺伺，旋投重量炸彈五十餘枚，濫施轟炸，計四彈落縣城，略有損失，餘均落荒野，日機肆虐後，即於十一時集合竄去。

——摘自《晶报》（上海），1938年6月19日

敵將數千民夫 注射啞子毒劑

中央西安十八日電 軍息、㈠我張旅一部十六日在平魯威遠堡間之台子村伏擊敵汽車五輛、戰約半小時、斃敵四十餘、俘三人、燒燬汽車四輛、獲步槍手槍電話機軍用品等甚多、我亦微有傷亡、㈡敵在天鎮陽高大肆拉夫、對民夫注射啞子毒劑、達三千餘人、

中央陝州十八日電 晉南各縣、自經我軍次第收復後、除電報因綫路關係、須經查勘籌備始能恢復外、郵政一項、因軍郵人員隨處活動、工作敏捷、每一地方一經收復、即恢復通郵、滙兌亦能暢通、郵路計分二線、西南線由永濟起、經茱門外北達石樓、東達汾西、東南線由垣曲起、經晉城長治東達林縣、武安、北經榆社達昔陽、中經翼城、安澤、沁源、西至靈石、北達王和南關兩鎮、

——摘自《时事新报》（重庆），1938年6月19日

官亭有敵兵出沒

贛北空襲東流被濫炸

尉氏以西殘敵肅清中

【青陽十八日中央社電】連日沿江登陸之敵，爲海軍陸戰隊及台灣守備部隊，現沿江南岸殘敵，已掃數被我肅清，在牛頭山一處，被我斃敵二百餘，內有敵砲兵上尉一名，安慶上游東流附近，敵艦三十餘，十五日向東流砲擊卅發，同時敵機二三十架輪流轟炸馬當，投彈百餘枚。十六日又有敵機五架，飛馬當上空投彈十餘枚。安慶對岸大渡口附近有敵艦十餘艘，烏沙夾，馬塔寺，周家廟一帶十餘艘。十七日敵艦砲擊周家廟，馬塔寺二百餘發，掩護敵陸戰隊二三百登陸，激戰一小時，被我擊退，烟囱滞有敵大號兵船二艘，向上游行駛。

【青陽十八日中央社電】我軍掃蕩牛頭山戰場時，敵遺屍數十具，由屍身上發現此次登陸之敵，爲台灣守備隊之鶴田部隊，中並有被我擊斃之敵砲兵隊長關正思一名，懷中藏有日德義紀念章。

【青陽十八日中央社電】停泊安慶對岸大渡口江面，敵艦廿餘艘，附有水上飛機五架，每日往來游弋於上下游五里地帶，並不時向我陣地發砲轟擊，掩護敵軍數百登陸，警戒入夜，復撤回艦上，我已嚴予防堵。

【貴池十六日中央社電】大通以上梅埂，池口，上下江口，李洋河，烏沙夾，前江口，馬塔寺，松林龍寨，黃溢，大渡口，所有上岸敵軍，至十六日六時，已將敵全部肅清，我×副軍長指揮全綫官兵，決死抵抗，司令長官優令嘉奬，前綫將士聞訊，益感激奮勵。

【南昌十八日中央社電】敵機十五架，十八日分兩批空襲贛北各地，第一批十架，於下午二時侵入贛境，曾在彭澤湖口九江等縣窺察，歷一小時逸去，第二批五架，侵入馬當等處窺察，旋並竄至皖境東流附近投彈十餘枚而逸。

【貴池十八日中央社電】本日午後二時許，有敵機多架侵入東流上空，濫肆轟炸，民房被毀達百餘間，居民死傷，業經發現者已在廿八人以上。

【潢川十八日中央社電】六肥公路之敵，步騎出沒於官亭，及其南北之綫，官亭以西無敵踪，壽縣原有敵約兩聯隊，其一部開東南一部向西北開走，壽縣僅留少數敵人，正陽關有敵約一聯隊，尚無動作，定遠有被我游擊隊收復說。

【鄭州十七日中央社電】魯南華北我游擊隊甚活躍，先後將邳縣西南一帶砲車鎮，溝上圩，岔河鎮，倘宿，官湖鎮收復後，並將邳縣克復，殘敵退據壯家樓，運河站，現邳境運河以北，已無敵踪，靖江之敵，已大部開往江南，阜寧之敵，亦倉惶南撤，在阜寧南溝安墩，被我襲擊，敵損失甚鉅。

【鄭州十八日中央社電】中牟城內尚有殘敵五六百盤據，尉氏敵大部向朱仙鎮移動，尉氏以西殘敵約有二千餘，我正肅淸中。由朱曲南曹一帶退竄之敵，其大部約千餘，集中大橋前村，孔莊，馬家一帶，馮村敵僞軍約數百，正在我圍攻中，庵口韓佐鎮，均爲我收復，現敵因東退不得，恐慌異常，我正分頭截擊殲滅中。

【鄭州十八日中央社電】黃河南岸趙口等處決口後，水勢汜濫，寬約百餘丈，水頭現已到達周家口，黃水東岸之民衆，近遭敵軍慘殺者，無日數百至千餘人，尤以壯年男子無一幸免，故鹿邑杞縣一帶，民衆憤起抵敵者，已有數千人。現與我×部游擊隊取得聯絡，開始進襲。被災難民紛紛西逃，行至尉氏方面，被敵截擊，慘殺無數，我軍事當局以災民流離失所，乃在平漢路以西設收容救護機關多處，已收容者達十餘萬，正設法向各地遣送中。

【鄭州十八日中央社電】戰事重心轉移後，盤据豫東豫北敵軍，陸續東調，南下增援，故豫東方面，連日無大接觸，被阻於黃水以西之敵，經我各部圍擊，已殲滅大半，現尚有千餘人盤据於尉氏以西，消川以東王村，孔莊，馬莊 大橋一帶，十八日復被我×部痛擊，殲敵甚衆，該敵恐惶異常，連日強徵木材，擬製筏圖竄。

——摘自《申报》（汉口），1938年6月19日

華方發言人表示

日機濫炸廣州平民

實無法作詭辯

被炸房屋多數與軍事無關

不知日本當局將何以自解

【漢口十八日電】美聯社訊：今日華軍發言人，批評日本海軍發言人所發表關於日機轟炸廣州非戰鬥員之論調。稱：「日方發言人之論調，頗爲溫和，唯其逃避責任之言辭，則極端聰明，其目的乃在企圖平息世界之憤慨者，憶去秋日機轟炸上海及南京之時，該同一發言人爲日海軍機投擲之準確而辯護，聲稱日機在兩千呎之高空，必能投彈擊中蟻窠。唯最近該發言人竟謂飛機投彈不易直接擊中，是不知其發言人究欲世人相信孰一理論乎，此實令人不易解決也。倘日機空襲之政策，僅在轟炸軍事目標，則多數炸彈何以墮落於民房之上，實爲令人不解也。據外國觀察家當場所見，炸燬之房屋，多數與軍事毫無關係，倘日海軍當局稱：其政策乃出轟炸作戰區域，則彼等轟炸離作戰區域數千英哩外之處，不知將何以自解。華方當局所以未將全部廣州居民撤退，乃因誤信日海軍之作戰，乃係依據文明國之辦法者，日機濫炸廣州平民之責任，實無法詭辯也。」

——摘自《大美报》，1938 年 6 月 19 日

日機襲粵北曲江

巴黎大學電鄒魯慰問

【廣州十八日電】十八日晨七時五十二分、日機二十九架、分兩隊來襲、粵北一隊十八架、另一隊十一架、均自唐家灣起飛、經虎門·黃埔·江門沿粵漢路 北犯曲江、各機飛抵曲江縣境、分爲數隊、往返窺伺、旋投重量炸彈五十餘枚、濫施轟炸、計四彈落縣城、畧有損失、餘均落荒野、日機即于十一時集合竄去、

【廣州十八日電】國立中山大學文法理三院及附中、於本月五六兩日慘被日機轟炸、校舍燬壞、學生工友死傷多名、巴黎大學特電致慰、原文云、廣州國立中山大學校長鄒魯博士勛鑒、同人不忘閣下所遭受慘痛時間、此種關切、能使同人與貴校及貴校數千員生結合一致、閣下之沉痛通電、實令同人異常感憤、並表萬分同情與友誼、巴黎大學校長露西、

——摘自《文汇报》（上海），1938 年 6 月 19 日

淪陷了的廈門

——一個逃來難民的忠實報告——（下）

墨俠

智識份子皆遭慘殺

日本人對於中國智識青年和抗日份子，一律加以慘酷的屠殺。在路上一遇了穿着中山裝或學生裝的中國人，便不問情由加以槍殺或拘捕。中學生林秀文，在他目擊其女同學被日人侮辱時候，便不勝其憤的揮起拳頭奮擊，日人一句不回答的擊以一槍，在第一顆子彈中入他脇下的時候，他還很勇敢地對日人罵不絕口。及至不斷地飲了五顆彈，纔從容就義。這樣可泣可歌的事實，值得大書而特書的。

鼓浪嶼也變爲死島

鼓浪嶼，是素稱繁華的，現在，也已變了色。自從日人在嶼上大事搜檢中國壯丁，每一個中國人，都感到生命的威脅，而悄悄地溜到外地去。同時，櫛比着的商店，其營業的狀況，跟着住民的減少而減縮。這裏。還天天都有日本兵來光顧，拿不通行的台灣銀行鈔票強迫怨使用。他們沒法，只好緊閉店門，暫停營業，因此，這繁華，美麗的地方，忽變爲冷酷，凄凉，滿佈着悲寂空氣的死島。

——摘自《文汇报》（上海），1938年6月19日

敵寇暴行

敵機昨三批襲粵

（中央社廣州十九日電）十九日上午八時四十五分，敵機分三批犯粵。首批十七架，次批九架，三批三架，先後出唐家灣海外分飛虎門，黃埔，深圳，樟木頭，粵漢路，潖江，源潭，投彈廿餘枚後。北飛至英德，曲江一帶後，又南飛出海，第三批敵機幷在東莞，樟木頭間投彈數枚。至十一時廿五分始告解除。

——摘自《新华日报》（汉口），1938 年 6 月 20 日

日機分三批襲粵

在廣九粵漢兩路投彈

【廣州十九日電】今上午八時四十五分、三批日機犯粵、首批十七架及次批十數架、均先後在廣九路樟木頭粵漢路琶江源潭投彈念餘枚、南飛出海、第三批日機、並在東莞樟木頭間投彈數枚、至十一時二十五分始告解除、

【廣州十九日電】市學生抗日聯會、今電國際反侵畧會、揭發日機狂炸廣州暴行、請主持正義、予以制裁、並電海外僑胞、請捐助藥物、救濟被難市民、

——摘自《文汇报》（上海），1938 年 6 月 20 日

轟炸廣州影片被刼

不願將暴行公諸世界

【香港特約通信】美國新聞攝影家侯爾、最近在日機轟炸廣州市民及醫院文化機關時、出生入死、冒險將日機之殘忍事跡、攝成活動影片、計長一千二百尺、攝竣後、即於上星期二（七日）乘廣九車携帶來港、準備寄美公映、不料在來港途中、該車因聞日機來襲警報，停駛躲避、各搭客亦紛紛下車暫避、因事起倉猝、未及携帶該片[illegible]迨警報解除回車後、始發現該片已不翼而飛、而其他行李則均存在、此事發生後、社會人士極覺離奇、據廣州方面消息、謂侯爾氏此次攝取之日機暴行影片、在廣九路遺失、當非偶然之事、一般人深信、此必爲間諜所竊去、或由間諜秘密指揮奸人乘機偷去、亦未可知、蓋當警報頻發、各人慌亂逃避之時、平常搭客、斷無乘機偷竊此影片之理、在另一方面言之、其他行李均存在、而獨影片被竊、故料此種舉動、當極有縝密計劃、及有相當組織、與預定之陰謀、始克臻此、否則必無如是之離奇巧合也、蓋該片內容、所攝種種、均係轟炸平民醫院學校之殘暴事跡、蓋侵略者不欲將其暴行再公諸世界、故不得不用此陰謀、將其盜去云、（十三日）

——摘自《文汇报》（上海），1938 年 6 月 20 日

日機在山東三度

炸美教堂

男女二校死傷二百餘人

◎北平十九日美聯社電、今日探悉、在山東省西北五十英哩之平度、有美國浸禮會教堂一所、於本月十五日被日機轟炸、按該教堂係在平度城外、離城牆約二十餘英呎、屋頂高懸大幅美國旗六面、當時日機兩架、在屋頂上盤繞一週、略事偵察、即投擲兩彈、適中該教會之男子學校及教會董事住宅、損失頗重、死傷多人、至美籍教士七名、時在操場、幸皆無恙、旋日機又飛向女子學校投擲兩枚、校舍被炸、查此項日機空襲男子學校時、校內中國學生二百人正在大考、咸罹於難、幸女子學校業經放暑假、然亦被毀無遺、現青島美國當局已接得報告、

——摘自《时报》（上海），1938 年 6 月 20 日

敵寇暴行

去年來敵機襲粵統計

（中央社香港二十日海通電）據官方統計，自去年戰事發生後，至本年六月七日止，廣東各處空襲次數，不下一千四百餘次。僅廣州一地，即有八百餘次。日機飛粵之數目，共爲五千九百八十七架，總計投彈約一萬零二百九十二枚，民房被燬者，五千○二十七所；平民死者，四千五百九十五人；輕重傷者八千五百五十五人。自本年五月八日至六月七日，廣州一地之死者，即達一千五百人，傷者三千餘人。

——摘自《新华日报》（汉口），1938 年 6 月 21 日

敵機數十架

輪流轟炸皖贛邊境

投彈三百餘枚人民死傷甚慘

青陽十九日電，十八日敵機數十架，輪流炸皖贛邊境在皖贛東流至德等縣投彈三百餘枚，居民及房屋，被傷害甚慘。

潼關亦有寇機投彈惟無失損

西安二十日電，廿上午九時許，敵機四架飛潼關東北郊投彈二十餘枚，均落黃河內，我無損失，旋三架，向東逃逸，一架飛華陰轉向北面逃去。

——摘自《泸县民报》，1938 年 6 月 21 日

敵機到處肆虐

粵東贛南各縣均被炸
粵海敵軍艦行蹤飄忽

中央汕頭二十日電 今晨上午八時至傍午、敵機十三架分三批大舉襲潮梅、九架由閩南經饒平、大埔、蕉嶺、襲贛南、另三架沿饒平、大埔、梅縣、平遠窺察、九時許在梅縣城郊機場擲十二彈、多落荒地、我損失甚微、復有一架自南澳海面敵艦起飛犯汕頭・十時餘在崎碌警察局禁閉囚徒之石砲台徽敎場投三彈、毀屋一座、囚犯先期遷避、幸免于難、窺汕頭南澳艦平潮陽澄海敵艦・現尚有十數艘、但尚無異動、

中央廣州廿日電 廿日下午一時廿五分、敵機十四架、在唐家灣出現、繼向北飛、經江門、佛山向粵漢路進犯、在連江口黎洞琶江一帶各站投彈廿餘枚、電話電報桿略有損壞、至下午三時卅分、各敵機逞兇後、即南飛出海、

中央上海廿日路透電 日機十九日轟炸海南島、日艦亦參加助戰、與海口要塞互擊頗久云、按自十八日起、日機曾先後三次轟炸海南島云、

中央中山廿日電 三灶等島敵軍、日見減少、連日沿海平靜、

中央廣州廿日電 潛匿粵海敵艦、近日數量大爲減少、行蹤飄忽、聚散無常、萬山島有敵艦四五艘、小船十餘艘、無異動、

中央南昌廿日電 二十日晨十時半敵機三架、由閩贛邊境竄至贛南、侵入龍南縣上空、盲目投彈三枚、均落荒郊、旋飛南雄虔南大庾一帶窺察、至十一時循原路逸去、

——摘自《时事新报》（重庆），1938 年 6 月 21 日

敵在廈鼓

横行無忌

本報香港二十日專電 廈門失陷後、難民來港者前後已逾萬人、今又有二百餘乘輪抵港、據難民談稱、現避居鼓浪嶼難僑、爲數尚甚衆、處境甚苦、敵兵常登陸拘捕、領團無法制止、計迄今被指爲抗日份子被敵兵架去、不知下落者、已逾百人、敵近復派一領事駐鼓、並建領署、領署週圍派敵兵駐守、當廈門失陷時、我壯丁之未及逃出者、爲數頗多、現敵兵在廈搜捕我壯丁、強迫作苦工、建築機場及各種祕密工事、完工後即被槍斃、將屍體拋海中、

——摘自《时事新报》（重庆），1938 年 6 月 21 日

敵機狂炸後
廣州瘡痍滿目
傷者多未愈創口仍血流如注
流離失所者數千人徬徨街頭
陶樂爾函國聯報告轟炸真相

中央廣州十九日合衆電　廣州現表面上似較安定、但經日機不斷濫炸結果、仍瘡痍滿目、受傷之災民、多尚未痊愈、創口處仍血流如注者、在在皆是、至街頭江邊時有流離失所之災民數千人、徬徨終日、無家可歸、愛羣旅館巨厦前石階上、坐有一受災之老人、面色憔悴、對記者謂余現既餓且累、亟思覓一居所、但天地雖大、何處始有容身之所、言下不勝唏噓、此外街頭巷口、幼齡兒童因受傷未愈、時聞呻吟之聲、其景象之慘、實不忍卒睹、

中央汕頭廿日電　敵機今在梅縣轟炸後、繞飛梅屬、散發多量荒謬傳單、下午四時竄潮汕、十餘敵艦悉一批他駛、現僅澄海南港及南澳海面泊敵艦九艘、

敵機襲粵一筆血賬

中央香港廿日海通電　據官方統計、自去年戰事發生之後、至本年六月七日止、廣東各處空襲次數不下一千四百餘次、僅廣州一地即有八百餘次、日機飛粵之數目共爲五千九百八十七架、總計投彈約一萬二百九十二枚、民房被燬者五千二十七所、平民死者四千五百九十五人、輕重傷者八千五百五十五人、自本年五月八日至六月七日、廣州一地之死者即達一千五百人、傷者三千餘人、

陶樂爾仗義執言

中央廣州二十日電　國聯疫病處廣州副處長陶樂爾博士、以敵發言人對敵狂炸本市狡詞詭辯迴避責任、至深憤慨、除函國聯疫病處賴處長報告目擊情形、並函告吳主席、茲將兩函擇錄如後、頃見港報登載日本發言人所稱各節、殊爲憤慨、本人係國聯衛生機關之駐粵代表、職責所在、不得不將目擊情形報告日內瓦、奚於本日電邑齊國聯處長賴世乃將軍、請爲轉報、謹將原電抄送察核、此上吳主席、陶樂爾致賴將軍函、自二十六日起、日機轟炸廣州、除車站及政府辦公處所外均爲平民住所、絕無軍事及經濟關係、此乃余個人親自偵察及調查所得、對於日方發言人、在報端發表言論、亟應糾正、當余在監辦救護工作時、曾目擊敵機兩次飛回投彈地點、用機槍掃射救護人員、請將以上情形轉電日內瓦、陶樂爾、

——摘自《时事新报》（重庆），1938 年 6 月 21 日

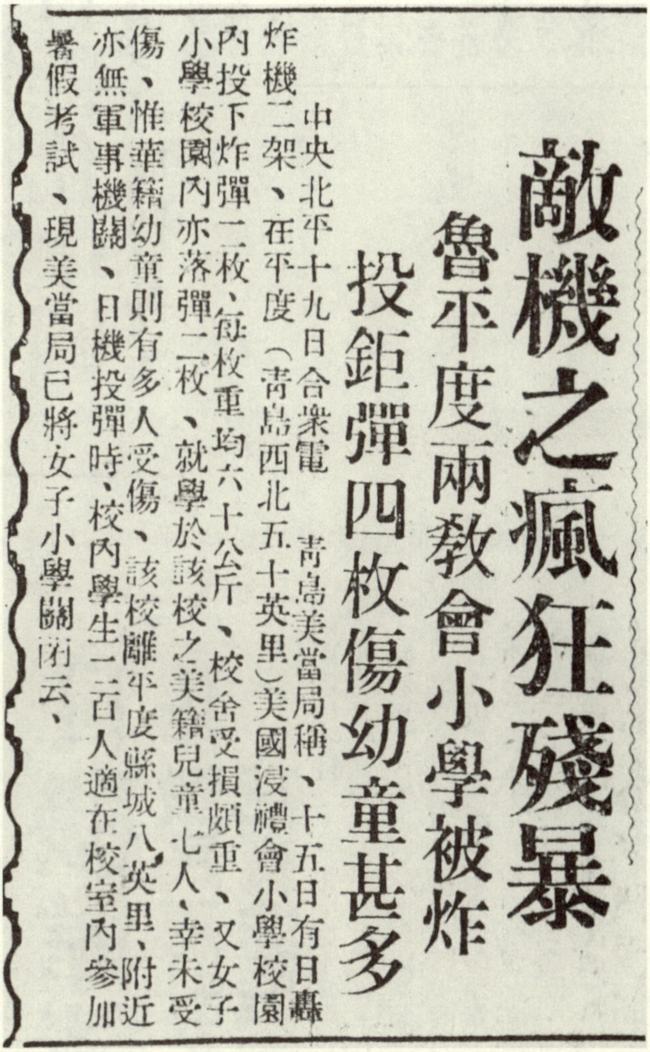

敵機之瘋狂殘暴

魯平度兩教會小學被炸

投鉅彈四枚傷幼童甚多

中央北平十九日合衆電　青島美當局稱、十五日有日轟炸機二架、在平度（青島西北五十英里）美國浸禮會小學校園內投下炸彈二枚、每枚重均六十公斤、校舍受損頗重、又女子小學校園內亦落彈二枚、就學於該校之美籍兒童七人、幸未受傷、惟華籍幼童則有多人受傷、該校離平度縣城八英里、附近亦無軍事機關、日機投彈時、校內學生一二百人適在校室內參加暑假考試、現美當局已將女子小學關閉云、

——摘自《时事新报》（重庆），1938年6月21日

指斥日毒化中國

英正慎重考慮向日交涉

【路透社倫敦二十日電】英外次白特勒、今日在下院言及報載鴉片顧問委員會、在日內瓦開會時指斥日政府積極贊助、並鼓勵在華毒品貿易事之新聞、謂英政府尚未接到、關於該委員會議之官場記錄、因此渠現未能陳說英政府對于此事、應採何種適宜步驟有關係各部、刻正慎重考慮向日政府交涉之問題云、

——摘自《文汇报》（上海），1938 年 6 月 21 日

日機偉績！

炸毀民房五千餘家 死傷非戰鬥員萬餘

【海通社香港二十日電】據本日廣州當局發表文告宣稱、自去年七月一日起迄本年六月七日、日軍空襲粵省城市之次數、總數不下一千四百次、即以廣州一城論、亦不下八百次之多、參與轟炸之日機前後五千九百八十六架、擲炸彈十萬零二百九十二枚、被炸毀之民房達五千零二十七家、炸斃之平民四千五百九十五人、而傷者竟達八千五百五十五人之多、自五月二十八日至六月七日之間、慘禍最烈、旬日之間、死亡八百三十人、傷者達數千云、

——摘自《文汇报》（上海），1938 年 6 月 21 日

洞庭西山的居民

日不能安夜不能睡現又逃難了

王萍影

為了惦念着自己的家，於是我就在一片謠啄紛紜中，鼓着勇氣，重返了一次故鄉——洞庭西山。可是勉强提心吊胆地住了一個星期，終於因爲受不住那環境的威脅，而悄然地離開了故鄉，重新，投入了這孤島里來。現在，我就將故鄉的最近狀況，作一個簡單的報導，以告一般關心桑梓情形的同鄉們！

在四月里以前的故鄉，差不多天天在風聲鶴唳，草木皆兵的情形中，一般較爲殷實的鄉民，都相率逃亡了；無力的，則終日在人間地獄下討生活。因爲白天有客帮的盗匪來打家刦舍，晚上，又有當地的土棍來橫行搜刦，綁架勒贖和慘刑拷逼的事情更是公然幹着。日軍雖然沒有駐守，但却常常要來搜查，和蹂躪地方。在四月里以後，那些客帮盗匪都竄到了別處去，許多當地的土棍，却被游擊隊槍斃了七名，於是鄉民全相安無事的過了兩個月的太平日子。而且在這兩個月中間，日軍也沒有到西山去，所以交通和貨運，亦極暢順。

故鄉著名土產，以洞庭碧螺春茶葉，和白沙枇杷爲大宗，其他如櫻桃、梅子、楊梅出產亦不少，但今年因爲由於販賣者的裹足不前，所以茶葉價，最高沒有滿一元，白沙枇杷最佳者，只售七八元一担，（每百斤），其餘的不但市價慘跌，並且甚至有乏人收買者。此外，飼蠶爲故鄉主要副業，可是今年蠶汛不佳不必說起，而繭行雖有數投機奸商來開了幾家，然而繭價最高者，每百斤二十兩秤只三十元，況且還是欠賬，現欵要幾時可以取到却沒有一定，就是取到現欵，但是養了好蠶的還要蝕本，養壞蠶的當然例外。不過，保安捐（給游擊隊的）與區捐（區事務所的）的錢，却每月都要從腰包里掏出來的。

在故鄉農村里，一般鄉民的生活，都感到山窮水盡了。他們的土產，有些已不能換錢，捐却不能遲

遇半天，春熟已將吃光，來日方長，以後的日子，應該怎樣過下去呢？同時，更時常還有土匪及日軍之搜刦滋擾，使得他們，日不能安，夜不得寧，白天在東躲西竄，晚上却在楊梅山和枇杷山上住宿，不敢在家里安居。

現在故鄉，雖然在行政方面有一個「區事務所」，在維持治安方面已有一個「警察分局」，可是他們除了橫征暴斂，敲詐剝削，壓迫良民之外，對於地方上騷擾動亂雞偷狗盗等事情，都一概不加問聞。所以最近故鄉，又有由湖州方面太湖邊上的吳樓地方，竄來了一羣土匪，他們到了故鄉，首先來一番挨戶搜刦，接着又把沈萬源行主及謝三和小開船主王福根等都綁架了去，索價有一萬的，也有五千的，因此一般較有聲譽者，又要舉家逃到蘇州或上海來了。

幾天來，故鄉又盛傳要征抽守望壯丁了，所以那些年輕些的男人，誰都在担心着。

——摘自《文汇报》（上海），1938 年 6 月 21 日

敵寇暴行

敵機襲南城東莞

（中央社南昌二十一日電）敵機十三架二十一日分批空襲江西東北在南城、廣昌、馬當等處共投彈四十一枚，我損失甚微。上午九時，有敵機五架，由閩南侵入南城在郊外投彈三十二枚，復竄廣昌投三彈始逸去。下午一時，敵機六架，由皖境侵入馬當附近，盲目投彈六枚，均落水中。下午五時許又有敵機兩架，竄至馬當彭澤湖口九江等處，歷一小時逸去。

（中央社廣州二十一日電）敵機三十架，分三批於二十一日晨七三十五分由家灣起飛，在東莞城內外投二十餘彈，略有損毀，沿西江襲梧州。

（中央社汕頭廿日電）敵機一架，廿日午十二時，炸南澳，擲四彈，傷斃平民各一，下午二時餘，泊南江數敵艦向南澳猛烈炮擊，發十四炮，我無損失。

（中央社汕頭廿一日電）敵機一架，再度窺察饒平澄海，掃射居民，旋又向潮汕鐵路汕站投彈二枚，車庫水車略毀，列車幸免於難，至下午四許始遁去。

（中央社汕頭廿一日電）敵機一架，廿一晨五時許，由南澳海面敵艦起飛，窺伺南海饒平，十時半犯汕，在車站投彈二枚，毀屋一座，共傷平民四人，復低飛市，機槍掃射，十一時許飛去。

——摘自《新华日报》（汉口），1938年6月22日

日機昨分批

襲梧州東莞

汕頭車站昨晨亦被投彈

曾養甫請僑胞輸財購機

（廣州廿一日電）日機三十架今日分三批犯粵，於上午七時三十五分，由唐家灣起飛，在東莞城內外投二十餘彈，略有損壞。并沿西江襲梧州，沿途在粵境各地窺伺，未投彈。

（廣州廿一日電）路透社訊：今晨日飛機十八架，襲擊梧州，在距美孚火油公司堆棧數碼處，擲下炸彈三枚，未有死傷，堆棧未受損，美孚火油公司堆棧，在最近數星期中，險遭意外，此已爲第二次。

（汕頭廿一日電）路透社訊：今晨十時五十分，日海軍飛機一架，復以炸彈與機關槍轟擊此間火車站，傷六人，損失甚微。

（惠陽廿一日電）粵東運海日艦，聚散無定，現狀尚靖。

（廣州廿一日電）曾養甫以日機濫炸廣州，市民傷亡逾萬，房屋燬塌無算，特電各國宣佈眞相，並電請僑胞輸財購機。

（汕頭廿一日電）路透社訊：今日午後四時，此間鐵路車站，又遭日機轟炸，損失甚微，車站修理工廠幾遭炸毀，人民未有死傷，火車照常行駛。

（汕頭廿一日電）日機一架，今晨五時許，由南澳海面日艦起飛，窺伺南海饒平，十時半犯汕，在潮汕鐵路汕車站，投彈二枚，燬屋宇一座，傷平民四人。日機復低飛市區，以機槍掃射，迨十一時許遁去。

（汕頭廿一日電）今日下午三時餘，日機一架，再度窺察饒平澄海、低飛掃射民居，旋又向潮汕鐵路汕站投彈兩枚，地面被炸兩巨穴，車庫水庫均略震毀，車適開潮安，幸免於難。日機至四時許，始遁去。

——摘自《晶报》（上海），1938年6月22日

敵機五六架沿汾河偵察轟炸

蒙城鎮敵千餘渡河西犯
大同敵强征壯丁二千餘

西安二十日電，臨汾南石村一帶有敵八百餘，閆店有敵騎三四百，並有飛機五六架，沿汾河偵查轟炸，蒙城鎮有敵千餘，有渡河西犯模樣，晉北敵由朔縣開井坪，敵連日又由大同向朔縣運彈藥給養傷兵一

大同敵強徵壯丁二千餘。

——摘自《泸县民报》，1938年6月22日

敵機昨襲梧州

汕頭東莞等地亦被轟炸

中央梧州二十一日電　今日上午八時五十分、敵機九架由高明進襲梧市、防空部據報、即先後發出空襲緊急警報、九十十分敵機九架侵入市空、旋在美孚行附近投五百磅重彈及燒夷彈共十一枚、我方無甚損失、敵機投彈後、於九時三刻循原路出海、梧市即解除警報、

中央汕頭二十一日電　敵機一架、今日上午五時許、由南澳海面敵艦起飛、窺伺南海饒平、十時半犯汕、在潮汕鐵路汕站投彈二枚、燬屋宇一座、傷平民四名、敵機復低飛市區、以機槍掃射、迨十一時許逸去、

中央汕頭二十一日電　今日下午三時餘、敵機一架、再度窺察饒平、澄海、低飛掃射民居、旋又向潮汕鐵路汕站投彈二枚、地面被炸兩巨穴、車庫水庫均略震毀、列車適開潮、幸免於難、敵機至四時許、始逸去、

中央廣州廿一日電　敵機卅架、分三批於廿一日七時卅五分由唐家灣起飛、在東莞城內外投廿餘彈、略有損毀、并沿西江襲梧州、沿途在粵境各地窺伺、未有投彈、

中央汕頭二十日電　敵機一架、今日正午十二時炸南澳、擲四彈、傷斃平民各一、下午二時餘、泊前江數敵艦向澳猛烈砲擊十四砲、多落荒地、我無損傷、

——摘自《时事新报》（重庆），1938 年 6 月 22 日

日機昨襲梧州

轟炸英美人財產

粵贛各地昨均遭空襲

【廣州廿一日電】美聯社訊：今晨日機九架，飛襲梧州，投彈八枚，墜落於英國及美國人之產業上。有一彈墜落於離美孚油行第一油筒十餘碼之處，另一彈墜落於德士古火油公司，另一彈墜落亞細亞火油公司，尚有一彈則墜落於河中。

【廣州廿一日電】路透社訊：今晨日飛機十八架，襲擊梧州，在距美孚火油公司堆棧，數碼處擲下炸彈三枚，未有死傷，堆棧亦未受損，美孚火油公司堆棧在最近數星期中，險遭意外，此已為第二次，大約其地點逼近飛行場所致。日機之擲彈，其目標顯在飛行場也。

——摘自《大美报》，1938年6月22日

日機不斷轟炸中

粵當局疏散難民

分四站運輸舟車免費

廣州人口減至最低額

【廣州特約通信】日機現仍繼續轟炸廣州、當局為減少市民無謂犧牲、及便利維持廣州戰時食糧、特由官商兩方、於十三日會議、決定將廣州失業市民及婦孺盡量疏散、辦法定後、十三日經已開始實行、由社會局負責辦理、派員在規定之起站、接納市民申請輸送、發給舟車乘搭免費證、所需舟車、則由建設廳分飭省公路處及省航業公會撥定供用、所需輸運

經費、則由市府撥發、十四日到各站申請輸送之市民頗多、預料自此以後、廣州人口、必減至最低限度、惟査規定之輸送終站有四處、居留廣州之市民、原籍在四終站以內之各縣市、即附近省會各屬者固多、而在四站以外之縣市者亦有、故如照其原定之辦法、專輸送至四終站爲止、則四終站以上之貧苦市民、如何還鄉、實成問題、聞當局以此類貧民、係屬少數、於輸送抵達終站以後、則由該終站地方之縣政府、設法繼續輸送返回原籍、以免中途流落、至輸送期限、並無一定時間、至需要輸送之人、完全輸送完畢、始行結束、又收容各地難民之慈善事業、自成立難民管理委員會、得中西熱心人士匡助、辦理甚佳、該會以戰區遼闊、難民日多、爲易于管理、及施行相當教育、特將七個收容所、二千餘難民、編爲四組、分別指定居留地點、一、爲家庭組、二、爲男獨人組、三、爲女獨人組、四、爲外籍流動組、該會最近並舉行各種難民幸福事業、乃征集蚊帳、設置沐浴室、介紹職業等、均著成效、至於難童教育則與社會局合作辦理、至其他團體爲廣州市婦女國難服務團、女青年會、協和東山等學校、亦分別派員辦理難童幸福事業、舉行演講及識字運動、其餘難民伙食交人承辦、俾能劃一、邇來日機狂炸市區、該會人員均不避危險、立即派員到災區收容難民云、(六月十五日)

——摘自《文汇报》（上海），1938年6月22日

日軍假借清鄉名目

任意慘殺無辜民衆

「奉賢縣府」將由劣紳組織

由浦東南橋攻入奉賢縣城及青村港等處之日軍部隊、人數約二三百名、挾有大砲等重兵器、連日調動忙碌、似以有北犯趨勢、致奉南交界之鄉民、頗起恐慌、陸續向四鄉或上海方面避難者、爲數甚衆、記者昨晨曾向來自南匯大團鎮之友人探聽眞相、據談日軍尙無積極行動、惟在奉城青村港等處、舉行所謂「清鄉」工作、遇有形跡可疑之男子、即施拘捕、脫去衣服、檢驗肩上有無荷槍痕跡、兩膝蓋上有無跪地開槍所積成之老堅皮、並察視額上有無戴過軍帽、但因誤會而被殺害者頗多、日軍現擬羅致當地人物、組織所謂「奉賢縣府」、但稍有資望者、早已遠走高飛、於是僅有許多劣紳、四出活動云、

——摘自《文汇报》（上海），1938 年 6 月 22 日

敵寇暴行

敵機又炸廣州

（中央社廣州廿二日電）敵機十六架，於廿二日晨，襲黃沙站，擲燃燒彈十餘枚，龐大之空中魚雷一枚，并在市北郊外及進源分局段內如意坊投彈十餘枚後，向南飛去。計毀壞商店工廠等廿餘間，及附近民房四十餘間，炸斃路警及工人十餘名，傷工人市民等數十名，并炸死牛百數十頭，又正午十二時五十五分，敵機六架，復飛粵漢路黎洞站擲數彈，無甚損失。

（中央社汕頭廿二日路透電）敵機昨日飛汕頭轟炸二次，第二次在車站投彈數枚，損失甚微，亦無死傷者，火車仍通行無阻。昨晨敵機一架至汕車站擲彈二枚，傷六人。

（中央社西安廿二日電）離石城郊農作物均被敵割去。城門附近門窗拆作燃料。中陽城有百姓五六百，敵令十四家連環保，以一家爲家長，如一家出城不回，殺十一家，入城須有良民證。敵並在洪洞趙城一帶，強徵糧秣，人民恨之切骨。

——摘自《新华日报》（汉口），1938 年 6 月 23 日

日機轟炸黃沙站

南澳島被佔

黃沙被投大型空中魚雷

（廣州廿二日電）路透社訊：今晨六時一刻，日機數架在黃沙車站附近投彈，死傷三十人，聞日機曾投燒夷彈十餘枚，及大型空中魚雷一枚，共燬房屋三十五所，並引起多處火災。日機飛至黃沙時，又經過沙面天空，置各國之抗議於不顧。

（汕頭廿二日電）路透社訊：昨晨日軍艦派兵在汕頭海濱外之南澳島登陸，完全佔據該島。今晨日機機對汕頭空襲兩次，一在上午七時，一在九時三十分，顯以火車站與電力廠爲其轟炸目標，損失甚微。

（香港廿二日電）路透社訊：參加侵犯南澳島之日軍艦，共有十艘，該島雖設有防務，但華軍似未作堅強抵禦。

（汕頭廿二日電）路透社訊：日軍昨佔據南澳島時，華軍已退至陸地，衆料日軍將以南澳島爲對粵作戰之根據地。今晨日機兩次來襲，午後又作第三次之空襲，計水上飛機四架，向電氣廠擲落炸彈八枚，電廠被燬，致汕頭今夜全黑，車站與炮台亦被轟炸。

——摘自《晶报》（上海），1938 年 6 月 23 日

敵機十六架

昨晨又襲廣州

廣豐糖廠等處全部被燬

黃沙亦燬房屋三十五棟

▲中央社廣州二十二日電：敵機十六架於二十二日晨光曦微之際，由唐家灣起飛，經萬頃沙侵犯市區，五時五十三分，防空處放出空襲警報，市民從睡夢中驚醒，紛赴安全地帶，六時許，敵機闖進市空，我防空部隊密集高射槍砲，加以痛擊，敵機不敢低飛，在高空往返盤伺，旋在市北郊外及逢源分局段內如意坊投彈十餘枚，後向南飛去，七時五分解除警報，記者即赴如意坊災區調查，該處共落彈六枚，四中廣安牛房，廣豐糖廠，太平酒廠等商店，當堂全部炸燬，並燬壞商店工廠等二十餘間，附近民房四十餘間，炸斃粵漢路警張倫，魚販郭貴及工人店員等十餘名，傷工人市民等數十人，並炸死牛百數十頭，餘二彈均落田野，又下午十二時五十五分，敵機六架，復由唐家灣起航，飛粵漢路黎洞站投數彈，無甚損失。

▲中央社廣州二十二日路透電。今晨六時十五分，日機又進襲黃沙車站，在該地擲下燃燒彈十餘枚，並龐大之空中地雷一枚，當即炸燬房屋二十五棟，死傷三十餘人，有若干處起火，今日各機仍係頭越沙面上空，各國雖屢次因此提出抗議，而日方竟均置之不理云。

——摘自《云南日报》（昆明），1938年6月23日

寇機肆虐
再炸粵垣

「中央社廣州二十二日路透電」今晨六時十五分，日機又進襲黃沙車站，在該地擲下燃燒彈十餘枚，幷龐大之空中魚雷一枚，當卽炸毀房屋三十五棟，死傷三千餘人，有若干處起火，今晨各日機仍係飛越沙面上空，各國雖屢次因此提出抗議，而日方竟均置之不理云。

「中央社廣州二十二日電」敵機十六架於二十二日晨光曦微之際，由唐家灣起飛，經万頃沙侵犯市區，又下午十二時五十五分敵機六架復由唐家灣起航，飛黎洞站投擲彈。

——摘自《新蜀报》，1938年6月23日

寇機昨襲黃沙車站
在該地投燃燒彈十餘枚
當卽炸毀房屋三十五幢

廣州二十二日路透電、今早六時十五分，日機又進襲黃燒車站，在該地投燃沙彈十餘枚並有龐大空中魚雷一枚自空中投下當卽炸毀房屋三十五幢傷三十餘人有若干處起火今日各日機仍係飛掠沙面上空各國會屢次提出抗議而日方置之不理

——摘自《泸县民报》，1938年6月23日

南澳島被佔後

日機狂炸汕頭市

以車站及電力廠爲目標

【汕頭廿二日電】美聯社訊：據未證實之報告：南澳島業已被日軍所佔。

今日日機三次來襲，晨間六時三刻，車站上將開離潮州之火車，中彈兩枚，九時三刻兩彈投中電燈廠，全城電燈熄滅，警鈴不鳴，下午三時一刻，有日機四架，在火車站投彈四枚另有四彈，使電廠遭受重大之損傷日機並散下傳單，唯並無警報，形勢嚴重，警察執法甚嚴。

【汕頭二十二日電】路透社訊，昨晨日軍艦派兵，在汕頭海灣外之南澳島登陸，日暮完全佔據該島，今晨日飛機對汕頭空襲兩次，一在上午七時，一在九時三十分，顯以火車站與電力廠，爲其轟炸目標，所加損失甚微。

【香港二十二日電】路透社訊：據此間傳稱：參加南澳島登陸一役之日軍艦，共有十艘，該島雖設有防務，但華軍似未作堅强抵禦。

【汕頭廿二日電】路透社訊：日軍昨佔據南澳島時，未遇華軍劇烈抵抗，華軍已退至陸地，衆料日軍將以南澳島爲對粵作戰之根據地。

——摘自《大美报》，1938年6月23日

華南空氣又見緊張

日軍竟在南澳登陸

汕頭廣州昨又遭日機狂炸

【路透社汕頭二十二日電】昨晨日軍艦派兵在汕頭海濱外之南澳島登陸、垂暮完全佔據該島、今晨日飛機對汕頭空襲兩次、一在上午七時、一在九時三十分、顯以火車站與電力廠爲其轟炸目標、所加損失甚微、

【青陽二十二日電】在荻港登陸之日軍、二十一日夜經華軍反攻、將鳳凰山牛歇嶺奪回、斃日軍數百、截獲日機槍四挺、安慶附近有日艦十餘艘、連日華方空軍在安慶附近炸沉日艦一艘、傷一艘、皖西方面無新情況、

【路透社香港二十二日電】據此間傳稱、參加南澳島登陸一役之日軍艦共有十艘、

【路透社汕頭二十二日電】日軍昨佔據南澳島、華軍已退至陸地、衆料日軍將以南澳島爲對粵作戰之根據地、今晨九時與九時半、日機兩次飛來襲擊、午後又作第三次之空襲、計水上飛機四架向電氣廠擲落炸彈八枚、電廠被燬、致汕頭今夜全黑、車站與砲台亦被轟炸、惟死傷不多、日機又擲下傳單、侈陳華北人民在日方治權下之快樂、並謂華南如繼續反抗、則日本海軍與空軍定將從嚴應付云、

【美聯社香港二十二日電】頃據汕頭中央社云、昨日下午有日艦十艘、砲擊汕頭東北三十五英哩之南澳島、故該島軍民曾劇烈抵抗、但日海軍陸戰隊藉砲火掩護、竟不顧一切、卒被登陸、華軍亦不甘示弱、予以堅强抵抗、戰事仍在進行、砲聲澈夜不息、聞其登陸人數約二三百人、

【路透社廣州二十二日電】今晨六時一刻、日機數架在黃沙車站附近投彈、死傷三十人、聞日機曾投燒夷彈十餘枚、及大型空中魚雷一枚、共燬房屋三十五所、並引起多處火災、日機飛至黃沙時、又經過沙面天空、置各國之抗議於不顧、

【美聯社香港二十二日電】據廣州方面之電話報告、今晨六時至七時之間、有日機九架、分爲三隊、轟炸廣州、以黃沙車站爲目標、炸彈多墮于北站、該處因着彈起火、正在延燒中、第一隊日機、集中于白雲機場上空、當時華方高射砲、一時俱發、致使日機不得不在流彈横飛之中、飛翔甚高、廣州民衆、對此突如其來之空襲、頗感驚震、然預料不久即可恢復常態云、

【海通社香港二十二日電】據此間接得消息稱、今晨日機又空襲廣州、所擲炸彈甚多、損失頗大、以望厦一區之犧牲爲最大、房屋延燒者不在少數云、

——摘自《文汇报》（上海），1938年6月23日

日機飛廣州

擲大魚雷

不顧各國抗議仍飛過沙面

◎廣州二十二日路透社電、今晨六時一刻、日機數架在黃沙車站附近投彈、死傷三十人、大型空中魚雷一枚、共燬界屋三十五所、並引起多處火災、日機飛至黃沙時、又經過沙面天空、置各國之抗議於不顧、

◎香港二十二日電、二十二日晨六日機入市、在黃沙如意坊投彈、燬屋二十八、死傷二十餘、午六架襲廣九路、

——摘自《时报》（上海），1938 年 6 月 23 日

BOMB-TORN CANTON IS LIKE GHOST CITY

New Japanese Raid Heightens Panic Among That Half of Populace Still Remaining

By HALLETT ABEND

Special Cable to THE NEW YORK TIMES.

HONG KONG, June 22.—Canton had enjoyed four days and four nights of freedom from the horrors of Japanese aerial raids when the writer left Shameen Island this morning, crossed the bridge at 5:40 o'clock and walked up Canton's Bund to catch the steamer Fatshan for Hong Kong.

On arriving at the wharf he found the great steel gates locked—the customs men had not arrived—while in the street a crowd of about 1,500 rich and poor Chinese milled about, seeking to sail to Hong Kong. At 5:50 a quiver of apprehension rippled through the throng when sirens began screeching a warning of the approach of raiders.

The planes were not discernible against a clear sunrise sky, but, while the gates remained locked, panic spread, particularly when ambulances began to clang about the streets and when motor cars with screaming horns began arriving in quick succession, carrying wealthier refugees eager to board the Fatshan.

Explosion Shakes City

The gates to the wharf were kept locked and hundreds sought shelter in entrances and arcades of buildings across the street. At 6:15 A. M. Chinese anti-aircraft guns across the Pearl River and others atop tall buildings on the Bund began blazing away against the planes, invisible to the naked eye, and a minute later the quaking thud of one huge bomb explosion shook the whole city.

A few minutes later, while the anti-aircraft guns were still blazing away and shell fragments were showering upon the Bund, the belated customs men arrived, the wharf gates were thrown wide and a wild stampede toward the ship followed. The ship sailed as soon as possible to avoid the danger of the bombing.

It was impossible to ascertain the results of the raid, but reports reaching Hong Kong in mid-afternoon said the bombing, by nine planes, continued until after 7 A. M., many bombs landing near the station of the Canton-Hankow Railway.

Canton, revisited after thirteen months, seemed like a ghost city. Fully half the civilian population, according to General Wu Teh-chen, Governor of Kwangtung Province, had fled to Hong Kong or elsewhere or had been evacuated by authorities into villages deep in the countryside for safety from the Japanese bombings.

But trips through once-swarming streets gave the impression that fully three-fourths of the Cantonese had fled. Often for blocks ahead no one was seen except an occasional policeman. Stores and shops were boarded up or ruined and burned.

The writer, arriving by steamer from Hong Kong in late afternoon, was met at the dock by General Wu Teh-chen's secretary. He motored immediately to the Governor's headquarters, which, incidentally, are changed and shifted almost daily lest spies report the location to Japanese airmen.

Several halts were made en route to inspect the results of Japanese bombings. The evidences, after comparison with the aerial bombing and destruction in Shanghai and elsewhere, seemed to substantiate Chinese assertions that the bombs were not of a heavy type designed to wreck military objectives but rather were of a deadly, splintering type, made to kill human beings.

Few of the buildings had been ruined by the same types of bombs that the Japanese used on the Chapei and North Station areas in Shanghai. In many cases direct hits on rickety brick and frame buildings in Canton did not even blow out the fronts. Elsewhere areas were inspected where bombs that had landed on paved streets did not leave craters. They shattered the pavng only to a depth of a few inches, but exploded broadside, killing hundreds even a block or more away.

Denies City Is Fortified

General Wu emphatically insisted that Canton was an open city. He said all fortifications were several miles outside the populated area, and he denied any arsenals had existed or at present exist in Canton.

"Yes, we do have a few—very few—batteries of anti-aircraft guns inside Canton," the Governor admitted. "But what city does not under present conditions? However, this emphatically is not a military center. It is not fortified. We do not even have any soldiers billeted in Canton but only policemen and a handful of gendarmes."

Certainly if soldiers were in Canton they were well concealed. The writer saw none except three smart staff officers at General Wu's headquarters.

The Governor was apprehensive that the Japanese Army would presently attempt to land a force at some point in Kwangtung, but he added grimly:

"We are ready for them. Nearly a half million of our peasants and villagers are at present armed with rifles and are undergoing a modicum of training. If the Japanese attempt an invasion this citizen army will be of the utmost value. It will impede advances and harass lines of communication, giving the greatest degree of mobility to our regular army in Kwangtung."

At Canton fully 80 per cent of the city's immense junk population had moved from the city's waterfront and was hugging the shores of Shameen, a small island on which the British and French concessions enjoy comparative safety from Japanese bombings, although all foreign residents on the island agree that Japanese planes have repeatedly flown over Shameen before loosing bombs upon Canton.

The American river gunboat Mindanao is anchored off Shameen as well as one French and two British gunboats. The whole narrow canal separating Shameen from Canton is packed solid with junks and sampans. The island's shore is heavily barbed wired and the two bridges are barbwired and sandbagged.

Shameen's nightmare is that during some bombing tens of thousands of Chinese crowded upon junks may put planks ashore and swarm over the barbed wire onto the island and begin looting. Armed sentries patrol the wires and guard the bridges. All male foreigners in Shameen belong to an improvised defense corps, but it is inconceivable they would ever use rifles and machine guns against frenzied tens of thousands of unarmed Chinese men, women and children, even if they did attempt to storm the island in order to get away from the districts into which Japanese bombs are showering death and destruction.

Casualties Exceed Thirty

Wireless to THE NEW YORK TIMES.

HONG KONG, June 22.—Japanese planes flew over Canton this morning and bombed Wongsha station, which previously had been a target on several occasions and was already partly demolished.

Intense anti-aircraft fire is said to have forced the raiders to keep high. Thus out of a score of bombs dropped several landed amid dwellings and small factories, demolishing approximately fifty buildings. More than a dozen persons were killed and a score injured.

The raiders did not return in the afternoon.

——摘自《纽约时报》（The New York Times），1938 年 6 月 23 日

敵機昨窺粵

兩次襲汕並炸潼關

敵寇暴行

（中央社廣州廿三日電）廿三日上午五時三刻，敵機二架，自唐家灣飛與虎門石灣；十時五十分，復有敵機二架，經深圳犯寶安；十二時四十分，寶安上空又發現敵機六架，旋飛虎門黃埔轉廣九路，在南崗站附近盤旋片刻，折回虎門南飛出海，均未投彈。

（中央社汕頭廿三日路透電）敵機今日再飛汕頭轟炸，晨八時，十時半，前後共二次。敵機之目標仍爲火車站，附近機廠及售票處均受損頗重，客車亦有數輛被毀。汕頭當局已勸請居民撤退離汕，城市各商店已大部關閉。

（中央社西安廿三日電）敵機四架，廿三日上午九時三刻，先後由晉竄入陝境，在潼關、朝邑、華陰、渭南等縣上空窺察，並在三河口一帶低飛以機槍掃射，至十時廿分向東北逸去。又敵機兩架，二十二日晨九時半，由晉竄擾潼關，在城內及北關投彈十餘枚，平民死三傷八，並毀民房十餘間。

（中央社南昌廿三日電）廿三日晨九時半，敵機兩架，侵入贛境彭澤縣屬之張家港地方，稍事盤旋，即在江邊投彈四枚而逸。

（中央社廣州廿三日電）廿三日下午六時另五分，敵機兩架，四次來襲，自唐家灣飛向江門越黃埔至虎門，盤旋數匝，窺察後逸去。

（中央社汕頭廿三日電）廿三日下午三時許，敵機四架由南澳海外飛至潮汕一帶投彈十枚，我僅平民略有死傷。

——摘自《新华日报》（汉口），1938 年 6 月 24 日

日機轟炸汕頭

日艦窺伺有登陸企圖

【路透社汕頭二十三日電】汕頭今日復遭空襲兩次、一在晨間八時、一在十時三十分、火車站爲轟炸主要目標、工場與售票處皆受損、並毀火車數節、但火車現仍開行、日機襲擊時、曾低飛掠過美艦阿煦維爾號・英艦丹恩蒂號・並汕頭外人之產業、中國當局現勸民衆遷入內地、故日來遷移者已絡繹不絕、各商店幾全行閉門、今日之襲擊、僅死傷數人、惟因總水管中彈破裂、今有缺乏食水之虞、昨夜有日軍艦一艘泊於汕頭港外一哩許、以探海燈向港口射照、衆信日軍將於最近之將來、在此作登陸之企圖、

【汕頭二十三日電】二十三日下午三時許、日機四架由南澳海外飛至潮汕一帶、投彈十枚、華方除平民略有死傷外、無損失、

【美聯社香港二十三日電】據華方從汕頭方面到達此間之報告、日艦時以大砲向汕頭附近之海岸轟擊、日機亦不斷盤旋偵察、故今晨信日人在汕頭方面登陸之事、已非常迫切、日機於昨日轟擊汕頭、將鐵道毀壞、使電力廠停止工作後、今日再繼續以砲擊海岸、同時華方報告已承認、中國軍隊已向汕頭東北三十英哩處之南澳島西端撤退、若干日軍昨日在日艦十艘重砲掩護之下、在該處登陸、

【廣州二十三日電】二十三日上午五時三刻、日機二架于曉色迷濛中、自唐家灣飛襲虎門石灣、略事盤旋、向南竄走、十時五十分、復有日機二架經深圳犯寶安、窺伺有頃而去、十二時四十分、寶安上空又發現日機六架、旋飛虎門黃埔轉廣九路、在南崗站附近盤旋片刻、折回虎門南飛出海、各次空襲、均未投彈、

——摘自《文汇报》（上海），1938 年 6 月 24 日

敵機炸汕頭廣州等處

廿二日國際社上海電。敵軍未犯南澳前。先以巨礮轟擊南奧我陣地。然後派兵上陸。

敵機炸汕頭。燬電燈廠。日間敵機在市空上多次。傍晚然後投擲炸彈。入彈中電燈廠。敵機一隊又猛原廣州．傷斃市民此衆夂。

——摘自《三民晨报》，1938 年 6 月 24 日

汕頭昨三次轟炸
日軍犯華南益亟
粵海面日艦迭窺港口
汕頭婦孺正在撤退中

（汕頭廿三日電）路透社訊：汕頭今日復遭空襲兩次一在晨八時，一在上午十時三十分，火車站爲轟炸主要目標，工場與售票處皆受損，並毀火車數節，但火車現仍開行。日機襲擊時，曾低飛掠過美艦阿煦爾維號，英艦丹恩蒂號，中國當局現勸民衆遷入內地，日來遷移者已絡繹不絕，各商店幾完全閉門。今日空襲，總水管中彈破裂，有缺乏飲水之虞。昨夜有日艦一艘，泊於汕頭港外一哩許，以探海燈向港口射照，日軍將於最近之將來，在此間作登陸之企圖。

（汕頭廿三日電）廿三日下午三時，日機四架由南澳海外，飛至潮汕一帶，投彈十枚，略有死傷。泊潮陽燈塔海面日航空母艦一艘，廿三日晨向北駛去，現南澳饒平柘林澄海南港一帶日艦，共泊有十六艘。南澳脫險難民，紛逃抵饒平澄海，汕頭當局下令疏散婦孺，南澳我軍已退集某地，縣長林捷之亦退抵某小島。

（福州廿三日電）昨午有日艦一艘，向三都澳後山開砲十餘發，均落荒地，我無損失。

（香港廿三日電）外訊：日軍在南澳登陸後，窺伺汕頭甚亟，南澳華方壯丁及軍隊，仍據險奮戰。據悉廈門日軍亦圖蠢動，進攻漳泉，作南澳日軍將來犯汕之聲援。

——摘自《晶报》（上海），1938 年 6 月 24 日

日機卅四架

襲韶關樂昌

粵漢廣九兩路被投彈
汕頭附近日艦又增加

（廣州廿四日電）廿四日上午七時二十分日機三十四架，先後在唐家灣洋面出現，分爲兩隊。五架一隊，另一隊廿九架，向虎門經黄埔沿粵漢路北飛，有五架飛抵韶關城南門附近，投彈四十枚，炸毀房屋甚多。其中八架，先飛潮汕方面窺伺，旋轉飛樂昌，在車站附近投彈二十餘枚，至九時五十七分始飛出海。又日機六架於正午十二時五十分由唐家灣飛出，經虎門東莞石龍，窺伺廣九路各站，在樟木頭附近，投彈八枚，我均無甚損失，至下午二時四十分，始解除警報。又日機一架，昨飛瓊州轟炸，在北門附近投下四彈。

（汕頭廿四日電）日侵汕實力，計有巡洋艦四艘，驅逐艦九艘水兵九百人。南澳巳於昨日被佔，華軍死者約爲一百七十人，南澳原有居民甚衆，自當局下令疏散後，僅有七千人。

——摘自《晶报》（上海），1938 年 6 月 25 日

敵寇暴行

敵機狂炸韶關

（中央社廣州廿四日電）敵機廿五架，廿四日上午大舉轟炸韶關，炸燬民房百餘間，死傷多人，至發稿時止計十八間落五彈，燬避難壕，死一人，傷五人，龍電路落三彈，燬民房二間，輕重傷五人，抗日西路落一彈，燬屋數間，道路落十一彈，燬商店卅餘間，死傷廿餘人，庚辰巷落六彈，燬屋數間，西豐街落十二彈，死傷婦人各一，羅誠巷落三彈，燬民房四間，傷數人，凱旋路落四十餘彈，燬民房百餘間，死傷各一人，南門外落十四彈，無甚損失，車站落一彈，略有損燬。

（中央社廣州廿四日電）廿四日上午七時廿分，敵機卅四架，先後在唐家灣洋面出現，分爲兩隊，一隊五架，一隊廿九架，向虎門經黄埔沿粵漢路北飛，有五架飛抵韶關城南門附近擲彈四十餘枚，炸毀民房甚多，其中八架，先飛潮汕方面窺伺，旋轉飛樂昌，在車站附近擲彈廿餘枚，至九時五十七分，始飛出海。另敵機六架，於十二時五十分再由唐家灣飛出，經虎門東莞石龍窺伺廣九路各站，在樟木頭附近投彈八枚，我均無損失，至下午二時四十分始解除警報。

（中央社汕頭二十四日急電）二十四日晨七時，敵機八架，由金門飛經饒平潮安留隍向西北飛去。七時半，敵機四架由南澳敵艦起航，三架飛揭陽曲溪糖廠擲九彈，糖廠損失未詳，附近民房被震坍數間；一架飛汕，再在潮汕車站擲二彈，略有損燬。下午一時，敵機一架再飛車站投二彈，燬屋多間。

——摘自《新华日报》（汉口），1938 年 6 月 25 日

敵在華北

實施毒化政策

（中央社絳縣二十四日電）華北日寇本其對我亡國滅種之主義，最近在各地積極施行其毒化政策，我民衆遭其荼毒已不知凡幾。其方法爲：（一）以鴉片，白面，金丹，海洛英等大量運向華北各城各村，迫令強食，又恐不能普遍，另以鴉片白面注入香烟內，或以毒質雜於仁丹避瘟散，與各種罐頭食品中，並隨時換名變形，使人民不知覺中受其毒害。（二）更毒辣者，利用其新發明之啞針，强迫人民注射，使永不能言語，形同殘廢，俾其役如牛馬。（三）在各地廣設佛教會，或以慈善團體名義，藉當地流氓浪人宣傳迷信，使我民衆對民族意識模糊，無形中受爲漢奸，供其驅策。敵施行此慘無人道之手段，實爲使我黃帝子孫淪於萬刼不復之地。盼我全國人民，隨時警覺注意，以免受其荼毒。

——摘自《新华日报》（汉口），1938 年 6 月 25 日

敵機炸韶關

樂昌等處亦被投彈

【廣州廿四日中央社電】廿四日上午七時廿分，敵機卅四架，先後在唐家灣洋面出現，分爲兩隊，一隊五架，一隊廿九架，向虎門經黃埔沿粵漢路北飛，有五架飛抵韶關城南門附近，投彈四十枚，炸毀民房甚多，共中八架先飛潮汕方面窺伺，旋轉飛樂昌，在車站附近投彈廿餘枚，至九時五十七分，始飛出海。另敵機六架，於十二時五十分再由唐家灣飛出，經虎門東莞石龍，窺伺廣九路各站，在樟木頭附近投彈八枚，我均無甚損失，至下午二時四十分始解除警報。

【廣州廿四日中央社電】敵機廿五架，廿四日上午大舉轟炸韶關，炸燬民房百餘間，死傷多人，至發稿時止，計十八間落五彈，燬避難壕，死一人，傷五人，龍雷路落三彈，燬民房二間，輕重傷五人，抗日西路落一彈，毀屋數間，道路落十一彈，燬商店卅餘間，死傷廿餘人，庚辰巷落六彈，毀屋數間，西豐街落十二彈，死傷婦人各一，羅誠巷落三彈，燬民房四間，傷數人，凱旋路落四十餘彈，燬房屋百餘間，死傷各一人，南門外落十四彈，無甚損失，車站落一彈，略有損燬。

【福州廿四日中央社電】廿三日晨敵機八架，由台北飛至福州，在馬尾，洪山兩處，輪流轟炸，馬尾炸六次，洪山炸二次，共目標爲學校，醫院，共投彈卅餘枚而去。

——摘自《申报》（汉口），1938 年 6 月 25 日

敵機炸馬尾洪山

中央福州二十四日電　二十三日晨敵機八架、由北飛至福州、在馬尾洪山兩處輪流轟炸、馬尾轟六次、洪山炸二次、其目標爲學校與醫院、共投彈三十餘枚而去、

——摘自《时事新报》（重庆），1938 年 6 月 25 日

敵機狂炸韶關

中央廣州二十四日電　二十四日上午七時二十分、敵機三十四架、先後在唐家灣洋面出現、分爲兩隊、一隊五架、一隊二十九架、向虎門經黃埔沿粵漢路北飛、有五架飛抵韶關城南門附近、投彈四十枚、炸毀民房甚多、其中八架竄飛潮汕方面窺伺、旋轉飛樂昌、在車站附近投彈二十餘枚、至九時五十七分始飛出海、另敵機六架、於十二時五十分由唐家灣飛出、經虎門東莞石龍窺伺廣九路各站、在樟木頭附近投彈八枚、我均無甚損失、至下午二時四十分始解除警報、

中央廣州二十四日電　敵機二十五架、二十四日上午大舉轟炸韶關、炸毀民房百餘間、死傷多人、計十八間落五彈、毀避難壕一處、死一人、傷五人、龍電路一落三彈、毀民房三間、傷五人、抗日西路落一彈、毀屋數間、道路落十一彈、毀商店卅餘間死傷廿餘人、庚長社落六彈、毀屋數間、西豐衛落十二彈、傷死婦人各一、羅誠巷落三彈、毀民房四間、傷數人、凱旋路落四十餘彈、毀屋百餘間死傷各二人、南門外落十四彈、無甚損失、車站附近落一彈、無死傷、

中央汕頭廿四日電　廿四日晨七時、敵機八架由金門飛往饒平、潮安、留隍、向西北飛去、上午七時半、敵機四架由南澳敵艦起航、三架飛揭陽曲溪糖廠投九彈、糖廠損失未詳、附近民房被震塌數間、一架飛汕、在潮汕車站投二彈、略有損壞、下午一時、敵機一架再飛車站投二彈、現車站附近滿地瓦礫、殘垣倒壁、狀極荒涼、

——摘自《时事新报》（重庆），1938 年 6 月 25 日

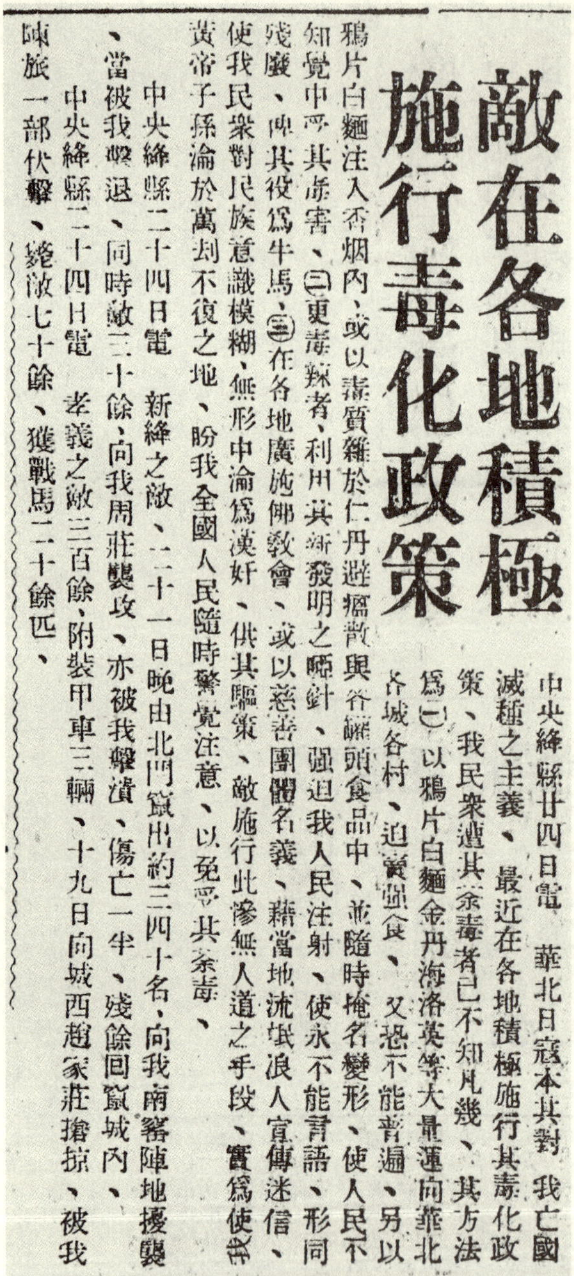

敵在各地積極施行毒化政策

中央絳縣廿四日電　華北日寇本其對我亡國滅種之主義、最近在各地積極施行其毒化政策、我民衆遭其荼毒者已不知凡幾、其方法爲㈠以鴉片白麵金丹海洛英等大量運向華北各城各村、迫賣強食、又恐不能普遍、另以鴉片白麵注入香烟內、或以毒質雜於仁丹避瘟散與各種罐頭食品中、並隨時掩名變形、使人民不知覺中受其毒害、㈡更毒辣者、利用其新發明之嗎啡針、強迫我人民注射、使永不能言語、形同殘廢、俾其役爲牛馬、㈢在各地廣施佛教會、或以慈善團體名義、藉當地流氓浪人宣傳迷信、使我民衆對民族意識模糊、無形中淪爲漢奸、供其驅策、敵施行此慘無人道之手段、實爲使我黃帝子孫淪於萬劫不復之地、盼我全國人民隨時警覺注意、以免受其荼毒、

中央絳縣二十四日電　新絳之敵、二十一日晚由北門竄出約三四十名、向我南窰陣地擾襲、當被我擊退、同時敵三十餘、向我周莊襲攻、亦被我擊潰、傷亡一半、殘餘回竄城內、

中央絳縣二十四日電　孝義之敵三百餘、附裝甲車三輛、十九日向城西趙家莊搶掠、被我陳旅一部伏擊、斃敵七十餘、獲戰馬二十餘匹、

——摘自《时事新报》（重庆），1938年6月25日

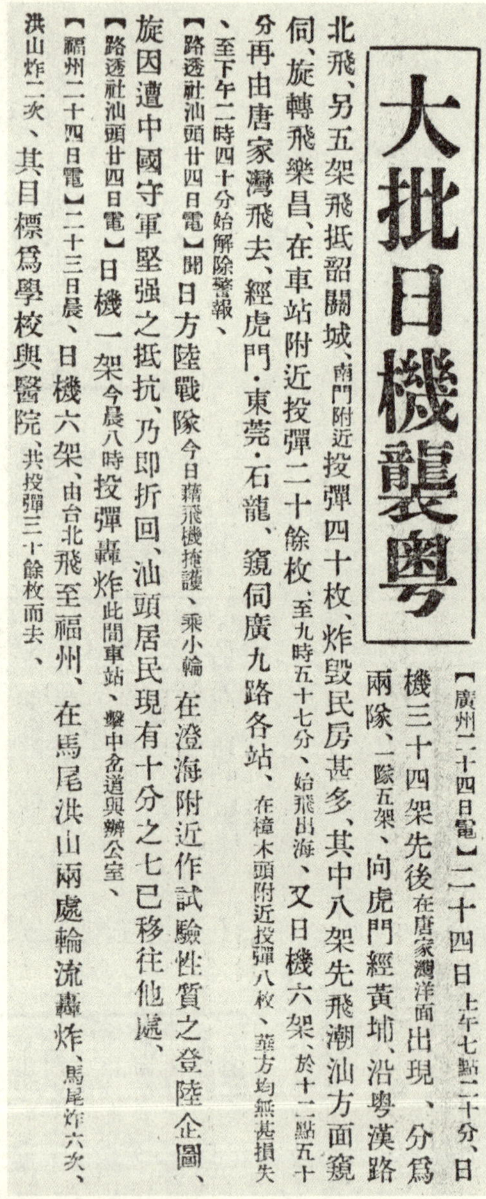

大批日機襲粵

【廣州二十四日電】二十四日上午七點二十分、日機三十四架先後在唐家灣洋面出現、分爲兩隊、一隊五架、向虎門經黃埔、沿粵漢路北飛、另五架飛抵韶關城、南門附近投彈四十枚、炸毀民房甚多、其中八架先飛潮汕方面窺伺、旋轉飛樂昌、在車站附近投彈二十餘枚、至九時五十七分、始飛出海、又日機六架、於十二點五十分再由唐家灣飛去、經虎門·東莞·石龍、窺伺廣九路各站、在樟木頭附近投彈八枚、華方均無甚損失、至下午二時四十分始解除警報、

【路透社汕頭廿四日電】聞日方陸戰隊今日藉飛機掩護、乘小輪在澄海附近作試驗性質之登陸企圖、旋因遭中國守軍堅强之抵抗、乃即折回、汕頭居民現有十分之七已移往他處、

【路透社汕頭廿四日電】日機一架今晨八時投彈轟炸此間車站、擊中岔道與辦公室、

【福州二十四日電】二十三日晨、日機六架、由台北飛至福州、在馬尾洪山兩處輪流轟炸、馬尾炸六次、洪山炸二次、其目標爲學校與醫院、共投彈三十餘枚而去、

——摘自《文汇报》（上海），1938年6月25日

日軍蹂躪奉賢後

已成恐怖世界

城頭上血淋淋首級數十具

駐紮浦東奉賢南橋之日方陸軍百餘名、於本月十二日、利用猛烈砲火、侵入奉賢縣城及青村港等處、一度佯作移師北犯、以致奉南交界一帶及南匯縣屬大團鎭等處、人心惶惶、紛向四鄉及上海方面避難、嗣探得奉城以北之某項流動部隊、準備抵抗、而大團鎭之華方游擊隊、亦去而復來、情勢爲之一變、且經半月霉雨之後、大團之南有多數地方、爲水所掩、幾成一片汪洋、日方自知進兵不易、奉城一帶又無險可守、故已下令將隊伍重復撤回南橋、鄉民聞訊、乃紛紛回城、除東門大火所存之一片瓦礫場外、城頭上並懸有斬決之血淋淋首級數十具、被雨水冲淋、猙獰可怖、然而緊張旬日之局勢、暫告安定、

——摘自《文汇报》（上海），1938 年 6 月 25 日

敵寇暴行

樂昌湖口等地 昨遭轟炸

（中央社廣州廿五日路透電）敵機卅餘架，於昨日飛往粵漢路南段轟炸，在樂昌以南投彈多枚，死傷平民五十餘人，樂昌亦遭轟炸云。

（中央社廣州廿五日電）廿五日晨八時，敵機第一批三架，第二批十二架，分由唐家灣上空發現，飛經虎門東莞沿廣九路到樟木頭等站窺伺，後在常平站擲彈六枚

，房屋略有損壞。又十一時十五分敵機兩架，在深圳出現，繞飛寶安赤灣及廣九路沿綫各地窺察，十二時四十分，另敵機三架，在唐家灣發現，北飛寶安虎門各地窺伺良久，至下午二時卅五分，即飛逃出海。

（中央社南昌廿五日電）敵機卅架，分四批廿五日上午九時廿分，九時五十五分，輪流竄入贛境，在彭澤馬當上空，先後投彈三四十枚，多落江中，無大損失，炸燬房屋多棟。下午三時，敵機廿三架，分批空襲湖口，第一批三架，第二批四架，第三批七架，第四批九架，相繼侵入湖口上空，轟炸，盲目投彈八十餘枚，我平民死傷甚衆，詳情在調查中。

敵人縱火焚安慶 沿海漁民遭屠殺

（中央社貴池廿五日上午十一時電）廿五日晨安慶市區發生大火，係敵人所縱放，延燒一小時，尚未熄滅。

（中央社福州廿四日電）敵艦近在沿海捕我漁民，施以奴隸訓練，備充進攻華南嚮導，不服從者，均被殺害。昨有平海漁船在海中捕魚，撈獲人頭兩顆，斷肢一對，即係被害之漁民。

——摘自《新华日报》（汉口），1938 年 6 月 26 日

寇機狂炸馬當彭湖

【中央社南昌二十五日電】敵機二十架，分四批二十五日上午九時二十分迄九時五十九分，輪流竄入贛境，在彭澤馬擋上空，先后投彈三四十枚，多落江中，無大損失，至十時許，各該機相繼逸去，下午一時許，又有敵機七架，侵入湖口縣上空投彈二十餘枚，死傷平民數人，炸燬房屋多棟。

【中央社南昌二十五日電】廿五日下午三時，敵機廿二架共分四批空襲湖口，第一批三架，第二批四架，第三批七架，第四批九架，相繼侵入湖口上空，肆意轟炸，盲目投彈八十餘枚，我平民死傷甚衆，詳情在調查中。

——摘自《新蜀报》，1938年6月26日

寇圖麻醉我民衆

新成立僞中日文化協議會

寇御用學者已大批赴華北

【天津廿一日電】敵在我華北麻醉機關之之中心爲「新民會」，下設所謂「新民主義」之學院，學校，訓練所，青少團，婦女會，合作社，及蒙回宗教團體等，同時，并發行報紙，雜誌，且設印刷局專印奴化書籍，其于奴化我華北人民，離間我民族感情，無所不用其極，但「新民會」爲愚民政策之執行機關，缺少策劃力量，敵爲「指導圓滑」起見，最近授意敵僞滿雙方之文化界組織一「中日文化協議會」，不久就可成立，作爲華北（并將擴展到華北以外地方）文化侵略最高指導機關，與「中日經濟協會」成爲姊妹團體，聞該會之工作，甚爲廣泛，並以研究自然科學及農業實驗爲名，協助經濟侵略機關，榨取我資源，現敵御用學者及文化人，已大批絡繹前赴華北，進行策動文化侵略事業。

——摘自《新蜀报》，1938年6月26日

敵機昨又襲粵

中央廣州二十五日電　二十五日八時、敵機第一批三架第二批十二架、分由唐家灣上柵發現、飛經虎門東莞、沿廣九路到樟木頭等站窺伺、隨在常平站投彈六枚、房屋略有損壞、又十一時十五分、敵機兩架在深圳出現、繞飛寶安赤灣及廣九路沿線各地窺探、至十二時四十分另有敵機三架、在唐家灣發現、北飛寶安虎門各地、窺伺良久、至下午二時三十五分卽飛逃出海、

——摘自《时事新报》（重庆），1938年6月26日

國際援華運動

國際勞工大會決議

申斥暴日侵華

（中央社日內瓦通訊）國際勞工組織的第廿四屆會員大會，於本（六）月二日在日內瓦開會，已詳前報。我國勞工代表朱學範，和各國勞工領袖，有相當的聯絡，如世界運輸總會祕書長愛德甍門，國際工會聯合會祕書長雪文諾，美國勞工代表兼國際勞工局理事院理事瓦特等。他們紛紛詢問中國抗戰情形，尤其關心勞工們的生活狀況，對於暴敵軍閥，驅驅日本工農大衆，侵略我國屠殺無辜平民，都一致申斥。對於西班牙和捷克，亦表示相當的關切。

這樣，更在朱氏聯絡策動之下，參加大會的廿二國勞工代表，便於一日下午舉行會議，一致

通過決議

對於日德意侵略者不顧文明世界的公憤，任意轟炸中國和西班牙和平的民衆，表示他們同情和團結的至意，對於中國和西班牙的最後勝利，並宣示其深切的信任。此外該會並通過決議，聲明同情捷克勞工組織，爲本國的獨立自由而奮鬥，又宣示各該國勞工和捷克勞工一致

決議原文

譯錄如下：（一）抗議日德意轟炸中國及西班牙民衆：「二十二國勞工代表，乘聚集日內瓦參加國際勞工大會之便，謹於一九三八年六月一日開會，一致決議，對於意大利德意志及日本不顧文明世界普遍的憤怒，屢次轟炸西班牙及中國平民，提出最強烈的抗議。本勞工代表等，對此不幸的人民，謹致其同情與團結之意，並深信西班牙與中國人民，在短期間內，必可從侵略者手中確切的解放出來。」（二）

關於捷克

的決議：「二十二國勞工代表，乘聚集日內瓦參加國際勞工大會之便，謹於一九三八年六月一日開會，一致決議，對於捷克勞工組織，爲國家之獨立及權利與自由之奮鬥，表示其最大之同情。』這決議

簽字各國

包括英、法、比、加拿大、紐西蘭、愛爾蘭、澳洲、印度、瑞士、阿根廷、巴西、古巴、丹麥、瑞典、挪威、芬蘭、墨西哥、荷蘭、波蘭、羅馬尼亞、布加利亞、南非聯邦等國。

——摘自《新华日报》（汉口），1938年6月27日

敵機昨襲粵

東江各地投彈百餘枚

死傷平民百餘人

中央廣州二十六日電 二十六日敵機三十二架、分兩次來襲、首次由晨七時二十分至九時三十六分、共二十九架、分三批由中海外先後起飛來犯、首批三架、經中山虎門東莞增城後、折返石龍樟木頭一帶、盤旋窺察、第二批三架、經虎門至樟木頭、第三批二十八架、經虎門樟木頭至石龍、會同首次兩批、在該兩地投彈共五十餘枚、計樟木頭附近落八彈、毀農舍二十餘間、死傷農民廿餘人、石龍附近落四十餘枚、毀民房五六十間、死傷平民七八十人、第二次三架經中山至虎門一帶、盤旋未投彈、

中央汕頭二十六日電 今日上午十二時二十七分、敵機六架由南澳海外飛梅縣投彈二十二枚、略有損失、

中央汕頭二十六日電 二十六日午十二時、敵機六架由南澳起飛、在梅縣古塘坪附近投彈二十四枚、後飛潮安投彈十一枚、我無甚損失、

——摘自《时事新报》（重庆），1938 年 6 月 27 日

敵機轟炸粵漢路南段

廿九日聯合社香港電。昨日敵轟炸機三十三架猛襲粵漢鐵路南段。轟炸運貨車輛。

敵機炸燬樂昌以南一段。斃鄉民約五十人。鐵路橋樑及車站客有損失。

南澳戰事停頓。聞昨日敵兵由戰汕掩護。在汕頭附近上陸。我方以汕頭在軍事上絕無重要。決不在汕頭迎擊。我軍現在汕頭附近高地築起防線。敵來必痛擊云

——摘自《三民晨报》，1938 年 6 月 27 日

潮汕沿海緊張

日機襲梅縣

汕頭商店奉命復業

瓊島日艦昨無異動

（汕頭廿七日電）今日上午十時十五分，日機六架由福建海外飛至梅縣，投彈四枚，死傷廿餘人。

（汕頭廿七日電）廿六日午，日機六架，由南澳起飛，在梅縣古塘坪附近，投彈廿四枚後，飛潮安投彈十二枚，我方無甚損失。

廿六日泊潮汕日艦，計南澳二，南港三，柘林十一，共十六艘，無異動。

汕頭嶼外無日艦。

汕市長市商會暨各公會主席，不得擅離職守，米炭店及中西藥店，限五日內復業，否則釘封。各鎮長及保甲長，不得離汕，應協助政府維持治安。

（香港廿七日電）瓊島現泊日艦，祇八九艘，勢雖緊張，但不如外傳之甚，中山日艦他駛，沿海安謐。

（汕頭廿七日電）虎口餘生之南澳難民，廿七日又有數人逃抵汕頭。據談：彼等係於廿三日晨由澳乘機逃澄海縣，日軍佔澳後，掠據島上壯丁，築工事，雖年在四十以上，亦被驅策，有稍違即鞭策交加，狀極殘酷。

（汕頭廿七日電）潮汕海面日艦銳減，僅南澳後江至饒平柘林附近，泊有七艘梭巡，潮陽燈塔泊一艘，南港及馬嵐口無日艦。

——摘自《晶报》（上海），1938年6月28日

日機又連日襲粵

梅縣昨死傷平民廿餘人

【汕頭二十七日電】今日上午十時十五分、日機六架由福建海外飛至梅縣、在附近投彈二十四枚、毀民房十餘間、死傷平民二十餘人、

【廣州二十六日電】二十六日日機三十二架、分兩次來襲、首次在上午七時二十分至九時三十六分、共廿九架、分三批由海外先後起飛來犯、首批三架、經中山·虎門·東莞、後折返石龍·樟木頭一帶、盤旋窺察、第二批三架、經虎門至樟木頭、第三批二十六架經虎門樟木頭至石龍、會同首次兩批、在該兩地投彈共五十餘枚、計樟木頭附近落八彈、毀農舍二十餘間、死傷農民二十餘人、石龍附近落四十餘枚、毀民房五六十間、死傷平民七八十人、第二次三架、經中山至虎門一帶盤旋、未投彈、

——摘自《文汇报》（上海），1938 年 6 月 28 日

敵機繼續襲炸華南各地

廿七日聯合社上海電。敵机又騷擾華南各地。昨敵機多隻飛海南島南楡林港。轟炸我岸上炮隊陣地。另一隊轟炸潮州。襲炸潮汕鐵路車站、隨又飛廣九鐵路。轟炸石龍鐵橋云

——摘自《三民晨报》，1938 年 6 月 28 日

敵寇暴行

敵機昨三次轟炸粵漢廣九兩鐵路

沿南海各村均遭敵焚刼

（中央社廣州廿八日電）敵機廿三架，廿八日又三次轟炸粵漢廣九兩路。第一次晨八時五分，敵機十七架，分兩隊，在唐家灣海空出現；一隊九架由太平向北飛經虎門太平東莞魚珠黃眼洞花縣，直撲粵漢路；另敵機八架，[illegible]，會向在[illegible]附近投彈數十枚，路軌被[illegible]。各敵機投彈後，即向[illegible]廣九路，在南崗站上空，略事盤旋，即投彈八枚，炸毀路軌少許。第二次十二時四十分，敵機三架，於中山上空發現，經萬頃沙虎門進窺廣九路各站，在樟木頭附近，投彈六枚，炸毀路軌若干。第三次下午三時十五分，敵機三架，再向廣九路進犯，在塘頭廈站附近投彈八枚，炸毀路軌數段，至下午四時卅五分，本市始解除警報。

（中央社香港廿八日合衆電）廣州於昨六時廿分，發出空襲警報，惟未見敵機影蹤。聞有敵機十七架，[illegible]廣州路轟炸。據中山日報訊．南澳對岸之守軍，已經增加，沿岸各村均被敵軍洗刼焚燒。敵漁民亦均紛紛來此捕魚，現時泊於港口之敵艦，僅有二艘，法艦亦均已駛返廣州灣（按此係指法屬之廣州灣）。海南島時局已較示和緩，六月廿六日，少數敵軍乘橡皮艇，在海南島之南山島登岸，島上居民被擄者十八人，敵軍並將島上婦女兒童擄去。

——摘自《新华日报》（汉口），1938年6月29日

南昌昨四次空襲

（南昌廿八日電）日機五十五架廿八日午分四批，分犯南昌吉安湖口等處，共投彈百餘枚。午刻日機十八架侵入南昌市區，因我空軍奮勇驅逐，日機不支，倉皇在市區東南方投彈百餘枚逸去。十二時三十五分，又有日機十架竄至市空，在東區投彈數十枚而逸，死傷三十餘人，炸毀房屋千餘間。另有日機十二架，因我截擊，未被侵入。下午一時一刻，贛皖邊境發現日機九架，旋竄至吉安，因我空軍截擊，倉皇在郊外投彈十餘枚，悉落荒郊，我無損失。日機六架，下午三時由皖境侵入湖口上空，盤旋一週後，在該縣附郭投十數彈，倒毀民房多棟，死傷人數在調查中。

——摘自《晶报》（上海），1938 年 6 月 29 日

商邱寇軍殘暴
殺死難民千餘
女子中稍具姿色者
驅出關外供其輪姦

（曹縣二十七日電）商邱北關之美國醫院收容難民五千餘人，敵軍以搜查為名殺死男子六七百女子千餘，女子中稍具姿色者，驅東關外娼房外供其輪姦因羞憤自殺者甚多●

——摘自《泸县民报》，1938 年 6 月 29 日

敵機昨分四批
犯贛境各地
粵省兩路復被炸

【南昌廿八日中央社電】敵機五十五架，廿八日午分四批分犯南昌，吉安，湖口等處，共投彈百餘枚。（一）廿八日午十二時廿五分，敵機十八架，侵入昌市區，因我空軍奮起驅逐，敵機不支，倉皇在市區東南方投彈百餘枚逸去，同時卅五分，又有敵機十架，竄至市空，在東區投彈數十枚而逸，我平民死傷卅餘人，炸毀房屋千餘間，另有敵機十二架，因我截擊，未得侵入。（二）下午一時一刻，贛皖邊境發現敵機九架，旋竄至吉安，因我空軍截擊，倉皇在郊外投彈十數枚，悉落荒郊，我無損失。（三）敵機六架，下午三時由皖境侵入湖口上空，盤旋一週後，在該縣附郭投十數彈，倒毀民房多棟，死傷人數在調查中。

【南昌廿八日中央社電】廿八日午，敵機廿四架，由皖境飛贛，經彭澤，都昌，鄱陽，進襲南昌，在郊外投彈百餘枚，死傷農民十餘人。

【南昌廿八日中央社電】上午十一時三十分，敵機四十餘架，自殷家匯向西南方向飛行，於十二時廿分至南昌機場附近上空，分批投彈，我有預防，毫無損失。又上午十二時許，由福建方面飛向吉安上空，計有二批，一批轟炸機九架，一批為驅逐機九架，我機於吉安附近上空，予以截擊，敵機慌忙中投彈，均落田野，即向東逃竄，我未窮追。

【廣州廿八日中央社電】敵機廿三架，廿八日又三次轟炸粵漢廣九兩路，第一次晨八時五分，敵機十七架，分兩隊，在唐家灣海空出現，一隊九架向太平北飛，經虎門，太平，東莞，魚珠，龍眼洞，花縣，直撲粵漢路，另敵機八架，亦隨跟踪趕至，會同在琵江附近投彈數十枚，路軌枕木略受損壞，各敵機投彈後，即南飛抵廣九路，在南崗站上空，略事盤旋，即投彈八枚，炸毀路軌少許，至九時五十分，始出海。第二次十二時四十分，敵機三架，於中山空際出現，歷萬項忝虎門進窺廣九路各站，在樟木頭附近投彈六枚，炸毀路軌若干。第三次下午三時十五分，敵機三架，再向廣九路進犯，在塘頭厦站附近投彈八枚，炸毀路軌數根，至下午四時卅分，本市始解除警報。

——摘自《申报》（汉口），1938 年 6 月 29 日

南昌郊外 落彈百餘

◎南昌二十八日電、二十八日午日機二十四架、由皖境飛贛、經彭澤・都昌・鄱陽進襲南昌、在郊外投彈百餘枚、

◎南昌二十八日電、日機五十五架、二十八日午分四批分犯南昌・吉安・湖口等處、共投彈二百餘枚、㊀午十二時二十五分日機數架侵入南昌市區、因我空軍奮勇驅逐、日機不支、倉皇在市區東南方投彈百餘枚逸去、同時三十五分又有日機十架竄至市空、在東區投彈數十枚而逸、死傷三十餘人、炸毀房屋千餘間、另有日機十二架、因我截擊、未能侵入、㊁下午一時一刻竄皖邊境發現日機九架、旋竄至吉安、因我空軍截擊、倉皇在郊外投彈十餘枚、悉落荒野、我無損失、㊂日機六架於下午三時由皖境侵入湖口上空、盤旋一週後、在該縣附郭投十數彈、倒毀民房多棟、死傷人數在調查中、

——摘自《时报》（上海），1938 年 6 月 29 日

敵寇暴行

敵機昨炸垣曲

（中央社絳縣廿九日電）敵機五架，於廿九日晨九時許飛垣曲轟炸兩次，擲彈二十餘枚，多半落城內，被毀房屋百餘間，死傷無辜平民三十餘人。垣曲於兩月前，曾被日寇蹂躪縱火，焚民房甚多，今復遭此慘炸，但見滿目瘡痍，悽涼不堪。

安慶敵軍姦淫大屠殺 已激起民衆憤怒反抗

（中央社殷家滙二十三日電）一、據安慶對岸大渡口之敵軍三百餘，并在該處辦學校一所，校名大光，召集民衆受訓，藉此徵集壯丁，有逃避者即槍殺，當地民衆被害者無數。二、敵兵四出擄掠姦淫，婦女在五十歲以下者，無一倖免，二十二日偽聯保選送青年女子，否則聲言焚殺。該地人民前於寇兵初到時受其欺騙，懸旗鳴砲歡迎，今睹此慘，憤悔不已，均自動組織起來，正與敵反抗中。

——摘自《新华日报》（汉口），1938 年 6 月 30 日

日機昨襲粵

圖破壞交通

日軍在饒平登陸不確

（廣州廿九日電）日機廿九日來犯兩次，共十二架，先後自中山海面飛來，第一次六架，自上午七時來襲，在天團堂投彈十三枚，燬民房十餘間，死傷十餘人。第二次六架，下午三時許飛廣九公路投彈十枚，燬民房三十餘間，死傷二十餘人。

（廣州廿九日電）廿八日下午八時許，我偽誘引日艇，以小魚船數艘，在荷包島附近梭巡，日方發覺後，以探照燈照射，立派汽艇一艘，滿載水兵放槍射擊，我漁船即放開逃走，日汽艇在昏黯中觸我水雷，隆然巨響，應聲粉碎，兵士悉被炸斃。

（香港廿九日電）路透社訊：香港各報昨傳日軍在饒平登岸之消息，不確，汕頭及附近各處，目前毫無惶恐景象，日機近亦未往該處偵察。

——摘自《晶报》（上海），1938年6月30日

日軍搜捕行人

虹口為恐怖空氣所籠罩

據二十九日大陸報載稱、昨晨虹口日本憲兵海軍陸戰隊、及日領館警察、聯合搜捕行人、達三小時之久、計捕得一百二十人、中有華人有俄人、亦有日人、被捕後、有當即釋放者、有被扣訊問者、此次大舉搜捕、目的在消除由兩租界入虹口區之恐怖份子云、

——摘自《文汇报》（上海），1938年6月30日

日機襲洛陽

死傷數十人

（洛陽三十日電）日機四架，三十日晨八時許，侵入洛陽市空，在東西車站投彈廿一枚，死傷四十四人。九時許，復有日機一架，飛洛窺察。至下午一時，又有日機三架來襲，經我高射部隊猛烈射擊，日機未敢在市空盤旋，在東關外北窯村投彈十六枚逸去，共燬房二十餘間，死傷十餘人。

（潼關三十日電）日機一架，本日上午九時竄至永濟縣城上空，投彈兩枚，繼至風陵渡投一枚，王家莊投一枚。

——摘自《晶报》（上海），1938 年 7 月 1 日

敵機昨在粵境

肆虐濫炸

燬房無數死傷平民甚衆

中央廣州三十日電　敵機三十六架、三十日兩次闖入市空、企圖轟炸屠殺市民、卒為防空部隊猛烈對空攻擊、故未投彈、僅在東北郊及樂昌、江村、自井、天河、各地投彈數十枚、炸燬民房甚多、傷農民不少、上午八時二十五分、第一批敵機十六架、由中山海外出現、沿虎門黃埔白雲山向西北飛向粵漢路、同時粵東海岸又發現第二批敵機九架、飛往饒平大埔、向西北飛進、抵粵北仁化始與到達樂昌、會合第一批敵機十六架、在該處投彈三十七枚、炸燬民房甚多、死傷平民多人、敵機逞凶後、第二批敵機九架、循原路東飛逃逸、第一批敵機十六架在曲江投彈十餘枚、燬民房數十間、傷斃數十人、隨沿粵漢路南飛、即分為兩隊、一隊九架、飛至白雲山附近投彈十餘枚、向黃埔南飛、一隊七架、於十時許由西北方掠過市空、我防空部隊當即對空猛烈轟擊、砲聲隆隆、機聲軋軋、混戰一片、全市人民以為敵機轟炸市區、舉行大屠殺、紛奔向安全地帶躲避、敵機以我砲火猛烈、未敢低飛投彈、倉皇高飛、回東南方黃埔虎門出海、至十時三十分解除警報、下午二時四十分、敵機十一架又由中山海外向虎門黃埔飛來、其中七架燬不畏死、於三時二十分闖入市空、其餘四架市面窺伺、我高射砲隊登即向敵機轟擊、撼震全市、無抵抗之市民、均躲避安全地帶、未幾該七架敵機掠過市空後、趨向粵漢路、在江村投彈二枚、炸燬民房數間、傷斃數人、敵機獸性突發、復在石井村一帶投彈十九枚、十八枚幸落在曠地、其餘一枚落於村內、幸該處鄉民聞警先後趨避、僅傷害數人、至下午三時五十五分敵機即先後南飛逃逸、

——摘自《时事新报》（重庆），1938 年 7 月 1 日

敵機兩度襲粵

轟擊洛陽永濟

（中央三十日廣州電）敵機三十六架、三十日兩次闖入市空、企圖轟炸屠殺市民、卒為防空部隊猛烈對空攻擊、故未投彈、僅在東北郊及樂昌江村石井天河各地投彈數十枚、炸毀民房甚多、傷斃農民不少、上午八時念五分、第一批敵機十六架、由中山海外出現、沿虎門黃埔白雲山向西北飛向粵漢路、同時粵東海岸又發現第二批敵機九架、飛經饒平大埔向西北飛、進抵粵北仁化始興、到達樂昌、會合第一批敵機十六架、在該處投彈三十七枚、炸毀民房甚多、死傷平民多人、敵機遏後、第二批敵機九架、循原路東飛逃逸、第一批敵機十六架、在曲江投彈十餘枚、毀民房數十間、傷斃數十人、隨沿粵漢路南飛、即分為兩隊、一隊九架、飛至白雲山附近投彈十餘枚、向黃埔南飛、一隊七架、於十時許由市西北方掠過市空、我防空部隊當即對空猛烈轟擊、炮聲隆隆、機聲軋軋、屏成一氣、全市人民又以為敵機轟炸市區、舉行大屠殺、紛奔向安全地帶躲避、敵機以我炮火猛烈、未敢低飛投彈、倉惶逃飛、向東南方黃埔虎門出海、至十時三十分解除警報、下午二時四十分敵機十一架、又由中山海外向虎門黃埔飛來、其中七架、竟不畏死、於三時廿分闖入上空、其餘四架在市郊窺伺、各高射炮隊立即向敵機轟擊、聲震全市、抵抗力之市民、均相繼避安全地帶、未幾該七架敵機掠過市空後、趨向粵漢路、在江村投彈二枚、炸毀民房數間、傷斃數人、敵機獸性發、復在石井村一帶投彈十九枚、十八枚幸落曠地、其餘一枚落於村內、幸該處鄉民聞警先行趨避、僅傷害數人、至下午三時五十五分、敵機即先後南飛逃逸、

（路透三十日廣州電）昨日石龍附近之天塘圍、被七架日機襲擊、死平民卅人、傷五十人、

襲◇豫

（中央三十日洛陽電）敵機四架、三十日晨八時許、侵入洛空、在東西車站投彈二十一枚、死傷四十四人、九時許復有敵機一架、飛洛窺察、至下午一時、又有敵機一架襲來、經我高射部隊猛烈射擊、敵機未敢在空盤旋、乃在東關以北鄉村投彈十六枚、逸去、共毀房念餘間、死傷農民十餘人、

擾◇晉

（中央三十日潼關電）敵機一架、三十日上午九時竄至永濟上空、投彈兩枚、繼至風陵渡投一枚、王家塢投一枚、僅傷平民數名、餘無損失、

——摘自《东南日报》（金华），1938年7月1日

日機狂炸汕市
死四百餘
滿街斷肢殘軀慘不忍睹
迄深夜救護隊尚工作中

（汕頭一日電）日軍轟炸機九架，今傍晚輪流轟炸汕市，前後歷二時餘，災區之廣闊，死傷之慘重，空前未有，記者於警報聲中，出發調查，目擊日機大屠殺及災區慘狀詳情如下：㈠十六時半日重轟炸機六架由金門起飛，經媽嶼口進襲汕市，分兩批在礐石及市中心區高飛，不擇目標，瘋狂轟炸。十七時餘復有單翼重轟炸機三架，竄入輪流屠殺，每次落彈連續八九顆，共擲巨彈五十餘枚，並散發荒謬傳單，至六時餘始向海外逸去。㈡災區共四處，一在外馬路市府前，落二十餘彈，毀屋七十餘，死傷平民百餘，馬路樹木亦不能倖免。計薔薇村外馬路海旁宏德里一帶房屋，被毀甚多。市立圖書館，規矩堂紅十字會，美商和沙行，亦被擲彈，樓宮盡燬。駐汕美領事於解除警報後現至該處查勘，憤慨異常，另一災區爲烏橋北海旁金山橫直街永平路尾王福路等地，被投廿餘彈，商店民房及貧民板屋被燬二百餘間，市立第四小學全被燬，死傷男女老幼二百餘，崎碌貧民工藝院前，亦被投巨彈，死傷平民數名，崎碌汕頭醫院，亦被投彈，幸未命中，燬附近民房數間，死傷平民十餘。各災區屍橫遍地，斷肢殘軀，慘況空前。日此種舉動益足激發汕市民衆之敵愾同仇。總計今日燬文化機關醫院商店民房三百餘間死四百餘人，截至晚十時止救護掩埋隊仍在掩埋屍體，救護傷者。

——摘自《大晚报》（上海），1938 年 7 月 2 日

粵漢路昨被空襲
汕頭遭日機慘炸
市內各住宅區投彈百餘枚

（汕頭一日電）路透社訊：今日午後，此間因日機前來轟炸，致陷於極端混亂中。九時半，日方大型轟炸機來六架，旋又飛來三架，五時一刻開始作大規模之轟炸，歷一小時半始已。市內共落大型炸彈百餘枚，物質損失，及居民死傷自不在少，惟截至今日深晚，當無確報。市立及教會各醫院救護者備極忙碌。此次日機之目標，顯爲市政府，駐軍司令部，及電力廠，惟飛行過高，投彈不準，被毀房屋中，有前日人學校一所。

（廣州一日電）日機九架，一日正午十二時卅五分，由中山海空出現，北飛粵漢路連江口，在英德投廿餘枚後，北飛出海，

——摘自《晶报》（上海），1938 年 7 月 2 日

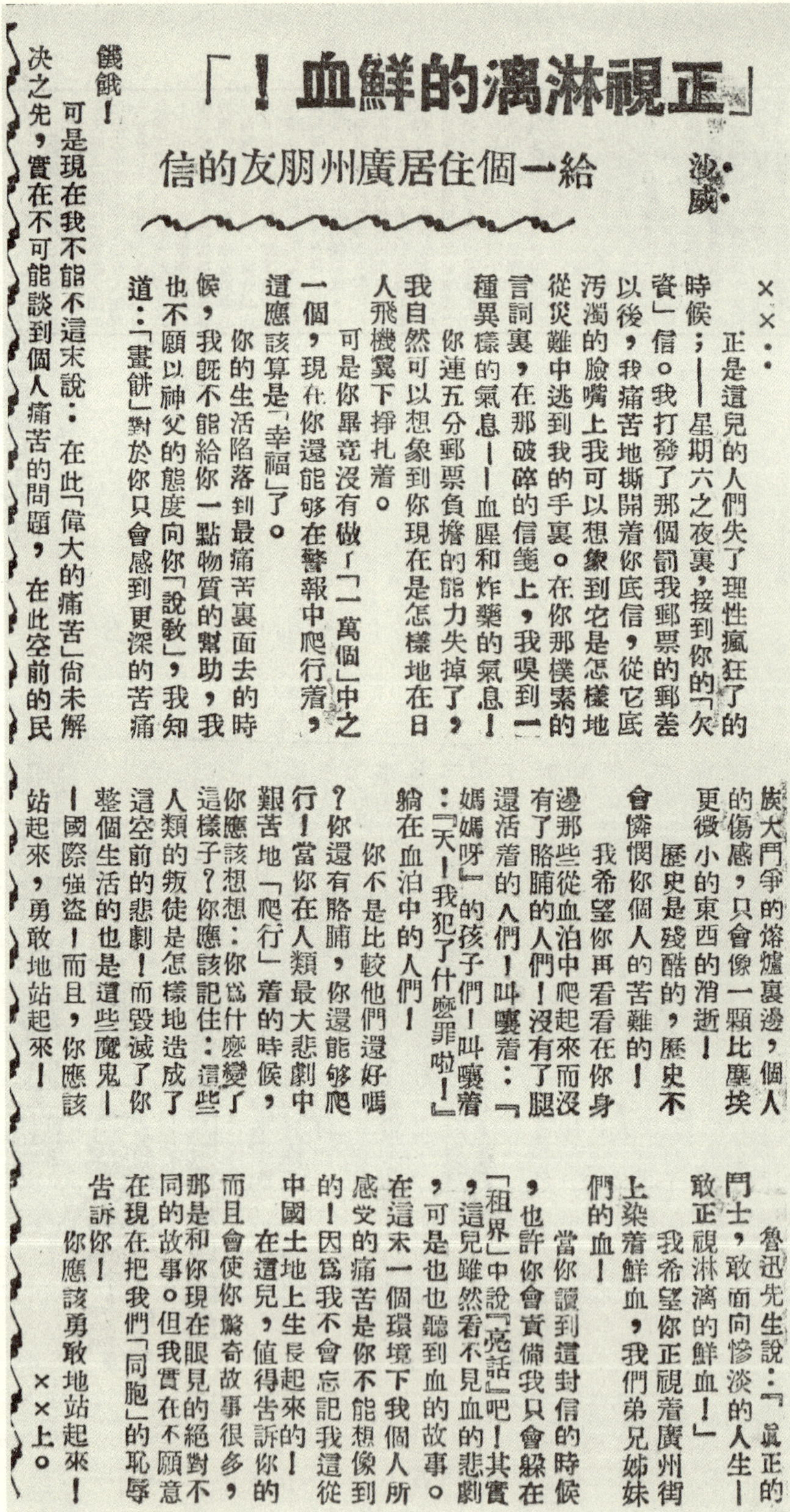

「正視淋漓的鮮血！」

給一個住居廣州朋友的信

沁·威·

××：

正是這兒的人們失了理性瘋狂了的時候；——星期六之夜裏，接到你的「欠資」信。我打發了那個罰我郵票的郵差以後，我痛苦地撕開着你底信，從它底污濁的臉嘴上我可以想象到它是怎樣地從災難中逃到我的手裏。在你那樸素的言詞裏，在那破碎的信箋上，我嗅到一種異樣的氣息——血腥和炸藥的氣息！

你連五分郵票負擔的能力失掉了，我自然可以想象到你現在是怎樣地在日人飛機翼下掙扎着。

可是你畢竟沒有做「二萬個」中之一個，現在你還能够在警報中爬行着，這應該算是「幸福」了。

你的生活陷落到最痛苦裏面去的時候，我既不能給你一點物質的幫助，我也不願以神父的態度向你「說教」，我知道：「畫餅」對於你只會感到更深的苦痛饑餓！

可是現在我不能不這末說：在此「偉大的痛苦」尙未解決之先，實在不可能談到個人痛苦的問題，在此空前的民族大鬥爭的熔爐裏邊，個人的傷感，只會像一顆比塵埃更微小的東西的消逝！

歷史是殘酷的，歷史不會憐憫你個人的苦難的！

我希望你再看看在你身邊那些從血泊中爬起來而沒有了胳膊的人們！沒有了腿還活着的人們！叫嚷着：『媽媽呀』的孩子們！叫嚷着：『天！我犯了什麼罪啦！』躺在血泊中的人們！

你不是比較他們還好嗎？你還有胳膊，你還能够爬行！當你在人類最大悲劇中艱苦地「爬行」着的時候，你應該想想：你為什麼變了這樣子？你應該記住：這些人類的叛徒是怎樣地造成了這空前的悲劇！而毀滅了你整個生活的也是這些魔鬼——國際强盜！而且，你應該站起來，勇敢地站起來！

魯迅先生說：『眞正的鬥士，敢面向慘淡的人生——敢正視淋漓的鮮血！』

我希望你正視着廣州街上染着鮮血，我們弟兄姊妹們的血！

當你讀到這封信的時候，也許你會責備我只會躲在「租界」中說『亮話』吧！其實，這兒雖然看不見血的悲劇，可是也也聽到血的故事。在這末一個環境下我個人所感受的痛苦是你不能想像到的！因為我不會忘記我這從中國土地上生長起來的！

在這兒，值得告訴你的而且會使你驚奇故事很多，那是和你現在眼見的絕對不同的故事。但我實在不願意在現在把我們「同胞」的恥辱告訴你！

你應該勇敢地站起來！

××上。

——摘自《大晚报》（上海），1938 年 7 月 2 日

敵機又炸汕頭

死傷百餘人燬屋六十間

敵機盲目轟炸無辜遭殃

中央汕頭二日電　敵機敵艦、今又大舉騷擾潮汕、集結汕媽嶼潮陽塘塔海面敵艦二十餘、自一日午十二時、至今上午四時止、於月黯星稀中、以探照燈照射汕頭市區、並猛烈向汕媽嶼礐海南港沿岸要塞開砲轟擊、共數十發、我無甚損失、凌晨三時許、東方未白、砲聲甫停、而緊急警報又鳴、敵機一日大屠殺仍未滿足其獸慾、重轟炸機六架、又由金門起飛、經媽嶼口竄入汕市空、輪流轟炸、崎礴被擲巨彈廿一枚、我損失甚微、葱蘢貧民工藝院前亦落六彈、毀民房五十餘間、烏橋同安二馬路三馬路廈末海邊一帶平民住宅、亦遭浩刦、民屋被燬六十間、慘死無辜平民三十餘、傷六十餘、總計今日又燬民房百餘間、死傷亦逾百人、災區悽慘滿目、不忍卒睹、屠殺前後歷三小時餘、至上午九時許、敵機始向海外逸去、

中央汕頭二日路透電　日機一日下午猛炸汕頭、致全市人民均處於恐怖之狀態、由四時三十分起五時餘止、轟炸歷一小時半始畢、汕市住宅區落下之大小型炸彈共百餘枚、死傷極爲慘重、路透社記者事後視察各處、見嘉萊路被炸倒之商店民房不下數十所、婦孺尸身佈滿街上、汕市立醫院及教會醫院現正忙於醫治傷者、傷者約有數百人、日機之目標似爲市政府水電公司、惟投下炸彈均落於住宅區、又日本學校之舊址亦被炸云、

——摘自《时事新报》（重庆），1938 年 7 月 2 日

狂炸一小時半
汕頭彈落如雨
物質損失居民死傷深晚尚未查明

◎汕頭一日路透社電、今日午後、此間因日機前來轟炸、致陷於極端混亂中、四時半日方大型轟炸機初來六架、旋又飛來三架、五時一刻開始作大規模之轟炸、歷一小時又半始已、共落大型炸彈百餘枚、物質之損失及居民之死傷、自不在少、惟截至今日深晚尚無確報、市立及敎會各醫院救護傷者、備極忙碌、此次日機之目標、顯爲市政府駐軍司令部及電力廠、惟飛行過高、投彈不準、被燬房屋中有前日人學校一所、

——摘自《时报》（上海），1938 年 7 月 2 日

九機炸
福州碼頭

◎廣州二日路透社電、據今日此間所接中國官場消息、日機九架向福州外人碼頭與平民區域一帶、擲落許多炸彈、有一炸彈擊中福州美人醫院、今日午後日機九架來襲廣州、在西鄉境內投彈十二枚、其目的物顯爲車站、但日機飛行甚高、投彈不準、故無損毀、

——摘自《时报》（上海），1938 年 7 月 3 日

慘極！汕頭

昨晨兩次大施轟炸

◎汕頭二日美聯社電、今晨七時至九時、日機再度猛炸汕頭、投彈四十九枚、其主要目標爲總司令部・市政府・及工廠區域、日機兩日來猛襲汕市、總計死五百名、傷一千名、財產損失五十萬元、昨日日機炸及某美國教士之房屋、該教士受傷不重、逃至海濱、向美艦沙克拉門多號之小艇作暗號、被中國警察逮捕、扣留三小時、旋釋放、送至美艦沙克拉門多號上、予以醫治、當可復原、

◎汕頭二日美聯社電、今日下午一時半、日機二次飛襲汕頭、來襲飛機共十五架、前後計一小時、投彈廿四枚、據目下之統計、兩日計死六百名傷一千二百名、中國當局正努力於救護及清除工作、美國柏橄公司代表張某所住之房屋被炸損失六萬元、未知該屋是否爲美人所有者

◎汕頭二日路透社電、午後一時一刻、日機十五架出現於汕頭天空、其中九架、轟炸車站區域、因居民早已遷移、故死傷無多、昨晚日機除擲炸彈外、並擲落傳單、外國領事現勸外僑退出、衆信關於空襲損及外人產業之抗議、行將提出、

◎汕頭二日電、日機日艦、今又大舉騷擾潮汕、集結汕頭媽嶼潮陽塘堵海面日艦二十餘、自一日十二時至今日止、於月黯星稀中、將探照燈照射汕頭市區、並猛烈向汕媽嶼澄南港沿岸要塞開砲轟擊、共數十發、我無甚損失、凌晨五時許、東方未白、砲聲甫停、淒厲之緊張警報又起、日機一日大屠殺、尚未滿足、重轟炸機數架、又由金門起飛、經媽嶼口竄入汕市空、輪流轟炸、被投巨彈二十一枚、我損失甚微、平民工藝院前亦落六彈、燬房屋五十餘、塘橋二馬路三馬路厦嶺紆邊一帶平民住宅區、亦遭浩刦、民房焚去六十餘、慘死平民三十餘人、傷六十餘人、總計今日又燬民房百餘、聞死傷逾百、前後歷三小時餘、九時許日機始向海外逸去、

——摘自《时报》（上海），1938 年 7 月 3 日

敵機濫炸汕頭

死傷美僑兩名

平民死傷達五百餘人

福州美國協和醫院亦被轟炸

中央汕頭三日電　一日二日敵機發揮高度獸性、狂炸汕市、平民慘死百廿餘、傷三百餘、美籍僑民亦死傷二名、現市區殘垣頹壁、滿目悽涼、汕市長何彤今延見中央社記者、發表談話、略謂敵機炸汕目的、在騷擾牽制華南、大軍北指、潮汕防務鞏固、近更加强、實力可保無虞、商民宜安居復業、鎮靜處之、此次獸機屠殺我民衆、對外僑亦有傷害、實爲國際所不容云、末何氏對殉難民衆外僑表示深切痛悼、

中央香港二日合衆社電　據傳福州之美協和醫院於昨日被日機轟炸、詳情未悉、

——摘自《时事新报》（重庆），1938年7月4日

日機十餘架

昨狂炸洛陽

死傷共約二百餘人

（洛陽四日電）日機十一架，自四日晨六時半起，至十一時止，分三批襲洛，大肆轟炸。計首次六架，二次四架，三次一架，共投彈一百三十五枚，除西郊落十數枚外，餘均擲北城內，被炸甚慘，計燬房二百九十餘間，死九十四人，傷八十四人。洛陽監獄亦落彈三四枚，死傷囚犯，至少有四五十人。此次被難者，不下二百餘人，爲日機轟炸洛陽以來最劇烈之一次。日機四日晨並散放荒謬傳單，揚言將繼續大肆轟炸，一般市民扶老携幼，相率離洛他往，居洛市民共九萬餘人，一日內遷移者，不下數千人。

——摘自《晶报》（上海），1938年7月5日

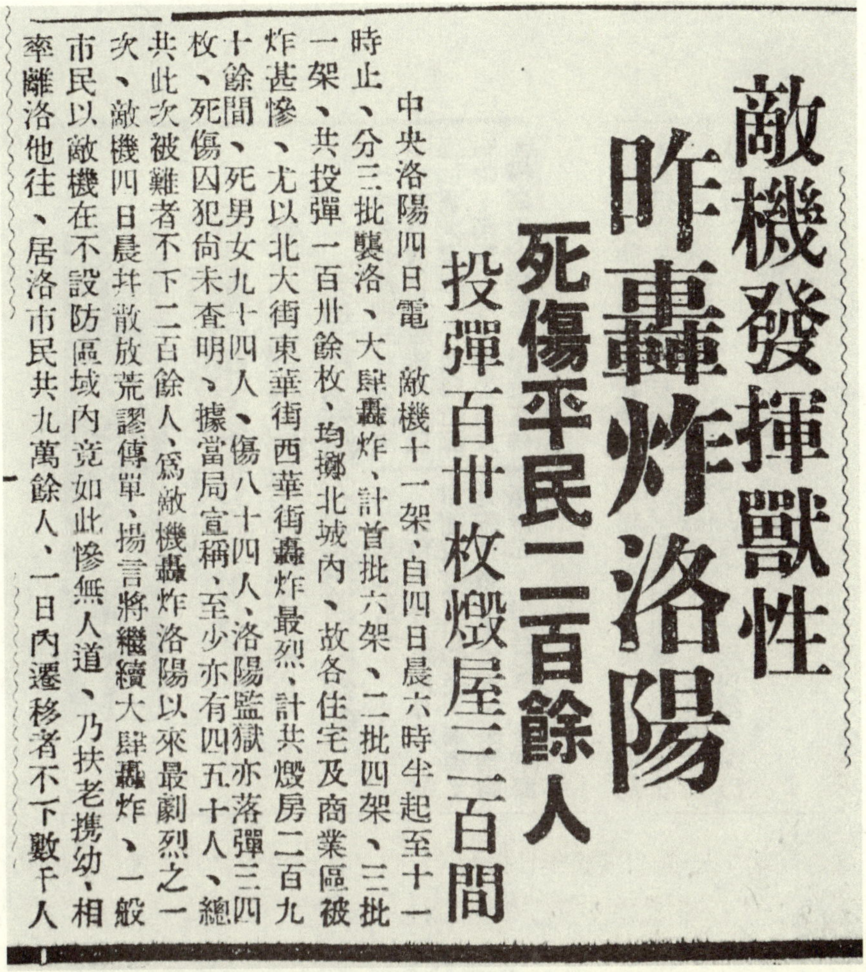

敵機發揮獸性
昨轟炸洛陽
死傷平民二百餘人
投彈百卅枚燬屋三百間

中央洛陽四日電　敵機十一架、自四日晨六時半起至十一時止、分三批襲洛、大肆轟炸、計首批六架、二批四架、三批一架、共投彈一百卅餘枚、均擲北城內、故各住宅及商業區被炸甚慘、尤以北大街東華街西華街轟炸最烈、計共燬房二百九十餘間、死男女九十四人、傷八十四人、洛陽監獄亦落彈三四枚、死傷囚犯尚未查明、據當局宣稱、至少亦有四五十人、總共此次被難者不下二百餘人、爲敵機轟炸洛陽以來最劇烈之一次、敵機四日晨并散放荒謬傳單、揚言將繼續大肆轟炸、一般市民以敵機在不設防區域內竟如此慘無人道、乃扶老携幼、相率離洛他往、居洛市民共九萬餘人、一日內遷移者不下數千人

——摘自《时事新报》（重庆），1938 年 7 月 5 日

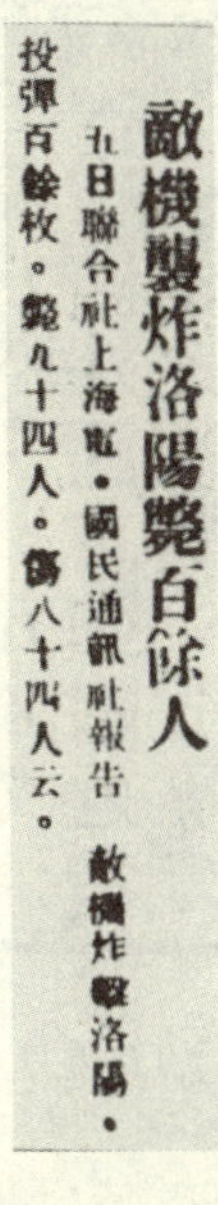

敵機襲炸洛陽斃百餘人

九日聯合社上海電・國民通訊社報告　敵機炸轟洛陽・投彈百餘枚・斃九十四人・傷八十四人云・

——摘自《三民晨报》，
1938 年 7 月 6 日

敵寇暴行

敵艦砲轟汕頭沿海

潮陽附近婦孺傷亡損失甚重

英亞細亞油公司幾被敵炸毀

（中央社香港五日合衆電）據華方消息，敵艦今晨猛轟汕頭、澄海、潮陽沿海一帶，潮陽附近，損失甚大，婦孺頗有死傷，但敵軍尚無登岸之企圖。

（中央社汕頭四日電）汕市連遭敵機轟炸後，商店十九皆停業。惟民衆抗敵情緒極激昂。市長何彤，今電海外潮僑，痛述敵機屠殺慘狀，請捐款及藥物救濟被難平民，市商會亦電官方，請撥款救濟。

（中央社汕頭三日合衆電）亞細亞汽油公司，因上星期六，敵機在汕轟炸時，曾在該公司附近一百碼內投彈，故將要求英政府向敵方提出抗議。

——摘自《新华日报》（汉口），1938 年 7 月 6 日

敵機又炸洛陽

中央洛陽六日電　敵機三架、六日晨八時四十五分又飛洛轟炸、在關外西車站附近投彈十五枚、燬房數間、死傷二人、敵機所投炸彈、有數枚入地三丈左右始爆炸、聞該彈係延期信管地雷爆炸彈、

——摘自《时事新报》（重庆），1938 年 7 月 7 日

臨浦新壩落彈

毀屋沉船死傷二十餘人

◎金華七日電、七日上午八時十分、日轟炸機兩架、由杭州方面竄入臨浦上空、旋向新堪（距臨浦約十華里）投彈十六枚、死平民十人、傷十餘人、毀民房十餘間、鹽船四艘、日機投彈後仍循原路逸去、

——摘自《时报》（上海），1938 年 7 月 8 日

敵機襲炸福州凡三次

七日聯合社廣州電。官報謂今日倭機襲炸福州凡三次。擲彈五十五枚。傷斃人數達數百人云。

——摘自《三民晨报》，1938 年 7 月 8 日

粵浙又遭空襲

英德衢州等處俱被轟炸

犯◇粵

（中央八日廣州電）八日午十二時二十分、敵機｜五架、分兩批襲粵漢路、向英德車站投！一彈、傷路人一名又在英德城投四彈、毀民房二十餘間、有兩處起火焚燒、火勢甚、外傷數目未詳、但衆信當有近百平民遭劫、敵希幷向沙口河頭兩站間投彈七枚、又七日在搖步橋黃拐沙蕩[illegible]之敵機師、八日已捕獲一名、約[illegible]可運抵省、殘遺機件在檢拾中、沿海敵艦亦爲廿三艘、均無異動、

擾◇浙

（國民八日金華訊）八日上午八時卜五分、敵機一架、由[illegible]邊飛經遂安常山向贛邊逸去、下午一時二十三分、敵轟炸機三架、由杭州灣海面北經鎮海、甯波、天台、縉雲、麗水、向贛邊逸去、三時十九分折回、飛至衢縣、在城郊投彈二十枚、無損失、

——摘自《东南日报》（金华），
1938年7月9日

敵炸廣州福州

（中央社廣州八日合衆電）日機十五架於今日十二時在英德投彈十六枚，其中四枚落於市中心區，人民死傷慘重，又日機三架昨日襲福州，在人烟稠密處投二十四彈，死傷亦多，毀屋五十餘棟。

×

——摘自《新华日报》（汉口），
1938年7月9日

敵機襲福州 竟炸燬南方日報

南昌衡陽等地均被轟炸

【中央社福州七日電】七日寇機三架正午侵入市空、在東風路南方日報社輪流狂炸、投彈卅餘枚、南方報全毀、附近民房震倒廿餘間、寇毀滅我文化機關、用心狼毒、暴露無遺、

【中央社長沙九日電】敵機九架今午十一時許趁陰霾、越閩贛來湘偷襲長沙、當即發出警報、敵機嗣經酃縣茶陵安仁侵入衡陽市空、在近郊投彈十餘枚後、向東遁去、我方無損失、此間於十二時五十分解除警報、

【中央社南昌九日電】敵機廿七架九日午襲南昌在市郊投彈八十餘枚、均落空地、村無損失、

【中央社武穴九日電】九日晨十時有敵機六架飛武穴田家鎮龍坪陽新一帶窺察并投彈、經我機迎擊、始倉皇東去、

【中央社金華九日電】敵機二架九日十二時十分由杭州方面竄諸暨車站、投彈十九枚、無甚損失、

——摘自《中山日报》（广州），1938 年 7 月 10 日

我漁船帆船 遭敵焚掠

水手多被焚斃

【中央社】昨（九）日陰霾密佈、風雨交作、敵機竟日未來擾犯、沿海亦甚平靖、敵艦減至十九艘、曾在三門灣擄燬漁船一艘、餘無異動、

【中央社香港八日合衆電】今日中國大帆船一艘、被日軍艦開炮轟擊、在香港海岸可遙見之處、開近有中國大隊漁船、被日艦截留、日兵登船大肆搜索後將煤油傾於船上、然後着火、各漁船全被焚燬、水手大半亦已被焚斃云、

——摘自《中山日报》（广州），1938 年 7 月 10 日

汕市災區 續獲殘屍

【中央社汕頭九日電】敵機狂炸潮汕已將旬日、惟汕市災區連日仍掘出霉化屍骸多具、富有歷史意義宏偉之潮安湘子橋被炸、橋旁商店盡燬、當塌傷斃平民廿餘、負傷墮江尤衆、近日先後撈獲屍體五十餘具、體創屍纍、血肉糢糊、令人見之可怖、香港潮州商會痛念桑梓浩劫、捐港幣二千、賑濟傷難、

——摘自《中山日报》（广州），1938 年 7 月 10 日

粵大雨沿海平靜

日機襲衡陽福州

閩南方日報竟成轟炸目標

（長沙九日電）日機〃架今午十一時許，趁陰霾越閩贛來湘偷襲長沙即發出警報，日機嗣經酃縣茶陵安仁侵入衡陽市空，在近郊投彈十餘枚後，向東逸去，我方無甚損失。此間於十二時九十分，解除警報。

（福州七日電）日機三架，正午侵入市空，在東鳳路南方日報社輪流狂炸。投彈三十餘枚，南方日報社全毀，附近民房震倒二十餘間。

（福州七日電）各鄉早稻將成熟，因天時適宜，每穗產穀百七十餘顆之多，其豐稔爲近十餘年來所未見。鼓浪嶼廈難民尚有數萬，時受威脅，省振濟會擬擇壯健者，移閩西北開墾，正計劃中。

（廣州九日電）駐英德縣保安隊，日前在縣屬搖步橋牛屎坑捕獲日機師一名，九日上午十一時許解抵廣州，該機師面部與手，均被火灼傷，經英德縣當局，代爲敷藥裹紮，眉語間常露憂鬱。

（廣州九日電）今日陰霾密佈，風雨交作，日機竟日未來擾犯，沿海亦甚

——摘自《晶报》（上海），1938年7月10日

敵機狂炸潼關

投彈百餘房屋大半炸燬

死傷六十餘婦孺居多數

中央潼關十日電 今晨十時許、有敵偵察機一架來潼窺視、旋即逸去、至下午二時五十五分、復有敵轟炸機十六架、由東北方侵入上空、當即舉行投彈、轟炸至三時十分、始向原路逃去、城內東南西北各大街落彈百餘枚、而以東西兩大街爲慘重、城內房屋炸毀大半、死傷居民二十餘人、尤其婦孺爲多、城東之麒麟山落彈十餘枚、將山炸塌一角、黃土下崩、山底之防空洞均被堵塞、潼關縣長當即率領壯丁隊奮力掘發、截至下午三時止、掘出者已有二十八人、其中多數人皆已悶死、只有數人微息尚存、各被難者家屬環屍痛哭、淒慘之狀、令人不忍卒覩、

——摘自《时事新报》（重庆），1938 年 7 月 11 日

敵機昨三度

狂炸鐵路

石龍英德落數十彈

竟日燬民房百餘棟

【中央社】昨（十一）日敵機四十四架、分三次來襲、首次一架、于上午九時由萬山起航、經中山、虎門、黃埔、而至粵漢路、在江村站附近投彈後、掠過市郊、石牌上空而逸、第二次廿八架、于下午十二時廿五分、在中山海面發現、南向北飛、至黃埔虎門後散開、以十九架沿黃埔從化疾趨粵漢路、在英德、源潭、銀盞坳蟀站共投四十八彈、餘九架進犯廣九路、在石龍站附近投十二彈、第三次十五架、于下午三時廿分、仍自萬山南飛、以六架沿赤灣深圳到石龍附近投十二彈、另九架進窺虎門、在虎門附近投卅七彈、綜計全日各次空襲、我被燬民房百餘棟、死傷平民數十人、

【本報專訪】昨（十一）日天氣清朗、敵機大發獸性、派機四十五架、三次向廣九、粵漢兩鐵路狂炸、投彈七八十枚、茲將詳情分誌如下、

第一次　上午八時卅五分、敵機一架在南朗發現、經虎門飛魚珠盤旋、繼繞航龍眼洞北飛、轉入粵漢路侵襲、九時十二分、竄進花縣窺伺、隨南飛、在江村投彈四枚、毀民房頗多、另敵機一架、則經寶安入深圳、循廣九路到石龍盤旋、至十時十分兩敵機始行出海、

第二次　下午十二時廿分、第一批敵機十九架由中山洋海起航、經唐家灣、疾趨虎門、俄而第二批敵機九架、繼經唐家灣、轉過寶安、第一批敵機分爲兩隊、一隊十五架經增城從化、轉入粵漢路、一時零五分經連江口北飛、隨向英德投彈廿餘枚、河頭沙口各投數枚、即經從化南飛、一隊四架則在增城、窺伺後、轉飛九江、過佛山、復又折回到市橋盤旋數匝、隨南飛出海．第二批敵機九架、于一時十五分輪廻向廣九路石龍投五百磅重量彈十二枚、爆炸聲震撼山岳、損毀甚重、省港電話頓告斷絕、至三時零七分、兩批敵機始完全遁去、

第三次　下午三時十五分、又有敵機十五架起航、在南朗盤旋後、隨撲飛虎門、轉入廣九路、三時卅分、在增城盤旋復折向石龍、再投彈狂炸、四時後、循原路出海、

——摘自《中山日报》（广州），1938 年 7 月 12 日

潼關昨又遭日轟炸

（潼關十一日下午二時電）四偵察機一架，十一日上午七時四十分，由晉南飛至潼關在高空窺視兩週後，向東北遁去，迄八時十五分有日重轟炸機十二架，由原路竄入潼關，在西關外擲彈卅餘枚，燃燒彈五枚，震塌及焚燬之民房達百餘，死傷平民十餘人，迄十一時廿分解除警報。

——摘自《大晚报》（上海），1938 年 7 月 12 日

陝南瑞典教會被日機轟炸

（路透社十二日西安電）陝西距潼關北約五十哩漪氏之瑞典教會，六月三十日日機襲擊該地時，曾中彈兩次，發宅臥室運各教士之物品，均全炸毀，全部房屋，幾已坍倒。當時幸各教士與職員均匿於避彈窖，故未傷一人。避彈窖亦曾中彈，幸未深入。該教會所辦女學校一所設於附近者，未遭擊中，當日全城落下大彈若干枚，共死數人，按該教會由愛里克森主持，同居者有其夫人與一嬰兒。

——摘自《大晚报》（上海），1938 年 7 月 12 日

日機晨又兩炸廣州

機聲震耳投彈無數

人民重返犧牲必多

市區黃沙被炸地點

（本報今日下午二時廿七分香港急電）今晨日機數隊，入市狂炸一時半之久，市府前後樓房，越華路，龜崗道，模範監獄前，均落彈，黃沙落三十餘彈，柳波橋全毀。叢桂新街，馮家直街，各落一彈，塌屋數十。粵漢路黃沙南站，落十餘彈，如意坊落五彈。計全市塌屋二百餘，死傷百餘。

（香港十二日電）廣州電話：月餘來安度之廣州市民，今日復遭空襲威脅，日機廿數架，昨日三度空襲粵垣郊外後，今晨轉移視線，均向市區集中飛來，大事轟炸。十時許警報大作後，日機旋約半小時後飛達，目標對市區重要街道投彈無數，幷似有燃裂彈同時投下，顯欲盡將其目標炸燬無遺。日機又於十一時許，重行集合飛來，其轟炸目的與前相同，我高射砲當向空中猛擊，唯因天氣關係，射擊度數難準，故今晨未見日機被擊落下。今晨日機轟炸後，人民生命之犧牲，預料必致重大，蓋大批廣州市民，皆以日機不再來此空襲，故於最近幾星期內，市區居民又已增多也。

（路透社十二日廣州電）今晨十時一十五分，日飛機復飛臨廣州天空，機聲震耳，想其數必多，因雲低由下不能瞧見，而高射砲亦無從施威。發電之時，雖已有炸彈一枚落於珠港附近，但人民仍紛紛趨往迫近沙面之長堤。

——摘自《大晚报》（上海），1938年7月12日

大批敵機昨三次襲粵

粵漢路沿線投彈甚多
燬房百餘死平民數十
敵圖在虎門南登陸被我擊退

中央廣州十一日電　敵機四十四架、分三次來襲、首次一架于上午九時由萬頃沙起航、經中山虎門黃埔而至粵漢路在江村站附近投彈數枚後、掠過市郊石牌上空而逸、次批廿架、於十二時廿五分在中山海面發現、向北飛經黃埔虎門後數隊、以十九架沿黃埔從化疾趨粵漢路、在英德源潭銀盞坳等附近共投四十八彈、餘九架進犯廣九路、在石龍附近投十二彈、三次十五架、于下午三時廿分仍自萬頃沙西飛、以六架沿赤灣深圳至石龍附近投十二彈、另九架進窺虎門、在虎門附近投卅七彈、綜計全日各次空襲、我被毀民房百餘棟、死傷平民數十人、又停泊海外之敵艦仍爲十七艘、僅大亞灣方面四艘、敵艦除間派武裝汽艇往來於稔山鷄丁山間海面故事逡巡外、餘均無異動、

中央香港十一日合衆電　傳日軍於本月九日　夜乘暴風大雨時、企圖在虎門以南之泰蘇（譯音）登陸、惟結果爲守軍擊退、南澳日汽油庫着火燃燒、日軍遷怒居民、竟將人民五十人捕獲槍殺、

——摘自《时事新报》（重庆），1938年7月12日

粵海敵艦之暴行

上月焚燒沉沒我漁船三三四隻
漁民船夫二三四人遇害

中央廣州十一日電　敵艦屢在沿海各地恣意蹂躪我漁船貨船、幷慘殺我漁民船夫、其窮兇極惡、滅絕人寰之暴行、舉世聞之、無不髮指、據可靠方面統計、六月份被敵焚燒沉沒船隻共三百卅四艘、因而遇害之漁民船夫蛋民亦達二百卅四人、其他臨危泅水或被迫墜水遇救者尚不在內、敵艦逞兇最烈之地點、多在南路、陽江、電白、合浦、瓊崖等五縣、次爲海豐、惠陽、赤溪、寶安、中山等縣云

——摘自《时事新报》（重庆），1938年7月12日

敵寇暴行

（中央社廣州十一日電）敵機五十四架，今分三次來襲，首次一架，於上午九時由萬頃沙起航，經中山虎門黃埔而至粵漢路，在江村站附近投彈數枚後，掠過市郊石牌上空而逸。次批廿八架，於午十二時廿五分，在中山海面發現，向北飛經黃埔虎門後散隊，以十九架沿黃埔從化叢樹粵漢路，在英德銀盞坳等站，共投四十八彈，餘九架進犯廣九路，在石龍站附近投十二彈。三次廿五架，於下午三時廿分，仍自萬頃沙西飛，以六架沿赤坭至石龍附近，投十二彈，另九架進窺虎門，在虎門附近投卅七彈，總計三次空襲，我被毀民房百餘棟，死傷平民數十人。

（中央社廣州十一日電）敵艦藉口封鎖我海岸，騷擾沿海各地，恣意蹂躪我無近代武裝設備之漁船、釣船、貨船，并慘殺我無抵抗能力之漁民船夫極多，其窮兇極惡，滅絕人道之獸行，舉世聞之，無不髮指。六月份據可靠方面統計，此類船隻被焚燒燬沉者，共三三四艘，因而遇害之漁民船夫等，亦達三三四人，其他臨危泅水或被迫墜水遇救者，尚不在內。敵船逞兇最烈之地點，多在南路陽江電白合浦瓊崖等五縣，次爲海豐惠陽赤溪寶安中山等縣。

——摘自《新华日报》（汉口），1938 年 7 月 12 日

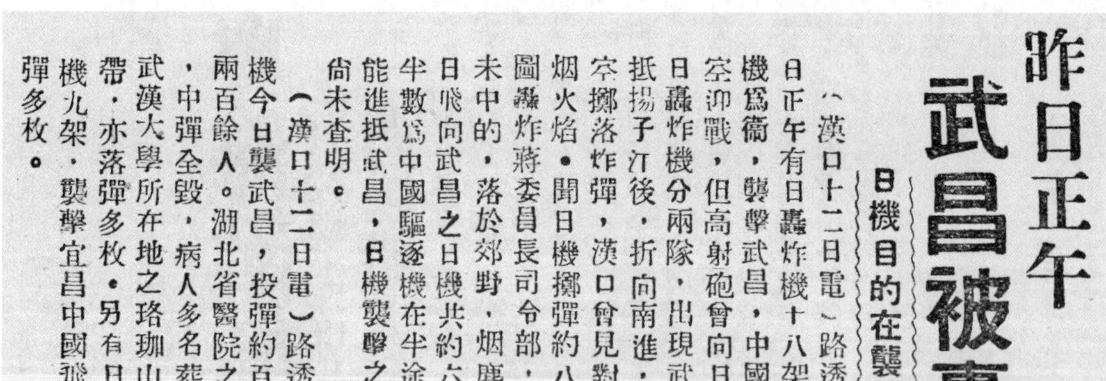

昨日正午

武昌被轟炸

日機目的在襲司令部

（漢口十二日電）路透社訊：今日正午有日轟炸機十八架，以驅逐機爲衛，襲擊武昌，中國飛機未升空迎戰，但高射砲會向日機猛轟。日轟炸機分兩隊，出現武昌下游抵揚子江後，折向南進，在武昌天空擲落炸彈，漢口會見對岸發出濃烟火焰。聞日機擲彈約八十枚，顯圖轟炸蔣委員長司令部，惟諸彈均未中的，落於郊野，烟塵騰起。今日飛向武昌之日機共約六十架，但半數爲中國驅逐機在半途逐退，未能進抵武昌，日機襲擊之結果，現尚未查明。

（漢口十二日電）路透社訊：日機今日襲武昌，投彈約百枚，死傷兩百餘人。湖北省醫院之一部房屋，中彈全毀，病人多名葬身瓦礫。武漢大學所在地之珞珈山與東湖一帶，亦落彈多枚。另有日方重轟炸機九架，襲擊宜昌中國飛機場，投彈多枚。

——摘自《晶报》（上海），1938 年 7 月 13 日

□機二十六架

昨再狂炸廣州民區慘劇

向黃沙德宣兩區投彈五六十枚

燬屋八十餘間死傷平民達百餘人

〔廣州專訊〕萬惡□機、去月狂炸廣州市區、□□我千萬同胞、燬民房千間、血跡未乾、昨十二日又來狂炸廣州市民住宅區、在高空漫無目標投彈、故災區每處落彈在數枚以上、燬壞民居慘殺平民、與上月狠毒手段無異、災情十分慘重、茲將詳情調查如下、

一架偵察

昨十二日本省天晴雲厚、暗朗無常、上午九時許中山唐家灣發現□機一架起航、飛至虎門上空、仍繼續向廣州市區飛來。本市防空機關、仍發出空襲警報、□機經過黃埔魚珠、向花縣各地偵察後、復飛往三水順德中山各地盤旋、旋即出海、

二批來襲

迨至上午十時五分、中山唐家灣海面、繼續發現□機十四架、再來三架、共爲第一批十七架、均由南向北、飛至萬頃沙、唐家灣又發現第二批七架、共二十四架、本市續發緊急警報、□機沿珠江黃埔飛本市東郊署事盤旋、直衝入廣州市區、我防空部隊、嚴密戒備應戰、但適是時雲色濃密、□機藉雲掩護、在上空盤旋、擲下炸彈無算、機聲賫賫、震動全市、我高射機炮、每於□機出現、即發炮射擊、陸空交戰、達四十分鐘、激烈非常、直至正午十二時、□機離去、始解除警報、

狂炸民區

十時二十分、衝入本市東郊□機十七架、被我防空部隊猛烈迎擊、一時炮聲隆隆、全市震動、□機被我轟擊、倉惶分散趨避、每三架爲一隊、約盤旋至十時五十分、□機低飛投彈、隆隆之聲、極爲慘厲、先後向德宣分局段內、投下重量炸彈六七枚、爆炸之時、震撼各地房屋、搖搖欲跌、同時□機開機關槍掃射平民、卜卜作响、至十一時□機十七架、向黃埔出海、第二批七架、又繼侵入、經白雲山向黃沙方面窺伺、十餘分鐘、即不擇目標、在高空糊亂投彈、立意屠殺平民、一連五六次、共投四十餘彈、始行離市區向黃埔出

海透去、

災區慘況

本報記者、於□機竄離市空、即分往各被炸災區視察、調查情形、黃沙分局段內、落彈最多、共不下四五十枚、計黃沙車站停車場落十餘彈、多落空地、有一彈在鄭家祠前空地爆炸、着地之穴、深達二丈餘、面積三丈餘，已有泉水湧出各池塘、當時曾有一部份着火焚燒、經消防隊救熄、叢桂新街四十八號梁宅，落彈兩枚、燬民房五間、死傷七八人、四六號並有婦女多人未及逃避、被炸重傷、叢桂二巷第三號落彈一枚、燬第一號至第五號三間、死傷六七人、馮家直街落彈三枚、燬第一號至十五號、第二號至第十二號、雜架公會三闕堂亦被全燬、柳波北約、落彈一枚、中柳波橋全橋被燬中斷、民房被燬者第二號至第六號三間、死傷十餘人、如意坊對開

石圍塘至黃沙海面、落十餘彈、有四枚爆炸、有艇五六艘被炸沉、有一艇一家八口、全被炸斃、當落彈時、水花四濺，飛高十餘丈、破片橫飛、有蛋民三十餘人、死於炸彈、血肉片片、斷脰殘肢、隨波逐流、海水盡赤、慘不忍睹、德宜分局段內後樓下街第廿八號中一彈、廿六卅號均被全毀、傷數人、中央公園市府前落兩枚、在西南大榕樹下爆炸、入土丈餘、面積二丈餘、燬折樹枝、並燬市府玻璃窗甚多、但各建築無恙、另播音台前一枚、亦落空地、彈痕五六尺、闊丈餘、無死傷、越華路一八七號第六十六小學校中兩彈、被毀，並波及兩邊商店、由一七九號至二〇九號二十餘間、死傷平民二十餘人、另北較塲落彈一枚、死傷十餘人、燬屋十餘間、登峰路盤嶺落一彈、死傷鄉民數人、白雲山落數彈、無損失、統計是日全市落彈達五十餘枚、燬民房約八十間、死傷達百餘人、皆屬平民、當記者抵各災區時、壯丁服務隊、消防隊、掩埋隊、救護隊、均已紛紛抵步、施行救護工作、災區受傷民衆、滿身鮮血、呻吟瓦礫之中、死者屍體不全、慘況非筆墨所能形容、更有不少家室被燬、無家可歸、流離失所、或尋覓親屬、淚痕滿面、悲慘狀況、見者不忍，

下午再犯

下午一時十分、唐家灣再發現□機一架、本市發出空襲警報、□機經虎門太平至寶安東莞及廣九路各地偵察、至下午二時三十分、□機沿虎門出海、解除警報云、

——摘自《循环日报》，1938 年 7 月 13 日

武昌城郊起塵烟

六十架日機炸武昌
半路攔擊逐退大半

◎漢口十二日路透社電、今日正午有日轟炸機十八架、以驅逐機爲衛、襲擊武昌、中國飛機未升空迎戰、但高射砲曾向日機猛轟、日轟炸機分兩隊出現武昌下游、抵揚子江後、折向南進、在武昌天空擲落炸彈、漢口曾見對岸發出濃煙火焰、聞日機擲彈約八十枚、顯圖轟炸蔣委員長司令部、惟諸彈均未中的、落於郊野、煙塵騰起、聞今日飛向武昌之日機、共約六十架、但半數爲中國驅逐機在半途逐退、未能進抵武昌、日機襲擊之結果、現尙未查明、

美國機關五處 均在炸區內

投彈約百枚◇死傷逾兩百

◎漢口十二日路透社電、日轟炸機十八架、本日輔以五十架驅逐機、進襲武昌、投彈約百枚、死傷兩百餘人、美國機關五處、計美國天主教會・文華大學・聖希爾達學校、聖約瑟醫院及基督教聯合會、皆在轟炸範圍之內、幸損害均尙輕微、日機於十二時半出現於武昌天空、雖高射砲火極爲濃密、但因日機高度均在四千公尺以上、故無命中者、華機未見升空迎戰、湖北省醫院之一部房屋、聞已中彈全毀、病人多名葬身瓦礫、基督教聯合會房屋、適毗連該院、其四周共落彈六枚、有華人二名在庭院中被炸斃、所有玻璃窗悉數震毀、兩彈落於聖希爾達學校附近、其一炸毀牆垣一部、另一彈則將門房炸毀、其時該校址以內共有難民二百五十人、當時除飽受虛驚外、幸無傷亡、文華大學及聖約瑟醫院附近、共落四彈、同時有小型炸彈多枚、落於蛇山附近之運動場內、死傷學生數名、曾見有一女子、由炸坍之房屋下逃出後、因受震過劇、神經錯亂、奪走街頭、高聲哭喊、武漢大學所在地之珞珈山與東湖一帶、亦落彈多枚、一時半始解除警報、

▼落彈調查

◎漢口十二日電、日機十五架、十二日午十二時許侵入武昌上空、在東門一帶繁盛市區、投彈狂炸大肆其屠殺平民殘酷獸行、日機所投之彈、共達一百二十枚、最重者達五百磅、其中一百餘枚落於城內、計四分局境內四十五枚

、三分局境內五十五枚、二分局境內二枚、其餘十餘枚、落於東郊水菓湖附近、

▼損害估計

城內被炸地區、屍骸狼藉、慘不忍睹、至午後六時止、已發現平民屍體一百五十具、內十分之七八爲婦孺、其被埋於瓦礫中者、尚在繼續發掘中、據警局估計、死者至少在二百人以上、負傷平民約四百五十人、其中有重傷者二百五十七人、留居同仁仁濟天主堂各醫院、及重傷醫院內、被毀房屋一百〇五棟、被難戶數約三百戶、無家可歸之難民至少在一千人以上、

▼美校被炸

美國聖公會所辦之希理達女子中學屋頂、有五十英尺長之美國國旗、日機竟亦視爲轟炸目標、集中投彈、校內落二彈、燬房屋兩幢、傷寄居該處之安徽難民二人、校門外山坡落七彈、死農夫一人、該校職員顧斯蓮小姐、美人、業已向駐漢美領署報告、此外三道街省立醫院屋頂懸有紅十字旗、竟亦慘遭轟炸、病房及辦公室手術室全部被燬、死傷慘重、此種不顧國際公法、摧毀我慈善機關之暴行、實至可恥而堪痛恨、

◎ ◎ ◎ ◎

——摘自《时报》（上海），1938 年 7 月 13 日

廣州市復遭狂炸

黃沙損害空前

車站一帶轟炸歷一小時

江上彈紛飛。船戶苦矣！

◎廣州十二日路透社電、今晨十時二十五分、日飛機復飛臨廣州天空、機聲震耳、想其數必多、因雲低由下不能瞭見、而高射炮亦無從施威、發電之時、雖已有炸彈一枚落於珠港橋附近、但人民仍紛紛趨往迫近沙面之長堤、

警報聲中視察記

◎廣州十二日電、記者在警報聲中、馳往各災區視察、首至柳波橋、該橋握黃沙與西關交通之咽喉、座石工料堅固、一彈適中橋頂、此百數十年之交通工具、乃告中斷、橋面原有長逾尋丈青石塊、竟爾粉碎、鄰近店戶多被殃及、斷垣碎瓦、淤塞溪畔、十數隊救護隊、踐踏於煙硝迷濛之瓦磚場中、救死扶傷、發掘正忙、記者涉溪至黃沙區時、距日機逞凶後約二十餘分鐘、黃沙南北埸馮家大街等處、煙土冲天、有二三處、燃燒甚烈、交通阻塞、記者迂迴達堤濱、見若干艘爲日彈所燬之民船、木屑載浮載沉、水上治安當局近會同救護隊打撈墮江之死傷者、有一殘破不全之屍體、橫陳於堤濱淺水處、血汩汩流出、河水泛作赤色、三數狀類死者親屬婦女、號泣甚哀、令人酸鼻、記者復驅車遶繞市中心區自中央公園向後樓房越華路登峰路等處、莫不荒涼萬狀、有一彈中市立六十七小校、將全校炸燬、圖籍文件、椅桌之屬、縱橫夾雜於瓦磚堆中、數校役裹創呻吟、鮮血滿衣袖、記者復折至北較場、婦女習藝所已成坵墟、據所中人云、該所原有習藝婦女百餘、甫聞警報、紛赴附近避難室藏避、彈落處房舍盡圮、有十餘人因走避不及、悉炸死、當日機向黃沙轟炸時、低飛至千尺以下、往返盤旋、以機槍向我市民猛烈掃射、並橫

越沙面數次、記者當時曾目擊沙面之外兵以高射機槍向之迎擊、

民船數百

泊於站畔悉被炸毀

◎廣州十二日路透社電、今晨日機之襲擊、黃沙區受害之烈、爲中日開戰以來所僅見、惟現信死傷人數必不甚夥、因自上數次轟炸後、該區居民均紛紛遷移也、落於江中之炸彈、共約四十枚、毀泊於黃沙車站附近之民船舢舨數百隻、車站亦大受損、中山紀念堂東南之居民區、亦遭轟炸、落下炸彈十二枚至十五枚間、日機雖飛於萬尺高度之濃雲中、而所擲炸彈、頗有準力、至晨十一時二十五分、始冉冉飛去、

監獄險極

數尺之外落下數彈

廣州市東北部行政公署附近之省監獄險爲炸彈所毀、有彈數枚落於距獄數尺之處、毀屋數十間、黃沙北站鐵路盡點受損甚重、鐵路盡點中彈數枚、重損機車二三輛、並毀路軌若干尺、恐火車將暫時停駛、因有重約六十噸之起重機一架、炸損而橫臥路軌中也、該區四周房屋炸毀若干椽、惟死傷人數甚少、因自五月二十五日遭空襲後、居民大半移居故也、空襲警報至下午一時五十五分始解除、

死傷人數

官場方面詳細報告

◎廣州十二日美聯社電、關於日機襲擊廣州之事、官場方面作下列之詳細報告、日機在城內十處投彈二十二枚、死者五十二名、傷二百名、越華路有一學校被彈擊中、死三名、傷三名、中山大學附近之婦女職業社亦中炸彈、死五人、傷五人、另有炸彈數枚、墜落於江面、毀舢舨十隻、炸死十六人、傷二十八、

車站情狀

外國記者視察所見

◎廣州十二日美聯社電、美聯社記者愛普斯坦適自被炸之黃沙車站視察歸來、見有炸彈四枚、墜落於停放火車頭之場中、車頭數個均受損傷、其中有一火車頭、乃最近自美國購得者、鐵軌亦被炸斷、炸成奇形怪狀、貨車數輛亦被炸燬、車站死傷甚重、歷史上著名與古代神話有關之老婆橋（譯音）完全被燬、有大炸彈一枚、墜落於五月二十八日炸斃紅十字會救護員數名、所造成之彈穴正中、

粵漢廣九

兩路被炸軌未損害

◎廣州十二日美聯社電、昨日有日機四十四架、分三隊向粵漢及廣九兩鐵路投彈、轟炸甚久、一隊襲粵漢路之江村車站、死平民無算、一隊襲攻廣九路之石龍、毀民房五座、炸斃平民數人、又一隊轟炸石龍鎮、被炸倒屋宇五所、炸死無辜民衆二十八、當時港粵間之電話、亦頗受影響、據悉所有粵漢廣九兩鐵路之鐵軌、並未見有損害、

——摘自《时报》（上海），1938 年 7 月 13 日

敵飛機數十架
濫炸武昌宜昌廣州
武昌死傷平民達六百餘
廣州死傷亦在三百以上

中央漢口十二日電　敵機十五架、十二日午十二時許侵入武昌上空、在東城一帶繁盛市區投彈狂炸、大肆其屠殺無辜平民之殘酷獸行、敵機所投之彈共達一百二十枚、全係爆炸彈、最重者達五百磅、其中一百零二枚落於城內、計四分局境內落四十五枚、三分局境內五十五枚、二分局境內二枚、其餘十餘枚落於東郊水菱湖附近、城內被炸地區、屍骸狼藉、慘不忍睹、截至午後[illegible]十止、已發現平民屍體一百五十具、內十分之七八爲婦孺、其被埋於瓦礫中者、尚在繼續發掘中、據警局估計、死者至少在二百人以上、負傷平民約四百五十人、其中有重傷者二百三十七人、留居同仁仁濟天主堂各醫院及重傷醫院內、被毀房屋一百零五棟、被難戶數約三百戶、無家可歸之難民至少在一千人以上、美國聖公會所辦之希理達女子中學屋頂、漆有五十英尺長之美國國旗、敵機竟亦視爲轟炸目標、集中投彈、校內落二彈、燬房屋兩幢、傷寄居該處之安徽難民二人、校門外山坡落七彈、死農夫一人、該校職員顧斯蓮小姐（美人）業已向駐漢美領署報告、此外三道街省立醫院屋頂懸有紅十字旗、竟亦慘遭轟炸、病房及辦公室手術室全部被燬、死傷慘重、敵人此種不顧國際公法、摧燬我慈善機關之暴行、實在可恥而堪痛恨也、

本報宜昌十二日專電　敵轟炸機及偵察機共九架、于今日午後一時半、由豫邊繞道鄂境、侵入宜昌上空、因見我高射砲隊之猛烈射擊、機身高度均在四千公尺以上、當時被我高射砲密集掃射、敵機于倉皇中、無目的地在東關外投下三十餘彈後、即繞道逸去、事後調查、因彈均落東關郊外、故無甚損失、

中央宜昌十二日電　敵機九架、今午由豫南竄入鄂境、於下午一時四十五分、侵入宜昌上空、經我高射部隊密集掃射、敵機於倉皇之中、在東關外投彈三十餘枚逸去、我無損失、

中央廣州十二日電　敵機十七架、十二日九時許分兩批來襲、首批十四架、次批三架、先後於市空藉雲層掩護、恣意逞兇、分向市中心區中央公園附近越華路後樓房下街及小北登峯路等繁華街衢市民住宅商業地區轟炸、投彈數十枚、塌屋百二十五間、死傷平民甚多、至發電時止、據調查所得、已發現屍首五六十具、傷者幾及二百、今日敵機投巨型彈甚多、一落市立六十七小學、一落婦女習藝所、有五六枚落黃沙河面、該處船舶十數艘當被炸毀、婦孺罹難者數十名、河水爲赤、厥狀至慘、敵機一架復由萬山海面飛來、至虎門保安一帶偵察、至十二時二十六分出海、

中央廣州十二日合衆電　日機二十五架、今晨飛廣州低飛投彈、最近數日機入犯廣州者甚多、故今日被炸死傷者極衆、

——摘自《时事新报》（重庆），1938 年 7 月 13 日

敵在馬當
施放毒氣
悍然爲世界之公敵
中毒兵士運抵南昌

中央南昌十二日電 敵軍爲强奪長江馬當要塞、大量施放毒氣、致要塞官兵大半受害、曾中毒士兵十餘人、尙未斃命、惟雙目紅腫如癡如狂刻由前線運抵南昌、經某著名外籍醫師解剖診療、發現受害士兵肺部中毒甚深、生命危在旦夕、無法醫愈、某醫師正起草報告書、並表示敵軍在戰場竟施放綠氣彈、悍然爲世界公敵應爲人類所共棄云、

——摘自《时事新报》（重庆），1938 年 7 月 13 日

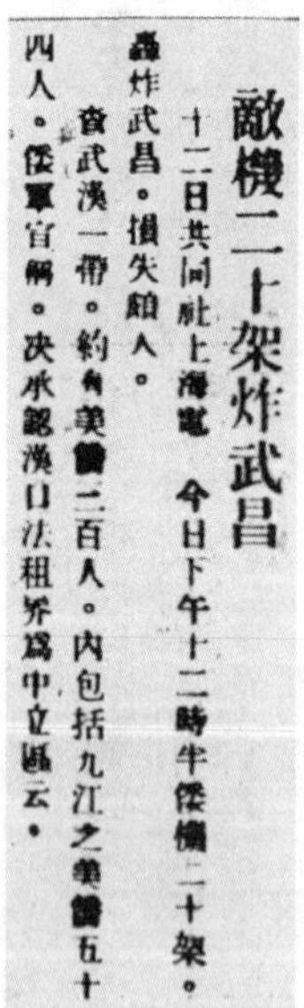

敵機二十架炸武昌

十二日共同社上海電 今日下午十二時半倭機二十架。轟炸武昌。損失頗大。

查武漢一帶。約有美僑二百人。內包括九江之美僑五十四人。倭軍官稱。決承認漢口法租界爲中立區云。

——摘自《三民晨报》，1938 年 7 月 13 日

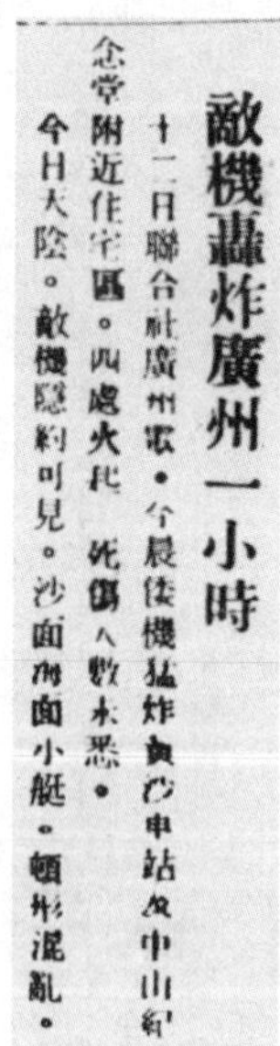

敵機轟炸廣州一小時

十二日聯合社廣州電。今晨倭機猛炸黃沙車站及中山紀念堂附近住宅區。四處火起。死傷人數未悉。

今日大陰。敵機隱約可見。沙面河面小艇。頓形混亂。

——摘自《三民晨报》，1938 年 7 月 13 日

敵機濫炸武昌之慘聞

—我軍事機關絲毫無損

—平民傷亡者約二百餘

十二日每日新聞漢口電。余（西記者）渡揚子江。赴武昌視察倭機轟炸後之慘狀。從軍事方面觀察。倭機轟擊。全無結果。軍事機關。絲毫無損。

倭機襲炸。只害及無辜平民。計倭機投彈二十餘枚。平民傷亡者約二百餘。武昌車站完全無恙。一彈中美國聖喜路打學校。該校尚懸美國國旗。但倭機故意轟炸。

美國聯合會乃聖約瑟醫院。幾炸及。彈落處係距數碼。聖喜路學校正門被炸毀。校內難民二百餘飽受驚慌。幸無受傷者。

湖北省立醫院被擊中。紅十字會救護隊正在掘亂堆。中有一婦人受重傷。呻吟聲不忍卒聽。附近貧民區。余見小童之殘肢斷脛。極其悽慘云。

——摘自《三民晨报》，1938 年 7 月 13 日

黃沙車站受炸損失頗重

—敵機投彈約九十枚

十二日聯合社廣州電。倭機狂炸廣州兩次。彈落黃沙車站。斃九十二人。傷二百人。

倭機今晨襲黃沙車站及中山紀念堂。午後空襲警報又發。各人走入避難室。倭機集中黃沙車站。一彈中河中人艇。全艇炸成粉碎。艇中三十人斃命。附近水面小艇受震傾覆。溺斃者頗衆。

黃沙車站損傷頗重。粵漢鐵軌炸燬多處。火車頭二輛及起重機炸燬。幸站內赴港平民。因警早已逃避。故無受傷者。只站外二十人微傷。

計倭機在黃沙車站投彈約四十枚。四枚跌落河中。水花四濺。艇家受難者不少云。

動艇傾覆。溺斃多人，此次敵機轟炸。凡一小時云。

——摘自《三民晨报》，1938 年 7 月 13 日

各大學校長籲請
制止寇暴行
通電美歐各大學校長
向資敵飛機商提抗議

（中央十二日漢口電）我全國各大學校長、以敵機迭在我不設防城市任意轟炸、屠殺平民、實屬慘無人道之暴行、近電哥倫比亞大學校長轉美各大學校長教授、及各文化機關並薛西爾轉歐洲大學校長暨教授等、呼籲制止暴行、原電如下、哥倫比亞大學校長白脫沆轉美國各大學校長教授及各文化機關、暨各報館、國聯同志會會長薛西爾轉、歐洲各大學及國聯同志會各分會、暨國際和平運動會與各報館、謹請注意日本飛機故意掃射中山大學、嶺南大學、恣意轟炸中國不設防城、特別是廣州、其殘殺民衆、多非武裝人員及婦孺之暴行、吾人對於外籍商人以飛機軍用品繼續不斷供給日本軍閥、即以鼓勵國際間兇殘之盜賊行為、提嚴重之抗議、茲重殷望迅即採取有效步驟、阻止軍火上及製造飛機商人、以在中國逞殘暴之工具繼續供給日本、中央大學校長羅家倫、中山大學校長鄒魯、北京大學校長蔣夢麟、浙江大學校長竺可楨、四川大學校長張頤、武漢大學校長王星拱、清華大學校長梅貽琦、同濟大學校長翁之龍、北平大學校長徐誦明、湖南大學校長皮宗石、中正醫學院長王子玕、重慶大學校長胡庶華、東北大學校長臧啓芳、金陵大學校長陳裕光、華西協合大學校長張凌高、金陵女子文理學院院長吳貽芳、復旦大學校長吳南軒、光華大學校長張壽鏞、大夏大學校長王伯羣

——摘自《东南日报》（金华），1938 年 7 月 13 日

敵寇暴行

敵機昨午狂炸武昌

三道街上炸的是醫院和病人

武昌一片嚎啕令人悲痛憤怒

（本報特寫）沿着樹木蒼鬱的蛇山兩旁，盡是些矮小簡陋的房屋，裏面住着的大多是胼手胝足辛勞終日的勞苦大衆。天知道，這些地方有什麼可供敵人轟炸的軍事目標！但是無數千萬中國人民的血已經證明了，在日本法西斯强盜的字典上，所謂軍事目標，就是無辜平民，就是文化機關，就是每一個還有人性的人所當保護的病人與醫院！

在窄狹的三道街上，聳立着一幢鋼骨水泥的三層建築，這是一個普通的省立醫院，兩旁大概是傳教士的住宅，都高高地飄揚着鮮明的美國旗。但是滅絕人性不顧國際公法的日本强盜竟瞄準了這醫院的一角投下了巨彈。女病房被炸毁，底下的會客室和辦公室也都塌倒了！腰斷腿折的許多隻白色病床，被壓在碎瓦殘垣的底下，很多原來已經呻吟床蓐爲病魔所苦的病人又遭到了這意外的打擊，受了重傷。一位懷中緊抱着嬰孩的產婦也在她產後虛弱的軀體上受了傷！好幾個醫院裏的職工都被活埋在底下，悽厲的呼號表示他們還活着。熱心的救護隊以及中國學聯會青年救國團的英勇青年們，在灼熱的炎陽下，拚命地工作着，要救出這幾條生命來。三層的堅固建築的磚堆，發掘起來是很費力的，加之救護人員似乎缺少，所以發掘了三個鐘頭，祇救出了一個年青人的上半身，下半身還埋在瓦礫堆中，不容易拔出來。另一個顯然是一個工友，也許救得太遲，從重重的磚塊中拉出來時已經停止呼吸了！

一個年青婦女，醫院工友的妻子，當她的丈夫被壓在房子底下，瘋狂地在地上亂滾亂叫，說她最親愛的人，她所依爲終身之靠的丈夫，已被活埋了，你叫她怎能不失去了理智而發瘋發狂?!但是當她清醒過來，無疑地她將以同樣的狂熱來憎恨敵人，和謀害她丈夫的劊子手拚命。

走出省立醫院，不到半里路。一[illegible]痛[illegible]的父呈現在眼前。在臙脂路的高坡上，幾十間破屋都被炸毁了。一個老媽媽在哭着她的媳婦和孫女，她的孫女全身都被炸焦了，血污流滿在地上。一間半被震塌的屋子裏，一個六歲的男孩靜靜地躺在小床上；他早上還是跳跳蹦蹦的，但是相隔不久，他已被萬惡的敵人所殺害了！只有她的媽媽還當他活着般的慘呼着他的乳名。

穿過武昌路到蛇山之西的東廠口，一片嚎啕的哭聲令人悲痛憤怒。在一個會場上停着四五具死屍，他們或是一家人賴以爲生的家長，或是正當[illegible]爲的青年。現在，他們突然死於敵人的毒手，，讓他們的妻兒去徒然千呼萬喚。

敵人的殘暴，，不但使這些窮苦無告的婦孺，失去了他們的丈夫和父親，，並且把他們僅有的財物，都破毁無遺。他們已沒有了家，已沒有安身的地方了！

但是，敵人，你別太早獰笑；我們全武漢的人民，已失去家的還未失去家的，將以全力來保衛我們的武漢，來重建我們的家，保全我們的家！

——摘自《新华日报》（汉口），1938年7月13日

平民死傷六百五十人
美教會學校亦被炸毀

（中央社訊）昨（十二）天氣清朗，正午十二時許，據報有敵機數十架，由皖境侵入鄂東，分途向武漢進犯，我防空當局適時發佈空襲及緊急警報，一面嚴令各防空部隊嚴陣以待，我英勇空軍亦奉命分數大隊，向規定方面迎擊，惜未殲遭遇，迨搜集同抵武漢時，而敵機已迅速逃去，失去包圍殲敵之機會，查敵機係於一時左右，分兩批乘隙先後侵入武昌上空，在我高射大網嚴密射擊之下，不敢低飛，僅於數千米高空，盲目投彈，在東城一帶繁盛市區、投彈狂炸，大肆其屠殺無辜平民之殘酷獸行；敵機所投之彈，共逢一百廿枚，全係爆炸彈，最重者達五百磅，其中一百〇二枚，落於城內，四分局境內四十五枚，三分局境內五十五枚，二分局境內二枚，其餘十餘枚，落於東郊水菓湖附近。域內被炸地區，屍骸狼籍，慘不忍睹，截至午後六時止，已發現平民屍體一百五十具，內十分之七估為婦孺，其被斃於瓦礫中者，尚在繼續發掘中，據警局八計，死者至少在二百人以上，負傷平民，約四百五十人，其中有重傷者二百三十七人留居同仁，仁濟，天主堂各醫院，及重傷醫院內。被毀房屋一百〇五棟，被難戶數約三百戶，無家可歸之難民，至少在一千八以上、美國聖公會所辦之希理達女子中學，屋頂懸有五十英尺長之美國國旗，敵機竟亦親為轟炸目標，集中投彈，校內落二彈，燬房屋兩間，傷寄居該處之安徽難民二人，校門外山坡落七彈，死農夫一人，該校職員聽斯蓮小姐（美人）業已向駐漢美領事報告，此外二道街省立醫院，屋頂懸有紅十字旗，竟亦慘遭轟炸，病房及辦公室，手術室全部被毀，死傷慘重，敵人此種不顧國際公法，摧毀我慈善機關之暴行，實至可恥而堪痛恨。

——摘自《新华日报》（汉口），1938 年 7 月 13 日

廣州黃沙站
又被敵狂炸

（中央社廣州十二日電）今晨此間復聞隆隆機聲，至十時廿五分，敵機十七架分兩批抵廣州空上，惟因陰雲重重，故未能看清敵機之所在，高射炮隊，因之亦無法射放，十一時廿五分，敵機離城他往，黃沙區被炸甚慘，幸區內居民，事先撤退者頗多，故死傷尚少，黃沙車站前，落彈約四十枚，停泊之舢板小艇，被炸沉者甚多，又中山紀念堂附近之住宅區，亦落彈十二枚至十五枚，下午一時四十五分，此間復發出警報，惟截至發電時止，日機尚未到達。

（中央社廣州十一日合衆電）敵機四十四架，今復三次大轟炸廣九粵漢路。第一次在晨二時，敵機一架至江村站投彈，死平民數人。第二次共有敵機廿八架，分二批，一批十九架，襲英德，投彈四十二枚，毀民房十所，死平民十人，第二批九架襲石龍車站，投彈十二枚，毀民房五間，死數人。最後一次有敵機十五架，在石龍住宅區投彈，死平民二十人。

（中央社廣州十二日合衆電）敵機廿五架，今晨飛廣州低飛投彈，最近數日來人民返廣州者甚多。故今日被炸死傷者極衆。

——摘自《新华日报》（汉口），1938 年 7 月 13 日

廣州今晨 亦被轟炸

（路透社十四日廣州電）今晨八時零五分日機一隊復出現此間天空，在珠江橋與舊電力廠區擲彈，恐死傷必衆，因居民仍密居該區也。

（香港十四日電）廣州訊：日機廿七架，今晨八時許來此轟炸市區一帶，投彈二十餘枚，預料死傷甚重。嗣後日機轉向目標，擬圖炸燬珠江鐵橋，幸未被中，迄發電時，日機尚未飛去。

（路透社十四日香港電）九廣鐵路公司今日宣布每星期開九龍漢口直達客車兩次。

——摘自《大晚报》（上海），1938 年 7 月 14 日

廣州今晨被炸情形

（本報今日下午二十三十一分香港電急）今晨日機廿七架，分隊入市，在河南中華路，蟴口，河墻，南華中路，洗涌中路，二帝廟前，等投多彈，塌屋數十，死傷百餘，燬水面江船數十。另一隊在南塌果行前，投十餘彈，燬屋十餘，燬果艇卅餘，死傷百餘。

——摘自《大晚报》（上海），1938 年 7 月 14 日

敵機五十八架昨三次襲粵

在廣州曲江等地投彈 死傷數十人毀屋甚多

中央廣州十三日電 敵機五十八架、十三日分三次輪流轟炸市郊曲江及粵漢廣九兩鐵路、各情如次、第一次七時四十分、敵機六架由中山海外起飛、未幾第二批敵機十八架繼續起航、經萬頃山虎門黃埔石牌向市空闖進、其中敵機十五架、於抵達黃埔上空時、即折返海外、餘九架在市空旋繞、我防空部隊即對空襲擊敵機、急行時間高飛至數千尺、胡亂投彈、至九時七分、始竄出海、計市北部廣芳公路三元里茶亭附近落彈十餘枚、炸傷鄉民六名及路人兩名、又在河南小港外南洲書院附近粮莊投兩彈、炸毀房屋兩間、傷害鄉民數名復入東郊投彈數枚、黃花崗落彈四枚、傷附近農民九名、死二名、第二次九時二十三分、首批敵機八架、在保安出現、十時三十分次批敵機十一架、續由中山唐家灣飛出、會齊向粵漢路進襲、在銀盞坳附近投彈數枚、敵機退兇後、有十架南飛出海、餘九架續飛英德、在曲江投彈廿餘枚、傷害平民數十人、毀民房數間、至十二時五十分、向南飛逸、第三次下午二時五十分、敵機一架飛抵黃埔、略事窺察而去、至下午三時二十分、再由中山飛經南朗寶安虎門黃埔沿廣九路全線窺伺、在石灘附近投彈四枚、並在東莞寶安間投彈多枚多落田野、無損失、至下午四時十五分解除警報、

中央廣州十三日合眾電 日機廿四架、今晨襲廣州、在各政府機關投彈廿枚、嶺南大學附近亦落彈數枚、

——摘自《时事新报》（重庆），1938 年 7 月 14 日

□機卅餘架昨又三度襲粵

狂炸廣州市郊河南

小港西村三元里黃花崗均有墜彈

粵漢路英德樂昌源潭亦慘遭肆虐

(本報十三日廣州專話)昨(十三)晨□機闖入市空、分向市郊暨河南各地轟炸、平民屋宇又遭炸毀、同時平民亦死傷多人、□機於轟炸市郊後、復再次向英德樂昌等地進襲、玆將情形錄下、

敵機首炸廣州市郊

昨上午七時卅五分、唐家灣發現□機第一批六架、向北來襲、當即將警報發出、七時四十分、又發現□機第二批廿四架啣尾飛來、此時本市即提前將緊急警報發出、未幾、該一二兩批□機到萬頃沙會合、即經虎門黃埔、□機抵黃埔時、復分作四隊、一隊八架、一隊九架、一隊七架、一隊六架、共卅架、分四路衝入市區、首隊八架由魚珠石牌衝進、先襲東郊、首在天河村投彈四枚、繼到黃花崗投彈五枚、再襲燕塘、又投彈兩枚、但各彈均落荒地、我無損失、惟黃花崗附近有農人兩名、正在躲避于樹底、致被炸斃、同時該處並有農人十一名爲破片所炸傷、更查該隊□機於轟炸燕塘後、即向東南折回出海、惟同時一隊九架、則沿珠江後河街入河南上空、即折向北進、其餘七架六架之兩隊、亦啣尾由河小港方面衝入、斜向西北角窺襲、至折向河南上空之九機、仍在高空北進中、迫抵瑤頭鄉時、即連續投下十二彈、□投彈後、即向河北方飛去、記者事後即到河南落彈地點調查、得知劉皂殿附近空地落三彈、(兩落塘中、一落空地、)被炸成一穴、餘無損傷、而距離劉皂廟約里許之公和鄉新莊村(屬警界外)亦落九彈、幸該處人烟尙非稠密、但被被炸塌村舍四間、死傷十餘人、至於斜向市西北角進襲之七架六架兩隊□機、旋亦會同轟炸瑤頭、公和鄉之□機九架、(共卅二架)、即分向西村白雲廣花公路等盤旋、又窺伺西村之□機、在士敏土廠附近投彈七八彈、均落荒地、無損失、而窺廣花公路之□機、則在九龍廟茶亭附近、即往日之狗肉寮)地方、連續投彈達十五六枚、但該處亦無建築物、故亦無甚損失、祇有茅寮兩座被彈炸片炸塌耳、但在該處農民被彈片炸斃者、有兩男一女、姓名未詳、其餘受傷者、計有男子王樹森、梁祥、何才、關國仲、周志文、王桐、女楊周氏、吳妹等、又廣花路流花橋附近、亦落兩彈、死長壽區壯丁三人、又窺白雲村之一隊□機、亦於高空連續投彈八枚、均落空地、我無損傷、查□機投彈後、忽忽分向南便出海而逝、本市於九時零五分解除警報、

□向樂昌英德肆虐

上午九時十五分、本市又復發出警報、是次首在寶安上空發現第一批□機八架、九時十八分□機已飛進虎門、本市繼續將緊急警報發出、□機越過虎門後、即折向東莞上空窺伺、斯時又據報唐家灣發現□機第二批十一架、越進虎門後、該第一批八架即直飛黃埔魚珠、經石牌、即繞進白雲山側、轉入花縣、沿粵漢路湖北而上、第二批敵十一架、則抵黃埔後、轉經市郊向北飛進、查該首批八架中、有兩架到清遠盤旋、以機槍向下掃射、其餘六架、則到英德窺伺、即投下六彈、然後折回南飛、經銀盞坳時、又投下四彈、始出海而逝、至第二批之十一架、則直上樂昌、即投彈達三十餘枚、折繼回南飛經曲江時、在韶關上空、稍作盤旋窺伺、其中又以三架飛波羅坑窺察、旋將三機飛至花縣、後又與該批各機會合、經西村徑西南使斜過佛山九江上空出海、午後十二時五十分、本市解除警報、

下午續到源潭轟炸

下午二時五十五分、本市警報又發出第三次、但歷久未有緊急警報、繼發、查是次有□驅逐機一架、沿唐家灣飛來、經虎門、直抵黃埔、轉向北飛、未幾、復發現□轟炸機一架、啣尾而來、旋又續來□機十五架、各機旋由南崗、龍眼洞、白雲山、轉飛粵漢路、循北而上、及抵源潭時、投下十餘彈、然後繼向北飛云、

(路透社十三日廣州電)廣州自今晨七時三十五分發出第一次警報之後、□機輪流來襲、至午尙未解除警報、本社記者尙在沙面未能入市區視察災區、□機來襲向未有如此之久者、計共有五十六架、分隊飛過市空、又分頭炸擊黃埔佛山石龍從化英德樂昌、據樂昌電訊報告、該處被炸甚劇、地方損失甚重、又截至今午、□機今晨來襲廣州三次、□機頻向西村基立村黃花崗附近等地投彈

——摘自《南华日报》（香港），1938 年 7 月 14 日

武昌被慘炸區域

工務隊澈夜整頓

死傷總數共六二九人

（中央社訊）敵寇前日狂炸後之武昌東城一帶受禍地區，迄猶在清除整理中，工務隊於月色之下，前晚曾澈夜工作，黎明後，續有若干人繼續發掘各處瓦礫堆，并從事拆卸危牆，修補道路，恢復電燈電話綫路，直至傍曉，猶在揮汗工作。在中和門、馬道巷、多福寺、忠孝門、武路路等處，續發現支離破碎之屍體十三具，而醫院中因傷重斃命者亦有十人，連同前日掩埋之一百五十八具屍體，死者已達一百八十一人。傷者確數，現已查明，經天主堂醫院治療者一一三人，（內六人因傷重殞命）仁濟醫院一三五人，（內四人因傷重殞命）同仁醫院一一〇人，重傷醫院五十人，其他醫院五十人，共四百四十八人。東城一帶無家可歸之難民，大都徬徨於亂瓦頹垣之間，由市政處散發食糧。悽慘之哭聲，仍隨處可聞。防護團人員於各種工作均甚盡力，但以受禍地區之廣，人數不敷分配，尤以工務隊與工具，供求相差甚遠，以致發掘工作，不得不延長時間。此外因棺木之供給困難，於掩埋工作亦不無影響。武陽防護團總團部，昨日午後曾召集各區團長會議，歷時甚久。

又訊：前日敵機狂炸武昌後，原有組織倘能如防護團之支配計劃，分區負責時，尚堪應付裕如，而昨日有若干救護隊原因警察局支配於甲被炸區者，但當經過乙被炸區時，復爲當地機關或居民邀留救助，警察局獲悉此種情況後，再調較遠分局之警士或防護團員趕往救護，惟以距離及徒步等關係，時間上間有延誤之處。

——摘自《新华日报》（汉口），1938年7月14日

敵機廿四架又襲廣州

省府嶺大珠江橋均被炸

黃沙車站毀民房百餘間

（中央社廣州十三日路透電）敵機廿四架昨晨八時零五分，又至廣州轟炸，當發電時，敵機已在省府附近擲下炸彈二十枚，在珠江橋附近擲下二三枚，嶺南大學附近亦落彈數枚。

（中央社廣州十三日路透電）官方訊、昨日廣州被炸死者共二十三人，傷三十八人，黃沙車站附近，民房被毀一百五十所，幸屋內居民均早已他遷。

（中央社廣州十三日合衆電）粵當局剋增撥十萬元，建造防空室多處。

——摘自《新华日报》（汉口），1938年7月14日

陝瑞典教會

亦遭敵炸燬

（中央社西安二日路透電）陝南宜施（譯音）之瑞典教會，於六月二十日爲日機完全炸燬，醫院及宿舍亦被炸，敵機轟炸時，傳教士均避匿地下室，故幸無一人受傷，地下室上亦落彈一枚，因該室特造堅固，故未爆。

——摘自《新华日报》（汉口），1938年7月14日

敵機又來市區屠殺
珠江南堤血肉橫飛

【中央社】寇機廿七架、昨（十四）日晨又闖入市區大肆屠殺、平民傷斃婦孺老幼百餘人、尸首狼藉、道路江岸、炸塌樓房廿餘間、災區慘狀、目不忍睹、茲誌詳情如左、

寇機入市肆虐

昨（十四）日上午七時卅分、敵機六架、由中山唐家灣海外北飛、本市防空當局卯發出空襲警報、未幾、第二批敵機十五架、在中山上柵出現、至八時五分、第三批六架續由唐家灣海外飛來、會同自寶安虎門黃埔飛抵東郊、敵機十二架蔽雲層掩護低降、闖入市空、恣意投彈、河南蜑口、南堤、文德路、東堤、轉瞬間學士飛場、哭聲大作、未幾、東北郊方面復聞彈聲四起、無抵抗之市民惶惶奔避、八時卅分、以肆虐目的已達、即向南飛逸、至九時九分、始解除警報、

南堤屍首狼藉

記者于機影砲聲中、首赴南堤迴龍路口一帶災區視察、沿途見憲警及壯丁隊施行交通管制、各救護隊紛紛驅車往救、記者抵達南堤縈慶會館一帶、血跡斑斑、斷脰殘肢、尸骸狼藉、慘不忍睹、各救護隊將倒地傷者迅速救治、受傷者、則發十字車馳返醫院療治、外僑救世軍亦到場搶救、覩此無辜慘死平民、血染遍地、咸憤激不已、

計落彈地點、縈慶會館右隣七十八號又生行（國民花園舊址）後園地落彈一枚、該舖及縈慶會館牆壁悉爲破片炸燬、七十二號中華循道會美國教會設立之淑正小學校校園落彈兩枚、該園四周圍牆及右側洋樓一座、縈慶會館左牆均遭炸壞、由海面飛來一人腿墮于該會門首、狀至駭人、南堤河岸落彈兩枚、分落兩旁行人路間、炸成巨穴、時正有某號生菓艇在此卸貨、苦力數十人、首當其衝、當被炸斃二十餘人、記者至場調查時、已執獲屍骸十二具、均斷手折足、穿腸洞肚、血肉狼藉、死狀至慘、顱料被飛墮河中失踪無數可稽者尚多、又附近行棚一座、及停泊堤邊渡船廿餘艘盡行炸毀、船木作片片飛、飄流水中岸邊陳列破裂不完尸首卅餘具、受傷者卅餘人、均先後救治而散、近堤樹木電線亦爲彈片擺毀、

又南堤災區發現一孕婦屍體、該婦係被敵機彈片傷及腹部而死、惟腹中胎兒則爲救護隊員救出、立送孫逸仙博士醫院救治、據醫師診斷、胎兒爲一男嬰、長成僅及七月、技出時、左足尾趾已斷、仍有生還希望、敵人之殘暴面目至此暴露無遺矣、

文德路落一彈

文德路仲元中學校右鄰六十號門前、落彈一枚、幸該彈甚小、爆炸力不大、該屋牆爲破片損壞、惟附近路人四名悉被炸斃、並炸傷九人、均由救護隊救治入院療治、附近洋樓墻壁皆損壞不堪、

河南蜑口慘象

河南海珠鐵橋以西蜑口、迄二帝廟前一帶江邊、共落彈五枚、一枚落河南南華中路三百三十號恒安公司內、兩隣舖戶數間盡被毀、兩彈落在蜑口碼頭東岸、其餘兩彈均落于碼頭東邊江中、蜑口東岸永成煤店、同義安油麵店、泰和醬園、及二帝廟前街五十、五十二、五十四及未編門牌棚屋十間、均被炸毀震塌、炸毀江中義渡廿餘艘、悉告沉毀、該處原係兩岸交通樞紐、待渡市民、碼頭苦力、及在堤滘浣衣之榜人婦女、爲數甚夥、其他貨船亦麕集於此、敵彈適落其間、遂釀成空前慘劇、血肉橫飛、江水爲赤、殘尸漏陳、江干哭聲震天、當堂救出受傷者五十餘人、並由救護隊掩埋隊打撈腹破腸流、五臟迸裂之男女老幼尸首四十餘具、一老嫗撫炸斃女幼童痛哭、聲極悽厲、記者亦爲酸鼻、迄至下午五時、各壯丁仍在各災區挖掘傷亡、又河南小港尾河中亦落彈四枚、炸沉小艇十餘艘、死傷船家五十餘人、海幢分局長袁煦圻蒙聖分局長彭鼎芬兩氏、均親至災場視察、並指揮救護工作、極爲忙碌、

東北郊遭轟炸

敵機除在市區屠殺外、並飛赴東郊天河村附近投彈六枚、幸落田間爆炸、無損失、北郊廣花公路側牛欄崗附近亦落彈十餘枚、均幸落山崗田野、

【本報專訪】十四日晨八時許、敵機十二架、由東南角侵入市空、分爲四隊、每隊三架、成品字形、在市中心區高空胡亂投彈數十枚、隆隆聲響、震動全市、茲將敵機投彈地點及災情、查誌如下、

二河南區二

查是晨敵機投彈受害最慘重者爲河南區、計查南華東路一彈、落十二

三〇號恒安生熟鹽公司公司後座、波及三二二號成豐米酒店、三二四號倫昌機器店、三二六號厠所、三三〇號生隆泰香店、三三四號益生園等後座、共七間、均炸塌、各店後座貼近海珠河面、敵機同時再在該處河面投彈四枚、當場炸沉瀾泊該處黃柔、鄧妹、鄧鎮、李蘇、周吳氏等沙艇共十二艘、鄧譚氏、周鑑、何貴等橫水渡三艘、高伯洪、歐姊等貨艇二艘、、吳牛、歐帶、李蘇、何梁氏等艇四艘、、各蜑戶突遭意外、哭聲震天、慘絕人寰、失踪者更未盡統計、附近該處河面之二帝廟前街廿八號五十號思記正舖、三間竹器店、另五十二號廣和生鐵店等後座、均同被震塌、

＝南堤區＝

南堤大馬路肇慶會館落彈二枚、一枚爲燒夷彈、當場焚燒、死傷數十人、該會館後九里香二巷落彈一枚、塌屋一間、該會館對面河面落爆炸彈三枚、當時河水高濺數丈、黑烟冒空、炸沉何細興等貨船三艘、林何氏等客艇十三艘、又郭陳氏等沙艇五艘、吳佳大廳艇一艘、此處共炸毀船艇廿二艘、誠南堤河面空前浩劫、又南堤大馬路廻龍橋美國人所設中華循道會內之淑正小學校、亦落一彈、幸教職員學生等均已疏散、故未有傷害、於此足見敵人不顧國際公法、著意毀滅文化機關之暴行完全暴露、

＝文德路＝

文德東路中之文德橋落一彈、該處爲仲元中學校、計被炸塌五十八號梁祥建築店、六十二號仲元中學校、對面四十七號至五十九號門窗均被毀壞、炸處深約五呎許、闊約三四呎、炸斃過路男子熊忠、卅歲、男不知姓名男子二人、合共炸斃男子三人、女子一口、死者之尸五臟迸裂、厥狀至慘、另傷者五六人、上述兩災區、以河南爲最慘、因各被炸斃之屍體、均斷手折足、腦漿塗地、血濺屋瓦、甚有被炸去身體半橛者、慘狀情形、卒前未見、次爲南堤肇慶會館、有男子易海、又名大聲海、卅九歲、向恪子易坤、在該會館前賣涼茶、竟同遭於難、計肇慶會館被至是日下午止、已發現男女屍體四十餘具、

救傷情形

救護總隊長朱廣陶、救護科長峙如礎、接災區情報後、卽電知紅十字會、強華救護隊、青年會、中華救護隊、市立醫院、方便醫院等救護隊、在各災區一帶担任救傷、茲將各災區救得姓名探錄如下、

河南區、劉朱、曹永、朱志、劉炳權、劉張氏、梁蘇、蘇爍、陳美、周亞媛、區善、蘇暢、蘇四、范勞氏、容邱氏、區牛、陳孔、譚妹、梁彭氏、杜周氏、譚秋、周炳、梁何妹、黃漢生、麥昭、梁阿妹、葉有好、張樹、麥祥、吳富田、李日、譚舜、李好、盧氏、劉張氏、譚順好、林譚氏、周景、朱廣梁、何堅、陳氏、林阿二、周洛、區牛、劉光、何靜雄、梁金水、劉仁、麥禮、楊氏、黃亞三、梁舉、文仲賓、吳阿金、會大海、劉四、張彩、張蔡氏、周錦全以上各傷者山紅十字會送往各醫院留醫、方便醫院救護隊在該處河面救回被炸傷男女鄧十名、計鄧妹、十三歲、東莞人、鄧鎮、卅五歲、東莞人、李蘇四十五歲・南海二廟前街恩記竹器店伴、李美廿八歲、台山人、吳周氏、五十四歲、鄧譚氏、卅一歲、均東莞人、由該院扛回調治、另送往中大、市立、博濟各院、在五百人以上、

蜑口二帝廟前被炸斃平民之慘狀
【本報記者黃劍豪攝】

檢獲殘屍

方便醫院撈尸隊長陳克、率領撈尸艇五六艘在南堤及河南兩災區河南撈尸、自上午十時至下午二時、河南區撈獲男屍九具、女屍三具、女童尸一具、南堤區撈獲男尸五具、女尸九具、均被炸傷斃命、有斷頭者、斷手足者、亦有炸穿腹部、流出腸臟者、遍河血色、令人目不忍睹、該隊至下午四時尚未收隊、仍分派多人在河面打撈、

又衛生局第一喻埋隊長李伯虎、於是日率領各仵工、在各災場喻尸、以棺運往停尸場、查昨（十四）日下午二時止、各災區發現屍首、計文德路男屍三具、童屍一具、南堤河面男女尸卅六具、河南廿五具、現仍在掘撈與撈尸中、查河南區（男尸洗字列號）一號傷頭身、二號傷腹部、三號傷斷手脚、四號傷內部、五號傷胸部、六號吳牛、卅五歲、水上人、傷頭部、七號斷脚、八號斷頭、九號歐婦、四十八歲、傷腹部、十號斷手脚、十一號傷胸腹、十二號斷手、十三號周鑑、廿八歲、南海人、傷手脚、十四號高伯洪、廿八歲、南海人、傷頭、十五號何貴、廿八歲、南海人、傷胸、十六號傷頭手脚、（女尸涌字列號）一號歐陽氏、四十六歲、南海人、傷腹部、二號傷頭及手、三號斷手脚、四號傷腹、男童尸、一號溺斃、年約十二歲、女童尸、一號年約八歲、二號年約五歲、均溺斃、三號葉女、十三歲、南海人、傷胸部、南堤（男屍）、第一號碎屍、不分男女、二號炸斷左手左脚、四號斷左脚、五號歐陽典、廿八歲、南海人、傷腹、六號傷內部、溺死、七號傷胸部、八號楊志明、傷頭部、九號傷左胸左手、十號陳道、十一號傷腹部、十二號傷胸部、十三號童屍、傷胸部、十四號傷腹部、十五號傷胸及腹部、十六號傷胸部及手足、十七號傷頭部、十八號傷胸部、有咕片一張、書明棚業工會交際股主任、十九號炸去頭部、廿號男童易坤、另未列號男屍五具、在艇中（女屍）第一號黃燕、炸去一足、腹部炸傷、二號炸去左腿、三號傷內部、溺死、五號林奚之母、溺死、另未列號女屍六具、均在河面艇中、

至於失踪男女、約有四十餘人之多、文德路第一號男屍熊忠、年約卅許、身着黑土布衫褲、傷腹部、二號男屍、身着線衫短褲、三號屍不知姓名、年約四十許、四號男童屍、年約十歲、沉屍涌中、撈起喻葬、又南堤河面發現被炸浮屍一具、年約廿五歲、遺有咕片一張、書名陳晋基、廣西桂平人、方便醫院撈屍隊、於是日下午、在河面撈獲屍首十七具、其中男屍十二具、女屍五具、均被炸傷後溺斃、查各屍漂流於河面、該院撈屍隊則將所撈獲各屍交由珠江分局登記後、再行交該隊備棺喻葬、又查留醫於市立醫院、因傷重斃命者、則有老婦葉亞穩、六十歲、男劉炳權、十三歲、麥梁氏、四十五歲、南海人、陳亞全、四歲、譚順好、十二歲、又留醫於方便醫院、有不知姓名之男子、於下午因傷斃命、至留醫於博濟醫院、因傷斃命之男女災民、亦有十名、均由喻埋隊喻葬、

——摘自《中山日报》（广州），1938 年 7 月 15 日

巴黎晚報記者抵廣州

目擊敵機濫炸暴行

將災區慘況電告世界和平會

【中央社】世界和平會代表、兼巴黎晚報特派記者斐萊、於十三日晚抵省、昨（十四）日上午十時晉謁吳主席、由吳主席親自接見、并告以我國長期抗戰爭取最後勝利之決心、及民衆擁護政府之精誠與抗敵情緒之熱烈、斐氏復於下午四時晉謁會市長、會市長對斐氏詳述我國抗戰時期之經濟財政狀況及敵機狂炸本市之暴行、斐氏以甫抵廣州、卽目擊敵機肆虐、向我非武裝平民之屠殺行爲、極表憤恨、特遍視各遭敵機轟炸之災區、卽將在廣州兩日所得印象、電告世界和平會、及巴黎晚報、斐氏擬在省勾留數日、卽返港飛漢考察、

——摘自《中山日报》（广州），1938 年 7 月 15 日

河南墍口二帝廟前店戶及碼頭完全被敵機炸燬

【本報記者黃劍豪攝】

——摘自《中山日报》（广州），1938 年 7 月 15 日

塹口二帝廟前被炸斃平民之慘狀
【本報記者黃劍豪攝】

——摘自《中山日报》（广州），1938年7月15日

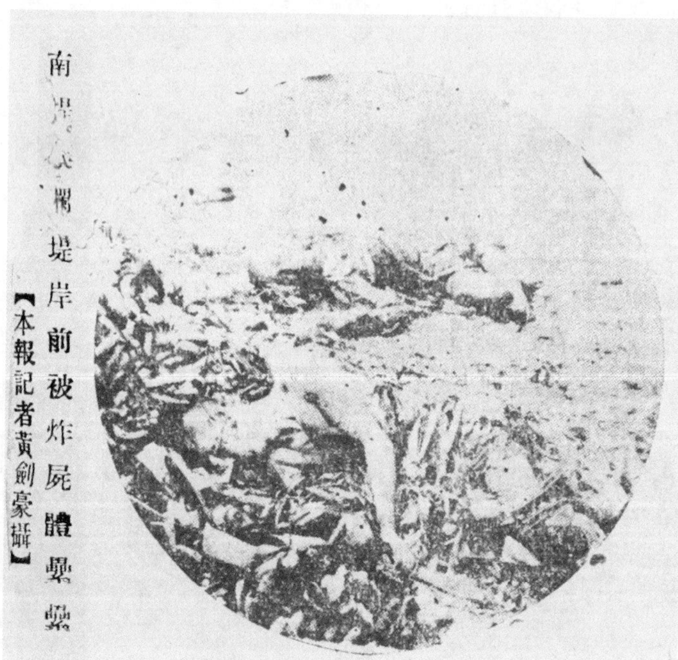

南岸大閘堤岸前被炸屍體纍纍
【本報記者黃劍豪攝】

——摘自《中山日报》（广州），1938年7月15日

日機晝夜襲廣州

昨死傷達數百人

汕頭車站昨亦遭轟炸

（廣州十四日電）路透社訊：今晨八時零五分，日機一隊，復出現此間天空，在珠江橋與舊電力廠區域擲彈，市民死者至少約一百五十人，傷者至少四百八十人。珠江橋附近，有炸彈一枚，適落於正在卸貨之菜販一羣中，致血肉與蔬果相混雜，慘不忍覩。

（汕頭十四日電）路透社訊：今晨七時三十分，日水上飛機一架，圖毀此間通車站之橋梁，一彈落河中，另一彈落車站空場，中國守兵曾向日飛機開機關槍射擊，該機旋又飛來，將車站辦公室炸燬，無死傷。

（廣州十四日電）廣州今晨又遭日機狂襲市民於上午七時三十五分即聞緊急警報之聲，俄頃日機二十七架，由中山海外經東莞廣九路進襲，有十五架在市郊外窺伺，十二架籍雲層掩護闖入市空，投彈十餘枚，並在郊外投彈十餘枚。受災區域：（一）在河南鐵橋以西墅口一帶，（二）迴龍路口南墅一帶，（三）文德路仲元中學附近，（四）東北郊天殷村牛欄崗附近，（五）河南小港河面。

（廣州十四電）路透社訊：今日廣州空襲之傷亡人數，總計三百名，計死九十六，傷一百四十四，失蹤者六十人。晚八時，警報又鳴，歷二小時有半始解警，日機之數不詳，有炸彈一枚落於西村之北，大約擬轟炸鐵路軌道。

——摘自《晶报》（上海），1938年7月15日

敵機昨又濫炸廣州

投彈四十餘死傷二百餘

增城難民所被炸死傷二百四十

中央廣州十四日上午十二時電　廣州今晨又遭敵機狂襲、市民於七時三十五分卽聞緊急警報之聲、俄頃敵機二十七架由中山海外經東莞廣九路進襲、有十五架在市郊外窺伺、十二架藉雲層掩護闖入市空投彈卅餘枚、並在郊外投彈十餘枚、受災區域計㈠在河南鐵橋以西塹口一帶沿江落五彈、毀屋十餘間及炸沉泊岸義渡二十餘艘、該處爲兩岸交通樞紐、待渡市民碼頭苦力及在堤濱洗衣之榜人婦女爲數甚夥、敵彈適落其間、遂釀成空前慘劇、血肉橫飛、江水爲赤、殘尸遍佈江干、哭聲震天、當堂救出受傷者五十餘人、並由救護隊掩埋打撈、腹破腸流五臟迸裂之男女老幼尸首四十餘具、㈡迴龍路口南堤一帶、落彈五枚、毀民房四間、河內小艇亦毀三十餘艘及竹棚一座、船木作片片飛、飄流水中、岸邊陳列破裂未完尸首卅具、受傷者六十餘人、均經先後救治散去、近堤樹木電線亦爲彈片摧毀、㈢文德路仲元中學左鄰六十號門首落一彈、該屋一部略毀、炸死四人、傷九人、㈣東北郊子河村牛欄崗附近共落二十餘彈、均墮田野、無大損失、㈤河南小港河面落四彈、炸毀民船十餘艘、傷蜑船家五十餘人、

中央廣州十四日電 敵機二十七架、十四日晨又闖入市區大肆屠殺、平民傷斃婦孺老幼二百餘人、屍首狼籍道路江岸、炸塌樓房二十餘間、災區地上、血跡斑斑、斷頭殘肢、屍骸狼籍、狀不忍睹、各救護隊將倒地傷者迅速救治裹紮、登十字車馳返醫院治療、外僑救世軍亦到場搶救、睹此無辜平民慘死之狀、咸憤激不已、

中央廣州十四日路透電 昨日日機飛至廣東南郊轟炸、死傷二百二十六人、在增城日敵機轟炸時、適中某難民收容所、致死傷二百四十人、廣州計被襲二次、第二次共擲彈二十餘枚均落省府附近、珠江橋附近落二彈、

中央廣州十四日電 十四日下午八時七分、敵機乘月色來襲、到寶安後、疾趨廣州、有進犯市區模樣、防空當局即發緊急警報、嚴密戒備、俄而敵機竄抵虎門、越黃浦鎮白雲山、在附近投彈一枚、旋即向同家灣海外逸去、十時五分解除警報、

中央廣州十四日電 十四日下午南堤災區發現一孕婦屍體、該婦係被敵機彈片傷及腹部而死、惟胎兒爲救護隊救出、立送孫逸仙博士救治院、據醫師診斷、胎兒爲一男嬰、長成僅及七月、救出時左足小趾已斷、仍有生存希望、

孕婦慘遭炸斃

胎兒獲救 有生存希望

中央廣州十四日合衆電 日機多架、於今晨八時飛廣州市區投彈三十枚、其目標似爲珠江大橋、惟各彈均未中的、第四陸軍醫院被炸、死傷甚衆、

——摘自《时事新报》（重庆），
1938年7月15日

敵機襲炸武昌之詳情

——我高射炮擊落敵機一架

——美國教會附近落彈極多

十二日紐約時報漢口電。昨武昌遭敵機空襲。平民死傷達五百餘。此為武昌最慘之空襲。敵機狂炸武昌市中心區民房多被轟燬。美國教堂附近落彈極多。約九十枚。

此次空襲。為九月卅日以來第一次襲擊。敵轟炸機十八架。由追逐機十六架掩護，午間從東南方分兩隊衝入市區。敵機在一萬二千尺空際飛翔。我高射炮密集掃射。敵機一架被我擊傷。武漢國機。多已飛往揚子江轟炸敵艦。故未騰空迎擊。

聖希利達女校落彈兩枚。一彈炸傷校長住宅。另一彈毀校門門房。該校早已放假。現收容難民。幸無受傷者。校地外五人斃命。

當余抵該校時。該校美籍教員加斯蓮女士正整理校地。安慰校內難民。敵機空襲時。加斯蓮女士適在漢口購買什物。該校懸有美國大旗一面。長九十尺。闊二十尺。

基督教及傳教士聯合會門役之子兩人遭難。會所窗門被震壞。一彈落湖北省立醫院。傷斃二十餘人。救護隊尚在發掘亂瓦。救出傷者留醫院病人。多係平民。

美籍華中大學及附近之聖約瑟醫院附近。落彈不少。傷斃二十餘人。

敵機圖炸車站不中。彈均落空。東訓練學校學生三十人。在公園操演。敵機來襲。學生企立仰首觀望。突有兩彈跌下站立處。全體學生斃命。

公園敵殘機陳列處亦中彈。平民受傷者不少。

——摘自《三民晨报》，1938 年 7 月 15 日

廣州又遭敵機狂炸

——斃約一百五十人

十四日聯合社廣州電。今日敵機又空襲廣州市斃約一百五十人。傷約五百餘人。

只東隄。河南等處。救護隊從亂堆發掘屍體八十一具。隊員在發掘中。過去三日間。傷斃者達一千九百餘人。昨日官方報告傷亡者三百二十六人。內增城空襲時平民炸斃者二百四十人。

今日拂曉敵機二十七架衝入市空。炸燬海珠橋，及舊電燈局。海珠橋附近菓攤落彈一枚。斃市民二十四人。

追過鐵橋。見街旁屍体四十九具。貨車滿載傷者赴醫院調治。有中途因重傷斃命者。

河南靠珠江馬路落五百磅炸彈兩枚。一時陷於混亂。各醫院醫生均異常忙碌。人有應接不下之勢云。

十四日國際社上海電。今晨入時敵機多架飛入廣州炸擊。向市中心投巨彈。相信市民死亡者甚衆云。

——摘自《三民晨报》，1938 年 7 月 15 日

寇機昨又狂炸廣州

結果死傷民衆約近千人
幷在南雄樂昌等地投彈

（廣州十四日路透電）今晨日機轟炸廣州結果計死一百五十人傷四百人，在珠江沿岸及東堤一帶有屍體三十肆具，河南沿岸落一彈，死肆十九人，傷六十七人。

（廣州十四日路透電）今晨八時零五分，日機一隊又飛至廣州上空轟炸珠江鐵橋及舊電廠，該區居民甚多，死傷當不在少，

（廣州十三日電）軍息，敵機九架，十三日上午十時四十分，由福建海面飛往潮安至樂昌南雄投彈，樂昌落彈二十七枚，毀民房二十餘間，死傷平民四十餘人南雄落彈十一枚，死傷平民二十餘人，毀屋十餘間，

（廣州十四日路透電）昨日日機飛至廣東南郊轟炸，結果死傷三百二十六人，真淳我難民收容所被炸死傷二百肆拾人。

——摘自《泸县民报》，1938 年 7 月 15 日

□機極盡人間慘劇

昨又狂炸廣州市民

長堤河南屍體狼藉暴露江岸
河面炸沉義渡廿餘江水爲赤

（中央社十四日上午十一時五十分廣州電）廣州今晨又遭□機狂襲、市民於七時卅五分、卽聞緊急警報之聲、俄頃□機廿七架、由中山海外經東莞廣九路進襲、有十五架在市郊外窺伺、十二架藉雲層掩護、闖入市空、投彈十餘枚、並在郊外投彈十餘枚、受災區域計㈠在河南鐵橋以西濠口一帶沿江落五彈、毀屋十餘間、及泊岸船渡廿餘艘、該處爲兩岸交通樞紐、待渡市民苦力甚多、炸彈下垂時、驚惶奔避、有倉惶仆地者、呼救之聲、與炸彈爆烈聲、混成一片、構成人間慘劇、有兩彈在水中爆炸、附近船舶均作片片飛、救護隊立施撈救、不旋踵卽發現血肉模糊之殘屍卅餘具、傷者四十餘人、㈡週龍路口南堤一帶落彈五枚、毀民房四間、河內小艇亦毀廿餘艘、及竹棚一座、炸斃廿餘人、傷十餘人、㈢文德路仲元中學左鄰六十號門首落一彈、該屋一部略毀、炸死四人、傷七人、㈣東北郊天河村牛欄崗附近、共落廿餘彈、均墮田野、無大損失、㈤河南小港河面落四彈、炸毀民船十餘艘、傷斃船客廿餘人、現各災場正由衛生機關團體努力搶救中、

災區慘况

（廣州長途電話）昨晨□機廿七架、又闖入市區大肆（平民、傷斃婦孺老幼百餘人、屍首狼藉、暴露江岸、炸塌樓房廿餘間、災區慘狀、目不忍覩、茲誌詳情如左、上午七時廿分、□機六架、由中山唐家灣海外北飛、本市防空當局、即發出空襲警報、未幾、第二批□機十五架、在中山上柵出現、至八時五分、第三批六架、續由唐家灣外海飛來、會同自寶安虎門黃埔飛抵東郊、□機十二架、藉雲層掩護、闖入市空、恣意投彈、河南南堤文德路等處、一時塵土飛揚、哭聲大作、未幾東北郊方面、復聞彈聲四起、無抵抗之市民、倉皇奔避、八時卅分、□機以肆虐目的已達、即向南飛遁、至九時九分解除警報、記者於機影炮聲中、首赴南堤迴龍路口一帶災區視察、沿途見警察及壯丁隊施行交通管制、及救護隊紛紛驅車往救、記者抵達南堤肇慶會館一帶、血跡斑斑、屍骸狼藉、慘不忍覩、各救護隊將傷者盡速救護裹紮、舁登十字車、車返醫院療治、外僑救世軍到塲搶救、睹此無辜慘死之平民、咸憤激不已、計落彈地點、肇慶會館右鄰七十八號又生行（國民花園舊址、地）後園落彈一枚、該舖及肇慶會館牆壁悉為破片炸毀、七十二號中華循道館內美國教會設立之淑正小學校後園落彈兩枚、該園圍牆及右側洋樓一座、肇慶會館左牆、均遭炸壞、由海面飛來一人腿、墜於該會館門首、狀至駭人、南堤河岸、落彈兩枚、均墜兩旁行人路間、炸成巨穴、正有某號生菓艇在此卸貨、苦力數十人、首當其衝、當被炸斃廿餘人、記者至塲調查時、已執獲屍骸十餘具、均斷手折足、穿腸洞肚、血肉狼藉、死狀至慘、預料被拋墜河中失踪無數可稽者、數目尚多、又附近竹棚一座及停泊堤邊渡船廿餘艘盡行炸毀、船木作片片飛、岸邊陳列破裂不完之屍首卅餘具、受傷者卅餘人、均先後救治、近堤樹木電綫、亦為彈片摧毀、文德路仲元中學校左鄰六十號門前落彈一枚、幸該彈甚小、爆炸力不大、該屋牆為破片損壞、炸斃附近路人四名、傷九名、均由救護隊救治、附近牆樓牆壁損壞不堪、河南海珠鐵橋以西、塹口一帶江邊共落彈五枚、一枚落河南南華中路、三百三十號恆安公司內、兩鄰舖戶數間盡燬、兩彈落塹口碼頭東外、其餘兩彈均落該碼頭東邊江中、塹口東岸永成煤業馮義安油莊、泰和醬園及二帝廟前街五十、五十二、五十四及未編門牌棚屋十間、均被炸毀震塌、炸毀江中義渡廿餘艘、即告沉沒、該處為兩岸交通樞紐、待渡市民碼頭苦力榜人婦女、為數甚衆、□彈突落其間、遂釀成空前慘劇、血肉橫飛、江水為赤、殘屍遍地、哭聲震天、當堂救出受傷者五十餘人、打撈腹破腸流五臟并裂之男女老幼屍首四十餘具、河南小港尾河中、落彈四枚、炸沉小艇十餘艘、死傷船家五十餘人、□機除在市區□□外、并飛赴東郊天河村附近投彈六枚、幸落田間、無損失、北郊廣花公路側牛欄崗附近亦落彈十餘枚、均落田野、

——摘自《南华日报》（香港），1938年7月15日

敵之暴行

昨晨敵機兩度炸武漢

第二次被我大隊空軍逐回

昨（十四）日早晨五時餘，第一批敵機九架，侵襲武漢情形，業誌昨報，旋於八時許，復有第二批敵機八架，仍由鄂東向武漢進犯，我大隊空軍適時凌空戒備，并分隊向敵機來犯方向迎擊，敵機見我戒備森嚴，不敢冒險進攻：倖倖循原路遁去，并在陽新附近投彈數枚以洩忿，我於九時三十五分解除警報。

——摘自《新华日报》（汉口），1938年7月15日

廣州昨又被炸

傷亡將達千人

（中央社廣州十四日路透電）今晨八時零五分日機一隊，又飛至廣州上空，雖

炸珠江鐵橋及晉龍廠。結果，計死一百五十人，傷四百人，在珠江沿岸及東堤一帶，有屍體三十四具，此外又有一彈，適中某賑之人羣中，炸斃多人，河南沿岸落一彈，炸斃船戶四十九人，傷者達百人左右。又敵機在增城擲彈時，適中某難民收容所，致死傷二百四十人。廣州計被襲二次，第二次共擲彈二十餘枚，均落省府附近，珠江橋附近落二彈。

（中央社廣州十三日電）敵機五十八架，十三日分三次輪流轟炸市郊、曲江及粵漢廣九兩鐵路，各情如次：第一次上午七時四十分，敵機六架，由中山海外起飛，未幾，第二批敵機十八架，繼續起航，經萬頃山、虎門、黃埔、石牌向市空闖進，其中敵機十五架，于抵達黃埔上空時，即折返海外，餘九架在市空旋繞，我防空部隊即對空滌擊，敵機急行散開，高飛至數千尺，胡亂投彈，至九時七分，始竄出海。計市北郊廣芳公路三元里茶亭附近落彈十餘枚，炸傷鄉民六名，及路人兩名。又在河南小港外南洲醫院附近磙莊投兩彈，炸毀房屋兩間，傷害鄉民數名，復入東郊投彈數枚，黃花崗落彈四枚，傷附近農民九名，死二名。第二次九時廿三分，首批敵機八架，在寶安出現，十時卅分，次批敵機十一架續由中山唐家灣飛出，會齊向粵漢路進襲，在銀盞坳附近投彈數枚。敵機逞兇後，有十架南飛出海，餘九架續飛英德，在曲江投彈廿餘枚，傷害平民數十人，毀民房數間，至十二時五十分，向南飛逸。第三次下午二時五十分，敵機一架，飛抵黃埔略事窺察而去，至三時廿分，敵機十二架，再由中山飛經寶安虎門黃埔，沿廣九路全線窺伺，在石灘附近投彈四枚。並在東莞寶安間投彈多枚，多落田野，無損失，至四時十五分解除警報。

（中央社廣州十三日電）軍息：敵機九架，今日上午十時四十分由福建海面飛經潮安，至樂昌南雄投彈，樂昌落彈廿七枚，毀民房廿餘間，死傷平民四十餘人，南雄落彈十一枚，死傷平民廿餘人，毀屋十餘間。

——摘自《新华日报》（汉口），1938 年 7 月 15 日

敵機炸汕頭

（中央社汕頭十四日路透電）今晨七時卅分，有敵海軍飛機一架，至汕頭車站附近轟炸該地之鐵橋，共擲兩彈，一落河中，一落車站內，損失甚微，我僅以機槍射擊，其後該敵機復回，將車站炸毀，尚無死傷。

（中央社香港十四日合衆電）今日汕頭曾前後發警報三次，七時卅分有敵機一架在車站投彈二枚，我毫無損失。二次有敵機若干架，亦投彈二枚，損失甚微。第三次來襲之敵機僅偵察片刻即去。

——摘自《新华日报》（汉口），1938 年 7 月 15 日

敵機昨襲交通線
狂炸曲江
同日敵水機襲汕市

【中央社】昨（十五）日十一時十分、至午後二時五十八分、敵機十八架、分兩批來襲、首批八架、經唐家灣至虎門、兩架因機件損壞、倉皇南飛出海、餘六架北飛、經黃埔至粵漢路、在橫石黎洞之間、投彈三枚、毀民房數間、死傷平民數人、後由原路南飛出海、次批十架、經中山、虎門、從化、中途一架飛廣九路、在塘頭廈附近投彈四枚、無損失、九架沿粵漢路北飛、至曲江城外、投彈三十二枚、逞兇後、循原路南飛出海、

【中央社汕頭十四日電】今下午二時、敵水機一架四次襲汕、沿潮陽海岸線窺察、歷一時餘始逸去、

月色初亮
偷襲北郊

【中央社】敵機一隊・今下午九時乘月色初明之際來犯、會在市西郊上空盤旋偵察、即飛市東白雲山附近投彈兩枚、至十時廿分飛經黃埔虎門出海、

【本報專訪】昨（十五）晚九時正、敵機一架、由中山海面起飛、本市防空當局立即發出第一次空襲警報、旋施行燈火管制、十五分鐘後、發出第二次緊急警報、是時敵機一架經虎門、向西北飛、再轉順德一帶、沿江而上、九時廿六分、佛山微聞礮聲、敵機抵西村上空後、再向東北飛、在白雲山附近投彈兩枚、旋向黃埔出海、十時廿五分、本市解除警報、

前日災區
續撈碎屍

【本報專訪】昨十四日敵機闖進市空、在南堤河南兩處水陸投彈、死傷平民甚衆、毀民房、沉船艇、災情慘重、昨（十五）日繼續撈屍、獲十餘具、男女屍首均斷手折足、穿腸洞腹、死狀至慘、方便醫院撈屍隊陳克奉救護總隊命、于昨（十五）日晨八時、派艇六艘、在河南海珠橋腳、南堤東堤一帶河面撈屍、是日在海珠橋腳與南堤河面獲碎屍四具、兩具可辨男女、其餘兩具則不能辨別、至下午四時續獲男女屍十三具、共中男屍六具、女屍五具、不分男女之碎屍兩具、查第二七一號女屍、年約六十歲、身着點梅紗衫褲・人呼之爲四婆、二七二號女屍、年約五十歲、黑衫無褲、被炸斷手、二七三號女屍、年約四十歲、炸斷腳、無衣服、名呼亞友、二七四號女屍梁蘇氏、年四十歲、無衣服、炸傷腹部及腳、第二七五號二七六號、不辨男女、二七七號男屍年約廿許、二七八號碎屍一具、無衣服、男八具男屍、兩具女屍、又養昨（十五）日被炸傷之男女平民、留醫於紅十字會、因傷甦命者、有梁潤年、八歲、男、廬麗娟、廿一歲、女、博濟醫院與柔濟醫院尙有受傷男女三名、

脫腹胎嬰
返魂無術

【中央社】本月十四日在南堤災區遇難孕婦之體腹內救出屍胎嬰、自送往孫逸佣博士醫院後、經院中醫師悉心調治、但該嬰因在母胎已受劇烈震動、出世後又復負傷、致氣息僅屬、藥石交投、均告無效、此聖潔之小生命、遂于當晚空襲警報解除後、隨其慈母於泉下、院中醫師護士覦此無辜小同胞面世半日、即爾爲國犧牲、[illegible]不忍淚欷歔、倍切向仇敵憤之感、

——摘自《中山日报》（广州），1938 年 7 月 16 日

廣州黑夜 炸聲！

兩小時肆虐 死傷達四百

◎廣州十四日美聯社電、經日機蹂躪之後、此間房屋被燬約數十間之多、受傷者數百、幾使各醫院中、人滿爲患、乃今日下午八時四十分、日機又再度飛來、向此間鐵道附近投彈、截至十時三十分、始行解除警報、當日機來襲時、此間第一次照放探海燈、光忙四射於天空、但日機等則向暗處隱、仍繼續轟炸、在黃昏以前、被擊斃命者、已達百人、受傷者達二百名、現仍忙於從瓦礫之中、搜尋死傷之人、預料受傷總數、當在四百名左右、

當廣州人民、再度遭受嚴重傷亡之際、船民亦未能倖免、且有一嬰孩、從其母之腹內因轟傷而早墮、現正在醫生救護之下、據中山醫院中王曼（譯音）醫生語美聯社記者云、此種情形、實爲歷史上所未有者也、彼稱、「此船婦懷胎已達八月、因被轟而致腹部破裂、嬰孩及臍帶遠出於數碼之遙、此孩幸得生存、

——摘自《时报》（上海），1938 年 7 月 16 日

武昌郊外聖希達女校被炸【中央社攝】

——摘自《中山日报》（广州），
1938 年 7 月 17 日

粵漢廣九路昨被炸

高塘鄉民遭敵屠殺

【中央社】敵機卅二架、昨（十六）日分三次進犯粵漢廣九兩鐵路、並炸毀民房多間，死傷農民多名、計

第一次　敵機十五架、于上午七時五十分、由中山唐家灣海外飛經赤灣、寶安、虎門、黃埔、轉過白雲山、入粵漢路、在江村投彈十一枚、炸毀民房多間、傷斃附近農民十餘人、敵逞兇後、復飛花縣窺探、至九時五分、即飛經江門出海、

第二次　敵機十五架、于上午九時廿五分、先後由中山海外飛出、經南塱、寶安、虎門、蘿埔、到從化窺伺後、未幾、向粵漢路北飛、在英德投彈卅二枚、該處路軌畧有損壞、再飛連江口後、即南飛清遠三水出海、內有三架、續飛曲江窺探、至十一時五十分、各敵機已逃逸、

第三次　敵機兩架于下午二時廿分、由中山海外飛抵南塱、經寶安、到廣九路樟木頭、投彈八枚、炸毀民房多間、並傷害鄉民數名、至三時卅分、即向南飛逸、

【本報專訪】十六日下午二時十八分、兇殘萬惡之敵機、又第三度來襲、查當時有敵機兩架、在中山發現、本市即發出第一次空襲警報、二時廿三分、敵機飛南襲、即轉向寶安窺伺、防空處以其無向廣州撲進企圖、未發緊急警報、二時四十分、敵機由寶安轉駛廣九路樟木頭、盤旋偵察後、在高空向該站投彈七八枚、均落附近、無甚損失、敵投彈後、復低飛開機關槍向下掃射、約五分鐘、始轉向南飛、到東莞上空盤旋、未有投彈、三時十五分、飛抵虎門、循原路出海遁去、下午三時廿五分、本市遂解除警報、

【本報花縣特約通訊】十六日上午九時零五分、敵機十五架、先後由唐家灣海面起航、經虎門花縣、沿粵路抵軍田、盤旋數匝、旋低飛開機關槍掃射、擊傷婦人朱氏、敵機退兇後、再掉頭沿路折回江村高塘、盤旋至高塘連續投彈九枚、炸塌高塘海邊街大利杉店、天豐米廠、德成爆燬塌、龍溪小廟、高塘鎮立小學亦被炸塌一部、災區內被炸斃婦女五名、小童二人、重傷廿一人、另輕傷三人、合蠶女救護隊、江村普惠醫院、該地駐軍、自衛團、及壯丁隊、均紛紛出動協助救傷、維持秩序、詎敵機師獸性未遏、旋再飛至窩花公路人和站附近投彈兩枚、每彈均在二百磅左右、時該處農民正忙于割禾之際、不及走避、被炸斃者有婦人徐蘂氏、四十五歲、嫁鴉湖村人、守節已十九載、貞節可嘉、有子一、年十八歲、不料竟遭慘死、此外男子葉科一名亦被炸傷、敵機退兇後、始掉頭向東南出海遁去、

南堤河南災區 辦理善後

【本報專訪】十四日敵機轟炸廣州河南洗涌、及南兩堤災區、沉船艇五十餘艘、失踪撈人逾百、連日已撈獲屍體九十二具、方便醫院撈屍隊、昨（十六）日仍出發工作、共獲屍首十六具、男在洗涌岸旁挖出屍首一具、就中有碎屍五具、不辨男女、四具男屍、其餘女屍、均斷頭折肢、洞胸裂腹、死狀殊慘、第二七九號碎屍不辨男女、第二八〇號女屍被炸去頭部、第二八一號男屍被炸去手足、其餘各屍向四肢不全、海幢分局於昨（十六）日將工程隊在洗涌岸邊挖出碎屍一具、炸成五六段、交由該隊險葬、昨日下午二時、有一老婦、年約六十餘歲、向江干涕哭、聲極悽楚、痛極暈去、後由救護隊將之救醒、據該老婦稱、吳江氏、六十五歲、南海人、佳河南卓芳、賴其子每日在菓欄謀生奉養、不幸伊子啞

江村高塘墟被炸後災區一角

【本報記者黃劍豪攝】

炳、（卅五歲）於十四日敵機轟炸時、在菓船避難、墮海斃命、迄今屍首未獲云云、又衛生局喻埋第一隊、將南堤區檢拾之屍廿六具、河南區廿五具、及各受傷斃命屍首廿餘具、於昨（十六）日悉數安葬、又存當日炸沉之船艇五十餘艘、失踪者甚多、各屍多未撈獲、對於河面衛生大受影响、該局爲維持航行利便、及淸潔飲料計、特於昨日僱用起重船、絞起沉艇四艘、

【本報專訪】方便醫院撈屍隊由十四日下午起、至昨（十六）日下午止、於四十餘小時內、前後在河面災區共撈獲男女屍體達五十餘具、記者昨日下午、晤方便撈屍隊長陳克、詢以河南塹口碼頭、及南堤河面、尚有無浮屍、據云、估計兩處河面被炸斃之蛋民苦力、當有百餘人、現祇撈獲屍體五十三具、仍須繼續努力打撈、惟經過此次經驗、感覺現有撈屍艇尚不敷用、且打撈工具、仍欠完備、故工作遲滯、現向方便醫院當局請求、增設撈屍艇四艘、同時增設撈屍纜繩、增加人員、庶應付迅速、現該院已採納此議、決照數增設云、

——摘自《中山日报》（广州），1938 年 7 月 17 日

珠江口敵艦
焚刦帆船
出沒沿海敵艦廿餘艘

【中央社】寄泊珠江口大剷之敵艦、于前（十五）日截刦我帆船兩艘、搜掠財物、隨將船家十餘人殺戮、日敵兵逞兇後、復將兩艘帆船燒燬、

、關于出沒粵沿海各地敵艦、截至昨（十六）日止、共廿四艘、計柘林泊五艘、惠來橫琴兩處各泊三艘、橫琴方面內有敵航空母艦一艘、南港北港嫣宮小星山伶仃等處洋面、各泊兩艘、大剷大澳廣海三埗、亦各泊一艘、均無異動、

【本報專訪】粵海敵艦、日來較前畧有增加、除間有在近岸以照射燈探照、及發槍炮轟擊、作無聊之騷擾外、無大異動、査增加來粵敵艦、係由長江調來、緣敵艦自雲集長江進窺武漢後、目標過大、連續被我英勇空軍轟炸、燬沉達數十艘、復以進攻毫無進展、爲減輕被炸、乃將一小部份調回台灣及粵海云、

——摘自《中山日报》（广州），1938 年 7 月 17 日

大隊日飛機今晨又襲粵

轟炸目標係黃沙站等處

（本報今日下午一時三刻香港專電）廣州訊此間今晨復遭日機劇烈轟炸，市民死傷數率定較以前更重。九時三刻，日機廿架出現市空後，即行投彈轟炸，居民被炸死者甚衆，救護隊人員遭災者亦不少。黃沙站晨被燬最烈，車站已着火燃燒，棎川亦受波及，日機似圖炸電力廠，街道炸燬不堪。今晨沙面一帶之房屋震動甚烈，門窗玻璃有被震下者。我高射砲轟擊猛烈，惟雲低緣故，致目標難準確。

（路透社十七日廣州電）日機今晨又來空襲廣州，歷八十分鐘之久，以黃沙車站與西村水泥廠爲其主要目標，日機自海岸飛來者，計有卅九架，但僅有十八架至黃沙投彈，餘者赴粵漢路轟炸英德等處。

——摘自《大晚报》（上海），1938 年 7 月 17 日

粤漢廣九兩路

昨三次空襲

日艦向汕頭不斷砲轟

（廣州十六日電）日機三十二架，由今日上午七時許，至下午三時三十分，分三次來犯，首次十五架，飛粵漢路江村站投彈十一枚，第二次十五架，犯粵漢路英德站，投彈三十二枚，第三次兩架，在廣九路樟木頭站附近，投八彈，炸屋多間，死傷十餘人。

（香港十六日電）日艦昨不斷轟炸汕頭，迄未作登陸企圖，此外日機十八架，昨日飛往粵漢鐵路，投彈轟炸，各車站均落無數炸彈。

——摘自《晶报》（上海），1938 年 7 月 17 日

昨□機數度犯粵

江村平民死傷百餘

二次狂炸英德三次炸樟木頭

（本報十六日廣州電話）昨（十六）日上午七時四十五分、□機首批八架發現於唐家灣上空、向北來襲、未幾、第二批七架啣尾而來、七時五十四分、該兩批□機已到寶安上空（本市即發出緊急警報）隨越過虎門以北、沿廣九路向市區衝進、八時五分、□機即由石牌駛入、斯時浮雲彌佈、□利用雲層掩蔽、繞過越秀山後、向西村方面飛進、已而天雨、□機因氣壓過低、僅飛至江村、未敢再進、就在江村盤旋、即連續投彈十餘枚、計被炸村舍達六十餘間、平民死傷百餘、□投彈後、有九架即折回南飛、仍向市區以西掠過、機沿廣三路佛山方面而去、其餘六架雖仍徘徊於附近、但僅至花縣、未有投彈、即繼續折回、復掠過市面、並查該先後兩隊□機、於經過佛山上空後、均沿江佛公路九江向南出海、（八時五十五分、本市解除警報）九時廿五分、本市警報又發、查是次中山上柵發現第一批□機八架、第二批七架、未幾、該兩批□機已抵虎門、（本市續發緊急警報：、即沿廣九路綫、經新塘、轉從化、而折向粵漢路進犯、直飛至英德上空盤旋、繼向鷄坑一帶投彈三十餘枚、死傷平民廿餘人、路軌一部被炸燬、旋折回、沿河頭、轉蘆包三水一帶窺伺、未有投彈、即向南出海、十一時卅五分、本市警報解除、下午二時三十分、（本市又發出第三次警報）、寶安上空發現兩□機、未幾、直飛至黃埔（但無進窺市區模樣、故本市未發緊急警報）、旋折回轉東莞上空、窺伺莞樟公路及樟木頭、繼在樟木頭鐵路投彈四枚、始經寶安出海而遁、本市隨亦解除警報、

（路透社十六日廣州電）今日有□機多架來襲廣州市、幸發生暴風雨、□機迫得退却、否則廣州不免再度遭受大屠殺之禍矣、今晨七時四十五分、廣州發出第一次空襲警報、八時半則見有大隊□機飛到、未幾天空雷電交作、暴雨將至、□機遂急飛走、並未向市區投下炸彈、陸上之空防部隊亦祇發三數响高射砲云、

——摘自《南华日报》（香港），1938 年 7 月 17 日

敵機昨又狂炸廣州

黃沙災區一片荒凉

各地民房被燬共九十餘間

市立第六十四小學亦被炸

【中央社】敵機卅九架、昨（十七）又聯羣狂炸廣州、首批六架、次批十五架、于八時十五分至卅分陸續在中山海面發現、未幾、到達虎門、樟木頭、東莞、黃埔、隨分隊北飛、于八時五十分闖入廣州市區、及市郊龍眼洞、分頭窺察、有頃、飛赴新塘、曾合轉趨花縣源潭、翱翔盤旋後、折回市區黃沙、西村、小港等處、往還窺伺、迨九時廿五分、敵機十六架、復分二批、自中山海外飛來、會同首次兩批各機、在市區黃沙梯雲西路、兼善大街、蓬萊路西約中街、西約下街、居安東街、如意坊、及粵漢路南站、先後投十九彈、小港萃莊投三彈、西村附近投二彈、共燬民房九十餘間、碼頭學校多所、死傷平民數十人、各機肆虐畢、于十一時十分南竄出海、下午一時五十分又有敵機一架、自中山海外飛至虎門附近窺伺、至三時竄去、並未投彈、本市防空當局以敵機無襲市區企圖、未發警報、

災區慘狀

警報解除後、記者即赴災區視察、查得梯雲西路吉慶公所落二彈、全毀、該路第一七八號至第一八四號、一連四間半燬、第一九一號至第二〇一號、一連六間、蓬萊路西屠場落二彈、燬屠場全座、鄭家祠落二彈、燬該祠半座、及六十四小學全座、西約上街落二彈、燬第一號至第六號一連六間、西約中街落二彈、燬新機杉廠全座、及第四號至第七號一連四間、居安東街落一彈、毀第十一號至第十九號一連五間、半燬第十二號至第十六號一連三間、半燬第七號至第十三號一連四間、兼善大街落二彈、燬該街第廿六號至卅九號一連十三間、并燬兼善一巷第一號至第七號一連四間、第二號至第四號一連二間、兼善二巷第一號至十三號一連七間、第二號至第十四號一連七間、兼善三巷第一號至第五號一連三間、第二號至第六號一連三間、此外河南小港萃莊、黃沙粵路車站、及西村附近連落十餘彈、燬富國碼頭全座、小艇十餘艘、橋樑一度、路軌少許、及民房十餘間、有路軌一截、被炸斷後、竟飛至中和西街口義豐號、洞穿一孔、其炸力之猛可以概見、據各救護隊報告、各災區死傷平民共數十人、均已善為醫殮、當記者到災區從事調查工作時、駐粵美國領事林乃樂亦偕各國領事及外賓多人蒞場巡視、并攝影災區慘狀、對于敵機殘暴行為、咸表憤慨、

【本報專訪】滅絕人道之敵機、昨（十七）晨又大發獸性、闖進廣州市區、肆虐歷一小時、向黃沙河南西村一帶胡亂投彈數十枚、塌民居店戶多間、茲將災情查誌如下、

梯雲西路

西屠場附近共落彈四枚、二枚落牛欄及屠牛場內、當堂爆炸、全座毀塌、波及蓬萊路民房舖戶共廿餘間、或全塌或半毀、計由第二號起、至蓬萊路尾、瓦礫成坵、又第一八四號吉慶工廠落一彈、前座被毀、波及第一八二及一八六兩間少許、對面一九八號元發米舖被震毀大半、右鄰一九七號如祥機器廠門面被毀、另一彈落空地、

叢桂馬路

沙地街富國煤倉附近落彈七枚、計三枚落河中、爆炸時、水花高濺、有小艇兩艘炸沉、富國煤倉中四彈、全座被毀、牽連兩旁木屋五六間、炸傷男女三名、

兼善大街

該街落兩彈、由第二十六號至四十號均被炸毀、第四十號林記香店、發生火警、旋告熄滅、又第三十一號至三十五號、民房亦被毀、牽連善慶一巷、由一號至五號、善慶二巷、由第二號至第八號、第一號至第七號、善慶三巷由第一號至第五號、第二號第六號均被震毀、東約由第八號至第十號民房、亦恐倒塌、西約下街落彈兩枚、由第十六號至第十八號之一共西間全毀、西約上街第九號至第十三號均震塌、居安東約民房全毀者十一間、半毀者七間、西約中街第四號新校木欄、落彈四枚、該欄全座均毀、居安新第十一號半毀、又查兼善二巷一號民居、當震塌時、有一男子黃佳、六十歲、香邑人、被壓傷手足胸部、由方便救護隊救治、

市立小學

市立第六十四小學校（即鄭家祠）前空地落一彈、陷成巨穴、有男子一名被破片刺傷、該校右廊倒塌、青雲巷落彈一枚、毀民房四間、西約中第一號至第六號均倒塌、

黃沙車站

該站落彈三枚、兩枚落空地、一枚落站內、波及安東新街、塌屋四間、（第十三號、十八號、廿號、廿二號）當敵機入市盤旋時、該處一帶居民均先事走避、故死傷較少、

河南苹莊

苹莊附近大王廟落彈十二枚、兩枚落空地、毀塌民房十餘間、又同時西村一帶、落彈約十二枚、

救護情形

敵機肆虐後、市立醫院方便醫院救護隊、挖掘隊、工務局工程隊、紅十字會防護團、中華救護隊等、均全體出動往各災區地點救護、

【中央社】中國童子軍戰時服務第十三團、於昨（十七）晨九時許、敵機在黃沙肆虐後、隨即派出三小隊共廿餘人、前往兼善大街災區救護、異常努力、在救護時、值第四批敵機又到投燃燒彈、並開機槍掃射、幸各童軍閃避迅速、得免於難、敵機去後、復協同消防隊將火撲滅、社會局長劉石心適此時到災區視察、目睹各童軍冒險救護、大加贊許、

——摘自《中山日报》（广州），1938 年 7 月 18 日

敵艦一艘

炮轟惠來

轟燬附近民房數間

敵運輸艦駛三灶島

【中央社】前（十六）日下午七時、敵艦一艘在惠來海面無的向沿岸發炮數十响、企圖刺探我軍虛實、我軍內敵艦距離甚遠、且屬騷擾性質、僅沉着監視、未予還擊、該處附近民房數間恐被敵彈轟毀、鄉民一名慘遭斃命、昨（十七）日本省沿海共有敵艦廿七艘、計泊于柘林海面四艘、南港二艘、北港三艘、惠來一艘、汕尾四艘、媽宮一艘、三門一艘、大剷二艘、大澳二艘、伶仃洋三艘、十字門一艘、九洲二艘、廣海一艘、均企圖截刧漁船及威脅各國商輪、

【本報專訪】昨（十七）日下午所得廣東沿海敵情消息如下、（一）十七日上午、東江臨平柘林、澄海方

北港、及大金門一帶、發現敵艦十一艘、惠來神泉至潮陽港澳、發現敵驅逐艦四艘均無異動、（二）十六晚

七時半、有敵艦一艘、砲轟惠來靖海港、同時馬鬃敵艦一艘、移泊䲞門、（三）敵航空母艦一艘、十六日下午發現於大小橫琴島、（三）敵運輸艦兩艘、十六日似由台灣駛抵中山三灶島者、在該島之廠埗頭起卸入倉、該島敵兵不多、因迭被我壯丁隊襲擊、死傷慘重、近自我軍克復南澳後、敵兵更悚悚危懼、現在蓮塘、田心、六壁嚀處、將民間建築之祠堂廟宇、安裝鐵絲網、透以電流、井在四週堆沙包、防我襲擊、敵兵白晝雖在島上、但夜晚仍返敵艦、敵艦在該島保護敵兵者、至少有一艘、

——摘自《中山日报》（广州），1938 年 7 月 18 日

（上）黃沙西約下街被炸民房（下）秉善大街民房被炸慘象

【本報記者黃劍豪攝】

——摘自《中山日报》（广州），1938 年 7 月 18 日

（上）黃沙梯雲西路被炸店戶（下）善慶里被炸民房

【本報記者黃劍豪攝】

——摘自《中山日报》（广州），1938 年 7 月 18 日

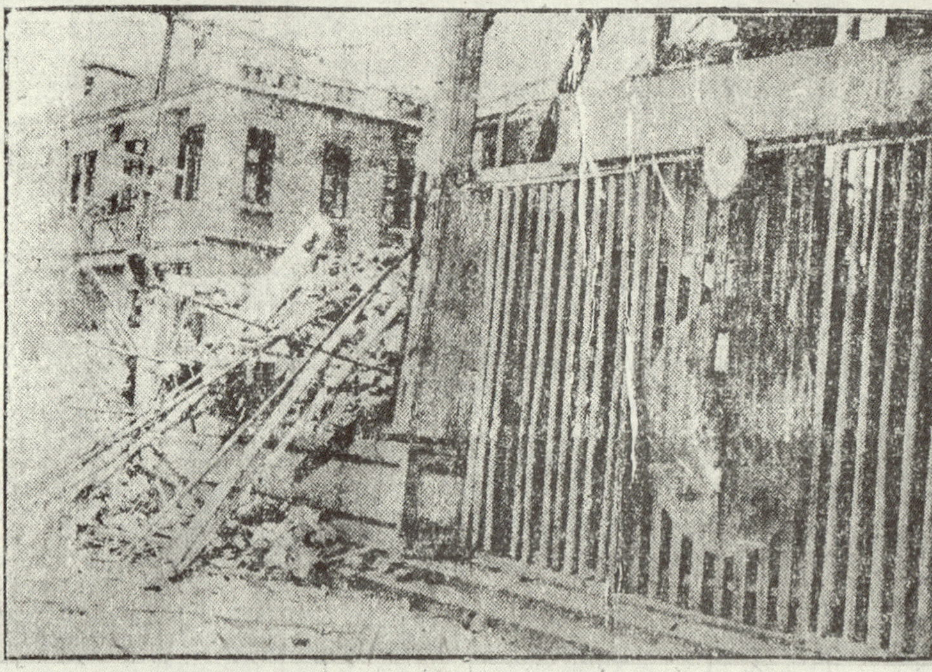

黃沙市立六十四小學校校舍全部被敵機炸毀情形

【本報記者黃劍豪攝】

——摘自《中山日报》（广州），1938 年 7 月 18 日

日機卅九架

昨狂炸廣州

黃沙等處爲轟炸目標
死傷百餘毀屋九十間

（廣州十七日電）日機三十九架，今日又狂炸廣州，首次八架次批十五架，於八時十五分至三十分，陸續在中山海面發現，旋經虎門掉頭東莞黃埔，隨即分向北飛，於八時五十分闖入廣州市空及市郊龍眼洞，分頭窺察，有頃轉飛花南山小港等處，往還窺伺，迄九時復分二批，自中山海外飛來，會同首次兩批，各機在黃沙梯雲西路，衆善大街，蓬萊路西，王中街，居安東街等處，及粵漢路南站，先後投十九彈，舊士敏土廠附近，投彈三枚，共燬房屋九十餘間，死傷百餘人，各機肆虐後，向南竄出海外。

（廣州七日電）路透社訊：日機今晨又來空襲廣州，歷八十分鐘之久，以黃沙車站與西村水泥廠爲其主要目標，日機自海岸飛來者，計有卅九架，僅有十八架至黃沙投彈，其餘各機赴粵漢路轟炸英德等處。

——摘自《晶报》（上海），1938 年 7 月 18 日

廣州八十分鐘空襲 黃沙再演慘劇

粵漢路英德等處亦落彈

◎香港十七日電、十七日晨日機十架、飛英德投彈二十枚旋入市區、在黃沙西村及河南小港等投數十彈、盤旋點餘鐘久始出海、黃沙西均蓬萊路・居安東積銀巷安樂街・兼善太街善慶一二巷・如意街・梯雲路均有落彈、燬屋六七十、死傷亦六七十、小港落彈二、西村落四彈、粵路英德河頭沙口大坑口落二十餘彈、

◎廣州十七日路透社電、日機今晨又來空襲廣州、歷八十分鐘之久、以黃沙車站與西村水泥廠爲其主要目標、日機自海岸飛來者、計有三十九架、但僅有十八架至黃沙投彈、餘者赴粵漢路轟炸英德等處

◎香港十七日美聯社電、頃接廣州電話報告云、本日九時四十分、有日機二十一架、集中黃沙車站、投彈轟炸、沙面可以目擊該機等擲彈、並聞其炸彈落地之爆炸聲、沙面房屋皆受震動、華方高射砲齊發、抵抗甚力、惟因滿天雲霧、極難命中、故未見有日機擊落、據紅十字會稱、日機專向人煙稠密之住宅區狂炸、傷死人數、現猶未悉、但相信遭難者至少在百人以上、當美聯社記者接此電話時、日機仍在狂炸、此間維多利亞酒店、亦搖動甚烈、

◎香港十七日美聯社電、日機轟炸廣州約八十分鐘、黃沙車站一帶大火、數彈落於西村、目的顯在企圖炸燬該地之電廠、在十時二十分與四十分之間、有極響之爆炸聲、自廣州東西兩面發出、十時四十分日本重轟炸機三架、從沙面飛過、高飛一萬公尺、不久即有巨聲、在沙面二百碼之外傳來、同時在沙面邊境、亦有六七枚炸彈落地、房屋牆磚、彈起甚高、沙石亂飛、從沙面瞭望之、異常清晰、聞該機等於十一時二十分離粵、惟警報尚未解除、

◎廣州十七日美聯社電、今晨日軍之空襲、乃最猛烈者、據官方報告、日機曾在黃沙車站方面投彈三十枚、其中有一部係五百鎊重者、黃沙車站現成一墳地、滿地均係破壞之機車、撞毀之車輛、及彎曲之鐵軌、迄目前爲止、尚無死傷之報告、車站附近之囤煤處、曾三次被重磅炸彈所中、有一華方之青年軍官、於日機轟炸之時、始終未離該地、渠稱、「吾人曾囤煤塊百噸於是處、現已變成碎煤矣」、四分之一英里外之市立第六十四小學校及附近房屋三十棟、均被破壞、紅十字會救護員曾掘護死傷者多名、

——摘自《时报》（上海），1938 年 7 月 18 日

砲轟隆澳

◎香港十七日電、日艦五艘、十六日下午三時、集南澳海面、發砲百餘、向隆澳轟擊、

◎香港十七日美聯社電、據華方報告、華軍進攻南澳、日軍向海灘方面退去、日艦四艘、以砲火向岸上轟擊掩護、日機三架、以炸彈轟炸並以機槍掃射華軍、使華軍不得不停止攻擊、據聞有日軍六百名、正自台灣向南澳島而來企圖重佔該島、據聞華軍業已增援、駐重兵以待、

◎廣州十七日電、確息、自十三日下午十時起、我向深澳城之日軍衝鋒多次、三時、日軍因受猛烈襲擊、全部退下日艦、連日用大砲轟擊深澳城、至十五日上午止、城中人民死傷甚重、日軍下艦後、旋

[illegible]餘、據隆澳西閘一帶、與我軍相持、我續進部隊、於十五日與先佔南澳之隊伍取得聯絡、將南澳日殘部肅清、

——摘自《时报》（上海），1938 年 7 月 18 日

報紙登載寇軍殘暴

不及百分之一

寇在開封姦淫燒殺無所不有

屍臭達十餘里

南陽十六日電，據開封電燈公司職員逃出者談，敵軍到開封姦淫搶掠情形，報紙登載者不及百分之一，該職員六月十日由開封南關逃出，西行五十里，阻於黃水返折南行，至尉氏通許之間大渡口，水頭已至，泛濫無邊，不能再逃，是時敵盤各村莊，姦淫焚燒將小河口全村數百戶口完全焚燒，人民逃竄被阻，屍臭達十餘里、尉氏東南港因敵強迫入寨，全村被敵炮毀，其盤據尉氏城之敵，時被我武裝民衆夜襲，死傷極大，敵於退去時，所有各村莊門窗鍋碗完全破壞，其殘暴可知。

——摘自《泸县民报》，1938 年 7 月 18 日

□機昨炸英德後

復闖廣州市區肆虐

黃沙一帶被災最重燬屋多所

河南西村亦遭轟炸我無損失

（本報十七日廣州電話）昨（十七）日晨□機首向粵路進襲、繼衝進市區、轟炸黃沙及河南、屋宇被炸燬甚多、平民死傷亦衆、情形慘酷、不亞于前、茲將各情調查如下、

首襲粵路

昨晨八時十七分、本市即先發出警報、是時唐家灣上空發現首批□機六架、向北來襲、未幾、續有第二批□機十五架啣尾飛來、計前後兩批共廿一架、於八時二十四分抵虎門、本市繼續發出緊急警報、查□機先抵寶安黃松崗、然後再越過虎門直飛黃埔轉入魚珠、經廣九路之南崗、衝入市區石牌、繞過白雲山側、而向花縣趨進、抵英德窺伺、即投彈二十餘枚、投畢、復向北飛、九時十二分、唐家灣發現第三批□機十二架、第四批六架、亦先後啣尾經虎門、黃埔飛來、第三批□機十二架、九時二十八分抵魚珠、即分作兩隊、一隊九架、由龍眼洞向市區衝進、一隊三架、則由魚珠入市、

再炸市區

九時四十分、由龍眼洞衝來之九□機、則直由石牌飛進、由魚珠飛來之三□機、則沿珠江河面經二沙島上空而來、九時四十八分、由石牌衝入之九□機、已至惠愛路西關一帶上空、先向黃沙撲襲、另以六架轉過河南盤旋、以三架進撲西村、其餘各機則散、以一架或兩架盤旋于市區各馬路上空、未幾、該第四批之六□機、沿黃[illegible]小港、僅到河南碼頭之莘莊[illegible]、投三彈、而撲進黃沙之□機、又在黃沙上空糊亂投彈、時我全市高射砲隊、已向□機齊襲、而□機復故意恐嚇市民、不時作低空作俯瞰狀、并以機槍向下掃射、其中一機、正向惠愛西路上空低飛、洋洋得意之際、我高射機砲隊、即猛烈轟擊、當將該□機擊傷、□機師駛急向河南上空向南勉強逃遁、惟機身沿途顛簸耳、至轟黃沙之□機、投彈達十二枚後、亦向河南方面而去、詎未幾、抵河南之第二批六□機、又以三架向黃沙上空撲進、續投彈六枚、并雜以燃燒彈、一時黃沙方面火光洪洪、烏烟彌漫、面衝入西村之□機、亦在西村士敏土廠附近狂行投彈、各□機在市區盤繞、約五十餘分鐘久、始分向河南上空逃遁、十時卅分□機向東南角先後出海、十時五十分、進襲粵路之□機一二兩批、亦向南去、十一時零五分、本市解除警報、

災痕調查

記者於□機離市後、即分赴各災區調查、㊀河南落彈十二枚、均落劉皇殿之附近崗脚菜地、炸成各穴、有如梅花點點、但屋宇入

口、均無損傷、㈡西村落四彈在士敏土廠附近瑤台鄉之間、亦落空地、無損失、㈢黃沙、前後落彈十八枚、計屋宇倒塌與崩毀者、(甲)梯雲西路尾落兩彈、炸毀一七八號、一八〇號民房兩間、西曆塲全座震毀、波及蓬萊路單門牌三、五、七、九、十一、十三、十五號等七間之門面、均被毀塌(乙)蓬萊路鄭家祠(卽六十四小學校)落一彈、大部毀塌、(丙)黃沙西約落兩彈、炸毀第四、六、七、等號舊式屋三間、波及西約下街、有計十六、十八、及十八之一、十八號之三等號共五間、全毀、又西約上街被毀、計九、十、十一、十三、等號四間 (丁)鄭家祠側落兩彈 毀居安東該祠側青雲巷、波及黃沙西南上街、安樂新街尾落一彈、屋宇十八、二十、廿二、廿四、一連四間、(戊)善華大街尾落兩彈、毀廿六、廿八兩號屋之後座、三十、卅二、卅四、卅六號等屋一連四間全毀、並波及對面卅一、卅三、卅四等號屋三間、前座毀塌、又波及該處附近之善慶一巷、一、三、五號屋三間全毀、及二、四、六等號三間半毀、又善慶二巷毀一、二、三、四、五、六、八等號屋八間、又善老里全巷屋宇毀塌約四五間、(己)富國煤廠前對開海面落一彈、毀木碼頭全座、並沉一小艇、至彙善街所落之燃燒彈、僅燒去該街四十號屋全座 查昨日□機向處狂炸、幸而死傷數目尚少、計死者因姓名未詳外、而傷者由紅十字會施救者六人、强華施救者十餘人、其餘由救護隊救護者亦有多人云、

——摘自《南华日报》（香港），1938 年 7 月 18 日

敵寇暴行

敵在豫東尉氏
烹食兒童輪姦婦女
羣衆奮起抵抗手刃獸軍

（本報信陽通信）豫東淪陷後，各縣橫遭倭寇蹂躪，尤以尉氏一縣受害爲最慘。玆據該縣逃來難民談：謂寇自佔據尉氏後，卽以一部南侵，盤踞於南北曹朱灤蔡莊一帶，燒殺姦掠，極人世之慘。凡未逃出之壯丁，被寇拘獲，先禁閉民宅中，受殘酷審訊，然後分別提出慘殺；被佔村莊，每保勒派選送青年女子二十名，供敵輪姦，缺少一名，卽逼令折繳一百二十元，以作罰金，並令住戶婦女，不准逃走，晝間頭帶鮮花，在家裸體操作，任其調笑輪姦，夜間不准閉門，以供隨時洩其獸慾。鄉間樹上，時發現有因受辱自縊之婦女屍體。最慘者，寇更將許多幼童，幽於一室，每日擇一肥胖者，烹而食之，以其脂肪煉作擦槍油。種種暴戾獸行，不勝枚舉。尉人罹玆慘遇，已激起普遍憤怒，紛紛奮起自衛，農民峙手刃敵人，如該縣魏莊某姓一家三男四女（父及二子二女二媳），寇至逼令父姦其媳女，其子憤極，一時將四寇悉予殺死。尉人抗敵情緒之激昂，更可想見。

（中央社南陽十六日電）據開封電燈公司職員逃出談，敵軍對開封姦淫擄掠之情形，報紙登載者不及百分之一，彼係六月十五日由南關逃出，西行五十里，阻於黃水，返滙南行至尉氏通許間之大河口，水頭已至，汜濫無邊，不能再逃，是時敵人盤踞各村莊，姦淫焚殺，殘暴異常，祇小河口一處，全村數百戶全燬於敵砲，人民四逃，溺死水中，尸臭達十餘里。尉氏東南岡，因敵人强迫入寨，羣起抵抗，全村悉被砲毀，其盤據尉氏城敵，時被我武裝民衆夜襲，死傷甚大，敵軍退卻時，所有各村莊之門窗鍋碗全行破壞，其殘暴可知。

——摘自《新华日报》（汉口），1938 年 7 月 18 日

敵機炸廣州

〔中央社廣州十七日電〕敵機卅九架，今又轟炸廣州，首批六架，次批十五架，于八時十五分至卅分，陸續在中山海門發現，未幾到達虎門，樟木頭、東莞、黃埔，隨即分向北飛，於八時五十分闖入廣州市區及市郊天河，分頭窺察，有頃，飛赴郭塘會合，轉趨花縣源潭路事盤旋後，折回市區黃沙河南小港等處，往還窺察，迄九時廿五分，敵機十六架復分兩批自中山海外飛來，會同首次兩批各機，在市區黃沙福雲西路、聚善大街、蓬萊路、西約下街、居安東街及粵漢路南站，先後投十九彈，西村附近投二彈，小港華莊投三彈，共毀民房九十餘間，碼頭學校多所，死傷平民百餘人，各機肆虐畢，於十一時出海。

〔中央社廣州十七日合衆電〕據官方報告，昨日敵機轟炸粵漢廣九兩路之結果，計英德死二十八人，江村三十餘人，樟木頭二十人。

——摘自《新华日报》（汉口），1938 年 7 月 18 日

敵機昨晨轟炸湛江

下午襲廣九路石龍

〔中央社〕敵機廿一架、昨（十八日）上午八時五分、自中山海外來襲、沿虎門、太平、東莞、黃埔、闖入市郊石牌、繞白雲山北飛、九時竄抵湛江、投彈廿餘枚、後分三隊肆虐、以十一架飛花縣盤旋、以四架窺察白雲山、另六架則在黃埔附近徘徊、迄九時四十五分、各機分向萬頃沙虎門唐家灣出海、

〔本報花縣特約通訊〕十八日上午九時十五分、敵機廿一架、十五架由東南飛花縣、經橫潭新街、沿路北飛、另有六架、由西南經五和、白坭、斜過樂同、與該十五架會合、飛至湛江源潭盤旋、隨至湛江投彈廿二枚、附近一村中彈兩枚、震塌民居五間、湛[illegible]余姓平民兩名、敵機逞兇後、旋再在源潭投彈十一枚、均落田間爆轟、始據頭折回花縣、敵機盤旋、糊亂開機關槍掃射、同時男有三架、在官祿坊盤旋、開機槍射擊、劏禾農夫、擊傷農民黃某一名、敵逞兇後、始分別向東南遁去、

〔本報專訪〕昨（十八日）下午一時四十五分、敵重轟炸機一架、在中山南朗出現、一時五十分竄抵虎門、轉向東北飛、二時十分、在廣九路石龍上空窺伺、旋低飛、投五百磅炸彈四枚、爆炸聲震動山谷、敵機投彈後、急掉頭飛遁、本市以該敵機無襲廣州企圖、故未發警報、

——摘自《中山日报》（广州），1938 年 7 月 19 日

撲滅現代劊子手！

武昌被炸區域之悽慘景象

（續）

小胡同裏的貓窩也好幾處，倒下來的房屋阻塞了去路，負責挖掘的壯丁們不知從那兒下手，在每個角落裏探視，希望聽到一聲呻吟，還堆荒坵偏那麼結實，被壓的人緘默着，他們把仇恨遺留給正義的人們，永遠安息了。

省立醫院外落一彈，院內落二彈，滿地是破碎的鐵床和藥瓶，產婦房辦公室藥庫全毀了，病人產婦職員工役死了二三十人，最殘酷的是未出生的嬰兒們，他們還沒有出世就遭了屠手，有幾個嬰兒死了媽媽，被家人抱着，小眼睛骨碌骨碌地看天花板，不知可會震聾了小耳朵，初生就聽到了這樣巨大的聲音，這幾個劫後的嬰兒將來一定會是敵人的對手，畢生忘不了死的產褥上，死在彈片下的媽媽。◎

一個老太婆哭紅了眼睛，他的在醫院幫工的兒子也被埋在瓦礫堆裏，她不忍再走近了尋找，當每一個担架床從她身前過時才敢瞧一下，然而，把一切咒駡加給敵人吧，她四次失望，四次痛哭，黃昏帶給她悲哀，給她不幸的信念，拾出四個男人一死三傷。水泥鋼骨的破片中還有人在呼喚有時聽到聲音找不到身體，有時找到腿子却拖不出上身來，醫院的建築很結實，上後樓整個削去了一半，上面白床蚊帳還在，褥子滴下殷紅的血跡，人早炸飛了。

還在武昌小東門的美國教會女學校聖希理達也被炸，汽車數輛亦被燬，天上的劊子連屋頂上的美國旗也不看在眼內，

公共體育場，東廠口：：：：，也都遭了敵人的毒手，他們不吝惜從日本老百姓身上括削製成的炸彈，來毀滅中國人民的生命，

教會的神甫，外籍的僑民記者們也在巡視，他們攝下了這些殘酷的鏡頭，將向全世界控訴。

我們由這次空襲得到兩個教訓，一，防護團的工作要再切實仔細些，不够迅速，工具也要添備，二，加緊偵察漢奸，

戰爭是殘酷的，但對於瘋狂了的侵略者，我們要以牙還牙，以戰爭消滅戰爭，和平在抗戰勝利以後，

敵人的砲火毀不完我們四萬萬五千萬同胞，嚇不倒我們抗戰到底的信念，活的為死的復仇，活的為正義而奮鬥，「子岡」

（完）

——摘自《新新新闻》，1938年7月19日

敵機炸粵

來自加賀母艦

中孫加法能彈關，與市二巨飛月十爲三轟或架・後左量艦呂海山不一肆深，來初重狂手人口民狂
山萬於，致，四陷一[illegible]千型出來架偵十修遇，不被右較在號，叢外加虐訪記縱旬，炸，一人，炸
黃世吾亦人皆丈地千者旁縣，襲，祭五理各此能我，強口機已島爲賀粵，者其間不廣十意因舉廣（
瑚不人有於舍餘成旁均左炸但市驅殺六，小項飛擊但，國粵有一珠[illegible]省得爲跡也亞州二孤此世州廣
海能之性死有者穴之屬右機孩之逐外架現島不行毀月可內任月帶江號各悉此，，於市十行稍謎，州
的忘深命，小，，炸三，，母機毀，左在修能者轟來容各務餘，以，地目事極兩五區三，斂責屠特
際，仇之但量如皆彈百連每艦，十餘右艦理飛，傷派載艦而，該外其之下特爲日月市兩甘其，殺訊
賊現曰處艦壽[illegible]深，旁日毀不多一有，上，行約及毀陸中來爲母，駐口在某駐來下郊日爲暴一無）
云該恨，治質徵二暴至投可少由二轟因者或之有[illegible]襲機，者替艦荷泊母粵情會口旬，，人行般抵日
。艦，暴不，之丈力五下軌，該架炸餘，運口二件粵六作，駛包地艦海報所[illegible]及災復類，人抗前
泊誠口得雖燒餘頗百廣炸陸母，機數僅[illegible]毀十損，十戰[illegible]能抵島[illegible]派機欲炸六情大創詎[illegible]之口
於子所其不爽，大旁州彈上艦兩二架有台，餘壞先架刀母[illegible]粵萬，爲機[illegible]知市月之舉千口料平設

——摘自《新新闻》，1938年7月19日

敵機昨襲粵

石龍琶江等地投彈甚多

敵艦有再度犯南澳企圖

中央廣州十八日電　敵機一架、十八日下午一時四十七分、由中山起飛、經南壆虎門襲廣九路、向石龍附近投四彈、無損失、

中央汕頭十八日電　今日上午七時餘、梅縣突發現敵機卅二架、該批敵機均自閩境過梅縣後向西北飛、八時餘、敵機三架犯南澳、在隆澳擲一彈、旋襲饒平柘林、投五彈、一部份民房被毀、平民略有死傷

中央汕頭十七日電　我軍收復南澳後、連日敵艦十餘艘環島窺伺、有再度進犯企圖、今日下午四時、艦上起飛水機三架襲澳、在隆澳深澳投三彈、我損失甚微、敵機投彈後、飛澄南北港、饒平、柘林、海岸線窺察、五時半始逝返敵艦、

中央廣州十八日電　敵機廿一架、今日上午八時五分、自中山海外來襲、沿虎門、太平、東莞、黃埔、闖入市郊石牌、繞白雲山北飛、九時竄抵琶江、投彈一十餘枚、後分三隊肆虐、以十一架飛花縣盤旋、以四架窺察白雲山、另六架則在黃埔徘徊、迄九時四十五分、各機分向萬頃沙虎門唐家灣、川海、

——摘自《时事新报》（重庆），1938年7月19日

377

敵機昨襲湘

在衡陽株州間投彈甚多

中央長沙十八日電　敵機八架、十八日破曉襲湘、竄衡陽株州間之石灣站、投彈五枚、我無損失、並飛湘潭昭潭市中路舖一帶窺視達半小時後、始向贛邊境逸去、

——摘自《时事新报》（重庆），1938 年 7 月 19 日

敵寇暴行

敵機昨轟炸華南

（中央社汕頭十八日電）今晨七時許，梅縣突發現敵機卅二架，該批敵機來自閩境，過梅後向西北飛，八時餘敵機三架犯南澳，在隆澳擲一彈，旋襲饒平柘林擲五彈，一部份民房被毀，平民略有死傷。

（中央社廣州十八日電）敵機二十一架，十八日晨八時零五分，自中山海外來襲，沿虎門、太平、東莞、黃埔闖入市郊石牌，繞白雲山北飛，九時竄抵琶江，擲彈二十餘枚後，分三隊肆虐，以十一架飛花縣盤旋，以四架窺察白雲山，另六架則在黃埔附近徘徊，迄九時四十五分，各機分別由虎門，唐家灣出海。

（中央社廣州十八日電）敵機一架，十八日下午一時四十七分，由中山越飛[illegible]虎門襲廣九路，向石龍附近擲四彈，無損失。

——摘自《新华日报》（汉口），1938 年 7 月 19 日

敵機昨狂炸武漢

三鎮投百餘彈燬屋數百
我無辜平民數百人慘死

【中央社漢口十九日電】敵機廿七架十九日晨八時分兩批進襲武漢、八時廿五分侵入武漢市空、分于武昌漢口漢陽三地投彈百餘枚、漢口被炸地帶均係貧民區域、計中山路上段循禮門死十餘人、傷十餘人、長堤街安徽會館近側延壽巷棚戶區落燒夷彈及炸彈數枚、廿餘戶盡遭焚燬、死卅餘人、傷數十人、其中有劉姓全家祖母寡媳稚孫共四人及鄰居老人、于敵機來襲時相抱痛哭、至四周燎燃、逃竄無路、此十一人即全葬身火窟、至防護團起掘屍體時、猶見母與幼子焦爛之屍體相互緊抱、情況淒絕、寧波會館內現為安徵各地逃漢難民收容所、住有難民三百餘人、敵機于此處投彈數枚、房屋大部倒塌、三百餘難民僅逃出百人左右、共餘皆深葬磚瓦之下、逃出者身多受傷、哭聲遍地、殊不料彼等於敵寇砲火下逃亡至此、復遭如此慘死、實慶破頭河街棚戶二百餘完全炸燬、惟見焦土枯枚與一片烟塵、均已燒毀無餘、有數戶均係合家遭難無一生存、至下年二時大火仍在燃燒、僅此一帶死傷貧民當在三百以上、沈家廟上河街被炸倒塌民房十三戶、死十餘人、傷廿餘、藥幫巷瑞興里倒民房兩棟、死十餘人、新游藝塌縱綴工廠死工人數人、九如橋倒民房三棟、死十餘人、大水巷倒民房十餘棟、傷廿餘人、木廠七巷死傷十餘人、武具仍為上次被炸之武昌路附近落彈六十餘枚、中有燒夷彈數枚、計死亡平民七十一人、傷七十七人、漢陽方面亦落數彈、但傷亡較少、敵機此次投彈地帶、均為平民居住地區、由此可見敵寇殘毀我國無辜平民與其不顧人道之一切暴行事實矣

【中央社漢口十九日電】十九日晨敵機轟炸漢襄河沿岸市區、被投彈多枚、許世英親往查勘、撫慰被難家屬、執委會當即按照武昌前來撫即標準撥款交漢市府辦理撫即、又兒童教育協會所設臨時救養院收留難童二百餘人、距被炸之處僅數步之遙、幸均無恙、許氏召集雛童撫慰、撥款二百元購辦物品分發、又童子軍王德鄰金生水陳方三人均甫十一二歲、曾于敵轟炸時泗入襄河搶救受傷之船夫三人賴以活命、許氏深為嘉尚、當與一一接談、分別慰勉云、

——摘自《中山日报》（广州），1938 年 7 月 20 日

粵婦女界致電巴黎

暴露寇機炸粵慘狀

請反對轟炸不設防城市會

——維持正義予暴日以有效制裁

粵各婦女團體、昨致電世界反侵畧大會反對飛機轟炸不設防城市大會、電云、貴會維護人類正義、世界和平、在巴黎召集大會制裁暴寇、良用感佩、溯自去年「七七」以後、日本軍閥以中國爲屠塲、殺戮擄掠、姦淫汚辱、開歷史未有之先例、中國無數無辜平民婦孺慘遭蹂躪、更指揮其飛機在中國沿海及內地不設防城市、肆行濫炸、文化教育慈善機關、皆爲其轟炸目標、五月廿八日起、三星期大轟炸廣州、我同胞身首異處、血肉橫飛、絕無抵抗力之婦孺、亦慘遭屠殺、腹穿腸流、至死仍不肯放其手上之嬰孩、或母子同歸于盡者、不知凡幾、而僥倖逃出性命、亦無家可歸、失所依靠、生活無著、孤苦伶仃、此滅絕人道之殘酷行爲、竟見于今日、誠人類之大恥辱、深望貴會本愛好和平與維護正義之精神、予暴日以有效之制裁、不勝幸甚、廣東女界聯合會、中國婦女慰勞自衛抗戰將士廣東分會、中國婦女慰勞自衛抗戰將士總會、戰時兒童保育會廣東分會、廣東婦女抗卹同志會、廣州市婦女抗敵同志會、廣州市婦女會、

——摘自《中山日报》（广州），1938 年 7 月 20 日

敵機昨襲交通線

轟炸橫瀝潖江

省港電話線被炸燬

【中央社】敵機卅一架、昨（十九）日分兩次進犯粵漢廣九兩路各地狂投炸彈、于我無損失、

第一次　上午八時十分、敵機十五架、由中山唐家灣海外上空出現、北飛萬頃沙虎門、未幾、第二批敵機一架、機由中山北飛、在虎門會台、飛經黃埔、十五架繞過市西北郊、經花縣粵漢路源潭、到潖江附近、投彈廿四枚、九時十五分經江村南飛出海、第二批一架、由黃埔飛廣九路在橫瀝站投彈四枚、炸毀房屋、九時四十分敵機南飛出海、

第二次　正午十二時卅五分、敵機十五架分兩批、由中山海外北飛、經萬頃沙虎門黃埔順德桂洲、一隊四架、經本市西北郊西村白雲山北飛源潭、七架一隊又到樂同盤旋窺探、至下午一時五十分、全觀敵機十五架在花縣會合、分隊復循粵漢路北飛潖江盤旋、投彈三十二枚、敵機逞兇後、分別飛經軍田江村新塘等處、飛萬頃沙、于下午二時廿七分南飛出海、

【另訊】昨上午九時許、敵機一架到廣九路樟木頭橫瀝間投彈五枚、省港電話線被燬一部、致電話一度中斷、

【本報花縣特約通訊】昨（十九）日上午九時十分、敵機十五架、由東南飛至花縣、經橫潭新街、沿路北飛、抵潖江源潭盤旋、隨在潖江支線連投廿五彈、時適有貨車駛至、幸司機早已將車輛疏散、幸無損失、同時有四架在潖江口盤旋、連投廿二彈、多落水中爆炸、水花激濺至數丈高、有漁船一艘中彈沈沒、船上男女小孩四口屍體紛飛、死狀甚慘、敵機逞兇後、即掉頭沿路折回花縣、向東南遁去、

——摘自《中山日报》（广州），1938 年 7 月 20 日

日機昨狂炸武漢
死傷五百人以上
難民區貧民區發生大火
漢口武昌漢陽投百餘彈

（漢口十九日電）日機廿七架，十九晨八時分兩批進襲武漢，八時廿五分侵入武漢市空，分於武昌漢口漢陽三地投彈百餘枚，漢口被炸地帶均貧民區域，計中山路上段循禮門，死十餘人，傷十餘人，長堂街安徽會館近側延壽巷棚戶區，落燃燒彈及炸彈數枚，二十餘戶遭焚燬，死三十人，傷數十人，其中有劉姓全家祖母寡媳二稚孫四人，及鄰居七人，於日機來襲時，相抱痛哭，至四周炸燃，逃竄無路，此十一人全葬身火窟。又寧波會館現爲安徽各地逃漢難民收容所，住有難民三百餘人，日機投彈數枚，房屋大部倒塌，三百難民逃出百餘左右，其餘皆生葬瓦礫之下，或亡身，或受傷。龍慶碼頭僻街棚戶，完全被燬，惟見焦土枯枝與一片烟雲，均已燼燬無餘，有數戶，均係全家遭難，無一生還。至下午二時，大火仍在燃燒，僅此一帶，死傷在三百以上。沈家廟被炸塌民房各三戶，死十餘人，傷二十餘，藥帮巷瑞興里倒塌民房二棟，死十餘人。上次被炸之武昌路附近，落彈六十餘枚，中有燃燒彈數枚，計死亡七十一人，傷七十七人，漢陽方面，亦落數彈，傷亡較少。

（漢口十九日電）今日武漢遭空襲，死傷人數，據估計竟達一千一百餘人，或稱死傷約四百餘人。漢陽受害最烈。

——摘自《晶报》（上海），1938 年 7 月 20 日

敵在山西
實行毒化
運到大批
毒品經售

西安十九日電：敵近對山西施行毒化政策，新近運到大批毒品在太原及同蒲路沿線經售。

——摘自《泸县民报》，1938 年 7 月 20 日

敵機昨襲武漢

貧民區大火午後未熄

許世英撫慰被難災民

（中央社）漢口十九日電，敵機二十七架，十九日晨八時分兩批進襲武漢，八時二十五分侵入武漢市空，分於武昌漢口漢陽三鎮，投彈百餘枚，漢口被炸地帶，均係貧民區域，計中山路上段，循禮門死十餘人，傷十餘人，長堤街安徽會館近側延壽巷，棚戶區落燃燒彈及炸彈數枚，二十餘戶，盡遭焚燬，死三十餘人，其中有劉姓全家祖母寡媳稚孫共四人，及鄰居七人，於敵機來襲時，相抱痛哭，至四周燎燃，逃竄無路，此十一人，即全葬身火窟，至防護團起掘屍體時，猶見母與幼子焦爛之屍體，相互緊抱，情況淒絕，甯波會館內現為安徽各地逃漢難民收容所，住有難民三百餘人，敵機竟於此投彈數枚，房屋大半倒塌，三百餘難民，僅逃出百名左右，其餘皆葬瓦礫重壓之下，逃出者，身多受傷，哭聲遍地，殊不料彼等於敵寇炮火下逃亡至此，復遭如此慘死，貴慶碼頭河街棚戶二餘完全百炸燬，惟見焦土枯枝與一片烟霧，均已燒燬無餘，有數戶均係全家遭難，無一生存，至下午二時大火仍在燃燒，僅此一帶，死傷貧民當在三百以上，沈家廟上河街被炸倒塌民房各三戶，死十餘人傷二十餘，樂幫巷，瑞興里倒民房兩棟死十餘人，新新遊藝場縫紉工廠死工友數人，九如禱倒民房三棟，死十餘人，大水巷倒民房十餘棟、傷二十餘人，木廠五巷死傷三十餘人，武昌仍為上次被炸之武昌路附近，落彈六十餘枚，中有燃燒彈數枚，計死亡平民七十一人，傷七十七人，漢陽方面亦落燒彈，但傷亡較少，敵機此次投彈地帶，均為貧民居住地區，由此可見敵寇殘殺我國無辜平民，與不顧人道之一切暴行畢露矣。

（中央社）漢口十九日電，十九日晨敵機轟炸漢襄河沿岸，市區被投彈多枚，許世英親往查勘，撫慰被難家屬，振委會當即按照武昌前次撫卹標準，撥款交漢市府辦理撫恤，又兒童救濟協會所設臨時教養院收留難童二百餘人，距被炸之處僅數步之遙，幸均無恙，許召集難童撫慰，撥款二百元購辦物品分發，又童子軍王德鄰金生水陳方三人均甫十一二歲，會於敵機轟炸時泅水襄河搶救受傷之船夫，三人賴以活命，許氏深為嘉尚，當與一一接談分別慰勉云。

——摘自《新新新闻》，1938 年 7 月 20 日

武漢三鎮慘劫

投彈百餘枚·死傷逾千

……二十七架日機兩次來襲……

○漢口十九日電、日機二十七架、十九日晨八時分兩批進襲武漢、八時二十分侵入武漢市空、分於武昌・漢口・漢陽三地投彈百餘枚、漢口被炸地帶、計

中山路 上會館及延壽巷落彈數枚、二十餘戶盡遭焚燬、死三十餘人、傷數十人、其中有　姓全家祖母寡媳稚孫四人及鄰居七人、於日機來襲時、相抱痛哭、四周炸燃、無路逃竄、此十一人、即全葬身火窟、寧波會館內、現有安徽各地逃漢難民收容所、住有難民三百餘人、落彈數枚、房屋大部倒坍、三萬餘難民僅逃出者不多、

寶慶碼頭 河街棚戶二百餘、完全炸燬、惟見焦土枯枝、有數戶均係全家遭難、無一生存、至下午二時、大火仍在燃燒、僅此一帶、死亡在三百以上、沈家亭上河街被炸倒坍民房十二戶、死十餘人、死二十餘、萬弦瑞興里倒房兩棟、死十餘人、新屋游藝場縫紉工廠死工人數人、九如橋倒屋、傷二十餘人、木廠五巷死傷三十餘人、武昌仍爲上次被炸之

武昌路 附近、落彈六十餘枚、計死亡七十一人、傷七十七人、漢陽方面、亦落數彈、但傷亡較少、

○漢口十九日電、十九日晨、日機轟炸漢襄河沿岸市區、被投彈多枚、許世英親往查勘、撫慰被難家屬、振委會當即按照武昌前次撫卹標準、撥款交漢市府辦理撫卹、又兒童救濟協會所設臨時教養院、收留難童二百餘人、距被炸之處僅數步之遙、幸均無恙、許召集難童撫慰、撥款二百元、購辦物品分發、又童子軍王德鄰金生水陳方三人、均甫十一二歲、曾於日機轟炸時、泅水襄河、搶救受傷之船夫三人、賴以活命、許氏深爲嘉獎、當與一一接談、分別慰勉、

——摘自《时报》（上海），1938 年 7 月 20 日

發揮殘酷獸性！

敵機昨濫炸武漢

死傷平民九百餘

被炸地帶均係貧民區

難民收容所被炸燬死二百餘

中央漢口十九日電　敵機廿七架、十九日晨八時分兩批進襲武漢、八時廿五分侵入武漢市空、分炸武昌漢口漢陽三地投彈百餘枚、漢口被炸地帶均係貧民區域、計中山路上段循禮門死十餘人、傷十餘人、長堤街安徽會館近側延壽巷棚戶區落燃燒彈及炸彈數枚、廿餘戶盡遭焚燬、死三十餘人、傷數十人、其中有劉姓全家祖母寡媳稚孫共四人及隣居七人、於敵機來襲時、相抱痛哭、至四週燎燃、逃竄無路、此十餘人即全葬身火窟、至防護團起掘屍體時、猶見母與幼子焦爛之屍體相互緊抱、情況淒絕、寧波會館內現爲安徽各地逃漢難民收容所、住有難民三百餘人、敵機於此投彈數枚、房屋大部倒塌、三百餘難民僅逃去百人左右、其餘皆深葬瓦礫重壓之下、逃出者身多受傷、哭聲遍地、殊不料彼等於敵寇砲火下逃亡至此、復遭如此慘死、寶慶碼頭河街棚戶一百餘、完全炸燬、惟見焦土枯枝與一片烟霧、均已燒毀無餘、有數戶均係全家遭難、無一生存、至下午二時、大火仍在燃燒、僅此一帶、死傷貧民當在三百以上、沈家廟上河街被炸、倒塌民房各三戶、死十餘人、傷廿餘、藥幫巷瑞興里倒民房兩棟、死十餘人、新新遊藝場縫紉工廠死工友數人、九如橋倒民房三棟、死十餘人、大水巷倒民房十餘棟、傷廿餘人、木廠五巷死傷三十餘人、武昌仍爲上坎被炸之武昌路附近、落彈六十餘枚、中有燃燒彈數枚、計死亡平民七十一人、傷七十七人、漢陽方面亦落數彈、但傷亡較少、敵機此次投彈地帶、均爲貧民居住地區、由此可見敵寇殘殺我國無辜平民與其不顧人道之一切暴行事實矣、

——摘自《时事新报》（重庆），1938 年 7 月 20 日

敵機轟炸武漢一帶

十九日每日新聞漢口電。倭機猛襲漢口。貧民區某廟落彈一枚。一時血肉横飛。傷斃百餘人，又漢陽貧民區中彈。民房百餘間倒塌。官方估計此次空襲。傷斃達二百餘人。

此次倭機空襲。目的在炸我飛機場。揚子江倭机每日來襲。圖燬我戰機及破我决心云。

十九日共同社漢口電。倭機二十七架襲炸武漢一帶。投彈約百五十枚。爲最激烈之空襲。我高射炮密集向空中敵機射擊。倭機不敢低飛。漢口美僑女校。險遇敵彈炸燬。幸無傷人云。

——摘自《三民晨报》，1938 年 7 月 20 日

敵機圖炸漢口飛機

—傷斃平民千一百餘

十九日聯合社漢口電。今日敵機三十二架狂炸漢口。漢陽。武昌一帶。敵机專注意武昌。漢陽兩處。四處火起。可知襲炸之烈。

敵機于拂曉時來襲。目的圖機襲炸揚子江敵艦因防時襲擊。敵机分三班。每机次第低飛以機關槍掃射 并投細彈。有六架輪流掃擊。襲炸我飛機場云。

同日共同電。據半官方報告。武漢遭倭機空襲。傷斃約千一百餘人。內漢口一處。傷亡者五百餘，武昌市立第六小學中彈。斃六十人云。

——摘自《三民晨报》，1938 年 7 月 20 日

□機廿七架

昨晨狂炸武漢三鎮

投彈百餘枚死傷平民達數百

安徽各地難民收容所慘被炸

（中央社十九日漢口電）□機廿七架、十九日晨八時分兩批進襲武漢、八時廿五分侵入武漢市空、分于武昌漢口漢陽三地投彈百餘枚、漢口被炸地帶均係貧民區域 計中山路上段循禮門死十餘人 傷十餘人、長堤街安徽會館近側延壽巷棚戶區落燃燒彈及炸彈數枚、廿餘戶盡遭焚燬、死卅餘人、傷數十人、其中有劉姓全家、祖母寡媳稚孫共四人、及鄰居七人、因四周焚燃、逃竄無路、十一人即全葬身火窟、至防護團起掘屍體時、猶見母與幼子焦爛之屍體相互緊抱、情況淒絕、寧波會館內現為安徽各地逃漢難民收容用、住有難民三百餘人、□機即在此處投彈數枚房屋大部倒塌、三百餘難民僅逃出百人左右、其餘皆葬身於瓦礫之下、逃出者身多受傷、哭聲遍地 寶慶碼頭河街棚戶二百餘均已燒燬無餘、有數戶均係全家遭難、無一生存、至下午二時大火仍在燃燒、僅此一帶、死傷貧民當在三百以上、沈家廟上河街被炸倒塌民房各三戶、死十餘人、傷廿餘、藥幫巷瑞興里倒民房兩棟、死十餘人、新遊藝場繼紉工廠死職工數人、九如橋倒民房三棟、死十餘人、大水巷倒民房十餘棟、傷廿餘人、木廠五巷死傷三十餘人、武昌仍為上次被炸之武昌路附近 落彈六十餘枚、中有燃燒彈數枚、計死亡平民七十一人、傷七十七人、漢陽方面亦落數彈、但傷亡較少、□機此次投彈地帶均為貧民居住地區、由此可見□□殘殺我國無辜平民與其不顧人道之一切暴行事實矣、

（路透社十九日漢口電）□機今晨分三隊來襲武漢三鎮、第一批九機由西南來向武昌城之中心地區投下炸彈五十枚、濃煙密佈、料平民損失甚大、因該處係人烟最密之區、未幾又有九架發現於漢陽、又投下炸彈五十枚、其目的在轟攻兵工廠者、但未命中、其所投下之彈多係燃燒彈、故引起三處大火、同時又有九架向漢口機場投五十個彈、烟塵四起、□機機乘時飛去、彼等來襲漢口時不敢低飛、故投彈殊欠准確、在漢陽投下之彈則多落於江邊人口稠密之區附近、當時有華驅逐機升空迎擊之、但飛度甚低、料□機未有何損失、警報解除後、據調查所知、漢陽兵工廠及鐵廠、絕未受損害、遭禍者祇係江邊之貧民區、其中有若干所樓房係收容由皖逃來之難民者、亦被炸中、江上之船艇、多被炸沉、單就漢陽城計、被炸斃平民約一百五十名

（路透社十九日漢口電）今晨有□機廿七架、分批來襲武漢三鎮、八時半發出警報、未幾見有□轟炸機九架飛過武昌、侵入漢口、其中六架轟炸漢陽、漢陽城內數處起火、其中又有三架轉向東飛侵襲武昌、未幾又有十八架分兩隊飛來襲攻漢口機場、但所投下之彈盡落

——摘自《南华日报》（香港），1938 年 7 月 20 日

敵寇暴行

敵機昨狂炸武漢
平民死傷千餘人
毀房屋四百餘棟

（本報特寫）日本强盜簡直瘋狂了！竟接二連三地來轟炸人煙稠密的武漢！離慘炸武昌還祇一個星期，它又來狂炸整個武漢三鎮，不但炸，而且用機關槍掃射，投燒夷彈燃燒！而它所炸，所殺，所燒的又都無例外的是無辜的平民婦孺，最最窮苦的勞動大衆！

漢口　安徽會館的左旁，是一些建築在低窪地上的殘破房屋，是苦力貧民藉此聊蔽風雨的所在。敵人在這裏無情地投下了燒夷彈，把這一帶的四五十間破屋頃刻間化爲了灰燼！當記者於解除警報後奔去視察的時候，沿途只見熱心的救護隊抬着炸傷的人往醫院去，有的炸傷了腿部，在血肉糢糊中已隱約露出了可怕的骨骼；有的傷在頭部，也有傷在背部的，但都是血污滿身，混身浸在血泊中，發出低微的呻吟。一個不滿十多的男孩子，終於因爲受傷過重，來不及受醫生的救治而死在半途了，他的媽媽搥胸拍膝地在傍痛哭着，慘呼她的孩子回來，但是白蠟般的臉孔已證明了她愛兒的小小生命已斷然地爲敵人所虐殺了！

一羣羣的男女老幼，帶着他們可憐的財物——衣被箱籠慌慌張張地奔走着；原來在安徽會館裏住有一千多個難民，他們雖幸而未遭敵寇的毒手，但目擊的慘狀已夠使他們驚心動魄而亟亟乎逃避他處了。可是在敵人漫無目標的轟炸，不，專門以平民爲轟炸目標的情狀之下，哪里還有他們的安全去處!?可不是見，一個媽媽被炸死了的難童在號哭：『好容易從敵人的砲火底下逃出來，現在叫我們又逃往哪裏去呢？』

在安徽會館的院子裏，不知從哪裏飛來了一爿腦殼，它跟一塊泥污一樣，被棄在地上，誰也不去注意牠；只有稀疏的幾根頭髮和半只耳輪才說明它曾經是一個人類生命的一部份！

在焦木散瓦下，災民們在發掘着他們的僅存的財物，可是他們失望了，敵人的兇焰已把他們的一切化爲烏有了！

在安徽會館旁邊，一個靑年在大聲叫喊：

「我的一家都被炸死了，只留了我一個人。我的命也不要了，我要跟鬼子去拼命！憑我這條命去和他拼一拼！」

到六水街看了新新遊戲場被炸的情形以後，就順道到榮寧一巷的寧波同鄉會去。寧波同鄉會是一所舊式的堅固平房，它的巨大的樑柱，結實的磚瓦，把裏面所收容着的二百多個難民大部份壓在底下了。兩位從安徽逃出來的難民，年紀都已在五十以上，也許他們受了苦難生活的磨練久已沒有流過淚了，但是這一次却老淚縱橫，嗚咽着說：「我們一家人都壓在那個角落底下了啊！快救救他們啊！』

從老遠就可以望見一片火光，一股濃烟瀰漫在西南角的天空。就在這片火光裏，新碼頭一帶爲千把人所賴以棲息的幾百間茅屋完全化成烟灰飛散在空中，酷熱的炎陽也被遮蔽得黯淡無光了。可是我們可敬的消防隊、防護團、義勇警察、壯丁隊等却冒着烈日和餘燼的灼熱，滿身站着汗水和泥污，奮勇地在工作着，想竭力減少災民們的損失。許多外國的攝影師也趕忙把這悲慘的圖畫攝入鏡頭，把日本的罪狀公佈於全世界！最使人感奮的是童子軍的英勇救護。有三個不過十一二歲的童子軍——王德鄰、金生水、陳力，在轟炸的時候，跳到襄河裏泅水救活了三個受傷的船夫

武昌忠孝門街被敵機炸死之幼童（中央）

。而上海童子軍戰時服務第一團第四隊，青年童子軍岳武穆隊和新中國幼童軍，在警報還未解除的時候，就來幫同救護，救出了很多炸傷的難民。

九如橋大夫街也落下一顆炸彈，炸毀子幾家商店。在一家棺材鋪裏，屋子裏築有避難室，很多人都被活埋在裏面了。

漢陽 也被炸了好幾處。最慘的是三碼頭跨鶴街天符街一帶。猛烈的燒夷彈不但燒毀了幾百間房子，而且活活燒死了幾十個人。幾十具厲鬼一般的屍體雜亂在灰燼中，竟分不出那是焦木，那是屍體。有幾個屍體，若不是有一副淡黃的腸臟被炸出在肚子以外，誰都不會相信他們在幾小時以前也和我們一樣是有血有肉的人類！在一個女屍體的腹下，躺着一個小貓般的尚未成形的嬰孩。這小小的生命萌芽，竟也遭到了「皇道主義者」的摧殘！（企）

（本市消息）昨晨七時餘，據報有敵機數十架，由安徽向本省邊境飛行，迨到達鄂境後，即分爲兩批分途向武漢進犯，第一批廿七架，橫越鄂南沿粵漢路北進，第二批十二架，沿長江西飛，俱於八時四十分左右，輪流侵入武漢上空，向我三鎮瘋狂投彈，並用機槍掃射平民，經我高射部隊猛烈射擊，當將敵機隊形擊散，陸續遁去。

（中央社訊）武昌被炸地段爲：抱冰堂圖書館前死一人，焚燬木料棚一座，抱冰堂心曠茶社旁死五人，傷一人。抱冰堂後山頂死一人，傷一人。熊廷弼路八十八號死一人，毀屋三棟。南嶽寺死二人，傷一人，毀屋一棟。南嶽寺後山頂死四人，傷六人。東吳家巷九號，死三人，傷四人，毀屋一棟。左旗死七人，傷三人，毀屋三棟。黃土

坡飛園毀屋 棟；隔鄰耶穌教會亦震毀一部；六十八號毀屋一棟；一〇五號死五人，傷九人，毀屋一棟；四十號榮園死一人，傷一人，毀屋四棟。洪井街八號死八人，毀屋一棟，防空壕一座。義莊後街九號毀屋一棟。永安局六號死五人，傷五人，毀屋一棟。善慧寺附近一帶曠地及山坡，死五人，傷廿五人。忠孝門街八十八號與九十號，死二人傷十二人，毀屋五棟。舒家街鐵路邊傷一人。馬蹄營郭家園死十七人，傷十人。吳家園死四人，傷三人。

漢市被炸地段爲：中山路中段循禮巷，震倒住屋十餘棟，死十餘人，傷十餘人。長堤街安徽會館右側之延壽街，敵機投炸彈及燃燒彈，棚戶廿餘戶，盡行焚燬，炸斃與燒斃約卅人，傷數十人。寧波會館內有難民約三百餘人，房屋前部全炸塌，逃出難民僅在百人左右。

灘臨漢水之齊慶碼頭河街，有棚戶二百餘戶，炸成灰燼，死傷平民約二百餘人。沈家廟上河街倒塌住屋十三戶，死十餘人，傷廿餘人。樂幫巷瑞興里震倒房屋兩棟，死傷十餘人。新新遊藝場倒塌房屋三棟，死傷十餘人。九如橋前倒塌房屋三棟，死傷十餘人。大水巷倒民房十餘棟，死傷十餘人。板廠五十巷倒屋數棟，死傷十餘人。

漢陽區內民房，昨被炸燬者達二百餘間，死傷平民百餘人，并有警士胡雲龍，甲長潘金鵬在服務段內被炸殞命。鐵門關炸燬房屋十八棟，震燬九棟，輕傷四人，斃命者七人。作坊街炸燬民房二棟，震燬十一棟，輕傷四人，重傷四人。小口巷炸燬房屋十四間，震燬六十七間，輕傷四人，重傷三人，死一人。康旺街炸燬房屋一間，震燬六間，死一人。吉慶里燬屋二間，震倒九間。老街燬屋二間，震倒廿五間，

輕傷二人，重傷一人。天符街燒燬民房一百十五間，輕傷四人，重傷六人，死十人。跨鶴街、倒民房三間，輕傷一人，死一人。二碼頭、倒民房六間。靈官殿燬屋十餘間，死傷平民十餘人。

——摘自《新华日报》（汉口），1938 年 7 月 20 日

擴大宣傳

敵炸無防城市

反侵會中國分會訂定辦法

【中央社漢口十九日電】國際反侵畧中國分會、以廿三日在巴黎舉行之國際反對轟炸不設防城市大會轉瞬即屆、爲謀充分利用國際集會擴大宣傳、以獲取國際對我之更大同情、并加強國人對抗戰必勝建國必成之信念起見、除電請總會發動各國學界一致响應外、并根據日來各方意見、計定具體辦法、並策動一切、茲將各項辦法探錄如次、一、七月廿三日召開各界各團體代表大會、（一）對被難同胞以莊嚴之儀式、表示哀悼及敬意、（二）對協助及救濟被難家屬作廣大之運動、（三）勸導民衆對防空事業踴躍捐輸、（四）勸導民衆協助政府、增進消極防空、（五）致電慰勞蔣委員長及我國空軍將士、（六）廣發反對轟炸不設防城市運動之宣傳品、（如傳單標語小冊子）、二、以上述大會名義於廿三日致電巴黎大會、响應反對轟炸不設防城市運動、對國際同情表示謝意、三、請以有效方法、積極制裁侵畧者、並對我國作物質上之援助、四、動員各宣傳機關團體、（包括報章刊物播音台電影院蹊伶民敎館等、）從事下列工作、1•廣播巴黎大會之意義、及吾人應有之認識、2•宣傳我國空防有急須加強之必要、3•宣傳各種空防常識、4•發動居留該地之外國人、一致電大會响應、

——摘自《中山日报》（广州），1938 年 7 月 21 日

日機襲湘
狂炸岳陽
共死傷八十餘人

（長沙二十日電）日機十八架，今日上午十時左右，經齊廣陽新向西飛行，嗣抵咸寧，即折轉沿鐵路線南來，越城陵磯岳陽麻塘等處，至榮家灣後，回頭向北飛去。午十一時二十分，再度侵入岳陽市空，大舉投彈轟炸，並在洞庭湖面盤旋窺視，日機於肆虐後，即三三五五分數批北遁，仍循原路逸去。據岳陽電話：日機在岳陽投彈達四十餘枚，多落岳陽樓馬路，金壇門，交通門柴家嶺一帶天主教同遭轟炸，龜山盱山河干，亦落彈多枚，計炸斃五十餘人，傷三十餘人，骨肉橫飛，令人慘絕，毀民房商店數十間，斷垣殘壁，景象極慘，并炸沉小汽艇三艘，及帆船多隻。

——摘自《晶报》（上海），1938 年 7 月 21 日

敵在佔領區內
施行毒化政策
大批烟土運滬公然專賣
在同蒲沿線售毒種鴉片

本報上海二十日專電 據英文大美晚報載稱、有波斯紅土一百四十箱、每箱藏十二兩一塊之土一百六十塊、近由日人輸入上海、此項烟土、每兩價爲七元、共值六百四十餘萬元、日本土商、現託所謂「蘇浙皖統稅局局長」設法與上海土商接洽、要求上海土商、組織一大公司承販、其條件爲由日人組織烟土警察、以防私售烟土之阻礙、又「僞財政部」亦與上海土商接洽、許其組織「禁烟局」專賣鴉片、且指定辦公處在極司非而路、[illegible]日人對於波斯土、以五元五角出售、而實價則爲七元、餘數即付掮客佣金、聞某土商、已願承販、正在與日人談判條件中、除波斯土外、他種烟土亦大量輸入上海、尤以北方來之烟土爲多、私運者、可賺二三倍之利益、上海之烟土、多由各內地運輸公司運入各地、毒害人民、

中央上海廿日路透電 巡捕房今日在某旅館內搜出鴉片十八磅、並捕獲現在徐州日本特務隊服務之韓人一名、現在南京日本特務隊之日人一名及華人男女各一、

中央社 某機關近接晉省前方電訊近來敵運到大批料面及毒品、在太原市及同蒲沿線出售、吸食者甚多、並提倡種植鴉片、靈石以北至太原沿鐵路各縣、種者極多、遍地皆是、

——摘自《时事新报》（重庆），1938 年 7 月 21 日

武漢平民被炸慘狀

一 遍地殘骸

漢陽高公橋被敵機慘炸之平民殘骸。

二 母子同難

武昌永安局街撫節堂及漢陽川主宮被敵機同時炸斃之母子遭難慘況。

三 肢焦腸流

漢口漢陽武昌被敵機投彈轟炸焚燒之殘骸慘況。

四 孩提何罪

武漢三地被敵機轟炸之嬰孩其父[illegible]之情形。

（以上照片係夏曉霞，中央社及本報記者嚴熙開周贊攝）

——摘自《武汉日报》（宜昌），1938 年 7 月 21 日

敵寇暴行

寇狂炸岳陽粵漢廣九

（中央社長沙二十日電）敵機十八架，今日上午十時左右，經廣濟、陽新向西飛行，及抵咸寧，即折轉沿鐵路綫南來，越城陵磯、岳陽、臨塘等處，至榮家灣後，回頭向北飛去，於十一時二十分，再度侵入岳陽市空，大舉投彈轟炸，並在洞庭湖面盤旋窺視，敵機于肆虐後，即三三五五分爲數批北遁，仍循原路逸去。據岳州電話，敵機在岳陽投彈達四十枚，多落岳陽樓、洞庭馬路、金墻門、天皇堂、交通門、延家嶺一帶，天主教堂同遭轟炸，鶴山月山河干，亦落彈多枚，計炸斃平民五十餘人，傷二十餘人，骨肉橫飛，令人慘絕，毀民房商店數十戶，斷垣殘壁，景象慘然，此外并炸沉小汽艇三艘，及帆船多隻。

（中央社廣州二十日電）廿日上午七時四十分，敵機廿四架，分三批先後由中山沿海面出現北飛粵漢路，潖江附近投彈十餘枚。同時在廣九路石龍附近投十餘彈，燬民房九間，外國教堂一所，亦被炸燬。十二時一刻敵機八架，分兩批又飛粵漢路潖江投轟廿餘枚。敵機肆虐後，即兩飛越過廣州上空，威脅平民，同時另有敵機九架，由汕頭海外向西北飛進，，經潮安梅縣紫金五華至樂昌投彈廿餘枚，即向東北飛去，至下午十二時卅分始飛遁出海。

——摘自《新华日报》（汉口），1938年7月21日

敵機昨闖進市郊

狂炸西村

分隊襲樂昌虎門

【中央社】敵機廿七架、昨（廿一）日自晨訖暮、分四度來襲粵北坪石、及本市西村、虎門沙角各地、茲將詳情錄下、

晨窺中山乾霧

上午七時五十分、敵機一架、由海外飛入中山乾霧上空、盤旋窺探廿分鐘、即向南飛出海外逃逸、本市未發警報、

遙襲粵北坪石

上午九時許、敵機九架、由汕頭海外飛進、東江潮梅、經興寧、五華、連和平、翁源各地、直撲粵北曲江、循粵漢路北飛樂昌、到坪石投彈十餘枚、路軌路基枕木略有損壞、敵機逞兇後、即循原路飛逸、

轟炸西村粵路

下午一時十七分、敵機十五架、由中山洋面出現、飛進萬頃沙、有一架飛虎門、在沙角附近投彈一枚、落于山嶺爆炸、我絕無損害、隨飛出海、其餘十四架直飛入本市上空盤旋、我高射砲隊、即猛烈對空轟射、砲聲隆隆、敵機以炮火犀利、即分飛隨在西村附近高空、投彈十餘枚、炸毀民房數間、傷害平民數人、各敵機繼續北飛粵漢路、到源潭迎咀兩處、各投彈數枚、路軌枕木略有損壞、旋即分隊向黃埔市橋出虎門、至下午二時四十分已飛海外、

下午再窺乾霧

下午四時、敵機兩架、又由海外飛入中山霧上空窺察、盤繞數匝、隨即向南飛遁、故本市防空當局、未有發出警報、

——摘自《中山日报》（广州），1938年7月22日

暴敵搜索男童運日

運回撫養以備補充兵額

（中央社訊）敵軍部以對我作戰以來，士兵死傷過重，現為補充其兵員計，特電令在華各軍，在佔領區內，用武力大舉搜集四歲至十歲之男童運倭，交寇軍死亡家屬撫養，以彌補人口損失，而利其兵員之補充，倭寇之欲以我國兒童撫養成人後，借以殘殺其父兄，其殘毒如此。

——摘自《新华日报》（汉口），1938 年 7 月 22 日

敵機前日擾潮汕

（中央社汕頭廿日電）敵機今竟日擾潮汕，上午七時襲饒平柘林，區立小學，及民房十餘幢被炸毀。上午八時敵水機一架，窺澄海潮陽惠來。上午九時餘，敵轟炸機九架發現於閩西，沿大埔、五華、興寧、豐順、湯坑、揭陽窺伺，下午二時過汕出海。下午三時又有敵水上機二架，襲南澳柘林，在南澳投二彈。

——摘自《新华日报》（汉口），1938 年 7 月 22 日

日機九架

狂炸長沙

死傷達三百餘人

（長沙廿二日電）日機九架，廿二日晨九時，經永修武寧修水，西來襲湘，十一時正侵入長沙市空，往返投彈兩次，約三十餘枚，十一時十二分北去。日機投彈，多集中瀏陽門及北門外，東慶街落爆炸彈燒夷彈三十餘枚，繁盛街道，頓成廢墟，日機投彈後，以機槍向下掃射，計死傷人數已發現者共三百餘人。

——摘自《晶报》（上海），1938 年 7 月 23 日

敵機昨襲武漢

宜昌昨日亦遭空襲

（中央社）漢口二十二日電，二十二日上午九時許先後據報有敵機數十架，分數批向武漢方面進襲，防空部當即發出空襲緊急警報，旋第一批敵驅逐機十二架，轟炸及九架，於十時許，侵入上空，我高射部隊猛烈射擊，敵機不敢低飛，倉皇向飛機附近投彈數十枚，均落荒郊，無損失，其他兩批各約九架，則分向宜昌長沙兩處投彈損失情形待查。

（中央社）宜昌二十二日電，敵機九架，今晨十時許竄往鄂南通城等地進襲宜昌，於十一時三十分侵入宜空，倉皇在郊外投彈二十餘枚，並與我機發生一度遭遇戰後，旋即東逸，事後調查，除傷農民五人外，餘無損失。

——摘自《新新新闻》，1938 年 7 月 23 日

俘虜日記一頁

敵寇兇殘暴露

（中央社）九江二十二日下午一時電，頃我軍□部於□□俘獲敵第□□師團急兵五百三十一名，已均遣送後方安置，中有工兵一名，據受審訊時呈出其在去歲十一月六日至三十日在金山衛登陸後之日記，閱之殊令人痛憤敵軍之太無人道，據日記稱，十一月六日在金山衛敵前登陸，即晚宿舊金山衛城，食糧僅有鹽及麥醬不能下口，黎明向西攻擊前進，十七日抵嘉興城，十九日震澤站出發，刀斬敵敗兵十九名，三十日抵八里站演習架橋工作，於是日將敵正規兵俘虜三百五十名，焚殺之，并有敵屍二百餘具，亦一同焚燒之，二十九日於廣德進軍途中遇敵方殘兵二名即就地槍決之，午後九時，又發現一名，并槍決之，三十日抵廣德，聞我汽車除受襲擊，被虜汽車二十一輛，擊死二十餘，其他傷者亦多云，（該日記止於此日）查敵軍自與我作戰以來，對我受傷之官兵及無辜之民衆，兇橫殘害，實達野蠻之極度，即就此敵軍一鱗一爪之紀載觀之，其野蠻至如此程度，亦不難窺見其一斑，與我軍處處對被俘敵軍官兵之寬厚，相去直不可以道里計，吾全國軍民對此應字字記住，永不忘印。

——摘自《新新新闻》，1938 年 7 月 23 日

敵機昨狂炸長沙

繁盛街道頓成廢墟

武漢昨又被炸我無損失

【中央社長沙廿二日電】敵機九架，二十二日晨九時許，經永修武甯修水西來襲湘，十一時正侵入長沙市空，往返投彈兩次，約卅餘枚，肆虐後，於十一時十二分離此北去，嗣往修水向九江飛逸，敵機投彈，多集中瀏陽門及北門外，計在元宵口落一彈，傷鄉農二人，螺絲塘落二彈，毀民房十餘棟，死十人，重傷七人，輕傷廿餘人，允嘉巷貧民住宅附近落一彈，孔深一丈五尺，直徑三丈，毀民房九棟，死十餘人，傷二十餘人，東慶街落星田落爆炸彈三枚，燒夷彈多枚，民房商店被燒卅餘家，並有全家遭難者，繁盛街道，頓成廢墟，血泊中之屍體，均不忍睹，北門外新河落彈八枚，死貧民七人，傷一名，朝陽沖瓜田中落重大炸彈及燒夷彈各一枚，死農民一，後山落四彈，毀農舍三間，楊家灣落五彈，震塌茅房六間，死一傷八，扶輪學校後落九彈，死四傷十餘，或血肉糢糊，或呻吟痛苦，敵機投彈後，復以機槍向下掃射，據防護團統計，死傷人數，已發現者共三百餘名，敵機有計劃轟炸不設防城市之暴行，已暴露無遺。

【中央社漢口二十二日電】二十二日上午九時許，先後據報，有敵機數十架，分數批向武漢方面進襲，防空部適時發出空襲緊急警報，旋第一批敵驅逐機十二架，轟炸機九架，於十時許侵入上空，我高射部隊，猛烈射擊，敵機不敢低飛，倉皇向飛機場附近投彈數十枚，均落荒郊，毫無損失。

【中央社廣州廿二日電】今日上午七時廿五分，敵機十五架，由中山海外飛入粵漢路，在樂同軍田兩站之間，投彈廿餘枚，均落空地，又在石坡橋投彈八枚，落水中，並在新街站之東投彈七枚，傷平民一名，九時二十五分，敵機六架，由中山海外飛進廣九路，在石龍投彈四枚，石灘落彈二枚，均落河中，十一時許飛去，又粵沿海今共有敵艦三十艘，出沒各地，無異動云。

——摘自《武汉日报》（宜昌），1938 年 7 月 23 日

粵漢廣九兩路
昨又被轟炸

（中央廣州二十二日電）今日上午七時二十五分、敵機十五架由中山海外飛入粵漢路、在樂同軍田兩站之間投彈二十餘枚、均落空地、又在石坡橋投彈八枚、落水中、並在新街站之東投彈七枚、傷平民一名、九時二十五分敵機六架由中山海外飛進廣九路、在石龍投彈四枚、石灘落彈二枚、均落河中、十二時許飛去、又粵沿海今共有敵艦三十艘、出沒各地、無異動、

——摘自《时事新报》（重庆），1938年7月23日

不斷襲南澳

（中央社汕頭廿二日電）今敵機敵艦又不斷襲南澳及饒平柘林，上午五時，敵機一架，盤旋隆澳上空，向民房擲燒夷彈。上午七時許，續有三架來犯，在青澳投二彈，隆澳擲八彈，同時海面敵艦開砲轟擊，前後數十發，青澳隆澳民房中彈起火數十間。下午二時，又有三架，襲柘林後，再襲澳投數彈，殘燼未滅，延燒愈烈，汕高處遙望可見。總計民屋被燬百餘，平民死傷多名。下午三時有二架掠過汕市，窺潮陽惠來。

——摘自《新华日报》（汉口），1938年7月23日

廣州塹口被炸罹殘屍之一部（二）（中央社廣州分社）

——摘自《新华日报》（汉口），1938 年 7 月 23 日

勿忘敵人狠毒！

日記所載盡是燒殺

廈門姦案慘絕人寰

【中央社九江廿二日下午一時電】頃我軍×部于××俘獲敵第××師團官兵五百三十一名、已均遣送後方安置、中有工兵一名、據受審訊時、供出其在去歲十一月六日至卅日在金山衞登陸後之日記、閱之殊令人痛憤敵軍之太無人道、據日記稱、十一月六日在金山衞「敵」前登陸、即晚宿舊金山衞城、食事僅有鹽及黍醬、不能下口、黎明向西攻擊前進、十七日抵嘉興城、十九日從震澤站出發、刀斬「敵」敗兵十九名、廿三日抵八里站演習架橋工作、于是日將「敵」正規兵俘虜三百五十名焚殺之、并有「敵」屍二百餘具亦一同焚燒之、廿九日于向廣德進軍、途中遇「敵」敗殘兵二名、即就地槍決之、午後九時、又發見一名、亦槍決之、卅日抵廣德、聞我汽車隊受襲、被燬軍用汽車二十輛、戰死廿餘、其他負傷者亦多云、（該日記止于此日）

查敵軍自與我作戰以來、對各受俘之官兵及無辜之民衆、兇橫殘殺、達野蠻之極度、即據此敵軍一鱗片爪之紀載觀之、其野蠻至如此程度、亦不難窺見一斑、與我軍處處對被俘敵軍官兵之寬厚、相去直不可以道里計、吾國軍民、對此應犖犖記住、永不忘却、

【中央社泉州廿二日電】廈門淪陷、已將三月、我殘留市內民衆、均爲恐怖台哦所蹂躪殘害、目下壯丁被殺殆盡、女子之遭姦汚強佔者、數以千計、全市爲慘悽恐怖籠罩、淪爲鬼域、惟見醜類張牙舞爪而已、頃有自廈逃出者爲記者述一慘劇、有閩侯籍母女兩人、陷時不及逃走、晝夜伏處、以避橫燹、一日、有寇卒及台哦四名入室搜刮、其女急登樓躲避、已爲所見、追縱而上、方強剝衣履、欲行強暴、母亦入室、意圖援手、寇猛推之墜樓下、目瞠口呆、不得死、少頃署趕、則聞其女方遭輪姦、慘叫之聲、哀絕人寰、母情急縱火焚樓、剎時狂風大作、寇哦皆焚死、母見目的雖達、而愛女受辱與敵同盡、傷痛不能獨存、亦引刀自戕、聞者無不淚下、

【中央社香港廿二日電】滬訊、某方面消息稱、日軍由于華方游擊隊之不時截獲輜重、損失頗大、最近特製一種香煙及罐頭食物、內含毒汁、下令兵士于撤退時遺下、以闘毒害華軍云、

——摘自《中山日报》（广州），1938 年 7 月 24 日

反對轟炸無防城市

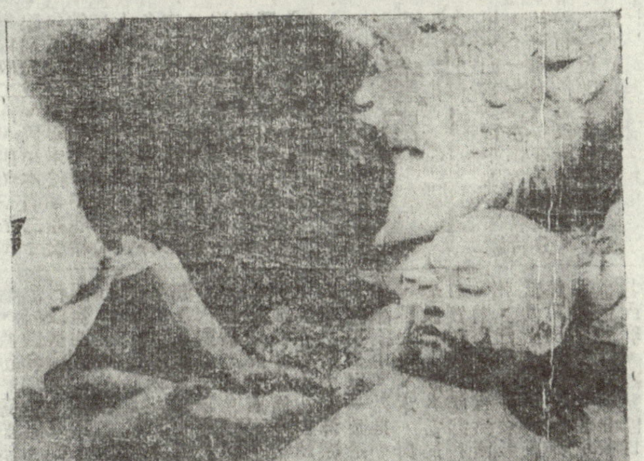

圖為（上）襄河民船被炸焚燒慘況、（中）漢口安徽會館左側之民房全部被炸焚燬、（下）武昌忠孝門街被炸死之幼童、

——摘自《中山日报》（广州），1938 年 7 月 24 日

日炸九江各地

（九江二十四日上午一時電）九江十里硯新港星子等處，二十日竟日在日機輪流轟炸中，以十餘架或七八架分批來襲，肆意投彈。九江二十三日降雨，但日機仍不斷飛來，計一日之間廿數處地方，被投彈百餘，平民死傷者，亦有三四百人，其餘各處尚未計入。

——摘自《大晚报》（上海），1938 年 7 月 24 日

日機分批襲粵湘贛

（南昌廿三日電）日機二十三日分批空襲南昌，偵察贛北，並侵入九江星子，投彈轟炸，幷散發荒謬傳單。

（廣州廿三日電）日機三十二架，廿三日分兩批進犯曲江·粵漢路沙口站．及本市北郊黃勝堂西村各地、各投彈十枚，多落田野，無大損失。

（廣州二十三電）防城急訊，二十一日日機兩架，來襲縣城、向白尾投彈四枚，毀民房燬間，民組略有死傷。

（長沙廿三日電）廿三日上午日機十七架，經贛襲湘，侵入市空，新河落二十餘彈，瀏陽河岸投彈四十餘枚，炸毀及震塌民房約三十餘棟，死平民一人，重傷二人，輕傷四人。

——摘自《晶报》（上海），1938 年 7 月 24 日

反濫施轟炸聲中

敵機分襲湘贛粵

到處大施轟炸死傷平民多人

在九江星子並散發荒謬傳單

長沙

中央長沙廿三日電 二十三日上午敵機十七架、經贛襲湘、敵機分為兩隊、共八架之一隊、於十一時廿五分首先侵入市空、另一隊九架、亦跟蹤而至、在北郊大肆轟炸、一時炸彈與高射砲聲震全市、敵機投彈後、並繞城一匝窺察、十一時四十分仍循原路向贛境逸去、據調查所得新河落廿餘彈、內有二百磅以上炸彈數枚、死傷農民各一、福壽橋落一彈未爆炸、瀏陽河岸投彈四十餘枚、炸毀及震坍民房約三十棟、死平民一人、重傷二人、輕傷四人、水陸洲河干落一彈、無損失、

南昌

中央南昌二十三日電 敵機二十三日分批空襲南昌、偵察皖北、第一次上午五時半、敵機二十架、由皖飛贛、侵入南昌、投彈二十餘枚、均落空野、我方無損失、第二次上午八時五十分、敵機十架、在贛北窺探良久、第三次敵機三架、經都昌竄往牯嶺星子德安等處盤旋、復經武甯修水銅鼓分向湘鄂邊境飛去、又敵機二三架不等、二十三日輪流侵入九江星子投彈轟炸、並散發謊謬傳單、

廣州

中央廣州廿三日電 敵機廿三日分兩批進犯曲江粵漢路沙口站及本市北郊黃勝堂西村各地、第一批敵機十五架於七時三十五分由中山海外出現、北飛虎門、增城、從此入粵漢路、在沙口投彈十餘枚、復北飛曲江站及在南門外曠地投彈三十枚、即南飛、迨至晨九時十五分、第二批敵機十七架又由中山海外飛經虎門黃埔、並飛入市、我高射砲隊即發砲轟擊、敵機即將隊形分散、向西北飛、在西村及三元里、瘦狗嶺後、黃勝堂鄉附近各投彈十餘枚、多落田野、無大損失、至十一時五十七分、各敵機肆虐後即分向南飛出海、

——摘自《时事新报》（重庆），1938 年 7 月 24 日

敵炸粵防城 投毒氣球

三鄉民中毒斃命

中央社廣州二十三日電 防城急訊、二十一日敵機兩架來襲縣城、在白龍尾投彈四枚、燬民房數間、民衆略有死傷、又附近海面原泊敵艦一艘、是日曾投放毒氣玻璃球兩枚、順水流近岸邊、鄉民不察、將一枚擊破、毒氣迷漫、當有鄉民三人中毒斃命、其餘一枚經爲鄉人埋泥土中、

——摘白《时事新报》（重庆），1938年7月24日

16,532 Chinese Civilians Killed by Japanese Planes

Wireless to THE NEW YORK TIMES.

HANKOW, China, July 23.—According to figures issued today coincident with the opening of the World Anti-Bombing Conference in Paris, 16,532 noncombatants were killed and 21,752 were wounded in China by Japanese planes from July, 1937, until June, 1938. Heavy casualties in the recent bombings of Wuhan, Canton and Swatow would materially increase those totals.

The figures show Japanese planes carried out 2,472 raids up to the end of June.

Generalissimo Chiang Kai-shek has cabled the conference his ap-appreciation for its efforts and also made an appeal on "behalf of the countless innocent noncombatants who have fallen victims to the indiscriminate attacks of Japanese aircraft."

It is reported that 34 civilians were killed and 200 wounded yesterday in an attack on Changsha. Changshu was reported raided again today, but the results were not known here at a late hour.

——摘自《纽约时报》（The New York Times），1938年7月24日

敵寇暴行

寇機昨兩次襲粵

（中央社廣州二十三日電）敵機三十二架，二十三日分兩批進犯曲江粵漢路沙口站，及本市北郊黃勝堂西村各地。第一批敵機十五架，於上午七時卅五分，由中山海外出現，北飛虎門增城從化入粵漢路，在沙口投彈十餘枚，復北飛曲江站，在南門外曠地投彈卅枚，即南飛。迨至九時十五分，第二批敵機十七架，又由中山海外飛經虎門黃埔，并飛入市，我高射砲隊即發炮轟擊，敵機即將隊形分散，向西北飛，在西村及三元里瘦狗嶺後黃勝堂鄉附近，各投彈十餘枚，多落田野，無大損失，至十一時五十七分，各敵機肆虐後，即分向南飛出海。

（中央社香港二十三日合衆電）此間今晨接廣州電話，敵機今晨又至廣州轟炸，在天河機場及西村洋灰廠附近，共擲彈卅枚。第一次空襲爲七時四十分，共飛機十五架，其後又有敵機八架，經虎門砲台上空飛往廣州，第三次敵機九架，轟炸西村天河機場甚烈，炸聲震動全市。據官方消息，粵海中敵艦已減少，西沙羣島附近，泊有敵艦八艘

——摘自《新华日报》（汉口），1938 年 7 月 24 日

母不忍愛女受敵汚辱 縱火焚寇後引刀自戕

（中央社泉州二十二日電）廈門淪陷已將三月，我殘留市內民衆，均爲惡寇台氓所蹂躪殘害，目下壯丁被殺殆盡，女子之遭姦汚强佔者數以千計，全市爲悽慘恐怖籠罩，淪爲鬼域，惟見醜類張牙舞爪而已。頃有自廈逃出者，爲記者述一慘劇：有閩侯籍母女兩人，淪陷時不及逃出，晝夜伏處，以避横暴。一日有寇卒及台氓四名入室搜刼，其女急登樓趨避，已爲所見，追蹤而上，方强剝衣履欲行强暴，其母亦入室，意圖援手，寇猛推之墜樓下。目瞪口呆不得死，少頃甫略甦，則聞其女方遭輪姦慘叫之聲，哀絕人寰，其母情急，縱火焚樓，刹時狂風大作，寇氓皆焚死，母見目的雖達，而愛女受辱，與敵同盡，傷痛不能獨存，亦引刀自戕，聞者無不淚下。

——摘自《新华日报》（汉口），1938 年 7 月 24 日

沿鐵路公路民房
敵迫令焚燬
兩旁田禾樹木一概剷除

中央潼關二十三日電 晉敵頃下令、沿鐵路公路兩側二十華里之居民房屋一概焚燬、田禾樹木一概剷法、所有原住此等區域以內之老弱壯丁、則一律征發、分令擔任夫役及補充軍隊、以絕我游擊隊活動之根源、並聞此種毒辣辦法將推行各被佔領區域云、

民革社臨縣二十三日電 ㈠我某游擊隊昨在保定五里舖襲擊敵人、斃敵十餘名、繳獲步槍十餘支、另一部襲擊平漢線之清風店車站、並將車站附近鐵路破壞、又我某縱隊在保定附近之劉沽尼、伏擊敵汽車五輛、斃敵二十餘人、汽車亦被焚燬、同時由方順橋開來敵軍一列車增援、因中途鐵路被我破壞、敵卽下車、我堵擊部隊迎頭趕來、當予以猛烈痛擊、敵不支狼狽潰退、以致平漢路沿線之敵、因懾於我游擊隊之襲擊、迫令當地人民將鐵路兩旁田禾樹木全部割倒、以防我游擊隊隱蔽其中、㈡太原之敵、最近飭沿公路各村、將公路兩旁之樹木田禾盡行割除、聲稱以防我游擊隊之襲擊、但據報似有軍事上之計劃、近敵在晉中各城市鄉鎮强拉民夫、運之南下、少壯者充軍、年老者充工、以致人民恐慌、能逃者均逃入我游擊區充當游擊、㈢敵由太原開到晉北忻縣軍車一列、滿載十三歲至二十歲之我國青年、在車站用飯後卽向北開、

——摘自《时事新报》（重庆），1938年7月24日

日機襲武漢
死七百八十

（快訊社念四日漢口電）據湖北省空防司令部發表消息，於過去十一個月中，武漢區域居民，因日機空襲而死亡者共達七百八十一人。

——摘自《大晚报》（上海），1938年7月25日

敵在滬郊
慘殺我壯丁

本報香港廿四日專電 滬訊、敵軍佔領滬郊各區後、深恐我軍潛入內地、乃飭 鎭區治安會」、舉行「淸鄉」、第一期登記、頒發「良民證」、業已結束、第二期調查、戶口是否符合、良民有無嫌疑、事實有否私藏、第三期「聯保」、正在趕辦中、其主要者、卽壯丁不許出境、每一壯丁、須有十家聯保、最近良民中被査出與一登記證」之姓名不符，認爲涉有我軍嫌疑者、遭受殺戮、以上海縣曹行鎭爲最多、計有六十九人、次爲上海縣政府所在地之北橋鎭、計有四十二人、閔行鎭二十六人、馬橋鎭四人、塘灣鎭二人、顓橋鎭一人、其未經判決而拘禁於縣政府者、共一百三十四人、恐亦難免一死、敵兵執行死法、係先令被殺者、以鐵鋤掘一方形泥潭、深可六尺許、促其躍入潭中、舉刀從頭劈下、間有六七刀而未死者、死後上蓋泥土少許、不准買棺收殮、以爲野犬之食料、

——摘自《时事新报》（重庆），1938年7月25日

敵寇暴行

粵漢路昨遭敵狂炸

（中央社廣州廿四日電）廿四日敵機廿七架，分兩批狂炸粵漢路各站，計第一批敵機十二架，于上午九時由中山縣家灣北飛，經虎門竄入，迨九時廿分，第二批敵機十七架，又趕至會同飛兩機從化縣，循粵漢路英德，在沙口河頭間投彈卅餘枚，略有損失，首批敵機旋即飛返，次批敵機仍繼續分隊北飛窺伺，未幾，循粵漢路至軍田附近投彈八枚，無大損失。敵機退出後，南飛出海，一架飛兩機，沿廣九路樟木頭惠州一帶窺察，至下午一時五十分始行遁去。

——摘自《新华日报》（汉口），1938 年 7 月 25 日

敵毒化華中

（中央社香港廿日電）三滬訊：自京滬一帶淪陷以來，日方蓄意毒化華中，積極將大批毒品輸滬，近又授意京偽組織組江浙皖禁烟總局，實行鴉片公賣，一面又物色土商組特貨公賣處，現已有范錫記、鄭峯記等著名土商多家，向偽組織接洽，聞主持者已內定為著名土商郭某。

——摘自《新华日报》（汉口），1938 年 7 月 25 日

日機襲粵 並炸粵漢路

（廣州廿五日電）廿五午十二時二十五分，至二時四十五分，日機兩批，共十八架，先後自中山海外飛來。經萬頃沙虎門，黃埔，及市空盤旋騷擾，歷時半小時以上。並在西村投二十彈，毀民房二十餘間，死傷十人。旋向粵漢路北飛，至英德，在沙口附近，投彈十餘枚，略有損失，日機旋分兩批循廣九路出海。

——摘自《晶报》（上海），1938 年 7 月 26 日

敵機昨又闖入粵市

（中央社）廣州二十五日電，二十五日午後十二時二十五分至二時四十五分，敵機兩批共十六架，先後自中山海外飛來，往萬頃沙虎門，黃浦，入市空盤旋騷擾，歷時半小時以上，并在西村投彈二十六枚，燬民房二十餘間，死傷平民十餘人，施兇後即循粵漢路北飛，至英德在沙口附近投彈十餘枚，略有損失，敵機旋分兩批，一循廣九路，一循順德三水出海。

——摘自《新新新闻》，1938 年 7 月 26 日

敵機濫炸我國統計

一年來轟炸不設防城市之統計

漢口航訊 上海文化界國際宣傳委員會對於日寇侵華戰事、曾作有各項統計、茲趁國際愛好和平人士對敵機濫炸我各大城市之舉、發出正義之呼聲、舉行反對轟炸不設防城市大會之期、特將該會所作一年來敵機轟炸我國不設防城市的統計、及一年來日機轟炸侵害第三國在華權益的統計、發表於後、

（甲）一年來敵機轟炸不設防城市統計（去年七月起至本年六月底止）

省名	飛機數	次數	投彈數	受傷人數	死亡人數
江蘇	二、三七九	四〇八	五、四八九	四、四二〇	四、一八三
浙江	一、〇九一	一九五	二、一八六	二、八九七	二、四八四
安徽	三五七	七四	一、一三二	七三八	九五三
江西	一、二〇三	一二二	二、九六一	六六八	三四八
福建	三六三	六八	九四八	二九八	二三五
廣東	六、四九二	九〇三	一一、八〇一	八、九〇一	四、八四五
河北	八六	二六	一九一	一、〇三一	一、〇一二
山東	二四九	三七	五六五	一九五	一八三
山西	五三	九	二〇四	二〇	二四
湖南	一〇〇	一五	三六九	二四一	一六〇
湖北	四九七	四四	一、五七二	一、〇八二	八二一
甘肅	二〇	二	一五	一	二八
廣西	八七	一八	二三八	二二	一六
河南	五〇一	八	一、一三一	四七八	五七三
四川	二〇	二	一四	六	
陝西	二一九	三二	一、〇五〇	一〇〇	九六
交通線	二、九九三	四二九	三、三二六	六五四	五七一
總計	一六、七一〇	二、四七三	三三、一九二	二一、七五二	一六、五三二

——被轟炸城市及交通線——

省名	被轟炸城市及交通線	數
江蘇	楓涇、周涇港、青德、宜興、金壇、南通、徐州、上海、南京、鎭江、吳縣、無錫、武進、江陰、碭山、劉堤圈、舊縣、蕭縣、丹陽、平望、眞如、句容、新安鎭、海州、如皋、浦東、江都、常熟、淮陰、運河站、連雲、溧水、嵊山、南翔、吳江、六合、戚墅堰、	三八
浙江	杭州、鄞縣、衢州、諸曁、麗水、玉環、永嘉、義烏、金華、臨浦、瑞安、蘭谿、建德、鎭海、富陽、蕭山、王店、紹興、嘉善、嘉興、硤石、長安、臨平、桐廬、崇德、閘口、艮山門、	二八
安徽	合肥、廣德、蚌埠、宿縣、六安、蒙城、符離集、安慶、南陵、舒城、桐城、壽縣、永城、津浦縣、阜陽、曹縣、大通、武城、和縣、含山、蘆樹莊、貴池、繁昌、東流、至德、銅陵、黃山、正陽關、徽州、	二九
江西	九江、弋陽、吉安、馬當、南城、玉山、贛城、南昌、永丰、淦縣、彭澤、星子、湖口、廣昌、龍南、樂安、	一六
福建	漳州、石龍、福州、長樂、廈門、泉州、建甌、浦城、漳浦、古田、澳門、龍岩、王莊鄉、	一三
廣東	廣州、汕頭、新會、北浦、石臼、蕉嶺、惠陽、南海、黃埔、淸遠、海口、順德、中山、白博寶港、馬尾、石岐、梅縣、長堤、曲三灶島、潮安、高要、翁源、虎門、博羅、佛山、樟木頭、南雄、洪山、從化、增城、韶關、容可、龍市尾、北海、府城、市橋、太平、樂昌、源潭、西塘翔、儀平、陽曲、寶安、	四四
河北	北平、天津、保定、大名、赤城、固安、蘆溝橋、青縣、廊坊、通縣、順德、琉璃河、	一二
山東	王莊、莒縣、沂水、泗水、曲阜、蒙陰、台兒莊、兗州、寧陽、齊莊、德州、濟寧、濟陽、雨下店、臨城、臨沂、鄆城、巢縣、滕縣、桑梓店、福興集、	一二
山西	太康、晉城、翼城、垣曲、	四
湖南	長沙、衡陽、醴陵、株州、新橋、耒陽、新化、	七
湖北	武昌、漢口、漢陽、襄陽、孝感、宜昌、	六
甘肅	蘭州、	一
廣西	石龍、桂林、梧州、柳州、南寧，	五
河南	鄭州、蘭封、安陽、洛陽、淮陽、新鄉、珠璣里、汴城、商邱、永城、杞縣、南陽、漳河頭、氾水縣、孝義、寧縣、八海、信陽、許昌、洧川、駐馬店、趙口、	二一
四川	重慶、安縣、	二
陝西	西安、潼關、偏關、陝縣、朝邑、咸陽、華陰、閿鄉、淸水河、	九
交通線	粵漢路、廣九路、賓太路、湖山路、廣濟路、省港路、平漢路、津浦路、隴海路、廣花公路、平綏路、同浦路、寧陽路、京滬路、粵桂交通路、滬杭路、蘇嘉路、浙贛路、	一八
總計		二七五處

——摘自《时事新报》（重庆），1938年7月26日

敵機十六架

昨兩批襲粵

中央廣州廿五日電 二十五日午後十二時二十五分至二時四十五分、敵機兩批共十六架、先後自中山海外飛來、經萬頃沙、虎門、黃埔、入市空盤旋騷擾、歷時半小時以上、並在西村投彈二十六枚、毀民房二十餘間、死傷平民十餘人、逞凶後即遁粵漢、北飛至英德、在沙口附近投彈十餘枚、略有損失、敵機旋分兩批、一循廣九路、一循順德三水出海

× × ×

——摘自《时事新报》（重庆），1938 年 7 月 26 日

敵之暴行

敵機狂炸威海衛

（中央社訊）行政院近據威海衛鄭專員報告：近來敵機在威屬各村莊，四出濫炸，平民生命財產，痛遭蹂躪，情狀極慘。四日午後一時餘，敵機一架，在南上疃投爆炸彈四枚，又燃燒彈一枚，擊斃人民四名，燬倒民房六十七間。五日上午十時，敵機飛西武林投燃燒彈四枚，傷人民五名，燬倒民房卅七間。同日上午十一時餘，又飛至北小圖投彈二枚，擊斃人民四人，傷六人，燬倒民房四十五間，同時又在南城投彈兩枚，斃人民一名，傷八人，燬倒民房十五間。九日十二時餘，敵機一架，飛溫泉湯及湯河西村各投彈二枚，溫泉湯炸倒民房二十二間，傷二人，湯河西炸倒房屋三十六間，傷三人。

——摘自《新华日报》（汉口），1938 年 7 月 26 日

平海卅餘漁民
慘遭敵寇剖腹

（中央社惠陽廿五日電）惠屬平海小漠港，今晨發現敵艦一艘，開機槍追捕我漁船，拷訊漁民，不獲結果，三十餘漁民，全遭剖腹。

——摘自《新华日报》（汉口），1938年7月26日

敵擾廣州附近

（中央社廣州廿五日合衆電）今日敵機又擾廣州附近，下午一時，敵機八架，飛至西村水泥廠附近投彈，同時另有敵機十六架，自唐家灣方面沿海岸向北飛去，粵漢路方面亦發現敵機八架，午後二時半，本市上空又聞敵機飛過，但未投彈。

——摘自《新华日报》（汉口），1938年7月26日

敵在哈德門烟內
注射毒汁
謀害我軍民

（中央社西安廿五日電）據晉省方面所俘敵兵供稱，敵因我軍民抗戰英勇，乃陰謀謀害，在哈德門烟內，注入毒汁，吸者身體健壯，待後毒發，其健强大減；嗣經檢查，在烟包印文左上方，發現針刺補跡。

——摘自《新华日报》（汉口），1938年7月26日

敵機濫炸我國統計

外人生命財產損失約略數字（續）

（乙）一年來日機轟炸侵害第三國在華權益的統計

日本軍閥嗾使其獸性空軍、專向我國不設防城市濫施轟炸、尤其專向中外雜處人口稠密之大都大肆屠殺、即外人慈善機關及文化機關、亦多被摧毀、此種違反國際公法及不顧人道之行爲、唯日本空軍始能出之、茲將一年來日機轟炸侵害第三國在華的權益分別述之如下、

一・侵害第三國的主權

日機轟炸侵害第三國在華的主權共計六次、

㈠侵害英國的主權三次、

㈠一九三七年八月二十日滬西英豐田紗廠被日機轟炸時、英兵一名被炸傷、㈡八月二十六日、英大使許閣森自京至滬、駛過無錫、被日機炸傷、㈢十二月五日機炸蕪湖英輪時、很多的炸彈片落在英艦「女鳥號」上、

（二）侵害美國的主權二次、㈠一九三七年十月二十四日、上海美國海防區被日機轟炸、海軍人員被炸死傷者多人、㈡十二月十二日、美艦「巴納號」在安徽和縣江面被日機炸沉、同時美兵罹難、

（三）侵害義國的主權一次、一九三七年十月十九日、義國大使館武官利比齊乘汽車由京駛滬、至蘇州附近、被日機炸壞汽車、

二・傷害第三國人民的生命

日機轟炸傷害第三國在華人民的生命、死十七人、傷二十五人、

（一）傷害美國人民的生命、死十三人、傷十九人、㈠一九三七年八月二十二日、中央社電、日前南通美基督醫院護士二人被日機炸傷、㈡十二月十二日、「巴納號」艦員一人被日機炸死、十二人被炸傷、㈢十月二十四日上海美海軍防區海軍人員十人被日機投彈炸死、㈣一九三八年二月十日、蘭封曹崗附近美女教士一人被日機投彈炸死、㈤三月十日、山東滕縣美教士一人被日機炸死、五人被炸傷、

（二）傷害英國人民的生命、死一人傷五人、㈠一九三七年八月二十日上海英豐田紗廠英兵一人被炸傷、㈡八月二十六日、英大使許閣森被日機炸傷、㈢十一月十一日、上海呂班路英籍記者一人被日機炸死、㈣十二月五日、蕪湖英輪『德和號』和躉船被炸時、傷船長技師船員三人、

（三）傷害義國人民的生命、死三人、㈠一九三七年十二月十二日、『巴納號』被炸時、炸死義國訪員桑德利一人、㈡一九三八年三月八日、鄭州義籍教士二人、被日機炸死、

（四）傷害法國人民的生命一次、㈠一九三八年六月六日廣州、珠江橋畔中國岸上之法國醫報被炸、法籍外科醫生泰萊受傷、

三、侵害第三國人民的財產

日機轟炸第三國在華人民的財產十三次、

——摘自《时事新报》（重庆），1938 年 7 月 27 日

敵機狂炸九江岳陽

沿途難民死傷甚多

【中央社南昌二十七日電】二十七日敵機在九江至瑞昌間及九江至德安間，狂施轟炸，投彈二百餘枚，由九江退出難民，沿途死傷甚多，德安城內落重量炸彈，彈十餘枚，城中大火，天主教堂被燬。

【中央社岳陽二十七日電】敵機九架二十七日上午十一時，再度飛岳陽狂炸，在火車站附近計投彈二十餘枚，炸燬商店民房七十餘棟，死傷四十餘人。

——摘自《国民公报》（重庆），1938年7月28日

敵機轟炸我國統計（三）

上海文化界國際宣傳委員會製

【交通線】粵漢路，廣九路，寶太路，潮汕路，廣汕路，省港路，平漢路，津浦路，隴海路，廣花公路，平綏路，同蒲路，寧陽路，京滬路，粵桂交通線，滬杭路，蘇嘉路，浙贛路。（一八）

總計——二七五處

（一）侵害英國的主權三次，（一）一九三七年八月二十日滬西英豐田紗廠被日機轟炸時，英兵一名被炸傷，（二）八月廿六日，英大使許閣森自京至滬，駛過無錫被日機炸傷，（三）十二月五日日機炸蕪湖英輪時，很多的炸彈片落在英艦「女島號」上。

（二）侵害美國的主權二次，（一）一九三七年十月二十四日，上海美國海防區被日機轟炸，海軍人員被炸死傷者多人，（二）十二月十二日美艦「巴納號」在安徽和縣江面被日機炸沉，同時美兵罹難。

（乙）一年來日機轟炸侵害第三國在華權益的統計。

日本軍閥嗾使其獸性空軍，專向我國不設防城市濫施轟炸，尤其專向中外雜處人口稠密之大都市屠殺，即外人慈善機關及文化機關，亦多被摧毀，此種違反國際公法及不顧人道之行為，唯日本空軍始能出之。茲將一年來日機轟炸侵害第三國在華的權益分別述之如下：

一。侵害第三國的主權

日機轟炸侵害第三國在華的主權共計六次。

（三）侵害義國的主權一次：一九三七年十月十九日，義國大使館武官利比齊乘汽車由京駛滬，蘇州附近，被日機炸壞汽車

二，傷害第三國人民的生命

日機轟炸傷害第三國在華人民的生命，死十七人，傷二十五人。

（一）傷害美國人民的生命，死十三人，傷十九人，（一）一九三七年八月二十二日，中央社電，日前南通美基督醫院護士十二人被日機炸傷，（二）十二月十二日，「巴納號」艦員一人被日機炸死，十二人被炸傷，（三）十月二十四日上海美海軍防區海軍人員十人被日機投彈炸死，（四）一九三八年二月十日，蘭封曹縣附近美女教士一人被日機投彈炸死，（五）三月十日，山東滕縣美教士一人被日機炸死，五人被炸傷。

（二）傷害英國人民的生命，死一人，傷五人，（一）一九三七年八月二十日上海英豐田紗廠英兵一人被炸傷，（二）八月二十六日英大使許閣森被日機炸傷，（三）十一月十一日，上海呂班路英籍記者一人被日機炸死，（四）十二月五日，湖蕪英輪「德和號」和躉船被炸時，傷船長技師船員三人。

（三）傷害義國人民的生命，死三人，（一）一九三七年十二月十二日，「巴納號」被炸時，炸死義國訪員桑德利一人。（二）一九三八年三月八日，鄭州義籍教士二人，被日機炸死。

（四）傷害法國人民的生命一次。（一）一九三八年六月六日廣州，珠江橋畔中國岸上之法國醫院被炸，法籍外科醫生泰棻受傷。

三。侵害第三國人民的財產

日機轟炸第三國在華人民的財產十三次。

（一）侵害英國人民的財產六次。（一）一九三七年九月八日，上海閔行英遊艇一艘被炸。（二）九月二十二日，南京英商和記洋行被炸。（三）九月二十八日，徐州英商亞細亞火油公司被日機轟炸，（四）十月十四日，上海英商電料店被炸，（五）十二月五日，日本重轟炸機及驅逐機各二架，轟炸英商協和公司的德和輪，該輪起火焚燬，另有一彈擊中英商太古公司的大通輪及其停泊的躉船。（六）十二月五日，蕪湖日機炸燬江邊漆有英國旗的某貨棧。

（二）侵害美國人民的財產三次，（一）一九三七年，美孚油輪三艘被日機轟炸沉沒，（二）一九三八年三月三十日，惠州日機用機槍掃射美籍牧師所乘的汽車，被射中五彈，（三）六月二十一日，日機轟炸梧州，美國美孚行之美孚油倉，被落三彈，當時起火焚燒，損失甚大。

（三）侵害德國人民的財產二次，（一）一九三七年九月八日，上海閔行德遊艇一艘被炸。（二）十月十四日，滬西滬杭路旁，德僑房屋三棟，被日機炸燬。

（四）侵害法國人民的財產一次，（一）一九三七年九月八日，上海閔行法遊艇一艘被炸。（五）侵害義國人民的財產一次，（一）一九三七年十月十九日，義大使館武官利比齊乘汽車由京至滬，至蘇州附近，汽車被日機炸燬。

四，摧毀第三國的宗教慈善及文化機關

日機轟炸第三國在華的慈善團體及宗教文化機關共十一次。

（一）摧毀美國的宗教及文化機關九次（一）一九三七年九月十四日，惠州美教會及惠陽醫院被日機轟炸（二）一九三八年一月一日，廣州美國設立美華協和兩教會學校被日機轟炸（三）五月二十四日潮州美長老教會被日機轟炸，受損甚重，各屋頂均漆有美國旗，附近亦無華軍（四）五月二十八日，海州美長老教會又被轟炸（五）廣州美人所辦之嶺南大學，被日機轟炸，中三彈（六）六月十二日武昌美國聖公會所辦之希理達女子中學，屋頂漆有五十英尺長之美國旗，日機竟亦視為轟炸目標，集中投彈，校內落二彈，毀房屋二棟。（七）六月十五日青島西北五十英里之平度，被日機轟炸，美國浸禮會小學校被炸。校舍受損頗重。又女子小學校園內亦落二彈。（八）六月十六日，廣州美國傳道會設立之聖希利達女校校舍全炸毀。（九）六月十七日，梧州美國耶穌教會被日機轟炸，炸毀房屋一部。（二）摧毀德國宗教機關一次，一九三七年十月六日清遠德教堂幾全被炸燬。（三）摧毀法國慈善團體一次。一九三八年六月六日廣州珠江橋畔中國岸上之法國醫院房屋，全部被炸毀。

一九三八年六月三十日

國際宣傳委員會統計（完）

——摘自《国民公报》（重庆），1938年7月28日

敵機濫炸我國統計

外人生命財產損失約略數字

（續）

(一)侵害英國人民的財產六次、㈠一九三七年九月八日、上海閔行英遊艇一艘被炸、㈡九月二十二日、南京英商和記洋行被炸、㈢九月廿八日、徐州英商亞細亞火油公司被日機轟炸、㈣十月十四日、上海英商電料店被炸、㈤十二月五日、日本重轟炸機及驅逐機各二架、轟炸英商協和公司的德和輪、該輪起火焚燬、另有一彈擊中英商太古公司的大通輪及其停靠的躉船、㈥十二月五日、蕪湖日機炸毀江邊漆有英國旗的某貨棧、

(二)侵害美國人民的財產三次、㈠一九三七年、美孚油輪三艘被日機轟炸沉沒、㈡一九三八年三月三十日、惠州日機用機槍掃射美籍牧師所乘的汽車、被中五彈、㈢六月二十一日、日機轟炸梧州、美國美孚行之美孚油倉被落三彈、當時起火焚燒損失甚大、

(三)侵害德國人民的財產二次、㈠一九三七年九月八日、上海閔行德遊艇一艘被炸、㈡十月十四日、滬西滬杭路旁、德橋房屋三棟、被日機炸燬、

(四)侵害法國人民的財產一次、㈠一九三七年九月八日、上海閔行法遊艇一艘被炸、

(五)侵害義國人民的財產一次、一九三七年十月十九日、義大使館武官利比齊、乘汽車由京至滬、至蘇州附近、汽車被日機炸毀、

四、摧毀第三國的宗教慈善及文化機關、日機轟炸第三國在華的慈善團體及宗教文化機關共十一次、

——摘自《时事新报》（重庆），1938 年 7 月 28 日

敵機昨日

狂炸岳陽

圖襲武漢未逞

【中央社漢口廿七日電】據報有廿七日上午十時許，敵機十九架，分爲兩批，由皖境向鄂航進，有犯武漢模樣，我防空當局，適發佈警報，並嚴加嚴備，嗣第一批敵機九架，橫越鄂南，逕向長沙岳州侵襲，第二批九架，於竄抵武漢附近，見我有備，且因氣候惡劣，一盤旋時許，僅在賀勝橋附近投彈後，仍循原路逸去。

【中央社岳陽廿七日電】敵機九架，二十七日上午十一時，飛岳狂炸，火車站附近，投彈二十餘枚，炸毀商店民房七十餘棟，死傷四十餘人。

——摘自《武汉日报》（宜昌），1938 年 7 月 28 日

敵在溧陽姦淫擄掠

（中央社青陽廿七日電）金壇一帶敵，至溧陽各村莊姦淫擄掠，無惡不作，民衆憤怒。

——摘自《新华日报》（汉口），1938 年 7 月 28 日

敵寇暴行

倭寇下辣手注射毒針

正太平漢沿線我同胞遭難

（中央社鄭州廿七日下午一時電）石家莊駐敵梅津部五六千，有北陞模樣。數日來沿正太平漢北段敵軍，對我沿綫民衆二十至五十歲之男女，一律强迫注射毒針，據報，敵因黄河北岸空虛，爲預防我游擊部隊襲攻，并擴大勢力，特藉此毒辣手段，迫令我無辜民衆供其驅使，無敢反抗

——摘自《新华日报》（汉口），1938 年 7 月 28 日

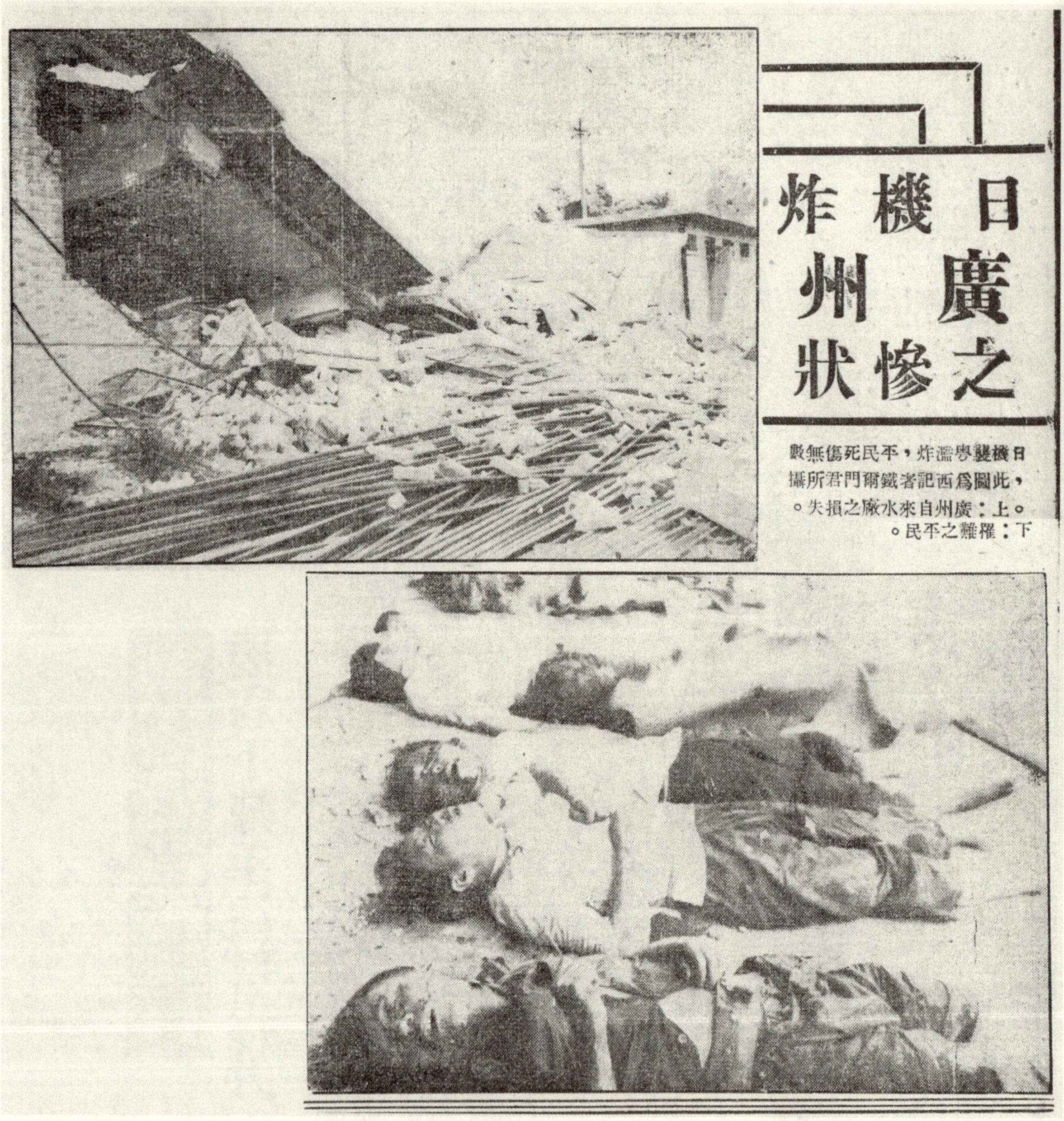

日機炸廣州之慘狀

日機襲粵濫炸，平民死傷無數，此圖爲西記者鐵爾門君所攝。上：廣州自來水廠之損失。下：罹難之平民。

——摘自《大晚报》（上海），1938 年 7 月 29 日

去年七月至今年六月

寇機投彈達三萬枚

我死傷平民近四萬

漢口二十五日電；自去年七月起，至本年六月止，寇機在我國境轟炸次數最多，第一次為廣東，計共九〇二次，死傷人數一三七四六，其次為江蘇，計共四〇八次，死傷人數為八六〇三，湖北則為四四次，死傷人數一〇八二人，甘肅四川較少，各二次，四川傷六人，甘肅傷一人，死二十八人，總計全國各地被轟炸二四七二次，投彈三三一九二枚，傷二一七五二人，死一六五三二人，外人死傷四十二人。

——摘自《泸县民报》，1938 年 7 月 29 日

敵飛機襲炸湖南岳州

廿八日聯合社漢口電。今日美國總領事館接到報告。謂湖南岳州美國改良教會昨日被敵機轟炸。畧有損失。岳州在漢口長沙之間。昨日敵機空襲。民房及鐵路車站畧有損失。平民死傷者頗衆云

——摘自《三民晨报》，1938 年 7 月 29 日

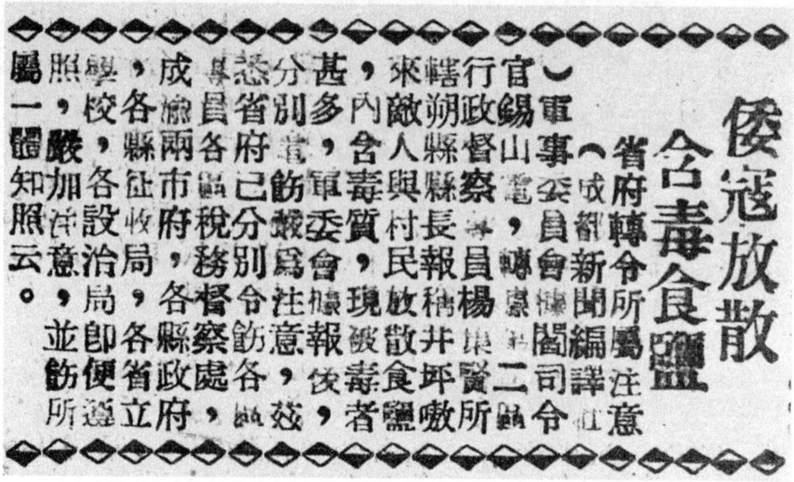

倭寇放散含毒食鹽

省府轉令所屬注意

（成都新聞編譯社）軍事委員會據閻司令官錫山電，轉據第二區行政督察專員楊集賢所轄朔縣縣長報稱，井坪[illegible]來敵人與村民放散食鹽，內含毒質，現發毒者甚多，軍委會據報後，分別電飭嚴爲注意，茲悉省府已分別令飭各區專員、各區稅務督察處，成渝兩市府，各縣政府，各縣征收局，各省立學校，各設治局，即便遵照，嚴加注意，並飭所屬一體知照云。

——摘自《新新新闻》，1938 年 7 月 30 日

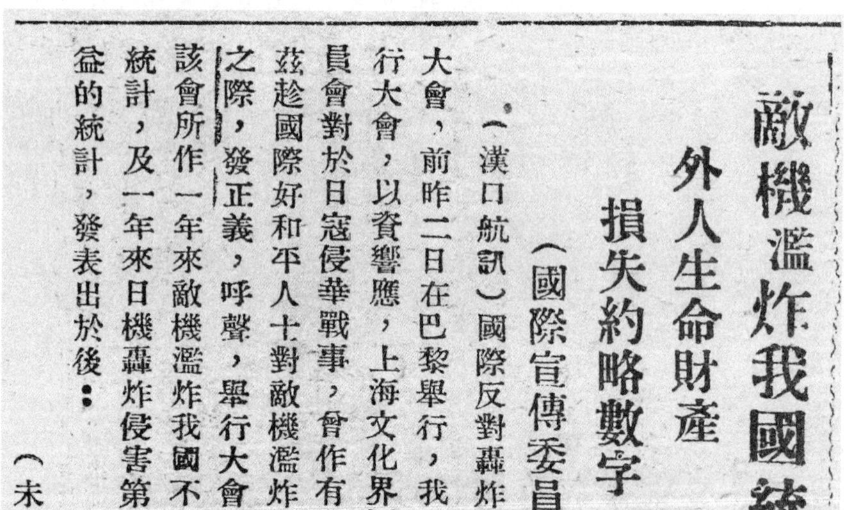

敵機濫炸我國統計

外人生命財產損失約略數字

（國際宣傳委員會統計）

（漢口航訊）國際反對轟炸不設防城市大會，前昨二日在巴黎舉行，我國各地亦舉行大會，以資響應，上海文化界國際宣傳委員會對於日寇侵華戰事，曾作有各項統計，茲趁國際好和平人士對敵機濫炸我各大城市之際，發正義，呼聲，舉行大會之期，特將該會所作一年來敵機濫炸我國不設防城市的統計，及一年來日機轟炸侵害第三國在華利益的統計，發表出於後：

（未完）

——摘自《泸县民报》，1938 年 7 月 30 日

敵機濫炸我國統計

外人生命財產損失約略數字

國際宣傳委員會統計「續」

甲，一年來敵機炸我，不設防城市之統計茲將去年七月起至本年六月月止，根據各省市調查及報紙所得登載統計之結果如下

省名	飛機數	次數
江蘇	二，三七九	四〇八
浙江	二，〇九一	一九五
安徽	二五七	七四
江西	一，二〇三	一二二
福建	三六三	六八
廣東	六，四九二	九〇三
河北	八六	二六
山東	二四九	三七
山西	五三	九
湖南	一〇〇	一五
湖北	四九七	四四
甘肅	二〇	二
廣西	八七	一八
河南	五〇一	八八
四川	二〇	二
陝西	二一九	三二
交通線	二，九九三	四二九
總計	一六，七一〇	二，四七二

投彈數	受傷人數	死亡人數
五，四九九	四，四二〇	四，一八三
二，一八六	二，八九七	二，四八四
一，一三二	七三八	九五三
二，九六一	六六八	三四八
九四八	二九八	二三五
一一，八〇一	八，九〇一	四，八四五
一九一	一，〇三一	一，〇一二
五八五	一九五	一八三
三〇四	一二〇	二四
三六，八	二四	一六〇
一，五七二	一，〇八二	八二一
一五	一	二八
三三八	二二	一六
一，一三一	四七八	五七一
一四	六	
一，〇五〇	一〇〇	九六
三，三二六	六五四	五七一
三三，一九二	二一，七五	一六，五三二

被轟炸城市及交通綫

『江蘇』楓涇，周涇港，青德，宜興，金壇，南通，徐州，上海，鎮江，吳縣，無錫，武進江陰，碭山，劉堤口，舊縣，蕭縣，丹陽，平望，眞如，句容，新安鎮，海州，如皋，浦東，江都，常熟，淮陰，運河站，連雲，溧水，崑山，南翔，吳江，六合，戚墅，（三八）

——摘自《泸县民报》，1938 年 7 月 31 日

敵機濫炸我國統計

外人生命財產損失約略數字

國際宣傳委員會統計「續」

（浙江）杭州，鄞縣，衢州，諸暨，麗水，玉環，永嘉，義烏，金華，臨浦，瑞安，蘭谿，建德，鎮海，富陽，蕭山，王店，紹興，嘉善，嘉興，硤石，長安，臨平，桐鄉，崇德，閘口，良山門，二五（安徽）合肥，廣德，蚌埠，宿縣，六安，蒙城，符離集，安慶，南陵，舒城，桐城，壽縣，永城，津浦路，阜陽，曹縣，大通，武城，和縣、含山，棗樹莊，貴池，繁昌，東流，至德，銅陵，黃山，正陽關，徽州，二九江西，九江，弋陽，吉安，馬當，南城，玉山、贛城，南昌，永豐，淦縣，彭澤，星子，湖口，廣昌，龍南，樂安，一六福建，漳州，石龍，福州，長樂，廈門，泉州，建甌，浦城，漳浦，古田，澳門，龍崖王莊鄉，一三廣東，廣州，汕頭，新會，北口，石臼，焦嶺，惠海，南海・黃口，清遠，海口，順德，中山，白博，賀港，馬尾，石岐，梅縣・長堤，曲江・三灶島，安島要，翁源，虎門、傅羅，佛山，樟木口，南雄，洪山，從化，增城，韶關，容口，龍口尾，北海，府城，市橋，太平，樂昌，灝潭，西塘鄉，饒平，陽曲，寶安，迴四。河北，北平，天津，保定，大名，赤城，固安，盧溝橋，青縣，廊坊，通縣，順德，琉璃河，一六。山東，王莊，莒縣，沂水，泗水，曲阜，蒙陰，台兒莊，兗州，當陽，大東莊，德州，濟甯，濟陽，兩下店，臨城，臨沂、鄆城，集縣滕縣，桑梓店，福興集，一二。山西，太康，晉城、芮城，遼縣，四。湖南，長沙，衡陽，醴陵，株州，新橋，萊陽，新化，七。湖北，武昌，漢口，漢陽，襄陽，孝感，宜昌，六、甘肅、蘭州，一。廣西，口龍，桂林，梧州，柳州，南甯，五。河南，鄭州，蘭封，安陽，洛陽，淮陽，新鄉，珠恐里；汴城，商邱：永城，杞縣，南陽，漳河頭，汜水縣，孝豐，甯縣，八海・信陽，許昌，洧川，馹馬店，趙口，二二。四川，重慶，安縣，二。

——摘自《泸县民报》，1938年8月1日

寇不顧公法人道
又施用毒瓦斯
企圖縮減我抗戰力量

潼關卅一日電，近敵在各戰線不顧公法人道，施用摧淚性瓦斯作戰，企減少我軍抗戰力量，日來某部在陽城西北之義城與敵激戰甚烈，斃敵甚多，我亦傷亡王百餘，各傷兵均重毒瓦斯，已險已無可救濟云，

——摘自《泸县民报》，1938年8月1日

敵軍在長興 殺人而食
獸兵獸行滅絕人性

中央浮梁三十一日電 中倭戰事、已一年有餘、此期間敵軍所創造姦淫慘殺之記錄、在人類歷史上堪稱空前絕後、吾每見報載敵軍之獸行、愕然不敢置信、殊不知敵軍之滅絕人性、卽原始神話中亦未之前、聞最近我某戰區某司令部獲得敵兵日記一冊、檢閱之下、竟發見有宰殺我平民爲祭祀、甚至炙肉而食之野獸行爲、該日記爲阿部隊門馬忠男、時間爲三月十七日、地點長興附近、其原文曰「聞分隊士兵言架橋時、曾殺支那人爲血祭」、又曰「午後七時晚餐時、於第四分隊殺支那人炙其肉而食之、共食五人、皆爲平民」、吾人應感謝此獸兵、留此珍貴之記錄爲我同胞之警惕、現此日記此攝影中、不久全文卽可展現於中外人士之目前矣、

——摘自《时事新报》（重庆），1938年8月1日

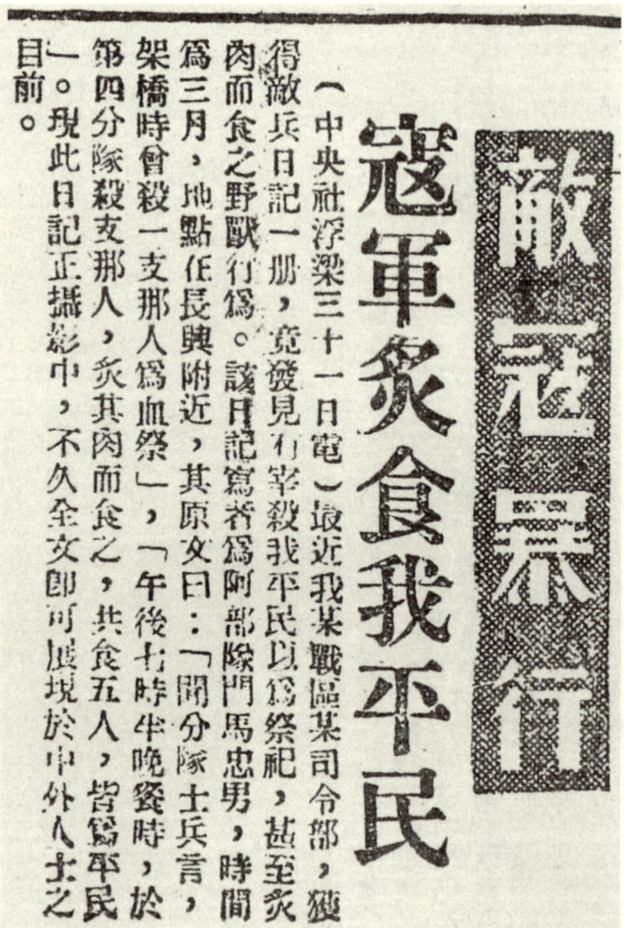

敵之暴行

寇軍炙食我平民

（中央社浮梁三十一日電）最近我某戰區某司令部，獲得敵兵日記一册，竟發見有宰殺我平民以爲祭祀，甚至炙肉而食之野獸行爲。該日記寫者爲阿部隊門馬忠男，時間爲三月，地點在長興附近，其原文曰：「開分隊士兵言，架橋時曾殺一支那人爲血祭」，「午後十時半晚餐時，於第四分隊殺支那人，炙其肉而食之，共食五人，皆爲平民」。現此日記正攝影中，不久全文卽可展現於中外人士之目前。

——摘自《新华日报》（汉口），1938 年 8 月 1 日

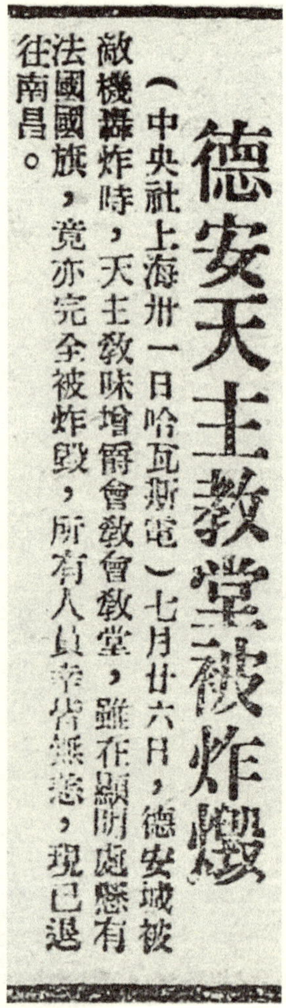

德安天主教堂被炸燬

（中央社上海卅一日哈瓦斯電）七月廿六日，德安城被敵機轟炸時，天主教味增爵會教會教堂，雖在顯明處懸有法國國旗，竟亦完全被炸毀，所有人員幸皆無恙，現已退往南昌。

——摘自《新华日报》（汉口），1938 年 8 月 1 日

敵機濫炸我國統計

外人生命財產損失約略數字

國際宣傳委員會統計「續」

（一）侵害英國的主權三次，一，一九三七年八月二十日滬西英豐田紗廠日機轟炸時，英兵一名被炸傷，二，八月二十六日，英大使許閣森自京至滬，駛過無錫，被日機炸傷，三，十二月五日日機炸蕪湖英輪時，很多的炸彈落在英艦『女鳥號』上。

（二）侵害美國的主權二次、一，一九三七年十月二十四日上海美國海防區被日機轟炸，海軍人員被炸死傷者多人，二、十二月十二日，美艦『巴納號』在安徽和縣江面被日機炸沉同時美兵罹難，

（三）侵害義國的主權一次，一九三七年十月十九日，義國大使館武官利比齊乘汽車由京駛滬，至蘇州附近，被日機炸毀汽車

——摘自《泸县民报》，1938 年 8 月 2 日

敵在安慶擄掠兒童

（中央社廬城一日電）敵在安慶，連日到處擄掠我國四歲至十歲兒童甚多，聞係運回敵國，補償其作戰損失之人口。

——摘自《新华日报》（汉口），1938 年 8 月 2 日

敵機襲信陽

死傷平民數十燬房百餘

中央信陽二日電　二日上午十時許、敵機十八架先後空襲信陽、當敵機飛達市空時、我高射部隊猛烈射擊、敵機未敢低飛、在市區盤旋一匝、乃先後在車站一帶投彈二十餘枚、毀民房百餘間、死傷平民數十、餘無甚損失、敵機投彈後、卽向固始方面逸去、十一時半解除警報、

廣九路昨被炸我無損失

中央廣州二日電　市民未聞空襲已告一週、詎二日下午三時五分、空襲警報嗚嗚作響、據報有敵機十五架又肆虐、首批六架、次批九架、先後由中山海外飛來、分沿寶安、深圳、虎門、轉入廣九路、到樟木頭站、向該處附近交通地帶投彈數枚、均落田間、無損失、各敵機旋飛至橫瀝常平投彈十餘枚、敵機逞兇後、隨於下午四時南飛出海、未幾敵機復於下午四時二十五分作第二次進犯、由中山海外北飛至中山縣泥灣上空盤旋、有所窺伺、旋於下午四時四十分飛竄、又本省沿海敵艦、截至一日計共十九艘、分泊桁林以至赤田一帶海面、均無異動、

——摘自《时事新报》（重庆），1938年8月3日

敵寇暴行

日寇迫我壯丁當炮灰

（中央社浮梁二日下午一時電）敵此次進犯太湖宿松一

……

帶，所部士兵大部係我東北及山東同胞，每當作戰之際，均將我同胞配置最前綫，以當砲灰，而由少數敵軍官，厲督戰，敵此種狠毒暴行，實堪髮指

（中央社福州二日下午一時電）敵自發動侵略戰爭以來，在南北各戰場，多施行「以中國人殺中國人」之毒辣手段，近則此種手段，較前益厲。上月廿九日，盤據廈門之敵，實以所強迫征發之金門壯丁一千餘人，向我澳頭劉五店方面攻擊，當經保安團及壯丁隊擊斃二百餘，傷百餘，而當敗退之際，敵督戰官兵復在後方，用機槍掃射，致該部壯丁，幾全數死亡，敵軍如此橫暴獸行，僞軍及廈門民衆，聞之均憤慨萬狀。

（中央社廬城二日電）敵在懷寗連日搜索壯丁，強令服兵，我民衆不堪其擾，均紛抗拒。

——摘自《新华日报》（汉口），1938年8月3日

敵刼北平古物運送出關

（中央社香港二日上午八時電）津訊：北平自淪陷後，敵對平市所存吾國一切具有歷史文化價值之寶物圖書儀器等，即時起覬覦之念，昨竟強迫僞組織將平市古物陳列全部珍貴寶物交出，用大批特製鐵箱裝配，由火車運往關外，約有三四列車，其餘市內公私各方所藏各種寶物圖書儀器等，聞敵復擬於最近廣事蒐集，繼續裝運出關。

——摘自《新华日报》（汉口），1938年8月3日

短評

敵迫我壯丁當砲灰

日寇此次進犯太湖宿松，多利用我東北及山東同胞打最前綫。敵在金門曾強迫徵發壯丁千餘人，攻擊澳頭，並在後面以機槍掃射督戰，致該部壯丁，全數死亡。在其他淪陷區域內，敵到處強迫抽丁，實行「以中國人殺中國人」，以中國的人力物力滅亡中國之毒辣手段。

這是目前一個萬分嚴重的問題。敵人愈向我內地深入，其對我同胞這種殘酷迫害，自必更加厲害。這些事實更應促進我同胞的民族覺悟，肅清他們苟安偷生的心理，使他們認識除誓死抵抗外，絕無生路可言。我們應將這種真理在同胞中，作廣泛的宣傳，號召他們熱烈從軍，參加保衛祖國的戰鬥，並且如我軍萬一撤退時，則一切壯丁都隨軍撤退，不被敵人利用；在敵佔領區域裏，則拒抗敵人抽丁，把所有的壯丁，都組織到游擊隊裏去，協助我正規軍隊，打擊敵人。

——摘自《新华日报》（汉口），1938年8月3日

日機犯漢轟炸機場

鬧市亦被炸死傷數必多
彈均不中的機場損失微

（本報今日香港專電）漢訊：今晨漢口又起警報，旋即有日機二三十架左右飛臨上空，逕向飛機場襲擊，中有轟炸機十八架，由驅逐機作掩護。機場附近道路受損甚重，蓋日機所投炸彈，均不能中的，致落於機場附近者甚多。繼而日機又向鬧市轟炸，死傷幾何雖尚未悉，但預料當極重大。日機此次空襲，我機未曾起飛對戰，同時高射砲隊亦未向日機轟擊云。

——摘自《大晚报》（上海），1938年8月4日

敵機襲漢機場畧有損失

—敵機炸斃海關英籍關員

二日共同社上海電。今日倭爆炸機十八架。追逐機十架。衝入市空。向漢口飛機場投彈。場上畧有損失。倭機隨在空間盤旋，復投彈四十餘枚。彈多落附近民房。

敵機又飛市北鐵路站。貨倉及工廠地帶。復襲漢水附近之國軍防禦工事。

據可靠消悉。倭機襲漢口東三十里之海關艦。炸斃該艦英籍關員古勞利。傷數人。

漢口南揚子江沿岸。國軍堵擊倭軍。敵不得逞。刻派機來襲我防禦工事。我方報告謂揚子江沿岸二百里。遭敵機襲炸。傷輪船十四艘。內砲艦二艘。倭機襲田家鎮。廣濟。蘄春。龍坪。馬頭鎮等處。

我方報告謂我在九江上游十里地方毀堤岸。河水汎濫。敵從山內派援兵三萬人。開到揚子江陣地。倭方以滿俄邊境局勢嚴重。圖急陷漢口。國軍現在倭軍後力陣綫抄襲。敵軍不得逞云

——摘自《三民晨报》，1938年8月4日

敵機炸燬海關輪船一艘

三日共同社上海電。今日敵機轟炸揚子江沿岸國軍防線。炸毀中國海關輪一艘。斃英籍關員。英國砲艦蚋號報告。謂海關輪在漢口下游二十九里停泊。倭機六架擲彈。一彈中輪。即時焚燬。輪上關員落艇逃生。倭機復低飛。以機關槍掃射．斃英籍關員古勞利及華關員兩人云．

——摘自《三民晨报》，1938年8月4日

ATTACK ON CHINESE CUSTOMS SHIP

BRITISH CAPTAIN KILLED

FROM OUR OWN CORRESPONDENT

SHANGHAI, Aug. 3

During extensive bombing operations in the Yangtze area yesterday Japanese seaplanes attacked a Chinese Maritime Customs cruiser 36 miles below Hankow; the British commander, Captain J. T. C. Crawley, the Chinese second engineer, and a boatboy were killed.

When the attack began the Customs cruiser was anchored alongside a lightship. Captain Crawley beached her on the north bank, and soon afterwards she was hit by a bomb and burst into flames. Captain Crawley and the two Chinese were killed by machine-gun fire from seaplanes while making their way ashore.

H.M.S. Gnat to-day brought the bodies back to Hankow. Japanese aeroplanes flew low over the gunboat, one almost skimming the bridge.

Another big aerial battle was fought to-day near Hankow. The Japanese version, which admits the loss of two machines, asserts that 32 Chinese fighters were shot down in dog-fights and seven more destroyed on the ground. The Chinese claim that 12 Japanese fighters and one bomber were shot down, and only six of their own machines came to grief. The Chinese further state that all the bombs dropped by the raiders fell in open fields.

Chinese dispatches to-night, while admitting the loss of Hwangmei, on the eastern border of Hupeh, declare that the town is flooded by the Yangtze, with the result that the Japanese troops there "now find themselves trapped."

——摘自《泰晤士报》(The Times)，1938年8月4日

獸機昨又飛廣九路逞兇
南澳孤軍仍與敵苦戰中
敵獸性大發慘殺金門島壯丁一千

廣州二日電。市民聞空襲已告一週，詎二日下午三時五分、空襲警報呼呼大作，有敵機十五架、又來肆虐，首批六架，次批九架，先後由中山海外飛來，分沿寶安、深圳、虎門轉入廣九路、均到樟木頭站，向該處附近交通地帶投彈數枚，均落田間，無損失，各敵機旋飛至橫瀝常平投彈十餘枚，路軌枕木，微有損壞，敵機逞兇後隨於下午一時，南飛出海，未幾，敵機五架復於下午四時廿五分，作第二次進犯，由中山海外北飛至中山縣泥灣上空盤旋，有所窺伺，旋於下午四時四十分飛竄，又本省沿海敵艦，截至一日計，共十九艘，分泊柘林以至赤灣一帶海面，均無異動

廣州三日電：三日八時十分，敵機三架，由中山海外向北飛，經中山上柵、寶安、虎門、闖入廣九路樟木頭附近盤旋窺伺，隨在寶太公路投彈十枚、均落田間，無損失，至九時四十分敵機循虎門南飛逃竄出海

汕頭二日電：我死守南澳孤軍、現仍與敵鏖戰不休，連日夜我衝破敵艦封鎖線，運大批糧彈到澳、士氣益旺、抗戰實力增加不少　昨夜隆澳又傳來密集槍聲，料係吾游擊隊又在殲敵、半月來我抗戰受傷官兵、頃亦安全抵澄海、當局派員前往賞勞救護

福州二日下午一時電：敵自發動侵華軍事以來、在南澳各戰場多施行以中國人殺中國人之毒辣手段、過去國內外報章關於此類情形之紀載甚多、近則此種手段敵行之較前益厲、上月廿九日盤據廈門之敵、實以強迫征發之金門壯丁一千餘人、向我澳頭劉五店方面攻擊、當經保安團及壯丁隊擊斃二百餘、傷百餘，而當敗退之際、敵督戰官兵、復在後方用機槍掃射、致該部壯丁幾全數死亡　敵軍如此獸行。偽軍及廈門民衆聞之均憤慨萬狀

——摘自《南宁民国日报》，1938 年 8 月 4 日

寇機十八架昨襲擊漢口
信陽亦遭空襲死傷甚衆

漢口三日路透電：今晨日轟炸機十八架、由驅逐機五架掩護、分兩批襲擊漢口、飛機擲彈甚多、皆落空地、各機於擲彈後均向東北方飛去、日機飛得極高、在高射炮射程之外、故防空部隊未予還擊云

信陽二日電　二日上午十時許、敵機十八架、分批各九架先後襲信陽、當敵機飛近市空時、我高射炮隊猛烈射擊、敵機未敢低飛、在市區盤旋一匝、乃先後在車站一帶投彈十餘枚、毀民房百餘間、死傷數十人、餘無甚損失、敵機投彈後、即向固始方面逃去、十一時半解除警報、

——摘自《南宁民国日报》，1938 年 8 月 4 日

寇機昨在漢下流
炸沉海關巡艦一艘
船長愛爾蘭人克勞萊亦被炸殞命
我國機匠及水手各一人同時遇難

漢口三日路透電：昨日[illegible]水面飛機六架、在漢口下流三十六英里之地點轟炸江中船舶、結果海關巡艦長寧號被炸着火沉沒、船長愛爾蘭人克勞萊被炸殞命、同時遇難者有中國機匠一人、水手一人、英艦一艘今晨已往肇事地點、將克勞萊之屍體載漢云、

——摘自《南宁民国日报》，1938 年 8 月 4 日

敵寇暴行

海關巡艦江星號

二日被敵機炸沉

艦長英人及華員二人均殉難

英當局將向敵方提嚴重抗議

（中央社訊）海關巡艦「江星」號，二日被敵機六架在漢口下游被炸，艦長英人克羅萊及華籍職員二人為敵機用機槍掃射殞命。英艦「那德」號聞訊，於三日晨五時卅分由漢口開赴出事地點，將三人屍身運漢，於三日下午二時卅分到漢口，經英海軍醫官證明，係生前為機槍掃射致死。據副艦長英人那爾「譯音」稱，二日江星艦在漢口下游三十六英里地執行緝私職務時，突為日海軍機六架所轟炸，但未命中。艦長英人克羅萊隨即將江星艦開靠長江北岸，並傾全體艦員乘汽艇登陸；但日機仍繼續轟炸，並用機槍向汽艇掃射，艦長克羅萊及華籍二副及廚司已被擊斃，江星艦亦被炸沉，其他艦員乃乘民船來漢，今早英艦「那德」號至出事地點時，日機數架在英艦上空盤旋，有一架離英艦僅有數十尺，但旋即飛去。克羅萊係愛爾蘭人，其妻本月內即將分娩，聞訊後因哀傷過度，已入醫院，聞英國當局將向日方提出抗議。

——摘自《新华日报》（汉口），1938 年 8 月 4 日

敵竟宣佈

任意轟炸武漢

敵人暴行司空見慣

我對之無駁斥必要

【中央社漢口三日電】關于敵軍部發言人稱、武漢民衆既已動員、則為戰鬥員、以後可任意轟炸之一節、武漢衛戍總部負責人頃發表下列之談話、已往之敵機投彈轟炸、並用機關槍掃射我國人民、對於戰鬥員與非戰鬥員本無區別、甚至婦女老幼、以及外商、亦無能倖免、今竟發表此項宣言、顯然係欲藉詞對我武漢軍民從事大規模之轟炸屠殺、此在我方認為不值一駁、卽友邦人士亦斷不致受此種宣言之欺騙、惟須聲明者、最近武漢組織總動員委會、目前僅在征募武漢居民從事各種後方服務、如疏散人口、維持公安、幫助運輸、救護傷兵、救濟難民之類、其性質與軍事動員絕對不同、對于應出外服務之人員、自不能視為戰鬥員、若依敵軍部之解釋、及其以前在事實上之無數次表現、對于救濟救護人員、如醫生看護等、連中立國人民在內、亦一律視為戰鬥員、加以轟炸屠殺、此為敵軍部獨創之國際法令、世界人士為之齒冷、更無待吾人之糾正也云云、

——摘自《中山日报》（广州），1938 年 8 月 5 日

陷後的南京

一頁血債

財產損失二億四千六百萬

平民無辜被殺者逾四萬人

被害之婦女多係拒姦致死

【本報香港四日晚專電】滬電、南京國際救濟委員會前委託金陵大學教授施密特氏調查南京在戰時至失陷後日軍佔領期內所受損失、編成統計、現已工作完竣、報告不日即可印成書籍、共調查結果、有足令人驚駭者、南京財產損失二億四千六百萬元、大半在城內、動產佔百份之五十八、不動產佔四十二、其中實際受損於戰事中者、僅百份之一至二而已、幾全係日軍入城後焚燒搶掠及流氓匪徒乘機搶劫者、城內外被殺平民共達三萬二千人、徒手或解除武裝士兵之被殺者尚不在內、其數當在一萬二千人以上、而其中有喪夫之四千四百婦女、及無可算計之喪父之兒童、此輩寡婦孤兒生活上因夫死父亡而受重大影響、厥狀尤慘、被殺男子中百分之廿八、被殺婦女中百分之卅八屬於未成年之平民、至被殺婦女內十六歲以上五十歲以下者佔百分之八十、係因拒姦致死、有四千二百人被擄去、直至六月生還者甚少、該報告又聲明所有數字、皆較實數爲少、因居民被殺後多被埋葬、無法詳查、尤以被姦淫之婦女爲多、關於農業方面之損失、係包括近鄰各縣、佔計江寧區原轄縣份（未詳）人口共一百五十萬、在此區域內損失總數共達四百四十餘萬、農戶損失據施密特教授之農村調查、農民每戶全年平均收入爲八九元、今損失十分之七、其經濟陷於崩潰、自不待言、建築物損失爲二千四百萬元、佔全區內屋宇百分之九十、共損失十二萬二千戶、共值六百七十萬元、即平均每戶損失卅六元、農具損失值五百廿四萬元、稻麥損失則共一百一十萬石、值四百廿萬元、以目前情形觀之、秩序之恢復、爲期遙遙、南京區域人民之饑饉貧乏之遭遇正方興未艾也云、

——摘自《中山日报》（广州），1938年8月5日

敵寇暴行

杭敵兵侵入教會醫院

劫去我傷兵百零三人

英主教抵滬報告英領將提抗議

（中央社上海四日路透電）七月三十日有武裝敵軍一隊，乘軍用汽車若干輛，駛至杭州英教會醫院門前下車，立將該院包圍，並在四週架設機關槍，其後即強迫入內[illegible]院內之我國傷兵一百〇三人拖出，用汽車載去，其後[illegible]下落不明。按敵軍入城時，曾立有書面担保，允許該傷兵等留居院內，但在戰事未結束前，不得出外；現敵軍藉口與游擊隊發生聯絡，乃突出此暴行，此事雖發生於七月三十日，但消息至今日始傳至上海。主教寇蒂斯今日由杭抵此，彼將於明日向英總領報告一切，並提出抗議。

滬敵兵毆辱工人

（中央社上海四日路透電）虹口區內之英商公和祥公司華籍工人十八人，今日下午由公司出外時，忽爲敵哨兵二人，以武力命令彼等至敵軍營施以毆打。後經該公司方面請求英領及工部局向敵方交涉後，各工人始被釋離營。各華籍工人因受敵兵毆打，故或將不肯赴該公司工作。

寇機轟炸廣九路

（中央社廣州四日合眾電）敵機九架，于昨日下午三時，飛廣九路轟炸，投彈廿餘枚，沿路死者總計十二人，被毀房屋廿餘棟。

——摘自《新华日报》（汉口），1938年8月5日

倭寇暴行

在杭英教會醫院 違約刼我傷兵

英領正調查真象將提出抗議

滬敵搜救護車搶菜蔬毆華工

中央上海四日路透電 七月卅日、有武裝日軍一隊、乘軍用汽車若干輛、駛至杭州英教會醫院門前下車、立將該院包圍、并在四週架設機關槍、其後即強迫入內、將院內之中國傷兵一百〇三人拖出、用汽車載去、其後即下落不明、此事雖發生於七月卅日、但消息至今日始傳至上海云、

中央上海四日路透電 關於日軍在杭州英教會醫院非法刦去中國傷兵事、聞當日憲兵侵入醫院時、英國旗會高懸屋頂、日兵入院後、即面見院長史杜敦及浙省主教寇蒂斯、日方要求立將已愈之傷兵退院、院方堅持不允、雙方爭持達六小時之久、毫無結果、日憲兵不耐、即下令部下將院內傷兵拖出、推入在門前守候之軍用汽車、疾馳而去、聞各傷兵已被送入陸軍監獄、英領館現正調查此事之眞象、按日軍入杭州時、曾有書面文件保證各中國傷兵仍能在外國醫院診治、但在中日軍事未解決前不能出院、因日方突自食前言、殊屬非是、聞日方欲將傷兵移出醫院、係以彼等爲中國游擊隊祕通消息爲藉口云、

中央上海四日路透電 主教寇蒂斯今日由杭抵此、據彼對路透社記者稱、日軍所以將杭州教會醫院中之中國傷兵刦去者、係恐彼等將於八月十三日抗戰週年紀念日參加抗日運動、中國游擊隊在杭州附近者甚多、已愈之傷兵、若逃出杭州、加入游擊隊、則對日方更爲不利、故亟欲將傷兵加以剷除云、主教又稱、彼將於明日向英總領報告一切、並提出抗議云、

中央上海四日路透電 虹口一帶之日哨兵、近日對來往之救護車竟亦加以搜查、昨日有載重病者救護車一輛、駛經北四川路時、突爲日兵追令停止、未幾又有空救護車一輛駛經虹口區、日兵亦迫令停止、並詳加搜查、今日日發言人招待記者時、謂任何載重汽車、均不得駛經外白渡橋、按滬救護事業、向屬上海救火隊管理、日方扣留救護車之舉、對於病人之安危極有關係、聞滬巡捕房已代表滬工部局向日海軍當局交涉云、

中央上海四日合衆電 今日有鄉民卅人、携有大批蔬菜自浦東來滬出售、途中適值日軍用貨車馳過、有日兵自車上躍下、擬強奪筐中菜蔬、華婦緊持筐子不放、日兵即毆擊華婦、在旁華籍男子、趨前協助、致秩序大亂、後日方軍用車即馳去、鄉民亦爲日軍逐去云、

中央上海四日路透電 虹口區內之英商公和祥公司華籍工人十八名、今日下午由公司出外時、忽爲日哨兵二人以武力命令彼等至日營一行、待彼等入內後、日軍即無端施以虐待毆打、經該公司方面請求英領及工部局向日方交涉後、各工人始被釋離營、公和祥經理、并會親至日軍營會晤日軍當局、各華籍工人、因受日兵毆打、故或將不肯至該公司工作云、

——摘自《时事新报》（重庆），1938 年 8 月 5 日

寇顯欲濫施轟炸 大屠殺武漢軍民

江星英籍艦長被擊殞命

（中央三日漢口電）「關於敵軍部發言人稱、「武漢民衆既已動員、則爲戰鬥員、以後可任意轟炸之」一節、武漢衛戍總部負責人頃發表下列之談話、「已往之敵機投彈轟炸、并用機槍掃射我國人民、對於戰鬥員與非戰鬥員、本無區別、甚至婦女老幼以及外僑、亦無能倖免、今竟發表此項宣言、顯然係欲藉詞對我武漢軍民從事大規模之轟炸屠殺、此在我方認爲不值一駁、即我友邦人士亦斷不致受此种宣言之欺騙、惟須聲明者、最近武漢組織總動員委員會目的、僅在徵募武漢居民、從事各種後方服務、如疏散人口、維持公安、援助運輸、救護傷兵、救濟難民之類、其性質與軍事動員絕對不同、對於應徵從事服務之人員、自不能視爲戰鬥員、若依敵軍部之解釋、及其以往在事實上之無數次表現、對於救濟救護人員、如醫生看護等、連中立國人民在內、亦一律視爲戰鬥員、加以轟炸屠殺、此爲敵軍部獨創之國際法、使世界人士爲之齒冷、更無待吾人之糾正也云云、

（中央三日漢口電）海關巡艦「江星」號、二日被敵機六架、在漢口下游轟炸、艦長英人克羅萊及華籍職員二人、爲敵機用機槍掃射斃命、英艦「那德」號聞訊、於三日晨五時三十分由漢開赴出事地點、將三人屍身運漢、於三日下午二時二分到漢、經英海軍醫官證明、係生前爲機槍掃射致死、據是艦長英人那費爾稱、二日江星艦在漢口下游三十六英里地執行緝私職務時、突爲日海軍飛機六架所轟炸、但未命中、艦長英人克羅萊隨即將江星開靠長江北岸、並領全體艦員乘汽艇登陸、但日機仍繼續轟炸、並用機槍向汽艇掃射、艦長克羅萊華籍二及司均被擊斃、江星艦亦被炸沉、其艦員乃乘民船來漢、三日晨英艦「那德」號至出事地點時、日機數架、在英艦上空盤旋、有一架離英艦僅有數十尺、但旋即飛去、克羅萊係愛爾蘭人、其妻本月內始分娩、聞後、因哀傷過度、已入醫院、聞英國當局特向日方提出抗議云、

——摘自《东南日报》（金华），1938年8月5日

南昌連遭狂炸！

居民紛遷避　商業陷停頓

〇香港五日電、昨日日機轟炸南昌北部、投彈百餘枚、有炸彈五枚、墮落於贛河內集中之汽艇上、致毀壞汽船多隻、斃民衆多人、

〇南昌九日美聯社電、昨日日機飛襲南昌、死六十人、傷約兩百人、居民紛紛遷避、又該社特派員馬非電云、「此間昨日遭受日機轟炸之後、結果四十餘人慘遭擊斃、沿贛河及集中於此城北部之民衆受傷者約二百人、致今日從南昌方面逃命之民衆、竟達數千名之多、此間商業、已陷於停頓狀態、惟有窮苦之人民、留守此間、

〇南昌九日美聯社電、南昌城內居民、現皆紛紛遷出、商店亦閉門、市街已呈冷落景象、南昌居民、以往有三十萬人、唯經連日大批遷出之後、所剩已不及八萬五千人、大抵為最貧苦之平民、今晨日機又來空襲、大事轟炸、死六十名、傷二百名、故此間居民、勢將繼續遷避他處、

寇機昨飛贛粵等地肆虐

南昌受災頗重餘無損失

寇機一架受傷降落鄂東黃石港

西安五日電。。敵機卅八架、於日上午十一時十五分、分批由晉竄入陝境、在朝邑、韓城、郃陽、庖豫等縣上空窺視後、至大慶關三河口兩地各

——摘自《时报》（上海），1938年8月6日

投彈數枚、並續向西竄、經大荔、華陰、渭南、臨潼、高陵、咸陽等縣、十一時五十分、分四批侵入本市上空、經我高射炮猛烈集中射擊中、未敢低飛、高度逾三千公尺以上、盤旋數週後、在西郊不草楊村、園牆外、及西關、西廊門外、投彈百餘枚、內外燒夷彈十餘枚、均落空野、[illegible]震塌民房數間、外傳有農民一人爲彈片擊傷左臂、又敵機在東關外七八里許曲村投彈一枚、落田內、東關永寧庄投小型炸彈一枚、炸毀民房等、別無損傷、十二時四十分始東竄逸去、

南昌四日電：四日晨九時四十五分、贛皖邊境次第發現敵機兩批、第一批十八架、第二批九架、由東北向西南飛來、經過彭澤、浮梁、鄱陽、都昌、進賢等縣、十時零五分、第一批十八架侵入南昌市空、投彈轟炸後、約十分鐘、第二批續來空襲、總共在城內投彈百餘枚、我無甚損失、

南昌四日電：敵機兩批廿七架、四日晨十時空襲南昌、在城北投下輕磅炸彈百餘枚、死傷平民八十餘人、毀房屋三十餘間、下沙窩贛江、江面民船密集處、亦落五彈、炸沉民船二十餘隻、江畔血肉橫飛、爲狀至慘、

灰窖二日電：三日晨敵機五架、過石灰窖西上、至午十一時、有一機在黃石港西降落、機身受傷輕微、駕駛員藤倉已逃逸、正搜索中、該機係昭和十三年八月九日三菱製九六式二號戰鬥機、

廣州五日電：五日上午敵機卅二架、分三次來犯、窺探東莞赤灣及轟炸粵漢路源潭江各地、第一次八時卅五分、敵機一架由中山海外飛經南朗虎門東莞一帶、略事窺伺、即行逃逸、本市未發出警報、第二次九時十六分、市防空當局突現敵機廿一架向中山上柵進襲、即行發出第一次空襲警報、未幾敵機飛經南朗、到達虎門、市民乃聆緊急警報之聲、紛紛趨避、敵機沿粵漢路北飛、在源潭站盤旋數匝、投彈十餘枚後、經飛潖江投彈卅餘枚、均落路旁田野、我無損失、至九時四十分、第三次敵機九架、由中山海外飛虎門黃埔上空盤旋後、並沿廣九路上空進襲仙村、石廈兩地、共投彈十餘、至一時半、兩批敵機共卅架會齊經虎門出海、第二批下午一時四十分、敵機一架由中山洋面飛向寶安赤灣虎門一帶上空窺伺有頃、即飛逸　本市亦未有發出空襲警報

——摘自《南宁民国日报》，1938 年 8 月 6 日

敵寇暴行

敵機昨狂炸西安

（中央社西安五日電）敵機卅八架，昨晨十一時刻，分批由晉竄入陝境，在朝邑、韓城、郃陽，平民等縣上空窺視後，至大慶關，三河古兩地各投彈數枚，幷續向西竄，經大荔、華陰、華縣、渭南、臨潼、高陵、咸陽等縣。十一時五十分，分四批侵入本市上空，經我高射槍砲猛烈集中射擊，未敢低飛，盤旋數週後，在西郊外[illegible]楊村[illegible]及西關西廓門外投彈百餘枚，內有燒夷彈十餘枚均落空野；除毀壞民房數間外，僅有農民一人爲彈片擊傷左臂。又敵機在東關外七八里許曲村投彈一枚，落田內；東關永寧莊投小型炸彈一枚，炸毀民房房簷，別無損傷。十二時四十分，始東竄逸去。

滬敵憲兵毆辱我菜販

（中央社香港四日電）外人方面消息，今午滬外灘水上飯店所駐敵軍水上憲兵多人，在該處扣留浦東男女菜販廿餘人，由浦東帶來之蔬米，載上卡車，圖向虹口駛去；菜販因該蔬米已納去捐稅，離貨甚距，若將之扣留，勢將生機斷絕，故攔住卡車去路哀求，但敵憲兵拒而不理，反將菜販扁擔奪下，一陣亂毆，以致男女菜販兩人被擊重傷。租界捕房聞訊，派警到場時，該卡車已駛入虹口，現捕房正偵察中。

寇機昨分批襲粵

（中央社廣州五日電）五日上午敵機卅二架，分三次來犯，窺探東莞赤灣及轟炸粵漢路源潭琶江各地。第一次八時卅五分，敵機一架，由中山海外飛經南朗虎門東莞一帶，略事窺伺，即行逃逸，本市未發出警報。第二次九時十六分，市防空當局發現敵機廿一架，向中山上柵進襲，即行發出第一次空襲警報，未幾敵機飛經南朗，到達虎門，市民乃聆緊急警報之聲，紛紛趨避。敵機沿粵漢路北飛，在源潭站盤旋數匝，投彈廿餘枚，經飛琶江投彈卅餘枚，均落路旁田野，我無損失。至九時四十分，次批敵機九架，又由中山海外飛虎門黃埔上空盤旋後，幷沿廣九路上空進襲仙村石廈兩地，共投彈十餘枚。至十時許，兩批敵機共卅架，會齊飛經虎門出海。第三次下午一時四十分，敵機一架，由中山洋面飛向寶安赤灣虎門一帶上空窺伺有頃，南向飛逸，本市亦未發出空襲警報。

——摘自《新华日报》（汉口），1938年8月6日

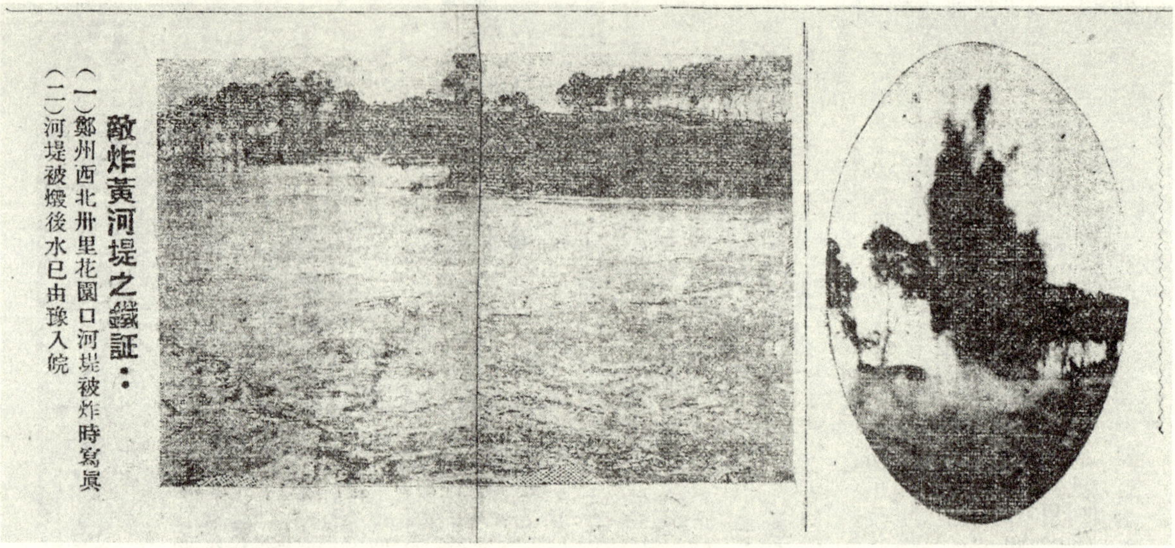

敵炸黃河堤之鐵証：

(一)鄭州西北卅里花園口河堤被炸時寫眞

(二)河堤被燬後水已由豫入皖

——摘自《中山日报》（广州），1938 年 8 月 7 日

日機飛紹興 西安及廣州 並炸廣九路

(金華六日電)日轟炸機三架六日八時侵入紹興屬之瀝海，五十五分竄入蘭谿上空投彈五枚，並用機槍掃射，傷一孤童。(海通社七日東京電)日本飛機昨日襲擊陝西，在西安拋擲炸彈。(海通社七日東京電)昨晨日本海軍飛機到廣州散佈傳後，轟炸廣九鐵路，有數段單受創甚鉅。

——摘自《大晚报》（上海），1938 年 8 月 7 日

日艦砲擊柘林

(廣州六日電)軍息：粵海日艦共廿四艘分佈於南港北港合林大澳臨高石山大嶼上村廣海等處，五日日艦向柘林及南澳之北，海山二處砲轟廿餘發，死傷八人。

——摘自《大晚报》（上海），1938年8月7日

大批敵機昨襲武漢

在機場附近投彈

中央漢口六日電　六日晨十一時二十分、敵轟炸機十七架、於驅逐機三十七架掩護之下、由鄂東方面進襲武漢、至十一時三十分、敵二十七架轟炸機侵入武漢上空、我高射砲當即同時發動、密集射擊、敵機飛行至飛機場附近、投彈百餘枚、王家墩棚戶區落彈數枚、焚燬棚戶九棟、敵機投彈後、仍向東北方面逸去之時、我高射槍砲放射益密、敵機急逸去、

中央廣州六日電　六日上午八時十分、敵機十七架、先後由中山海外出現、飛向上棚、虎門、黃埔、闖進本市、沿白雲山一帶疾駛、爲我高射砲隊轟擊、折向粵漢路江村站北飛、至銀盞坳站盤旋數匝、投彈二十餘枚、至九時十五分再返石圍塘上空、散發荒謬傳單兩種，掠過佛山邊境出海、

——摘自《时事新报》（重庆），1938年8月7日

倭寇在滬種種暴行

強搶鄉民蔬菜米鹽毆擊二人
甚至救護汽車亦遭無理刦持

香港四日電：外人方面消息，今午滬外灘水上飯店所駐日軍水上憲兵多人，在該處扣留浦東男女菜販廿餘人，由浦東帶來之鹽、米，載卡車圖向虹口駛去，「菜販因該鹽米已納去釐稅運費甚鉅，若米之扣留，則生計斷絕，故攔住卡車去路，但日憲兵拒絕不理，反將菜販手奪，一時亂毆，以致男女菜販兩名被擊重傷，租界捕房聞訊派警到場，該卡車已駛入虹口，現捕房正偵查中云。

上海四日電：今日有鄉民卅人，攜帶大批蔬菜自浦東來滬出售，途中遇由日方用貨車駛過，午日多自上車躍下，擬強奪筐菜蔬，華婦緊持筐子不放，日兵即毆擊華婦，在旁華籍男子趨前協助，致秩序大亂，後日方軍用車駛去，鄉長亦為日軍逐去云。

上海四日路透電：虹口一帶之日哨兵，近日對來往之救護車，竟亦加搜查，昨有載重病者救護車一輛駛經北四川路時，突為日兵迫令停止，未幾又有空救護車一輛駛經虹口區，日兵亦迫令停止開行，加以搜查，今日日發言人招待記者時，謂任何載重汽車均不得駛經外白渡橋，按滬救護車業屬上海救火隊管理，日方扣留搜查救護車之舉，對於病人之安危極有關係，聞滬巡捕房已代表滬工部局向日海軍當局交涉云。

上海四日路透電：虹口區內之英商公和祥公司華籍工人十八人，今日下午由公司出外時，忽為日哨兵二人以武力命令彼等至日軍營一行，待彼等入內後，日軍即無端施以虐待毆打，後經該公司方面請求領及工部局，向日方交涉後，各工人始被釋離營，公和祥經理並[illegible]日軍會晤日軍當局，[illegible]華籍工人因[illegible]日兵毆打[illegible]威[illegible]不肯[illegible]該公司作云。

——摘自《南宁民国日报》，1938 年 8 月 7 日

敵寇暴行

寇機昨分襲

武漢 玉山 都昌 粵漢路

武漢彈落荒郊我無損失

都昌被炸死平民十餘人

（中央社訊）昨（六）日上午十一時許，據報敵機數十架，結□分由鄂東及東北兩方向武漢方面進襲，防空部隊適時發出空襲緊急警報，防空部隊亦同時出動，旋敵戰鬥機廿七架，轟炸機廿六架，先後竄入上空，經我高射部隊猛烈射擊，敵機不敢久留。乃倉皇向飛機場附近，投彈數十枚，均落荒郊，我毫無損失，隨即分途遁去。

（中央社南昌六日電）敵機六日分批轟炸玉山、都昌，並在贛北輪流窺察。第一次敵機一架，上午九時，由皖境飛來，在都昌窺察一週；第二次敵機三架，於上午九時卅五分，由浙飛來，在玉山投彈十二枚，均落荒野；第三次六架，於上午十時三十分，復竄至都昌縣城窺察，繼向都昌投彈十餘枚，燬毀民房多棟，死傷平民十餘人。

（中央社廣州六日電）六日上午八時十分，敵機十七架，先後由中山海外出現，飛向上横虎門黃埔圖進本市，沿白雲山一帶疾駛，為我高射砲隊轟擊，折向粵漢路江村站北飛至銀盞坳站，盤旋數匝投彈廿餘枚，至九時十五分再返石圍塘上空，敵發荒謬傳單兩種，掠過佛山邊境出海。

蘭谿麗水亦遭空襲

（中央社金華六日電）敵轟炸機三架，六日晨八時侵入紹興屬之瀝海，八時五十五分竄入蘭谿上空，投彈五枚，且用機槍掃射，傷一孩童。

（中央社金華六日電）敵轟炸機三架，六日晨八時十五分侵入麗水，投彈二十枚，無損失。

——摘自《新华日报》（汉口），1938 年 8 月 7 日

敵寇暴行

寇機昨飛南昌狂炸

死傷男女一百五十人

（中央社南昌七日電）昨日上午十時，敵機十八架，經贛北[illegible]向西南飛行，十時三刻，侵入南昌市空，在牛行車站等處投彈六十餘枚，計死男七十五人，女十二人，傷男五十四人，女四人，炸燬貧民房屋五十一棟，震倒民房二百十七棟。

（中央社中山七日電）七日下午三時四十分，敵水上飛機三架，飛入市區盤旋，向乾霧投四彈，塌民房一間，死平民七人，傷廿人，又在斗門投兩彈，俱落田野，無損失。

（中央社訊）蕪湖之敵，近忽大施恐怖手段，暗殺善良人民，南鄉風善人圩地方，有張姓男女十餘口，全被暗殺

——摘自《新华日报》（汉口），1938 年 8 月 8 日

日機二十架 晨又炸廣州

下關一帶平民死傷甚重 其中八架並飛襲粵漢路

（本報今日廣州專電）今日此間又有日機數隊來襲，我高射砲隊亦開放射擊，日機第一批來襲，目標集中舊發電廠，[illegible]下炸彈十數枚，但皆落於附近房屋，後有日機十七架侵入下關天空，向住宅區亂投炸彈，距沙面租界，僅有五百碼之遙，衆信平民被炸死傷甚重。因下關從前尚未曾受日機轟炸，故一般民衆皆羣居於此，以作避難之地。當日機前往轟炸下關時，迭次飛越沙面上空投彈，外僑亦皆逃避，以防流彈。此間外國觀察者統計，在五分鐘內日機四架相繼飛越沙面，現緊張空氣已滿佈全城，一似五六月日機濫炸之時。上星期五日機曾散下傳單恐嚇民衆，謂日將繼續空襲，昨日與今晨之空襲，衆認爲此次濫炸之開始。事後記者曾前往下關視察，未見任何軍事目標存在，但見平民被炸死亡，流血滿地，慘絕人寰。炸彈落於街中，炸成巨洞，其炸力之大，至少爲五百磅炸彈。

（路透社九日廣州電）今晨又有日機二十架出現廣州天空，在江邊電力廠附近擲落炸彈多枚，機聲軋軋，沙面可聞，其中有八架轟炸粵漢鐵路，高射砲曾向射擊。至晨間十時四十五分，日機仍在天空猛事轟炸政府公署，與其他尋常目標，沙面觀者因轟擊猛烈，不敢外立，惟曾見炸彈落於人烟稠密之西關，與大劇場附近，及東堤省銀行附近。

——摘自《大晚报》（上海），1938 年 8 月 9 日

廣州又遭炸 死傷數百人

街市房屋燬二百餘間

（廣州八日電）今日下午，日機又轟炸廣州，自下午二時起，轟炸時間歷二小時半，中心地帶廣衞路，廣大路等鬧市，被投卌六枚，另巨型彈數枚，死傷數百人，街市房屋被燬約二百間。

——摘自《晶报》（上海），1938 年 8 月 9 日

廣州又遭空襲

法天主堂被燬 死傷三百

中央社廣州八日下午七時電，滅絕人道之敵機今下午又狂炸廣州，空襲警報自二時三十七分發出，懸二小時又二十一分始告解除，中心地帶廣衞路，廣大路，惠愛東路，西湖路，南涌街，新沙上下街，中華路，聖心路等地，被投彈三十六枚、另燒夷彈數枚，民房商店被燬約二百間，聖心路法天主教堂西被視為投彈標的，該教堂為一高逾百尺雙尖塔形之石建築物，法天主教復在此傳道已垂百[illegible]、[illegible]設有聖心中學，及白新小學各一所，一般市民[illegible]其[illegible]形式既殊，且又遠離軍政衙署，多認為安全地難[illegible]紛往趨避，詎料敵機竟向此人叢中狂投二枚，部[illegible]被炸斃之屍首，前已發現百具，傷者逾倍，內中多數為婦孺，新沙上下街，樂善坊兩處，幾夷為平地，此外災區各處頓成硝烟瓦礫[illegible]場，間血肉亂飛，誠有不知人間何世之痛矣。

▲中央社廣州八日電，敵機因炸學垣，法天主教堂亦遭投彈，法領已將損失情形調查，藉告大使館，準備向日提出交涉。

——摘自《云南日报》（昆明），1938年8月9日

新到倭寇燒殺淫擄

南京市重陷恐怖中

一難民痛述兩慘劇

【本報今日下午一時漢口專電】據最近由京逃漢者稱：駐京寇軍近調赴前線作戰，由國內另開來一部份部隊補充，南京於倭寇燒殺淫擄後，寇酋爲收買人心，表面禁止再有上項行爲，是以人心略趨安定，逃避鄉間者以無法生活，又紛紛返城，乃此項新到部隊以南京爲富庶之區，又大發獸性，燒殺淫掠，無所不用其極，因之南京重陷入恐怖時代。又據談兩慘劇：有一家被刼一空，一老人之表亦被搶去，該老人以此表雖價值無幾，但隨身已有二十餘年，大足紀念，因追隨寇軍之後請求發還，寇軍見狀，對之獰笑，槍聲一響，應身而倒。又有理髮師四人，當南京淪陷時未逃出，近爲寇軍發覺，先將一人左臂砍去，又砍斷右臂，痛極亂滾，而敵則鼓掌大笑以爲樂，其餘三人，無不股慄，被殺三人，惟最後之一人，乘寇軍不備，匍匐逃出，然已虎口餘生矣。

——摘自《南京晚报》（重庆），1938年8月9日

敵機今晨襲廣州

二十架飛炸電燈廠附近
另有八架飛粵漢路轟炸

【廣州九日路透電】今日清晨，有日機一隊，共二十架，飛至本市上空，在江邊電燈廠附近投彈甚多，另有日機八架，飛至粵漢路轟炸，迄發電時，高射砲聲在沙河方面，清晰可聞，日機在十時四十五分，尚在市內各處猛烈轟炸云。（中央社）

【廣州八日電】敵機八日又大舉屠殺廣州市民，紛向住宅商業文化等區域狂投巨彈三千餘枚，死傷平民五百餘名，毀教堂商店二百餘間，災情極爲慘酷，沿途血跡斑斑，碎肉模糊，屍首遍地，斷脛殘肢，狼藉道上，慘不忍覩。

——摘自《南京晚报》（重庆），1938 年 8 月 9 日

廣州中心區
慘遭狂炸

◎廣州八日電、日機今日正午、狂炸廣州、空襲警報、自二時三十七分發出、歷二小時又二十三分、始告解除、中心則帶廣衛路、廣大路、惠愛路、西湖路、南朝街新河上下街、中華路、聖心路等地、被投彈三十六枚、民房商店被燬維二百餘間、聖心路法天主教堂亦被視爲投彈目標、該教堂爲一高逾百尺雙尖塔形之石建築物、法天主教徒在此傳道已百餘年、設有聖心中學及日新小學各一所、一般市民以其建築新式既殊、且又遠離、多認爲安全地點、紛往趨避、詎料日機竟向此人叢中投彈二枚、即時被炸斃壓之屍首前已發現百具、傷者逾倍、新沙上下街樂善坊兩處、幾夷爲平地、此外災區四處、頓成硝煙瓦礫之場、死傷其間、血肉亂飛、誠有不知人間何世之痛矣、

——摘自《时报》（上海），1938 年 8 月 9 日

寇機侵入南昌市空肆虐
燬屋數百平民死傷極衆
敵機四十餘架圖襲武漢未逞
粵省乾霧斗門亦遭寇機肆虐

南昌七日電：七日十時敵機十八架、經贛北浮梁向西南飛行、十時四十五分侵入南昌市空、在牛行車站等處投彈六十餘枚、計死男七十五人、女十二人、傷男五十四人、女九人、炸燬貧民房屋五十二棟、震倒民房二百四十七棟、

宜昌六日電：敵機四十餘架今午圖襲武漢未逞、內九架向西飛、有犯襲宜昌模樣、我空軍聞報、當即升空迎擊、相遇於董市附近、敵機見我有備、且是時適大雨傾盆、未敢戀戰、即倉惶東逸、

乾霧七日電：七日上午三時四十分、敵水上機三架、飛入市區盤旋、向乾霧投四彈、毀民房一間、死平民七人、又在斗門投兩彈俱落田野、無損失、

——摘自《南宁民国日报》，1938 年 8 月 9 日

暴敵在開封
姦淫所加雖老婦亦難免
外人手錶亦可任意取去

【本報香港九日專電】據外敎士曾目擊敵在開封之獸行談、開封城中多數婦女、皆被日軍姦淫、其後分投醫院求治、其中且有年在六十以上之老婦亦遭荼毒、有數婦女身上均有刺刀傷痕、多數均染有日軍所患之花柳病、現日人已在城中開設商店、華人商店則皆停頓、日軍在城中者現有二千人左右、此外尚有日本商人及婦女若干、據該傳敎士言、日人非集大隊不敢出城、蓋因小隊出城、輒被游擊隊截殺、日軍佔領開封後、除敎會外均被大肆搶劫、搶得之物、公開拍賣、不論華人或外國敎士、凡行經日軍哨兵前者、必須行禮、據開封一般人傳稱當黃河決口時、日軍之軍隊及坦克車損失甚大、據開封之日軍、對待外人尙稱良善、惟對外人所有之手錶自來大筆等物、極為垂涎、凡見外人持有此項物件者、卽被取去、又據通許縣之外籍敎士來函稱、日軍佔領通許約有數星期、迄撤退時全城被劫一空、並將該處之中國老嫗四名、年齡皆在七十歲以上、一律屠殺、據聞日軍會欲施以强奸、因老婦等拒絕其獸性、遂被屠殺、日軍殺死該四老嫗後、意猶未足、將該地可容六百人之敎堂一所、予以焚燬云、

——摘自《中山日报》（广州），1938 年 8 月 10 日

屋宇坵墟 死傷載道

【中央社】敵機在市區投彈以西關為最慘、被炸樓房均成頹垣碎瓦、血肉橫飛、腥風撲鼻、灰塵蔽天、計十二甫吉祥坊落彈兩枚、二號至十六號等八間均完全被炸塌、

【本報專訪】昨（九）晨敵機闖入市中心區胡亂投彈轟炸、災情慘重、不亞於八日、茲將各處災況衣錄如下、

一吉祥坊一

黃沙分局轄內恩寧路吉祥坊、落五百磅重量彈一枚、穴深三丈、寬闊竟達十丈餘、穴旁之磚瓦木料傢私什物、堆積如坵、計塌屋宇吉祥坊由第八號至十四號之一、十六號亦塌大半、大地新街由第一號至第七號、大地新橫街第一號第三號、大地新街第二號第四號、十二甫西約第九十二號九十四號閲所全塌、恩寧路第四十號塌後座、傷廿餘人、均斷手折足、焦頭爛額、送各醫院留醫、由强華救護隊救治者有十餘人、并當場掘出男女屍四具、大字第一號男童屍僅一歲、大字第二號男童屍約四歲、大字第三號男屍、年約卅許、頭面被炸去、兩手足亦受傷、衣服則被炸爛無全、地字第一號女屍、年約卅許、身着黑士布衫褲、係壓傷斃命、由衛生局第一險埋隊險葬、

一至寶橋一

多寶路至寶大街東一巷、落彈一枚、該巷第一號至第六號各宅全塌、東二巷第一號至第六號亦全塌、死傷平民十餘人、又一枚落至寶坊、該街由第一號至第七號各宅均炸塌、十六甫西二巷市立四十九小學校亦落一彈、該校塌去課室兩座、當時壯丁隊教員張顯禧、書記顏立夫、手足各部亦受傷、

一元和街一

元和街落彈四枚、該街第九十號起、至一四六號止、又第一〇一號起、至一五三號止、各民房均被炸塌、災區面積約廿方丈、工程隊刻仍在挖掘中、救出之平民計有該街第一三七號鄧陳氏、六十歲、番禺人、第一三一號方平、廿二歲、番禺人、黃容、五十九歲、順德人、陳葉氏廿五歲、南海人、第一百一十號唐蘇氏、六十四歲、南海人、第一四六號李胡氏、廿一歲、花縣人、陳蝦女、十三歲、番禺人、譚珠、十歲、傷頭部、王顯、五十四歲、陳鄧氏、四十九歲、胡少波、十四歲、方興、四十四歲、陸穆氏、六十五歲、傷全身、梁洪、廿二歲、傷頭部、陸氏女、四十五歲、傷手足、葉婉、廿五歲、傷全身、張明、廿九歲、傷全身、以上傷者由紅十字會特務第一隊救護、重傷者由方便醫院救護隊扛返留醫、

一多寶街一

多寶街落兩彈、一枚中四十七號住宅、與恩寧路相連之處、穴深數丈、地水湧出、該街屋宇由第卅九號起至四十七號止均塌、又第四十八號至五十二號止、各宅洋樓均毀・另一彈落該街五十六號、炸力頗猛、似二百五十磅彈、穴深二丈有奇、炸毀屋宇、計由第廿三號至廿九號止、又第卅二號至四十六號止、受傷平民則有劉關氏、周大女、李華、劉現、另該處後街六間半毀、毘連之大地新街落一彈、毀屋十五間、大地新橫街落兩彈、該街二號全毀、四號六號半毀、共死傷男女卅餘人、多賓街四十三號中一彈、四十號中一彈、二十八號落夷燒彈一枚、着火焚燒、該街廿號至五十號等十五間、十九號至四十三號等十三間均被炸塌、并殃及恩寧路二百廿四號二百廿六號兩間全塌、以上傷斃廿餘人、至寶坊落一彈、塌毀第一第三第五第七等號民房四間、傷斃婦孺小童十二名、至寶西三巷一號、即市立第四十九小學校後座、落彈一枚、全校鐙鼎炸塌、傷斃校役三名、至寶東一二兩巷間投彈一枚、毀屏六間、無傷斃人命、元和街落彈三枚、由八十號至一百六十二號等四十一間、又一百四十一號至一百六十七等號十三間、均被炸塌、死十三人、傷五十六人、多寶路一百九十三號門前落一彈、毀一百九十號至二百零一號屋宇五間、傷害平民十餘人、寶慶街十七號中一彈、十五十七十九等號三間皆被毀、南關太平沙落彈四枚、十八號至三十四號等八間、四十八號至五十八號等五間、二百三十號至二百五十號等十間、三十九號至四十五號等三間、以上均被炸塌、死傷卅餘人、天寶大街落彈四枚、由一號至九號等五間、十號至十二號兩間、均炸毀、傷害廿人、附近之大巷落兩彈、毀三號至七號及四號至十號共七間、傷約十人、斃五人、、南堤海而落兩彈、幸未爆炸、并無損害、以上各災區之傷斃數目而僅係一部份掘出者、而被壓于瓦礫內亦為數不少、當在發、掘拯救中、

劉星南、林福忠、李佩珍、周二莊、余榮、馮慧朝等廿餘人、均係被彈片炸傷頭身手足各部、俱由逵源急救班送柔濟醫院留醫、

一多寶路一

逵源分局段內多寶路亦落彈一枚、中第一九五號與一九七號劉炳記麵食店、彈穴深五尺、寬一丈、該路由第一九一號至一九七號止、各洋樓門面及家具、均被彈片炸燬、傷者由紅十字會特務隊第一分隊救護、

一太平沙一

太平沙落重量彈四枚、三枚爲爆炸彈、一枚爲燒夷彈、計炸毀屋宇由雙門牌第十號起、至第卅二號止、單門牌由五十一號起至第五十九止、波及太平沙大巷、由第二號至第十號、又牽及日前已被敵機狂炸之天寶大街、由第一號至第十二號、均全間倒塌、幸該處居民多已先避、故無甚死傷、

又郊外西村附近是日又落彈多枚、均在荒地爆炸、傷鄉民八人、由方便醫院救護隊救治、

——摘自《中山日报》（广州），1938年8月10日

十二甫西約吉祥坊大地新街被炸斃之小孩婦人

【本報記者黃劍豪攝】

——摘自《中山日报》（广州），1938年8月10日

西關元和街災區

【本報記者黃劍豪攝】

——摘自《中山日报》（广州），1938年8月10日

恩寧路多寶街口被炸民房

【本報記者黃劍豪攝】

——摘自《中山日报》（广州），1938年8月10日

太平沙被炸民房

【本報記者黃劍豪攝】

——摘自《中山日报》（广州），1938 年 8 月 10 日

西關至寶大街市立小學被炸

【本報記者黃劍豪攝】

——摘自《中山日报》（广州），1938 年 8 月 10 日

寇機昨又大舉屠殺

市西居民慘罹浩劫

燬民房二百餘棟死傷百餘人

市立第四十九小學全座炸燬

【中央社】暴敵以屠殺廣州人民仍未饜其兇殘之慾、昨（九）日復派敵機四十八架聯羣分次狂炸市區、大舉屠殺、致無辜民命百餘、民房二百餘間、慘遭浩劫、

自上午七時卅五分起、首批敵機八架、即由中山海外北飛、經虎門黃埔轉入粵漢路、在江村附近猛投炸彈數枚、均落田間、旋復北飛軍田至樂同間投彈十餘枚、路軌枕木均有損壞、至九時卅分、該批敵機始南飛出海、

至八時第二次、敵機廿一架又由中山唐家灣吉大一帶上空出現、北飛經虎門黃埔、藉白雲掩蔽、闖入市空、我各高射砲隊即對空轟擊、敵機在雲層出沒、恣意盤旋、分頭在市內各方高空瘋狂投彈數十餘枚、爆聲震動全市、落彈地點、塵土飛揚、中外人士、紛紛奔避、敵機此往彼來、更番投彈、歷九時十五分始分途飛離市空、詎九時卅分第三批敵機十二架、再由中山海外飛入市東北方上空、轉向市西方增埗上空投彈十餘枚、總計第二三兩批敵機在北郊牛欄崗贖塲一帶投彈十餘枚、增埗投彈十三枚、多落荒野、其中郊外民房廿餘間亦炸毀、傷斃鄉民甚多、市區內落彈四十餘枚、災區中傷斃者狼狽之情、凄慘萬狀、各敵機逞兇後、于十一時十五分相率逝去、市區始解除警報、

【本報專訪】敵機昨（九）日再入市區大舉屠殺、淸晨七時四十分、第一批敵機八架、即自中山洋海起航、本市立發警報、七時五十分發緊急警報、未幾、第二批敵機廿一架繼續起航、向廣州疾進、俄頃、第一批敵機于八時廿分侵入市空、向漢民中路、太平沙、連續投彈七八枚、爆炸時震動全市、已而第二批敵機十一架、亦侵進市空、於八時四十分、分數隊向市西平民住宅區及商業區輪迴投彈、一時彈如雨下、彈落於多寶路恩寧路一帶、人烟稠密之區頓變瓦礫之塲、未幾又有第三批敵機十二架、經魚珠侵入市空、先開機槍掃射、并散放荒謬傳單、被我高射炮痛擊後、乃在西村增埗連續投彈廿餘枚、另一隊則撲往牛欄崗投數枚、投彈後、仍在市空盤旋窺察、其後第二批敵機十架又在廣九路橫木頭烏涌各投數彈、直至十一時十五分、敵機始完全出海、

至下午十二時四十八分、敵機七架、自唐家灣起航、經虎門、過太平、直撲魚珠、一時十五分、經白雲山上空斜出軍田、到源潭銀盞均兩處再投數彈、然後經三水九江出海、下午三時十五分解除警報、

——摘自《中山日报》（广州），1938年8月10日

石室損失

共值八十餘萬元

法領報告請交涉

【中央社】八日敵機襲本市竟向法天主教堂投彈炸毀教堂週圍、傷斃教徒與民衆二百餘人、該堂主教魏暢茂（Pat-hesr Fourqaot）昨（九）日接見中央社記者、對敵機轟炸不設防城市、且及第三國慈善傳道機關、表示遺憾、魏主教并謂、該教堂係于西曆一八六三年開始建築、至一八八六年落成、全部爲石建、其形式與全市屋宇迥異、教堂瓦背畫有法國旗、（記者按一般經驗、此種瓦背畫旗、在三千公尺高空目力尚能清晰可辨）敵機竟向該堂投彈、殊費索解、據彼估計、此次不幸事件、除死傷人命外、教堂所受損失、約價值港幣八十餘萬元[illegible]、駐粵法領事西賓（Siman）事後曾親到教堂視察、將經過情形向法政府報告、

（又訊）敵機前（八）日狂炸市區、法天主教堂亦遭投彈、法國領事當即將損燬情形詳細調查報告該國駐華大使、準備向日提出交涉

——摘自《中山日报》（广州），1938 年 8 月 10 日

廣州被炸後死傷七百餘

今晨又有日機飛往

（路透社十日廣州電）據官場估計，過去兩日日機轟炸廣州之結果，死二九六人傷三九九人，毀屋三四〇所，今晨日機又到廣州兩次，但未向廣州投彈，某活動地點，以鐵路爲限，正午廣州又作第三次空襲警報。（本報今日香港專電）廣州昨日被日機狂炸結果，據官方報告，平民死傷人數共三百八十一人，其中一百七十九人當場炸斃，二百零二人受傷。

——摘自《大晚报》（上海），1938 年 8 月 10 日

敵機向河涌

擲下毒粉

警局通告市民注意

【中央社】六月十三日敵機空襲時、在沙河分駐所警界外附近投下報紙包裹、內有類似白色石灰粉之物一包、被鄉民在水塘附近拾獲、當即由警察局轉送廣州市衛生局化驗、據化驗結果、該毒粉包有砒及防已素毒質兩種、不可服食、省會警察局以敵機每在市郊擲下毒品、意圖毒殺我無辜民衆、倘被投入食井及河涌等處、影响附近居民生命實甚、昨特通飭所屬及市民注意防範、

——摘自《中山日报》（广州），1938 年 8 月 10 日

日機昨分批

炸廣州市區

死傷竟達二百餘人

（廣州九日電）今晨又有日機二十架，出現廣州天空，在江邊電力廠附近擲落炸彈多枚，機聲軋軋，沙面可聞。其中有八架，轟炸粵漢鐵路，高射砲曾向射擊，至晨間十時四十五分，日機仍在天空，猛炸市政府與其他尋常目標。沙面觀者，因轟炸猛烈，不敢外立，惟曾見炸彈落於人烟稠密之西關，與大劇場附近，及東堤省銀行附近。市民死者一百零二人，傷者一百五十九人，至本日下午一時十五分時，日機已先後襲粵三次。西村水泥廠，自來水廠，各鐵路車站與路軌，及長堤後之各區域，與珠江橋附近之地方，悉遭轟炸，日機今晨分赴粵省各處投彈，故受害者不僅廣州一處。

——摘自《晶报》（上海），1938 年 8 月 10 日

敵機昨又濫炸廣州
死傷無辜平民達四百餘

本報廣州九日電 敵機四十架、今又分批猛炸廣州及粵漢路、首批八架七時卅五分、飛粵漢路江村附近投彈數枚、二批廿一架、於八時闖入市空、在西關平民區投彈三十餘枚、三批敵機十二架、於九時卅分在北部一帶投十餘彈、下午二時五十分、敵機七架經東北郊飛粵漢路軍田同樂等地投彈二十餘枚、晚八時止、已掘出屍體百五十餘具、送醫院之傷者達二百餘人、房屋被炸燬三百餘間、

中央廣州九日路透電 日機今日轟炸廣州後、市民死者有一百零二人、傷者一百五十九人、至本日下午一時十五分時、日機已先後襲粵三次、

中央廣州九日合衆電 今晨日機二十一架至廣州、向電廠及自來水廠擲彈、但是否炸中、則尚未查明、日機來襲時、皆飛經沙面、五分鐘內飛越沙面之日機達四架之多、日機轟炸廣州後、即向粵漢路沿線飛去、廣九路之江村沙河一帶、亦同時被炸、據外國軍事家稱、西村方面並無軍事機關、今晨合衆社記者至被炸各地視察、見西村方面中五百磅炸彈一枚、地面被炸一洞、深達五十英尺、面徑達四十英尺、西村之光明戲院背後落一彈、炸斃婦孺甚多、救護隊及英救世軍人員皆加緊救護工作、雖日機在頂上飛翔、亦未置顧、其義勇精神有足多者、西村之第四十九小學亦全被炸燬、幸各學生已於數分鐘前離去、均免於難云、

中央廣州八日電 敵機八日又大舉屠殺廣州市民、紛向住宅商業文化等區域狂投巨彈三十餘枚、死傷平民五百餘名、毀教堂商店二百餘間、災情極爲慘酷、

中央南昌九日電 敵機九日空襲樟樹吉安各情如下、今晨八時廿分贛皖邊境發現敵機兩批、第一批十八架於九時卅五分侵入吉安上空、略事盤旋、並投彈卅餘枚、均落荒野、第二批九架於十時廿分竄至樟樹上空、投彈十餘枚、死傷平民五人、

——摘自《时事新报》（重庆），1938 年 8 月 10 日

敵大批毒氣

運抵蕪湖

中央屯溪九日上午十時電 敵軍近來時在南北各戰場使用毒氣、惟因我準備周密、故官兵損失尚少、頃據報新由宣城開抵蕪湖之敵、約有七八千人、附毒氣五百餘箱、刻均存置蕪湖大華飯店、即運長江戰場使用、

——摘自《时事新报》（重庆），1938 年 8 月 10 日

口機昨又兩度襲粵

市區被炸益爲慘重

市民死傷數目約達數百名

太平沙黃沙等處毀屋最多

（本報九日廣州電話）九日晨七時四十分、本市警報發出、查是時發現第一批□機八架向北來襲、七時五十分、□機已飛抵萬頃沙、向虎門衝進、本市卽續發出緊急警報、七時五十二分、第二批□機廿一架、由乾霧嘲尾而來、八時零五分、該首批八□機、卽沿黃埔向市區衝入、繼沿河南、至芳村、旋繞入粤漢路、八時十五分、該次批廿一□機、於越過虎門後、卽分作兩隊、一隊十一架、轉入東莞向北飛、一隊十架則直沿黃埔、仍從河南闖入市區．九時十分、第三批□機十二架、復在市區肆虐、其慘狀不亞於昨（八日）、茲將詳情錄下、

八時零五分、該八□機闖進市空、

轟炸市區

即分散以一架或兩架、在市空盤旋、□機於我砲聲猛烈襲擊中、於高空向太平沙白雲村等處、狂行投彈、該批□機在市空約盤旋十分鐘許、即分別折回河南沿黃埔出海、八時四十分、該次批□機中之廿一架、亦沿東莞、轉飛市橋、仍向河南方面衝進、轉瞬間機聲隆隆、盤旋市區空際、斯時黃沙西關、及市北之三元里一帶、至漢民路一帶、□彈已紛如雨下、□雖未投彈、但不斷以機槍向下掃射、幸市民均已躲避於騎樓底下、故未被□槍所傷、□機約盤旋二十分鐘久、始行離開市區、九時十分、第三批□機十二架、仍沿虎門黃埔直向河南方面衝入市區、盤旋有間、即猛向西村之水廠附近轟炸、未幾又到黃沙繼續投彈、直至九時卅分、□機始離市、是日市區被□機轟炸後、災區更為慘重、死傷人數、亦達數百、就以強華中華等兩救護隊所救之傷者、亦共達一百六十餘人、其餘由各個救傷隊救出者、尚未計及、

災區一覽

記者於□機離市後、即分赴各災區調查、㈠太平沙落四彈、計被炸屋宇有十八號至卅二號等均半毁、五十號至六十一等均全毁、單門牌四十五號至四十九號等均全毁、五十一號至六十一號均半毁、死傷三十餘人、㈡大寶大街落二彈、計一號至九號半毁、㈢波及大巷二號至十號均全毁、（查該處災區、前經一度轟炸、此次再度被炸、致使新災舊痕、成為瓦礫場、縱橫幾達里許、至太平沙全街被毁十分之二、天寶大街、各巷縱橫如井形、惟各屋宇已無一完整、㈣多寶大街落一彈、及夷燒彈一枚、毁四一、四三、三九、四十、三八等十五間、死傷人數約三十餘人、㈤多寶路落兩彈、計毁屋宇一九三號至一九七號等間、又寶慶街落一彈、十五、十七十九等間皆毁、㈥十二甫吉祥坊落兩彈、毁一、三、四、五號等八間、大地新街落一彈、毁二五六七號四間、大地橫街亦毁屋四間、死傷男女多人、㈦黃沙源和街落一彈、計場一一號至一四六號等十三間、死傷人數約五十餘人、㈧金星戲院後便之十二甫恩寧新街、落一彈、毁屋十二間、死傷人數二十餘人、㈨白雲村落六彈、無損傷、㈩三元里牛欄岡落十三彈、均落荒野、無損傷、⑪西村水廠、落三彈、無損傷、

轟炸粵路

查首批□機於經過市區而向粵漢路肆虐、計在銀盞坳、源潭、琶江、深坑一帶、共投彈達十八枚、□寇次在銀盞投彈、即掉頭南返、仍掠進市郊之白雲山側方面出海、至十一時二十五分、本市解除警報、

二次來襲

一時十分、□機七架、發現於唐家灣、本市即發出警報、未幾、□機到虎門、再發二次警報、查□機抵虎門後、即沿魚珠、龍眼洞、白雲、轉粵漢路、再到銀盞坳黎洞深坑等處、投彈十餘枚、至二時五十五分、□機南逃時、仍掠過區邊之東、三時十五分、本市再度解除警報、

——摘自《南华日报》（香港），1938 年 8 月 10 日

血痕未乾慘痛猶在獸機昨又

大舉狂炸廣州市民

市中心區萬福路大路惠愛路等地被投彈三十六枚

民房商店被毀約二百間死傷平民約達三百災情慘重

法天主教堂前空場血肉狼藉情景之慘無異一活地獄

——摘自《南宁民国日报》，1938 年 8 月 10 日

敵機襲粵贛

犯◇粵

（中央九日廣州電）敵機四十八架、於九日又聯袂轟炸粵漢路、及市區、致市內無辜民命百餘民房二百餘間慘遭浩劫、自上午七時三十五分起、首批敵機八架、即由中山海外北飛、經虎門黃埔轉入粵漢路、在江村附近投彈數枚、均落田間、旋北飛軍田樂同間投彈十餘枚、至九時三十分始向南飛海外、至八時二批敵機念架、又由中山唐家灣上空出現、北飛經虎門黃埔、藉白雲掩蔽、闖入市空、我高射砲隊即對空轟擊、敵機在雲層出沒、恣意盤旋、分在市在各處瘋狂投彈數十枚、爆聲震動全市、落彈地點、塵土飛揚、敵機此往彼來、更番投彈、至九時十五分始飛離市空、九時卅芬三批敵機十九架、再由中山海外飛入市東北方上空、轉向市西方增埗上空、投彈十餘枚、總計二三兩批敵機在北郊牛欄崗曠場一帶投彈十餘枚、增埗投彈十餘枚、多落荒野、其中郊外民房廿餘間亦炸燬、傷斃鄉民甚多、市區內落彈四十餘枚、傷斃情狀、至為淒慘、敵機逞兇後、於十一時十五分相率飛去、市區始解除警報、市內災區以西關為最慘、被炸樓房均成頹垣碎瓦、血肉橫飛、致塵蔽天空、發電時止、尚在掘屍救傷中、下午二時五十分敵機七架、作第二次逞兇、由中山唐家灣海外飛進經虎門黃埔、掠本東北郊、向從化花縣轉入粵漢路、在軍田樂同間投彈餘枚、旋即循原路南飛、江村、復投彈七枚、均落曠野、我無損央、未幾向南飛經佛山、下午三時十一分南飛出海、

侵◇贛

（中央九日南昌電）九日晨八時廿分、贛皖邊發現敵機兩批、第一批十八架、於九時廿五分侵入吉安上空、略事盤旋、并投彈三十餘枚、均落荒野、第二批九架、於十時廿分竄至樟樹上空、投彈十餘枚、死傷平民五人、

——摘自《东南日报》（金华），1938 年 8 月 10 日

敵機炸粵法教堂
法領呈報政府

（中央九日廣州電）八日敵機竟向法天主教堂投彈炸毀、教堂週圍傷斃教徒及民衆二百餘人、該堂主教魏暢茂九日接見中央社記者、對敵機轟炸不設防城市、以及第國慈傳教機關表示遺憾、魏主教并謂該教堂係於西歷一八六三年既如建築、至一八八六年落成、全部為石建、其形宇與全市庠宇適異、教堂瓦背書有法國旗（記者按、一敵經驗、此種瓦背旗、在三千公尺高空、目力尚能清晰可辨）、敵機竟向該投彈、殊費解索、據彼估計、此次不幸事件、除死傷人命外、教堂所受損失價值港幣八十餘萬元、駐粵法領事西克、會親到教堂視察、將經過情形向法政府報告、

——摘自《东南日报》（金华），1938 年 8 月 10 日

敵機四十八架
昨二次襲粵
廣州市又死傷二百餘人
粵漢廣九兩路亦被投彈

【中央社廣州九日下午七時電】敵機四十八架，九日又聯群轟炸粵漢路及市區，致市內無辜民命百餘，民房二百餘間，慘遭浩劫。今日上午七時卅五分，首批敵機八架，即由中山海外北飛經虎門黃埔，轉入粵漢路，在江村附近投彈數枚，均落田間，旋北飛軍田樂同間，投彈十餘枚，至九時卅分，始南飛海外。至八時二批敵機廿一架，又由中山唐家灣不容出現，北飛經虎門黃埔，藉白雲掩蔽，闖入市空，我高射砲隊，即對空轟擊，敵機在雲層出沒，恣意盤旋，分在市空內各處瘋狂投彈數十枚，爆炸聲震動全市，落彈地點，塵土飛揚，敵機此往彼來，更番投彈，至九時十五分始飛去。九時卅分，三批敵機十二架，再向中山海外飛入予東北方上空，轉向市西方增埗上空，投彈十餘枚。總計二三兩批敵機，在北郊牛欄崗機場一帶，投彈十餘枚，增埗投彈十餘枚，多落荒野，其中郊外民房廿餘間亦炸燬，傷斃鄉民甚多。市區內落彈四十餘枚，傷斃情狀，至為悽慘。敵機逞兇後，於十一時十五分相率飛去，市區始解除警報。市內災區，以西關為最慘，被炸樓房，均成頹垣碎瓦，血肉橫飛，至發電時止，尚在掘屍救護中。下午二時五十分，敵機七架，作第二次逞兇，由中山唐家灣海外飛進，經虎門黃埔掠本市東北郊，向從化花縣轉入粵漢路，在軍田樂同間投彈廿餘枚，旋即循路南飛江村，復投彈七枚，均落荒野，我無損失，未幾向南飛經佛山，下午三時十一分，南飛出海。

【中央社廣州九日路透電】日機今日轟炸廣州後，市民死者有一百零二人，傷者一百五十九人，至本日下午一時十五分，日機已告後襲粵三次。

【中央社廣州九日合衆電】今晨日機廿一架，至廣州向電廠及自來水廠擲彈。日機來襲時，皆飛經沙面，五分鐘內，飛越沙面之日機達四架之多，日機轟炸廣州後，即向粵漢路沿線飛去，廣九路之江村沙河一帶，亦同時被炸。據外國軍事家稱：西村方面，並無軍事機關，今晨合衆社記者至被炸各地視察、見西村方面，中五百磅炸彈一枚，地面被炸一洞，深達五十英尺，面徑達四十英尺，西村之光明戲院背後落一彈，炸斃婦孺甚多，救護隊及英救世軍人員，皆加緊救護工作，雖日機在頂上飛翔，亦未置顧，其義勇精神，有足多者。西村之第四十九小學，亦全被炸毀，幸各學生，已於數分鐘前離去，均免於難云。

——摘自《武汉日报》（宜昌），1938年8月10日

英醫師証明

敵用毒氣

胡世澤向國聯報告

【中央社日內瓦九日哈瓦斯電】中國駐國聯會常任代表胡世澤博士、頃以該國南昌醫院英籍醫師達爾波博士所提出之報告書一件送達國聯會秘書長愛文諾、內容乃就中國士兵十九名最近在揚子江各線被日軍用毒瓦斯傷害之後、經該醫師診察情形加以說明、略謂各該傷兵係於七月二日至五日間自揚子江前線送至南昌醫院、經在各方面醫生加以診察之後、余意乃係一種芥子氣、甚或綠氣所致云、

——摘自《中山日报》（广州），1938 年 8 月 11 日

敵機昨再襲粵

三十一架分次進擾迄晚始已

天主教堂被炸法擬要求賠三十萬法郎

▲中央社廣州十日電：十日六時，敵機三十一架，即開始分次襲粵，迄傍晚始已云。

▲中央社香港十日路透電：今日下午，日機十一架至廣州轟炸，西村之水泥廠，廣東啤酒廠，及廣九，粵漢兩路ㄑ接軌處，人民幸無死傷，日前日機轟炸費州時，曾將法天主教堂炸毀，現法當局已向日本當局要求賠償，三十萬法郎云。

▲中央社廣州十日路透電：據官方報告，兩日來日機轟炸廣州之結果，廣州市內共死亡二九六十，傷三九九人，房屋炸毀者三四〇棟。

——摘自《云南日报》（昆明），1938 年 8 月 11 日

廣州西村黃沙復被炸

天主教堂所受損害
法向日索償三十萬法郎

◎香港十日電、十日午日機九架襲粤漢路、在樂同新街投十餘彈、午十一架襲市、先飛增步水廠西村工業區、投二十餘彈、復入市、在黃沙一帶投彈、

◎廣州十日路透社電、日機今日飛至廣州三次、晨間兩次並未投彈、午時第三次來襲、向西村水泥廠廣東釀酒廠及聯接粤漢路與廣九路之外繞線轟炸、但未傷人、聞法當局現向日政府索賠三十萬佛郎、以補償星期一日此間天主教堂所遭之空襲損害、

——摘自《时报》（上海），1938 年 8 月 11 日

敵在揚子江前線 施用毒氣

我已向國聯提出證明書

中央日內瓦九日哈瓦斯電　中國駐國聯會常任代表胡世澤博士、頃以該國南昌醫院英籍醫師逹爾波博士所提出之報告書一件、送達國聯會祕書長愛文諾、內容乃就中國士兵十九名最近在揚子江前線受軍用毒瓦斯傷害之後、經該醫師證察情形、加以說明、略謂該傷兵係於七月二日至五日之間、自揚子江前線送至南昌醫院、經在各方面加以診察之後、果意乃係一種芥子氣、甚或綠氣所致云、

——摘自《时事新报》（重庆），1938 年 8 月 11 日

敵機昨六度襲粵

粵漢路軍樂間投彈最多

中央廣州十日電 十日上午六時、敵機三十一架即開始分次襲粵、迄傍晚始已、計第一次敵機兩架、淩晨六時由中山海外飛至江門、稍事窺探、旋即飛去、七時十八分敵機九架再由中山海外作第二次進犯、向粵漢路軍田樂同兩站間投彈十七枚、十時許敵機一架又由中山方面飛窺江門、迨至正午十二時、敵機十五架分兩批進襲、四架飛粵漢路、在軍田樂同間投彈十七枚、餘十一架向本市闖進、在西北郊三元里投彈數枚、毀民房數間、幷在西村粵漢路黃埔支線附近投彈十餘枚、多落荒野、各敵機退兇後南飛、未幾另敵機四架又飛炸粵漢路、軍田樂同兩站間投彈九枚逸去、

——摘自《时事新报》（重庆），1938 年 8 月 11 日

敵寇暴行

寇機昨又竟日襲粵

（中央社廣州十日電）十日晨六時，敵機三十一架，開始分次襲粵，迄傍晚始已。計第一次敵機兩架，早六時，由中山海外飛至江門，稍事窺探，旋即飛去，七時十八分，敵機九架，再由中山海外作第二次進犯，向粵漢路軍田樂同兩站間投彈十七枚，十時許，敵機一架，又從中山方面飛窺江門，迨至正午十二時，敵機十五架分兩批進襲，四架飛粵漢路，在軍田樂同間投彈十七枚；餘十一架向本市闖進，在西北郊三元里投彈數枚，毀民房數間，並在西村粵漢路黃埔支線附近投彈十餘枚，多落荒野。各敵機退兇後南飛未幾，另敵機四架，又飛粵漢路軍田樂同兩站投彈九枚逸去。

——摘自《新华日报》（汉口），1938 年 8 月 11 日

□機昨四次襲粵

企圖摧毀我工業區

向西村瑤台增步三元里投彈

並數度向粵路轟炸及窺三水

（本報九日廣州電話）十日晨六時零三分、□機兩架、首次在唐家灣發現本市當即發出警報、惟該兩□機飛至南朗時、因天氣惡劣、大有密雲將雨之勢、遂中途折回、六時二十五分、本市解除警報、七時天氣稍晴朗、□機九架、由中山縣屬海面起飛、

警報再發

七時十五分、□機已飛抵虎門、本市即發出緊急警報、□機旋經黃埔掠入市區、由小港至海珠橋上空、即轉向北飛、當時我駐市高射砲併猛烈向□迎擊、□即分散從高空越過、經越秀山西村而至粵漢路、在琶江、深坑、樂同、共投十八彈、始掉頭南飛 再掠過西村、經市區以西、沿廣三路、由佛山江佛公路向南出海、八時五十分、本市解除警報、九時廿分、又作

三次來襲

惟是次祇發現□機一架、由廣海方面向江門進發、在江門及寧陽路稍事盤旋、但未有投彈、轉瞬間沿廣海方面飛回、似係偵察性質、但是次本市防空當局據報、以僅發現一□機、故未將警報發出、十二時十分、□機

四次來犯

計首批□機四架、從唐家灣發現、本市即發出警報、未幾、次批□機十一架、啣尾飛來、十二時二十分、□機已飛進虎門、本市繼續發緊急警報、已而該首批四□機、掠過市邊、向粵漢路飛進、十二時四十分、該次批十一□機復衝進市區、均由小港方面、繞襲市北、無何、□機即在市西市北一帶繼續投彈卅餘枚、旋在市區盤繞、約卅分鐘久、始行離市出海、查是次□機轟炸之地點、為西村士敏土廠、瑤台鄉、及增步等處 企圖摧毀我工業區、但為我高射砲之密襲控制、故就上述三處、投彈雖達廿餘枚、結果亦無一命中、損失極微、□旋向三元里牛欄崗投彈達十枚、均落荒野、亦無損失、查該四□機

肆虐粵路

飛入粵路後、在軍田盤旋、約十分鐘久、即投下炸彈八枚 再沿清遠、轉蘆包三水方面窺伺、始行出海、距該批□機於飛抵九江時、時已二時五十五分、第三批□機四架、又向北來襲、該批□機沿江門（江佛公路）佛山（廣三路）直向粵路進窺、首向郭塘投彈四枚、旋即折回到江村、又投彈四枚、四時經西村而繞芳村河南上空、再由黃埔虎門出海、四時卅分 本市解除警報、

——摘自《南华日报》（香港），1938 年 8 月 11 日

八九兩日獸機襲粵
市中心區慘遭狂炸
燬屋三百餘間死傷平民六百餘人
粵漢路亦被投彈廿餘枚我無損失

廣州十日路透電：據官方報告、兩日來日機轟炸廣州之結果、廣州市內共死一百九十六人、傷三百十八人、房屋炸毀者三百四十棟、今晨日機又分兩批進襲廣州、但並未在市內擲彈、僅向鐵路沿線轟炸、今午十二時此間又發第三次警報

廣州九日下午七時電：敵機共十八架、九日又聯尋轟炸粵漢路及市區、致市內無辜民命百餘、民房二百餘間、慘遭浩劫、自上午一時卅五分、有首批敵機八架、即由中山海外北飛、經虎門黃埔轉入粵漢路、在江村附近投彈數枚、均落田間、旋北飛軍田樂昌間、投彈十餘枚、至九時卅分始由飛海外、入二批敵機廿架、又由山唐家灣上空出現、飛經虎門黃埔、藉日雲掩蔽閭入市空、我高射砲即向空射擊、敵機仕雲層出沒、恣意盤旋、分在市內各處瘋狂投彈數枚、爆聲震動全市、落彈地點、塵土飛揚、敵機北往彼來、更番投彈、至九時五十始飛去、又敵機十二架、再由中山海外飛入市東空、轉向市西方增步、空彈十餘枚、計二三兩敵機在北郊牛欄崗曠塢帶、投彈十餘枚、增步投彈十餘枚、落荒野、其郊外民房亦炸毀傷斃鄉民甚多、市區內落彈四十餘枚、傷斃情狀至為悽慘、敵機逞兇後、於十一時十五分相率飛去、市區始解除警報、市內災區以西關為最慘、被炸樓房均成頹垣破瓦、血肉橫飛、至發電時止、尚在掘挖施救中、下午二時五十分、敵機七架、作第二次逞兇、由中山唐家灣海外飛進、經虎門黃埔、掠本市東北郊、向從化花縣轉入粵漢路在軍田樂昌間、投彈廿餘枚、旋即循路南飛、江村復投彈七枚、均落荒野、我無損失、未幾、向南飛經佛山、下午三時十一分南飛出海、

——摘自《南宁民国日报》，1938 年 8 月 11 日

敵機七十二架

狂炸武漢

屠殺我數百平民

美國學校亦被炸

【中央社漢口十一日電】敵機七十二架於十一日十二時許由鄂東分三批先後向武漢飛行、至一時許第一批敵機侵入武漢上空、在漢陽南門一帶漫無標的濫行轟炸、記者於解除警報後、即赴被炸區地帶巡視、目睹被炸慘況、令人悲憤痛恨、無以復加、敵機在漢陽所投之爆炸彈及燒夷彈共二百餘枚、每枚重量約在五十公斤至百公斤之間、死傷平民約六百餘人、炸毀民房達四百餘間、當時并有居住南門河街一帶平民於敵機投彈時、紛紛投入水中逃避、而被淹斃者爲數甚衆、河面浮泊男女及小孩屍體、觸目皆是、民船因被擊及震動傾覆者達卅餘艘、其中尤以南正河街潛龍街及星洲一帶爲最慘、并有被燒焦者、或身軀被炸成數段者、不忍卒睹、

【中央社漢口十一日電】敵機十一日轟炸武漢時、曾一度侵入武昌市空投彈、所投炸彈均落于一般貧民住宅區域及慈善機關宗教團體、曇華林華中大學爲美國教會學校、屋頂懸有大幅美國國旗、殊不料敵機竟于此處投巨型炸彈三枚、當將該校後進之課堂三所與辦公廳一棟完全炸毀、該校因爲美國學校、每遇空襲時、多數外僑及平民均于該處避難、故該處除炸斃平民三人外、受傷者達六十餘人、因磚石積壓過高、挑撥極爲困難、以是其中是否尚有死者、十一日下午尚未發見、該校外籍教投宿舍房屋震塌一部、且有數外籍教授受微傷、此外爲美國教會希理達女子中學、賓陽門附近之福音堂均爲外人機關、亦被投彈數枚、死傷十餘人、其他如鼓架坡後之佛教正信會、龍華寺、寡婦堂、南嶺廟、均落多量炸彈、房屋多半被毀、死傷十餘人、忠孝門正街投彈七枚、倒塌房屋十棟、吳家園投彈五枚、傷數人、死一人、杜家園投彈二枚、螃蟹峽投彈一枚、死七人、胡林翼路東段投彈二枚、死一人、傷一人、鼓架坡毀民房十四棟、賓陽門車站附近投彈十餘枚、倒塌民房數棟、死八人、傷十餘人、賓陽旅舍投二彈、死五人、傷極多、東吳家巷各旗時地落彈十餘枚、死傷亦達數十人、敵機且曾於漢陽門輪渡碼頭投巨型炸彈一枚、落於江中、水花濺起數丈、輪渡乘客幸告無恙、由此益見敵寇殘毒之居心、又于空襲後、漢陽門外哭兒啼女之聲繞耳不絕、使人爲之酸鼻、

——摘自《中山日报》（广州），1938年8月12日

敵機昨分批炸交通線

遠襲肇慶封川

△△石牌市救濟院被炸傷斃人畜▽▽

【本報專訪】昨（十一）日廣州由凌晨迄至傍晚、均在警報中、殘暴之敵機傾巢出動、四度輪迴轟炸東北各交通線、及粵西江封川肇慶、茲將敵機空襲經過分誌如下、

第一次 上午五時五十五分、敵機六架連續自中山洋海起航、經南朗上柵、盤旋數匝、兩架折回、餘四架則經萬頃沙、掠過虎門、轉趨東莞、六時四十分、至寶太公路霄邊附近投彈七八枚、即於七時零五分、經赤灣出海、

第二次 八時十五分、敵機十五架繼續來犯、自唐家灣經南朗、萬頃沙、虎門、太平、魚珠、八時四十分經白雲山上空、一時機聲軋軋、敵機藉浮雲遮掩、向粵漢路侵襲、經石井、新街、銀盞坳各處、於八時五十分到達源潭、盤旋、隨從六架撲至潖江投彈十數枚、三架折往樂同投數彈、餘六架則掠過連江口、進抵英德轟炸、

九時廿九分、一隊敵機六架、自粵路經蘆苞、到三水盤旋一匝、即出海遁去、同時九架則在淸遠一帶窺伺、後經花縣南飛、另有第二批敵機一架自唐家灣經虎門、向東北飛、於九時卅分在石龍盤旋數匝、隨經深圳、西飛寶安、至十時十分敵機始完全竄出粵領空、

第三次 十一時五十五分、敵機十三架在台山廣海出現、經崖門北飛、斯時天空陰霾密佈、少頃、風

雨驟至、雷電交作、然敵機仍瘋狂來襲、有五架經江門疾趨南海九江、佛山、十二時卅分經西村、直到粵漢路軍田、投彈後、即循原路遁去、其餘八架到江門盤旋後南飛、又第二批敵機十五架在陽江發現、經恩平、新興、竄抵西江、向西疾進、一時卅分撲到封川、在長岡盲目投彈、後更闖進梧州盤旋、始掉頭東飛、十三架先行逸去、餘兩架到肇慶近郊投彈，第三批敵機五架到石歧盤旋，於一時十七分轉撲到廣九路南崗烏涌各投數彈，乃經石龍出海，而第四批敵機兩架則於一時四十五分侵入本市天河村上空，在東郊一帶高空往還窺伺達半小時之久、後向龍眼洞投數彈、隨即經魚珠南飛、二時五十分各批敵機始完全出海、

第四次

下午三時卅分、中山洋海又有敵機三架出現、經南朗、過虎門、黃埔、魚珠、四時零五分在南崗盤旋、纔有敵機兩架起航、與前批三架會合、於五時卅分在南崗投彈、並往還於廣九路新塘一帶窺伺、或開機關槍亂射、至六時十五分、敵機始行飛遁、

【另訊】本市救濟院前經敵機轟炸多次、昨（十一）日下午二時餘、敵機四架飛入本市東郊石牌天空、又專以救濟院平民住屋爲目標、盤旋二小時、共投下炸彈十枚、均落在該院界內、其中三枚落在平民宿舍第二室飯堂前面、當場爆炸、該兩座房室玻窗及門扇悉毀、平民李廣被斷手臂、并重傷何景星等二人、死水鴨八十餘隻、該院農場菠蘿被毀三千株、茄、白菜、芋、甘薯、被毀約九畝、路樹炸毀尤多、統計該院此次損失不下數千元、記者於事後曾赴該院查看、承曾院長告以上述情形、并云當敵闖入本院上空時、本人正在辦公廳辦公、聞炸彈下降聲、始由辦公室避出、而敵彈巳陸續爆炸云、

【本報中山十一日專電】十一日上午十一時許、敵機九架由北方飛來、至下柵上空、內中一架即低飛投下傳單一束、措詞荒謬、文下午四時、敵機二架飛大霖投一彈、

——摘自《中山日报》（广州），1938年8月12日

日機百零二架

漢陽武昌遭慘炸

死傷六百餘人毀屋四百間

（漢口十一日電）日機百二零架，於十一日午十二時許，由鄂東分三批先後向武漢飛行，至一時許，第一批日機侵入武漢上空，在漢陽南門一帶，漫無目的濫施轟炸。日機在漢陽所投之爆炸彈及燒夷彈，共二百餘枚，每枚重量約在五十公斤至百公斤之間，死傷約六百餘人，炸毀房屋達四百餘間，當時幷有居住南門河街一帶平民，於日機投彈時，紛紛投入水中逃避，而被淹斃者，爲數甚衆，河面浮泊男女及小孩屍體，觸目皆是。民船被擊及震動傾覆者，達三十餘艘，其中尤以南正河街潛龍街及星洲一帶爲最慘，幷有被火灼傷者，或身驅被炸成數段者，不忍卒覩。

（漢口十一日電）今日午刻十二時二十一分，空襲警報又作，遙見日機向漢口進發，天空適有濃雲，機聲軋軋可聞。日機猛轟武昌以西粵漢鐵路附近區域，第二隊日機，轟炸漢陽山外之舊兵工廠，該廠早已搬運一空，漢陽旋起大火，未幾，第三隊日機又赴武昌西郊猛轟，我機並未升空迎戰。

（漢口十一日電）此間當局已部署完備，十三日將有宣傳游行，各街道應挨戶向居民宣講保衞武漢平民撤退。此項宣傳，自十三日起，至十九日始告竣。

——摘自《晶报》（上海），1938年8月12日

轟炸後的宜昌

（宜昌航訊）由萬縣、

船

開頭，大家都存了一種恐懼的戒心，以為過灩門，出三峽，便踏進危險的地區了。

到

宜昌看見安靜的市面，一點不帶紊亂恐懼的色彩，每人都很懷疑，不明白宜昌的人民何以如此，道一[illegible]靜禮拜前宜昌被炸的消息，是傳聞失實

慶。

一

件事實的發生和所收到的結果，往往是最初所能預料得定的，日本人在蘆溝橋事變發生前，認定征服中國是一件[illegible]順利平凡的事，以為憑藉他們優勢的兵力，犀利的武器，再使用一種悲慘很毒的屠殺手段，就可以使得中國政府人屈服投降，而完成他們併吞中國的迷夢，達到囊括東亞的目的，結果呢，就目前的種種情形而論，日本人這種認定和預測，無疑的是完全錯誤失敗了。

宜

昌的現實情況，正亦復如此，從去年十一月起，敵人的飛機光顧到宜昌的頭上，第一次投了五十多個炸彈，炸死一百多個人民，迄後，兩次，三次，以至無數次，每次總要投下若干炸彈。炸毀若干民房，傷殺若干平民，然而敵人這種慘酷屠殺所得到的收穫是什麼呢，宜昌人民不因此恐懼，慌亂，屈伏，從這些炎與血的教訓裏面，使得宜昌人民更深一層認識了敵人的凶殘面目更堅定了宜昌每一個人團結抗戰的決心。

在

這兒我們真不能不感謝我們的敵人——日本，為了他們這些無情的炸彈，雖然炸傷了宜昌的軀殼，卻喚醒了宜昌死去的靈魂了。

被

轟炸後之宜昌市面，隨時隨處都充滿了新氣象，第一件使記者感覺愉快的，是在宜昌整個市面上，再也看不到充斥的毒，過去，宜昌是中國出名的鴉片販賣地方，毒品交易場所，四川各縣的煙土都由萬縣出口，運到宜昌，再由宜昌轉到全國的各國都市，去毒害若干的無識民衆，現在，多斷了敵人的炸彈炸斷鴉的來源，每天仍然有不少油船由萬縣開來，然而那個船裏所載運的決不是鴉片毒物，而是忠勇奮發到前綫去殺敵衛國的川軍將士。

其

次，記者應該讚揚宜昌目前的社會秩序，宜昌過去是有名的頭囂碼頭，仇殺械鬥的事實時都會發生，尤其在幾個軍隊駐防一塊的時候，現在呢，情形兩樣了，儘管是傷兵難民佈滿街頭，各路軍隊雜一起，可是從去年到現年，絕不會發生一點衝突的事實。這緣因也很簡單、就是由於敵人的飛機屠殺，已促成宜昌人民的覺悟，知道在這全面抗戰的一[illegible]時期中，再不容許有自相殘害的行動發生了。

由

於市面上許多事實的證明，知道宜昌的動員工作作將很有成績

，在河邊上有許多民衆在那裏幫運機械，在市區附近的山下有許多民衆在那裏修築公路，在每個街頭巷尾，更有許多青年學生在發表慷慨激昂的演講，宜昌有兩家報館，一家是建國日報，一家是武漢日報，在每個大街的中心，貼有[illegible][illegible]，在每個貼報的牆壁前面，也都隨時踴躍了許多老幼人民，記者到宜昌的這天，正是日蘇在張鼓峯發生衝突的第一天，許多街上的老百姓，見記者從船上下來，正和朋友談戰事，大家便把記者圍在圈子裏面，要記者對於日蘇衝突的未來演變，和對於中國抗戰的影響，發表意見。記者對於他們這種關心局勢愛護國家的熱情爲感動，特地舉出許多事實，作爲例證，告訴他[illegible]一個故小民族爲維護生存而發動的解放戰爭，是要靠本身的長期奮鬥，從艱難困苦中來爭取最後的勝利的，每個人萬不可存一[illegible]依賴的心理，日俄衝突固然可以略爲牽制日本進攻武漢的兵力，然而我們要認定對於中國長期抗戰就有多大的益助，却未免過於樂觀了。大家聽到記者的理論，每個人都表示一種憤激的情概，[illegible]的人要咬着牙，揮着拳[illegible]，深深的詛咒說：「是的，我們要用自己的力量，來打倒殘暴的日本」！

軍政部的□□□□醫院就設立此處，所以在街上往來的傷兵特別多，記者在二馬路的中段，走不到一百步的距離，却遇邁齊十三個斷腿的戰士，，由武漢疏散的難民也不少，老弱婦女已分批由輪船送走，其餘的一萬多人，準備由陸路步行到四川。

記者在宜昌的整個市面上，作了一個簡單的巡禮，一切現象都使得記者滿意，只有一點是遺憾，自從抗戰以來，宜昌市面上的摩登男女，也隨着傷兵難民而增多了，他們都是上海南京與及其他各大都市裏的有錢階級、因爲需要安全，所以才跑到宜昌，[illegible][illegible]，在還充滿了抗戰情緒的宜昌市面，看到大批斷臂殘肢的傷兵[illegible]民[illegible]過去，又望見成雙成對的摩登男女走過來，却顯得街道上的空氣異常不調和。

——摘自《新新新闻》，1938 年 8 月 12 日

武昌死傷慘重
寇機今襲武漢
徐家棚劉家廟車站受損
中央社辦事處亦被炸燬

【本報今日下午一時五十分漢口專電】敵機數十架，今日上午又飛襲武漢，濫施轟炸徐家棚車站及平漢路劉家廟車站，損失在調查中。

【漢口今晨中央社電】十二日晨十時二十五分，敵機五十餘架，先後進襲武漢，在武昌市區內及各車站投彈二百餘枚，死傷慘重。中央社武昌辦事處亦被炸燬，幸社友俱未受傷。在漢口投彈亦百餘枚，多落荒地。日租界劉家廟大智門附近等，德士古油棧被炸燬，詳情再電。

——摘自《南京晚报》（重庆），1938 年 8 月 12 日

寇機七十二架分批襲鄂

武漢昨又慘遭轟炸

投彈二百餘枚毀房屋五百餘所

市民傷亡八百餘民船炸毀卅艘

（漢口十一日電）本日正午十十二時許，據報有敵機數十架，由皖境竄入鄂東南向武漢進犯，我防空當局當即發出空襲警報，並令各防空部隊迅速出動，戒備，旋敵機分數批第一批四十五架，於十二時卅分左右侵入武漢上空，向武昌市區濫施轟炸，未幾第二批十八架逐趨漢陽市區投彈、第三批九架向南湖附近投彈，經我高射部隊猛烈射擊，敵機不敢久留，先後沿舊路逃去，本日武漢各地共投二百餘彈，被毀房屋五百餘所，死傷市民八百餘人，並炸毀民船三十餘隻，綜計以武昌漢陽二市區被炸極慘詳情尚調查中，

——摘自《泸县民报》，1938 年 8 月 12 日

敵機四次擾粵

中央廣州十一日電 敵機今來襲四次、共四十八架、均由中山海外飛來、首次自六時至七時十分、六架經中山盤旋未久、其中二架、旋即出海、其餘四架、繼續北飛、經虎門寶太公路、投彈數枚、附近村莊、頗受傷捐、第二次八時十五分至十時十二分、首批十五架、經中山虎門黃埔、並掠過市空、出粵漢路在英德琶江各站盤旋窺伺、并投彈三十餘枚、均無損毀、惟附近農民、及各房舍多有死傷或毀塌、敵機逞兇後、即南飛經三水出海、第二批一架、經中山寶安沿廣九路至石龍、在附近投彈四枚、彈落農村、頗有捐失、逞兇後、即循原路南飛出海、第三次自十一時五十五分至午後三時、二十二架分三批、首批十三架、經廣海陽江江門佛山旋分兩隊、一隊五架、飛粵漢路在源潭附近投彈多枚、平民死傷多人、民房亦有毀塌、敵機肆虐後、循原路出海、一隊八架、飛襲慶在南郊一帶、投彈廿枚、死傷情形待查、逞兇後即循原路出海、第二批五架、經中山虎門黃埔至廣九路南崗烏涌附近投彈、平民四人受傷、第三批四架、經中山虎門黃埔至本市東郊投彈十餘枚、毀民房十餘間、死傷十餘人、逞兇後即南飛出海、第四次自下午三時三十五分至下午六時廿分、四架經中山虎門東莞魚珠至中山大學上空、盤旋良久、折飛烏涌投彈二枚、毀民房數間、死傷二人、即分散爲散隊、分別至魚珠、黃埔、虎門各處盤旋、分飛出海、

——摘自《时事新报》（重庆），1938 年 8 月 12 日

敵在臨汾侵佔教堂醫院

中央西安十一日電 據報七月十八日臨汾城內之敵、突將耶蘇教堂及建設善競醫院包圍、查封儲藏室庫房、並將華籍職員工人捕去、無理責罵該院院長賴大興、謂英美人係日本仇敵、據逃出之醫士董建得言、該院迄今仍爲日軍監視中

——摘自《时事新报》（重庆），1938 年 8 月 12 日

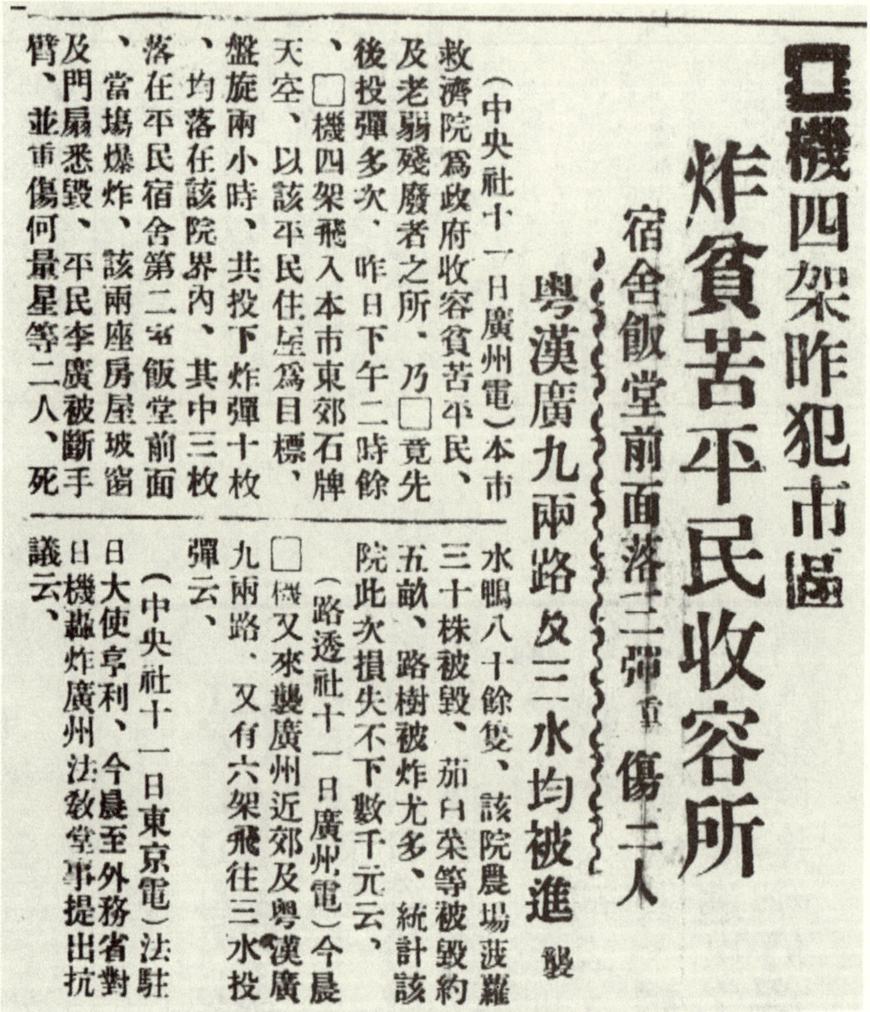

□機四架昨犯市區

炸貧苦平民收容所

宿舍飯堂前面落二彈　重傷二人

粵漢廣九兩路及三水均被襲

（中央社十一日廣州電）本市救濟院爲政府收容貧苦平民、及老弱殘廢者之所、乃□竟先後投彈多次、昨日下午二時餘、□機四架飛入本市東郊石牌天空、以該平民住屋爲目標、盤旋兩小時、共投下炸彈十枚、均落在該院界內、其中三枚落在平民宿舍第二寄飯堂前面、當塲爆炸、該兩座房屋玻窗及門扇悉毀、平民李廣被斷手臂、並重傷何最星等二人、死水鴨八十餘隻、該院農場菠蘿三十株被毀、茄白菜等被毀約五畝、路樹被炸尤多、統計該院此次損失不下數千元云、

（路透社十一日廣州電）今晨□機又來襲廣州近郊及粵漢廣九兩路、又有六架飛往三水投彈云、

（中央社十一日東京電）法駐日大使亨利、今晨至外務省對日機轟炸廣州法教堂事提出抗議云、

——摘自《南华日报》（香港），1938 年 8 月 12 日

敵機百餘架分批

炸武漢襲粵各路

三鎮被毀民房達五百餘棟

美國兩教會學校均被轟炸

犯◇漢

（本報十一日漢口電）十一日午敵機七十餘架、分四批空襲武漢、敵機濫施轟炸、武漢三鎮毀房屋五百餘棟、死傷五百餘人、武昌美教會主辦之文華大學四週懸有巨幅美國旂、敵機投彈數十、留校西人幸告無恙、該校決向漢美領館報告損失及經過、轉向敵方抗議、（中央十一日漢口電）敵機七十二架、於十一日午十二時許、由鄂東分三批先後向武漢飛行、至一時許、第一批敵機侵入武漢

上空、在漢陽南門一帶漫無標的濫施轟炸、記者於解除警報後、即赴被炸地帶巡視、目觀被炸慘況、令人憤痛、敵機在漢陽所投之爆炸、及燒夷彈共二百餘枚、每枚重量約在五十公斤至百公斤之間、死傷平民約六百餘人、炸毀民房達四百餘間、當時並有居往南門河街一帶平民、於敵機投彈時、紛紛投入水中逃避、而被淹斃者為數甚衆、河面浮起男女及小孩屍體、觸目皆是、民船因被擊及震傾覆者達廿餘艘、其中尤以南正河街一帶為最慘、並有被燒焦者、或身軀被炸成數段者、不忍卒睹、（中央十一日漢口電）敵機十一日轟炸武漢時、會三度侵入武昌市空投彈、所投炸彈均落於一般貧民住宅區域及慈善機關宗教團體、曇華林華中大學、為美國教會學校、屋頂懸有大幅美國國旗、殊不料敵機竟於此處投巨型炸彈三枚、當將該校後進之禮堂三棟與辦公廳一棟、完全炸毀、該校因為美國學校、每遇空襲時、多數外僑及平民均於該處避難、故該處除炸斃平民三人外、受傷者達六十餘人、因磚瓦積壓過高、挖掘極為困難、以是其中是否尚有死者、十一日下午尚未發見、該校外籍教宿舍房屋震塌部、且有數外籍教授受微傷、此外如美國教會、理達[illegible]子中學、賓陽門附近之福音堂、均為外人機關、亦被投彈數枚、死傷十餘人、其他如鼓架坡後之佛教正信會、龍華寺、寡婦堂、南嶽廟、均落多量炸彈、房屋多半彼毀、死傷十餘人、忠孝門正街投彈五枚、倒塌房屋十棟、[illegible]家園投彈五枚、傷數人、死一人、杜家園投彈二枚、螃蟹峽投彈一枚、死七人、胡林翼路東段投彈二枚、死一人、傷一人、鼓架坡毀民房十四棟、賓陽門車站附近投彈十餘枚、震塌民房數棟、死八人、傷十餘人、賓陽旅社投二彈、死五人、傷極多、東吳家巷右旗等地落彈十餘枚、死傷亦達數十人、敵機且曾於漢陽門輪渡碼頭投巨型炸彈一枚、落於江中、水花濺起數丈、輪渡乘客幸告無恙、由此益見敵寇殘忍之居心也、一片哭兒啼女聲、續耳不絕、雖距離百數十步遠、而

悽涼之哭啼聲、仍清晰可聞、使人聞之酸鼻、

襲◇粵

（中央十一日廣州電）敵機十一日來襲四次、共四十八架、均由中山海外飛來、首次自六時至七時十分、六架經中山盤旋未久、分其中二架、旋即出海、其餘四架繼續北飛、經虎門寶太公路、投彈數枚、附近村莊、頗受傷損、第二次八時十五分至十時十二分、首批十五架、經中山虎門黃埔、並掠過市空、出粵漢路、在英德琶江各站投彈三十餘枚、附近農民及房舍多有死傷或毀場、敵機乃經三水出海、第二批一架、經中山寶安、沿廣九路至石龍、在附近投彈四枚、農村頗有損失、即嗣循原路南飛出海、第三次自十一時五十五分至午後

三時、廿二架分三批、首批十三架、經廣海陽江、江門佛山、旋分兩隊、一隊五架飛粵漢路、在源潭附近投彈多枚、平民死傷多人、民房亦有毀場、循原路出海、一隊八架、飛肇慶南郊一帶投彈十枚、循原路出海、第二批五架、經中山虎門、黃埔至廣九路南崗烏涌附近投彈、平民四人受傷、第三批四架、經中山虎門黃埔至本市東郊、投彈十餘枚、毀民房十餘間、死傷十餘人、即南飛出海、第四次自下午三時三十五分至下午六時、四架飛經中山虎門、東莞魚珠至中山大學上空、盤旋良久、折飛烏涌、投彈二枚、毀民房數間、死傷二人、即分飛至魚珠、黃埔虎門各處盤旋後出海、

——摘自《东南日报》（金华），1938 年 8 月 12 日

敵機炸天主教堂

法向日提抗議

（路透十一日東京電）法駐日大使亨利、十一日晨至外務省、對日機轟炸廣州法教堂事、提出抗議、

——摘自《东南日报》（金华），
1938 年 8 月 12 日

敵寇暴行

敵機昨狂炸武漢

無辜平民傷亡達八百餘

華中大學懸美旗亦遭炸

（本報特寫）殘暴的敵人，因沿江兩岸戰事轉入山地，前進困難，所以又派大隊的飛機於昨天正午竄入武漢高空，在武陽兩地施行了轟炸。

武昌上空凝着重煙，敵機只在雲端二千尺以上的高空，濫施投彈，顯然這種投射是沒有目的地。

披着午後的細雨，記者踏進了武漢文化最高學府之一的華中大學。在後門的右近，三棟莊麗的樓，被炸成灰燼，被壓死傷六十餘人，昔日受教的書桌上，黑板上滿佈了傷痕，在此使記者想起南開大學，中山大學，長沙臨大……等文化學府被敵機的摧毀濫炸。

它的鄰居文華中學的宿舍，被敵人連投二彈，死傷了四五十人，人們帶着好奇的心進去，然後現着憤恨，悲慟的臉色出來。

沿着華大的籬笆邊而下，下面是一條綠草密佈兩岸的河溝；但是，卽在這泥溝旁倒下了七個被炸死的屍身，他們身上穿着綠色的軍服，但不曉得是不是軍人或是政治工作人員；東岸三個幷排在躺着，一個眼睛被炸傷的湧出了紅血，手腕被彈片穿斷；在西岸的土崗上，另有三個受難的人幷排放着，脚上被臭水塗上髒汚的泥；而另一個却被活着的人們孤獨的仰放在高高的岸上。他們多是腰部中傷皮膚已變成殭硬，腿白，顯然這是在炸彈落下時不及臥倒而受傷的；他們每人都有一本日記本，我想他們在那上面一定是寫着與敵人戰鬥的血跡，寫着懷念家庭親人的遠思，寫着記載自己一切活的事實，……但是，今天却被人們悄悄地從袋子裏抽出來，放在他們帶着掙扎死滅，渴望生命的死硬的胸前，他們在生前一定是如何珍貴這些東西，死不肯離呵！

在這兒致他們死命的只是一個二十五磅的小炸彈，而事前他們是躲在柳樹下的；于是，有人嘆息道：「死生是命呵！」這顯然是不正確的，我們相信，如防空設備更完善一些，被炸與否不是被命運决定的。

忠孝門正街的創傷是最重的一處，從它的盡頭石橋起，在恐怖死滅的街道兩旁，房屋全變爲瓦礫場，木板，瓦礫在積壓着許多人的眼淚。記者馳過陳柱天先生的舊宅，今天在它的周圍投了三個炸彈，在這附近死傷了七八個人。綠油的田園，富有詩意的茅籬，被敵人的彈藥掀翻，昨日他們還☐安心樂業的罷！今天，在無端的推毁下，變成無家的流浪人，加以這一帶的房屋建築的基礎過於簡陋，因此，勞動的平民，卽在距離投彈處很遠的地方，他們的房屋也遭到了襲擊，被壓死的人，在磚堆中開始被挖掘，死難的親屬在絕望的哭泣。——在前一刻錢他們不還是好好地活着嗎？這一帶的防空[illegible]近於沒有。

武昌街市的盡頭，——小東門一帶，許多房屋被轟炸，許多平民被壓死，吳家園、杜家園被轟毀的地方，正由許多武裝同志挖掘，整理。

這處望見了輝煌屋瓦的『長春觀』，今天的轟炸處以這裏最慘，巷中的電線如亂髮一樣的向下摔斷了，房屋數十棟倒成一片灰場，一間臥室，半邊被轟倒，窺見裏面的傢具什物，粉紅的圍帳，古色的陳設，但是，都披上了一寸厚的泥土，遭到意外的擊毀；一個泥塑的偶像，被炸斷下來『如來佛』的面前，堆滿了木片和灰塵，幾個人從前面走過，覺悟到『佛爺無靈』的眞理，左角的石牌樓上，受傷的道士們在薄薄的木匣中長眠了，因爲，他們是沒有家屬，沒有親友的孤獨的人。……

許多人爭着向南方奔去，這一帶是賓陽門東站的附近，鐵黑的電台在這裏巍然矗立，而敵人的炸彈竟在此投下十幾枚，傷了幾百人，雖然死去的人還不太多。

這次在武昌的轟炸，死者百餘人，受傷的在三百人以上；敵人投彈的路線完全是沿着蛇山平行，所以受難的地區，常遭到重複轟炸，而且，昨天在漢陽的碼頭也投下了巨彈，對於敵人欲造成武漢爲恐怖城市，施行濫炸的陰謀，在堅守武漢聲中我們應如何動員民衆積極參戰，如何造成瑪德里一樣的鋼鐵防空設備加以消極防禦，是今日極應注意的。（[illegible]林）

在漢陽光是在鸚鵡洲的腰路口橫街和腰路街後堤，炸死的人就在六十以上，被燒燬的房子，僅僅潛龍街一處，已有五十多棟！再加上窺新巷，朋覲巷，太白巷，江岸上段，南門河街，新洲，南正街，鼓樓巷等被炸的處所，則昨天漢陽被炸死傷的平民總在六百以上，被炸毀的房屋在四百棟之外，炸毀的船隻有五十多只！所投的炸彈和燃燒彈有一百七十多個！

被炸的處所主要的是在沿江一帶，那里全是最窮苦的平民和船戶，他們就做了日本强盜獸性的犧牲品。有許多人，在轟炸的時候，爬倒在水裏，竟也逃不了這萬惡的劊子手的毒手，他們的血使混濁的江水都染紅了！

在江岸上段的江邊上，一個賣洋貨的小販也被炸死了，身旁還放着一個叫賣用的小鼓和一籃滿滿的貨物。一定是他以爲江邊毫無什麼目標，躲避在那里，誰知日本的殺人「英雄」們恰恰以無目標的平民區爲目標的！

敵人的燃燒彈在潛龍街撒了一把大火，五十多戶平民的房屋都化爲了灰燼，當記者去看的時候，還在冒着烈焰濃煙。消防隊，紅十字會紅卍字會佛教正信會等團體的救護隊正在努力地盡他們的義務。二十多個東北救亡總會的救護隊也在流着滿頭大汗地工作着。據說他們在警報未解除的時候就從武昌過來！協同消防隊工作，奮勇地從火堆中搶救了七個人出來；大成第四廠的救護隊，捐了藥箱也在救治被炸受傷的人。敵人是不顧一切地虐殺我人民，而我們的民衆卻是奮不顧身地救護生命，這是何等顯明的對照：一邊是獸性的殘暴，一邊是人性的仁愛！

在煙霧裏，在火焰中，許多外國記者和軍官，不顧灼熱和煙燼，在攝取影片。人類的正義感在他們內心燃起了熱烈的同情，不避辛苦地來做日寇罪行的證人和裁判者。

省會警察局十二分局的警察項生武君，因忠於職務，空襲的時候還在巡邏，竟被炸受傷，而後來又被火燒死，腦袋和胸部都被燒光，露出了腦殼和肋骨。

在南門河街，一個小孩兒全身都燒焦了，竟像一條癩皮的病狗；一個男子的腹部被炸穿，五臟六腑都顯了出來！

在新洲和腰路口橫街被炸死的六十多人都是做小生意的貧民。在他們，死了一個男子，就失掉了一家的依靠，所以一踏進那里，立刻就被一片哭聲所包圍了。

目擊了這些慘象以後，一個疑問來到了記者的心頭：難道我們永遠讓漢陽的同胞一次又一次地被屠殺嗎？我們只能在他們被屠殺以後去做一點消極的掩埋工作嗎？

據記者沿途觀察所得，漢陽的防空設備是似乎太差了！在一條有着二百三十一號房子的東正街，只發見一所防空壕！以每號房子中平均住五人計，這條街上住着一千多人，但是照牌子所示，這防空壕只能容一百十四人，而就是這僅有的防空壕，裏面還是好幾寸深的水！某小茶館的一個伙計告訴記者，警報一來，漢陽的居民就紛紛雇划子逃往漢口，無法逃的人，只好躲在屋子裏聽天由命。

武漢的局勢一天天緊張起來，說不定敵機會天天來炸，加强武漢的防空設備已成爲保衛大武漢中一樁急迫的工作！

此外，記者還有二點感想：武漢各救亡團體應當以東北救亡總會爲模範，多量組織救護隊在轟炸的時候出來服務。兒童保育會和戰時兒童救濟協會等救濟兒童團體，假使能在轟炸以後立即往被炸的地方去宣傳，去收容父母被炸死的兒童，一定能收到比平時更好的成績。（企程）

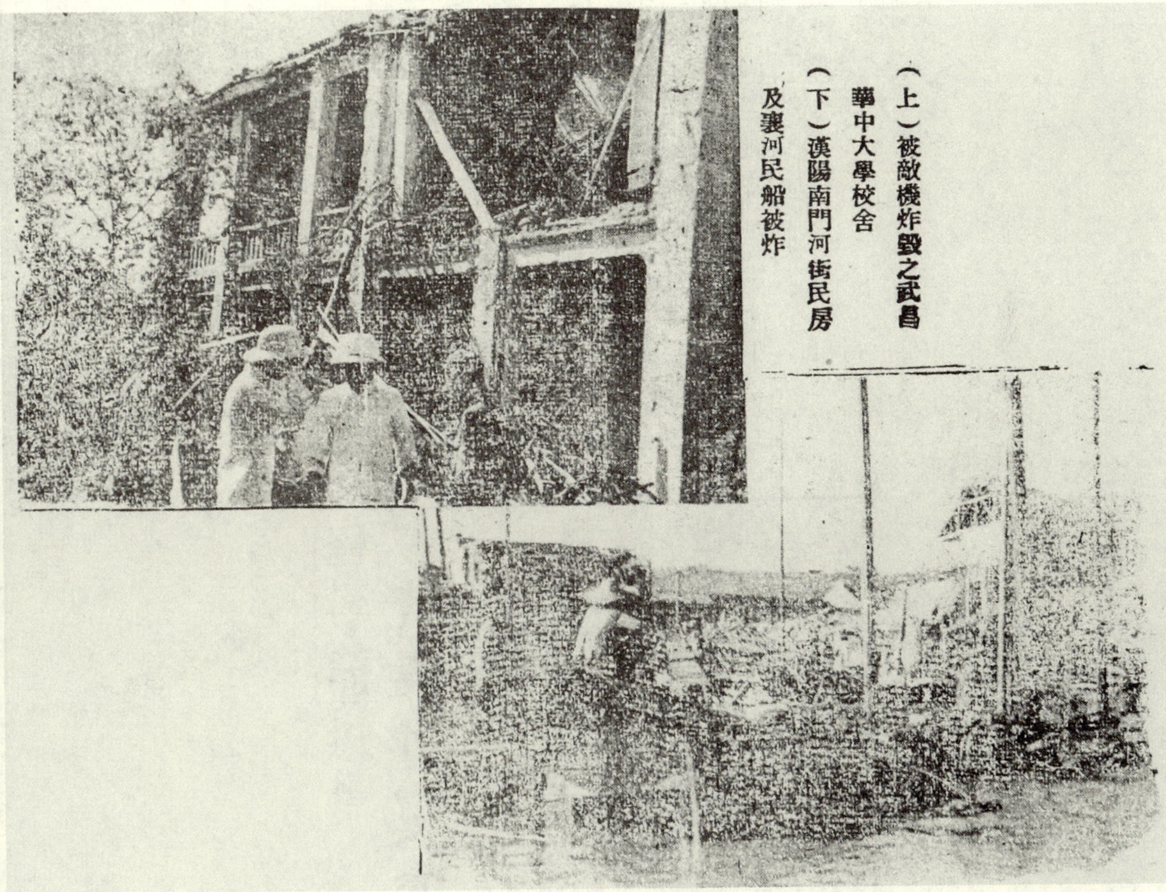
(上)被敵機炸毀之武昌
華中大學校舍
(下)漢陽南門河街民房
及襄河民船被炸

——摘自《新华日报》(汉口),1938年8月12日

敵機五十餘架 昨又狂炸武漢

投彈逾二百死傷慘重 中央社武昌分社被燬

【中央社漢口十二日電】十二日晨十時廿五分、敵機五十餘架先後進襲武漢、在武昌市區內及各車站投彈二百餘枚、死傷慘重、中央社武昌辦事處亦被炸燬、幸社友俱未受傷、在漢口投彈亦百餘枚、多落曖地、日界劉家廟大智門附近等處德士古油棧被炸燬、詳情再電、

——摘自《中山日报》（广州），1938 年 8 月 13 日

極盡人間慘事

武漢昨又血肉橫飛

寇機投彈達三百五十餘枚 葬身瓦礫者約九百數十人

（漢口十二日電）今日上午十時據報敵機數十架分三路向我武漢進襲，我防空當局對於該敵機行蹤加以注意，在空襲緊急警報發出後十時四十分左右，第一路約三十架由鄂東來犯，旋第二路二十四架，第三路二十一架先後由鄂南竄入武漢上空，經我高射砲隊瞄準射擊，各該敵機紛紛在武昌中和門濱市江岸車站一帶，投彈遁去，本日敵機投彈數約三百五十餘枚，房屋毀者四百餘間，炸斃市民二百餘，傷亡七百餘人，一般無辜市民葬身瓦礫間，尙不知若干正發覺中，詳情待查。

——摘自《泸县民报》，1938 年 8 月 13 日

日機昨濫炸

空襲武漢

前日租界亦竟遭轟炸

武昌車站落炸彈甚多

（漢口十二日電）漢口今晨續受前所未有之劇烈空襲，日機飛集粵漢鐵路武昌終點天空，重轟炸機多架，在該區擲炸彈後，復有飛機一隊飛至，續擲炸彈，旋飛渡長江，轟炸飛行場，數彈落於距場頗遠處，死傷人數尚未查明。

（漢口十二日電）今晨日機在此間轟炸，其彈墜入前日租界境內，日租界汽油池被炸毀。轟炸之目標，顯在政府機關，除日租界外武昌粵漢車站蛇山，武昌城內均被投彈，武昌受損甚鉅。

——摘自《晶报》（上海），1938 年 8 月 13 日

倭炸我平民

英各界抗議

倫敦教堂追悼我國死難同胞

（中央社）倫敦十二日路透電，倫敦各教堂本星期日舉行宗教儀式追悼中國被日本轟炸之死亡平民，國際反侵略大會亦要求英各界宗教當局舉行同樣儀式，國際反侵略大會並於星期一派代表至日使館抗議，當晚又舉行抗議遊行，反對日本轟炸中國平民。

——摘自《新新新闻》，1938 年 8 月 13 日

□機五十餘架昨又狂炸武漢

投彈二百餘死傷慘重

武昌中央社中彈 德士火油棧炸

（中央社十二日漢口電）□機今晨空羣來襲武漢、粵漢車站及飛機場一帶落彈最多、地方傷殘甚重、武昌方面之蛇山亦落巨彈多枚、舊日租界亦多被轟炸、

（路透社十二日漢口電）漢口今晨又被□機大舉來襲、記者見有□轟炸機約二十架向市區俯衝投彈、又向飛機場及粵漢鐵路車站投下巨彈多枚、□機轟炸之殘酷、以此次爲最甚、地方傷害情形及死傷人數若干、現未能查確、

（中央社十二日漢口電）十二日晨十時廿五分、□機五十餘架、先後進襲武漢、在武昌市區內及各車站投彈二百餘枚、死傷慘重、中央社武昌辦事處亦被炸燬、幸社友俱未受傷、在漢口投彈亦百餘枚、多落荒地、日界劉家廟大智門附近等處德士古油棧被炸燬、詳情未悉、

（路透社十二日漢口電）昨日來襲武漢之日飛機其數在一百零二架左右、其中能衝進市區者有六十架、美國教會之布尼學校校舍亦被炸燬、

——摘自《南华日报》（香港），1938 年 8 月 13 日

武昌復遭敵機轟炸

—美國教堂數處被炸毁

十二日每日新聞漢口電。敵機今日復炸武昌。是爲武漢第二日之空襲。美國教會受損失甚大。

美國聖安庵內大樓兩座被炸燬。美籍女教士在屋內樓梯下避身。高牆傾倒。一彈復在美國七日會醫房爆炸。斃十二人云。

——摘自《三民晨报》，1938 年 8 月 13 日

敵機狂炸漢口舊倭租界

—敵軍有於星期一總攻擊說

十二日聯合社上海電。敵軍復糾合部衆。圖向漢口進窺。敵機今日復狂炸漢口。

敵機四十九架向漢口北倚倭租界一帶狂炸。投彈甚多。我高射炮密集轟擊。敵機六架低飛舊倭租界空際。投擲炸彈。有落於舊租界附近者。蘇俄義勇軍總部亦在敵機襲炸區域中。聞美國煤油池數處着火焚燒。

國府於是星期收回舊倭租界。在界內築起防禦工事。今日敵機空襲。專襲倭租界。

國軍接到前方消息。敵在九江一帶集中兵力。飛機。坦克車。重礮及機關槍等 準備於星期作「總攻擊」云。

——摘自《三民晨报》，1938 年 8 月 13 日

敵機續狂襲武漢

毀屋四百棟死傷逾七百人

（路透十二日倫敦電）倫敦各教堂定本星期日舉行宗教儀式、追悼中國被日本轟炸之死亡平民、國際反侵略大會亦要求英各界宗教當局舉行同樣儀式、國際反侵略大會並於星期一派代表至日使館抗議、當晚更舉行抗議游行、反對日本轟炸中國平民、

犯◇鄂

（中央十二日漢口電）十二日上午十時、據報有敵機七十二架、由皖境分三路向武漢進襲、我防空當局密切注意各該敵機行蹤、同時發布空襲緊急警報、各防空部隊亦奉命嚴加戒備、至十時四十分左右、第一路敵機三十架、由鄂東來犯、旋第二路十八架、第三路二十四架、一沿長江、一由鄂南相繼竄入武漢上空、經我高射部隊描準射擊、頓將敵機隊形擊散、予以重大打擊、紛紛在武昌中和門附近及漢市江岸車站一帶投彈後遁去、本日敵機投彈數目約三百五十餘枚、房屋被毀約四百餘棟、炸斃市民約二百餘人、傷約五百餘人、一般無辜市民葬身瓦礫者、尚不知凡幾、正在挖掘中、詳情待查、中央社武昌辦事處、亦被炸燬、幸無受傷者、

擾◇粵

（中央十二日廣州電）粵垣十二日上午兩發警報、首次上午六時、敵機四架飛廣九路石龍站、投彈十餘枚、二次上午八時五十分、敵機二十一架、飛粵漢路琶江銀盞坳兩地各投彈十餘枚、並在樂同投八彈、均無大損失、下午四時、敵機九架、分兩批作第三次進襲、迄晚八時十分始飛出海、計敵機在粵漢路、盞坳附近投彈十餘枚、並到廣九路南岡站附近投彈十枚、略有損害、

襲◇桂

（中央十一日梧州電）十一日午十二時四十分、敵機十架由肇慶西飛襲梧、本市即發出空襲警報、十二時五十二分、敵機先後抵達市空、盤旋窺伺、我防空部隊高射槍砲即猛烈射擊、敵機旋在本市對河上角咀、梧州高級中學及硫酸廠等處投彈十餘枚、內燒夷彈數枚、損失甚微、井無死傷、一時半解除警報、又一時五十三分、敵機四架由雲浮新興向本市進襲、二時二十三分南竄、

——摘自《东南日报》（金华），1938 年 8 月 13 日

敵機又炸武漢
死傷平民八百餘人
梧州亦遭空襲幸無死傷

中央漢口十二日電　十二日晨十時二十五分、敵機五十餘架先後進襲武漢，在武昌中和門附近及漢市江岸車站一帶投彈、約三百餘枚、房屋被毀約四百餘棟，炸斃市民約二百餘人、傷約五百餘人，一般無辜市民葬身瓦礫者尚不知凡幾、正在挖掘中、中央通訊社武昌辦事處亦被炸燬、幸無受傷者、

中央社梧州十一日電　今午十二時四十分、敵機十架由肇慶西飛襲梧、本市即發出空襲警報、十二時五十二分、敵機先後抵達市空、盤旋窺伺、我防空部隊高射槍砲即猛烈射擊、敵機旋在本市對河三角咀梧州高中學校及硫酸廠等處投彈十餘枚、內燒夷彈數枚、抵失甚微、并無死傷、一時半解除警報、又一時五十七分敵機四架由雲浮新興向本市進襲、二時二十三分敵機已南竄、

——摘自《时事新报》（重庆），1938 年 8 月 13 日

寇機昨三次襲粵
救濟院又遭轟炸

（中央社廣州十二日電）敵機今日三次襲粵．首次上午六時，敵機四架，飛廣九路石龍站投彈十餘枚。二次八時五十分，敵機二十一架，飛粵漢路琶江銀盞坳兩地各投十餘枚，並在樂同投八彈。下午四時，敵機九架分兩批作第三次進襲。迄晚八時十分，始飛出海。計敵機在粵漢路銀盞坳附近投彈十餘枚，並到廣九路二岡站附近投彈十枚，略有損害。

（中央社廣州十一日電）廣州石牌救濟院爲收容貧苦難民及老弱殘廢者之所，乃敵機不顧人道，蓄意屠殺我非武裝平民，曾先後轟炸多次。今日下午二時許敵機來襲時，有四架飛該院上空盤旋，投下炸彈十枚，均落該院界內。其中三枚落平民宿舍爆炸，損壞房屋兩座，重傷貧民三人，菓樹牲畜被毀害者無算。

——摘自《新华日报》（汉口），1938 年 8 月 13 日

暴敵不顧世界輿論
繼續施用毒氣毒彈
愛護正義和平國家
應以實際行動制止

（中央社訊）國際反侵略運動總會，前曾發出通告，根據國聯議決案，訓示各國分會，對日本使用化學戰爭表示抗議，各國人士旋即發出普遍之譴責。詎日寇竟不顧世界輿論，仍在中國各地繼續逞兇。最近有毒氣五百箱運到蕪湖，並向我游擊隊部施放達姆彈。橫暴日寇，輿論之勢力實不足以促其覺悟。頃國際反侵略運動大會中國分會除向總會將最近敵軍使用毒氣之事實，具體報告外，並請愛護和平正義的各國即速以實際之行動，制止敵人暴行。

——摘自《新华日报》（汉口），1938年8月13日

過去一星期
廣州被炸死亡慘重
昨日意外未遭空襲

（海通社香港十四日電）廣州昨日未遭日機之空襲，殊屬出人意外。據華方調查之統計觀察，在過去之一星期中，日機肆虐，廣州一帶所受，損失之重，爲前此所罕見，而八九兩日死傷之人數尤多，星期一（八日）房屋被毁者二百餘幢，死傷約五百人，星期二房屋被毁者一百四十幢，死傷三百十四人，至星期四五兩日，日機空襲之主要目標爲鐵路，鐵橋及街道云。

○○○

——摘自《大晚报》（上海），1938年8月14日

敵機昨襲武漢

粵贛浙均被侵擾肆虐

▲中央社漢口十三日電：十三晨四時餘，有敵機六架，由鄂東遥犯武漢，經我射部隊猛烈射擊，、空軍奮起迎擊，敵機倉皇投彈六十餘枚，儘落蘆子湖附近荒地，我方無損失。

▲中央社廣州十三日電：敵機四十五架，今上午五時五十分起至下午六時三十分，四次冒來犯，首次三架飛中山虎門窺察，二次二三架，飛粵漢路在銀盞附近投三十餘彈，井在廣九路常平附近投兩彈，三次六架飛粵漢路在郭塹，軍田間投彈十餘枚，均落田間，四次三架，又飛粵漢路在銀盞坳附近投十餘彈，無大損失。

▲中央社南昌十三日電：敵機十二架，十三日晨五時分兩小隊侵入南昌市空，盤旋偵察，二十餘分鐘後，在浙贛路南昌南站附近投彈十餘枚，震倒車站之房一所餘無損失。

——摘自《云南日报》（昆明），1938年8月14日

倭軍橫行擾攘達暮

上海市竟日騷亂中

偽組織辦事處有人投擲炸彈

獸兵混入租界開槍掃射市民

（中央社）上海十三日路透電，今晨全滬居民心中均有異常之感覺，今日似將有戰事發生者，路透社記者於晨三時即巡視公共租界及法租界一週，覺各處均有難以形容之緊張情形，全市居民於清晨即已清醒，彼等或均能憶及「七七」紀念日之清晨，已發生炸彈案多起也，每一街衢之轉角處，均有巡捕及萬商團團員或正規軍搜查來往中外行人，記者在半小時內被搜查者竟不下十次，來往行人所攜之包裹竹筐均須檢視，各處堆積阻礙物件，即有不少閑人圍觀，全市各住宅商店均懸掛國旗，仰面而望，則見各樓窗戶均為引顧外望之人首，似有等候彼等之希望或彼等所恐怖之事件發生，某某屋頂上尚有武裝之巡捕，並攜有小型無線電機，由外灘至市街之入口處，均架設鐵絲網，入口處僅留一小縫由軍隊把守，行經各口者，莫不遇身被搜，裝甲汽車及軍用卡車常來往梭視，車首均裝有鐵閘欄，車上則滿載武裝，萬國商團英軍與法軍一如常日，仍在其防區內來回行走，路旁停有救護車，各救護人員均已準備一切，記者復至外渡橋一帶巡視，并與英軍指揮，英哨兵已較往日增多，該處附近因過去二十四小時內曾發生事件多起，故情形尤為緊張，聞昨日日機飛至租界上空散發傳單，同時日本官吏冒着華人衣服亦在租界內散發傳單，此外日哨兵亦形增加，至於安置機槍口對英兵哨崗，英軍事當局曾於昨晚向日方提出嚴重抗議，謂若在今晨五時以前未將機槍他移，則英軍亦加佈置機槍以對日軍，日軍終允英之所請，故記者今晨至該處時已不見日軍之機槍矣，據有關方面訊，日領館當局稱，今日若能平安渡過，則日方對撤退蘇州河各橋之日軍一點或將加以考慮，日方此言乃使人相信最近日人在租界內擾亂，係日軍極端派故意行動，以破壞當局恢復租界秩序之企圖，此間謠傳日人已擬將炸彈偷運至租界，以造成事件，故各入口之英守兵對由日界入口之人士，不論其國籍服裝如何，均一律嚴密加以搜查云。

（中央社）上海十三日合衆電，今日美軍拘捕日軍案發生後，日軍代表即趕至美軍防區擬闖入美軍司令部，當為衛兵攔阻，至全案初步調查完畢後，始准其入內，此次事件經過，業已全部攝入電影云，又電，據悉今日為美軍拘捕之日軍，其中一人與前次英僑威金遜被日軍毆辱案有關。

（中央社）上海十三日合衆電，此間外籍軍事當局頃稱，日方排外傳單，確係由日本軍用機於昨日散播，現已獲有確實證據云。

（中央社）上海十二日合衆電，今日偽組織辦事處所在地之新亞酒店內，傳出爆炸聲，惟日方稱係窗戶玻璃碎裂聲。

（中央社）上海十三日路透電今晨九時有貨車一輛駛入公共租界，車上之中日人士，突以手槍向道路兩旁之中國群眾射擊，巡捕當即禁止該車行駛，將車上之人，全數捕獲，解至捕房訊問，捕房查車上之所謂中國人者，均有日人之嫌疑，實際上彼等或為日軍冒穿中國衣服而已，惟現尚難得到確實之證據云。

（中央社）上海十三日合衆電，日發言人對今晨日人在公共租界沿途開槍事，並不否認，但拒絕發表意見，聞上海英美法軍長官將發表聯名聲明書，說明各國軍隊有在滬維持治安之必要，及日軍屢次干涉情形，該項聲明何時發表，尚未有所聞。

——摘自《新新新闻》，1938 年 8 月 14 日

武漢三鎮

前兩日

千餘人死空襲

最慘宜興女工！

○漢口十二日美聯社電、今日日驅逐機及轟炸機七十架轟炸武漢三鎮、中國平民死五百名、傷二百名、可謂中日戰事發生後規模最大之空襲、今日十時四十分、有日方雙發動機之轟炸機六架、飛行於武昌兩千呎之低空、向粵漢路終點之武昌車站一帶轟炸、半小時內、日方巨型轟炸機九隊、每隊九架、飛行於武漢三鎮之一萬九千呎高空、華方高射砲對此等飛機作猛烈之射擊、爲過去三星期以來所未有者、高射炮彈似有多枚在機陣中爆炸、日機所投之炸彈三百五十枚中、有四十枚墮落於武昌車站、唯僅使車站房屋略受損傷、一部修理房屋之工場則被炸燬、當時車站之避彈窟中、匿有宜興工廠女工五十名、不幸有日機炸彈一枚、直接投中該窟、以致此等女工、均被活埋、救護人員雖竭力施救、唯一小時後、僅掘出屍首八具、此等女工、原擬乘車前往湖南新絲廠中工作、衣上均有記號註明「宜興難民」字樣、彼等因車輛擁擠、已在車站鵠候三天、日機炸彈未使車站遭受重大之損傷、唯炸燬車站附近某村、死華人五十名、傷一百五十名、重傷者頗衆、鐵路並未炸燬、是以飛機去後一小時內、火車已照常通行矣、據官方報告、過去兩日死傷總數如下、

	投彈	死	傷	燬屋
◇……八月十一日	一八三	一二四	五五六	四三七
◇……八月十二日				

——摘自《时报》（上海），1938 年 8 月 14 日

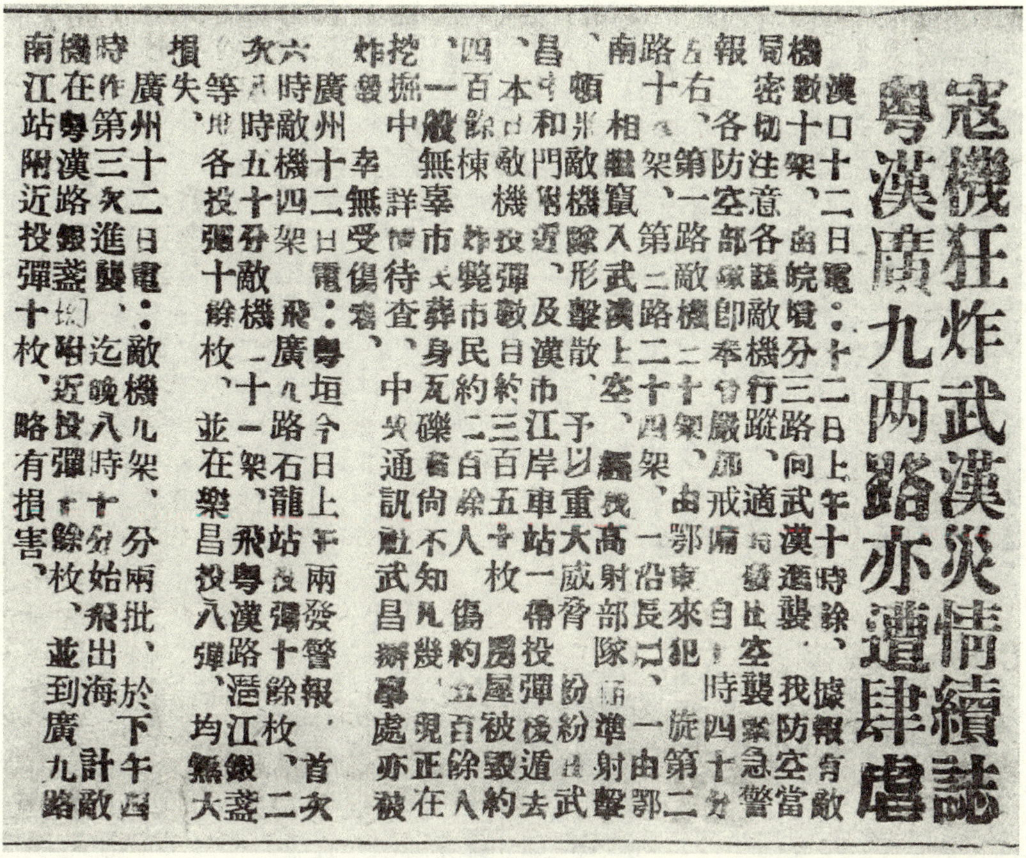

寇機狂炸武漢災情續誌

粵漢廣九兩路亦遭肆虐

漢口十二日電：十二日上午十時餘、據報有敵機數十架、由皖境分三路向武漢進襲、我防空當局密切注意各路敵機行蹤、適時發出空襲緊急警報、各防空部隊即準備嚴加戒備 自十時四十分左右、第一路敵機二十架、由鄂東來犯、旋第二路十[illegible]架、第三路二十四架、一沿長江、一由鄂南、相繼竄入武漢上空、[illegible]我高射部隊[illegible]準射擊、頓[illegible]敵機隊形擊散、予以重大威脅 紛紛[illegible]武昌[illegible]和門[illegible][illegible]、及漢市江岸車站一帶投彈後遁去 本日敵機投彈數目約三百五十枚 房屋被毀約四百餘棟 炸斃市民約二百餘人 傷約[illegible]百餘人、一般無辜市民葬身瓦礫中尚不知凡幾、現正在挖掘中 詳情待查、中央通訊社武昌辦事處亦被炸毀 幸無受傷者、

廣州十二日電：粵垣今日上午兩發警報，首次六時敵機四架 飛廣九路石龍站投彈十餘枚、二次九時五十分敵機一十一架、飛粵漢路潖江銀盞坳等處各投彈十餘枚、並在樂昌投八彈、均無大損失、

廣州十二日電：敵機九架、分兩批、於下午四時作第三次進襲、迄晚八時十[illegible]始飛出海 計敵機在粵漢路銀盞坳附近投彈十餘枚、並到廣九路南江站附近投彈十枚、路有損害、

——摘自《南宁民国日报》，1938 年 8 月 14 日

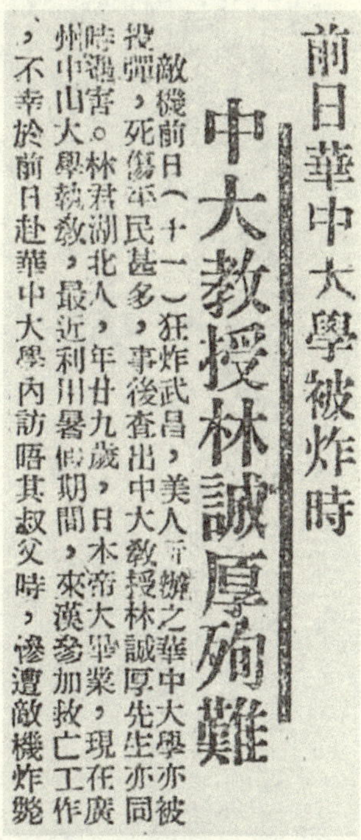

前日華中大學被炸時

中大教授林誠厚殉難

敵機前日（十一）狂炸武昌，美人所辦之華中大學亦被投彈，死傷平民甚多，事後查出中大教授林誠厚先生亦同時遇害。林君湖北人，年廿九歲，日本帝大畢業，現在廣州中山大學執教，最近利用暑假期間，來漢參加救亡工作，不幸於前日赴華中大學內訪晤其叔父時，慘遭敵機炸斃

——摘自《新华日报》（汉口），1938 年 8 月 14 日

敵在滬租界橫行恐怖

演講反對英美挑撥中外關係

到處槍擊同胞日寇承認行兇

（中央社上海十三日路透電）今晨美軍防區內，突發現衣華服者數人，當衆講演，痛斥歐美人士，謂白人均爲帝國主義者，專以壓迫弱小民族爲事等語。美軍趨前干涉，當將演講者捕獲三人。內有一人被擊傷頭部，已送醫院。該三人皆證明爲敵軍官改衣華服，從事煽惑工作。美軍當將該二人押送美兵營後，即移交敵軍當局。美軍司令蒲萊斯，今晨向敵當局表示，謂敵軍在美防區內對美軍採挑釁行爲，日內將提出抗議，并要求對肇事敵軍官嚴予處罰。

又訊：今晨有華人三名，擬由敵防區進入租界，當被租界當局拘留。據彼等自稱，係奉敵軍部之命，至租界內某處領取炸彈，在租界內造成恐怖空氣。工部局當派巡捕至該處檢查，結果搜獲炸彈廿枚。又今晨有一年老華人，行經意軍防區，因意兵喝令止此，未能遵守，當被開槍擊斃。

（中央社上海十三日合衆電）據悉，今日爲美軍拘捕之敵軍，其中一人，與前次英僑威金遜被敵軍毆辱案有關。

（中央社上海十三日路透電）公共租界工部局巡捕，今日下午在意軍司令部附近，捕獲持有武器御華人衣服之日人四名，旋經意軍提去，現拘押於意軍司令部內，加以審問。

（中央社上海十三日路透電）今晨九時，有貨車一輛駛入公共租界，車上之中日人士，突以手槍向道路兩旁之中國羣衆射擊，車上人全數被巡捕捕獲。

（中央社上海十三日合衆電）日發言人對今晨日人在公共租界沿途開槍事，並不否認。聞上海英美法軍長官將發表聯合聲明書，說明各國軍隊有在滬維持治安之必要，及日軍屢次干涉情形。

（中央社上海十三日合衆電）美陸戰隊士軍曹，今晨在美防區勞白生路，見有日人三名向中國人施行威脅手段，該軍曹即趨往調查，日人急登汽車，軍曹隨之躍身而上，時車已開行，日人即拔出手槍，以對軍曹之頭，並喃喃作日語，軍曹亦拔手槍，令車夫停車。於是其他美兵均上車，將日人解押至捕房。美當局已向日方抗議。又憶定盤路亦發現日便衣隊三人，向中國人民施行威脅手段，强迫彼等將國旗降下。

——摘自《新华日报》（汉口），1938 年 8 月 14 日

日炸陽新大火

平民死傷逾千

罕見罕聞，刻正由縣長陳宜賓會同軍民辦理善後中。

（陽新十四日電）日機一架十四日午飛陽新窺察，陽新城內大火，十四日猶未熄，十三日直接間接死於日機轟炸下之無辜市民婦孺及傷兵，現查明者已逾五百人，受輕重傷者當在八百人以上，其死傷之重，近所

——摘自《大晚报》（上海），
1938 年 8 月 15 日

漢陽的一角

漢陽日前設日機轟炸，此圖乃炸後一小時所攝者，劫後烟灰，猶隱約見於畫面之上。

——摘自《大晚报》（上海），1938 年 8 月 15 日

鄂陽新縣城慘遭轟炸

中心區域頓成一片焦土

死傷平民達千三百餘人

中央社陽新十三日電　陽新十三日晨十時遭敵機之瘋狂轟炸、縣城西起山川壇、東至富川門、以及大尉巷等橫街內之商鋪民房、不被轟毀、即遭燃燒、無辜平民、死傷慘重、先是晨九時四十分、監視哨發現有敵機十二架、向陽新方面前進、市民相繼避難、敵機分兩隊掠空而過、並未在城空盤旋、居民咸認又係飛往武漢一帶肆虐、不十分鐘敵機去而復返、先在中正公學投彈三枚、有一彈落美人所設之天主堂附近、繼在鄂南日報、傷兵醫院、及縣城熱鬧處所、濫投炸彈與燒夷彈、中彈之處、頓成一片焦土、大火近晚未熄、陽新街道、位於河畔、每屆夏秋之交、河水倒灌街心、街中多架跳板、以利行人、當時在街中屋內、尚未避難平民、聞警爭相擁塞於跳板上、以趨街外、敵機復於此時低飛、用機槍掃射、以記者目擊所及、七日陽新城內平民、直接間接死於敵機轟炸下之無辜市民婦孺及傷兵、現查明者已逾五百人、受輕重者當在八百人、誠空前浩劫、十三日下午二時、敵水上轟炸機三架、又飛來肆虐、竟欲使喘息方定之陽新民衆、同殃於盡、其殘酷行爲、亘古未聞、我中國民族世世子孫、當永思有以報之、

——摘自《时事新报》（重庆），1938 年 8 月 15 日

劫後的南京

生命財物損失統計

本報上海航訊　南京國際救濟會爲切實進行救濟工作起見、曾委託金陵大學社會學教授史麥特博士、實地調查京市所受戰事之損失、費數月時間、現已調查竣事、編成報告、綜計財物之損失達二萬四千六百萬元、依區域統計、城外佔百分之五十八、城內佔百分之四十二、至以財產之性質統計、動產佔百分之五十八、不動產佔百分之四十二、至損失之原因、直接受戰事損失、僅百分之一、其因敵軍放火而受之損失、則佔百分之六十七、因敵兵搶劫而受之損失、佔百分之卅一、

南京人口約廿二萬餘人、各住戶所受損失、約四千萬元、平均每戶計八百餘元、分析其損失之原因、受戰事之直接損失、僅百分之二、遭火災之損失、達百分之五十二、因敵兵士掠奪所受之損失、約百分之卅一、其他搶劫之損失、約百分之九、原因不明者百分之四、至於兵士之掠奪所加於商業財物之損失、約六百萬元、家庭器物約七百萬元、此種掠奪行爲日所予人民之損失奇重、致使目前留居南京者、陷於困苦之境地、

生命所遭之損失、有確實統計者、計死者三千二百五十人、其中百分之七十四、係遭敵軍暴行而被慘殺、其爲日軍所殺而未有報告者、爲數甚多、據聞其原因、爲防止對日軍作報復行爲、小孩被殺者亦不少、但亦無法調查、惟調查其埋葬地、估計約在一萬二千人之譜、其他非武裝及已解除武裝之中國士兵、被日軍慘殺者、無慮萬千、

日軍屠殺之結果、使四千餘年輕女子成爲嫠婦、更使三千餘孩童、孤獨無依、其尤慘者、統計被殺男子百分之念八、女子百分之三十八、均年逾花甲、此外受傷者、約三千餘人、其中百分之九十八、均係日軍暴行之結果、據國際救濟會所接報告、女子受傷者、其年齡在十六歲至五十歲之間、有百分之八、爲被强姦而受傷、此項數字、實難求其眞確、蓋女子受辱後、均不願自首報告、此外爲日軍逮捕者、約四千二百人、迄今杳無消息、衆信早被慘殺云、

——摘自《时事新报》（重庆），1938年8月15日

寇機昨狂襲交通線

闖進市區炸黃沙站

站旁共落彈十餘枚平民遭刦

六四小學三次被炸已成土坵

【本報專訪】兇殘敵機、連日來襲、日凡三四次、如中瘋狂、昨（十五）日敵機數度來犯、除賡續向各交通線轟炸外、並闖進市區黃沙投彈、及開機關槍掃射屠殺平民、茲將各情錄下、

昨上午七時五十分、敵機兩架、自中山洋面起航、環繞唐家灣南朗上柵一帶窺察後、即掉頭撲回芒洲島、投彈兩枚、燬茅屋多間、敵機投彈後、即逸去、至十時十五分、又有敵偵察機一架起航、到萬頃沙盤旋後、隨即南飛本市、以敵機無犯廣州企圖、故未發警報、

十二時十五分、敵機十九架相繼起航來犯、防空部當即發出警報、十二時廿分、續發緊急警報、敵機已經南朗抵達虎門、俄頃、掠過太平、黃埔、向北飛、十二時四十五分、經本市西北方、未幾、疾趨從化、一時十五分、竄入粵路源潭、盤旋、在潖江投彈後、即行南飛、一時三十分、經西村、旋有六架突向東南撲進、藉雲霧掩護、在高空窺伺、一時機聲軋軋、我高射砲隊發砲射擊、敵機旋闖到黃沙連續投彈八枚、落居安北約及鄭家祠等處、爆炸聲震撼山岳、毀塌民房甚多、幸平民早已走避、故死傷較少、而敵機更開機槍狂射良久、始分頭竄走、一時五十四分、第二批敵機三架繼續起航、經虎門、陳村、進犯粵路、三時到潖遠、隨向軍田、源潭兩處各投燬彈、三時十五分、經魚珠南飛出海、三時卅二分解除警報、

至四時零一分、敵機五架又起航來襲、當再發警報、四時十二分發緊急警報、敵機到虎門轉趨桂洲、旋撲大良、五時廿三分、到粵路銀盞坳盤旋、同時第二批敵機四架起航、經虎門、桂洲、五時五十分、敵機五架在銀盞坳投彈十二枚、隨經清遠南飛、六時廿分、經官窰出海、六時卅分、第二批敵機有三架到三水、一架在黃埔盤旋、隨在廣九路烏涌投彈三枚、即先行遁去、七時零三分、第二批敵機三架、在本市西村上空盤旋、往還窺伺、斯時本市已熄行燈火管制、七時廿七分、敵機三架經大良出海、七時四十分解除警報、

災情詳誌

【本報專訪】昨（十五）日下午一時卅分、敵機十五架、在粵路肆虐後、分隊飛入市空、有五架在黃沙盤旋、約廿分鐘、即疾轟黃沙車站、一連擲下巨彈十一枚、有兩枚爲燒夷彈、完全爆炸、聲震全市、沙面外僑洋房亦震動、幸各炸彈均落站旁曠地、陷成巨穴多處、

沙地河面

、黃沙沙地對開河面落彈兩枚、均爆炸、有兩沙艇被彈力擊沉、艇內蛋民黃金蝦仔二人、泅水逃去、未及於難、兩人均僅輕傷手足、尚無大碍、惟艇則漂流於白鵝潭、由珠江分局警艇救起、傷者由方便醫院水面救護隊扛返救治、

黃沙西約

黃沙西約九街落彈一枚、重約一百五十磅、震塌單門牌十五、十七、十九、廿一、廿三等號民房共五間、該廿三號戶主潘姓、已遷出、由業主僱黃沙乞丐亞金看守、當落彈時、亞金是否已

黃沙西約北街被炸燬之民房　【本報記者黃劍豪攝】

走出、或遇難、均未可卜、因瓦礫堆積如山、截至發稿時、尚未挖出、同時在該宅瓦礫中、挖出受壓傷苦力梁德一名、四十歲、新會人、因在該處避難受傷、頭部流血、全身手足各部均被壓傷、另一說則謂該苦力於炸後潛入該戶盜竊、適斯時泥墻倒塌、致被壓傷、另微傷男女數人、由逢源急救班敷醫、送柔濟醫院留醫、

西約北街

、黃沙西約北街落一彈、命中十六號屋、該彈重約百餘磅、計十四十六十八號屋全塌、十二廿號兩間震毀、有男子陳聯、廿四歲、南海人、被彈片傷足、由逢源急救班醫治、

居安北街

黃沙西約居安北街十二號落一彈、重約百五十磅、轟塌十號、十二號、十四號、十六號、及西約下街第一號振華玻璃店等共五間、其餘第三號、第五號、均震毀、

再炸小學

暴敵不斷摧殘我文化教育機關及小學校、自五月廿九日敵機曾一度轟炸黃沙梯雲西路、市立第六十四小學校、復於七月廿日、又再投彈轟炸該校、敵機野性未息、再展施其淫威、再向該校作第三次之轟炸、以達其毀滅我文化教育機關、當敵機投

彈時、轟隆聲響如巨雷、該校遂隨聲而塌、頓成土坵、校中各男女被炸傷者爲數不少、皆由救傷隊敷治、

救護情形

市防護團救護總隊兼總隊長朱廣陶方救護課長陸如礎、率領紅十字會、便醫院、市立醫院、強華、中華、青年會、各救護隊、及急救班等、到場救傷、同時、工務局工程隊亦到場挖掘、黃沙救護指揮許子珍則專在災區鵠候挖出傷者爲之敷藥、

前晚敵機飛香洲投彈

【本報中山十五日專電】十四晚八時廿分敵機五架、南飛出海、其中一架至五區香洲海面投彈一枚、我無損失、

【中央社】中山十五日電、昨敵機多批襲岐、情狀恟恐、下午七時許自北竄南、在于五區香洲上空盤旋、七分鐘後、向野狸山海面投兩彈、爆炸水中、我無損失、同時敵艦以探照燈照射該機引歸老巢云、

——摘自《中山日报》（广州），1938 年 8 月 16 日

黃沙居安北約之劫灰（本報記者黃劍豪攝）

——摘自《中山日报》（广州），1938 年 8 月 16 日

南澳四澳已成焦土

全島漁民被殺在二千以上
我青天白日旗仍高懸山巔

【中央社汕頭快訊】我收復南澳後、敵以五倍于我兵力、四週來拼命進攻、抛出無數頭顱、消耗浩鉅彈藥、始換得隆澳雲澳沿海局部據點、去月廿四日敵海軍當局會限令五天內、佔據守山隘腹地、但迄今我陣地絕無絲毫變動、夜夜游擊奇襲、敵應付、疲倦、轉而再樹傀儡組織、一面在深澳設敵司令部、一面在長山尾粗山組僞維持會、但漁民凜于大義、已無人願爲黃鱗其弟二、心勞日拙、以曩作奸犯科之縣監獄囚徒楊某章某等流氓爲僞會委員、但此輩平素已被人嫉視、今代敵張目、益無號召能力、當僞會實行登記居民之際、澳民紛冒險逃難、赴閩粵交界之南澎島嶼、間道走澄、饒、頃該縣抗敵後援會常委吳桂東、循此道逃難抵汕、據談、（一）敵連日派獸兵乘汽艇抵南澎、强迫該處難民返澳、數千難民中有數十係被迫當砲灰之金門壯丁、台灣新兵、（二）隆、雲、深、青、四澳、現成一片焦土、尤以隆澳民房被燬最慘、隆澳東內街、新市吳厝新鄉、山仔頂官前鄉一帶、滿目頹垣瓦礫、敵兵焚燒前、盡將民間細軟像私劫奪儲運返艦、島上居民現十九餐風宿露、（三）南澳山多田少、本季幸告豐收、但所有積穀、今已被劫充軍糧無遺、（四）全島漁民破屠殺在二千以上、漁船被燬千餘艘、（五）瘟疫蔓延、獸兵每日恒死亡數人、竟遷怒祠宇土像木偶之作祟、大肆焚燒、全縣神廟無一倖免、現敵兵正威脅漁民引導入山搜索我軍、但澳民至死不屈、行至山深林密處、或乘間逃脫、或起而與敵肉搏、或高聲呼、報導埋伏山洞我軍奮起殲敵、然後從容殉難、「敵來我抗、敵去我追、敵停我擾、」南澳我英勇部隊所採取之機動戰署、配合準備壯烈犧牲之決心、相信青天白日旗、定能始終飄揚于長山高峰、

——摘自《中山日报》（广州），1938 年 8 月 16 日

敵在湖口暴行

驅三百餘人入池塘內 投以手溜彈全體斃命

【馬廻嶺十六日電】據昨日俘獲之敵俘虜及日記內所載，敵對於我居民及我被俘士兵之苛虐殘暴實爲古今中外所未有，據敵軍日記載；湖口周家村居民五十餘家，未及逃避，被敵將各家老幼男女三百餘口，掃數驅入池塘內，投以手溜彈，頓時全體斃命。塘中之水，盡爲之赤。又據俘虜供稱；該俘虜於本月八日曾目睹敵對我被俘士兵，先用刺刀切去頭顱，再以刀尖刺其心窩，該敵滿擬此次被俘，決無生望，不意我軍對其優待有加，故感極而將上述情形見告，幷表示再不參與任何侵略戰爭。

——摘自《南京晚报》（重庆），1938 年 8 月 16 日

敵機轟炸 廣州法教堂

法已向敵抗議

中央社東京十一日路透電：法駐日大使亨利、今晨至外務省、對日機轟炸廣州法教堂事、提出抗議、

——摘自《南宁民国日报》，1938 年 8 月 16 日

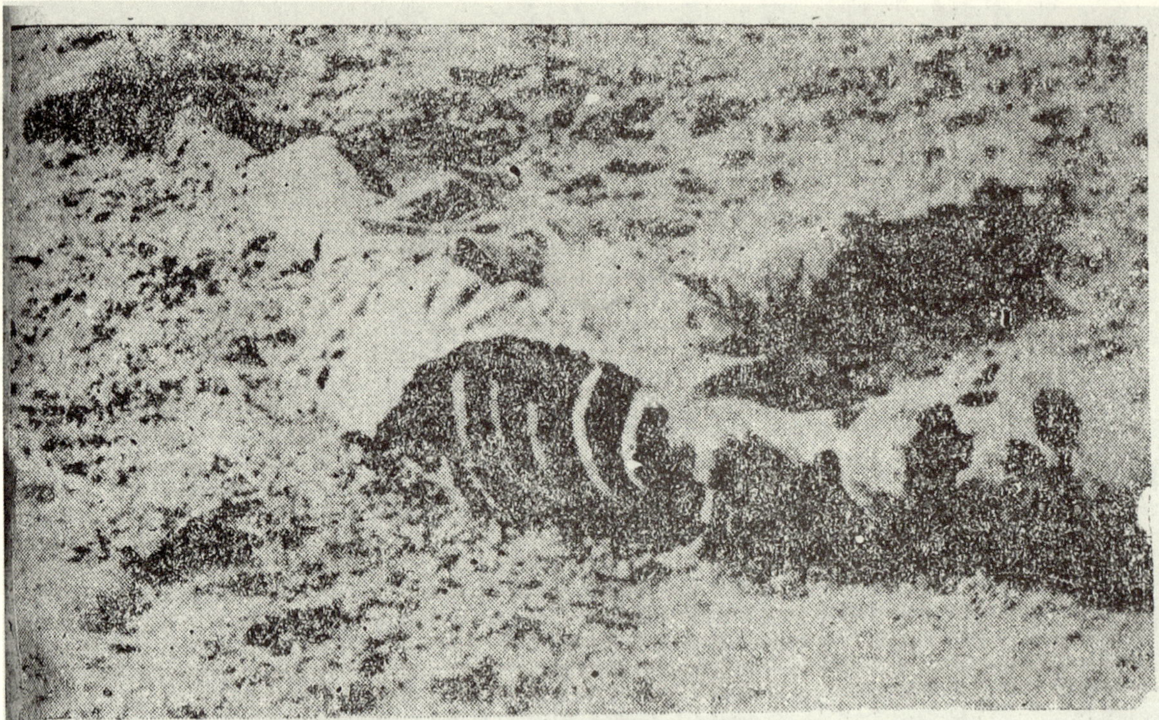

我軍克復尉氏後、發現被敵軍屠殺之無辜民衆、截其手足、成此極恐怖之慘狀、

——摘自《中山日报》（广州），1938 年 8 月 17 日

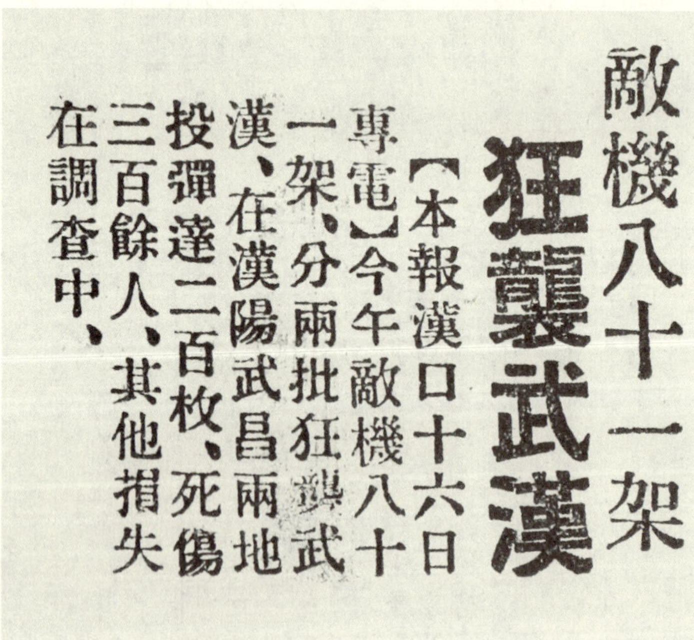

敵機八十一架

狂襲武漢

【本報漢口十六日專電】今午敵機八十一架、分兩批狂襲武漢、在漢陽武昌兩地投彈達二百枚、死傷三百餘人、其他損失在調查中、

——摘自《中山日报》（广州），1938 年 8 月 17 日

日機襲鄂總計

投三千餘彈　死傷五千餘

犯漢前後共計三十三次　民衆死傷數亦近四千人

（本報今日香港電）漢訊：昨日武漢防空司令部發表公報

稱：自中日開戰以來，日機先後參加侵襲湖北省，總數共計一千〇八十四架，所投炸彈共三千二百四十九枚，空襲次數共六十四次，共轟炸結果一千八百三十人被炸死亡，三千二百七十二人受傷，房屋被摧毀者共計二千七百九十三幢。又稱卽在武漢三鎭日機侵襲共有三十三次，參加飛機共有六百六十六架，共投下炸彈二千二百七十八枚，平民受難者死亡共一千三百八十九人，受傷有二千六百七十八人。

——摘自《大晚报》（上海），1938 年 8 月 17 日

日機八十一架

昨侵襲武漢

三鎮均投彈達數百枚

死傷三百人毀屋甚多

（漢口十六日電）路透社訊：今晨九時，此間復發出空襲警報，瞭見日機向漢口進發，未幾，天空有飛機疾飛聲，但不能見之，諸機未擲一彈即飛去，旋於九時四十五分解警。

（漢口十六日電）日機八十一架，於十六日午十二時餘，分兩批侵襲武漢，首批四十六架，於十二時四十分侵入武漢上空，後分兩路，在漢陽與漢口市區濫施轟炸，投彈百餘枚，即行飛去。少頃，第二批三十五架，繼續侵至武漢市空，在武昌上空，投彈百餘枚，至一時廿五分，始行飛去。所投炸彈，均落於住宅區域，漢口被炸地區，爲漢水街，觀音閣，小鐵路一帶。武昌爲拏豐巷，平閱路。承德里，文昌閣，武昌郵局等處。漢陽被炸地點，爲泗灣巷，跑龍巷等處，計三鎮炸倒房屋約三百間，死傷市民，因連日疏散甚多，約三百餘人。

（漢口十六日電）路透社訊：日機今日空襲武漢三鎮，據官場稱：共死八十人，傷二百人。日機顯以漢口水塔爲其轟炸之目標，據官場稱：水塔無恙，惟附近一帶死傷頗多。關於日方擬轟炸漢口水塔事，衆頗注意於外僑聯合會，在今晨報紙登載之啓事，請前英俄德三租界居民，調查並尋覓特區內之水井，無論曾經用過與否，以作將來食水供給萬一中斷之準備。聞前英租界某院內，發現六井。

——摘自《晶报》（上海），1938 年 8 月 17 日

敵機八十一架

大舉狂炸武漢

投彈目標在住宅區

死傷平民七百餘人

犯學敵機擊落一架

▲中央社漢口十六日電：敵機八十一架，於十六日正午十二時分兩批侵襲武漢，第一批四十六架於十二時四十分侵入武漢上空後，復分兩路在漢陽與漢口市區濫施轟炸，投彈百餘枚，即行飛去，少頃第二批三十五架繼續侵至武漢市空，在武昌上空投彈百餘枚，至一時二十五分始行離去，敵機投彈目的仍在慘殺我平民，故所投炸彈均落於住宅區域，漢口被炸地區爲漢水街，觀音閣，外鐵路一帶，武昌爲拏豐巷平閱路，承德里，文昌閣，武昌郵局，火巷，稅稞司巷等處，漢陽被炸地點爲泗灣巷，泉龍巷，顯政街，洗馬街，棲賢寺五聖巷，計敵機此次在三鎮投彈共三百六十餘枚，惟燒夷炸彈十餘枚未爆炸，倒塌房屋約三百棟，至死傷市民，連漢市七百餘名。

▲中央社漢口十六日電：十六日晨九時，皖鄂邊境發現敵機多隊，因飛行過高，確數不能辯清，惟其飛行方向，則向武漢進襲，至九時一刻，敵驅逐機四架，始發現於武漢上空，在飛機場附近及鐵路沿線偵察片刻，即行逸去。

▲中央社廣州十六日急電：今下午二時，敵機第二次空襲，被我高射砲隊轟中一架，落在廣九路點頭站張邊鄉，機毀人亡。

▲中央社廣州十六日電：敵機六十四架，今凌晨六時十分起，迄下午六時止，歷十二時餘，分三次由中山海外來犯，廣九，粵漢兩路均受襲，暨市空亦受騷擾，首次敵機四架，在廣九鐵橋投四彈，均落河中，無損失，二次敵機十八架，在粵漢路投彈二十餘枚，三次敵機四十二架，分三批進襲，首批十八架，次批十二架，三批十二架，先後飛粵漢路源潭，銀盞坳，樂同，軍田一帶投彈五十餘枚，路軌略有損壞，第二批敵機曾侵人市空，並在北郊廣花公路側曠場投六彈，經護路防空隊猛加攻擊，敵機兩架中彈負傷，有一架當即冒烟，狼狽向廣九鐵路傾斜飛逃，詎未抵橫瀝站莊鄉時，敵機已着火焚燒，墜落田中，撞一巨穴

，機毀人亡，該機爲全金屬九六式輕轟炸機，雙發動機，殘骸在發掘中，截至發電時止，僅發現敵機師一名，頭臂腿殘肢等破碎部份，然亦經火灼，黑另敵機一隊，在中山海岸上空，飛至萬頃沙盤旋數匝而遁，本市曾施行燈火管制半小時，

——摘自《云南日报》（昆明），1938年8月17日

郭仲隗談

豫北近況

濟源之役敵死傷逾六七千
敵僅佔縣城對政治無辦法

▲中央社洛陽十五日電：豫北某某專員郭仲隗，由前方抵此，談豫北近況甚詳，郭首謂，豫北過去事，以濟源最烈，因該城爲晉豫要道，敵我屢次爭奪，失而復得者三，故濟[illegible]損失較其他各地均重，敵於上月二十七日退出濟源時，城內掃蕩一空，所有房屋器具，多被焚燬，敵在濟源附近强索之民粮不下數千石，，臨去時亦付之一焚，濟源民衆因協助國軍死於敵手者，約千餘人，且有將無辜民衆繫於柱上，活剝而死者，國軍克復濟城後　尚見屍首遺於柱上，大街小巷，無處無血，敵軍慘暴，可見一般，濟源秩序現已恢復後，民衆亦紛紛返城、惟食住皆無，生活極感困難，敵盤据濟源時，凡與敵接近之漢奸，均吃海洛英或販賣毒品，敵用意之深，不言而喻、敵此次西犯完全失敗，在濟源以西封門口，王屋鎮，邵源，苗店廈鄉一帶損失奇重，浸入邵源以西七溝河之敵被我包圍，飲食皆無，每日均靠敵機輸送，結果被我全部殲滅，敵二十七日由濟源向沁陽退却時，尤爲狼狽，我軍沿途截擊，敵無法逃脫，以大砲四面亂射，由濟至沁共七十里，經五日十戰，始竄沁陽，總計敵在濟源縣境死傷不下六七千人，並遺棄輜重無算，敵軍西犯毫無所得，現濟源以西至平陸，均無敵人，僅平陸以西張店有少數敵軍，因平陸有我大軍防守，未敢輕動、盤据道清西段敵軍，以沁陽博愛獲嘉焦作修武爲据點，共計四千左右，沁博之敵較多，近有一部向東移動，數目未詳，次謂，豫北戰事近日沉寂，濟源，孟縣，溫縣，武陟，原武，陽武，封邱，均在我手，延津聞亦克復，豫北行政照常進行，每縣有團隊某某人以上，名爲常備兵，另有後備隊若干人，今後擬使各團隊兵丁不離開生產，敵來抗戰，敵去繼續作工，成爲眞正民間武力，繼謂豫北爲產煤區，焦作，安陽，武安，湯陰，修武，博愛，沁陽，濟源，汲縣，產額最多，自敵軍侵据後，悉數停工，豫北手工業亦頗發達，新鄉一地即有紡機四萬架，每日出布三萬匹，惜亦被迫歇業，總之，敵在豫北僅侵据數城，對政治經濟毫無辦法，且民間武力蜂起，久据當不可得云云、郭專員日內仍赴豫北，領導各縣民衆抗敵，並擬成立國民抗敵自衛團，幹部訓練團，俾充實抗戰實力。

我軍克復尉氏後，發現敵人殘殺我民衆所剩之骷髏，令人慘不忍覩！

——摘自《云南日报》（昆明），1938年8月17日

暴敵自供 屠我民軍

（中央社）馬迴嶺十六日電，據昨日俘獲之敵俘虜及日記內所載，敵對於在居民及我被俘士兵之苛虐殘暴，實爲古今中外所未有，據敵軍日記載，湖口周家村居民五十餘家，未及逃避，被敵將各老幼男女三百餘口掃數驅入池塘內，投以手溜彈，移時全體斃命，塘中之水盡爲之赤，又據俘虜供稱，該俘虜曾於本月八日親敵對我被俘士兵先用刺刀割去頭顱，再以刀尖刺其心窩，該敵滿懷此次被俘，决無生望，不悉我軍對渠優待有加，故感極而將上述情形見告，并表示再不參與任何略戰爭云。

——摘自《新新新闻》，1938年8月17日

敵機昨炸武漢 平民傷亡約二百餘人

（中央社）漢口十六日電，敵機八十一架於十六日正午十二時餘，分兩批侵襲武漢，首批四十六架，於十二時四十分侵入武漢上空後，復分兩路在漢陽與漢口市區盤旋轟炸，投彈百餘枚，即行飛去，少頃第二批三十五架繼續侵至武漢市空，在武昌上空投彈百餘枚，至一時二十五分始行離去，機投彈目的仍在慘殺我平民，故所投炸彈多落於住宅區域，漢口被炸地點爲漢水街觀音閣及鐵路一帶，武昌[illegible][illegible][illegible][illegible]鐘，[illegible]家巷，平閱路，承[illegible]里，文昌閣，武昌郵局，火巷，[illegible][illegible]司巷等處，漢陽被炸地點爲泗灣巷，泉龍巷，顯正街、洗馬街，武賢寺，五聖巷，月湖堤，計[illegible]機此次在三鎮投彈共二百六十餘枚，惟武昌炸彈十餘枚未爆炸，倒塌房屋約三百棟，至死傷市民因連日疏散甚多，故雖遇如此瘋狂轟炸，死傷僅三百餘，否則恐不止一二千也。

（中央社）漢口十六日電，十六日晨九時，皖鄂邊界及豫風等地發現敵機多架，因飛行之高，確數不能辨清，惟其飛行方向，則向武漢進襲，於九時一刻經轟炸後[illegible]架始發現於武漢上空，在飛機場附近及鐵路沿線偵察片刻，旋行逸去。

——摘自《新新新闻》，1938年8月17日

武漢住宅區遭濫炸

◎漢口十六日電、日機八十一架、於十六日正午十二時餘分兩批侵襲武漢、首批四十六架、於十二時四十分侵入武漢上空、後復分兩路、在漢陽與漢口市濫施轟炸、投彈百餘枚、卽行飛去、少頃、第二批三十五架繼續侵至武漢市空、在武昌上空投彈百餘枚、至一時二十五分始行逸去、日機投彈目的仍在慘殺我平民、故所投炸彈均落於住宅區域、漢口被炸地區爲漢水街觀音閣鐵路一帶、武昌爲翠豐巷大註家巷平閬路承德里文昌閣武昌郵局火巷無稞司巷等處、漢陽被炸地點爲泗灣巷泉龍巷顯正街洗馬街棲賢寺五浙巷月湖堤、計日機此次在三鎭投彈共二百六十餘枚、惟武昌炸彈十餘枚未爆炸、倒坍房屋約三百棟、死傷市民甚衆、

死傷近三百

漢口恐防斷水

◎漢口十六日路透社電、今日有日方轟炸機三十三架、與驅逐機二十架、空襲武漢三鎭、據官場稱共死八十人、傷二百人、第一批日轟炸機十六架、於中午十二時一刻出現、遲半小時、第二批計十七架、相繼飛來、顯以漢口水塔爲其轟炸之目標、雖據官場聲稱水塔無恙、惟附近一帶死傷頗多、武昌與漢陽一部份亦遭猛烈轟炸、據官場消息、武昌漢陽死傷無幾、因居民大部份業已避往他處、故雖日機擲落小型燒夷彈二百枚、然居民死傷寥寥、關於日方擬轟炸漢口水塔事、衆頗注意於外僑聯合會在今晨報紙登載之啓事、請前英俄德三租界居民調查並尋覓特區內之水井、無論曾經用過與否、以作將來食水供給萬一中斷之準備、聞前英租界某院內發現共有六井、

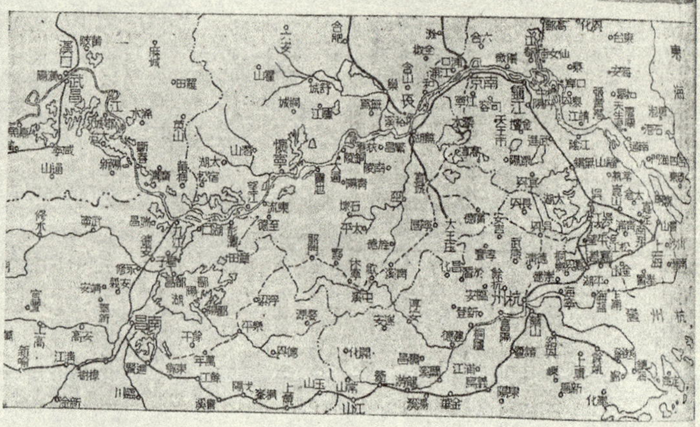

——摘自《时报》（上海），1938 年 8 月 17 日

武漢前日血跡未乾

昨午又遭寇機狂炸

共七十餘架分為兩批進襲

投彈百餘枚毀民房數百間

（漢口十六日電）今日敵機兩次進襲武漢，第一次由高空而來，雖至武漢上空，並未投彈，似係探我虛實，有二次分二批竄入市區，投彈狂炸，我無辜民眾，第一次上午八時許，據報有敵機多架，由鄂東向武漢進襲，旋竄入武漢近郊高空盤旋，並未投彈，即向東北逃去，第二次正午十二時左右，約有敵機七十餘架，（轟炸戰鬥各一半），分批由鄂南向武漢進襲，旋第一批轟炸機十八架竄入市空，因我砲火猛烈，愴惶向沿襄河一帶投彈多枚逃去，俟第二批轟炸機十八架飛至武昌上空投彈，總計敵機兩次投彈約一百五十餘枚，炸毀民房約三百餘間，詳情待查。

——摘自《泸县民报》，1938年8月17日

敵機八十一架

昨狂炸武漢

在三鎮市區投彈二百餘

死傷三百人毀房三百棟

中央社漢口十六日電　敵機八十一架，於十六日正午十二時餘分兩批侵襲武漢，首批四十六架，於十二時四十分侵入武漢上空，後復兩路在漢陽與漢口市區濫施轟炸，投彈百餘枚，即行飛去，少頃第二批三十五架繼續侵至武漢市空，在武昌上空投彈百餘枚，至一時二十五分始行離去，敵機投彈目的仍在慘殺我平民，故所投炸彈，均落於住宅區域，漢口被炸地區為漢水街，觀音閣、小鐵路一帶，武昌為鞏豐巷、大陶家巷、平閱路、承德里、文昌閣、武昌郵局、火巷、稅課司巷等處，漢陽被炸地點為泗[illegible]巷，泉龍巷、顯正街、洗馬街、棲賢寺、五聖巷、月湖堤，計敵機此次在三鎮投彈共二百六十餘枚，惟武昌炸彈十餘枚未爆炸，倒塌房屋約三百棟，至死傷平民，因連日疏散甚多，故雖遇如此瘋狂轟炸，死傷僅三百餘名，則不上一二千人也。

中央社漢口十六日電　十六日晨九時皖鄂邊界及團風等地，發現敵機多隊，因飛行過高，確數不能辨清，惟其飛行方向則向武漢進襲，至九時一刻敵驅逐機四架，始發現於武漢上空，在飛機場附近及鐵路沿線偵察片刻，即行逸去。

中央社漢口十六日路透電　今晨九時，此間發出空襲警報，其後即聞飛機嗡嗡聲甚厲，但以飛行過高，未能判明機數，日機亦未擲彈。

——摘自《时事新报》（重庆），1938 年 8 月 17 日

□機八十一架

昨又狂炸武漢三鎮

投彈二百餘目的在炸住宅區

[illegible]屋約三百棟平民死傷甚衆

（路透社十六日漢口電）今日有日轟炸機三十六架、以二十架追逐機為護、襲攻武漢三鎮、第一隊十六架於十二時[illegible]五分發現於武漢上空、約隔[illegible]小時、又有十七架來向水塔[illegible]帶投下多量炸彈、水塔[illegible]、但附近民房破壞甚多、無[illegible]傷亡重大、武昌城及漢陽瀕[illegible]一帶區域落下炸彈多枚、[illegible]方報告、日機向武昌漢陽[illegible]小型燃燒彈二百枚、幸[illegible]已疏散、故傷亡尚少云、[illegible]一正式報告、今日武漢被[illegible]平民斃命者八十名、傷者二[illegible]名、漢口外僑協會在報章登廣告勸僑英俄德租界之外僑[illegible]尋僑水井、以防水塔被炸時[illegible]絕食水供給中斷之虞、

（中央社十六日漢口電）□機八十一架、于十六日正午十二時餘分兩批侵襲武漢、首批四十六架、于十二時十分侵入武漢上空、後復分六路在漢陽與漢口市區濫施轟炸、投彈百餘枚、即行飛去、少頃、第二批卅五架、繼續侵至武漢市空、在武昌上空投彈百餘枚、十一時廿五分、始行遁去、□機投彈目的、仍在慘殺我平民、故所投炸彈、均落于住宅區域、漢口被炸地位、為漢水街觀音閣一帶、武昌為丰巷、大註家巷、承德里、文昌閣、武昌郵局、火巷等處、漢陽被炸地點為泗明昇龍巷、顯正街、洗馬街、棲賢寺、五聖巷、月湖堤、計□機此次在三鎮投彈共二百六十餘枚、惟武昌炸彈十餘枚未爆炸、倒塌房屋約三百棟、至死傷平民甚衆、

（路透社十六日漢口電）昨日日飛機來襲漢口、并未投彈、且僅有追逐機來、漢市警報發出後歷四十分鐘之久、尚未見有□機來、市民多以為□機中途飛回、但未幾就有□機三架、在飛機場上空盤旋、高度達二千尺、向下疾衝、以濃密之機關鎗掃射機場、華軍以高射砲及高射機關鎗迎擊之、□機倉皇逃去、是日下午四時四十五分、又有□機十八架經過孝感來襲漢口、但祇見八架飛到漢口上空、向平漢路車站投下炸彈數枚、

——摘自《南华日报》（香港），1938 年 8 月 17 日

敵機狂炸湖北省之陽新

十六日聯合社上海電。敵從九江西犯。圖斷我粵漢路。機派敵機開路。今日倭机襲炸湖北省陽新。斃九百人。傷八百人。彈中某醫院、內有傷兵甚衆

計倭機共擲彈約百枚。內有硫磺彈。延燒民房多間。住戶被困於屋內而焚斃者頗衆云。

同日電。倭機多架襲炸湖北省陽新。斃五百人。傷八百人。傷亡者多係陸軍醫院傷兵。陽新在湖北省東部。離九江約五十五里。

十五日聯合社漢口電。倭機三架襲漢口。倭機低飛。開機關槍掃射。但無投彈云。

——摘自《三民晨报》，1938 年 8 月 17 日

寇機昨又飛粵漢路肆虐
穗市區近郊亦投彈多枚

寇機飛襲漢口窺伺幸未擲彈

廣州十五日電：敵機卅三架、今由中山海外分四次進襲、首次兩架于上午六時卅分在中山沿海各縣窺探、本市防空當局以敵無進犯本市未發警報、二次敵機廿二架、於十二時許由中山飛粵漢路、在源潭、銀盞坳，樂昌、軍田共投彈廿餘枚、無大損失、旋折返市空、在東北市郊、窰台鄉投彈八枚、毀民房十餘間、傷害鄉民廿餘人、并在市區黃沙投擲十餘枚、毀民房數間、傷斃十餘人、三次敵機九架、于下午四時先後分兩次自中山起飛、又進襲粵漢路、銀盞坳一帶、投彈卅餘枚、至下午七時四十分敵機始去、乃解除警報、

漢口十六日路透電：今晨九時、此間發出空襲警報、其後聞飛機嗡嗡之聲、但以飛行過高、未能判明機數、日機亦未擲彈、至九時四十五分警報解除

——摘自《南宁民国日报》，1938 年 8 月 17 日

敵寇暴行

寇機昨兩次襲武漢

平民婦孺死傷三百餘

要積極疏散人口增強防空

（中央社訊）十六日晨九時，皖鄂邊界，及團風等地，發現敵機多隊，因飛行過高，確數不能辨清。惟其飛行方向，則向武漢進襲。至九時一刻，敵驅逐機四架，始發現於武漢上空。在飛機場附近及鐵路沿線窺察片刻即行逸去。

第二次敵機八十一架，於正午十二時餘，分兩批進襲武漢。首批四十五架，分在漢陽漢口市區投彈百餘枚，離去後，第二批三十六架復繼續侵入武漢，逕飛

武昌上空，當即向武昌市區濫行投彈，瘋狂轟炸。大巷、陶家巷、平閱路、金龍巷一帶被炸極慘。大巷有一八旬老婦，竟炸成粉段，祇見血肉一片，覩之令人鼻酸。武昌藝術專科學校、省立第九小學、省立高級中學等均爲教育機關，敵機竟不顧一切，濫施轟炸，致將該校等課室、食堂等大半炸毀。武昌郵局附近並無絲毫軍事設備或軍事機關。然屋頂正中，竟落一重量炸彈，局長辦公室完全被毀，公共辦公室亦塌其半，受傷職員達十餘人。武昌被炸各處倒塌房屋共二百餘棟。幸連日市民均已紛紛疏散，同時救護人員出動極速，以是雖遭遇如此瘋狂濫炸，死傷僅百餘人。又敵機在武昌市區所投百餘彈中，內有十餘枚未爆炸。至

漢口方面 敵機在襄河附近之漢水街，投巨型爆炸彈一枚，落於空地，該處附近民房被震毀者三棟，傷十餘人，死者十三人，尚警一名殉職。又在慈善會右近觀音閣、小鐵路外、後湖空地一帶菜園中，投彈二枚，震毀房屋三棟，死十七人，傷廿餘人。

漢陽方面 敵機八十一架，昨午分批侵襲武漢，當第一批四十五架到達武漢上空後，在漢陽棲賢寺、月湖街、洗馬長街一帶，漫無標的，濫施轟炸，連續投下爆炸彈七十五枚及燒夷彈三枚，燬民房四百餘間，死傷平民在二百人以上。

（本報特寫）漢陽這一重工業工廠林立的地區，久爲敵機襲擊之目標，昨天侵入漢陽上空十五架飛機更施行無目的地濫炸。

漢陽因近日不斷受襲擊，住民有辦法的，已搬之一空，其餘的也早晨起即跑到漢口避難，深夜才歸，所以，漢陽街上店戶全已關閉，氣象慘淡，剩下在家的大部是婦孺老弱和不能離開職守的行政人員。

由東正街向下走，電線扭斷，房屋的磚瓦把道路塞閉，屋內的人幸而逃走了，這一帶的交通已被斷絕，炸的房屋都在江邊，尤其是漢陽的房屋建築非常薄弱惡劣，一個炸彈即可震倒十幾棟房屋。

洗馬長街背後泗灣街已變成一片火場，熊熊的烈火，把幾十棟屋舍全數燒毀；有個遠來探親的客人不幸遭了這個浩劫，身體燒焦，分不出頭顱手脚，火舌正吐捲着一切人間活的物品。

龜山也是敵人施暴的好處所，有兩個燒死的人，并排在一起；鼻耳、手指、脚趾，一切身體微小的部份全都燒化，只有模糊的輪廓，告訴我們，他們曾經是『人』，兩手緊捏，向着天，好像說：『我們要向日本鬼子復仇！』

這片山地，敗墟與屍身形成鬼魅世界，觸目四望，好像聽到許多新鬼在嘶號着自己悲慘的命運；這聲音響徹了整個的漢陽。

顯正街是漢陽的最繁華的街道，而今天十室九空，在偏西部也吃了日本鬼子一彈，把三四棟屋子擊毀了，把平靜的人們射殺！

一個婦女的乳頭正被不滿二歲的小兒子有味的吮着，但是，她的腿部以上已被射穿，皮膚變成臘白色，停止了最後一次的呼吸。她的母親、姐妹，摸着屍身痛哭，但是，她可憐的幼兒正在酣睡未醒，可憐的孩子，曉得誰是她親愛的媽媽呢！

萬惡的漢奸，昨天又捕獲了四名，敵機到達漢陽上空，他們在龜山上拚命晃腦袋，抓住了搜查一下，發現他們四頂草帽都挖空帽頂，裏面嵌上小鏡子，在陽光底下晃腦袋，打信號指示目標。

有些同胞，大概缺乏防空常識，在緊急警報中亂竄亂跑，結果自己暴露明顯的目標，增加了無謂的犧牲。（稀林）（惠平）

——摘自《新华日报》（汉口），1938 年 8 月 17 日

暴敵在沿江 慘殺我軍民

（中央社馬迴嶺十六日電）據昨日俘獲之敵俘虜及日記內所載，敵對於我居民及被俘士兵之苛虐殘暴，實爲古今中外所未有！據敵軍日記載：湖口周家村居民五十餘家，未及逃避，被敵將各家男女老幼三百餘人，掃數驅入池塘內，投以手溜彈，全體斃命，塘中之水盡爲之赤！又據俘虜供稱，該俘虜於本月八日曾目睹敵對我被俘士兵，先用剌刀切去頭顱，再以刀尖刺其心窩！該敵滿以爲此次被俘，決無生望，不意我軍對他優待有加，故感極而將上述情形見告，並表示再不參與任何侵略戰爭。

（中央社馬迴嶺十六電）十五日午後，敵於沙河西北大事屠殺我居民，並焚燒民房；我前線守軍遙見該處火光燭天，歷三四小時尚未息滅。

——摘自《新华日报》（汉口），1938 年 8 月 17 日

日機狂炸下 長沙蒙浩刦 死傷民衆七百餘

（長沙十七日電）日機十八架十七日晨狂炸長沙，其目的顯在轟炸我繁盛市區及平民，日機經贛境繞至株州回竄長沙，於十時十五分侵入市空，在南門外東瓜山帆仁街貧民區中山東路賓南街經武路一帶，投彈共百餘枚，炸死平民二百餘人，共傷五百餘人，毀商店民房約共三百棟，損失慘重，爲長沙前此所未有。

——摘自《大晚报》（上海），1938 年 8 月 18 日

日機分批 昨狂炸湘粵

長沙車站及粵漢路被襲

（長沙十七日電）日機一隊，今日突飛臨市空，在車站附近，投彈轟炸。

（廣州十七日電）今日上午八時起，至下午四時四十五分止，日機二十一架，分五次，由中山海外來襲粵境各地，首次八時，日機十五架，飛入粵漢路，在軍田銀盞坳樂同間投彈三十餘枚，均落鐵路兩旁田中，絕無損失。二批日機一架，三批兩架，四批一架，先後飛中山寶安及廣九路各地窺察。第二批之兩架，在廣九路樟木頭站附近投六彈，至十一時十分，各機先後南飛。正午十一時三十五分，第二次日機一架，又從中山洋面飛出沿中山虎門黃埔飛增城一帶窺伺，歷二十分鐘，始飛返。第三次日機十一架，於下午二時三十五分，再飛粵漢路銀盞坳軍田兩站間，投彈二十餘枚，該批日機出海時，曾掠過市空，企圖威脅，但市民極鎮靜。

——摘自《晶报》（上海），1938年8月18日

一英國牧師眼中之

敵機炸漢慘劇

頃由倫敦市長發表

▲中央社倫敦十六日哈瓦斯電：關於日機肆意轟炸中國漢口市所引起之慘劇，該處英國籍牧師與斯門曾將目擊情形函呈乃翁，頃由倫敦市長所主持之中國救濟基金委員會發表，稱英國教會醫院中人曾告余云：被炸傷之男子與婦孺由親屬護送醫院後，即在走廊中排成數行，均皆遍體鱗傷，慘不忍覩，醫師四人依次為之施行手術，夜以繼日，女護士葛拉第女士甚至不能一一就受傷該人之中擇其可救者救之，其餘傷勢過重無復生存希望者，亦能任其流血，至最後一息，雖其家屬哀求予以救治，亦惟徒喚奈何而已。

——摘自《云南日报》（昆明），1938 年 8 月 18 日

長沙遭劫

日機在城中投彈百餘

死傷四百餘人

）長沙十七日電、敵機十八架、十七日上午十一時襲長沙、在城中經武路南門外北郊新河一帶投彈百餘枚、死傷四百餘人、詳情調查中、

——摘自《时报》（上海），1938 年 8 月 18 日

敵機慘炸長沙

投彈百餘死傷七百人

廣九粵漢昨三次被襲

中央社長沙十七日電　敵機十八架、十七日晨狂炸長沙、其目的顯在轟炸我繁盛市區及平民、敵機經贛境繞至株州、回竄長沙、於晨十時十五分侵入市空、在南門外東瓜山帆仁街貧民區、中山東路寶南街、經武路一帶、投彈共百餘枚、炸死平民二百餘人、傷五百餘人、毀商店民房約共三百棟、損失慘重、爲長沙前此所未有、

中央社長沙十七日電　敵機十八架、十七日上午十一時襲長沙、在城中經武路、南門外、北郊新河一帶、投彈百餘枚、死傷四百餘人、詳情調查中、

中央社廣州十七日電　今日上午八時起、至下午四時五十分、敵機三十一架分三次由中山海外來襲、首次八時、敵機十五架、飛入粵漢路、在軍田、銀盞坳、樂同間、投彈三十一枚、均落鐵路兩旁田中、絕無損失、二批敵機一架、三批兩架、四批一架、先後飛航中山、寶安、東莞、廣九路各地窺探、第二批之二架、在廣九路樟木頭站附近投六彈、至十一時十分、各敵機先後南飛出海、詎正午十一時三十分第二次敵機一架、又從中山洋面飛出沿中山、虎門、黃埔、飛抵增城一帶窺伺、歷時二十分鐘始飛逸、第三次敵機十一架、於下午二時三十五分再飛粵漢路銀盞坳、軍田兩站間、投彈二十餘枚、該批敵機出海時、曾掠過市空、意圖威脅、但市民甚鎮靜、

——摘自《时事新报》（重庆），1938 年 8 月 18 日

敵軍鐵蹄下的杭州

吳賓基寄自浙東

「杭州」這東方的瑞士、現在是遭遇到怎樣不幸的命運、

我軍自去年十二月二十三日離開以後、已有半年了、在這淪陷的時期中、杭州無異是變成了黑暗的地獄、許多因為不及逃避或無法行動而留居在那裏的同胞、天天是在恐怖的氛圍裏、度着那悽慘的「奴隸」生活、

敵兵進了杭城以後、一方即令漢奸組織偽維持會、舉辦所謂「人事登記」、一方則運用其種種宣傳和威嚇手段、限令避居四鄉的市民、急速回杭、若到某日不進城去登記、便要將你所有的家業財產、一概沒收、可是、有誰願意回到敵人鐵蹄下的杭州去討那「非人」的生活呢、不過也不能說絕對沒有、一般祗靠平日省吃儉用積儲幾個錢下來的人們、由於戰事的延長下去、使他們的生活發生了恐慌、這時不得不硬着頭皮、忍辱而搬回老家去、明知是去度那敵人淫威下慘痛無告的非人生活、但不這樣、又怎樣呢、間有那貪戀着自己財產的保全、就也不顧生命的安全而回去了、於是男的、女的、老的、少的、又像逃難出來時一般狼狽的回到杭州去、據說、數月以來、回去的已達二十萬人之多、可是、杭州的市面、雖在敵人强力的支撐下、終無法使之回復舊觀的百分之一二、

過去的繁華景象、眞令人「不堪回首話當年」、商店是十有九關上大門、以前最熱鬧的三元坊到清和坊一帶、祗有二家開門營業、而這還是漢奸竊盜來點綴市面的、其他未開市的商店、大門都貼有偽維持會的封條、你假如從門縫裏一望、却沒有一家不空空如也、有的甚至鐵柵也拉歪了、街頭巷尾的住宅、也都十室九空、沒有不遭偷竊搶刦的、弼敎坊英士街口起、一直望到西湖邊、簡直找不到一個老百姓的影子、死沉沉地、還是個多麼悽慘的景象、

市面比較熱鬧的、要算龍翔橋到菜市橋一帶、强佔他人店面的舊貨店和舊貨攤、觸目皆是、每個攤店裏是五光十色、百貨奇備、至於這種貨物的來源、不是偽敵兵搶擄而來强行賣給他們、便是他們自己動手去向一般大家富戶和避難在外的人家去偷刦來的、六角錢一架的電風扇、三角錢一只的電熨斗、但很少有人光顧、營業的時間、每天自上午九時起至下午五時、早上九時以前、同胞們簡直不敢走到馬路上來、只有一羣羣的敵兵在晨操、在洗馬、你如出去、一定會給敵兵叫住、叫你去做不愿意做的事情、下午到五點鐘以後、那一隊隊的敵兵、多往戲院酒館中出來、酒氣薰人、橫衝直撞的在馬路上搖擺、遇着同胞、便用鞭子向你的頭上亂抽過來、

正式的商店、迄今一家也不會復業、因為你有貨物、敵兵便會拿着對你說聲「信交」而跑走了、理髮館和浴室刻字店、倒增加了幾處、菜館都改為「料理所」、價目表均註日金數、

在龍翔橋有所謂敵人舉辦的「食糧糶出所」、營業時間自上午九時半至十一時半、數萬貧民、要想在短短的二個鐘頭內、每個人都想買得一點藉以維繫延續生命的糙米、即爭先恐後的情形是可想而知了、但敵軍憲兵隊常說這是不守秩序、每天派了十幾個憲兵、用竹梢白藤向同胞的頭上亂抽、皮破血流、每天總有幾十個、向那裏去糶米、必須用敵人的軍用手票、但同胞們對於這手票都不肯收受而拒用、白米一石、如果拿軍用手票去買、則需二十七元五角、同時、你如果拿咱們的法幣去買祗要十七元就可以買到一石米了、在這裏、就可以知道法幣和敵人的軍用手票價值是相差到如何了、

在龍翔橋有所謂敵人舉辦的「食糧糶出所」、營業時間自上午九時半至十一時半、數萬貧民、要想在短短的二個鐘頭內、每個人都想買得一點藉以維繫延續生命的糙米、即爭先恐後的情形是可想而知了、但敵軍憲兵隊常說這是不守秩序、每天派了十幾個憲兵、用竹梢白藤向同胞的頭上亂抽、皮破血流、每天總有幾十個、向那裏去糶米、必須用敵人的軍用手票、但同胞們對於這手票都不肯收受而拒用、白米一石、如果拿軍用手票去買、則需二十七元五角、同時、你如果拿咱們的法幣去買祗要十七元就可以買到一石米了、在這裏、就可以知道法幣和敵人的軍用手票價值是相差到如何了、

被焚燬的區域很多、如橫河橋邊四拐角、頭髮巷丁宅的八千卷樓、田家園王宅的藏書樓、和合橋的拐角、新市場拐角、朵芝齋正興館一帶、湖濱的八十八師淞滬陣亡將士紀念塔已被燬、陳英士先生的銅像倒還屹然獨存着、城內凡是敵軍駐在地或堆存軍火輜重糧食的附近、都劃了警戒線、禁止同胞們通行、你要是不經意而走了過去的話、輕則遭受侮辱、重則有殺身的危險。

城隍山上架着幾尊大砲、湖濱公衆運動場架一尊高射砲、湖中經常停有敵水上機兩架、最近在幾條交通要道上、如英士街、清泰路口、湖墅觀音橋一帶、都堆着許多沙袋和佈置着鐵絲網、武林門駐有敵憲兵一小隊、當同胞走過的時候、有一漢奸在旁為之高呼「行人止步、脫帽、向大日本憲兵行最敬禮」、對你的行李和周身、都須經過仔細的檢查、你不能有一點反抗、因為這個時候、你的生命比豬狗都不如、一進城、到處都可遇到敵兵的崗位、你又對敵兵鞠躬致敬、據維持會的佈告、這是敦睦邦交、要是你見了敵兵而不脫帽敬禮的話、等你走過頭了、便「阿里」的一聲把你叫住了、他先裝個叫你誠心心恭恭敬敬向他行禮的大樣、然後他挺胸突肚的站着、雖然你照樣屈身彎腰而頭額碰地的行過了禮、但兩個巴掌他是習慣地會飛上你的面上來、（未完）

——摘自《时事新报》（重庆），1938 年 8 月 18 日

敵寇暴行

敵機昨轟炸長沙廣州

長沙方面死傷四百餘人

（中央社長沙十七日電）敵機十八架，十七日上午十一時襲長沙。在城中經武路南門外北郊新河一帶投彈百餘枚、死傷四百餘人。詳情調查中。

（中央社廣州十七日電）今日上午八時起至下午四時五十五分止，敵機三十一架。三次空襲廣州。轟炸廣九粵漢各站。投彈五十餘枚。

——摘自《新华日报》（汉口），1938 年 8 月 18 日

日機昨濫炸

湘省邵陽

（邵陽十八日電）日機十七架，十八日八時許自贛境闖來，經平江株州湘潭等地，於十時十分侵入市空，大肆轟炸，旋取道甯鄉湘陰向東逸去。事後調查，日機投彈四十餘枚，死廿餘人，焚燬民房十餘棟。愛蓮巷投彈兩枚，死平民四人，傷數人。燬民房四棟。三府街落數彈，燬商店一，狀元洲落一彈，死二人，傷一人。南牆嘴地洞落數彈，壓斃頗衆。河干落數彈外傷甚多。

——摘自《大晚报》（上海），1938 年 8 月 19 日

慘絕人寰

寇抽我平民血
注入傷兵體內

一本報屯溪十六日電）敵寇辣手段愈來愈烈，我無辜同胞，竟受荼毒者，不知凡幾，寇近進犯長江，大挫，傷兵近萬，乃在我淪陷地區民衆中上，注以清血針，候血液清潔後，即將血抽出，注入寇兵體內，民衆出血過多，奄奄待斃，及致死者，所在皆是悲聲載道慘絕人寰

——摘自《新新新闻》，1938 年 8 月 19 日

長沙車站燬於火

民屋死傷 空前未有

◎漢口十八日路透社電、今晨由長沙抵此之某旅客稱、昨晨長沙之粵漢路東站遭日方轟炸機十八架空襲時、死傷多人、渠目覩轟炸情形、日機擲落燒夷彈、致車站四周房屋着火延燒、長沙無自來水、救火員乃以桶裝水與烈火奮鬭、車站附近屍骸狼藉、

◎漢口十八日十時美聯社電、據華方報告、日機昨日轟炸長沙、華方傷亡額、現已查明、計死平民二百名、傷五百名、被燬民屋三百所、

◎長沙十七日電、據華方報告、日機十八架、十七日晨狂炸長沙、日機經贛境、回竄長沙、於十時十五分侵入市空、在南門外東瓜山帆仁街貧民區、中山東路、寶南街、經武路一帶投彈、共百餘枚、炸死平民二百餘人、毀商店民房約三百棟、損失慘重、爲長沙前次所未有

——摘自《时报》（上海），1938 年 8 月 19 日

敵機各地肆虐

武漢衡陽擊落八架

廣九粵漢昨三次遭襲

潼關風陵渡口被轟炸

中央社漢口十八日電 十八日清晨六時四十五分，敵輕轟炸機六架，有侵犯武漢之勢，我防空部隊適時放出警報，空軍部隊立即派機迎擊，與敵適遇於黃岡鄂城上空，經我機奮勇攻擊，結果擊落敵機兩架，內中一架墮落於鄭家湖附近，並俘獲敵飛行員一名，另一架墮落於江邊，

中央社衡陽十八日電 十八日晨九時許，敵轟炸機二十七架，侵襲衡陽，我某處空軍聞報，立即起飛迎擊，當在郊空發生激戰，結果敵機被我擊落四架，內一架在空中起火後，落於衡山，餘三架墜衡陽東方山地中，我機一架中彈着火下墜，飛行員光榮殉職，當敵我空戰時，曾有數敵機竄入我機場上空，投彈數十枚，俱落場外空地，無損失，

中央社南昌十八日電 十八日晨八時贛皖邊境，發現敵機兩批，一批三十六架，二批二十七架，先後分別由東向西飛來，首批敵機過東流侵入姑塘，經贛西北向湖南瀏陽飛去，八時二十分，第二批敵機由祁門經贛東北，越過本市上空，我高射砲予以猛烈射擊，敵機急升高空，向贛西及湘境飛去，聞敵機竄湘空襲衡陽，寶慶，被我空軍擊落四架，均係重轟炸機，十一時三十四分敵機狼狽竄入贛西，飛至鄱陽湖上空，復遭我英勇空軍擊落重轟炸機兩架，總計敵機十八日襲湘共被我擊落六架，損失重大，

中央社邵陽十八日電 敵機十七架，十八日上午八時許自贛境闖來，經平江，株州湘潭等地，於上午十時十分侵入市空，大肆轟炸，旋取道寧鄉湘陰，向東逸去，事後調查，敵機投彈四十餘枚，死廿餘人，焚燬民房十餘間，南牆嘴及河干死傷甚多，

中央社廣州十八日電 敵機四十二架，今晨分兩次進襲廣九粵漢兩鐵路，首次敵機四架，於六時二十分飛至廣九路石灘站附近，投彈十二枚，二次敵機三十八架，於七時三十二分掠過市空，向粵漢路江村站附近投彈約十枚，銀盞坳附近投彈五十餘枚，彈多落田野，毀壞農作物甚夥，

中央社廣州十八日電 今日下午四時二十分，敵機六架，續犯粵漢路，往返均掠經市空，據報敵機曾在銀盞坳投彈十餘枚，均墮河中，無損失，

中央社潼關十八日電 今晨十時餘敵機三架，由北飛來，竄抵潼關上空時，稍事盤旋，即投下炸彈三十五枚，循原路遁去，事後調查除炸毀房屋二十餘間外，別無損傷，又昨日上午敵機轟炸風陵渡渡口，傷一人，

——摘自《时事新报》（重庆），1938 年 8 月 19 日

平法教堂 被敵炸毀

【北平二十日路透電】北平西郊法國天主教堂，十七日晨爲日機炸毀，法籍傳教師二人險遭不測，禮拜堂幸未毀壞，教堂附近並無游擊隊出沒，亦無難民。

——摘自《南京晚报》（重庆），1938 年 8 月 20 日

敵軍鐵蹄下的杭州

吳寶基寄自浙東

（續十八日）敵兵也許會在你正低下頭去的時候使勁地用雙腿軋住了你的頭、格格地獰笑一陣、用槍柄在你的臀部上亂敲、你還該用滑稽的臉色向他說「謝謝」、要是不這樣做、橫禍的飛來、更使你的身上多幾個窟窿、淌出鮮紅的血水來、在路上走、千萬不要幾個人同道、否則、被敵人的憲兵看見之、他就會胡指你是「中國兵」、令你立在馬路中間、剝下了你的衣褲、赤身裸體、經過他們審愼的嚴密檢查、認爲你是「良民」時、但打幾個巴掌總是不可避免的、「謝謝」一聲又是必不可缺少的、要是你口袋裏帶有法幣的話、給敵兵檢查到了、就很快的搜去放在他自己的口袋裏、手錶、毛線衫、要是他看了認爲喜歡的話、「嗯嗯」地叫你脫下來給他、他拿了以後、對你說「先生是要孝敬的」、走開了、那意思是說「你們的東西、應該孝敬我先生的」「花姑娘」更是敵兵唯一的性命、偶然在路上發現到一個女人、不論奸醜、年紀不分老幼、牠們就像糞蒼蠅似的蜂擁而去、公然强姦、在留下、閑林埠、古蕩、老東嶽一帶的敵駐軍、每日到鄉間去騷擾百姓、劫索魚肉錢鈔、尋覓年輕婦女、即在田野間逞其獸行、有時擄得大羣的婦女、帶往駐紮的地方、關閉在一所屋子裏、剝去了衣褲、敵兵則日夜輪流姦污、婦女中有不愿遭敵人蹂躪而稍予抗拒的即被敵兵割乳剖腹、橫遭慘殺、假使敵兵到村莊上來向老百姓要「花姑娘」的時候、要是你回答他說沒有、那敵兵馬上會放起一把火、把房子燒得盡光、

敵人對我國的壯丁是「殺毋赦」、但對於我們的兒童是特別「善意籠絡」、不論那一個敵兵、見到我們的兒童時、便會用和顏悅色的面孔、從衣袋裏取出一大把鎳幣銅元或糖菓來、散分給孩子們、握握他們的小手、在孩子們稚弱的心靈中和無邪的思想裏、何會知道這是敵人的手段、這是敵人險惡的有計劃的在藏醉他們呢！所謂杭州的敵人宣撫班、他們更無時不在向那羣可憐的孩子身上打算、平日時常製作許多顏色鮮艷的五色旗和太陽旗、在路上分散、孩子們看見了不明白這敵旗僞旗、大家都爭着去拾取、在孩子們脆弱的靈魂裏深深地種下了藏醉的毒劑、這是如何可痛恨和值得我們注意的事啊、

那般不知廉恥出賣自己的人格和祖國的漢奸們、還要做趁火打刦的勾當、牠們除聘請幾個敵憲兵把守門戶、保全自己的私產外更利用機會、收買賊貨、如謝逆虎丞大量收買皮貨、凡是比較好的皮袍子、都一律七塊錢一件收買、朱某等則專收買有名字畫、王五權則專收各色古董、這樣使賊貨有了出路、無異是鼓勵敵兵及流氓的搶刦偷竊、杭州的居民都稱謝逆不愧爲「典業大王」、牠們對於自己的同胞任意欺凌、但一遇到日軍則唯命是從、服服貼貼地做牠們馴良的走狗、

最可笑的是敵兵的胆小、上次我們的飛機去轟炸杭州筧橋飛機場時、停在那裏的八架敵機、都被我們炸燬、杭州現在沒有空襲警報的設備、祇要發見了我機在上空盤旋的時候、敵兵便非常恐慌、秩序一般混亂不堪、但牠們並不像我們一般的避入屋中、牠們反都一齊往外奔、雜處在許多我們同胞的人羣中間、亂竄亂躲、希圖朦混、更有那逃不及的就蹲在牆角落邊、抱頭掩耳、愴惶失措、更有些痛哭流涕和待決的囚犯一般、樣子是够可憐、

破壞我國文化是敵軍最拿手毒辣政策之一、敵軍自到杭後、即將商務印書館、世界書局、中華書局、及其他各書店和私家存書、數千萬冊、除將一部份珍貴有價值的善本運回敵國外、餘則杭用馬車載運至湖濱共衆體育場、全數焚燬、近則更令僞自治會獵改小學課本、牠的處心積慮、摧殘我文化、一至於斯、

在敵人的指使下、杭州已有漢奸主持的「新浙江日報」刊行、報上所登載的盡是歪曲事實的消息、如宣稱杭州已早日恢復昔日的繁盛了、如日本空軍於某日空襲某市、擊落華機幾架、炸傷要人數名、某處中央軍與百姓爭奪食物、重慶於某日晚間爲土匪所襲、某處民衆暴動反對抗戰、總之一切一切、都無非是挑撥離間人民與政府的情感、至於我機的襲杭、炸燬敵機、炸死敵軍、這些在報上半句都不會提起的、住在市區裏的民衆們、是一點也得不到一些消息的、要是你想裝置收音機來收聽消息、是嘿、那你眞是犯了天大的罪、

處在敵人鐵蹄下的杭州同胞們、他們是如何的期待光明的來臨、（完）

——摘自《时事新报》（重庆），1938 年 8 月 20 日

敵寇暴行

寇機昨襲粵漢廣九路

（中央社廣州廿日電）今日上午七時十九分至十一時廿七分，敵機廿五架，分五批由中山海外起飛，聯羣北飛，直撲粵漢路轟炸，在銀盞坳樂同軍田間，投彈卅餘枚，無甚損失；敵機往返時，掠過本市上空，未有投彈。

（中央社廣州廿日電）廿日下午二時，敵機十架，續分兩批來炸粵漢廣九兩路。首批四架在廣九路投彈七枚，并在本市王南上空低飛掃射機槍，有所窺擾，嗣經我砲槍攻擊後，始行竄去，事後查得有路人兩名受傷，次批六架，在粵漢軍田樂同間投彈廿餘枚，下午五時一刻始去，

——摘自《新华日报》（汉口），1938 年 8 月 21 日

南澳失陷後

獸軍肆行焚殺刼掠

（中央社汕頭十九日電）佔據南澳隆澳深澳平原之敵，大肆焚燒刼掠。隆澳民衆被屠殺逾二千，智識份子無一倖免，屍體多棄于廁所。未遭毒手之壯丁，現紛紛逃避，島上所存僅老弱婦孺。澳潮交通斷絕後，百物騰貴，台浪人運售日用品，高抬價格逾十倍。防守島上殘敵，現僅百餘人。又一週來潮陽海面敵艦，擄焚漁船達廿餘艘，慘殺漁民數十。

——摘自《新华日报》（汉口），1938 年 8 月 21 日

平敵轟炸法教堂

法嚴重抗議敵暴行

（中央社香港二十日電）北平電：據可靠消息，敵機八月十七日轟炸北平近郊法國天主教會，共投炸彈三枚，目標顯在教堂。雖未命中，但教會所屬房屋暨[illegible]與附屬學校校舍均被波及。該堂神甫二人險遭不測。法大使館已向敵提出抗議。

（中央社北平二十日合衆電）法大使館因敵當局非法逮捕法兵事，已向敵大使館提出嚴重抗議，謂在使館[illegible]捕人，已屬違法，又無辜拘留法兵二人達二小時之久；按法兵僅受法律治理，敵方之非法逮捕，屬無理。

——摘自《新华日报》（汉口），1938 年 8 月 21 日

高射砲聲密如聯珠

日機襲武漢

投彈百餘枚死傷四十人

（漢口十一電）路透社訊：今晨一般星期出遊者方準備赴鄉間或山上遊憩，忽聞高射炮聲，密如聯珠，事前絕無警報，途中行人，咸急奔避。其時天氣清朗，仰見日方偵察機至少兩架，翱翔天空，而高射砲則向之射擊，日機先出現於漢陽與漢口上空，繼乃越江向武昌飛去。

（漢口廿一日電）廿一日上午十一時許，日機十五架進襲武漢，在武昌南郊投彈百餘枚。事後調查，南湖附近落彈六十枚，毀屋八幢，死十五人，傷十六人。武庫營附近荒野，落彈三十枚，毀棚屋二間，死二人，傷四人，茂[illegible]落彈卅二枚，震倒草棚一間。

——摘自《晶报》（上海），1938年8月22日

寇機再襲武漢

投彈百卅餘死傷四十餘

我機起飛迎戰毀敵機一

粵漢路被空襲無虛日

本報二十一日下午十一時專電：今晨二時敵機襲漢機場附近，投二彈，死傷二平民，我機起飛迎戰，擊落一敵機。

▲中央社漢口二十一日電：二十一日晨七時許有敵偵察機數架，由英山，浠水，黃岡逕趨武漢，企圖作威力偵察，惟甫抵市區上空，即遭我高射部隊猛烈射擊，敵機不敢低飛，旋即逸去，至十時餘復有敵機數十架分批來襲，我防空當局適時發佈空襲緊急警報，並令各防空部隊嚴加戒備，敵機於竄抵武漢近郊後，復飛向西北盤旋，企圖乘我不備，以求一逞，詎於折返上空時，仍遭我高射砲火壓迫，倉惶向武昌近郊投彈一百三十餘枚。即循原路遁去，經調查，炸燬民房三十餘棟，死傷市民四十餘人，餘無損害。

▲中央社漢口廿一日電：廿一日上午十一時許，敵十七架進襲武漢在武昌南郊投彈百餘枚，事後調查，十機南湖，附近落彈六十枚，毀房屋八棟，死十五人，傷六人，武庫營附近荒野落彈三十枚毀棚屋三間，死二人，傷四人，茂園落彈三十二枚，震倒茅棚一間。

▲中央社漢口二十一日電：二十一日晨黎明，敵轟炸機兩架偷襲武漢，于抵達王家墩橋場上空後，即低飛以機槍向場內掃射，我無損失，我高射部隊集中射擊，敵機旋即遁去。

▲中央社廣州二十一日電：敵機十一架，二十一日七時許先由中山海外冒險來犯，經本市時，曾低飛盤旋窺探，旋北飛粵漢路，在江村投十彈，饞至樂同軍田間又投彈二十餘枚，均無損失，十五時三十六分敵機一架又自中山海外飛至東完石龍以西一帶窺探。

——摘自《云南日报》（昆明），1938年8月22日

敵軍暴行自畫供狀

（漢口航訊）關於敵軍暴行獸行事實，雖爲舉世所週知，而敵軍是否曾有自覺，尚乏例證，月初我軍在某處擊落敵機數架，俘獲其空軍軍官數人，從其身上搜出機密文件甚多，其中有敵航空兵團參謀長寺本熊市致其第六十戰隊長中薗盛孝之通牒一件，極爲重要，該通牒係指示關於整飭軍紀風紀及檢查將士攜帶行李等事項者，由該通牒觀之，可知其軍紀風紀之敗壞，洵爲世界所僅見，所舉事例，皆爲其自身發見者，如此軍隊，何能作戰，該通牒內容約分數部，其關於檢查攜帶行李手續上應行注意事件姑從略，其關於取締軍紀風紀者原文如下，「在輸送途中，尤其在船中、監督指揮尚未充分，謂於敬禮態度服裝等，尚須嚴肅端止，軍紀風紀上，如下列之言動，應加注意（一）某部隊歸還時，作船中與船員賭博，因此將所帶金錢輸去大半，（二）某兩軍官公然在士兵面前激烈爭論，又某軍官於巡察守衛時，竟有醉態」。又在船中有下列言論，（一）日本人因強姦中國婦女，致被中國人殺害者數人，（二）日本軍人雖有強盜強姦放火行爲，然而無罪，（三）許多日本軍人在戰地於得中國人之金銀貨，卽以之賤賣物品，而長官儘若罔聞，（四）戰鬥中止時，允許不付代價之徵發，故給養上不感苦痛，（五）休戰時，士兵搜查中國民家所貯藏之銀塊，如有發見，卽隱匿於衣袴中，帶往上海，如遇長官取締綦嚴時，或行拋棄，或以賤價售出，但以埋藏地下他日來華再行掘用最爲上策，（六）對於吾黨之幹部教育及內務指導過于緩慢，致一般士氣甚為廢弛，故軍紀風紀問題，時受責難。」

「又關於歸還將士之思潮概況一部下士官兵中誹謗軍官，尤以對於幹部候補生出身之軍官為甚，成作反戰反軍之議論，或對於迎送有不平之聲，又有一部下士官兵竟將敵軍所散布之反戰反軍傳單帶回國內，由其言論，可以察知思想動向之例證，大要如下，（一）幾度檢查行李，實屬蹂躪人權，（二）昨年來八個月之懲役，業已終了，宛有出獄之心境，（三）迎送之病兵，待遇宛如機廢者，實屬遺憾，

健康時則召其入營作戰，負傷後則並不預告，立命歸還解除召集，軍部實屬太無情理（四）通信與慰問品，為戰地之唯一慰安，而因防諜之故，幾等停止，以猜疑之眼，注視吾儕，將來思想上所受惡影響，極為重大」。

「又關於保護軍事機祕密狀況，凡屬於軍機祕密之編成祕密表地圖等，攜帶者於言辭務須注意，如下列事例，應求避免，（一）上海我兵營，正在建築中，預定約可容納□個師團，（二）預三月中約有□萬人凱旋之預定，（三）本月末約有四百名之召集，即行出征，對於二十餘名軍，守備隊出征（四）

上海為天津官業已發令，似編方面歸還內地之兵約□萬餘人。」

「又關於攜帶行李之取締狀況，在本期間內憲兵所搜出，關於軍機祕密事項之書類，猥褻或悲慘狀況之照片，反軍抗日之宣傳單及其他不正物品，共二萬三千七百二十二件，此類物件，多由下士官以下之行李中搜出，亦有由軍官及部隊所屬貨物中發見者，一般下士官兵深知各部隊長及憲兵檢查行李甚為嚴厲，乃用下列三種方法，輸送其不正物件，（一）由包裹郵政送出，（二）委託友人或船員送出，（三）依其他不正隱匿手段，（

——摘自《新新新闻》，1938年8月22日

◎寇淫少女自罹焚身

（天刑）

廈門淪陷，已將三月，我殘留市內民衆，均爲惡寇台氓所蹂躪殘害，目下壯丁被殺殆盡，女子之遭姦污強佔者，數以千計，全市爲悽慘恐怖籠罩，淪爲鬼域，惟見醜類張牙舞爪而已，頃有自廈逃出者，爲述一慘劇，言有閩侯母女兩人，陷時不及逃出，晝夜伏處，以避橫暴，一日有寇卒，及台氓四名入室搜劫，其女即登樓逃避，已爲所見，追蹤而上，強剝衣履，欲行強暴，母亦入室，意圖援手，寇猛推之墮樓下，目瞪口呆不得死，少頃甫醒甦，則聞其女方遭輪姦，慘叫之聲，哀絕人寰，母情急縱火焚樓，剎時狂風大作，寇氓皆焚死，母見目的雖達，而愛女受辱，與敵同盡，傷痛不能獨存，亦引刀自戕，聞者無不淚下。

——摘自《新新新闻》，1938 年 8 月 22 日

□機十七架

昨晨又炸武漢

毀屋十餘所死傷三十餘人

（中央社廿一日漢口電）廿一日上午十一時、□機十七架、進襲武漢、在武昌南郊投彈百餘枚、我事後調查、南湖附近落彈六十枚、毀房屋八棟、死十五人、傷十六人、武泊營附近荒野落彈三十枚、毀棚屋三間死二人、傷四人、茂園落卅二枚、震倒茅棚一間、

（中央社廿一日漢口電）廿一日晨黎明□戰鬥機兩架偷襲武漢、于抵達王家墩機場上空後、即低飛以機槍向塲內掃射、我無損失、我高射部隊集中射擊、□機旋即遁去、

（中央社廿一日漢口電）廿一日晨七時許、有□偵察機數架、由英山 水黃岡逕趨武漢、企圖作威力偵察、惟飛抵市區上空、即遭我高射部隊猛烈射擊、□機不敢低飛、旋即逸去、至十時餘、復有□機數十架、分批來襲、我防空當局適時發 空襲緊急警報、幷令各防空部隊嚴加戒備．□機于飛抵近郊後、復飛西區盤旋 企圖乘我不備、以求一逞、嗣于折返上空時、遭我高射砲大壓迫、倉皇向武昌近郊投彈一百三十餘枚、即循原路而去、當時查炸燬民房卅餘棟、死傷平民四十餘人、餘無損失、

——摘自《南华日报》（香港），1938 年 8 月 22 日

重慶有日機警報

◎漢口二十一日美聯社急電、重慶方面於今午發出警報、、聞日機多架、現正向該地進發、

◎漢口廿一日路透社電、今午有日本重轟炸機十七架、以驅逐機爲衛、猛轟武昌之南湖區域、記者曾在武昌東湖地方、目擊日本轟炸機、係以密集隊形、分兩次飛來、在南湖地方投彈約六十餘枚、現時死傷人數雖尙未能斷定、惟據武昌美國醫院之救護人員宣稱、渠曾於一室之中、發見屍體九具、該區房屋之被炸毀者約有數十處、送往該醫院救治之受傷者約四十人、內十一人傷勢頗重、一人已死於手術案上、美籍醫士女護士及中國助手等、從事救護、

——摘自《时报》（上海），1938年8月22日

寇機昨飛鄂粵各地肆虐
武昌南郊共落彈百餘枚

寇機分三批滋擾粵漢路我無損失
粵寇艦只在沿海一帶窺伺無異動

漢口廿一日電：上午十一時許、敵機十七架、進襲武漢、在武昌南郊投彈百餘枚、事後調查、南湖附近落彈六十枚、毀房屋八棟、死十五人、傷十六人、武迫營附近斗野落彈三十枚、毀棚屋三間、死二人、傷四人、茂園落彈卅二枚、震倒茅棚一間、

廣州廿一日電：十九日敵機未有來犯、廣州市民獲一日安寧、詎昨二十日、日機又恢復暴行、卅六架分兩隊來襲、轟炸粵漢路、又飛花縣等處、並窺伺市西北郊外、

廣州二十一日電：今晨八時、敵機十二架、分三批滋擾江村、仁和市各地、並在江村投彈十二枚、

廣州廿一日電：敵機廿一架、二十一日七時許、先由中山海外冒雨來犯、經本市時、曾低飛盤旋窺探、旋北飛粵漢路附近、江村投彈、繼至樂同、軍田間、又投彈二十餘枚、均無損失、下午三時三十六分、敵機一架、四又中山海外飛竄東江石龍、以西一帶窺探、

廣州二十一日電：軍訊、昨二十日上午口陽門

海面[illegible]駛到敵艦四艘、兩為巡洋艦、兩為驅逐艦、往寧窺伺、下午二時未駛、又沿海南港昨泊巡洋艦兩艘、驅逐艦三艘、無異動福州二十日電、[illegible]聞[illegible]口外連有敵艦二十餘艘巡駛、[illegible]息、敵[illegible]商輪改裝及在粵江被我轟醫經[illegible]修理者、似[illegible]往粵海替防、[illegible]現在粵為敵艦調往[illegible]江作[illegible]模樣

——摘自《南宁民国日报》，1938年8月22日

敵寇暴行

寇機昨兩次襲武漢

武昌方面死傷市民四十餘人

（中央社訊）昨晨七時許，有敵偵察機數架由英山、浠水、黄岡逕趨武漢，企圖作威力偵察。惟甫抵市區上空，即遭我高射部隊猛烈射擊。敵機不敢低飛，旋即逸去。十時餘，復有敵機數十架分批來襲。我防空當局適時發佈空襲、緊急警報，并令各防空部隊嚴加戒備。敵機於竄抵武漢近郊後，復飛向西北盤旋，企圖誘我不備，以求一逞。嗣於折返上空時，復遭我高射砲火壓迫，倉皇向武昌近郊投彈一百卅餘枚，即循原路遁去。經調查，炸燬民房卅餘棟，死傷市民四十餘人，餘無損害。

又訊：昨上午十一時許，敵機十七架進襲武漢，在武昌南郊投彈百餘枚。事後調查，南湖附近落彈六十枚，毀房屋八棟，死十五人，傷十六人。武建營附近荒野落彈三十枚，毀棚屋三間，死二人，傷四人。苗圃落彈三十二枚，震倒茅棚一間。

粵漢路遭空襲

（中央社廣州廿一日電）敵機十一架，廿一日晨七時許，先由中山海外冒雨來犯。經本市時，曾低飛盤旋窺探，旋北飛粵漢路，在江村投十彈。繼至樂同軍田間又投彈廿餘，均無損失。下午二時卅六分，敵機一架，又自中山海外飛至東莞石龍以西一帶窺探。

——摘自《新华日报》（汉口），1938 年 8 月 22 日

寇機數十架飛武漢肆虐

武昌近郊被投彈百餘枚

死傷平民四十餘人餘無損失

湘株州亦遭空襲損失調查中

漢口二十一日電：廿一日晨七時許、有敵偵察機數架、由英山、浠水、黃岡逕趨武漢、企圖作威力偵察、惟甫抵市區上空、即遭我高射部隊猛烈射擊、敵機不敢低飛、旋即逸去、至十時餘、復有敵機數十架分批來襲、我防空當局、即時發佈空襲緊急警報、并令各防空部隊嚴加戒備、敵機於竄抵武漢近郊後、復飛向西北盤旋、企圖誘我不備以求一逞、正折返上空時、仍遭我高射砲火壓迫、倉皇向武昌、近郊投彈一百三十餘枚、即循原路遁去、經調查、炸燬民房卅餘所、死傷市民四十餘人、餘無損失、

漢口廿一日電：廿一日自黎明敵戰鬪機兩架偷襲武漢、於抵達王家墩機場上空後即低飛以機槍向場內掃射、我無損失、我高射部隊集中射擊、敵機旋即逸去、

（中央社株州廿二日電）廿二日上午十時敵機十一架由贛境竄長沙、襲株、在附近董家（墩）田心（塢）投彈多枚、損失在調查中、

漢口二十二日路透電：今晨、時鄂口東方面發現日機十八架、旋間乃放出空襲警報至七時卅分、日機飛漢、乃解除警報云、

——摘自《南宁民国日报》，1938 年 8 月 23 日

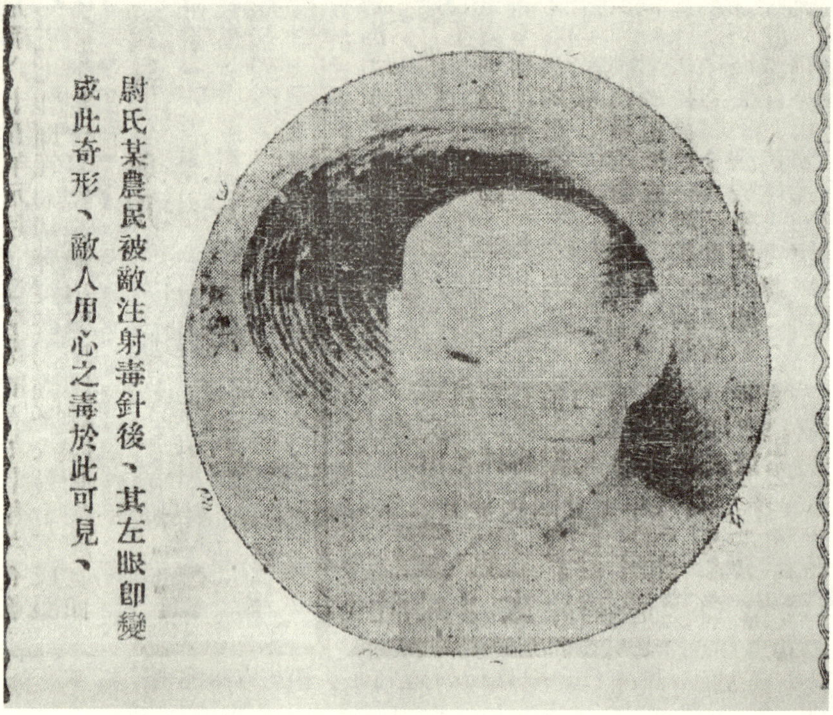

尉氏某農民被敵注射毒針後、其左眼即變
成此奇形、敵人用心之毒於此可見、

——摘自《中山日报》（广州），1938年8月24日

敵在梧嶺
姦淫焚殺

【中央社福州廿三日電】廈門敵艦一艘、前晚開對岸梧嶺登陸、搶掠姦淫、無論男女老幼、均被殘殺、並將斯有房屋縱火焚燒始去、現該嶺已成荒島、浣骸暴露、無人收殮、臭聞數里、慘絕人寰、

——摘自《中山日报》（广州），1938年8月24日

敵放大量毒氣

我兩營壯烈犧牲

▲中央社瑞昌二十三日電：赤湖兩岸戰事已進入重要階段，二十二日黎明敵機即在瑞昌四週盤旋轟炸，入暮始止，湖北岸方面廿一日晚，敵我在伏屋河一帶有劇烈之爭奪戰，深夜我以兩營兵力向敵猛襲，廿二日早敵復以卑劣手段施放大量劇烈毒氣，我猝不及防兩營壯士均口鼻流血，嗣敵又在飛機大砲及烟幕掩護下向我猛攻，我在烏龜山東側迎擊，迄晚仍混戰中，東岸方面我固守安成橋（瑞昌東五公里）陳家山，卓山之線，雙方隔水相峙，戰況已較昨穩定，二十二日早迄晚敵雖數度我向我猛攻，但均被我擊退。

▲中央社南昌二十三日電：敵向赤湖東岸企圖積極奪我瑞昌，竟慘無人道，施放毒氣，據瑞昌方面消息，昨晚我軍反攻，將敵驅逐至朱莊附近，今晨四時，萬惡倭寇利用風向，使用毒瓦斯，我兩營官兵除營長李戈曾事前負傷扶出火線，排長一、士兵二，中毒較輕，得生還外，餘在原陣地作壯烈犧牲，死屍遍野，慘不忍睹，毒氣散佈區域在白馬湖以東，中毒者鼻孔流血，類似窒息性瓦斯云。

▲中中社瑞昌二十三日電，朱莊東張家之敵三百餘，二十三日晨一時，以砲火掩護，向我朱莊猛攻，五時左右，我放棄朱莊，轉移岑山宋敦家山附近，同時敵艦十餘艘向彭家坡附近江面西進，另有敵艦四五艘，由港口向赤湖活動。

——摘自《云南日报》（昆明），1938 年 8 月 24 日

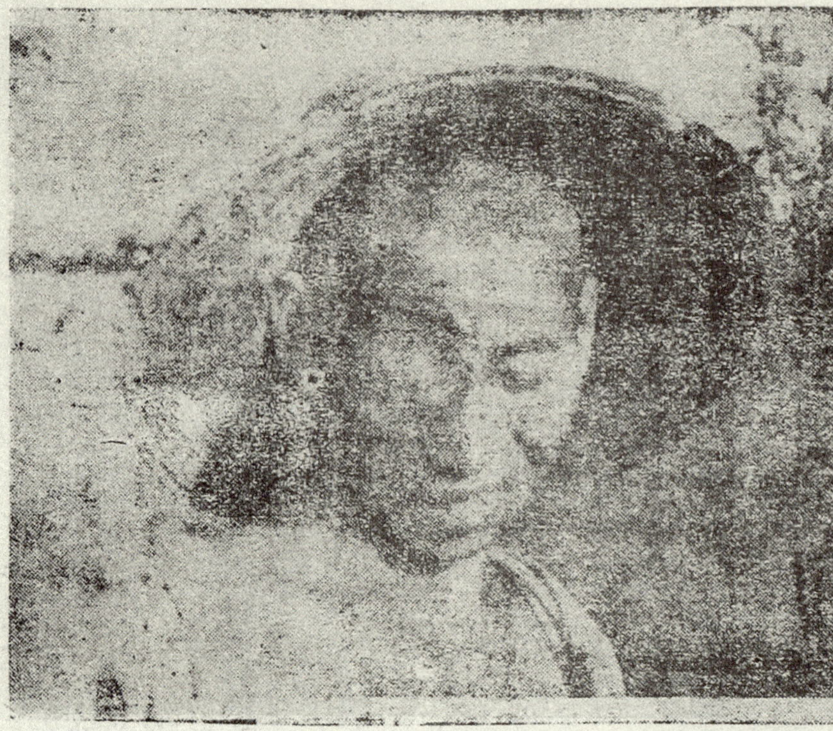

敵以毒針注射我尉氏無辜民衆之慘狀

——摘自《云南日报》（昆明），1938 年 8 月 24 日

敵機終日襲粵

更番投彈銀盞坳受害最烈

株州昨日亦遭空襲

▲中央社廣州二十三日電：敵機二十五架、二十三日晨兩度襲粵，[illegible]掠過市空，首次敵機四架，於六時三十五分飛赴廣九路樟頭站，投彈四枚後逃逸，二次敵機二十一架，於八時十分在廣九路南崗站投彈三枚後，轉襲粵漢路，在江邨站投彈二十餘枚，樂同投彈數枚後出海。

▲中央社廣州二十二日電：敵機四十八架，四番襲粵交通綫，當午後四時許，敵機欲恣意摧殘粵漢路銀盞坳之際，有一架爲我高射砲隊擊中，冒烟狂竄，進抵九路新口口地方附近，不支降落，起火燃燒，敵機師二人亦成焦炭，竊計自晨八時三十五分至午後五時五十二分，輪流來襲，首次機十架飛粵漢路銀盞坳，投彈二十餘枚，路基[illegible]有損失，二次敵機十六架，飛經虎門太平，繞經市郊百雲山，到粵漢路，又向銀盞坳投彈十餘枚，三次敵機一架飛佛山三水等地：[illegible]事窺探後出海，四次敵機共二十一架，分三批飛粵漢路，仍在銀盞×投彈數十枚，其中數架除在市空盤旋外，幷飛廣九路石灘投彈四枚，我無大損失。

▲中央社廣州二十三日電：今午一時三十分，敵機六架作第三次來狙，經由本市上空，轉入粵漢路，向銀盞坳投彈十餘枚，路軌[illegible]有損壞，三時二十三分飛逸。

▲中央社株州二十三日電：敵機今晨再襲株州，上午九時許，敵機二十七架由纜嶺入株州上空，又在田心蝦投彈三十餘枚，白鶴仙、排販山、大石坡一帶，投彈十餘枚，炸燬農舍多間，傷五人，敵機來襲投擲手溜彈多枚，幸無失事，十時五十二分，敵機循原路遁去。

——摘自《云南日报》（昆明），1938 年 8 月 24 日

滬敵兵刺我工人

▲中央社上海二十三日合衆電：昨晨有華籍工人一名，行至蘇洲河乍浦橋時，被日哨兵以刺刀刺傷・據傳該工人急欲赴虹口找覓工作，甫行至該橋時，日哨兵欲，視共護照，日兵乃以刺刀向其背上猛刺幸傷勢不重云。

——摘自《云南日报》（昆明），1938 年 8 月 24 日

厦門敵艦一艘

登梧嶺搶掠燒殺

遍地屍骸暴露腥聞數里

▲中央社福州二十三日電：廈門敵艦一艘，前晚開對岸梧嶺，登岸搶掠姦淫，無論男女老少，均被戮殺，并將所有房屋縱火焚淨始去，現該嶺已成荒島，屍骸暴露，無人收殮，腥聞數里，慘絕人寰。

▲中央社廣州二十三日電：沿海敵艦，先後駛赴閩海及其他各地，截至二十二日僅餘十三艘，尚無異動，又航空母艦一艘泊於萬山羣島後面。

——摘自《云南日报》（昆明），1938 年 8 月 24 日

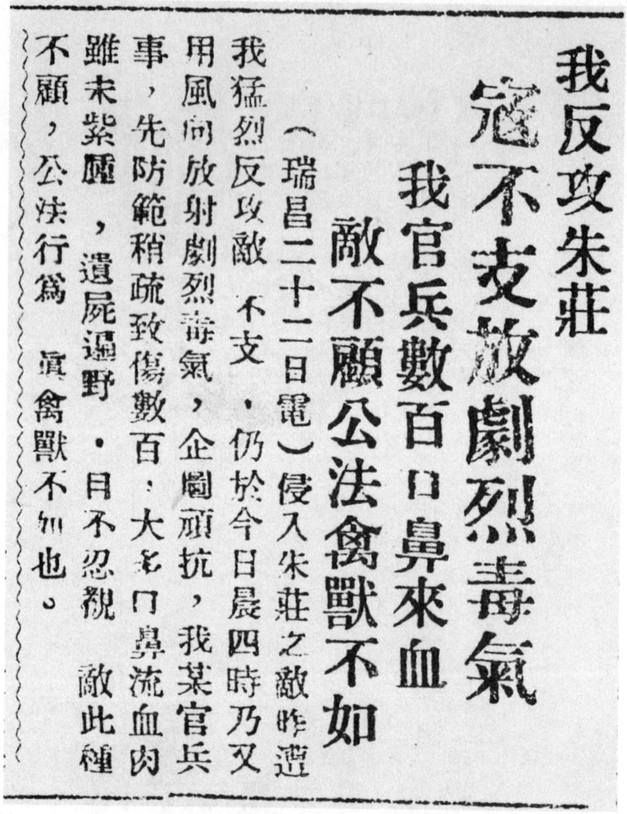

我反攻朱莊
寇不支放劇烈毒氣
我官兵數百口鼻來血
敵不顧公法禽獸不如

（瑞昌二十二日電）侵入朱莊之敵昨遭我猛烈反攻敵不支，仍於今日晨四時乃又用風向放射劇烈毒氣，企圖頑抗，我某官兵事，先防範稍疏致傷數百，大多口鼻流血肉雖未紫爛，遺屍遍野，目不忍視　敵此種不顧，公法行爲　眞禽獸不如也。

——摘自《泸县民报》，1938 年 8 月 24 日

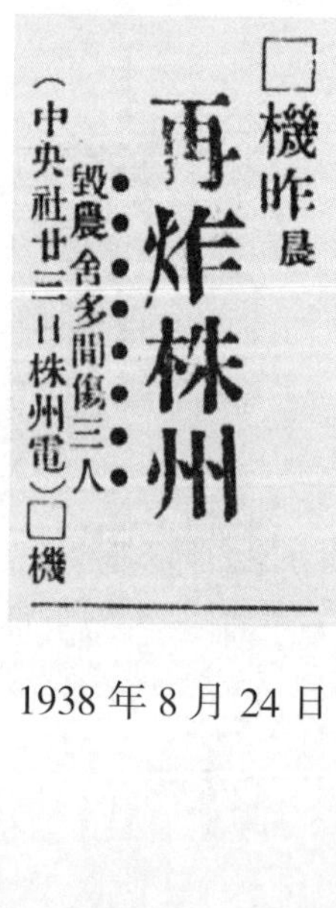

□機昨晨
再炸株州
毀農舍多間傷三人

（中央社廿三日株州電）□機

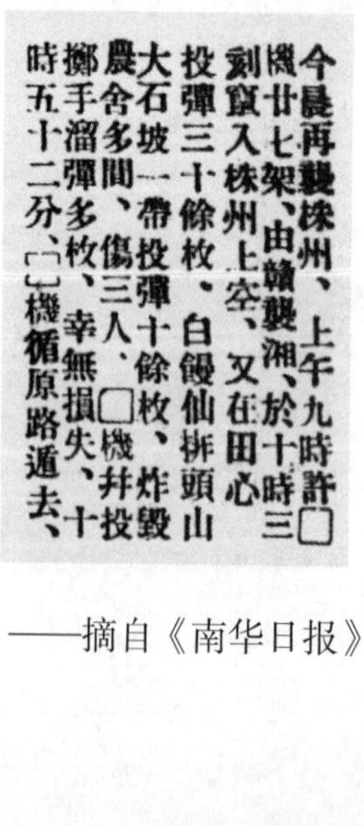

今晨再襲株州、上午九時許□機廿七架、由贛襲湘、於十時三刻竄入株州上空、又在田心投彈三十餘枚、白饅仙拆頭山大石坡一帶投彈十餘枚、炸毀農舍多間、傷三人、□機并投擲手溜彈多枚、幸無損失、十時五十二分、□機循原路逋去、

——摘自《南华日报》（香港），1938 年 8 月 24 日

敵寇暴行

廣州株州 兩度空襲

（中央社廣州廿三日電）敵機廿五架，廿三日晨兩度襲粵，並掠過市空。首次敵機四架，於晨六時卅五分飛赴廣九路樟頭站投彈四枚後逃逸。二次敵機廿一架，於八時十分在廣九路南崗站投彈三枚後，轉襲粵漢路，在江邨站投彈廿餘枚，樂同投彈數枚後出海。

（中央社株州廿三日電）敵機今晨再襲株州。上午九時許，敵機廿七架，由贛襲湘；於十時三刻，竄入株州上空，又在田心壩投彈卅餘枚，白鶴仙排頭山大石坡一帶投彈十餘枚。炸毀農舍多間，傷三人。敵機並擲手溜彈多枚，幸無損失。十時五十二分，敵機循原路遁去。

——摘自《新华日报》（汉口），1938 年 8 月 24 日

慘殺梧嶼民衆

（中央社福州廿三日電）廈門敵艦一艘，前晚開對岸梧嶼登陸，搶掠姦淫，無論男女老少，均被戮殺，並將所有房屋縱火焚淨始去。現該嶼已成荒島，屍骸暴露，無人收埋，腥聞數里，慘絕人寰。

——摘自《新华日报》（汉口），1938 年 8 月 24 日

敵機侵襲宜昌

在松柏堂等處投彈四十八枚 傷亡人民二三十人慘不忍覩

▲廣九路我擊落敵機一架▼

▲中央社宜昌二十四日電：敵機十八架，本日上午十時三十分襲宜，事先我防空當局，嚴密戒備，敵機竄入市空後，經我高射部隊，猛烈不斷射擊，倉惶在松柏堂，梅安里東小公園，桃花嶺一帶，投彈四十八枚，即向東逸去，計炸毀創辦已久之遷記醫院，并震倒民房六十餘間，炸死平民七人，重傷三人，輕傷十五人，斷肢折股，慘不忍覩，查敵機轟宜，此為第十次，其投彈目標，漸達市區，且摧毀衛生機關，此種濫炸之行為、實充分暴露敵人之獸性。

▲中央社廣州二十四日電：敵機四十三架，二十四日分三次自萬山海面來襲，首次自上午六時二十分，至七時三十分，四架，分兩隊，在中山，虎門，石龍，寶安，赤溪，盤旋後飛逸，二次七時四十分起，敵機一架，在中山南朗一帶窺伺，即飛逸，三次八時五分，至十二時，計三十八架，分八批，先後經中山，虎門，北飛，掠過市空，抵達粵漢路在英德等站投彈百餘枚後，即飛出海。

▲中央社廣州二十四日合衆電：今晨日機四架，襲廣九路向石龍集中投彈，歷時九十分鐘始去，又訊：有日機二十架，由唐家灣向北飛行，當即於晨八時四十分，發出警報。

▲中央社廣州二十二日電：二十二日敵機轟炸廣九路，南漫站時，被駐防該地之廣東省保安第一航劉團，第二營鄧黃兩連官兵，擊落敵機一架，當即焚燬，敵飛行員兩名，同遭焚毀，該機殘骸，二十三日當局已派員汽車起運返省，該敵機係九六式雙座，輕轟炸機，翻號為九一二五五，愛和廠二九一一裝造，為敵第十四航空隊，於八月十九日，由台北調來，機師一名，高橋德治，現年三十八歲，陸至高雄驛，八月一日乘天陂蓬來丸，由神戶至基係橫須賀軍航空隊司令桑原虎雄，所屬之海軍航空兵曹長，刻敵機殘件，及俘獻物品，已運抵旅部，核其[illegible]需不小，參戰及航空艱苦情緒顯多，為軍閥所迫。

——摘自《云南日报》（昆明），1938年8月25日

敵機三架追逐掃射

中航機在粵海失事

乘客徐新文等十餘人失蹤未覓獲

敵人悖絕信義鐵證之一

本報漢口二十五日晨三時〇五分專電，中航機被敵機强迫降落，并加掃射，該公司係中美合辦，美當局準備對敵提出强硬抗議，并要求此後不再有同樣事件發生。

（中央社）廣州二十四日路透電，中航公司之飛機，今晨向漢口飛行，途中在廣州附近被迫降落，據此間接該航機在降落前，發來無線電稱，該機被日機追逐，遂被迫下降云，廣州軍事當局已派員前往照料一切。

（中央社）上海二十四日路透電，港當局已派艦赴珠江流域營救被日機驅逐以致下降之中航機中各客乘，該機中有乘客十四人，美籍駕駛員一人，國府立法院長孫科，原定乘該機西行，但臨時突改乘他機云，又今晨日機雖未向中航機開槍，但或前或後，上下翻騰不止，致令美技師不能不强迫下降云。

（中央社）廣州二十四日下午四時急電，今上午十時四十一分中航機桂林號，載客飛渝途次中山，爲四敵機追擊，迫降該縣橫門張家邊海面，現已救出搭客楊兆念，駕駛員羅昭明二人，餘正積極拯救中。

（中央社）廣州二十二日電，中航公司民航機桂林號，二十四日晨載乘客及郵件由港飛渝，八時許飛經中山縣上空時，突遭敵機三架追逐，并用機槍掃射，翼部及油箱均中彈，隨即墜落於中山縣橫門張家邊附近海岸，地點爲經線二二度六，緯線一一三度四，查該機載乘客十三人，另機師及電務員各一人，僅乘客楊兆南及電務員羅昭明獲救，一重傷，已送入附近醫院救治，其餘機師一人，乘客十二人概已失蹤，乘客內有美籍乘客一人，婦女一人，兒童三人，及銀行家徐新六胡華江等數人。

（中央社）澳門二十四日下午六時路透電，爲日機驅逐被迫降落之中航港渝班機桂林號之美籍飛機師伍茲，頃已安全脫險，行抵此間，另有乘客一人樓姓，亦已抵此，據氏逃出之時，爲日機用機關槍掃射，中彈受傷，據兩氏稱，中航機降落後，日機即用機關槍對無辜之乘客掃射，機上原有駕駛員乘客等共十五人，但其中十人恐已爲日機擊斃或擊傷，乘客中有浙江興業銀行總理徐六新云。

（中央社）上海二十四日路透電中航機桂林號爲日機追擊被迫落，乘客爲日機用機槍掃射之消息傳至此間後，各界甚爲震驚，乘客中有工部局華董徐六新，各界對於徐氏安全問題尤爲焦慮，此外中航公司港渝班乃係於中日戰事爆發後經美日兩方之默許者日方爲突於今日採取此項舉動。殊堪駭異云。

——摘自《新新新闻》，1938 年 8 月 25 日

福州海

民船遭難

◎福州廿三電、連江海面昨有民船十七艘、遭日艦焚刦、損失數十萬、船員乘客百人、多數喪命、有三十餘人被擄去、

——摘自《时报》（上海），1938 年 8 月 25 日

日機轟炸宜昌

◎宜昌廿四日電、日機十八架、本日上午十時三十分襲宜、事先我防空當局嚴密戒備、日機竄入市空、後經我高射砲射擊、日機倉惶在松柏堂梅安里東山公園桃花嶺一帶投彈四十八枚、即向東逸去、計炸毀創辦已久之德記醫院、并震坍民房六十餘間、炸死平民七人、重傷三人、輕傷十五人、

——摘自《时报》（上海），1938 年 8 月 25 日

廣九粵漢兩路

又遭敵狂襲

擊落敵機一架英德投彈百餘

源潭樂同兩站店舖僅餘一家

宜昌市區被炸進襲武漢未逞

本報香港二十四日專電 二十二、二十三兩日、敵機均集廣九粵漢路狂炸、源潭店舖三百餘家、被炸毀無餘、樂同站店舖三百餘、祇餘一肉店、

中央社廣州二十四日電 敵機四十三架、二十四日分三次自萬山海面來襲、首次自上午六時二十分至七時三十分、計四架分兩隊、在中山虎門、石龍、寶安、赤灣盤旋後飛逸、二次於七時四十分起敵機一架、在中山南朗一帶窺伺即飛逸、三次八時五分至十二時、計三十八架分八批先後經中山、虎門北飛、掠過市空、抵達粵漢路在英德等站、投彈百餘枚後、即飛出海、

(中央社)廣州二十四日合衆電 今晨日機四架襲廣九路、向石龍集中投彈、歷時九十分鐘始去、又訊有日機二十架由唐家灣向北飛行、當即於晨八時四十分發出警報、

中央社廣州二十二日電 二十二日敵機轟炸廣九路南崗站時、被駐防該地之廣東省保安第一旅劉團、第二營鄧黃兩連官兵、擊落敵機一架、當即焚燬敵飛行員兩名、同遭焚斃、該機殘骸二十三日、當局已派員以汽車起運返省、該敵機係「九六」式雙座輕轟炸機、番號爲(9—255)、愛和廠(3224)製造、爲敵第十四航空隊、於八月十九日由台北調來、機師一名高橋德治、現年卅八歲、係橫須賀軍航空隊司令桑原虎雄所屬之海軍航空兵曹長、刻敵機殘件及俘護物品、已運抵旅部、檢其日記、不少厭戰及航空艱苦情緒、顯爲軍閥所迫

中央社漢口二十四日電 二十四日上午九時餘敵機十八架、由鄂東北角向南飛行、有侵襲武漢模樣、我防空部適時發佈警報、並嚴加戒備、嗣該批敵機於竄抵武漢附近後、復向西飛、於十時四十分左右在宜昌投彈後逸去、

——摘自《时事新报》（重庆），1938 年 8 月 25 日

昨開渝中航機

途遇日機襲擊迫降

落石岐附近乘客死傷十二人

美艦岷那杜號昨晨開往馳救

中航公司港渝機桂林號於昨晨八時零四分載有華籍搭客十四人、由港赴梧轉渝、八時三十五分、即被日機追逐、情勢嚴重、被逼降落、地點在東經線廿二度六、北緯線一一三度四、中山縣張家邊附近、據測此次日方之所以襲擊中航機、其目的似在孫院長、殊覺可鄙、中航公司辦事處於昨晨八時三十五分接到該機機長活脫氏（美人）來電云、「日機數架追逐我機」、八時三十八分後接到電報云「我機被逼降落於河、全體平安」、被辦事處據此、即電呈廣州粵當局請予照料、並電告各方面請附近戰艦協同援救、又據中央社記者向可靠方面探悉、該機曾被日機開槍掃射、擊中油箱、幸未着火云云、關於該機搭客之安全各方頗為關念、我實業界銀行界聞人徐新六胡筆江等多人均附該機北行、記者復據關係方面息、桂林號昨晨被□機五架追逐、並開機槍掃射、該機不能支持、降落水中、機長活脫、無線電員羅喜年、搭客李家蓀三人出險、餘生死未詳、李係於上月由歐歸國、此次其夫人及其年僅二齡之女子均隨行、機長昨已抵澳、汎美公司駐港辦事處主任提尼昨已赴澳辦理善後事宜、該無線電員受傷頗重、已赴石岐醫院就醫、又歐亞港漢機歐亞十五號於昨晨七時一刻開漢、沿途均有電報拍發、報告平安、十一時四十五分抵漢、十二時十九分由漢回港、當午四時五十四分到港、沿途平安、

（續訊）頃據活脫機長來電稱、我機於八時三十分被追降落、復被日機開機槍掃射、搭客死傷十二人 副機長及待役亦受傷、已送往石岐醫院救治云云、又無綫電員來電稱、該機正擬設法降墮時、慘被日機掃射、以致落海云云、全機人員計職員機長 副機長 無線電員、侍役共四人、搭客男性十一人、女性二人、小童三人、美艦岷那杜號即開往馳救、今日當可返港、

（路透社廿四日上海電）中航機桂林號在橫門附近被日本機擊落之消息傳到此間後、滬上人士、甚為驚動、查上海商業銀行司理兼上海工部局董事徐新六、亦乘該機赴重慶、查中日戰事發生之初、美日兩國政府、已訂立協約、日本之空軍、不得侵害及中航公司之飛機、故中航公司各班機、得以照常運輸搭客及郵件、今日本機此舉、顯係破壞協約信義、

（路透社廿四日澳門電）中航公司之桂林號機司機員活氏（美籍）、在澳門醫院留醫、當彼接見記者時、其神態似受震動過度、未有何表示、當日機來襲時、彼駛離其航線甚遠、藉以避之、然日機追迫甚緊、并不斷被機關槍射擊、故將機降落於橫門附近之一小溪中、除活氏及無線電員一名搭客一名獲救外、其餘各搭客、料已喪命、美艦閔円諾號、今日由香港載中航公司職員若干名來澳、將于明日往出事地點打撈該機、活氏亦已離醫院登上該艦、

——摘自《南华日报》（香港），1938 年 8 月 25 日

敵機襲擊宜昌

三次犯粵轟炸英德等處

襲◇鄂（中央廿四日漢口電）廿四日上午九時餘、敵機十八架、由鄂東北角向南飛行、有侵襲武漢模樣、我防空部適時發佈警報、並嚴加戒備、詎該批敵機於竄抵武漢附近後、復折向西飛、於十時四十分左右、在宜昌投彈後逸去、

（中央廿四日宜昌電）敵機十八架、廿四日上午十時三十分襲宜、事先我防空當局嚴密戒備、敵機竄入市空後、經我高射部隊猛烈不斷射擊、我倉惶在松柏堂梅安里東山公園、桃花嶺一帶投彈四十八枚、即向東逸去、計炸毀創辦已久之德記醫院、并震塌民房六十餘間、炸死平民七人、重傷三人、輕傷十五人、斷肢折股、慘不忍睹、查敵機襲宜、此為第十次、其投彈目標漸近市區、且摧毀衛生機關、此種濫炸之行為、實充分暴露敵人之獸性、

擾◇粵（中央廿四日廣州電）敵機四十三架、廿四日分三次自萬山海面來襲、首次自上午六時十分至七時三十分、四架分兩隊、在中山虎門石龍寶安赤灣盤旋後飛逸、二次七時四十分起、敵機一架、在中山南朗一帶窺伺、即飛逸、三次八時五分至十二時、計三十八架分八批先後經中山虎門北飛、掠過市空、抵達粵漢路、在英德等站投彈百餘枚後、即飛出海、

（中央廿四日廣州電）廿二日敵機轟炸廣九路南崗站時、被駐防該地之廣東省保安第一旅劉團第二營鄧黃兩連官兵擊落敵機一架、當即焚燬、敵飛行員兩名同遭焚斃、該機殘骸廿三日當局已派員以汽車起運返省、該敵機係九六式雙座輕轟炸機、為敵第十四航空隊、於八月十九日由台北調來、機師一名高橋德治、現年三十八歲於八月一日乘天陀蓬來丸由神戶到台、任橫須賀軍航空隊司令桑原虎雄所屬之海軍航空兵曹長、刻敵機殘件及俘獲物品已運抵旅部、檢其日記、不少厭戰及航空艱苦情緒、顯為軍閥所迫而來、

——摘自《东南日报》（金华），1938 年 8 月 25 日

敵寇暴行

寇機昨日轟炸宜昌

德記醫院炸毀

（中央社宜昌廿四日電）敵機十八架，本日上午十時卅分襲宜。事先我防空當局嚴密戒備，敵機竄入市空後，經我高射部隊猛烈不斷射擊，倉惶在松柏堂，梅安里，東山公園、桃花嶺一帶，投彈四十八枚，即向東逸去。計炸毀創辦已久之德記醫院，并震塌民房六十餘間。炸死平民七人，重傷三人，輕傷五人。斷肢折股，慘不忍睹。查敵機襲宜，此為第十次。其投彈目標，漸近市區，且摧毀衛生機關，此種濫炸之行為，實充分暴露敵人之獸性。

（中央社廣州廿四日電）敵機四十三架，廿四日分三次自萬山海面來襲。計在粵漢路英德等站投彈百餘枚。

——摘自《新华日报》（汉口），1938 年 8 月 25 日

閩沿海區域

暴敵肆行

焚殺擄掠

（中央社汕頭廿三日電）南澳沿海區域再淪敵手後，寇酋佐藤清率獸兵百餘駐隆澳，加緊築構工事，準備頑抗。一面強抽壯丁千五百名訓練，預備侵我前綫。

（中央社福州廿四日電）連江海面，昨晨我民船十七艘，遭敵艦焚劫，損失數十萬，船員乘客百人多數被寇慘殺，拋屍海中。六十餘人則被擄去。

（中央社福州廿三日電）廈門敵軍迫商店儘在本月底復業，逾期即沒收財產。現復業者僅十之三四，均僅賣舊貨不進新貨。敵由台灣運來貨物，則堆積倉庫，無人過問。敵兵購物，迫用偽幣，且不定價，商人損失不堪

——摘自《新华日报》（汉口），1938 年 8 月 25 日

敵炸貴池法天主堂

法籍神父三人受傷

【中央社屯溪廿三日電】十一日十五日敵機兩次轟炸貴池，並低飛以機槍肆意掃射。事後調查，天主堂法籍神父三人受傷。敵機轟炸貴池時，法天主堂高懸法旗，目標顯明，而敵機竟不顧一切施以轟炸。

——摘自《新华日报》（汉口），1938 年 8 月 25 日

敵機廿架狂炸長沙梧州

長沙共投六十餘彈

梧文化區盡被摧殘

【中央社長沙廿五日電】敵機十八架廿五日晨又狂炸長沙市區、十時四十五分經瀏陽還向湘垣進襲、十一時十二分後、侵入市空、沿天心路東站路至經武路、每隔百碼投彈一二枚至數枚不等、計佛教居士林後協和會診所各落一彈、毀民房二棟、南牆灣水井中落一彈、震燬房一間、上牆落重炸彈一、死平民二十餘、傷十餘人、瀏正街上坡落二彈、毀民房四棟、壁家坪二號落一彈、炸毀民房四間、兩處均無死傷、餘慶街菜園落一彈、農夫一、小孩一、驚奔墮地死、東站路交通六國兩旅館、被投卅餘彈、頓時着火、燃燒十餘戶、死三傷九、小吳門十字馬路落一彈、毀泰豐米莊及商店數家、外東區中山馬路中段落二彈、毀商店兩家、死二人、瓦屋後街三號亦被炸毀、經武路南段馬路中落一彈、一一○及一一一號中一彈全毀、常姓家死六人、望麓園難民收容所中二彈、幸均逃避無死傷、僅炸燬房屋三棟、敵機臨去時在南郊北郊投彈十餘枚、多落空地、死一人、傷一人、綜計投彈六十餘枚、因市民疏散、死亡較「八一七」為少、計死傷各約三十人、

【中央社梧州廿五日電】今午十二時四十三分敵機八架由雲浮西飛圖襲梧市、防空處適時發出警報、一時零三分敵機竄入市空、我防空部隊沉着射擊、敵機旋在對河三角咀工業區德成鋸板廠襲磚廠及大學區梧州高中共投彈廿五枚、高中教室辦公廳宿舍膳堂均全部炸毀、損失重大、傷八人、沉小艇二艘、又來往梧粵之西南輪、適於是時抵梧、被敵機投彈三枚、均落船旁、幸未命中至一時四十五分解除警報、

【本市消息】廿五日下午四時梧州急電、敵機十二架於一時卅分由西江德慶進襲梧州、敵機抵梧後在三角咀投彈共十四枚、命中廣西最高學府之廣西大學、炸毀校舍多座、死校警校役各二人、附近民房被毀亦多、平民死傷之數一時迄未統計、敵機逞兇後、并在公路車站投彈兩枚、毀民房數十棟、死傷亦衆、二時廿五分解除警報、

——摘自《中山日报》（广州），1938 年 8 月 26 日

敵機又狂炸長沙

死傷平民各約三十人

南昌吉安等處亦被襲

▲中央社長沙二十五日電：敵機十六架，二十五日晨又狂炸長沙市區，十時四十五分，經瀏陽逕向湘垣進襲，十一時十二分後侵入市空 沿天心路，東站路至經武路一帶各投彈一二枚至數枚不等，計佛教居士林後與協和會診所各處落一彈，毀民房二幢，南市濱水井中落一彈，震毀房一，上牆又落重磅炸彈一，死平民十餘，傷十餘，劉正街上坡落二彈，毀民房四棟，肇家垞二號落一彈，炸毀房四間，兩處均無死傷，餘慶街花園落一彈，斃農夫一，小孩一，四驚奔墜地死，東站路交通中段兩旅館被投三十餘彈，頓時起火，燃燒十餘戶，死三傷五，小吳門十字馬路落一彈，毀泰豐米莊及商店數家，外東區中山馬路中段落二彈，毀商店兩家，死二傷五，白馬街三號亦被炸毀，緯武路南段馬路中落一彈，一一〇及一一一號中一彈全毀，常姓家死六人，望鳳園難民收容所中二彈，幸均逃避，無死傷，僅炸毀房屋三棟，敵機臨去時，在南郊北郊投彈十餘枚，多落空地，死一人、傷一人，綜計投彈六十餘枚，因市民疏散，死亡較八一七為少，死傷各約三十人。

▲中央社南昌二十五日電：敵機二十九日上午空襲南昌，吉安，午後復窺察南昌，都昌等處，據防空部息：二十五日上午九時，贛皖邊境發現敵機兩萃，各十八架云，時贛浙邊區亦發現敵機三十六架，其中有十八架經贛東北竄入湘境，有十八架於九時四十分侵入南昌之西南市區，投彈三十餘枚，炸死平民十八人，傷二十餘人，燬屋數棟，又敵機六架，於十時半竄至吉安、投彈三十餘枚，均落郊外，查無損失，午後二時，敵機一架復來南昌偵察，並在都昌盤旋一週逃去。

▲中央社屯溪二十五日電：二十五十日敵機兩次轟炸貴池，並低飛以機槍肆意掃射，事後調查，有天主堂法籍神父三人受傷，查是日敵機轟炸貴池時，天主堂高懸法旗，目標顯明，而敵機竟亦施以轟炸，足證暴敵無人道之一斑。

× × × ×

——摘自《云南日报》（昆明），1938年8月26日

四敵機晨飛廣州
以機槍掃射

向黃沙區投彈十八枚
兩處起火毀房十餘間

【廣州廿六日電】敵機四架，今日上午十時十七分，飛抵市空，往來盤旋，逾半小時，並以機槍掃射良久，旋向黃沙區投彈十八枚，有兩處當即起火，毀民房十餘間，民衆因早已疏散，僅傷兩人。

——摘自《南京晚报》（重庆），1938 年 8 月 26 日

長沙市中心起火
日機擲炸彈

◎香港二十五日電、中央社報告、今午十一時半、日機十八架飛往長沙轟炸、計擊毀房屋約二十所、死三十人、傷三十人、擲轟彈六十餘枚於最熱鬧之中央區域、房屋中彈後立即起火、幸事前發出警報、街中無行人、死傷數目較減少、有二彈落於郊外難民收容所、房屋並未完全被毀、至內中居住之人則皆被擊斃、二大旅社着火、化爲灰燼、損失最大之處爲襄陽街、有十二人被擊斃、傷十五人、

◎長沙二十五日電、敵機十八架、今日狂炸長沙市區、沿天心路東站路至經武路一段、投彈一二枚至數枚不等、計佛教居士林後協和會診所各落一彈、毀民房一棟、上牆灣落一磅炸彈、死平民二十餘、傷十餘人、東路交通六國兩旅館、落三十餘彈、頓燃燒廿餘戶、死三傷九、小吳門十字馬路落一彈、毀泰豐米莊及商店數家外、東區中山馬路中段落二彈、毀商店兩家、死二人、瓦屋後街三號亦被炸毀、綽武路南段馬路中段一彈、一一〇及三號中一彈、全毀、常姓死六人、日機臨去在南郊北郊投彈十餘枚、多落空地、死一人、傷一人、綜計投彈六十餘枚、

——摘自《时报》（上海），1938 年 8 月 26 日

貴池被炸

◎漢口二十五日美聯社電、中央社報告稱、日機於八月十一日及十五日飛往安慶下游三十哩之貴池轟炸、法天主敎堂被炸、法天主敎神父三人受傷、該敎堂屋頂上懸有法國國旗、但法領事署稱、關於此事、並未接獲報告、

——摘自《时报》（上海），1938 年 8 月 26 日

朱莊附近 敵使用毒瓦斯

我外部分電各使節 向駐在國促請注意

▲中央社重慶二十五日電：日寇於二十二日晨在瑞昌東北之朱莊附近使用毒瓦斯一事，業見昨日各報，茲探悉外部以日寇迭次於軍事危急之際，輒使用此種慘無人道之手段，此次更出之以大規模之戰鬬，致使我兩營之忠勇將士，悉數犧牲，爲狀之慘，尤屬前所未有，業已將詳細情形電知駐外各大使館及公使館，飭令分別正式通知各該駐在國政府，促令注意，並電知駐日內瓦中國國聯代表辦事處，正式通知國聯，以見日方之瘋狂殘暴，並爲他日留淸算之地步云。

——摘自《云南日报》（昆明），1938 年 8 月 26 日

□又施放大量毒氣全力進犯

瑞昌展開猛烈激戰

縣城以東一帶高地失而復得者再

星子南登陸□圖突圍深入被擊退

（中央社廿五日上午十一時德安電）瑞昌方面、連日以來、□軍向正面陣地、以全力進攻、展開猛烈之血戰、瑞昌以東各高地失而復得者再、刻仍在瑞昌對峙中、

（中央社廿五日渝林埠電）廿三日早、□百餘、與砲空協力向我卓山陳家山等陣地猛攻、並施放大量毒氣、我軍死守陣地、多作壯烈犧牲、現□已衝入陳家山、雙方陷混戰狀態、瑞昌已落砲彈、赤湖北岸情況不明、

（中央社廿五日馬廻嶺電）星子方面除昨在牛屎墩之□數百人曾圖突圍深入、被我擊退完全陷我控制之中外、別無激戰、陣地毫無變化、南潯正面□似在換防中、

（中央社廿五日武漢電）廿一日我沿江守兵對上下□艦不斷予以轟擊、計店門口江面傷□運輸艦三艘、兵艦一艘羊山磯江面傷□運輸艦五艘、烏沙尖江面傷□運輸艦二艘、汽艇木船各一隻

（中央社廿三日　水電）㈠黃梅附近連日我砲兵甚顯神威、□運輸車被燬十餘輛、㈡盤踞眞宿之□多患痢疾、其因此疾死者已有二千餘人、㈢潛太一帶□仍運輸頻繁、㈣向六安霍山方面進犯之□、刻在椿樹嶺附近一面修築道路、一面試探舊道、似在準備續犯、

（中央社廿五日南昌電）鄱陽湖西岸東姐嶺戰況沉寂、鼓子山僅有小數之□進犯、牛屎墩有□百餘、在艦砲飛機掩護下登陸、與我激戰中、

——摘自《南华日报》（香港），1938 年 8 月 26 日

寇機昨復狂炸長沙

死傷平民六十餘人

（中央社長沙廿五日電）敵機十八架廿五日晨又狂炸長沙市區，十一時十二分侵入市空，沿天心路東站路至經武路，每隔百碼，投彈一二枚至數枚不等，佛教居士林後協和診所，各落一彈，毀民房二棟，南牆灣水塘中落一彈，震塌房屋各一間，上牆灣落重磅炸彈一，死平廿餘人，傷十餘人，瀏正街上坡落二彈，毀民房四棟，鶯家坪二號落一彈，炸毀房屋四間，兩處均無死傷，餘慶街菜園落一彈，農夫一小孩一因驚奔墜地死，東站路交通六國兩旅館被投卅餘彈，頓時着火燃燒十餘戶，死三十傷九，小吳門十字馬路落一彈，毀泰豐棧莊及商店數家，外東區中山馬路中段落二彈，毀商店兩家，死二人，瓦屋後街三號亦被炸毀，經武路南段馬路中落一彈（一一〇）及（一一一）號中一彈，全毀，常姓家死六人，辛籠園難民收容所中二彈，幸均逃避，無死傷，炸毀房屋三棟。敵機臨去時，在東郊北郊投彈十餘枚，多落空地，死一人，傷一人，綜計投彈六十餘枚，因市民疏散，死亡較「八一七」爲少，計死傷各約三十人。

——摘自《新华日报》（汉口），1938 年 8 月 26 日

南昌吉安亦遭轟炸

（中央社南昌二十五日電）敵機廿五日上午空襲南昌吉安，午後復窺察南昌都昌等處。南昌被炸死平民十八人，傷廿餘人，燬屋數棟。

——摘自《新华日报》（汉口），1938 年 8 月 26 日

敵機截擊桂林號案

引起各方極度憤懣

遇難乘客屍體昨已撈獲六具

機骸一度撈起繩折復沉海底

（中央社）廣州二十六日路透電，桂林號機遇難之屍體，已撈起六具，每屍皆受槍傷，屍身之姓名尚未查明。

（中央社）澳門二十六日路透電，路透社記者，今日至橫門視察，見派往援助桂林號機乘客之美艦，仍在進行搜尋工作，昨日雖曾設法將沉機撈起，但中途繩斷，該機又復沉入海底，現已撈起屍身三具，內有童屍一具，衣童子軍制服，帶有手表，時針指八時四十三分，其他一具爲機上之侍應生，另一則不知誰何，三屍皆有槍傷，此外美艦又撈起屍體一具，身畔有文件甚多，署名陸懿之，據附近之農民謂，彼等親見日機包圍桂林號攻擊，至該機沉入水底，始相率飛去云，又桂林號獲救乘客樓兆念昨（二十五）日由澳門電其弟樓兆萱云，乘機遇險，乘客僅兄幸免，惟腿部受彈傷不重，現彈已取出，約三四日可出院返港，但流血過多，必待調養，弟事當託友再函當局云。

（中央社）香港二十五日電，此間外人方面對於中航機桂林機遭日機截擊事，咸表憤慨，蓋以日本軍閥自侵略中國以來，罔顧國際公法，對於第三者權益迭肆摧殘，早爲世人所共見，中航公司爲中美所合辦，其航綫亦經美日兩方默契，日方不得加以阻撓，此次日方竟派機數架，半途攔擊，擊落之不已，復開槍向機中乘客掃射，其殘忍暴行，固無以復加，而其蓄意預謀，尤屬顯然，日方此種向中立國挑釁行爲，若不迅謀制止，則此後各國在華權益將被蹂躪無遺，蓋可斷言，深盼美國對此事能有強硬表示，而其他各國亦當繼起響應，使日閥兇燄得以制止，慘劇不致再有發生，權益獲有保障。

港報憤慨

（中央社）香港二十五日電，中航機被日本驅逐機襲擊事，已經傳達全世界，國際人士於對日本空軍此種殘酷的卑劣的行爲，莫不表示憤慨，港英文士蔑晚報二十五日著論批評，題爲「殘兇莫可救藥」略謂，此事已激動中立國人士之憤激及反感，此爲殘忍兇暴戰爭之一例，此舉尤有甚於轟炸前任英國駐華大使許閣森爵士，轟炸英使猶可謂尚有疑點與錯誤，但此次事件則[illegible]可言，而不能以誤擊作搪詞，此實爲殘酷謀乘搭民航機之平民的嚴重案件，且該機又半屬於中立國家者，因中航公司由中美兩國合辦者也，尤有進者襲擊該機之日機，似知乘搭該機之乘客爲誰，彼等顯係欲得之而甘心。謀殺害三數財政領袖，而予中國以一大打擊，但世界對此刑事案之反感，固易加測度，然此種兇殘行，若不採取比較抗議與強硬之步驟，則難保不再發生恐怖事件，若能刊諸日本國內報紙，呈諸日本民衆之目前，或可以激發日本民衆之天良，而促反省，彼等讀報，得聞其本國兩練習機昨日在國境內相遇之意外事件，相信必爲遭難者抱惋惜之心。然而塗上「光榮的太陽徽」之驅逐機，截擊「絕無抵抗能力之中美共有之民航機，擊之使墜，殘殺機中之平民婦孺，此種殘酷之事件，日本國內民衆，或將不得而知之，設或知之，則當大爲驚奇，而於此種殘酷行爲，當有所抗議矣。

（中央社）香港二十六日電，南華早報二十六日最著論痛斥日機掃射中航之[illegible]酷謂，日機此種殘忍攻擊，爲萬無寬恕之餘地，文內對日本特務人員之恐怖行爲，力加指責，而此次事件之動機，實足證明日本空軍強盜的行爲，將使世界人士發生一種完全不利日本的反應。

滬報憤慨

（中央社）上海二十六日路透電，滬字林西報，英文大陸報，今著文評論日機擊落中航機事，字林西報謂，此又爲一無意志之暴虐行爲，關於中航機之不可侵犯一點，即使日方與航空公司未有正式之諒解，然日機過去未曾攻擊民航機，則今日亦應知此種飛機爲不可侵犯者，過去一年內，中航機均隨時有被攻擊之可能，惟幸未被攻擊，故一般均認爲已獲得一種安全之保證，縱然日方不肯予以此種保證，亦應發出警告云，大陸報則謂，[illegible]濫肆破壞之行爲自日機轟炸「巴納」「水鳥」及濫[illegible]廣州市民[illegible]日本劫掠式之行爲，其會引起滬各界嚴厲責評者，即爲此項濫行攻擊中航機之事件，日本當局顯係知悉此種行爲係其海軍飛員所爲

……，故對一切新聞均完全予以扣留，毫無方法可言，日雖稱欲與人爲友，今已知日方尋友人之巧妙方法如何矣。

——摘自《新新新闻》，1938 年 8 月 27 日

敵使用毒瓦斯

我向國際提出聲訴

郭大使通知英外相

（中央社）倫敦二十六日路透電，中國駐英大使郭泰祺，昨通知外相哈立法克斯謂，贛北日軍日前違反國際公約，施放毒氣，另據日內瓦訊，中國駐國聯代表團辦事處，頃准國聯之請求，已將關於日軍施放毒氣之說書過知國聯各會員國，及國聯遠東問題諮詢委員會矣。

（中央社）日內瓦二十六日路透電，中國駐日內瓦代辦世澤，昨通知國聯祕書處謂，日身在朱莊施放毒氣，致華軍二營全部斃命。

（中央社）倫敦二十五日哈瓦斯電：郭泰祺昨曾通告外相哈里法克斯云，日曾在贛北，尤其是瑞昌附近使用毒瓦斯作戰，時爲八月二十二日，其時中國軍隊兩營，所有官兵均皆中毒而死，祗有三人幸未罹難云。

——摘自《新新新闻》，1938 年 8 月 27 日

敵機襲湘粵

長沙廣州均遭投彈

並在粵垣低飛掃射

中央社長沙二十六日電　敵機十八架、二十六日晨又經襲湘、十一時四十分侵入市空、集中北門外一帶投彈、計在花園附近投十餘彈、死八人、傷十三人、福壽橋、楓樹坪、各落一彈、塌民房一棟、新河北站附近落數彈、新河站鐵路側街中落一重磅彈、全街房屋三十餘棟盡毀、幸無死亡、傷數人、又附近華協米廠中一彈、廠屋着火、敵機肆虐後、於十二時三十五分逸去、

中央社廣東二十六日電　今日上午八時至十二時、敵機二十五架分三批先後自中山海外飛經本市、在粵漢路江村、新街、銀盞坳等站附近、投彈卅餘枚、一部竄入市空、滋擾約數十分鐘、次第在黃沙上空、藉雲層掩蔽投彈十八枚、黃沙粵漢路南站附近、落彈十二枚、餘五彈落黃沙、梯雲西路、富華新街、黃沙西各住宅、商業街道、塌毀民房二十四間、幷當場救出受傷男婦各一名·餘在發掘中、

中央社廣州二十六日電　敵機四架、今日上午十時十七分飛抵市空、往來盤旋、逾半小時、幷以機槍掃射良久、旋黃沙區投彈十八枚、有兩處當即起火、毀民房十餘間、民衆因早已疏散、僅傷兩人、

——摘自《时事新报》（重庆），1938 年 8 月 27 日

中航桂林機失事

熊克武連損三人

女婿外甥不幸均遇險

渝金融界慰問楊燦三

中航公司桂林號飛機，被敵機掃射遇險一訊曾報誌端，茲悉該機乘客中有李家蓀，熊光淑，李德麟三人，李係中委熊錦帆之壻，熊（光淑）係熊（錦帆）之女公子，李係熊之外甥，三人由德留學歸來，不幸遇險，靈耗傳來後，熊之家屬，極為悲憤，昨已電港查詢一切。（已）

（重慶航訊）本市金融界以中航機桂林號乘客楊錫遠夫婦二人遇難，特紛紛往訪楊燦三氏，致慰問之意，據楊氏對往訪者談稱，伊子楊錫遠於四月十一日在滬結婚後，曾電囑即行來渝，因與華保險公司事須待料理，不能即時離滬，且購來渝機票遠在一月以前，今不幸所乘桂林號飛機遭遇敵機橫暴圍擊，被迫降落，竟罹於難，如此無代價之犧牲，徒切悲傷耳云云。

——摘自《新新新闻》，1938 年 8 月 27 日

良鄉若州人命

被敵集中慘殺

屍橫遍野慘不忍覩

鄭州（二十六日電）敵冀防止我游擊隊活躍、近令華北各前線戒備，並停止種植高粱，而人民認為無敵，置若具文，敵令如反抗者，以通敵論，良鄉若州一帶人民，全體反抗，敵於前日派員以安撫為名，召集當地人民二千餘、到齊后機槍施以極慘之射擊，屍橫遍野，慘不忍覩

——摘自《泸县民报》，1938 年 8 月 27 日

社論

中航機事件

流沙

在日本軍隊封鎖長江，禁止第三國船隻出入的今日，中美合資開辦的中國航空公司的民航機桂林號又在由香港赴渝途中被日機擊落于中山縣境，這是日本以行動來告訴了全世界：在日本侵畧中國的戰爭中，所謂第三國在華利益的保障是什麼一回事，而所謂國際法者在日本人眼中又是什麼一回事。

而且，當此遠東國際形勢在醞釀轉變中，日本在對華作進一步的軍事推進的前夕，又來製造了一樁和轟沉巴納號類似的事件，而其對象又偏偏是選擇美國，這就是說，日本要藉此來測驗一下羅斯福總統與國務卿赫爾的最近兩次演說究竟抱有何種决心，如果美國的態度被試探出了是軟弱的，那末，日本是可以認爲國際形勢還許可她去先把武漢打了再說，而且還可以繼續封鎖長江而不會有什麼問題。而前幾天美駐華艦隊司令顏魯爾建議由美艦不顧日方反對突過日本海軍封鎖綫而駛入長江，並聞已對各艦發出訓令準備一切，一俟華盛頓方面核准，即行開駛；這一事實乃是日本對桂林號斷然採取襲擊手段的近因。日方之意以爲如果事前沒有瞭解美國的决心的程度，一旦美艦開入長江，將會不知如何應付。加以攔阻嗎？說不定會闖出大禍，任其衝破封鎖綫嗎？說不定美國不過是嚇嚇，而自己居然因爲胆怯而上當。所以，最好是拿別的事件來試探一下，而桂林號乃成了被選定的目標。如果美國因此而大發雷霆，道歉還來得及，賠償也還來得及，以後遇到駛入長江的美艦是只好迴避的了，而且如果如此，則日方還可以自動改變封鎖長江的决心。又如果美國對桂林號事件表示懦怯，那末，日本是簡直可以擊沉駛入長江的美艦，其時假使有英艦跟來，當然更可以一概擊沉，事後除了道歉與賠償之外，不會有更大的禍患的。長江封鎖問題現在成了英日美日初步談判的焦點，日本爲此而拿桂林號來開刀，這裏邊是有一串嚴密的設計的，有人以爲這只是向來濫施轟炸之一種，其實問題並不這麼單純。

桂林號之被襲擊，乃是日本對美國外交的試探，也是日本對于英國要求開放長江的試探。英美如果不再甘心對日本低聲下氣，如果還要保障他們的權益，以及被侵害者之權益，如果還有一點維護和平的心事，那末，對桂林號事件就得來一個强硬的態度，而且日前也是採取有效行動的一個機會，否則，隨桂林事件之後，要當心英美在長江艦隊被日本擊沉，而門戶開放云云，尊重第三國在華權益云云都被日本的飛機大砲葬送到歷史的殘堆裡去。果然，在這兩天美國尚在沈默查究的當兒，日軍的發言人已進一步狂言連英國帝航公司，法國民航公司，美國汎美公司的飛機都不許飛過中國領空。這明明白白的是日本□□□□於封鎖中國領海之後進而封鎖中國領空的陰謀．而且其進行比以前封鎖領海時還來得兇橫。從此日本的□行，將更變本加厲，遠東和平談不到，世界和平也談不到。和平主義的美國，現實主義的英國，都不應該忽視了這迫在眉睫的危機。

——摘自《南华日报》（香港），1938 年 8 月 27 日

□機昨襲粵各交通線後
衝進市區轟炸黃沙
燬民房數十棟傷平民二人
再炸長沙塌屋卅餘死傷數十

（廣州專訊）廿六日□機仍分批向粵漢廣九各交通線來襲、並一度向市區黃沙狂炸、平民房舍炸塌多間、幸被炸之區域、居民均已走避、故傷死之數量幸尚少、查□機於上午七時四十五分本市防空當局即據報□仍來襲、當即發警報、查第一批□機兩架在唐家灣上空發現、八時五分□機兩架

襲交通線

已抵順德桂州、本市始再發緊急警報、十分□機已到佛山上空、斜入粵路進襲、八時四十分稔山上空又發現第二批□機一架、仍向本市方面飛來、此時第一批之□機兩架已到銀盞坳盤旋、俄頃即在該處投彈三枚、瞬亦掉頭南飛、九時唐家灣又發現第三批□機十四架、俄而繼發現第四批□機九架、均向北飛、此時第一批□機兩架已返抵江村、又在江村盤旋、旋在江村投重量彈一枚、繼而投下手溜彈（說謂係迫擊砲彈）共十四枚、但我損失甚微 九時十分一二兩批□機均已出海、蓋第二批□機一架準在惠陽上空盤旋而已、同時第二批十四架、四批九架、均抵萬頃沙、廿五分第三批□機到虎門盤旋、第四批□機直飛東莞、於卅分三四兩批□機均于魚珠會合、掠過本市石牌粵秀山後、轉向粵路方面飛進、我駐石牌高射砲曾發砲迎擊、九時四十分第三批□機已到花縣、第四批□機中之四架則到江村、在江村投彈六枚、即掉頭返向東南飛、惟其餘五架仍向粵路以北飛進、十時第三批□機在源潭投彈四枚、即南飛至石井上空、分作三隊、一隊九架掠過市空以北到南崗盤旋、在南崗投六彈、兩架到黃埔盤旋、三架則盤旋於石井上空、十時卅五分第四批□機飛至源潭、但係盤旋少許 即折回南飛經江村小坪西村即向市區疾進、

轟炸市郊

當□機飛抵西村時、即將隊形分散、計分一架兩架四架等、分在本市盤旋 兩架首襲西村、在士敏土廠後便之黃埔支線附近投彈四枚、即南飛向河南上空盤旋、其餘各機均飛抵某村上空後、始折回猛向黃沙投彈、此時市西一帶及河南方面之高射砲高射機槍猛向□機掃射、此時市面一帶之砲聲槍聲與機聲混成一片、空氣亦陡起緊張、繼而彈聲隆隆、震撼全市、計□機在黃沙共投彈達十八枚、其中多枚除落黃沙之民房外、海傍之屋宇亦被炸彈、并有多枚落在河中、水柱衝騰、幸而該處船艇早已離開、但白鵝潭方面所拋泊之船隻亦為彈浪撼動而顛簸、□投彈後、其中五架已先向佛山方面逃竄、其餘四架則轉到南石頭盤旋數匝始向南而遁、均經陳村順德大良方面出海、十二時本市以□機已渺、乃解除警報、

災區調查

記者于□機逃離市區後、即走赴黃沙調查、㈠梯雲西路落兩彈、一落一五〇號前座、一落一八四號、計該兩屋前已一度被炸、但未全倒、此次再度被炸、一八〇號僅餘前座亦被炸塌、一八四號尚餘後座、刻亦被炸毀、同時新被炸塌者有一七九號及一八六號兩間、至被牽連震毀者計有居安北之二、四、六、十六、十八、二十、廿二、廿四號者八間、除二號僅塌尾座外、餘均全塌、㈡富華新街十五號落一彈、計毀一一、一三、一五、一七、一九、二一、二三、一四、一六、一九、二〇、二二、二四等號共十三間、㈢黃沙西約下彈、第五號落一彈、被毀者除第五號外、并牽毀者有二十、十二、十四等號共四間、㈣如意坊前已被炸之災區、計共落五六彈、而牽連新塌者計西約橫二巷一、二、五、二四、六八、等號共五間、西約橫一巷被新毀者有三、五、七、二、等號四間、又鄭家祠側亦落一彈、但所落之地點係屬以前被炸之瓦礫中、又八和會館亦落兩彈、此亦前度已被炸毀而被炸之災區、幸警報時居民均已走避一空、故是次傷者僅兩人、即由強華救護隊將其敷藥後送赴柔濟醫院醫理、計傷者馮順才七十八歲鶴山人、馮何氏六十八歲番禺人、此係兩夫婦居于黃沙西橫二巷第五號者、因該兩傷者年事過老、每次警報均不便走避、此次其所住之屋被牽連震塌、傷者係為磚杉所傷云、

慘炸長沙

（中央社廿六日長沙電）□機十八架廿六日晨又經贛襲湘、十壹時四十分、侵入市空、集中北門外壹帶投彈、計桂花園附近投十餘彈 死八人、傷十三、福壽橋楓樹坪各落壹彈、塌民房壹棟、新河北站附近落數彈、新河站鐵路側街中落壹重磅彈、全街房屋卅餘棟盡毀、幸無死亡、傷數人、又附近廠屋着火、米糧損失甚微、□機肆虐後、於十二時卅五分逸去、

□機前午襲梧
高中教室全毀

（中央社廿五日梧州電）□機八架、廿五日下午一時零三分襲梧、我防空部隊沉着射擊、□機旋在對河三角咀工業區德成鋸板廠、製磚廠、及大學區梧州高中、共投彈廿五枚、高中教室辦公廳宿舍膳堂、均全部炸毀、損失重大、傷八人、沉小艇兩艘、又來往梧粵之汽輪、適於是時抵梧、□機投彈三枚、均落船旁、幸未命中云、

——摘自《南华日报》（香港），1938年8月27日

敵寇暴行

敵機復炸長沙市區

民房米廠爲其投彈目標 梧州高中亦遭全部炸毀

（中央社長沙二十六日電）敵機十八架[illegible]晨又經竄襲湘。十一時四十分侵入市空，集中北門[illegible]投彈。計桂花園附近投十餘彈，死八人，傷十三[illegible]樹坪各落一彈，塌民房一棟；新河北站附近[illegible]站鐵路側街中落一重磅彈，全街房屋卅餘棟[illegible]八，幸無死亡；又附近華協米廠屋着火，米[illegible]敵機肆虐後，於十二時三十分逸去。

（中央社廣州廿六日電）[illegible]午十時十七分侵入市空，往來盤旋遨[illegible]射良久。旋向黃沙區投彈十八枚，有兩[illegible]當即起火，燬民房十餘間；民衆因早已疏散，僅傷兩人。

（中央社梧州廿五日電）敵機八架，廿五日下午一時零三分襲梧。我防空部隊沉着射擊。敵機旋在對河三角咀工業區德成鋼板廠，製磚廠，又大學區，梧州高中共投彈廿五枚。高中教室，辦公廳，宿舍，膳堂均全部炸毀，損失重大，傷八人，沉小艇二艘，來往梧粵之西南輪，適於是時抵梧，被敵機投彈三枚，均未命中。

——摘自《新华日报》（汉口），1938 年 8 月 27 日

日機襲桂林號

美深切反對

已引起美國憤激之輿情

（華盛頓廿七日電）路透社訊：美國駐東京大使格魯，奉國務卿赫爾之訓令，致牒日政府，略謂『八月二十四日，日飛機在廣州附近攻擊中國航空公司之飛機一架，美政府對於如此危害非武裝民用飛機之美籍與其他非屬戰鬥員之乘客，實深切反對。民用飛機乃在規定之航空路線經營，衆所明白承認之固定商業事務也。日飛機作此攻擊，已引起美國憤激之輿情。

——摘自《晶报》（上海），1938 年 8 月 28 日

敵在江南屢施毒氣

▲中央社馬迴嶺二十七日電：日來敵在南潯正面亦屢次施用化學兵器，每於步兵前進時，輒先放濃密烟幕掩護，退却時又敵擲催淚性瓦斯，如風向允許，且放射噴嚏性等其他毒氣，最近我軍在南昌舖附近被俘敵兵吉永清盛一名，據供稱：其部隊由後備役編成，原無毒氣使用之訓練，近始受此項訓練，且每兵自八月上旬起，領到防毒面具及伊伯利消毒筒器具，足見敵已居心大量採用化學兵器，并防其自身受害，殊堪注意也。

——摘自《云南日报》（昆明），1938 年 8 月 28 日

桂林號事件交涉
美使館尊候復文
倭外省負責當局
正協商覆文內容

（中央社）東京二十七日合衆電：美國駐日大使館一等祕書麥克格克二等祕書克洛格，原定於週末前往他處旅行休息，茲決改變計劃，留京靜候日政府對於中航機事件美方抗議書之覆文，覆文內容現在外務省各負責當局協商中，按美方抗議書係由美駐日大使格爾親自送至外務省，因適值外省官宇垣不在部，故由格氏面交次官崛內云。

——摘自《新新新闻》，1938 年 8 月 28 日

桂林號罹難屍體
已有十具獲認明

（中央社）廣州二十七日電，桂林號遇難乘客屍體已撈出十二具，暫留石岐大校場，編號驗認，已認出者十具如下，一號王宇楣，二號陸懿，三號劉榮銓，四號徐恩源夫人，五號熊光淑，六號楊錫遠夫人，七號武慶華（侍役）八號胡筆江，九號鍾弟弟，十號李德麟，十一十二兩號尚未知姓名，而未認出，或未撈出者尚有陳健飛，李家蓀，徐新六，楊錫遠等四名。各屍彈痕甚多，當局派出人員，組臨時治喪處，已開始工作，

（中央社）東莞二十七日電，中航公司息，二十七日據香港該公司辦事處電稱，現已在桂林號艙內及海面陸續發現被害屍體十二具，計男屍七，女屍三，童屍二，因被水淹，均面目模糊，腹部膨脹，幾不能辨識，且遍體傷痕，竟有中十三彈之多者，敵慘無人道，眞駭人聽聞，撈獲各屍，以遺物鑑別，可認識者爲陸懿，王宇楣，鍾弟弟，武慶華，楊錫遠夫人，胡筆江，胡夫人，熊光淑，李德麟，劉崇銓十人，該公司現已分別致唁遭難者家屬，又該公司辦理打撈屍體，桂林號機身尚未起出云，

（中央社）中山二十七日晨三時電，記者二十六日下午一時抵張家邊對岸，王演昌圍，桂林號內湖流沖擊，機底向天，縣府及中航公司代表雇工打撈全部行李及屍體，男二女三已撈出，中有一孕婦被壓，胎盤露出，情狀極慘，起撈船將到，今夕將繼續工作息恐有已二人失蹤。

（中央社）廣州二十七日電，據下午六時消息，桂林號機件及所存文件，業已撈獲一部份，預料即晚便可全部絞出，殉難乘客之屍體業已撈出十具，計乘客王文龍，陸懿，熊光淑（女），徐恩源夫人，楊錫遠夫人，李德麟（小童），胡筆江，鍾弟弟（小童）機師劉榮全，侍役某等，至徐新六，李家蓀，楊錫遠，陳健飛等四遺體，仍在設法打撈中。

（中央社）上海二十七日路透電，滬各商界領袖籌備追悼徐新六三銀行家表示哀悼，納稅華人會定下星期下半旗誌哀，按徐亦爲該會委員之一，該會原定今日下半旗，後以今日爲孔聖誕辰，故乃延至下星期一，各商業機關亦將下半旗致哀，滬工部局副董事長昨致函徐家屬弔唁，滬各報今日均刊載各人致哀之信件，大古公司經理米吉爾致函林西報，提議設立獎學金或學校以爲紀念，字林西報附近和該項提議，并稱該報願代收該項捐款云。

（中央社）香港廿七日電，滬訊，滬市地方協會，公共租界納稅華人會，第一特區市民聯合會等爲徐新六華董被敵機所殘害事，特通告各界於二十八日一律下半旗一天，以誌悼哀。

（中央社）漢口廿八日電，中央祕書長朱家驊電胡筆江徐新六兩氏家屬致唁，略謂，倭寇肆虐，悍然派機闖擊我中美合辦之中航郵機，罔法蔑理，已成世界公仇，兩先生以金融界名宿，功業炳然，抗戰以來，盡勞尤著，此次因公入都，乃遭不測，爲國犧牲，中外人士，同深哀悼，天理公滅，驕寇必夷，亟節悲懷，以襄大事，致電奉唁，即希警照，朱家驊叩感。

（中央社）香港二十六日電，滬英文報二十六日續著論抨擊日機暴行，突事西報謂，日機之殘暴行爲，其罪狀奐非道歉與狡辯所能洗脫此種事實，顯出日本爲一野蠻民族，絕對不配與世界之文明民族站在平等之地位，德風西報謂，野蠻主義及恐怖手段久已成爲日海外空軍在對華作戰中所慣用之策略，在戰場上所採取之方式，雖千變萬化，然其殘酷之處，莫甚於轟擊中航機一事，一切之圓滑解釋係經三十六小時之構思而造成，恬無論如何，日本實難使世人相信其非預謀云。

——摘自《新新新闻》，1938 年 8 月 28 日

民族的血仇

——寇兵日記摘錄——

柴瑜

本月上旬沙河附近的戰役，肉搏延續了十天。九江之役，因為戰略關係，沒有和敵人在不利於我的地區內進行決戰。直到沙河這一線，戰士們有了殺的好機會，大家精神百倍英勇奮戰的結果，頓挫了敵人南犯的攻勢，南潯線穩定下來。敵人第一〇六，一一三兩個師團，松浦部隊，和波田，市川兩個支隊偽軍三團都在極大的死傷下先後被擊退，市川本人負了傷，他的部隊在河洲上一帶幾乎全被殲滅，統計這次敵人的死傷總在萬人左右，由於我軍的勝利迅速地發展，和不斷地攻擊，使敵人再沒有清理戰場的機會了，因此，在幾月來稀有的勝利中造成了幾月來稀有的大收穫！三百支以上的步槍，幾十支輕重機關槍，無數軍用品搬到指揮部裏的時候，弟兄們的興奮是難以形容的，河洲上的戰場上，敵人遺屍二百多具，雖然早已掩埋了，但屍臭氣息至今還彌留着，在這些敵屍身上，得到許多千奇百怪的戰利品外，還有一些敵官兵的日記，在這些日記中證實了敵人的傷亡的重大和敵人許多官長的傷亡，證實了敵兵臨陣膽怯，慌亂，以及厭戰種種情緒的日趨尖銳化，最要緊的是證實了敵人慘殺俘虜火葬活人這些野獸似的殘酷的事實。記者這次到南潯前線，從戰利品堆中摘譯出值得注意的幾段日記，分別了五則在下面，第一，二，三，三則大致記述敵人在沙河方面前進困難，和遭遇到的打擊和損傷，第四則是敵一一三師團十三聯隊指揮班中隊附中島博敏的，內容充滿了強烈的厭戰思想，第五則是安島戈吉的日記的一部分，記載着民族的血仇，我們被俘戰士遭慘殺的實況：

一

五月四日，三時五分由熊本出發，汽笛一聲，即與故鄉相別、送別者皆流淚。七日，東方既白，即是異鄉，中國風光，已現於長江口兩岸矣，十一時在上海登陸，異鄉景象，令人悲感不堪。

十二日，午前六時大隊部為某種任務，向某方行進，途中大雨，在此梅雨期中之惡天氣行軍，思之令人淚落，落伍者佔三分之一，到達時在敵前二百米布防。

二十三日，休養，傳第三大隊十一中隊大損傷。

二十六日，第三大隊損傷之結果，較官不足，現再由國內派來。

七月二十七日，離第一大隊，即追蹤第六中隊之後歸隊，始知五，六日本中隊在山岳地帶作戰甚苦，除山口軍曹陣亡外尚有四名死戰。

二十八日，本日激戰第一隊死傷極重。

三十日，第二大隊本日死傷亦甚大，大隊長田尻中佐第八中隊長以下數十名均陣亡，退回整理。

二

七月九日，第五中隊之陣亡者及俘虜者役中之尉敬者九名，一同火葬，下午八時第七中隊在前方約三啓羅地方，為敵軍包圍，苦戰應援、福島少佐副官陣亡，第七中隊戰死者三名，傷者數名。

十一日，在中隊前方啓羅地方、菊川少尉以下五名戰死，負傷者頗多。

二十八日，盧山陣地壘展，前進困難。

八月六日，本日午後八時配歸於第三大隊，夜襲敵軍陣地，在猛烈火網下前進困難，第二大隊陣亡一名傷四名。

七日，上午三時開始攻擊鐵道沿線及山岳地帶，皆爲華軍之堅固陣地，無法前進，五時搆築陣地，下午四時在後方一千米突處休息。八日，午後二時移在前高地搆築陣地，三時總攻，在華軍機槍火力下，前進甚爲困難，進展至稻田中之村落後，至夜再行攻擊，華軍迫擊砲已八發連續在機槍陣地三米突處爆炸，市川總隊長足部受傷，步兵砲小隊長以下四名受傷。

三

六月二十一日，晨步哨交代後休息，十時早膳，再休息，是晚又放哨二次，長立哨中，危險殊甚。

七月二日，晨六時起床，點名早膳後，演習，天氣酷熱，病者甚多，夜十時半舉行夜間演習。

二十六日，由山中下，爲華軍發現，我等落伍，自忖必被殘殺，時本中隊即開始作戰，數砲隆隆，我中隊陣亡三十人。

三十日，在本小隊陣地方面，不見華兵一名，安心休息，日食馬肉。

八月五日，繼續攻擊，十一時之際、友軍之聯隊所發砲彈，落於友軍陣地上。

四

六月七日，十時到上海登陸，深感戰爭之殘酷，雖求勝不擇手段，然爲誰前演此慘劇，只有心中明白而口難言。

七月十日，今年櫻花開時，與家人同照此像，頗覺不堪回首，因爲並知明年櫻花開時，此兒是否孤兒，此婦是否寡婦？而白頭老母，更不知其子作何歸宿耶？

七月三十一日，前日之戰，雖倖保殘生，惟身體疲勞過度，僅餘皮骨，不覺悽然淚下。

五

六月二十五日，今日中隊向東關移動，正午始抵目的地，當場擊斃華兵兩人，二十六日，午後八時，將俘獲之靈祖衛兵殘酷處死，慘不忍睹。

二十八日，午前四時半，將前次捕獲之人處以極刑，殘酷之狀實不忍看，亦不願看也。

七月二十日，午前準備路營，見捕獲之中國人民五人被處死刑，先斬其首，再用槍刺其屍，偶一思之，不覺毛骨悚然。

——摘自《新新新闻》，1938年8月28日

桂林號被擊

極盡人間之慘痛事

屍體受慘無人道之槍擊

楊夫人死前成小產狀態

（中央社訊）震動世界視聽之中航機桂林號於廿四日晨被日本驅逐機襲擊、致發生慘劇後、中央社記者當即赶赴遇事地點視察、目睹種種驚心動魄之悽慘事實、莫名悲憤、歸來以後、中心仍覺耿耿不已、查桂林號降落時、機首插入水中、地點在張家邊之淍樓附近、（距現在沉沒地點約三十丈）該機遇事後、縣當局即派防軍嚴密防衛、時「桂林」已爲潮流冲激至王廣昌園外四丈餘、沉入水中凡三丈、中山縣長張惠長當即雇熟諳水性之農民多人、潛下水中、以繩縛機尾、然後協力將機牽近園岸、同時以四艘大艇、稍爲將機釣起、惟機身倒翻、機底向天、打撈工作極感困難、至廿五晚始起出尸體四具、昨（廿六）晨記者抵步時已着手將包裹行李逐一從機內挖出、至下午一時完竣、記者所見機底滿佈機關槍孔、有如蜂巢、日機狂射之慘酷於斯可見一斑矣、截至當午四時許、雖乍雨時降、而各員工仍努力合作、機內尸體續行掘出五具、其中除男尸兩具外、熊光

淑(李家樑夫人)楊錫遠夫人、
徐夫人之尸體亦均撈出、楊夫
人已懷孕數月、此次事變、或
因恐慌過度、及所受壓力太大
、致成小產狀態、其尸體未出
時、一長達六寸之胎兒從機內
浮出、在場人士、目睹此胎已
手足俱全、均為潸然、不勝憤
慨、殆全尸浮出、其下體仍連
繫一紫白色之胎盤、其悽慘情
形使數百旁觀男女與工作人員
均慘然無語、幾至下淚、各男
尸形態之可怕、充份表現、各各
死者於出事後曾經過最大扎
後始絕氣者、中有三尸均受槍
傷、日機掃射搭客已成鐵案、
現機內尚有尸體、須待全機撈
起、始克發掘、截至記者離岐
時、尚未有需用機械運到應用
、據關係人稱、劉崇 李家樑
二尸體恐已為潮水冲去、又第
一批四尸中其一不知姓名者、
係侍役武慶華、現中央信託局
中央銀行、交通銀行等各
國關係方面、及縣府當局均派
代表到岐為遇難者料理身後事
宜、關於(桂林)被日機追逐情
形、據自衛團員語記者稱、是
日日機除以機槍掃射外、當追

擊至三州坑及大黃頭王[illegible]
時、曾先後投四彈、均未[illegible]
云云、現中航公司代表[illegible]
斯基(Z. Soldioki)中[illegible]
局凌經理憲揚、建設廳技[illegible]
官海、中山縣警察局長劉[illegible]
，偵探組長吳金華、均在[illegible]

地點主持一切善後事宜、至為
努力、記者亦承協助不少、星
夜執筆、悲不自勝、謹向死難
者致其虔敬之悼意、

——摘自《南华日报》（香港），1938 年 8 月 28 日

慘遭倭寇毒手之桂林號機

經已全部絞出海面

乘客屍首已發現十餘具大都創痕遍體慘不忍睹

中宣部周部長謂寇暴行必引起美倭嚴重之糾紛

美國務卿赫爾訓令駐倭大使向倭提出嚴重抗議

廣州二十六日電：中航機桂林號已絞出海面、乘客屍首已發現十餘具大都創痕遍體面目浮腫難認機中郵件及各死者遺物亦已起出連同屍首運至岸上清理、死難家屬紛由港轉澳、抵達石岐、候領屍首及遺物

中山廿六日電：絞撈桂林號工作、仍繼續進行、今續撈起屍體六具、機內及各屍身上銀物首飾文件等、發由當局保管、機身已全部、浮出水面惟未泊岸、機上彈孔無數、已起之屍、中有婦女二、小孩一

廣州廿六日電：確息、桂林號中航機殉難乘客遺骸、已撈獲六具、中有一具證明爲陸懿博士餘具面目浮腫、一時尚難辨認

香港廿六日電：此間頃據中山縣官方消息、徐新六、胡筆江、王宇楣、遺體業已撈獲、其餘尚在搜尋中、又訊、繼獲屍體二具、正設法辨認中

中山廿七日晨三時電、記者廿六日下午一時抵張家邊對岸王廣園、桂林號因潮流衝擊、機座向天、縣府及中航公司代表督工打撈、全部行李及屍體男二女三、已撈出、今有一孕婦被迫胎盤露出、情狀極慘、起撈船將到、今天繼續工作、据息、恐二人已失蹤、

乘客樓兆念談 慘遭毒手情形

中山廿六日電：中山縣長張惠長、率隊千餘人、日夜打撈桂林號乘客屍身、廿五日晚獲四具、頃已查明陳懿子字楣亭、鐘郎鐘小孩、姓氏未明、兒屍陳列大楊塢待殯、據縣府負責人稱、除羅昭明及機長外、無發見其他脫難者、撈船廿六日午開到、墜機昨甫出水、因繩斷復沉、今晚當可再行絞出。

中央社香港廿八日電：記者廿六日晨、訪晤樓兆念於澳門國家醫院、樓傷頸、精神甚佳、樓夫人已由港趕至、隨侍在側、據樓談出事時、搭客覺座機起落不定、槍聲繼起、渠先中彈、旁王宇楣繼續、當機落水、敵機環射十數分鐘、渠首出機、漂流至岸、遇艇獲救、臨機沒水中、後晤羅昭明、轉程到澳、

滬各商界領袖 籌備舉行追悼

上海廿七日路透電：滬各商界籌備追悼徐新六等三銀行家表示哀悼、納稅華人會於下星期下半旗致哀、按徐亦為該會委員之一、該會原定今日下半旗、後以今為孔聖誕紀念、故乃延至下星期一、其商業機關亦于下半旗致哀、滬工部局總董舉長昨致函徐家屬弔唁、滬各報今日均刊載各人致哀之信件、太古公司經理吉爾致函字林西報、倡議各界捐款設立獎學金或學校以為紀念、字林西報附和該項提議、並稱該報代收該項捐款云、

滬租界當局與各界 為畢胡兩氏誌哀悼

香港廿六日電：滬訊、中航公司郵機桂林號、廿四晨為日機非法襲擊事、當時因日方將各通訊社來電扣留、故未明真相、繼得無線電廣播報告、始悉其詳、次日、各報均以首要地位登載、各報並著社論加以評擊、中外各界、對于此事均甚震驚、尤以滬金融界聞人徐新六、胡筆江之被難、深為悼惜、廿六日晨、滬公共租界工部局特下半旗、為華董徐新六誌哀、滬地方協會、及租界納稅華人會、則定廿八日下半旗、為兩氏哀悼、會通知各界一致表示云、「香港日海通電：中國航空公司負責人頃宣稱、滬渝決暫停、至何日恢復及班期旅客名單、不擬公開宣佈云、

朱會長昨電美 盼予譴責倭寇

廿六日電：中國國聯同志會會長朱家驊電美上院外委會主席畢特門、喚起注意、電文大意稱「桂林」號案為日軍部預定計劃、中航公司乃美僑在華與中國合辦之純商業性質事業、所載又係普通乘客、日軍閥抹煞一切實、悍然不顧損害美國利益、直為「巴納號」事件之重演、閣下德高望重、務盼喚醒貴國輿論予酷成性之日閥一致譴責

周部長談此案 必起嚴重糾紛

中央社重慶廿六日電、敵機非法圍擊中航機、致令[illegible]人遭難、世界輿論莫不痛斥敵人之瘋狂殘暴、記者昨謁中央宣傳部部長周佛海氏、叩以對於此案之感想、承周氏發表談話如下、敵人之非法暴行、致中外非戰鬪員之生命財產、及第三國之權益遭受損害之事、過去已層見迭出、如英大使許閣森爵士之被槍傷、美艦巴納號之被炸沉、爲最著者也、而此[illegible]等案件之輕易了結、益使敵人之兇燄日張、肆無忌憚、對第三國之挑釁行爲、非特毫無悛悔、抑且變本加厲、此次中航機桂林號之被敵機有計劃的追擊、該機雖被迫降落、仍復低飛掃射、直至機中乘客及職員全部擊斃而後已、其慘無人道、滅絕理性、殆難於字典中尋得適當之字以形容、如此之醜惡卑劣行爲、中國航空公司爲中美合辦之和平運輸事業、敵人之所以處心積慮加害該機者、其理由不難推測得之、近頃美國羅斯福總統、赫爾國務卿後先發表演說表示關心遠東時局態度積極、若有所爲而發、而美艦之溯江上駛、特命越過蕪湖、對於敵方之無理阻止外艦外輪航行作強有力之抗議、敵[illegible]對於此次事態、臺爲縈心、乃又倒行逆施、出以一貫的恫嚇慣技、致有此次中航機被圍擊之事、敵人初意美政府或因此對批准美艦上駛越過蕪湖之建議、加以躊躇、或仍如巴納號案之得以迅速了結、而敵人遂以一度嘗其恫嚇伎倆矣、雖然此不過敵人之片面打算而已、時至今日、列強在華權益、[illegible]被敵人侵害、日益加甚、列強之隱忍亦自有其限度、美日間因桂林號案、必致引起嚴重之外交糾紛、殆可預料、吾人殊不信美政府竟默爾而息、或因敵人恫嚇之影響而稍變更美國對遠東戰局之堅定立場、又況香港現爲國際航空中心之一、今後英法等國飛機均有被敵機攻擊之危險、是則除美國外、其他各國對此案、亦不容漠然視之、其次吾人對桂林號美籍機師吳士君之忠於職守、勇於負責、應表示敬佩之意、吳士君在敵機[illegible]暴追逐中竟能安全降落、該機中十餘人只有三人生還、然此係由於敵人於桂林號降落後、仍以機槍掃射所致、吳士君則已盡其最大最善之努力矣、此乃英美軍艦聞訊後均迅速赴援、其仁俠精神、方爲吾人感謝不置也、

赫爾訓令美使 提出嚴重抗議

華盛頓廿六日合衆急電：美國務卿赫爾、今日訓令駐日大使格魯提出嚴重抗議、謂日機攻擊中航機、爲「不當之攻擊」、一、[illegible]非戰鬥員致兇、並危及美籍機師生命、破壞與美有關之重大權益及財產、赫爾對於機師所報告、該機降落後、日機尤繼續用機槍射擊機上人員一[illegible]、特別向日方提出、[illegible]稱此次攻襲、已引起美國之公憤云

華盛頓廿六日路透電：美駐日大使昨奉國務卿赫爾訓令、對日政府提出關于中國民航機被襲之抗議、抗議書內稱：美政府堅決反對危害美國人民及其他非戰鬪人員及非武裝民航機內之人員、且民航機之標幟甚為明顯、且航線亦為一定、日機此次襲擊民航機之舉、已引起美國之公憤云。

華盛頓廿六日哈瓦斯電：關於中國航空公司航郵機桂林號被日機襲擊一事、美國駐日大使格魯曾以照會一件送達與外相宇垣[illegible]出抗議、內稱日本飛機此續襲擊、業已引起美國輿論之不滿、余奉敝國政府命令、特通知貴外相、此舉匪特使美國公民生命直接遭受危險[illegible]

英報謂倭暴行 遠東大受威脅

廣州中央社廿六日電：上海敵發言人廿五日對記者所作之表示、已引起此間人士極端之注意、尤以英國人士為驚愕、中央社記者今日得晤英僑數人、彼等咸[illegible]為桂林號事件、雖與英無直接關係、惟香港[illegible]公司、法國航空公司、汎[illegible]航空公司五線之終點、已儼然為遠東[illegible]交通之中心、桂林號事件發生後、香港[illegible]

——摘自《南宁民国日报》，1938年8月28日